Medios electrónicos de pago en el comercio internacional

Claudia Madrid Martínez

Universidad Central de Venezuela, Abogado; *Magister Scientiarum* en Derecho Internacional Privado y Comparado; Doctora en Ciencias mención Derecho; Profesora Titular. **Universidad Católica Andrés Bello**, Profesora Titular. **Universidad de Colonia**, *Postdoctoral researcher* becada por la Fundación Alexander von Humboldt (2012-2014)

Medios electrónicos de pago en el comercio internacional

Prólogo por Dr. Heinz-Peter Mansel

Revista Venezolana de Legislación y Jurisprudencia, C. A.
Caracas, 2018

Editorial RVLJ (Revista Venezolana de Legislación y Jurisprudencia, C. A.)

Diseño y diagramación: Reinaldo R. Acosta V.
Corrección: Elizabeth Haslam
Depósito Legal N° DC2018001214
ISBN 978-980-7561-04-4
Correo: revista_venezolana@hotmail.com
Twitter e instagram: @la_rvlj
www.rvlj.com.ve
Los Ruices, Edificio Annabela, Caracas-Venezuela. Código Postal 1071
Teléfono: (0212) 234.29.53

A Mariana García Madrid
Por entender tantas mañanas sin apapachos

*Mein Dank geht an Professor Heinz-Peter Mansel und der Universität
zu Köln für die fachliche und persönliche wertvolle Unterstützung
Ich danke auch den Humboldt-Stiftung für die Gelegenheit,
diese wunderbare Erfahrung an der Universität zu Köln zu leben*

A mi Universidad Central de Venezuela, ¡gracias totales!

Prólogo

Hace ya varios siglos, la invención del dinero, instrumento por demás siempre versátil, cambió la forma de hacer los negocios, amplió los mercados, generó una nueva noción de riqueza y poder, así como de manera muy significativa diversificó el intercambio de bienes y servicios, tanto en el ámbito nacional como en el internacional. Hace apenas unas pocas décadas la irrupción de la internet nos hizo cambiar nuestra noción del mundo y la manera de relacionarnos con nuestros semejantes. La tecnología ha permitido desde entonces el desarrollo de los medios electrónicos de pago, desmaterializando el dinero y ofreciendo sustitutos y alternativas a su utilización. El estudio de los problemas jurídicos que plantea el uso de los medios electrónicos desarrollados por y para la internet ha captado el interés de la profesora Claudia Madrid Martínez durante los últimos años, quien ahora viene a presentarnos el resultado de su esfuerzo y vocación de investigadora y de docente universitaria. Su más reciente libro *Medios electrónicos de pago en el Comercio internacional* contiene un preciso análisis de las relaciones que se tejen en torno a los medios electrónicos de pago, sin detenerse en medios particulares o específicos, lo cual, en vista de la constante evolución de la ciencia, haría obsoletas las consideraciones teóricas recogidas en su libro en cuestión de unas pocas horas.

El enfoque principal de la obra es desde el punto de vista comparado. El estudio de los problemas desde el ángulo del Derecho Europeo le permitió a la autora conocer mejor la situación venezolana y hacer los planteamientos de solución más adecuados a la realidad de su país. La profesora Madrid Martínez estudia el concepto de dinero como una realidad adaptable al mundo real y al virtual. Esta noción es fundamental para la orientación de su estudio. Por supuesto que esto la lleva a analizar la posición jurídica de los diferentes sujetos intervinientes en las operaciones de pago electrónico y de las relaciones que se constituyen entre ellos. Motivo de especial preocupación para la autora es la condición jurídica de los consumidores. Al tratarse de un tema que tiene que ver con los medios electrónicos de pago en el ámbito internacional, es decir, en su conexión con los ordenamientos jurídicos extranjeros simultáneamente vigentes, la exploración de los problemas clásicos del Derecho Internacional Privado y del Derecho Procesal Civil Internacional no podían faltar, valga decir, los problemas de derecho aplicable y de jurisdicción de tribunales son parte muy importante de su obra para los contratos paritarios y de consumo tanto en la Unión Europea como en Venezuela. El estudio de la profesora Madrid Martínez le permite concluir que, no obstante que las soluciones venezolanas son funcionalmente aplicables a los problemas considerados, sería muy deseable que el legislador venezolano se preocupara por dictar soluciones especiales. Un gran mérito que tiene el esfuerzo de la autora es que también recoge el fruto de su labor docente en la muy prestigiosa Maestría en Derecho Internacional Privado y Comparado de la Universidad Central de Venezuela. Al final del libro se inserta una «propuesta» de Normas sobre Medios Electrónicos de Pago constante de 49 artículos. Dicha «propuesta» fue elaborada por la profesora Madrid Martínez junto con quince destacados estudiantes de esa Maestría en el curso sobre «Medios Electrónicos de Pago en el Comercio Internacional», que la autora dictó en el primer semestre de 2014. El prologuista no puede sino expresar su deseo de que tan útil como seria propuesta sea discutida por los interesados y que una vez hechas las adecuaciones necesarias se convierta en realidad normativa.

La obra de la profesora Madrid Martínez es un estudio jurídico muy serio, disciplinado, que abarca con enfoque comparativo tanto los problemas de derecho material en el campo de las Obligaciones y en el área del Derecho Bancario y del Protección al Consumidor, como de derecho formal desde la óptica del Derecho Internacional Privado y del Derecho Procesal Civil Internacional. Con esto, la profesora Madrid Martínez demuestra sus grandes condiciones de genuina y auténtica jurista con igual solidez en las materias más complicadas. El prologuista desea alabar los resultados de la investigación de la autora y expresa sus votos para que ella continúe produciendo tan valiosos trabajos.

El libro que ahora presenta la profesora Madrid Martínez fue concebido en su idea matriz en la Universidad Central de Venezuela, en Caracas, cuando ella se preparaba para solicitar una beca de la *Alexander von Humboldt-Stiftung*, pero la investigación y el proceso de reflexión de sus ideas los desarrolló en el *Institut für internationales und ausländisches Privatrecht* de la *Universität zu Köln*. Tuve entonces la oportunidad de acompañar la elaboración de este libro a través de numerosas conversaciones con la autora que me permitieron participar en la preparación de los borradores de los capítulos y la concepción general de la obra. El texto elaborado inicialmente en Colonia finalmente se convirtió en el trabajo de ascenso a la categoría de profesor titular de la Universidad Central de Venezuela de la profesora Madrid Martínez, recibiendo del jurado nombrado al efecto la máxima calificación permitida por los reglamentos universitarios. El prologuista está muy gratamente impresionado por el *ethos* científico, la profundidad y la fortaleza del desarrollo del claro pensamiento de la autora para enfrentarse a los problemas examinados. Con este libro, que habrá de lograr la merecida atención internacional, su autora ha penetrado en muchos aspectos en terreno desconocido. Es una especial alegría para el Instituto de Derecho Internacional Privado y Derecho Privado Extranjero de la *Universität zu Köln* y para la Facultad de Ciencias Jurídicas de la misma Universidad que la profesora Madrid Martínez las haya hecho su segunda patria académica. ¡Felicitaciones a la autora de la exquisita obra prologada, quien es continuadora de una ya larga y fructífera tradición de intercambio jurídico Venezuela-Alemania!

En Colonia, noviembre de 2017.

Prof. Dr. Heinz-Peter Mansel
Director
Instituto de Derecho Internacional Privado
Derecho Privado Extranjero
Universität zu Köln

Índice

Contenido	Página
Prólogo	9
Abreviaturas	23
Introducción	27
Capítulo I. Nociones generales	37
A. Delimitación del concepto de medio de pago	37
1. Consideraciones generales	37
2. Definición legal del medio de pago. Especial referencia a la normativa europea	42
a. Punto previo: Necesaria referencia a la *Single European Payment Area* (SEPA)	42
a.1. Generalidades	42
a.2. Instrumentos de pago de la SEPA	51
a.2.1. Transferencias de crédito	51
a.2.2. Adeudo domiciliado o débito directo	52
a.2.3. Tarjetas de pago	54
b. Antecedentes de la regulación europea sobre medios electrónicos de pago	59
c. Definición de medio de pago en el marco de la Directiva 2015/2366	64
3. El concepto de medio de pago en el Derecho venezolano	75

B. El medio electrónico de pago. *E-payment* — 78
   1. Generalidades — 78
   2. Algunas definiciones legales — 84
      a. El desarrollo en la Unión Europea — 84
      b. Una breve mirada al caso de América Latina — 89
      c. Venezuela: algunos conceptos dispersos — 91
   3. Características que debería tener todo medio electrónico de pago — 95
      a. Seguridad — 96
      b. Anonimato — 97
      c. Convertibilidad — 98
      d. Facilidad de uso y aceptación — 98
      e. Escalabilidad y transferibilidad — 100
      f. Flexibilidad — 100
      g. Eficiencia — 100
      h. Integración y confiabilidad — 101
   4. Criterios de clasificación — 101
      a. Consideración del tipo de relación — 102
      b. Clasificación en función del componente necesario para realizar el pago — 103
      c. Criterio del volumen de la transacción — 104
      d. Consideración del tiempo requerido por la transacción — 105
      e. Intermediación — 105

C. El dinero electrónico como medio electrónico de pago por excelencia — 106
   1. Generalidades — 106
   2. El dinero electrónico en la Unión Europea — 111
   3. El dinero electrónico en América Latina — 117
   4. El dinero electrónico en Venezuela — 118

D. Diversas manifestaciones del dinero electrónico   120
  1. Punto previo: sistemas que el dinero electrónico puede adoptar en la práctica   120
      a. Sistema de creación   121
      b. Intervención de terceros   122
      c. Grado de privacidad   123
      d. Grado de transferibilidad del dinero electrónico   128
      e. Emisor del dinero electrónico   129
      f. Moneda en la que se expresa el dinero electrónico   129
      g. Soporte de almacenamiento   129
      h. Forma en que se almacena y presenta el importe del dinero   130
      i. Aplicaciones que pueden incorporarse al instrumento de pago   130
      j. Monto del pago   131
  2. Dinero electrónico en efectivo   132
      a. Definición   132
      b. Funciones y características del dinero electrónico   136
  3. Dispositivos de almacenamiento de dinero electrónico basados en un *hardware*   141
      a. Tarjetas inteligentes. El caso de la *Geldkarte* alemana   141
      b. *M-Payment*   148
  4. Dispositivos de almacenamiento de dinero electrónico basados en un *software*   161
      a. Tarjetas virtuales   163
      b. PayPal   163
      c. Criptomonedas   168
          c.1. Bitcoin   170
          c.2. Petro   178

E. La transferencia electrónica de fondos en la dinámica
de los medios electrónicos de pago   184

F. Internacionalidad   188
   1. Criterios de determinación de la internacionalidad del pago   189
   2. La internacionalidad del pago en el sistema venezolano
       de Derecho internacional privado   197

**Capítulo II. Relaciones jurídicas en torno a la relación
de un pago electrónico**   203

A. Sujetos intervinientes en la dinámica de los medios
de pago electrónico   203
   1. Prestadores de servicios de pago. Instituciones bancarias
       y no bancarias   203
       a. Prestadores de servicios de pago en la Unión Europea   205
          a.1. Los bancos   207
          a.2. Las entidades de dinero electrónico   209
          a.3. Las entidades de pago   211
          a.4. Críticas a la enumeración de la Directiva 2015/2366   213
       b. Los casos de Bolivia, Perú y Uruguay   217
       c. Prestadores de servicios de pago de acuerdo
          al Derecho venezolano   220
   2. Usuario de los servicios de pago. Consumidores
       y no consumidores   226
       a. Concepto general   226
       b. El consumidor como usuario de servicios de pago   228
       c. El caso del Derecho venezolano   234
   3. Aceptantes   239
   4. Prestadores de servicios vinculados a internet   240

B. Relaciones nacidas para el funcionamiento de los medios electrónicos de pago   249
  1. Relación entre el prestador del servicio de pago y el titular del mismo   251
    a. Emisión de dinero electrónico   252
    b. El caso de PayPal   259
    c. Particularidades en los *m-payments*   260
    d. Particularidades del sistema venezolano   266
  2. Relación entre el prestador del servicio de pago y el aceptante   270
  3. Contrato marco y operaciones de pago singulares   273
    a. El contrato marco   273
    b. Operaciones de pago singulares   275
  4. Obligaciones de las partes   276
    a. Obligaciones del prestador de servicios de pago   276
      a.1. Información en el contrato marco   276
        a.1.1. Información previa al contrato   276
        a.1.2. Información relativa a la ejecución de operaciones de pago   287
        a.1.3. Intervención del prestador de servicios de información sobre cuentas   287
      a.2. Información relativa a las operaciones singulares de pago   289
      a.3. La información en el marco del Derecho venezolano   292
      a.4. Obligaciones derivadas del uso del medio de pago electrónico   299
        a.4.1. Obligaciones generales   299
        a.4.2. Reembolso   301
      a.5. Obligaciones derivadas de la ejecución de la orden de pago   309
        a.5.1. Obligaciones del proveedor de servicios de pago del ordenante   311

   a.5.2. Obligaciones del prestador de servicios de pago
     del beneficiario   313
   a.5.3. Intervención del proveedor de servicios de pago
     gestor de cuentas   314
   a.5.4. Intervención del proveedor de servicios de iniciación
     de pagos   316
  b. Obligaciones del ordenante   317
   b.1. ¿Relación de consumo? Consecuencias   317
  c. Obligaciones del aceptante   324
  d. Modificaciones al contrato marco   325
  e. Terminación unilateral del contrato marco   326
  f. El contrato bancario en el Derecho venezolano   328
 5. Relación entre el titular del medio del pago y el aceptante   340
 6. Otras relaciones derivadas de la prestación de servicios
  de pago en internet   342

C. Responsabilidad civil derivada de la prestación de servicios de pago   343

 1. Punto previo: calificación de las prestaciones objeto
  del contrato de servicios   344
 2. Responsabilidad civil por la prestación de servicios de pago   353
  a. ¿Responsabilidad civil contractual o extracontractual?   354
  b. El problema de los contratos conexos   359
 3. Regulación de la responsabilidad en la Directiva 2015/2366   365
  a. Responsabilidad civil por incumplimiento, cumplimiento
   defectuoso o retraso en el cumplimiento   365
   a.1. Operaciones iniciadas por el ordenante   369
   a.2. Operaciones iniciadas por el beneficiario   376
   a.3. Responsabilidad de los prestadores de servicios
     de iniciación de pagos   378
   a.4. Daños resarcibles   379

b. Responsabilidad civil por operaciones no autorizadas	383
b.1. Responsabilidad civil del prestador de servicios de pago	384
b.2. Responsabilidad civil del ordenante de la operación de pago	387
4. Sistema venezolano	395
a. Escasez de normas especiales	395
b. Normas generales sobre la responsabilidad civil. Aplicación en materia de prestación de servicios de pago	399
c. Daños resarcibles	403
5. Cláusulas de responsabilidad	407
a. Generalidades	407
b. El caso de PayPal	419

Capítulo III. Régimen aplicable — 425

A. ¿Qué puede ser considerado un medio de pago válido? — 426
1. La voluntad de las partes — 426
2. Consideración del Derecho del lugar de cumplimiento de la obligación — 436

B. Problemas de Derecho aplicable en relación con la dinámica de los medios electrónicos de pago — 442
1. Derecho aplicable al contrato — 443
   a. Relaciones paritarias o *Business to Business* (B2B) — 443
      a.1. Reconocimiento de la autonomía de las partes — 443
      a.2. Derecho aplicable en ausencia de elección. Principio de proximidad — 453
      a.3. Consideración de la *Lex mercatoria*. Una diferencia notable entre los sistemas europeo e interamericano — 462
         a.3.1. La *Lex mercatoria* en el marco del Reglamento Roma I — 462

a.3.2. La *Lex mercatoria* en el marco de la Convención
de México 470
b. Relaciones de consumo: *Business to Consumer* (B2C) /
Consumer to Consumer (C2C) 476
   b.1. Los consumidores en el Derecho internacional
       privado europeo 480
   b.2. La realidad del sistema interamericano 484
2. Adecuación a las características de las relaciones que nacen
con ocasión del pago electrónico 492
   a. Contrato entre el emisor del medio de pago y su titular . . 492
      a.1. Autonomía conflictual limitada: contratos de consumo 499
      a.2. Derecho aplicable a falta de elección 505
          a.2.1. Derecho del prestador del servicio de pago 505
          a.2.2. Aplicación de la *Lex bancae* 511
          a.2.3. La labor de los bancos en la producción
                de *Lex mercatoria* 516
      a.3. Contratación electrónica 522
   b. Contrato de aceptación 530
   c. El contrato que da lugar al pago 532
      c.1. Calificación de la relación 532
      c.2. La operación de pago y el ámbito de aplicación
          de la *Lex contractus* 533
          c.2.1. El ámbito de aplicación de la *Lex contractus*
                en el Reglamento Roma I 533
          c.2.2. El ámbito de aplicación de la *Lex contractu*s
                en el sistema interamericano 538
          c.2.3. El problema del Derecho aplicable a la moneda 541
3. Contratos conexos 545
4. Normas de aplicación necesaria: el control de cambio 554
   a. Nociones generales 554
   b. El problema del control de cambio 568

C. Problemas de jurisdicción 583
1. Criterios atributivos de jurisdicción para relaciones
   contractuales paritarias 583
   a. La situación en la Unión Europea 583
   b. El sistema venezolano 592
      b.1. Codificación convencional 592
      b.2. Codificación estatal 599
   c. Aplicación de estos criterios en materia de medios
      electrónicos de pago 609
2. Criterios de jurisdicción aplicables las relaciones de consumo 613
   a. El caso de la Unión Europea 613
   b. El silencio del sistema venezolano 616
3. Procesos de escasa cuantía como una solución
   para los consumidores 621
   a. El caso europeo 622
      a.1. Antecedentes 622
      a.2. Reglamento 861/2007 627
   b. Las respuestas en el ámbito interamericano 633
4. Breves líneas sobre el consumidor ante el arbitraje 638
   a. Las iniciativas en la Unión Europea 640
      a.1. La Directiva 2013/11 640
      a.2. El Reglamento 524/2013 647
   b. Otro lamentable silencio en Venezuela 652
5. Dos experiencias en materia de medios electrónicos de pago:
   las cláusulas de PayPal y el caso de eBay 655
   a. El caso de PayPal 655
   b. El caso de eBay 665

Propuesta de Normas sobre medios electrónicos de pago 669

Conclusión 687

Bibliografía 693

Abreviaturas

SIGLAS	SIGNIFICADO
ACPS	Academia de Ciencias Políticas y Sociales
AHLADI	Anuario Hispano-Luso-Americano de Derecho Internacional
AA. VV.	Autores Varios
BACPS	Biblioteca de la Academia de Ciencias Políticas y Sociales
BoACPS	Boletín de la Academia de Ciencias Políticas y Sociales
CB	Tratado de Derecho Internacional Privado, Código Bustamante
CCom	Código de Comercio de Venezuela
CCV	Código Civil de Venezuela
CIDACI	Convención Interamericana sobre Derecho Aplicable a los Contratos Internacionales
CIDIP	Conferencia Especializada Interamericana de Derecho Internacional Privado
CINGDIP	Convención Interamericana sobre Normas Generales de Derecho Internacional Privado
CPCV	Código de Procedimiento Civil venezolano
CRBV	Constitución de la República Bolivariana de Venezuela
CSJ	Corte Suprema de Justicia
CSJ/SCC	Corte Suprema de Justicia, Sala de Casación Civil
CSJ/SPA	Corte Suprema de Justicia, Sala Político-Administrativa
ed.	Edición
Edit.	Editorial
EJEA	Editorial Jurídica Europa América
EJV	Editorial Jurídica Venezolana

FCJPUCV	Facultad de Ciencias Jurídicas y Políticas, Universidad Central de Venezuela
FDUCAB	Facultad de Derecho, Universidad Católica Andrés Bello
ICLQ	International & Comparative Law Quarterly
IPrax	Praxis des Internationalen Privat- und Verfahrensrechts
JPT/CSJ	Jurisprudencia de la Corte Suprema de Justicia, Oscar Pierre Tapia
JPT/TUI	Jurisprudencia de los Tribunales de Última Instancia, Oscar Pierre Tapia
JRG	Jurisprudencia de Ramírez & Garay
JTR	Jurisprudencia de los Tribunales de la República
LAC	Ley de Arbitraje Comercial
LDIPV	Ley de Derecho Internacional Privado venezolana
LDPABS	Ley para la Defensa de las Personas en el Acceso a los Bienes y Servicios
LGDJ	Librairie Général de Droit et Jurisprudence
LPCU	Ley de Protección al Consumidor y al Usuario
NJW	Neue Juristische Wochenschrift
N.°	Número
Nos.	Números
p.	Página
pp.	Páginas
R. des C.	Recueil des Cours de l'Académie de Droit International
RabelsZ	Zeitschrift für ausländisches und internationales Privatrecht
RC de DIP	Revue Critique de Droit International Privé
REDI	Revista Española de Derecho Internacional
reimp.	Reimpresión
RFCJPUCV	Revista de la Facultad de Ciencias Jurídicas y Políticas, Universidad Central de Venezuela
RFDUCAB	Revista de la Facultad de Derecho de la Universidad Católica Andrés Bello

Sent.	Sentencia
SUDEBAN	Superintendencia de Instituciones del Sector Bancario
T.	Tomo
TJUE	Tribunal de Justicia de la Unión Europea
Trad.	Traducción
TSJ	Tribunal Supremo de Justicia
TSJ/SC	Tribunal Supremo de Justicia, Sala Constitucional
TSJ/SCC	Tribunal Supremo de Justicia, Sala de Casación Civil
TSJ/SPA	Tribunal Supremo de Justicia, Sala Político-Administrativa
UCAB	Universidad Católica Andrés Bello
UCV	Universidad Central de Venezuela
Vol.	Volumen
ZAG	Gesetz über die Beaufsichtigung von Zahlungsdiensten

Introducción

> «*This new money is like a shadow.*
> *Its cool-gray shape can be seen but not touched.*
> *It has no tactile dimension, no heft or weight* [...]
> *Money is a phantom from the past, an anachronism.*
> *In its place, traveling the world incessantly without rest*
> *and nearly at the speed of light, is an entirely new form of money*
> *based not on metal or paper but on technology,*
> *mathematics and science…*»
>
> Henderson[1]

«Internet es un elemento clave de la llamada «sociedad de la información», pues facilita los más variados servicios electrónicos interactivos y la comunicación de todo tipo de informaciones (texto, sonido, imágenes, vídeo…)»[2]. En efecto, internet constituye el punto de cristalización del desarrollo que las nuevas tecnologías de la información y la comunicación han inducido en la forma de entender el desplazamiento de la acción macroeconómica hacia un sector terciario caracterizado ahora, justamente, por el factor información[3].

Definida como «… un entramado mundial de redes interconectadas entre sí de un modo que hace posible la comunicación instantánea o casi instantánea

---

[1] Henderson, Paul B. Jr., Modern Money, en: *Electronic fund transfers and payments: The public policy issues*, (E. Solomon, ed.), Boston, Kluwer Nijhoff Publishing, 1987, pp. 17 y ss., especialmente p. 17.

[2] De Miguel Asensio, Pedro, *Derecho privado de internet*, Madrid, Civitas, 4ª ed., 2011, p. 33.

[3] Zapkau, Florian y Axel Schwickert, *E-Payment-Systeme – Funktionsweise, Marktüberblick, Bewertung*, Gießen, Justus Liebig-Universität Gießen, Arbeitspapiere Wirtschaftsinformatik, 2006/4, pp. 15-16.

desde cualquier ordenador conectado a una de esas redes con otros situados en otras redes del conjunto, por lo que se trata de un medio de comunicación global»[4], desde su creación en 1969[5], Internet ha influido, sin duda alguna, en la forma de comunicarnos y de establecer relaciones.

Aparece así el término «sociedad de la información», con el objeto de describir –según reconoce Rico Carrillo– «… los cambios sociales económicos y de otra naturaleza derivados de la transición de una economía industrial (basada en la fabricación o en la producción en masa) a una basada en la información (especialmente información electrónica)…». Se trata, en opinión de la autora, de la aparición de un nuevo orden social fundamentado en la tecnología, en el que la información es la principal fuente de riqueza y el principio de la organización[6].

De esta realidad no escapa el mundo de los negocios. Tal como lo han expuesto Ross, Vitale y Weill, los negocios se han establecido en el mundo virtual y ello ha cambiado la naturaleza de las relaciones entre compradores y vendedores, el papel de las tecnologías de la información y el diseño de las estructuras y roles organizacionales. «*This process of leveraging strengths and disrupting habits underlies the migration to e-business —a mi-*

---

4   De Miguel Asensio, *Derecho privado de internet…*, ob. cit., p. 33. «Internet es un conjunto descentralizado de redes de comunicación interconectadas que utilizan la familia de protocolos TCP/IP, lo cual garantiza que las redes físicas heterogéneas que la componen funcionen como una red lógica única de alcance mundial». Ver: https://es.wikipedia.org/wiki/Internet (29.11.2016).
5   De manera general se reconoce que el origen de internet está en el llamado ARPANET (*Advanced Research Projects Agency Network*), una red experimental que fue desarrollada bajo los auspicios del Departamento de Defensa de Estados Unidos. La primera comunicación se produjo entre la UCLA y la Universidad de Stanford, por medio de una línea telefónica conmutada, el 21 de noviembre de 1969. Ver: https://es.wikipedia.org/wiki/Internet (29.11.2016).
6   Rico Carrillo, Mariliana, *Comercio electrónico, internet y Derecho*, Caracas, Bogotá, México, Buenos Aires, Lima, Santiago, Miami, Legis, 2ª ed., 2005, p. 3.

gration from market place to market space–»[7]. Cualquier estructura que se dedique hoy al comercio debe instalarse también en el espacio virtual.

Esta virtualización de los negocios no se limita, no obstante, a internet. En efecto, la realización de negocios virtuales supone la implementación de sistemas de *Electronic Data Interchange* (EDI), es decir, «... intercambio de datos en un formato normalizado entre los sistemas informáticos de quienes participan en las transacciones comerciales con reducción al mínimo de la intervención manual»[8]. Se trata, en definitiva, de «... la transmisión electrónica de información de una computadora a otra, estando estructurada la información conforme a alguna norma técnica convenida al efecto». Así lo reconoce el artículo 2,b de la Ley Modelo de la CNUDMI sobre Comercio Electrónico[9].

Este intercambio se lleva a cabo a través de redes abiertas a las que cualquiera puede tener acceso, como ocurre con internet, pero también a través de redes cerradas que, tal como su nombre lo sugiere, no están abiertas al público[10]. Swift es un buen ejemplo de sistemas cerrados. En efecto, la SWIFT –*Society for Worldwide Interbank Financial Telecommunication*– constituye un sistema interbancario de transmisión de datos, que

---

7   Ross, Jeanne, Michael Vitale and Peter Weill, *From place to space: migrating to profitable electronic commerce business models*, Cambridge, Center for Information Systems Research, WP, N.º 324, 2001, p. 1.
8   Julià Barceló, Rosa, *Comercio electrónico entre empresarios. La formación y prueba del contrato electrónico (EDI)*, Valencia, Tirant Lo Blanch, 2000, p. 38.
9   https://www.uncitral.org/pdf/spanish/texts/electcom/05-89453_S_Ebook.pdf (29.11.2016).
10 Así asume Rodner las definiciones de sistemas abiertos y sistemas cerrados. Ver: Rodner, James Otis, El negocio jurídico electrónico en Venezuela, en: *La regulación del comercio electrónico en Venezuela*, Caracas, BACPS, Serie Eventos N.º 16, 2001, pp. 17 y ss., especialmente p. 21.

funciona las 24 horas del día y ha constituido, desde su creación en 1973, un gran avance para las comunicaciones interbancarias[11].

Surge en este ambiente el comercio electrónico, definido por Owens como el medio a través del cual pueden comprarse y venderse mercaderías y servicios, haciendo uso de una red de transmisión de datos, en lugar de sistemas documentales o telefónicos. Se trata en definitiva del desarrollo de actividades económicas a través de las redes de telecomunicaciones y se basa, precisamente, en la transmisión electrónica de datos, incluyendo textos, sonidos e imágenes[12].

Ahora bien, en el mundo del comercio electrónico se intercambian bienes y servicios por un precio, con lo cual comienza también a nacer la necesidad de realizar pagos en el mundo virtual. Pagos que, en un primer momento, se realizan a través de medios tradicionales como las tarjetas en todas sus modalidades, pero cuyo desarrollo se ve minado por la desconfianza del comprador a la hora de introducir los datos de su tarjeta en una red abierta como internet. Esta desconfianza, aunada al desconocimiento mutuo de las partes contratantes, ha provocado el abandono de los medios de pago tradicionales en las operaciones electrónicas (transferencias bancarias, pago contra reembolso, etc.).

Así, las ventajas del comercio electrónico, tanto para el vendedor (celeridad, nuevas oportunidades de negocios, mayor clientela comercial, menos costos) como para el comprador (mayor capacidad de elección, mayor comodidad a la hora de realizar las operaciones, etc.), se ven mermadas por los ya conocidos problemas de seguridad que enfrenta internet.

---

11 Sobre la historia y funcionamiento de SWIFT, ver: Etzkorn, Jörg, *Rechtsfragen des internationalen elektronischen Zahlungsverkehrs durch S.W.I.F.T.*, Berlín, New York, Walter de Gruyter, 1991.

12 Owens, J., Electronic business: A business model can make the difference, en: *Management Services*, 2006, N.º 50, pp. 16 y ss., especialmente pp. 17-18.

Tengamos en cuenta que, en principio, no existe en el mundo virtual una garantía absoluta sobre la identidad de las personas, tampoco existe seguridad sobre la no intervención de un mensaje de datos por terceros no autorizados[13].

Comienza entonces a plantearse la necesidad de crear y desarrollar medios de pago especialmente diseñados para su uso en la red. La forma en la cual se manifiesta el medio de pago electrónico ha evolucionado de manera paralela al desarrollo de las nuevas tecnologías de la información y comunicación. En efecto, hay muchas formas de pago electrónico y tal como la tecnología se desarrolla, la gama de dispositivos y procesos para realizar transacciones electrónicamente sigue aumentando mientras que el porcentaje de las transacciones realizadas en efectivo o a través de cheques sigue disminuyendo.

No puede aún pensarse, sin embargo, en una absoluta sustitución de los medios tradicionales de pago por otros más innovadores. Si bien algunos, como ocurre con el cheque, se han ido dejando de lado hasta incluso desaparecer en algunos casos, las características específicas de otros medios tradicionales parecen imposibilitar su sustitución definitiva. En efecto, como bien reconoce Hartmann, la aparición de un medio de pago nuevo e innovador hace siempre pensar en la posible desaparición del dinero en efectivo, pero hasta el momento tal expectativa no ha dejado de ser algo prematura. Como ejemplo, la autora refiere el caso de la discusión planteada por John Fullarton en 1845, en relación con la sustitución de los billetes por cheques, lo cual se repitió a mediados del siglo XX con la aparición de la tarjeta de crédito o en la década de los 80 cuando se inició el uso de la tarjeta de débito y, actualmente, con el advenimiento del E-Money y los esquemas de pago a través de internet[14].

---

13 Martínez Nadal, Apol·lònia, *El dinero electrónico (aproximación jurídica)*, Madrid, Thomson Civitas, 2003, pp. 18-21.
14 Hartmann, Monika, E-Payments evolution, en: *Handbuch E-Money, E-Payment & M-Payment*, (T. Lammer, Herausgeber), Heildelberg, Physica-Verlag, 2006, pp. 7 y ss., especialmente pp. 8-9.

Ahora bien, se suele pensar que todo medio de pago que se desarrolla en internet tiene carácter electrónico. Sin embargo consideramos que la digitalización de un medio tradicional no supone, en sí mismo, un medio electrónico. Estos pueden presentar problemas desde el punto de vista formal, en el sentido que no se trata de un medio nuevo, sino de una nueva forma de utilización de un medio tradicional. Es lo que ocurre, por ejemplo, cuando se paga, con una tarjeta de crédito, a través de un portal de internet. Nuestro interés se orienta, más bien, por medios de pago desarrollados por y para internet. En ellos se centra esta investigación, la cual está compuesta por tres capítulos.

El primero de ellos está dedicado a los conceptos generales de la materia. Así, comenzamos con la delimitación del concepto de medio de pago en general. Para ello fue fundamental todo el desarrollo europeo en torno a la constitución de la *Single European Payment Area* (SEPA) y los instrumentos de pago que se utilizan en el marco de este sistema. También fue referencia obligada la Directiva 2007/64/EC del Parlamento Europeo y del Consejo de 13 de noviembre de 2007 sobre servicios de pago en el mercado interior, hoy sustituida por la Directiva (UE) 2015/2366 del Parlamento Europeo y del Consejo de 25 de noviembre de 2015.

A partir de la normativa y la experiencia europea y de las escasas normas que sobre la materia contiene el Derecho venezolano, construimos un concepto de medio de pago válido para nuestro sistema. Así, hemos tomado como punto de partida al dinero como un valor que satisface el derecho de crédito, para luego definir a los medios o instrumentos de pago –nociones sinónimas– como los documentos o dispositivos a través de los cuales se expresa y transmite ese valor.

Partiendo de este concepto general, hemos analizado el concepto de medio electrónico de pago, descartando la idea común de que un medio electrónico constituye una mera digitalización de los medios de pago tradicionales.

De manera que el medio electrónico de pago ha sido definido como la transferencia de un valor desde el pagador al beneficiario a través de un mecanismo de *e-payment*. Esta definición incluye los pagos al por menor —o pagos *Business-to-Consumer* (B2C)— y los pagos entre consumidores —o pagos *Private-to-Private* (P2P) o *Consumer-to-Consumer* (C2C)— así como la adopción de servicios bancarios «tradicionales» —transacciones electrónicas entre un banco y sus clientes, por ejemplo, para iniciar transferencias de créditos o autorizar débitos directos.

También hemos procurado establecer cierto paralelismo entre el dinero tradicional y el dinero electrónico, en el sentido que ambos expresan un valor capaz, entre otras cosas, de extinguir obligaciones pecuniarias. Y al igual que ocurre con el dinero, el valor representativo del dinero electrónico se encuentra almacenado en un medio o instrumento de pago, bien en un dispositivo físico, como la tarjeta inteligente, la memoria de una computadora o un teléfono móvil, bien en un *software* de computadora.

En esta parte del trabajo hemos analizado las condiciones y los requisitos de los medios electrónicos de pago, así como sus criterios de clasificación, atendiendo, principalmente, al tipo de relación, los componentes necesarios para realizar el pago, el volumen de la transacción, el tiempo que transcurre entre el momento en que se da la orden de pago y el momento en que se hace el débito en la cuenta del pagador, la participación de terceras partes de confianza y la interacción entre el pagador y el beneficiario.

Luego nos hemos centrado en el dinero electrónico como medio de pago electrónico por excelencia, haciendo un análisis de su consideración en la Unión Europea y en Venezuela. Teniendo claro el concepto de dinero electrónico como un valor que se expresa y transmite electrónicamente a través de diversos medios de pago que serán, en consecuencia, electrónicos y en los cuales puede además almacenarse ese valor, hemos analizado sus diversas manifestaciones. El capítulo I termina con una referencia al carácter internacional del pago y a las consecuencias de este elemento, al cual volvemos en el capítulo III.

El capítulo II, por su parte, está dedicado al análisis de los sujetos que intervienen en la dinámica de los medios electrónicos de pago, para luego analizar las diversas relaciones que se establecen entre ellos. En tal sentido, nos hemos centrado en las tres figuras principales: el prestador de servicios de pago, el usuario y el aceptante de los mismos. Todos han sido analizados desde el punto de vista del Derecho europeo y el Derecho venezolano.

Para el estudio de las relaciones que nacen entre estos sujetos, hemos partido de tres vínculos fundamentales. En primer lugar, la relación entre el prestador del servicio de pago y el titular del mismo, en la cual hemos considerado la emisión de dinero electrónico, el caso de PayPal y las particularidades en los *m-payments*. En segundo lugar, la relación entre el prestador del servicio de pago y el aceptante. Estas dos primeras relaciones han sido también estudiadas a través de la figura del contrato marco y las operaciones de pago individuales, consagradas por la Directiva 2015/2366 y del contrato bancario en el Derecho venezolano. Finalmente, hemos analizado la relación entre el titular del medio del pago y el aceptante.

Este capítulo cierra con el análisis de la responsabilidad civil derivada de la prestación de servicios de pago. Para ello hemos estudiado la calificación de las prestaciones objeto del contrato de servicios y la responsabilidad que, en general, se deriva de su incumplimiento o cumplimiento defectuoso. Luego hemos analizado las normas que regulan la materia en la Directiva 2015/2366 y la aplicación de las normas generales de responsabilidad civil en el marco del Derecho venezolano.

Finalmente, el capítulo III está dedicado al régimen aplicable a los medios electrónicos de pago. El mismo está divido en tres partes. La primera dedicada a responder a la interrogante sobre el Derecho aplicable a la determinación de lo que puede ser considerado como un medio de pago válido. Allí hemos explorado la función de la voluntad de las partes y las limitaciones impuestas por el Derecho del lugar de pago.

En segundo lugar, hemos planteado los problemas de Derecho aplicable en relación con la dinámica de los medios electrónicos de pago. Esta parte del trabajo se divide a su vez en dos secciones. En la primera, con carácter introductorio, exponemos lo relativo al Derecho aplicable a los contratos internacionales, tomando en cuenta, principalmente, el Reglamento Roma I, la Convención Interamericana sobre Derecho Aplicable a los Contratos Internacionales y la Ley venezolana de Derecho Internacional Privado. Tal análisis se hace considerando tanto las relaciones paritarias como las relaciones de consumo.

La segunda sección se dedica a medir la adecuación de estas normas generales a las características de las relaciones que nacen con ocasión del pago electrónico. Ello, debido a la inexistencia de normas especiales. En esta parte volvemos a considerar las tres relaciones esenciales para el funcionamiento de los medios de pago: el contrato con el titular del medio de pago; el contrato de aceptación, y el contrato que da lugar al pago. Finalmente, hacemos una breve referencia a las normas de aplicación necesaria y el control de cambio, debido a la situación que actualmente atraviesa el sistema venezolano.

La tercera parte de este capítulo está dedicada a los problemas de jurisdicción. De manera similar a como procedimos con el Derecho aplicable, analizamos, en primer lugar, los criterios generales de jurisdicción en materia patrimonial, con especial atención en las cláusulas de elección de foro, para luego examinar su concreta aplicación en materia de medios electrónicos de pago. Finalmente, hemos hecho un breve análisis de los procesos de escasa cuantía aplicados a la resolución de las controversias que se pueden plantear con ocasión de los pagos hechos a través de medios electrónicos.

Antes de llegar a una conclusión que de alguna manera sintetice este recorrido y evalúe el impacto de los medios electrónicos de pago sobre los medios tradicionales, hemos querido presentar una propuesta para la regulación de estos instrumentos en Venezuela, sobre la base de la experiencia europea y las características propias del sistema venezolano. Para ello contamos con la invalorable colaboración de los estudiantes de la Maestría en Derecho Internacional Privado y Comparado de la Universidad Central de Venezuela, que participaron en el curso «Medios electrónicos de pago en el comercio internacional», que impartimos en el semestre 2014 II.

Con esta propuesta buscamos poner de manifiesto la actualidad de este tema y la necesidad de que el Derecho se ocupe del mismo. Se trata de una realidad de la que no podemos escapar, una realidad producto del desarrollo natural del mundo moderno y a la que el Derecho no puede dar la espalda. El silencio no puede ser la respuesta. Nuestra intención, sin embargo, lejos de pretender aportar soluciones definitivas al tema, es dar a conocer nuestros planteamientos y discusiones y que ellos sirvan de base para una fructífera discusión sobre un tema que está en pleno desarrollo.

Capítulo I
Nociones generales

A. Delimitación del concepto de medio de pago

1. Consideraciones generales

Cuando se hace referencia a los medios de pago, generalmente se les define por oposición al dinero en efectivo. De manera que medio de pago sería el sustituto del dinero en efectivo que se utiliza para el cumplimiento de una obligación pecuniaria. Aunque este es el concepto que manejaremos a lo largo de esta investigación, no debemos dejar de reconocer que esta forma de entender el medio de pago es bastante cercana a la noción que de instrumento de pago sostienen algunos autores. Por ello debemos hacer algunas precisiones.

Aunque, ciertamente, no es común que la doctrina jurídica admita y determine una clara distinción entre los conceptos de medio e instrumento de pago hay, no obstante, algunas excepciones. Carrascosa González, por ejemplo, distingue ambas nociones afirmando que los medios de pago son los mecanismos que permiten a un deudor saldar sus deudas frente al acreedor, es decir, satisfacer pagos corrientes derivados de sus operaciones comerciales; mientras que los instrumentos de pago son las formas materiales bajo las cuales se lleva a cabo el pago, es decir, la letra de cambio, el pagaré, el cheque, el giro postal y el bancario, el dinero en metálico, etc.[15].

---

15 El propio autor añade el concepto de «técnicas de pago» para referirse a los métodos o sistemas básicos de realización del pago, la estructura profunda del mismo. Todo medio de pago supone un modo concreto de realización de una o varias técnicas de pago, como el pago mediante intermediario bancario, pago contra documento,

Sin embargo, al emprender su estudio titulado «medios de pago», el autor se dedica al análisis de lo que él ha definido como «instrumentos de pago».

También Rico Carrillo parece admitir cierta distinción entre estos conceptos, pero con una diferencia en relación, justamente, a la consideración del dinero en efectivo. En efecto, en su opinión medio de pago «... es todo aquello que sirve para el cumplimiento de la obligación», lo cual incluye el pago en especie o pago con metálico; mientras que el instrumento de pago solo haría referencia a los dispositivos o documentos que permiten realizar el pago, sin recurrir al dinero de curso legal. La autora se refiere a las tarjetas como ejemplo de dispositivos, mientras que cheques y letras de cambio serían ejemplo de documentos. Luego, a pesar de establecer esta diferenciación, Rico Carrillo admite que usará ambas expresiones como sinónimos, «... en el entendido que tanto los medios de pago como los instrumentos de pago son mecanismos que tienen por finalidad facilitar el cumplimiento de las obligaciones»[16].

Como hemos afirmado antes, lo cierto es que buena parte de la doctrina jurídica considera como sinónimos los conceptos de medio de pago e instrumento de pago[17], definiéndolos, justamente, en contraposición al dinero en efectivo. De hecho, hay quien llega a entender al medio de pago

---

pago directo sin intermediario, etc. Ver: Carrascosa González, Javier, Medios de pago internacionales, en: *Contratos internacionales* (A. Calvo Caravaca y L. Fernández de la Gándara, Dirs.; P. Blanco-Morales Limones, Coord.), Madrid, Tecnos, 1997, pp. 732 y ss., especialmente p. 732. Esta distinción también es seguida por Noodt Taquela, María Blanca, Adriana Verónica Villa y Jorge Albornoz, Capítulo 27. Medios de pago, en: AA. VV., *Derecho internacional privado de los Estados de Mercosur* (D. Fernández Arroyo), Buenos Aires, Zavalia, 2003, pp. 1123 y ss., especialmente p. 1124.

16 Rico Carrillo, Mariliana, *El pago electrónico en internet: estructura operativa y régimen jurídico*, Pamplona, Thomson Reuters Aranzadi, 2012, p. 50.

17 Favre-Bulle, Xavier, *Les paiements transfrontières dans un espace financier européen*, Basle, Helbing & Lichterbahn, 1998, p. 12.

como un «instrumento», denominado en una moneda convertible, que se utiliza para saldar las deudas que tienen su origen en operaciones comerciales[18] o, incluso, como un «bien» susceptible de ser aplicado al cumplimiento de las obligaciones[19].

La distinción entre medio de pago e instrumento de pago tiene sus raíces, sin duda, en una concepción económica del dinero. En efecto, la doctrina económica ha entendido que el único medio de pago es el dinero, bien sea como moneda de curso legal o como moneda fiduciaria, ya que este es el valor del crédito que es transferido, y los cheques, las tarjetas, las transferencias o los monederos electrónicos son simplemente los instrumentos –los vehículos– que sirven para la circulación del medio de pago[20].

Esta consideración del dinero en efectivo como el único medio de pago puede tener que ver con la poco clara definición que suele darse al dinero través de las funciones que este está llamado a cumplir y que viene, precisamente, del mundo económico. En efecto, más allá de la definición restringida del dinero según la cual este es lo que un Estado determinado defina como tal, lo cual lo confunde con lo que es moneda de curso legal, se ha afirmado que el dinero desempeña tres funciones: como medio de pago, como medida de valor o como riqueza. Que el dinero sea un medio de pago implica que este será entendido como todo aquello que, con fundamento legal, sirve para satisfacer una obligación pecuniaria, de manera que «... el acreedor recibe dinero, si puede usar lo que recibe como

---

18 Pardo Lidón, Francisco José, *Medios de cobro y pago en el comercio internacional*, Alicante, Servicio de Publicaciones de la Universidad de Alicante, 2004, p. 31.
19 Martínez Cerezo, Antonio, *Medios de pago internacionales*, Madrid, Ediciones Pirámide, 1974, p. 32.
20 Mavromati, Despina, *The Law of payment services in the EU. The EC Directive on Payment Services in the Internal Market*, The Netherlands, Kluwer Law International, 2008, p. 146. Ver también: Mateo Hernández, José Luis, *El dinero electrónico en internet*, Granada, Comares, 2005, pp. 59-60.

dinero...»[21]. Entendido así, el dinero es mucho más que moneda de curso legal, que efectivo, y admitiría la inclusión en este concepto de todos los instrumentos representativos de un valor pecuniario. Así las cosas, no es lo mismo afirmar que el dinero *es* medio de pago que afirmar que el dinero *sirve* como medio de pago[22].

No debe asimilarse, en todo caso, el dinero en efectivo con el valor que este representa, el cual, además de en el papel moneda, puede estar almacenado en otro documento o dispositivo. Visto así, el verdadero medio de pago, en el sentido de su capacidad para satisfacer el derecho del acreedor y extinguir la obligación, sería justamente ese valor, de manera que cuando el mismo se encuentre en la esfera patrimonial del acreedor habrá cumplido su función. El vehículo o instrumento a través del cual se produce el desplazamiento patrimonial puede ser el efectivo u otro documento o dispositivo[23].

A los efectos de este trabajo, y sin perjuicio de una nueva delimitación del concepto que haremos al definir los medios electrónicos de pago, hemos de entender el dinero como ese valor que satisface el derecho de crédito[24] y los medios o instrumentos de pago –nociones sinónimas– como los documentos o dispositivos a través de los cuales se expresa y transmite ese valor.

---

21 Así: Rodner, James Otis, *El Dinero. Obligaciones de dinero y de valor. La inflación y la deuda de en moneda extranjera*, Caracas, ACPS, 2.ª ed., 2005, pp. 201-203.
22 «*Geld ist also nur eines der möglichen Zahlungsmittel. So gesehen ist die Definition "Geld ist Zahlungsmittel"' überaus schwammig. Man vermisst in ihr das Spezifische am Geld. Besser würde man sagen: "Geld dient als Zahlungsmittel"- als eines von vielen*». Ver: Eckardt, Dietrich, *Was ist Geld? Strukturen, Möglichkeiten und Grenzen des Treibstoffs moderner Kreditgeldwirtschaften*, Wiesbaden, Springer Gabler, 2013, p. 20.
23 Resulta en este sentido interesante la disposición contenida en el artículo 1.445 del Código Civil español, el cual se refiere a la obligación del comprador de pagar el precio «en dinero o signo que lo represente».
24 Tal vez coincide nuestra concepción con el concepto de dinero de Eckart y que, según el propio autor, puede resultar poco sencillo de aceptar. En su opinión, «*Geld ist die Gesamtheit der quantitativ bewerteten und symbolisch vergegenständlichten Tilgungsversprechen*». Ver: Eckardt, *Was ist Geld?*..., ob. cit., p. 22.

Excluiremos, sin embargo, por razones metodológicas y para ajustarnos a la concepción mayoritaria, el dinero en efectivo, de manera de limitarnos a los sustitutos del mismo en el cumplimiento de las obligaciones pecuniarias, especialmente, como analizaremos *infra*, aquellos que pueden calificarse como electrónicos.

En todo caso, tal forma de entender los medios o instrumentos de pago, nos conduce a pensar en la amplísima gama de formas que estos podrían adoptar. Desde los más tradicionales, como el cheque, las tarjetas de pago en todas sus modalidades –débito, crédito, prepago–, las transferencias bancarias; pasando por aquellos medios desarrollados en el mundo del comercio internacional, como el crédito documentario, las cartas de crédito *standby*, las remesas simples y documentarias, el débito directo, hasta aquellos que han venido desarrollándose a partir de las nuevas tecnologías, como el dinero electrónico almacenado en tarjetas inteligentes, en programas de computadoras e, incluso, en el teléfono móvil[25].

Estos sustitutos suelen requerir, en buena parte de los casos, la celebración de contratos, previos o paralelos, distintos de aquel cuyo precio están destinados a satisfacer e incluso pueden llegar a configurar documentos mercantiles con cierta autonomía, como ocurre, por ejemplo, con el crédito documentario. Por ello es necesario, y a ello volveremos *infra*, que sean

---

25 Resulta interesante la distinción hecha por Wéry. En su opinión, el dinero en efectivo –monedas y billetes– conformarían el llamado dinero fiduciario, compuesto por «... *pièces qui trouent nos poches et des billets qui garnissent nos portefeuilles*...». Al lado de este, vinculado históricamente al nacimiento de los bancos y a la necesidad de desmaterializar la moneda, el autor hace referencia al dinero escritural. Este último permite la rápida movilización de valores y su circulación de manera segura. Usando como ejemplo el caso de Bélgica, el autor refiere que en 1990, la moneda escritural representaba el 63,3 % del total de la masa monetaria belga, cifra que aumentó a 89,7 % en 2001, lo cual refleja de alguna manera la evolución en toda Europa. Ver: Wèry, Étienne, *Paiements et monnaie électroniques. Droits européen, français et belge*, Bruxelles, Larcier, 2007, pp. 14-15.

aceptados por ambas partes para que puedan ser efectivos en la extinción de la obligación.

2. Definición legal del medio de pago. Especial referencia a la normativa europea

a. Punto previo: Necesaria referencia a la *Single European Payment Area* (SEPA)

a.1. Generalidades

Históricamente, el mercado de pagos en Europa estuvo organizado por cada Estado, lo cual generó mercados con competencias limitadas y proveedores verticalmente integrados. Tales soluciones nacionales no eran operativas de manera transfronteriza, y resultaban incompatibles con la visión de un mercado interno de pagos a nivel europeo. Durante el Consejo Europeo extraordinario celebrado en 2000 en la ciudad de Lisboa, se planteó como una meta para el año 2010, convertir a la Unión Europea en la economía más competitiva y dinámica del mundo, basada en el conocimiento. La realización de esta meta pasaba, necesariamente, por la integración de los mercados financieros y la coordinación de las políticas macroeconómicas[26].

El propio Banco Central Europeo destacó la necesidad de armonizar los instrumentos de pago dentro de la Eurozona, de manera que esta se convirtiera en un gran mercado doméstico para los pagos, en la *Single European Payment Area* (SEPA)[27], cuyo primer paso se dio en 2001, con la aprobación del Reglamento N.º 2560/2001 del Parlamento Europeo y del Consejo, de 19 de diciembre de 2001, sobre los pagos transfronterizos en euros[28].

---

26 http://europa.eu/legislationsummaries/educationtrainingyouth/generalframework/c10241es.htm (29.11.2016).
27 Ver: Temmerman, Marc, The internal market for payments: Unfulfilled promise or key to a truly efficient European payments market?, en: *Journal of Payments Strategy & Systems*, 2010, Vol. 4, N.º 2, pp. 116 y ss., especialmente pp. 116-117.
28 http://europa.eu/legislationsummaries/other/l33223es.htm (29.11.2016).

Con este instrumento normativo se buscó establecer «... reglas sobre los pagos transfronterizos en euros con el objeto de garantizar que las comisiones por dichos pagos sean las mismas que las de los pagos en euros efectuados en el interior de un Estado miembro» (art. 1). El primer paso fue, entonces, equiparar las comisiones a cobrar por pagos internos y por pagos transfronterizos intraeuropeos.

Un segundo paso fundamental para la implementación de la SEPA fue, sin duda, la creación en 2002 del Consejo Europeo de Pagos. Este organismo, integrado por bancos, comunidades bancarias e instituciones de pago y, de alguna manera, por el Banco Central Europeo que participa como observador en todos los grupos de trabajo y en el plenario, se autodefine como un centro de decisión y de coordinación para la industria bancaria europea en su trabajo con medios de pago[29]. Desde el inicio, el Consejo se propuso apoyar y promover la SEPA, para lo cual ha venido desarrollando planes y sistemas de pago que contribuyen a realizar un mercado integrado de pagos en euros. En particular, ha definido posiciones comunes para un espacio de cooperación de los servicios de pago[30]. Durante el segundo semestre de 2014, el Consejo enfrentó un proceso de reestructuración, de manera de adaptarse a los nuevos desafíos y contribuir de mejor manera al funcionamiento de la SEPA[31].

---

29 El Consejo Europeo de Pagos es reconocido como un organismo que contribuye a la autoregulación en materia bancaria, lo cual se evidencia en los estándares que, según veremos, ha elaborado para los tres principales medios de pago que funcionan en su ámbito: las transferencias, las domiciliaciones y las tarjetas. En este sentido: Pieters, Emmanuel y Véronique Broekaert, Les services de paiement: l'autorégulation, la directive et la loi – Vue d'ensemble, en: *Betalingsdiensten. De nieuwe Regelgeving onder de loep genomen / Services de paiement. La nouvelle réglamentation passée au crible*, Limal, Antwerpen –Oxford, Anthemis s.a., Intersentia, 2011, Cahiers AEDBF / EVBFR-Belgium, pp. 11 y ss., especialmente pp. 12-13.

30 http://www.europeanpaymentscouncil.eu/content.cfm?page=whatisepc (29.11.2016).

31 «*With migration to harmonised SEPA payment schemes in the euro area complete, the European Payments Council (EPC) resolved in October 2014 to adapt its current structure*

En efecto, con la SEPA, el Consejo Europeo de Pagos se propone equiparar todas las operaciones en euros, independientemente del lugar de procedencia o el lugar de destino del pago, con lo cual los pagos domésticos y los pagos transfronterizos, al menos entre Estados participantes de la Zona Euro, se considerarán en un plano de igualdad. En definitiva, este sistema busca integrar el pago doméstico al ensamble de la Zona Euro[32], yendo más allá de la simple equiparación de las comisiones generadas por esas operaciones[33]. Así las cosas, los agentes económicos podrán hacer

---

to further enhance governance and stakeholder involvement. The primary objective of this process is to ensure that the EPC continues to be best equipped to perform its main task, i.e. to manage the SEPA Credit Transfer (SCT) and SEPA Direct Debit (SDD) Schemes, in an efficient and transparent manner. With this objective in mind, the EPC will create several new bodies responsible for managing the administration and evolution of the SCT and SDD Schemes. The EPC carries out the scheme management function subject to legal and regulatory conditions defined by the European Union (EU) authorities… Considering that the EU authorities driving the SEPA process have clarified that migration to harmonised SEPA payment schemes does not conclude this EU integration project, the adjusted EPC structure will also facilitate developing positions on behalf of EPC members, representing payment service providers, vis-à-vis the EU institutions, public authorities, international organisations, and the general public on European payment issues as well as on policies, legislation and regulations impacting payments. The new EPC governance model will become operational in the first quarter of 2015. SEPA remains a work in progress. The EPC is ready and looks forward to making the next steps in the SEPA process in close dialogue with all stakeholders». En: Santamaría, Javier, European Payments Council 2.0: with SEPA Migration (Euro Area) Complete, the EPC Adapts its Structure to Further Enhance Governance and Stakeholder Involvement, en: *EPC Newsletter,* Issue 24 - October 2014, (http://www.europeanpaymentscouncil.eu/index.cfm/newsletter/article/?articles_uuid=898741EA-5056-B741-DBDAE885C76AEDAE [29.11.2016]).

32 Wèry, *Paiements et monnaie électroniques…,* ob. cit., p. 27.

33 En tal sentido, Schaefer ha afirmado que «*The vision behind the project is to make disappear the distinction between domestic and cross-border payments in the Euro area. As basic transaction services are affected, the scale of the SEPA project is large and may be compared to the transition process from national currencies to a single common currency*». Ver: Schaefer, Guido, An Economic analysis of the Single Euro Payments Area (SEPA), en: *FIW Working Paper,* January 2008, N.º 11, pp. 1 y ss., especialmente p. 3.

y recibir pagos en euros, en las mismas condiciones y con los mismos derechos y obligaciones, independientemente de su ubicación, y tales pagos podrán ser calificados como internacionales[34].

El objetivo fundamental de la SEPA es, tal como lo reconoce el Banco Central Europeo, crear un mercado de pequeños pagos integrado, competitivo e innovador en el que todos los pagos en euros, sin efectivo, se realicen íntegramente de forma electrónica, lo cual será beneficioso, desde luego, para todos los participantes del mercado[35]. De allí la importancia de la SEPA para este trabajo.

Siendo los bancos de la Zona Euro, actores fundamentales para el diseño, implementación y funcionamiento de la SEPA, su compromiso se vio plasmado en el *White Paper*, «*Euroland: Our Single Payment Area*», publicado en mayo de 2002, el cual recogió las conclusiones de la reunión celebrada en Bruselas entre el 25 y el 26 de marzo de ese año. En este instrumento, las cuarenta instituciones participantes analizaron la situación tal como estaba planteada en ese momento histórico y establecieron una visión clara de las tendencias a seguir y de las metas a alcanzar, luego se desarrollaron recomendaciones a seguir para alcanzar esas metas y se acordaron algunos pasos prácticos para poner en funcionamiento el sistema[36].

---

34 A pesar de sus connotaciones económicas, «... *SEPA is a political idea. It is the idea of an integrated electronic euro payment market for more than 510 million people and over 20 million companies throughout the European Union (EU) and Switzerland. To realise that vision a regulatory framework provided by the EC and a self-regulatory approach provided by the European banks through the European Payments Council (EPC) is needed in order to remove national barriers and thus enhance the competitive environment and decrease costs and prices*». Ver: Schuck, Manfred y Benjamin Syrbe, The impact of SEPA on domestic markets and the future for emerging pan-European infrastructures, en: *Journal of Payments Strategy & Systems*, 2008, Vol. 2, N.º 4, pp. 370 y ss., especialmente pp. 371.
35 https://www.ecb.europa.eu/pub/pdf/other/sepabrochure2009es.pdf (29.11.2016).
36 http://www.europeanpaymentscouncil.eu/knowledgebankdetail.cfm?documentsid=20 (29.11.2016).

En todo caso, debido a la dificultad para la armonización de los diversos sistemas que supone la SEPA, su implementación ha transitado al menos tres etapas. Una primera fase que, iniciada en 2004, incluyó el diseño de los nuevos esquemas de transferencias y débitos directos, así como el inicio de la elaboración del marco para las tarjetas de pago y para las infraestructuras de compensación y liquidación. También en esta fase se trabajó en los requisitos de seguridad. La segunda fase, la de implantación, se extendió entre mediados del 2006 y finales de 2007. Durante esta etapa se llevaron a cabo todos los preparativos para la implantación de los nuevos instrumentos de pago, estándares e infraestructuras SEPA. Además se hicieron pruebas de funcionamiento para una efectiva transición a la SEPA, por parte de las entidades bancarias, operadores de infraestructuras, administraciones públicas, empresas y otros usuarios.

En enero de 2008 comenzó la última fase, la fase de migración, durante la primera parte de la cual los esquemas nacionales de pago coexistieron con los de la SEPA, de manera que los clientes pudieron elegir entre uno u otro grupo para hacer o recibir sus pagos. Así, la migración a la SEPA ha sido gradual y no exenta de dificultades técnicas. De hecho, en principio, la SEPA estaría completamente implementada para el año 2010, fecha que luego se prorrogó hasta los últimos meses de 2012 y, finalmente, la migración se verificó el 1 febrero de 2014, aunque persistieron algunas exenciones que perdieron validez el 1 de febrero de 2016. Además, para los países de la Zona Euro, cuya moneda no es el euro, la SEPA estará en funcionamiento el 31 de agosto de 2016. En todo caso, con el sistema en pleno funcionamiento, los clientes ya no podrán disponer de los actuales esquemas nacionales de transferencias y débitos directos o sus equivalentes.

Ahora bien, desde el punto de vista normativo, debemos destacar que, debido a la variedad de partes que intervienen en la implementación de la SEPA, este sistema constituye un excelente ejemplo de coregulación donde las normas formales y otras formas de ordenación comparten roles, en una interacción entre *Hard Law* y *Soft Law*[37]. Lo interesante de esta coexistencia de fuentes es que ha permitido la expansión de la SEPA. En efecto, con la intervención del Consejo Europeo de Pagos, en la elaboración de los estándares interbancarios, denominados *Rulebooks*, no solo han participado los bancos de Estados que forman parte de la Unión Europea, sino también los de los Estados del Espacio Económico Europeo y de Suiza, con lo cual la SEPA se extendió a 32 Estados, un espacio con más de 25 millones de empresas, cerca de 9000 instituciones bancarias y más de 500 millones de habitantes[38].

Por su parte, dentro de las fuentes «formales», además del Reglamento 2560/2001, destaca la Directiva 2007/64/CE del Parlamento Europeo y del Consejo de 13 de diciembre de 2007 sobre servicios de pago en el mercado interior[39]. Esta Directiva fue revisada y derogada por la Directiva (UE) 2015/2366 del Parlamento Europeo y del Consejo de 25 de noviembre de 2015 sobre servicios de pago en el mercado interior y por la que se modifican las Directivas 2002/65/CE, 2009/110/CE y 2013/36/UE y el Reglamento (UE) no 1093/2010 y se deroga la Directiva 2007/64/CE[40].

Aunque el objetivo general de la Directiva 2007/64 fue facilitar la implementación de la SEPA, algunos autores estimaron que este objetivo no se cumplía, pues la Directiva estaba más bien enfocada en la protección de los usuarios de

---

37 Wèry, *Paiements et monnaie électroniques...*, ob. cit., p. 26.
38 Dietze, Doris, Michael Findeisen y Stefan Werner, §§ 1-7 ZAG: Begriffsbestimmungen, Anwendungsbereich, Zweifelsfälle, Aufsicht, Zahlungssysteme, en: *Kommentar zum Zahlungsverkehrsrecht. Praxiskommentar zum Zivil- und Aufsichtsrecht des Zahlungsverkehrs*, (J. Ellenberger, M. Findeisen, G. Nobbe, Herausgeber), Heidelberg, Finanz Colloquium Heidelberg, 2. Auflage, 2013, pp. 3 y ss., especialmente pp. 19-20.
39 http://eur-lex.europa.eu/LexUriServ/LexUriServ.do?uri=OJ:L:2007:319:0001:0036:ES:PDF (29.11.2016).
40 http://eur-lex.europa.eu/legal-content/ES/TXT/PDF/?uri=CELEX:32015L2366&from=ES (29.11.2016).

los servicios de pago en su condición de consumidores[41]. Su sucesora, a pesar de no abandonar la protección de los usuarios de los servicios de pago, ciertamente profundiza en la regulación vinculada a los prestadores de servicios de pago y amplía, según veremos, su ámbito de aplicación, de manera de incluir medios de pago que eran excluidos en el marco de su antecesora.

También debemos mencionar el Reglamento (UE) N.º 260/2012 del Parlamento Europeo y del Consejo de 14 de marzo de 2012 por el que se establecen requisitos técnicos y empresariales para las transferencias y los adeudos domiciliados en euros, y se modifica el Reglamento (CE) N.º 924/2009[42].

Ahora bien, la doctrina ha reconocido que con la implementación de la SEPA se puede esperar que los diversos sistemas de pago aumenten su eficiencia, mejoren la competencia y se fomente la innovación y la creación de nuevos servicios. Un aumento en la competencia reduciría los costos de los servicios bancarios y de las transacciones transfronterizas[43]. Sin embargo, también se han señalado riesgos en diversos órdenes.

En tal sentido, Wéry estima que hay riesgos financieros vinculados a las grandes inversiones que deben hacer las instituciones que prestan servicios

---

[41] Burns, por ejemplo, ha afirmado: «*Looking critically at the PSD, it can be seen that the number of provisions which are essential to the launch of SEPA is, in reality, very small, focusing mainly on refund and revocation rights. The majority of the provisions in the conduct of business chapters are aimed more at consumer protection than facilitating SEPA, although having common rights for consumers across the EEA can be seen as an important single market measure in itself*». Ver: Burns, John, The Payment Services Directive: A view from the UK regulator, en: *Journal of Payments Strategy & Systems*, 2009, Vol. 3, N.º 3, pp. 204 y ss., especialmente p. 206.

[42] http://eur-lex.europa.eu/LexUriServ/LexUriServ.do?uri=OJ:L:2012:094:0022:0037:ES:PDF (29.11.2016).

[43] Calabrese, Armando, Massimo Gastaldi, Irene Iacovelli y Natran Levialdi Ghiron, New technologies in the payment industries: The SEPA Project, en: *American Journal of Economics and Business Administration*, 2010, 2(4), pp. 384 y ss., especialmente p. 386.

de pago para adaptar sus infraestructuras a los nuevos esquemas, con el peligro de que esas inversiones puedan repercutir sobre los clientes. Desde el punto de vista de la competencia, también hay riesgos que tienen que ver, por una parte, con el mundo bancario *stricto sensu*, de manera que las grandes sociedades bancarias puedan imponer las medidas que les sean más favorables, debilitando la posición de los pequeños bancos y, generando, en un segundo momento, un proceso de consolidación a escala europea. Por otra parte, los riesgos en la competencia tienen que ver con la industria de los pagos *lato sensu*, pues a la Comisión Europea, por ejemplo, le inquieta que los bancos monopolicen el debate, sin considerar a los demás prestadores de servicios de pago[44].

Otro momento importante para el desarrollo de la SEPA fue la creación de la Autoridad Bancaria Europea (ABE), mediante el Reglamento (UE) N.º 1093/2010 del Parlamento Europeo y del Consejo, de 24 de noviembre de 2010, por el que se crea una Autoridad Europea de Supervisión (Autoridad Bancaria Europea), se modifica la Decisión N.º 716/2009/CE y se deroga la Decisión 2009/78/CE de la Comisión[45]. El objetivo fundamental de esta Autoridad es «... proteger el interés público contribuyendo a la estabilidad y eficacia del sistema financiero a corto, medio y largo plazo, para la economía de la Unión, sus ciudadanos y sus empresas» (art. 1,5).

---

44 El autor también considera posibles riesgos psicológicos que, más que con la SEPA, tienen que ver con todo proyecto que implique cambios de envergadura. Por ejemplo, como consecuencia de la implementación de la SEPA deberán adoptarse nuevos números de cuenta armonizados que cambiarán las cifras a las que el cliente se encuentra habituado, por una numeración nueva de apariencia más compleja. Ver: Wèry, *Paiements et monnaie électroniques...*, ob. cit., pp. 31-33. El nuevo número estará integrado por el código IBAN y el BIC. Buena parte de los bancos, tal como lo reconoce el Considerando N.º 8 del Reglamento 260/2012 han implementado guías, bases de datos u otros dispositivos técnicos para identificar el código BIC que corresponde a un número IBAN específico. Un ejemplo puede verse en: http://www.sepaesp.es/sepa/es/ (29.11.2016).

45 http://eur-lex.europa.eu/legal-content/ES/TXT/PDF/?uri=CELEX:32010R1093&from=ES (29.11.2016).

Para ello, la misma contribuirá al establecimiento de normas y prácticas reguladoras y de supervisión comunes de alta calidad, en particular emitiendo dictámenes dirigidos a las instituciones de la Unión y elaborando directrices, recomendaciones y proyectos de normas técnicas de regulación y de ejecución; contribuirá a la aplicación coherente de los actos jurídicamente vinculantes de la Unión, en particular contribuyendo a la instauración de una cultura de supervisión común, velando por la aplicación coherente, eficaz y efectiva de los actos mencionados en el artículo 1, apartado 2 de Reglamento –entre los que se encuentra, justamente, la Directiva 2015/2366–, evitando el arbitraje regulatorio, mediando y resolviendo diferencias entre autoridades competentes, garantizando una supervisión eficaz y coherente de las entidades financieras, así como asegurando un funcionamiento coherente de los colegios de supervisores y adoptando, entre otras, medidas en las situaciones de emergencia; estimulará y facilitará la delegación de funciones y responsabilidades entre autoridades competentes; cooperará estrechamente con la Junta Europea de Riesgo Sistémico, en particular proporcionándole la información necesaria para el desempeño de sus funciones y asegurando un seguimiento adecuado de sus alertas y recomendaciones; organizará y llevará a cabo evaluaciones interpares de las autoridades competentes, incluida la formulación de directrices y recomendaciones y la determinación de las mejores prácticas, a fin de reforzar la coherencia de los resultados de la supervisión, y supervisará y evaluará la evolución del mercado en su ámbito de competencia, incluidas, cuando procede, las tendencias del crédito, en particular a hogares y pequeñas y medianas empresas, entre otras atribuciones (art. 8).

En todo caso, la SEPA, concebida como un proyecto necesario para la creación de «... un mercado integrado de pagos electrónicos en euros, sin distinción entre pagos nacionales y transfronterizos» (Considerando N.º 1 Reglamento 260/2012), ha diseñado tres instrumentos de pago para ser manejados en el mundo electrónico, prescindiendo del papel, lo cual resulta fundamental para esta investigación y para el propio concepto de medio electrónico de pago electrónico, razón por la cual, haremos una breve referencia a los mismos.

a.2. Instrumentos de pago de la SEPA

La SEPA maneja, básicamente, tres tipos de medios de pago: la transferencia, el adeudo domiciliado o débito directo y las tarjetas de pago. La implementación de los dos primeros se ha considerado prioritaria y, tal como ya hemos afirmado, de acuerdo con el Reglamento 260/2012, comenzaron a funcionar el 1 de febrero de 2014. Con las tarjetas de pago, la historia ha sido más compleja. Veamos.

a.2.1. Transferencias de crédito

Las transferencias son definidas por el artículo 2,1 del Reglamento 260/2012, como un «… servicio de pago nacional o transfronterizo destinado a efectuar un abono en una cuenta de pago de un beneficiario mediante una operación de pago o una serie de operaciones de pago a partir de una cuenta de pago de un ordenante y prestado, sobre la base de las instrucciones dadas por el ordenante, por el proveedor de servicios de pago titular de la cuenta de pago del ordenante». Estas operaciones son consideradas como servicios de pago, en virtud de la enumeración hecha en el Anexo a la Directiva 2015/2366.

Aunque las transferencias de crédito no fueron incluidas en las definiciones del artículo 4 de la Directiva 2007/64, una de las novedades que introdujo la Directiva 2015/2366 fue, justamente, definirlas en el artículo 4, 24. En efecto, de conformidad con esta norma, la transferencia es un «Servicio de pago destinado a efectuar un abono en una cuenta de pago de un beneficiario mediante una operación de pago o una serie de operaciones de pago con cargo a una cuenta de pago de un ordenante, y prestado sobre la base de las instrucciones dadas por el ordenante».

Este medio de pago constituye un instrumento básico para efectuar abonos en euros, sin límite de importe, entre cuentas bancarias de clientes en el ámbito de la SEPA, de forma totalmente electrónica y automatizada[46]. De acuerdo al Reglamento 260/2012, la transferencia de créditos SEPA se caracteriza por el uso de los códigos IBAN (*International Bank Account Number*) y BIC (*Bank Identifier Code*) como identificadores de la cuenta, los cuales serán facilitados por el ordenante, sin verificaciones adicionales por parte de las entidades para procesar la operación. La transferencia SEPA se hace en euros y con destino a países de la zona SEPA, en un plazo máximo de abono de un día hábil siguiente a la fecha de emisión por la entidad ordenante, y cada cliente asume las comisiones aplicables por su entidad. La entidad ordenante transferirá el importe íntegro de la transferencia. El concepto o información de la transferencia podrá tener una extensión máxima de 140 caracteres. La ejecución de las transferencias de crédito deberá hacerse de conformidad con las normas establecidas en la *SEPA Credit Transfer Scheme Rulebook*[47] y las *SEPA Credit Transfer Scheme Costumer-to-Bank Implemetation Guidelines*[48].

a.2.2. Adeudo domiciliado o débito directo

El adeudo domiciliado o débito directo es definido como un «… servicio de pago nacional o transfronterizo destinado a efectuar un cargo en una cuenta de pago de un ordenante, cuando la operación de pago sea iniciada por el beneficiario sobre la base del consentimiento dado por el ordenante» (art. 2,1 Reglamento 260/2012). Esta definición coincide en parte con la establecida en el artículo 4,23 de la Directiva 2015/2366, de acuerdo con

---

46 La transferencia europea es un instrumento de pago a través del cual los fondos son trasladados entre dos cuentas bancarias SEPA, sin que pueda aplicarse comisión alguna sobre el monto. Ver: Pieters y Broekaert, Les services de paiement: l'autorégulation, la directive et la loi…, ob. cit., p. 13.
47 http://www.sepaesp.es/f/websepa/secciones/Instrumentos/EPC125-05SCTRB.pdf (29.11.2016).
48 http://www.sepaesp.es/f/websepa/secciones/Instrumentos/EPC132-08C2BCTIG.pdf (29.11.2016).

la cual se trata de un «… servicio de pago destinado a efectuar un cargo en la cuenta de pago del ordenante, en el que la operación de pago es iniciada por el beneficiario sobre la base del consentimiento dado por el ordenante al beneficiario, al proveedor de servicios de pago del beneficiario o al proveedor de servicios de pago del propio ordenante».

En los débitos directos, el deudor autoriza a su acreedor, a través del llamado mandato de domiciliación, a tomar de su cuenta la suma necesaria para satisfacer su acreencia. El uso de este medio de pago es frecuente en los contratos de prestación de servicios periódicos, como el teléfono o la electricidad. En su dinámica, es el acreedor quien se encarga de la gestión del mandato. De manera que, salvo acuerdo en contrario, el acreedor deberá enviar al deudor las informaciones sobre el pago, catorce días antes de hacer el débito y el deudor tendrá el derecho de exigir, hasta ocho semanas después del débito, el reembolso del mismo, siempre que no se trate de un monto fijo periódico y que el monto debitado difiera del monto habitual. Además, en ausencia de mandato, el deudor podrá exigir el reembolso dentro de los trece meses siguientes al débito[49].

Wéry reconoce la dificultad de regular este medio de pago, pues entiende que puede resultar necesario entrar en la relación –comercial o no– que justifica el pago, con todas sus particularidades y especificidades, con lo cual el desafío consiste en armonizar el pago sin comprometer la flexibilidad y las necesidades de las partes. El propio autor entiende que una dificultad adicional es generada por la diversidad en la regulación de los diversos Estados, pues en algunos el deudor da directamente un mandato al acreedor y el banco prácticamente no interviene en la ejecución del mandato; en otros, en cambio, el deudor da un mandato a su banco, sea directamente, sea por medio del acreedor, para que ejecute la operación[50].

---

49 En este sentido: Pieters y Broekaert, Les services de paiement: l'autorégulation, la directive et la loi…, ob. cit., p. 14.
50 Wèry, *Paiements et monnaie électroniques*…, ob. cit., pp. 37-38.

En materia de débito directo también es necesario considerar diversos instrumentos elaborados por el Consejo Europeo de Pagos, tales como, en materia de débito directo básico, el *SEPA Core Direct Debit Scheme Rulebook*[51], o las *SEPA Core Direct Debit Costumer-to-Bank Implemetation Guidelines*[52]. En materia de débito directo B2B, es decir, cuando en la operación de pago no participan consumidores, se debe considerar el *SEPA Business to Business Direct Debit Scheme Rulebook*[53] y las *SEPA Business to Business Direct Debit Costumer-to-Bank Implemetation Guidelines*[54].

a.2.3. Tarjetas de pago

El caso de las tarjetas de pago ha resultado más complejo[55], razón por la cual se decidió postergar la implementación del esquema SEPA para estos instrumentos. Según reconoce el Considerando N.º 6 del Reglamento 260/2012, las tarjetas «… no deben incluirse en esta fase, pues aún se está en proceso de establecer normas comunes…», salvo que la tarjeta «… se utilice para iniciar una operación de pago, ya sea en el punto de venta ya sea de forma remota, que dé lugar a una transferencia o a un adeudo domiciliario con origen y destino en una cuenta de pago identificada mediante el número básico nacional de cuenta bancaria (BBAN) actual o el número internacional

---

51 http://www.sepaesp.es/f/websepa/secciones/Instrumentos/EPC016-06 coreSDDRB.pdf (29.11.2016).
52 http://www.sepaesp.es/f/websepa/secciones/Instrumentos/EPC130-08SDD coreC2BIG.pdf (29.11.2016).
53 http://www.sepaesp.es/f/websepa/secciones/Instrumentos/EPC222-07SDDB2BRB.pdf (29.11.2016).
54 http://www.sepaesp.es/f/websepa/secciones/Instrumentos/EPC131-08SDDB2B-C2BIG.pdf (29.11.2016).
55 «*Traditionally, different technical card platforms and different requirements (eg on security) are used in the various parts of the cards value chain within European countries. As a consequence of this fragmentation, it is presently almost impossible to offer customers and multinational retailers a single card payment solution which can be used in all SEPA zone countries*». Ver: Bruggink, Diederik, Pierre Karsten y Carlo R. W. de Meijer, The European cards environment and ISO 20022, en: *Journal of Payments Strategy & Systems*, 2012, Vol. 6, N.º 1, pp. 80 y ss., especialmente p. 81.

de cuenta bancaria (IBAN)...», es decir, salvo los casos en que la tarjeta solo constituya una manera de iniciar la transferencia o el débito directo.

En 2009, el Consejo Europeo de Pagos promovió la creación del *Card Stakeholders Group*, el cual abarcó representantes de los cinco sectores activos en el mercado de las tarjetas de pago –minoristas, proveedores, procesadores, redes de tarjetas y bancos. El objetivo colectivo de ambos fue establecer un marco para un mejor, más seguro y rentable ambiente para los servicios de tarjetas de pago, independientemente de la tarjeta o el esquema de que se trate[56]. Así, en el mismo año se dictó el *SEPA Cards Framework*[57], a través del cual se estableció una serie de principios y reglas que, de acuerdo con los Estatutos del Consejo, serían obligatorios para todos los bancos y las entidades de pago miembros del mismo. Según reconoce el propio Consejo, la adhesión a estos principios y normas por parte de sus miembros y las redes de tarjetas, y una estrecha vigilancia, por este organismo, de su aplicación y cumplimiento continuo, garantizarán su eficacia y el cumplimiento de sus objetivos. Además, a través del *SEPA Cards Standardisation Volume - Book of Requirements v 6.0*[58], publicado en diciembre de 2011, el Consejo definió los requisitos estándar para tarjetas y terminales.

Este marco sería aplicable a los pagos y al retiro de efectivo en cajeros electrónicos o ATM (*Automated Teller Machine*) realizados dentro de la SEPA, con tarjetas emitidas por bancos o entidades de pago de la SEPA. Tales tarjetas pueden ser de los más variados tipos. La clasificación más común, depende del momento de la financiación y, conforme a ella, se

---

56 Bruggink, Karsten and de Meijer, The European cards environment and ISO 20022..., ob. cit., p. 86.
57 http://www.europeanpaymentscouncil.eu/documents/Cards%20SCF%20 006%2009%20v%202%201.pdf (29.11.2016).
58 http://www.europeanpaymentscouncil.eu/knowledgebankdetail. cfm?documentsid=560 (29.11.2016).

entiende que las tarjetas pueden responder a modelos «*pay before*», «*pay now*» o «*pay after*». En el primero, estarían las llamadas tarjetas prepago, que requieren una provisión de fondos previa a su uso; en el segundo modelo estarían las tarjetas de débito, las cuales permiten a su titular hacer compras o retirar efectivo, transacciones que serán directa e inmediatamente cargadas en sus cuentas. En el tercer grupo encontramos las tarjetas de crédito, con las cuales el titular puede hacer compras o retiros de efectivo hasta el monto preestablecido, a la vez que se le concede un crédito que puede ser pagado en su totalidad al final de un período determinado (tarjeta de débito diferido), o liquidado en parte, con el saldo que comprende una forma de crédito en la que se suele cobrar interés (tarjeta de crédito renovable)[59].

Esta amplia variedad de tarjetas ha dificultado su regulación uniforme. En efecto, a pesar de los avances en la materia, en su *Monthly Bulletin* de enero de 2012, el Banco Central Europeo reconocía que la complejidad técnica del mercado de pagos con tarjeta, de lo cual no son conscientes los consumidores en general, aunado al elevado número de participantes en el mercado en cuestión, hacen que la creación de una SEPA para las tarjetas sea un verdadero desafío[60].

A la variedad de tarjetas de pago, hemos de añadir las diferentes tecnologías que para su procesamiento son utilizadas por los diferentes Estados[61], lo cual, en todo caso, dependerá de la tecnología en la cual están basadas. En tal sentido, las tarjetas pueden ser de banda magnética o de chip.

---

59 Nociones tomadas de: European Central Bank, Towards an integrated European card payments market, *ECB Monthly Bulletin*, January 2012, pp. 75 y ss., especialmente p. 75.
60 European Central Bank, Towards an integrated European card payments market..., ob. cit., p. 75.
61 Ver una muestra de las diversas posibilidades en: Bruggink, Karsten and de Meijer, The European cards environment and ISO 20022..., ob. cit., pp. 80 y ss.

En las primeras, cuya forma obedece a la norma ISO 7811[62], la banda magnética[63] actúa como una memoria en la cual se almacena la información necesaria para realizar el pago. Esta modalidad es, sin embargo, vulnerable pues la sola exposición a otro campo magnético puede corromper la información almacenada. Además, se ha dicho que los controles, que dependen del ambiente en el cual se use la tarjeta, no parecen ser suficientes y, en definitiva, se trata de un dispositivo fácil de falsificar. Frente estas debilidades se suele, bien encriptar la información para que, a pesar de poder ser copiada fraudulentamente la misma sea incomprensible, bien proteger el acceso a esa información con un código personal[64].

La tarjeta con chip, por su parte, utiliza una tecnología diferente para el almacenamiento de información, pues gracias al chip, esta es codificada en lenguaje binario antes de su almacenamiento. Además, según admite la doctrina, el chip es más fácilmente protegible que la banda magnética[65]. A estas tarjetas —también llamadas inteligentes— volveremos con detalle más adelante.

Ahora bien, entre las principales características de las tarjetas de pago en el marco de la SEPA se cuenta, en primer lugar, el hecho de que cada tarjeta emitida por una institución de crédito pueda ser usada en cualquier terminal de la zona SEPA; en segundo lugar, es posible la competencia entre los proveedores de servicios de procesamiento de tarjetas: la idea es abrir la SEPA y convertirla en un mercado competitivo, lo cual, a su vez, reduce

---

62 http://en.wikipedia.org/wiki/ISO/IEC_7811 (29.11.2016).
63 La tarjeta con banda magnética fue inventada en 1960 por el ingeniero de IBM Forrest Perry, bajo el auspicio del Gobierno de Estados Unidos. El único mecanismo de seguridad que tenía el estándar era una «firma» embebida (MagnaPrint, Magne Print o BluPrint) en la tarjeta que le permitía al dispositivo lector validar la identidad de la tarjeta junto con otro factor de autenticación para validar al usuario el cual es desde luego una clave personal. Ver: http://www.gitsinformatica.com/emv%20paywave.html (29.11.2016).
64 Wèry, *Paiements et monnale électroniques...*, ob. cit., pp. 42-43.
65 Wèry, *Paiements et monnale électroniques...*, ob. cit., p. 43.

los costos para los usuarios; finalmente, debe mencionarse la interoperabilidad técnica basada en el uso del chip, conforme al estándar EMV[66].

El estándar de interoperabilidad de tarjetas, conocido por el acrónimo EMV –Europay MasterCard Visa–, en referencia a las tres sociedades que iniciaron el proyecto, es impulsado actualmente por JCB, MasterCard, Visa y American Express[67]. El objetivo fundamental de EMV es asegurar la interoperabilidad global entre tarjetas y terminales en una operación de pago, lo cual implica la migración del sistema de banda magnética al sistema de chip, de manera que la tarjeta pueda ser utilizada sin mayores obstáculos, independientemente del lugar de emisión de la misma. De allí su utilidad en el espacio SEPA.

Sin duda, la SEPA está teniendo y tendrá un importante impacto en el sistema financiero europeo, tanto a nivel de las empresas como de los particulares. El carácter electrónico de los medios de pago aparece potenciado por los instrumentos que se han constituido en el centro de la regulación europea, de manera que los desarrollos prácticos que se den en el ámbito de la SEPA, tendrán un necesario reflejo en las regulaciones que se adopten en el futuro. De hecho, recientemente el Consejo Europeo de Pagos comenzó a trabajar en el funcionamiento de los medios de pago a través de dispositivos móviles. «*The intention is to help establishing an ecosystem, which could enable all payers and payees to make and receive mobile payments (m-payments) across SEPA, and creating a secure environment for the multiple stakeholders active in the field*»[68].

---

66 Maillard, H. y J. Vermeulen, The Single Euro Payments Area: SEPA, en: *Economic Review*, 2007, Issue September, pp. 47 y ss., especialmente p. 51.
67 https://www.emvco.com/ (29.11.2016).
68 http://www.europeanpaymentscouncil.eu/index.cfm/sepa-for-mobile/sepa-for-mobile/ (29.11.2016).

Con tal objetivo, se publicó el documento titulado *EPC Overview on Mobile Payments Initiatives*, que cuenta con dos ediciones, una de junio de 2014 y otra de diciembre de ese mismo año[69], el cual proporciona una visión general sobre las iniciativas relativas a los pagos móviles, billeteras móviles o *e-wallets* y pago a través de puntos de venta móviles ya implementadas en el mundo, con miras a su introducción en el mercado europeo. También puede mencionarse el *White Paper Mobile Wallet Payments* de enero de 2014[70] y el *White Paper Mobile Payments*, de octubre de 2012[71].

De hecho, con el objetivo de incluir los medios de pago móviles, el ámbito de aplicación de la Directiva 2015/2366 resulta más amplio que el de su antecesora –la Directiva 2007/64– al limitar la exclusión de los pagos hechos a través de dispositivos informáticos o de telecomunicación, únicamente, a los casos de micropagos por contenidos digitales y servicios de voz. A este punto volveremos más adelante.

b. Antecedentes de la regulación europea sobre medios electrónicos de pago

En el marco de la Unión Europea, la regulación por excelencia en materia de medios de pago es, sin duda, la contenida en la Directiva 2015/2366. Este instrumento estuvo precedido por una serie de documentos que reflejan que, antes incluso de la introducción del euro en el espacio europeo, ya existía cierta preocupación por la regulación armónica de los medios de

---

69 http://www.europeanpaymentscouncil.eu/index.cfm/knowledge-bank/epc-documents/epc-overview-on-mobile-payments-initiatives-edition-december-2014/epc091-14-v20-epc-overview-on-mobile-payments-initiatives/ (29.11.2016).
70 http://www.europeanpaymentscouncil.eu/index.cfm/knowledge-bank/epc-documents/epc-white-paper-mobile-wallet-payments-and-feedback-questionnaire/epc163-13-v20-white-paper-mobile-wallet-payments/ (29.11.2016).
71 http://www.europeanpaymentscouncil.eu/index.cfm/knowledge-bank/epc-documents/white-paper-mobile-payments-edition-october-2012/epc492-09-white-paper-mobile-payments-edition-october-2012pdf/ (29.11.2016).

pago, e incluso, una acentuada preferencia por los medios electrónicos de pago, según analizaremos a lo largo de este estudio.

En efecto, se ha reconocido como primer antecedente de todo el sistema normativo en esta materia, a la Comunicación de la Comisión al Consejo Europeo de fecha 12 de enero de 1987, titulada «Una nueva baza para Europa: las tarjetas de pago electrónicas»[72]. El objetivo fundamental de esta comunicación fue el establecimiento de la interoperabilidad de las tarjetas de pago en los diferentes Estados miembros, a la vez que se buscó facilitar su uso por parte de los consumidores.

El segundo instrumento que se refiere en este contexto es la Recomendación de la Comisión Europea 87/598/CEE de fecha 8 de diciembre de 1987 sobre un Código europeo de conducta en materia de pago electrónico[73]. Esta Recomendación reguló, principalmente, las relaciones entre organismos financieros, comerciantes-prestadores de servicios y consumidores. Su finalidad es, según puede verse en la Sección I del propio texto, resumir «... las condiciones que deben reunirse para que las nuevas formas de pago electrónico se desarrollen de manera que sean beneficiosas para todos los interlocutores económicos y puedan ofrecer: - seguridad y comodidad a los consumidores, - más productividad y seguridad a prestadores y emisores, - un mercado importante a la industria europea». A través de esta Recomendación se reconoce, por primera vez, a las tarjetas de pago electrónico como medios de pago.

Un año después se aprueba la Recomendación 88/590/CEE de la Comisión de 17 de noviembre de 1988 relativa a los sistemas de pago y, en particular, a las relaciones entre titulares y emisores de tarjetas[74]. A través del

---

72 COM(86) 754, de 12 de enero de 1987.
73 http://eur-lex.europa.eu/LexUriServ/LexUriServ.do?uri=CELEX:31987 H0598:ES:HTML (29.11.2016).
74 http://eur-lex.europa.eu/LexUriServ/LexUriServ.do?uri=CELEX:31988H0590: ES:HTML (29.11.2016).

anexo de este instrumento, más centrado en la protección de la parte débil en la relación bancaria, se establecieron los principios conforme a los cuales los emisores de tarjetas de pago electrónico habrían de establecer las cláusulas contractuales que regirían la emisión y uso de los instrumentos de pago, las cuales deberían ser «completas y leales».

Para cumplir con su cometido, fueron tres los principios en los cuales se basó esta Recomendación: la protección de los compradores de bienes y servicios, frente a los contratos tipo; la protección del consumidor, frente a los posibles daños a sus intereses causados por servicios insuficientes, y la prohibición de presentar los bienes y servicios de manera que puedan inducir a error a la persona a la que se ofrecen o por la cual han sido solicitados[75].

El 14 de noviembre de 1990, en respuesta a esta Recomendación, tres federaciones bancarias europeas –Confederación Bancaria de la CEE, Grupos de Cajas de Ahorros de la CEE y Grupos de Bancos Cooperativos de la CEE– adoptaron el Código de Buena Conducta de la Banca Europea respecto a los Sistemas de Pago mediante Tarjeta[76]. Este Código considera, por una parte, la necesidad de garantizar la protección del consumidor y, por otra, la necesidad de mantener la competencia entre los prestadores de servicios de pago y la posibilidad de que los consumidores puedan elegir, según sus propios intereses, entre diversos tipos de tarjetas de pago. Su aplicación es obligatoria entre los miembros de las asociaciones citadas y –según su propio texto– «Para garantizar un equilibrio entre los intereses del

---

75 En el segundo Considerando de la Recomendación se enumeran estos tres principios, los cuales, según se reconoce en el propio dispositivo, fueron tomados del punto 18 del Anexo de la Resolución del Consejo de 14 de abril de 1975 relativa a un programa preliminar de la Comunidad Económica Europea para una política de protección e información de los consumidores, en: http://eur-lex.europa.eu/LexUriServ/LexUriServ.do?uri=DD:15:01:31975Y0425(01):ES:PDF (29.11.2016).
76 Su texto en español puede verse en: http://www.bde.es/f/webbde/RCL/servicio/reclama/ficheros/es/2003nor.pdf (29.11.2016).

consumidor y el mantenimiento de una competencia leal, las demás instituciones financieras o no financieras, deberían establecer un código similar».

En 1997, se aprobó la Recomendación 97/489/CEE de 30 de julio, relativa a las transacciones efectuadas mediante instrumentos electrónicos de pago, en particular, las relaciones entre emisores y titulares de tales instrumentos[77], con la cual se reguló por primera vez el dinero electrónico, tanto el almacenado en un dispositivo físico, como el generado y almacenado por un *software*. Además, este instrumento estableció disposiciones relativas al deber de información de los requisitos mínimos para la realización de pagos electrónicos y reguló las obligaciones y responsabilidades de las partes.

Estas recomendaciones fueron acompañadas por comunicaciones y opiniones del Banco Central Europeo y del Instituto Monetario Europeo, que hicieron hincapié en la necesidad de regular los pagos en el mercado interior. Sin embargo, este objetivo, debido a la falta de carácter vinculante de las recomendaciones y comunicaciones citadas, solo vino a ser alcanzado con la aprobación de directivas y reglamentos sobre la materia, dentro de los cuales destaca, como hemos afirmado, la Directiva 2007/64, instrumento que, de alguna manera, absorbió las citadas recomendaciones, las cuales, al carecer de carácter vinculante, resultaban insuficientes para regular los medios de pago. La ineficacia práctica de estos documentos puso de manifiesto la necesidad de integrar su contenido en un texto único de carácter vinculante[78]. Texto que, como hemos afirmado, fue revisado y luego derogado por la Directiva 2015/2366.

El objetivo fundamental de adoptar una regulación de *Hard Law* fue «... establecer a escala comunitaria un marco jurídico moderno y coherente para

---

77   http://eur-lex.europa.eu/LexUriServ/LexUriServ.do?uri=CELEX:31997H0489: ES:HTML (29.11.2016).
78   Ver: Considerandos Nos. 3 y 5 de la Directiva 2007/64.

los servicios de pago, sean o no compatibles dichos servicios con el sistema que resulte de la iniciativa del sector financiero a favor de una zona única de pagos en euros, que sea neutra y garantice la igualdad de condiciones para todos los sistemas de pago, con el fin de preservar la elección del consumidor, y que debe suponer para el consumidor un avance considerable en términos de coste, seguridad y eficiencia en comparación con los sistemas nacionales existentes en la actualidad» (Considerando N.º 4 de la Directiva 2007/64).

No obstante, puede afirmarse que esta labor de armonización del mercado interior de pagos que se consolidó con la hoy Directiva 2015/2366, ya había comenzado de alguna manera con la Directiva 97/5/CE del Parlamento Europeo y del Consejo de 27 de enero de 1997 relativa a las transferencias transfronterizas[79]; la Directiva 98/26/CE del Parlamento Europeo y del Consejo de 19 de mayo de 1998 sobre la firmeza de la liquidación en los sistemas de pago y de liquidación de valores[80] y el ya citado Reglamento N.º 2560/2001. La aprobación de estos instrumentos significó, en definitiva, el tránsito del *Soft Law* –con comunicaciones y recomendaciones– al *Hard Law* –con Directivas y Reglamentos[81].

Consideremos además, tal como comentáramos *supra*, que el objetivo fundamental de la regulación de los medios de pago en el espacio europeo ha apuntado, desde sus inicios, hacia la creación, desarrollo y consolidación de la SEPA, un espacio común donde los medios de pago circulan sin restricciones, desde el 1 de febrero de 2014, siempre que tengan como lugar de procedencia y destino un Estado de la Zona Euro. La armonización de los medios de pago pasa, en el marco de la SEPA, por su propia uniformización, en el sentido que gozarán de tal libertad de circulación

---

79 http://civil.udg.es/epclp/texts/es/97-5.htm (29.11.2016).
80 http://eur-lex.europa.eu/LexUriServ/LexUriServ.do?uri=CONSLEG:1998L0026: 20090630:ES:PDF (29.11.2016).
81 Así se destaca en: Mavromati, *The Law of payment services in the EU...*, ob. cit., p. 65.

los tres medios de pago SEPA que están siendo adoptados por los Estados parte: el adeudo domiciliado o débito directo, la transferencia de fondos y las tarjetas de pago.

c. Definición de medio de pago en el marco de la Directiva 2015/2366

Para comprender y delimitar de mejor manera el concepto de medio o instrumento de pago, debemos necesariamente referirnos a las definiciones contenidas en la Directiva 2015/2366, la cual aporta una particular calificación de instrumento de pago que difiere, en cierta medida, del concepto que había establecido la Directiva 2007/64.

En efecto, en virtud del numeral 23 del artículo 4 de la Directiva derogada, un instrumento de pago es «… cualquier mecanismo o mecanismos personalizados, y/o conjunto de procedimientos acordados por el proveedor de servicios de pago y el usuario del servicio de pago y utilizado por el usuario del servicio de pago para iniciar una orden de pago». En el marco de la Directiva 2015/2366 ya no se tratará de un «mecanismo», sino más bien de «cualquier dispositivo personalizado», manteniéndose la referencia a un «conjunto de procedimientos acordados entre el usuario de servicios de pago y el proveedor de servicios de pago y utilizados para iniciar una orden de pago».

En nuestra opinión, este cambio no parece sustancial[82], aunque reconocemos la mejor adecuación de la expresión «dispositivo» al concepto de instrumento de pago. De hecho, la referencia de la Directiva 2007/64, en el documento relativo a las preguntas frecuentes sobre la Directiva[83],

---

82   De hecho, en la versión en inglés no se produjo tal cambio, pues en ambas Directivas se usa la expresión *«device»*. Tampoco hubo cambios en las versiones alemana –*Instrument*–, francesa –*dispositif*– e italiana –*dispositivo*.

83   Your questions on PSD. Payment Services Directive 2007/64/EC. Questions and answers, en: http://ec.europa.eu/internalmarket/payments/docs/framework/transposition/faqen.pdf (29.11.2016).

puede leerse que «*This definition is meant to cover physical devices (such as cards or mobile phones) and/or set of procedures (such as PIN codes, TAN codes, digipass, login/password, etc.) which a payment service user can use to give instructions to his payment service provider in order to execute a payment transaction. If the payment transaction is initiated by paper, the paper slip itself is not considered as payment instrument*». Destaquemos la expresa referencia a «dispositivo» y no a «mecanismo».

La exclusión de las órdenes de pago iniciadas en papel tiene que ver con el ámbito de aplicación de la Directiva, según iremos detallando a lo largo de este capítulo. Destaca, en todo caso, la referencia a dispositivos y a procedimientos para dar órdenes de pago, lo cual, en opinión de Wandhöfer[84], podría cubrir todos los medios de pago. Sin embargo, a su juicio, una interpretación extensiva de esta definición no luce satisfactoria, puesto que, por un lado, la Directiva está más bien basada en los conceptos de «servicio de pago» y «operación de pago», por lo que carece de valor haber añadido este concepto que solo se usa en pocas disposiciones. Es el caso de los artículos 73 y 74.

Por otro lado, algunas de las normas que hacen referencia a la noción de «instrumento de pago» no se pueden aplicar en la práctica a todos los medios que se utilizan para iniciar una «orden de pago». El uso en los artículos 69 (obligaciones del usuario de servicios de pago en relación con los instrumentos de pago), 70 (obligaciones del prestador de servicios de pago en relación con los instrumentos de pago) y 74 (responsabilidad del ordenante en caso de operaciones de pago no autorizadas) de los términos relativos a la recepción, el envío o la apropiación indebida de los «instrumentos de pago», o que se refieren a la pérdida o robo de estos instrumentos, no tendría

---

84 Wandhöfer, Ruth, The Payment Services Directive: Why the European payments industry needs to prepare for significant implementation challenges, en: *Journal of Payments Strategy & Systems*, 2008, Vol. 2, N.º 4, pp. 400 y ss., especialmente p. 404.

ningún significado para otros medios de pago, por ejemplo, en las transferencias de créditos y en las transacciones de débito directo.

Podríamos entonces pensar que la expresión instrumento de pago hace referencia al soporte a través del cual se materializa el pago. De hecho, Burns estima que, al hacer la transposición de la Directiva 2007/64 al sistema inglés a través de la *Payment Services Regulation* 2009[85], el legislador tenía en mente las tarjetas de débito y crédito[86], aunque reconoce que en el ámbito de la Directiva, la expresión «instrumento de pago» es mucho más amplia e incluye los pagos electrónicos y a través de teléfonos[87]. La Ley alemana sobre supervisión prudencial de los servicios de pago (*Gesetz über die Beaufsichtigung von Zahlungsdiensten – ZAG*)[88], que transpone la Directiva europea, simplemente no se refiere al concepto de instrumento de pago.

Por tales razones, estima Wandhöfer, sería conveniente limitar este enfoque tan amplio de la definición de «instrumento de pago», teniendo en cuenta la noción de «elementos personalizados de seguridad» mencionados en diversos artículos de la Directiva, que también utilizan el término «instrumento de pago». Con esta limitación, en nuestra opinión, el concepto de instrumento de pago coincidiría de cierta forma con el propuesto por Rico Carrillo, en el sentido de estar referido a dispositivos o documentos con

---

85 http://www.legislation.gov.uk/uksi/2009/209/contents/made (29.11.2016).
86 The Payment Services Regulations 2009, N.º 209, art. 2: «(1) *In these Regulations:*
«payment instrument» means any—
(a) personalised device; or
(b) personalised set of procedures agreed between the payment service user and the payment service provider,
used by the payment service user in order to initiate a payment order;…».
Ver texto en: http://www.legislation.gov.uk/uksi/2009/209/pdfs/uksi_20090209_en.pdf (29.11.2016).
87 Burns, The Payment Services Directive…, ob. cit., p. 213.
88 *Zahlungsdiensteaufsichtsgesetz*, 25.06.2009 (BGBl. I S. 1506), modificada a través del artículo 2 de la Ley de 03.04.2013 (BGBl. I S. 610).

relación a los cuales sean aplicables los «elementos personalizados de seguridad». Estamos refiriéndonos al propio teléfono móvil o al pin, en el caso de las tarjetas.

Ahora bien, la propia Directiva 2015/2366 introduce los conceptos de «operación de pago» y de «servicio de pago», nociones en las cuales, según la ya mencionada opinión de Wandhöfer, está realmente fundamentado este instrumento normativo. Así, el numeral 5 del artículo 4 se refiere a la operación de pago como «… una acción, iniciada por el ordenante o por cuenta de este, o por el beneficiario, consistente en ingresar, transferir o retirar fondos, con independencia de cualesquiera obligaciones subyacentes entre el ordenante y el beneficiario».

En nuestra opinión, esta norma reconoce, en primer lugar, la necesaria intervención de la autonomía de la voluntad –de ordenante o beneficiario, según el caso– para iniciar e impulsar el proceso de pago, lo cual luce evidente al caracterizar a la orden de pago como una «acción». En segundo término, según estima Alter, la misma se distingue claramente de la noción de pago como modo de extinción de las obligaciones, para referirse de manera específica a la acción concreta de manipulación de los fondos. Además, refuerza la distinción entre el pago y la relación subyacente entre el pagador y el beneficiario, de manera que la operación de pago se separa, de cierta forma, de su causa y, por ello, una eventual revocación del pago, no perjudicará los derechos que el beneficiario o el ordenante puedan hacer valer frente al otro fundamentados en la operación subyacente, lo cual podría traducirse en la existencia de un crédito por el mismo monto del pago revocado[89].

Al interpretar la definición de operación de pago conjuntamente con la noción de «usuario de servicio de pago», es decir «la persona física o jurídica que utiliza un servicio de pago, ya sea como ordenante, beneficiario

---

89 Alter, Cédric, *Droit bancaire général*, Bruxelles, Editions Larcier, 2010, pp. 263-264.

o ambos» (art. 4,10), debe concluirse que se consideran también operaciones de pago aquellas en las que las condiciones de ordenante y beneficiario recaen en la misma persona y la transferencia se verifica entre cuentas diferentes con el mismo proveedor de servicios de pago[90]. Esta característica nos hace pensar que, más que un pago, se trataría de una manipulación genérica de fondos que puede o no conducir a la extinción de una obligación. Ello debido a que no es posible que un acto calificado como pago se produzca dentro del patrimonio de una misma persona. Tanto, que en caso de que las condiciones de deudor y acreedor se reúnan en un mismo sujeto, la obligación se extinguiría por confusión.

Hemos de entender, además, que la utilización de un instrumento de pago supone, en la generalidad de los casos, la prestación de un servicio[91] previo, calificado en este caso como servicio de pago. En tal sentido, el numeral 3 del artículo 4 de la Directiva 2015/2366 hace referencia al «servicio de pago» como «una o más actividades empresariales[92] enumeradas en el anexo I» de la propia Directiva, con lo cual se entiende que son servicios de pago los siguientes:

---

90 Burns, The Payment Services Directive..., ob. cit., p. 208.
91 Entendemos servicio como toda actividad profesional –obligación de hacer– prestada de manera independiente, por personas naturales o jurídicas, sean estas de carácter público o privado, que no tenga por objeto directo y exclusivo la fabricación de bienes muebles, el traslado o cesión de derechos reales o intelectuales, sino que más bien genere principalmente derechos de crédito, y realizada a título oneroso. Ver: Madrid Martínez, Claudia, *La responsabilidad civil derivada de la prestación de servicios. Aspectos internos e internacionales*, Caracas, ACPS, Serie Tesis N.º 4, 2009, p. 39.
92 La Directiva 2007/64 se refería, en su artículo 4,3, a «actividades comerciales» y no a «actividades empresariales». Este cambio resulta llamativo si se considera el deseo de ampliar el ámbito de aplicación que puede leerse a lo largo de la exposición de motivos de la Directiva vigente. En efecto, lo empresarial parece ser un concepto más limitado que lo comercial. La actividad empresarial supone una actividad organizada, mientras que lo comercial incluye actos aislados u ocasionales (Goldschmidt, Roberto, *Curso de Derecho mercantil*, Caracas, UCAB, Fundación Roberto Goldschmidt, 2008, p. 7). Tal vez el cambio busque reafirmar el carácter profesional del servicio de pago.

«1. Servicios que permiten el depósito de efectivo en una cuenta de pago y todas las operaciones necesarias para la gestión de una cuenta de pago.
2. Servicios que permiten la retirada de efectivo de una cuenta de pago y todas las operaciones necesarias para la gestión de una cuenta de pago.
3. Ejecución de operaciones de pago, incluida la transferencia de fondos, a través de una cuenta de pago en el proveedor de servicios de pago del usuario u otro proveedor de servicios de pago:
    a) ejecución de adeudos domiciliados, incluidos los adeudos domiciliados no recurrentes,
    b) ejecución de operaciones de pago mediante tarjeta de pago o dispositivo similar,
    c) ejecución de transferencias, incluidas las órdenes permanentes.
4. Ejecución de operaciones de pago cuando los fondos estén cubiertos por una línea de crédito abierta para un usuario de servicios de pago:
    a) ejecución de adeudos domiciliados, incluidos los adeudos domiciliados no recurrentes,
    b) ejecución de operaciones de pago mediante tarjeta de pago o dispositivo similar,
    c) ejecución de transferencias, incluidas las órdenes permanentes.
5. Emisión de instrumentos de pago y/o adquisición de operaciones de pago.
6. Envío de dinero[93].
7. Servicios de iniciación de pagos.
8. Servicios de información sobre cuentas».

---

[93] La Directiva 2007/64 incluia en el número 7 su Anexo la «Ejecución de operaciones de pago en las que se transmita el consentimiento del ordenante a ejecutar una operación de pago mediante dispositivos de telecomunicación, digitales o informáticos y se realice el pago al operador de la red o sistema de telecomunicación o informático, que actúa únicamente como intermediario entre el usuario del servicio de pago y el prestador de bienes y servicios»

Esta enumeración es bastante amplia y, en opinión de Turing, utiliza términos muy vagos, pues aunque algunos de ellos son definidos por la propia Directiva, tales definiciones no parecen ser lo suficientemente claras, sobre todo cuando se las relaciona con la necesidad de tener una autorización para actuar válidamente como proveedor de servicios de pago[94], lo cual constituye, en definitiva, el objetivo de la Directiva.

Comentando este concepto, Wandhöfer estima que no está claro por qué se ha definido de manera expresa, en el texto de la Directiva, el concepto de «adeudo domiciliado» o débito directo (art. 4,23)[95], mientras que la «operación de pago mediante tarjeta de pago», que solo aparece en el Anexo I, no ha sido definida separadamente, siendo que con esta podría cubrirse una gran variedad de tarjetas, incluyendo prepago, post-pago, física o virtual, lo que potencialmente podría exceder la intención regulatoria de la Directiva[96].

Lo cierto es que, problemas de interpretación mediante, el Anexo I de la Directiva parece establecer una enumeración taxativa de los servicios de pago que la misma está llamada a regular[97]. De manera que si una actividad que potencialmente pueda ser calificada como servicio de pago no se encuentra allí mencionada, no será regulada por la Directiva. Tal omisión no desdice, sin embargo, de su condición de servicio de pago. Se trata, más bien, de un tema del ámbito de aplicación de la Directiva.

---

94 Turing, Dermot, Business implications of the Payments Services Directive, en: *Journal of Payments Strategy & Systems*, 2008, Vol. 2, N.º 4, pp. 326 y ss., especialmente p. 327.
95 Art. 4,23: «'adeudo domiciliado': servicio de pago destinado a efectuar un cargo en la cuenta de pago del ordenante, en el que la operación de pago es iniciada por el beneficiario sobre la base del consentimiento dado por el ordenante al beneficiario, al proveedor de servicios de pago del beneficiario o al proveedor de servicios de pago del propio ordenante».
96 Wandhöfer, *The Payment Services Directive...*, ob. cit., p. 404.
97 Esta interpretación también está presente en: Dietze, Findeisen y Werner, §§ 1-7 ZAG: *Begriffsbestimmungen...*, ob. cit., p. 70.

En todo caso, tal idea se ve reforzada por el hecho de que la propia Directiva, en su artículo 3, excluye algunos servicios de su ámbito de aplicación. Destacan en la larga lista, las operaciones sin intermediación; aquellas que se desarrollan con la intermediación de un agente comercial autorizado; el transporte físico de billetes y monedas; las operaciones de pago de actividades no lucrativas o benéficas; los servicios en los que el beneficiario proporciona dinero en efectivo al ordenante como parte de una operación de pago, a instancia expresa del usuario del servicio de pago, inmediatamente antes de la ejecución de una operación de pago mediante el pago destinado a la compra de bienes o servicios; las denominadas operaciones de «efectivo por efectivo» −como ocurre en la compraventa de divisas−; las operaciones con cheques y demás efectos en papel, como vales, cheques de viajero y giros postales; las operaciones de pago realizadas por medio de sistemas de liquidación o compensación, contrapartes centrales, cámaras de compensación y bancos centrales y las relacionadas con la gestión de carteras; los servicios técnicos como soporte a la prestación de servicios de pago; el uso de instrumentos de pago de circulación restringida; las operaciones de pago de un proveedor de redes o servicios de comunicación electrónica efectuadas con carácter adicional a la prestación de servicios de comunicación electrónica en favor de un suscriptor de la red o servicio para la compra de contenido digital y servicios de voz, o realizadas desde o a través de un dispositivo electrónico y cargadas en la factura correspondiente, siempre que no superen la cuantía de 50 euros y que el importe acumulado de las operaciones de pago de un suscriptor no exceda de 300 euros al mes, o que, en caso de que el suscriptor tenga un contrato de prepago con el proveedor de la red o servicio de comunicación electrónica, el importe acumulado de las operaciones de pago no exceda de 300 euros al mes; las operaciones de pago efectuadas entre proveedores de servicios de pago, sus agentes o sucursales por cuenta propia; las operaciones de pago y servicios conexos entre una empresa matriz y su filial o entre filiales de la misma empresa matriz, sin intermediación alguna de un proveedor de servicios de pago distinta de la de una empresa que pertenezca al mismo grupo, y el retiro de dinero en cajeros automáticos que no pertenezcan a uno o más prestadores de servicios de pago.

A pesar de estas exclusiones expresas, acogidas por buena parte de las normas que han traspuesto la Directiva 2007/64 a los Derechos internos de los Estados miembros de la Unión Europea[98], la Directiva derogada, en el Considerando N.º 19, y la vigente en el Considerando N.º 23, reconocen la conveniencia de «… que las buenas prácticas en la materia se inspiraran en los principios enunciados en la presente Directiva». Tal declaración la hace con especial referencia al pago en efectivo y a través de cheques, dos instrumentos de pago cuya exclusión ha llamado la atención de la doctrina. En efecto, en ambos Considerandos se reconoce que la regulación sobre medios de pago no debe aplicarse ni a las operaciones efectuadas en efectivo, dado que existe ya un mercado único para los servicios de pago en efectivo, ni a las efectuadas por medio de cheques en papel, toda vez que dichas operaciones, por su propia naturaleza, no pueden procesarse tan eficientemente como otros medios de pago.

En relación con la exclusión del cheque convendría hacer algunos comentarios. Burns, por ejemplo, estima que la exclusión de este medio de pago del ámbito de aplicación de la Directiva y, en general, de todo instrumento en papel, se debe a que se trata de instrumentos heredados, cuyo uso está declinando[99]. Además, uno de los objetivos de la Directiva es modernizar los sistemas de pago, para lo cual el cheque no parece el medio más

---

98 Al menos ocurrió así con el artículo 3 de la Directiva 2007/64, en los casos de la ZAG en su § 10, la Ley de Servicios de Pago española (Ley 16/2009, de 13 de noviembre, de servicios de pago. BOE N.º 275, 14/11/2009) en su artículo 3, y la *Loi relative aux services de paiement* belga, (C – 2009/11539, 10 de diciembre 2009) en su artículo 4.

99 El uso del cheque ha visto una disminución aguda y progresiva en los Estados de la Unión Europea, incluyendo a Francia y al Reino Unido, donde los cheques fueron medios preponderantes de pago por muchas décadas. Ver: Mavromati, *The Law of payment services in the EU…*, ob. cit., p. 155.

adecuado. En tal sentido, Mavromati afirma que el cheque es un instrumento que dificulta su procesamiento electrónico, lo cual lo coloca en desventaja con respecto a su eficiencia, frente a otros medios de pago[100].

Sin embargo, el panorama es diferente en Estados Unidos, donde se ha extendido una práctica que permite, de alguna manera, convertir el cheque en un instrumento de pago electrónico. En efecto, es posible que el beneficiario del cheque lo escanee y capture con ello su número específico, de manera de identificarlo e ingresarlo en su cuenta. El cheque físico puede ser conservado por el emisor para sus registros, pero no puede hacer con él otro pago, ni siquiera al mismo comerciante, porque su banco lo rechazaría[101]. Incluso algunas instituciones, bancarias y no bancarias, también han comenzado a aceptar depósitos con la modalidad del cheque escaneado. Es el caso del Bank of America[102] y de PayPal, con su aplicación PayPal *Check Scanning*, la cual permite depositar virtualmente, a través de una fotografía, un cheque en una cuenta PayPal[103].

Ahora bien, en relación con los pagos en efectivo, para los cuales existe un marco regulatorio particular[104], Burns aclara que su exclusión del ámbito de

---

100 Ver: Mavromati, *The Law of payment services in the EU...*, ob. cit., p. 155.
101 De hecho, la Oficina para la Protección Financiera del Consumidor, informa a los consumidores sobre esta posibilidad y ordena al minorista que acepta esta práctica a informarlo en un cartel junto a aquel que da aviso sobre la aceptación de cheques como medios de pago. Ver: http://www.consumerfinance.gov/es/obtener-respuestas/c/manejar-una-cuenta-bancaria/1105/yo-estaba-en-una-tienda-y-el-cajero-escaneo-mi-cheque-y-luego-me-lo-devolvio-esto-es-normal.html (29.11.2016).
102 A través de una aplicación que puede también descargarse en un dispositivo móvil inteligente, el cliente del Bank of America puede tomar una foto del cheque y enviarlo al banco, para que su valor sea depositado en la cuenta indicada. Ver: http://promo.bankofamerica.com/mobile-check-deposit/ (29.11.2016).
103 https://personal.paypal.com/us/cgi-bin/?cmd=_render-content&content_ID=marketing_us/mobile_check_capture (29.11.2016).
104 Se trata de la *Single Euro Cash Area*, SECA, un proyecto del Consejo Europeo de Pagos, conjuntamente con el Eurosistema, la Comisión Europea y actores clave,

aplicación de la Directiva no alcanza a los pagos en efectivo hechos de una cuenta a otra[105], los cuales, según afirmamos *supra*, estarían incluidos. Recordemos que en el marco de la Directiva resulta fundamental el concepto de cuenta de pago, es decir, «… una cuenta a nombre de uno o varios usuarios de servicios de pago y utilizada para la ejecución de operaciones de pago» (art. 4,12). Tanto, que es posible que una operación de pago sea considerada como tal, cuando se verifica entre dos cuentas, aunque pertenezcan a un mismo titular. En efecto, tal como afirmamos *supra*, en una «… acción, iniciada por el ordenante o por cuenta de este, o por el beneficiario, consistente en ingresar, transferir o retirar fondos, con independencia de cualesquiera obligaciones subyacentes entre el ordenante y el beneficiario» (art. 4,5), puede participar «una persona física o jurídica…, ya sea como ordenante, como beneficiario o ambos» (art. 4,10).

En todo caso, la Directiva parece favorecer tres instrumentos de pago ajenos a los tradicionales métodos con papel y bastante cercanos al mundo electrónico. Nos referimos al adeudo domiciliario o débito directo, la transferencia de créditos y las tarjetas de pago, instrumentos que, como hemos afirmado *supra*, resultan fundamentales para implementación de la SEPA.

---

    como las empresas de transporte de efectivo. Según admite de Meijer, «*A main objective of the SECA is to increase efficiency and transparency in the cash handling cycle. That should lead to a significant reduction in the cost of cash handling and processing and —as a consequence— should reduce costs to society as a whole, while maintaining security in cash payments operations. The final goal of SECA is to create a level playing field for cash service and processes which are recognised by all euro area NCBs, whereby the basic cash functions in the euro area reflect a common level. The agreed SECA framework therefore focuses on developing common rules for wholesale cash services, setting a number of best practices in the area of retail cash, as well as the provision and sourcing of cash services, cash distribution and cash recycling practices*». Ver: De Meijer, Carlo R.W., SEPA for cash. The Single Euro Cash Area. Towards a more efficient European cash society, en: ECP Newsletter, Issue 8, Oct. 2010, en: http://www.europeanpaymentscouncil.eu/article.cfm?articlesuuid=C9EAD88D-93E7-4671-5CCC09428816FC87 (29.11.2016).

105 Burns, The Payment Services Directive…, ob. cit., p. 207.

3. El concepto de medio de pago en el Derecho venezolano

En Venezuela no existe una norma que establezca, de manera general, lo que debe entenderse por medio o instrumento de pago. Sin embargo, hay algunas disposiciones que pueden resultar útiles, al menos, para determinar la validez del pago de una obligación, haciendo uso de un sustituto del dinero en efectivo. Es el caso del artículo 116 de la Ley del Banco Central de Venezuela[106], norma que, además de reconocer la función del dinero como medio de pago, admite la posibilidad de que las partes pacten otro medio distinto del dinero en efectivo. Así, la citada disposición establece que «Las monedas y billetes emitidos por el Banco Central de Venezuela tendrán poder liberatorio sin limitación alguna en el pago de cualquier obligación pública o privada, sin perjuicio de disposiciones especiales, de las leyes que prescriban pago de impuestos, contribuciones u obligaciones en determinada forma y del derecho de estipular modos especiales de pago».

La propia Ley otorga al Banco Central, en su artículo 63,2, la competencia para «Emitir normas generales e instrucciones particulares que regulen el funcionamiento de los sistemas de pago, instrumentos y la conducta de los participantes en los mismos; en ejercicio de esta atribución, podrá dictar normas sobre la organización, funcionalidad y operatividad de cada uno de los sistemas de pago, sus políticas y medidas de administración y mitigación de riesgos, así como de protección de los derechos de los usuarios».

En ejercicio de esta competencia que, tradicionalmente ha pertenecido al Banco Central, esta institución emitió, por ejemplo, la Resolución N.º 06-10-02, a través de la cual dictó el Reglamento del Sistema de Cámara de Compensación Electrónica[107]. Este instrumento normativo, además de regular la organización y el funcionamiento del sistema de Cámara en

---

106 *Gaceta Oficial* N.º 6.211 Extraordinario de 30.12.2015.
107 http://www.bcv.org.ve/ley/reso061002.pdf (29.11.2016).

el caso del cheque, establece también normas aplicables a las domiciliaciones y a lo que denomina «créditos directos», que no son más que transferencias electrónicas.

Hemos de destacar la definición que este Reglamento aporta de «instrucción de pago», refiriéndose a ella como una «Orden girada por un Cliente Ordenante o Pagador a una Institución Financiera Participante, de ejecutar débitos a su cuenta en dicha Institución Financiera y trasladarlos a otra cuenta propia o de un tercero, en esa misma Institución o en otra distinta» (art. 7,27), siendo el cliente ordenante o pagador toda «Persona natural o jurídica, pública o privada, que imparte una instrucción de crédito o débito a su propia cuenta de cliente» (art. 7,6). Este concepto coincide, de alguna manera, con la operación de pago tal como es concebida por la Directiva 2015/2366.

Por su parte, la Ley de Tarjetas de Débito, Crédito, Prepagadas y demás Tarjetas de Financiamiento o Pago Electrónico[108] califica a estas tarjetas, en su artículo 1, como «instrumentos de pago» y al definir a cada una en su artículo 2, admite su funcionamiento como medios de pago, al referirse a ellas como tarjetas que permiten realizar la «compra de bienes, servicios, cargos automáticos en cuenta u obtención de avances de dinero en efectivo, entre otros consumos», «realizar consumos o hacer retiros de dinero en efectivo», o simplemente «realizar consumos».

Aunque su vigencia terminó el 23 de enero de 2014, al ser derogada por el Decreto con Rango Valor y fuerza de Ley Orgánica de Precios Justos[109],

---

108 *Gaceta Oficial* N.º 39.021 de 22.09.2008.
109 Esta Ley se publicó originalmente en la *Gaceta Oficial* N.º 40.340 de 23.01.2014, luego fue reformada y publicada en la *Gaceta Oficial* N.º 6.156 Extraordinario 19.11.2014. En 2015 la Ley fue objeto de una nueva reforma, publicada en la *Gaceta Oficial* N.º 6.202 Extraordinario 8.11.2015 y nuevamente publicada, con correcciones materiales, en la *Gaceta Oficial* N.º 40.787, 12.11.2015.

vale la pena destacar algunas normas de la Ley para la Defensa de las Personas en el Acceso a los Bienes y Servicios[110], normativa que regulaba en Venezuela la protección de consumidores y usuarios, y que representaba la continuidad en esta materia desde que, en 1974[111], se promulgara la primera Ley de Protección al Consumidor[112]. Aunque esta Ley no aportaba un concepto de medio de pago, al enumerar en su artículo 16 las condiciones que eran consideradas como abusivas, se refería, en su numeral 2, a «La aplicación injustificada de condiciones desiguales para proveer bienes o prestar un servicio en atención al medio de pago», y cuando en el numeral 7 volvía sobre el tema y prohibía el cobro de recargos o comisiones por el uso de un medio de pago distinto del dinero en efectivo, la norma enumeraba como instrumentos de pago, entre otros, «… tarjetas de crédito, débito, cheque, ticket o cupón de alimentación, tarjeta electrónica de alimentación…». El nuevo Decreto Ley nada establece al respecto. A él, no obstante, volveremos al analizar la protección de los consumidores.

Por su parte, en el Glosario de términos económicos del Banco Central de Venezuela, se define al medio de pago como un «instrumento financiero que se utiliza en las operaciones de compra-venta. Las monedas, los billetes y los depósitos movilizados a través de cheques y tarjetas de débito, son medios de pagos»[113]. Definición bastante escueta que no aporta mucho al concepto de medio de pago, más que el reconocimiento de la posibilidad de que las partes puedan pactar medios de pago distintos del dinero en efectivo, para la extinción de obligaciones pecuniarias.

---

110 *Gaceta Oficial* N.º 39.358, 1.02.2010.
111 Esta Ley fue reformada en 1992 y en 1995, luego fue derogada en 2004 con la promulgación de la Ley de Protección al Consumidor y al Usuario. En 2008 se dicta el Decreto con Rango Valor y Fuerza de Ley para la Defensa de las Personas en el Acceso a los Bienes y Servicios. En 2009 se convierte en Ley y es reformada en 2010.
112 *Gaceta Oficial* N.º 1.680, Extraordinario, 2.11.1974.
113 http://www.bcv.org.ve/c1/abceconomico.asp (29.11.2016).

También la doctrina venezolana admite, de manera general, que las obligaciones pecuniarias puedan extinguirse haciendo uso de medios de pago distintos del dinero. Esto, se ha afirmado, ha contribuido a la transformación de la propia obligación, pues más que una obligación de dar, en el sentido de la transferencia de la propiedad de una determinada cantidad de dinero, se ha transformado en una obligación de hacer, cuya prestación es entendida como la necesaria realización de los actos necesarios para que el valor sea puesto a disposición del acreedor. Tal planteamiento permitiría diferenciar entre el momento de pago –momento en el cual se realizan los actos tendientes al pago– y el momento de cumplimiento –momento en el cual se satisface el derecho del acreedor[114].

En todo caso, a pesar del silencio del legislador venezolano, no vemos problema en admitir que para nuestro sistema, hay vehículos o instrumentos que transmiten un valor y que con tal transmisión pueden extinguir obligaciones, es decir, el Derecho venezolano acepta que sustitutos del dinero en efectivo, siempre que hayan sido acordados por las partes, puedan extinguir una obligación pecuniaria, con lo cual en Venezuela sería aplicable el concepto general que hemos acogido *supra*.

B. El medio electrónico de pago. *E-payment*

1. Generalidades

El adjetivo «electrónico» al lado de la expresión «medio de pago» sugiere la necesaria intervención de canales electrónicos en la dinámica del pago y, aunque

---

114 Rodner, *El dinero*..., ob. cit., pp. 208-214. También es la opinión que hemos sostenido en: Madrid Martínez, *La responsabilidad civil derivada de la prestación de servicios*..., ob. cit., pp. 211-212. Ver también: Madrid Martínez, Claudia, El concepto de medio de pago, su internacionalidad y el Derecho internacional privado, en: *V Jornadas Aníbal Dominici, Derecho mercantil, títulos valores, contratos*, (Coords. J.G. Salaverría y S. Jannuzzi), Caracas, FUNEDA, 2013, pp. 237 y ss.

tradicionalmente estos canales están vinculados a una red abierta como internet, tal como afirmamos *supra*, lo electrónico también incluye a otras redes telemáticas como EDI –*electronic data interchange*–, una red cerrada en la que se produce un intercambio electrónico de datos, órdenes de compra y órdenes de venta, basado en relaciones de confianza entre partes que se vinculan de forma duradera y que se regulan por un acuerdo de intercambio[115].

Ahora bien, un pago electrónico puede implicar el uso de medios tradicionales en red –como ha ocurrido con las tarjetas en todas sus modalidades–; la digitalización de esos medios tradicionales –como ha ocurrido con el cheque o incluso con el crédito documentario–; o la consideración de medios de pago nacidos por y para internet –caso del dinero electrónico[116].

---

115 En este sentido: Mateo Hernández, *El dinero electrónico en internet...*, ob. cit., p. 54. «*Verfahren, die es ermöglichen, für den Bezug von Gütern und Leistungen eine Gegenleistung über elektronische Netzwerke zu erbringen und deren Ziel allein die Herstellung der Zahlungsfähigkeit von Wirtschafssubjekten ist, werden im Folgenden als ‚elektronische Bezahlverfahren' bezeichnet*». Ver: Dannenberg, Marius y Anja Ulrich, *E-Payment y E-Billing. Elektronische Bezahlsysteme für Mobilfunk und Internet*, Wiesbaden, Gabler, 2004, p. 27. En Venezuela, Ortiz Ramírez afirma: «La característica única del pago electrónico es el medio que se utiliza para su realización, es decir, los medios electrónicos». Ver: Ortiz Ramírez, Rosana, *Análisis de los medios electrónicos de pago usados por las sociedades anónimas*, Mérida, 2010, http://tesis.ula.ve/postgrado/tde_busca/arquivo.php?codArquivo=7654 (29.11.2016), p. 50.
116 En sentido similar se ha pronunciado: Hartmann, E-Payments evolution..., ob. cit. p. 8. Mateo Hernández establece incluso una clasificación de los medios electrónicos de pago considerando, en primer término, los instrumentos de pago aplicados al comercio electrónico –transferencias, cheque, domiciliación bancaria, tarjeta de crédito, etc.–; en segundo lugar, los instrumentos de pago tradicionales adaptados al comercio electrónico –tarjetas de crédito, transferencias electrónicas de fondos, pago mediante instrumentos de débito, como tarjetas, domiciliaciones o cheques electrónicos. Finalmente el autor se refiere a los instrumentos de pago especialmente diseñados para el comercio electrónico, a los cuales nos referiremos más adelante. Ver: Mateo Hernández, *El dinero electrónico en internet...*, ob. cit., pp. 92-102.

Tal amplitud hace que sea conveniente delimitar este concepto, partiendo de la noción que hemos asumido de medio de pago, lo cual nos ayudará a excluir de él a los medios tradicionales cuya función en el plano virtual no difiere de la que desempeñan en el plano real.

En el mundo electrónico, al realizarse un pago, se produce la culminación del proceso de desmaterialización del dinero y su transformación en anotaciones contables[117], anotaciones que, en el mundo electrónico, son representadas por bits[118]. En otras palabras, el valor representativo de dinero es almacenado en dispositivos electrónicos a través de los cuales se va a conducir la operación de pago, sin que haya un movimiento «físico» del dinero.

En esencia, no pasa nada diferente de lo que ocurre cuando se realiza el pago a través de medios tradicionales, es decir, en la dinámica de todo medio de pago se produce, necesariamente, el desplazamiento de un valor representativo de una determinada cantidad, desde el patrimonio del deudor/pagador al patrimonio de su acreedor/beneficiario. La nota característica es entonces la intervención de un medio electrónico. Mas no solo al inicio de la operación, como sostiene Wéry, por ejemplo, para quien todo pago electrónico supone que «... *l'initialisation de l'ordre de paiement se fait au travers d'un système qui a recours à l'électronique...*» y menciona como ejemplo la inserción de una tarjeta en un lector *ad hoc* o el uso de un servicio de *self-banking* o de banca por internet[119].

---

117 Vicente Blanco, Dámaso Javier, Medios electrónicos de pago y jurisdicción competente en supuestos de contratos transfronterizos en Europa (Los criterios de competencia judicial del Derecho comunitarios europeo y su aplicación a las relaciones contractuales involucradas en los medios electrónicos de pago), en: AA. VV., *Los medios electrónicos de pago (Problemas jurídicos)*, (R. Mata y Martín, Dir. y A.M. Javato Martín, Coord.), Granada, Comares, 2007, pp. 269 y ss., especialmente, p. 272.
118 Son los términos utilizados en: Lăpăduşi, Loredana Mihaela, Means of payments in e-commerce (Credit cards and e-money), en: *Annals of University of Craiova – Economic Sciences Series*, 2008, Vol. 3, Issue 36, pp. 1484 y ss., especialmente, p. 1484.
119 Wèry, *Paiements et monnaie électroniques...*, ob. cit., p. 17.

Este concepto de pago electrónico incluiría a los medios tradicionales capaces de iniciar un traslado patrimonial a través de un medio electrónico. Es lo que ocurre precisamente, tal como el propio Wéry lo reconoce, cuando una tarjeta de pago es introducida en un terminal de punto de venta. Tengamos en cuenta además que, hasta el día de hoy, el medio más usado para realizar pagos en internet es la tarjeta de crédito, un medio de pago tradicional que puede usarse tanto dentro como fuera del ambiente electrónico. Sin embargo, una vez iniciada la orden de pago en un portal de internet, el procedimiento para hacer efectivo el crédito en la cuenta del acreedor, es exactamente el mismo que se sigue cuando el comprador se dirige a un comercio físico.

También, dentro de la doctrina venezolana, Rodner favorece un concepto del medio de pago electrónico que hace hincapié en el impulso electrónico de la orden de pago. Para el autor, el pago electrónico es el cumplimiento de una obligación pecuniaria «... mediante una instrucción para la transferencia de un crédito (denominado en dinero) a la cuenta de banco del acreedor, pero donde la instrucción no es escrita (como en el cheque) sino electrónica»[120].

Nosotros preferimos en cambio una definición que no limite la intervención del medio electrónico al inicio del procedimiento, sino que esté presente durante la realización del mismo hasta su ejecución. De manera que el medio electrónico de pago o *e-payment* podría ser definido como «... *the transfer of an electronic value of payment from a payer to a payee through an e-payment mechanism*»[121].

En efecto, «*E-Payments may be defined as all payments that are initiated, processed and received electronically*». Esta definición de Hartmann incluiría, de acuerdo con la propia autora, los pagos al por menor –o pagos

---

120 Rodner, *El dinero. Obligaciones de dinero y de valor...*, ob. cit., pp. 170-171.
121 Ver: Changsu Kim, Wang Tao, Namchul Shin and Ki-Soo Kim, An empirical

Business-to-Consumer (B2C)– y los pagos entre consumidores –pagos *Private-to-Private* (P2P) *o Consumer-to-Consumer* (C2C)– así como la adopción de servicios bancarios «tradicionales» –transacciones electrónicas entre un banco y sus clientes, por ejemplo, para iniciar transferencias de créditos o autorizar débitos directos. La propia autora admite que hay superposiciones entre estas categorías, como ocurre, por ejemplo, con los servicios de *E-Banking* que pueden proveer servicios de pago entre consumidores y comerciantes o entre personas privadas[122].

Zapkau y Schwickert se muestran de acuerdo con la definición de Hartmann, en el sentido de entender que es determinante que el pago se inicie, se procese y se reciba electrónicamente. Sin embargo, estos autores consideran, en nuestra opinión de manera acertada, que es necesario delimitar el tema de los medios electrónicos de pago de la banca *on line* o *E-Banking*, pues, en su opinión, esta última se limita, generalmente, a la relación contractual que existe entre un banco y su cliente que, entre otras cosas, le permite a este último administrar sus cuentas a través de una comunicación basada en internet, con lo cual lo único que cambia es la forma de acceso a la cuenta, pues la liquidación de la operación puede realizarse de una manera tradicional, por ejemplo, a través de un débito directo[123]. Llama no obstante la atención, la introducción en la Directiva

---

study of customers' perceptions of security and trust in e-payment systems, en: *Electronic Commerce Research and Applications*, 2010, N.º 9, pp. 84 y ss., especialmente p. 85. En sentido similar, Soramäki y Hanssens definen los pagos electrónicos como «... *the transfer of electronic means of payment from the payer to the payee through the use of an electronic payment instrument*». Ver: Soramäki, Kimmo y Benjamin Hanssens, E-Payments: What are they and what makes them different?, en: *ePayments Systems Observatory*, 2003, N.º 1, http://www.e-pso.info/epso/papers/ePSO-DS-no1.pdf (29.11.2016).
122 Hartmann, E-Payments evolution…, ob. cit., p. 7.
123 Zapkau und Schwickert, *E-Payment-Systeme*…, ob. cit., pp. 30-31. En sentido similar se pronuncian Dannenberg y Ulrich, haciéndose eco de la opinión de Escher. Ver: Dannenberg y Ulrich, *E-Payment und E-Billing*…, ob. cit., p. 26.

2015/2366 de algunos servicios de pago vinculados, en nuestra opinión, a la banca electrónica. En efecto, el Anexo I de la Directiva menciona, en los números 7 y 8, los servicios de iniciación de pago y de información de cuentas. Ambos, junto a servicio de gestión de cuentas, son definidos por el artículo 4 de la Directiva.

Así, el artículo 4,15 de la Directiva 2015/2366 define el servicio de iniciación de pagos como un «servicio que permite iniciar una orden de pago, a petición del usuario del servicio de pago, respecto de una cuenta de pago abierta con otro proveedor de servicios de pago». El servicio de información sobre cuentas, por su parte, es definido como un «servicio en línea cuya finalidad consiste en facilitar información agregada sobre una o varias cuentas de pago de las que es titular el usuario del servicio de pago bien en otro proveedor de servicios de pago, bien en varios proveedores de servicios de pago» (art. 4,16). Finalmente, el servicio de pago gestor de cuentas «… facilita a un ordenante una o varias cuentas de pago y se encarga de su mantenimiento» (art. 4,17).

Cuando estos servicios son prestados por un banco, lucen muy cercanos al concepto de *e-banking*. Sin embargo, ha de destacarse que la Directiva los califica como servicios de pago, mas no como medios o instrumentos de pago. Con lo cual su inclusión en esta nueva versión no parece alterar lo afirmado por nosotros, en relación con la exclusión del servicio de banca electrónica del concepto de medio de pago.

Lo determinante para el concepto de medio electrónico de pago es, en definitiva, que el pago se inicie, se procese y se ejecute en red[124]. De hecho,

---

124 Así lo estima Theil, quien, citando a Thießen, afirma «*Von elektronischem Zahlungsverkehr (e-Payment) ist immer dann die Rede, wenn die Übertragung von Zahlungsmitteln nicht auf herkömmlicher Weise, z. B., durch Austausch von Bargeld oder mittels beleggebundener Zahlungsformen (Scheck) geschieht, sondern wenn*

cuando el artículo 4,45 de la Directiva 2015/2366 define «emisión de instrumentos de pago» se refiere a los servicios de pago a los cuales se compromete un proveedor mediante contrato, y que se traduce en proporcionar a un ordenante un instrumento de pago que le permita iniciar y procesar operaciones de pago. Así las cosas, sería el dinero electrónico o *e-money* el mejor ejemplo de esta definición.

Ahora bien, podríamos establecer cierto paralelismo entre el dinero y el dinero electrónico, en el sentido que ambos expresan un valor capaz, entre otras cosas, de extinguir obligaciones pecuniarias. Y al igual que ocurre con el dinero, el valor representativo del dinero electrónico se encuentra almacenado en un medio o instrumento de pago, bien en un dispositivo físico, como la tarjeta inteligente o el teléfono móvil, bien en un *software* de computadora. Partiendo de esta definición, dedicaremos nuestro trabajo al análisis, en primer término, del dinero electrónico, por ser la expresión natural del medio de pago en el mundo virtual y, en segundo lugar, a los dispositivos materiales o inmateriales en los cuales este puede ser almacenado. Pero antes, hemos de hacer algunas precisiones.

2. Algunas definiciones legales
a. El desarrollo en la Unión Europea
Cuando la Unión Europea comenzó a regular el tema de los pagos electrónicos, se fueron adoptando definiciones ajustadas al momento histórico vivido por el mundo electrónico al momento de su emisión. Así, en el marco de la Recomendación 87/598/CEE, se entendía «por "pago electrónico" cualquier operación de pago efectuada con una tarjeta de pista

---

die Übertragung des zu zahlenden Betrags elektronisch unterstützt wird. Ein elektronisches Zahlungsverfahren ist somit ein komplexes Bündeln verschiedener Prozesse, die dazu dienen, in elektronischen Systemen (z. B. Internet) zahlungsfähig zu sein». Ver: Theil, Marcus, *Kreditkarte versus E-Payment. Die Zukunft der Zahlungsmittel im Electronic Commerce*, Saarbrücken, VDM Verlag Dr. Müller, 2008, p. 6.

magnética o con un microprocesador incorporado, en un equipo terminal de pago electrónico (TPE) o terminal de punto de venta (TPV)». Destaca en esta definición la referencia a la banda magnética en las tarjetas de pago hoy sustituida, como hemos señalado, por el chip.

Por su parte, la Recomendación 97/489/CE definía el «instrumento electrónico de pago», en su artículo 2,a, como «un instrumento que permita a su titular efectuar las transacciones especificadas en el apartado 1 del artículo 1», es decir, las transferencias de fondos llevadas a cabo a través de un instrumento electrónico de pago; y el retiro de dinero en efectivo mediante un instrumento electrónico de pago y la carga (y descarga) de un instrumento de dinero electrónico en dispositivos como distribuidores automáticos de billetes y cajeros automáticos, así como en los locales del emisor o en una entidad con la que se haya suscrito un contrato para aceptar el instrumento de pago. Esta definición, de acuerdo con la propia norma, incluye los instrumentos de pago de acceso a distancia y los instrumentos de dinero electrónico.

Un «instrumento de pago de acceso a distancia», de conformidad con el artículo 2,b de la propia Recomendación, es «… un instrumento que permite a su titular acceder a los fondos de su cuenta en una entidad, por el cual se autoriza el pago a un beneficiario, operación que normalmente exige un código de identificación personal o cualquier otra prueba similar de identidad. Quedan incluidas, en particular, las tarjetas de pago (tarjetas de crédito, de débito, de débito diferido o tarjetas T&E) y los servicios de telebanco y de banca a domicilio». Por su parte, el «instrumento de dinero electrónico» es un instrumento de pago recargable –distinto del instrumento de acceso a distancia– en el cual se almacena un valor que permite efectuar operaciones de pago. Puede tratarse de una tarjeta o de la memoria de una computadora.

El concepto utilizado por la Recomendación refleja, tal como hemos admitido antes, el uso masivo de los medios de pago dominantes en la época de su aprobación. En efecto, según reporta la doctrina, entre 1994 y 1997 surgió una cantidad importante de medios de pago que eran tanto la reutilización en el mundo virtual de instrumentos propios del mundo «real» –las tarjetas, por ejemplo– como sistemas de un género nuevo, especialmente diseñados para el mundo virtual –el dinero electrónico[125].

Esta definición, no obstante, es retomada por el Reglamento 2560/2001, en virtud de cuyo artículo 2,b, la expresión «instrumento de pago electrónico» hace referencia tanto a los instrumentos de acceso a distancia como a los instrumentos de dinero electrónico que permitan a su portador «... efectuar una o más operaciones de pago electrónico». Así, los instrumentos de pago de acceso a distancia, de acuerdo con el artículo 2,c, son aquellos que permiten a su titular el acceso a fondos de su cuenta en una entidad, para poder efectuar un pago a un tercero, para lo cual se requiere la utilización de un código de identificación personal o la presentación de una prueba similar de identidad. La propia norma incluye dentro de esta categoría las tarjetas de pago en todas sus modalidades (de crédito, de débito, de débito diferido y los monederos electrónicos) y las tarjetas «... que permiten realizar operaciones bancarias por teléfono o desde el domicilio». Esto último daría entrada, de nuevo, a la banca *on-line*.

La propia norma excluye a las transferencias transfronterizas, pues las mismas son objeto de definición en el artículo 2,a del citado Reglamento, disposición de conformidad con la cual se trata de «... transacciones realizadas a iniciativa de un ordenante a través de una entidad, o una sucursal de dicha entidad, en un Estado miembro al objeto de poner a disposición del beneficiario una cantidad de dinero en una entidad, o una sucursal de dicha entidad, en otro Estado miembro». El titular de ambas cuentas puede ser la misma persona. Recordemos que esta posibilidad se mantiene en la Directiva 2015/2366. Por su parte, el dinero electrónico es calificado como

---

125 Wèry, *Paiements et monnaie électroniques...*, ob. cit., p. 20.

«... un instrumento de pago recargable, ya sea una tarjeta de recarga o una memoria de ordenador, en el cual se almacenan electrónicamente unidades de valor».

La Directiva 2007/64 no hacía referencia expresa, en su texto, a los medios electrónicos de pago. En tal sentido, Alter reconoció que la omisión del término «electrónico» en el marco de la Directiva, podía prestarse a confusiones en relación con su posible aplicación a medios de pago con soporte en papel. Sin embargo, el propio autor descarta tal posibilidad al asumir el planteamiento de la Comisión Europea, organismo que ha aclarado que la Directiva solo se aplicará a dispositivos físicos personalizados, como tarjetas o teléfonos móviles, y a los sistemas de autenticación de las órdenes de pago dadas a través de estos dispositivos[126].

Además, del texto de la Directiva derogada y de sus Considerandos podía deducirse su orientación a la regulación de medios electrónicos de pago[127]. En efecto, en su Considerando N.º 34, este instrumento reconoce como una de sus metas, la «... utilización segura de los instrumentos electrónicos de pago...» y, para ello admite que los Estados miembros deben poder «... establecer normas menos estrictas que las anteriormente mencionadas, con el fin de mantener los niveles existentes de protección de los consumidores y promover la confianza...» en el uso de estos medios.

Otro elemento a considerar es que la orden de pago que dé origen a una operación de pago en el marco de la Directiva, ha de darse a través de un instrumento electrónico, pues tal como hemos afirmado *supra*, las operaciones iniciadas por órdenes en papel estarían excluidas de su ámbito de aplicación.

---

126 Alter, *Droit bancaire general...*, ob. cit., p. 250.
127 Así lo admiten: Dietze, Findeisen y Werner, §§ 1-7 ZAG: Begriffsbestimmungen..., ob. cit., pp. 72-73.

Tal orientación, en el caso de la Directiva 2015/2366, es mucho más patente. En efecto, este nuevo texto incluye, en su lista de definiciones, por ejemplo, el concepto de «operación remota de pago», es decir, una operación «… iniciada a través de internet o de un dispositivo que pueda utilizarse para la comunicación a distancia», con lo cual se incluye una clara referencia al medio electrónico en el que se desenvuelven, precisamente, los medios electrónicos de pago. Además, a través de los Considerandos se insiste en la necesidad de garantizar un marco jurídico seguro para el desarrollo de estos medios en el mundo virtual[128], a la vez que se admite que el incremento en el número de estos instrumentos y la aparición de nuevos servicios en el mercado, han puesto en entredicho la adecuación de la regulación contenida en la Directiva 2007/64 (Considerando N.º 3).

Así, en el marco de la Directiva 2015/2366, «El desarrollo continuado de un mercado único integrado de pagos electrónicos seguros es esencial para apoyar el crecimiento de la economía de la Unión y para garantizar que los consumidores, los comerciantes y las empresas en general disfruten

---

128 Considerando N.º 95: «La seguridad de los pagos electrónicos es fundamental para garantizar la protección de los usuarios y el desarrollo de un entorno adecuado para el comercio electrónico. Todos los servicios de pago ofrecidos electrónicamente deben prestarse con la adecuada protección, gracias a la adopción de tecnologías que permitan garantizar una autenticación segura del usuario y minimizar el riesgo de fraude. No parece necesario garantizar este mismo nivel de protección para operaciones de pago iniciadas y efectuadas por medios distintos de la utilización de dispositivos o plataformas electrónicos, como las operaciones de pago basadas en papel o las derivadas de ventas por correspondencia o telefónicas. Un crecimiento sólido de los pagos por móviles y por internet debe ir acompañado de una mejora generalizada de las medidas de seguridad. Los servicios de pago ofrecidos por internet o por otros canales a distancia, cuando funcionamiento (*sic*) no depende de si el dispositivo utilizado para iniciar la operación de pago y el instrumento de pago utilizado están físicamente localizados, deben incluir, por lo tanto, la autenticación de las operaciones mediante códigos dinámicos, para que el usuario tenga conocimiento en todo momento del importe que está autorizando y del beneficiario».

de posibilidades de elección y condiciones de transparencia en los servicios de pago, de modo que puedan aprovechar plenamente las ventajas del mercado interior» (Considerando N.º 5). En definitiva, este instrumento normativo «... debe seguir el planteamiento adoptado en la Directiva 2007/64 que abarca así todos los tipos de servicios de pago electrónicos...» (Considerando N.º 22).

En todo caso, la Directiva vigente incluye múltiples normas que regulan de manera expresa los medios electrónicos de pago, algunas particularmente referidas al dinero electrónico. A ellas haremos referencia a los largo de este estudio.

b. Una breve mirada al caso de América Latina
En América Latina, en cambio, pocos han sido los países que se han ocupado de la definición y regulación general de los medios electrónicos de pago. Destaca, por ejemplo, el caso de Bolivia. Este país suramericano promulgó, en 2011, el Reglamento de instrumentos electrónicos[129]. Este Reglamento, que fue modificado en 2013[130], tiene por objeto «... normar las condiciones de uso y aceptación de los instrumentos electrónicos de pago para promover el funcionamiento seguro y eficiente de las transacciones realizadas con estos instrumentos y, de esta forma, promover el buen funcionamiento del sistema de pagos» (art. 1) y, en su ámbito de aplicación, instrumento electrónico de pago es definido como un «... Instrumento que electrónicamente permite al titular y/o usuario instruir órdenes de pago, retirar efectivo y/o efectuar consultas de cuentas relacionadas con el instrumento» (art. 5,m). Esta norma parece centrarse en el impulso inicial que da origen al pago e incluye, nuevamente, el tema de la banca electrónica.

---

[129] https://www.bcb.gob.bo/webdocs/reglamentosbcb/resolucion126.pdf (29.11.2016).

[130] https://www.bcb.gob.bo/webdocs/reglamentosbcb/resolucion022%202013.pdf (29.11.2016).

El propio Reglamento enumera, en su artículo 6, los instrumentos electrónicos «autorizados». Tal enumeración incluye las tarjetas de débito, crédito y prepagadas; las órdenes electrónicas de transferencia de fondos, las billeteras móviles o *e-wallet* y otros instrumentos electrónicos que autorice el Banco Central de Bolivia.

Por su parte, en Uruguay, la Ley 19.210 sobre acceso de la población a servicios financieros y promoción del uso de medios de pago electrónicos de 2014[131] establece, en su artículo 1, que «Se entenderá por medio de pago electrónico las tarjetas de débito, las tarjetas de crédito, los instrumentos de dinero electrónico y las transferencias electrónicas de fondos, así como todo otro instrumento análogo que permita efectuar pagos electrónicos a través de cajeros automáticos, por Internet o por otras vías, de acuerdo a lo que establezca la reglamentación». La propia norma reconoce, además, el poder liberatorio de estos instrumentos al disponer, en su aparte único que «Los pagos efectuados a través de medios de pago electrónicos tienen pleno efecto cancelatorio sobre las obligaciones en cumplimiento de las cuales se efectúan».

En el caso de Brasil, la Ley 12.865/13[132], aunque no utiliza el término «electrónico» define, en su artículo 6,V, al instrumento de pago como «... *dispositivo ou conjunto de procedimentos acordado entre o usuário final e seu prestador de serviço de pagamento utilizado para iniciar uma transação de pagamento*» y, en el aparte VI, se refiere a la moneda electrónica como los «... *recursos armazenados em dispositivo ou sistema eletrônico que permitem ao usuário final efetuar transação de pagamento*», con lo cual coincide en cierta medida con nuestros conceptos de dinero electrónico y medio electrónico de pago.

---

131 *Diario Oficial* N.º 28958, 9.05.2014. Texto disponible en: http://www.parlamento.gub.uy/leyes/AccesoTextoLey.asp?Ley=19210&Anchor (29.11.2016).
132 http://www.planalto.gov.br/ccivil_03/_ato2011-2014/2013/lei/l12865.htm (29.11.2016).

c. Venezuela: algunos conceptos dispersos

En el sistema venezolano, no existe una definición de medio electrónico de pago. Sin embargo, su procedencia parece admitirse de manera general, cuando el Decreto con Rango, Valor y Fuerza de Ley de Instituciones del Sector Bancario[133] establece la obligación de las instituciones bancarias de «… cumplir las órdenes de pago…» del cliente, hasta la concurrencia de la cantidad de dinero que hubiere depositado en la cuenta o del crédito que se le hubiere concedido. Tal cuenta podrá ser movilizada «… por cheques, órdenes de pago, o por cualquier medio electrónico de pago aplicado al efecto» (art. 53, primer aparte).

Además, el propio Decreto Ley abre la puerta al mundo electrónico al disponer, en su artículo 56, que «Las instituciones bancarias, previa autorización de la Superintendencia de las Instituciones del Sector Bancario, podrán ofrecer a sus clientes otras modalidades de captación las cuales serán **movilizadas únicamente a través de medios electrónicos**». No parece haber entonces obstáculo jurídico alguno para el desarrollo de los medios electrónicos de pago y su regulación. Sin embargo, esta norma sugiere la necesidad de cierta actuación previa de parte de la Superintendencia al exigir una autorización. Esta exigencia está vinculada, en nuestra opinión, con la obligación que se impone a este organismo de ejercer el «… más amplio y absoluto control sobre todas las operaciones, negocios y en general cualquier acto jurídico que las instituciones del sector bancario realicen» (art. 171,8 LISB).

Otro concepto que tampoco contribuye a aclarar el panorama legislativo venezolano sobre la materia es el contenido en la Ley de tarjetas, en relación con lo que ha de entenderse por tarjeta de financiamiento o pago electrónico. En efecto, este instrumento se limita a disponer, en su artículo 2, que se trata de «… todas aquellas tarjetas que como medio magnético,

---

133 *Gaceta Oficial* N.º 40.557, 8.12.2014.

electrónico u otra tecnología permiten al o la tarjetahabiente realizar consumos o pagos en el país o en el exterior».

El ya citado Reglamento del Sistema de Cámara de Compensación Electrónica define dos instrumentos de pago que, además de ser reconocidos en el marco de la SEPA, funcionan en Venezuela a través de un sistema de compensación electrónica. Nos referimos a las transferencias y a las domiciliaciones. Las primeras –denominadas «créditos directos»– son definidas como «Operaciones de movilización de fondos entre instituciones financieras, de un mismo cliente o de clientes distintos, las cuales son instruidas por el cliente de la Institución Financiera Ordenante y depositados en la cuenta del cliente de la Institución Financiera Receptora» (art. 7,11).

Las domiciliaciones, por otro lado, son definidas como «Débitos directos ejecutados, con cierta regularidad, mediante una orden de cobro por la prestación de servicios o adquisición de bienes, emitida por la empresa prestadora de servicios o proveedora de bienes, en virtud de la autorización emanada de un cliente ordenante, para que sea debitado automáticamente el monto del servicio prestado o bien adquirido de la cuenta que este expresamente señale, en los términos acordados previamente por dicho cliente con la empresa o con una Institución Financiera Participante» (art. 7,16).

La derogada Ley para la Defensa de las Personas en el Acceso a los Bienes y Servicios, sin establecer tampoco un concepto de medio electrónico de pago, extendía la protección de los consumidores, en relación con el pago, al comercio electrónico, al disponer que a estos «... se les deberá proporcionar mecanismos fáciles y seguros de pago, así como información acerca del nivel de seguridad de los mismos, indicando suficientemente las limitaciones al riesgo originado por el uso de sistemas de pago no autorizados o fraudulentos, así como medidas de reembolso o corresponsabilidad entre el proveedor y el emisor de tarjetas de débito, crédito o cualquier otro medio válido de pago» (art. 39). Este instrumento tampoco determinó lo que debía entenderse por medios de pago no autorizados o fraudulentos. La Ley vigente nada establece al respecto.

Conviene, no obstante, tener en cuenta que en 2014 se elaboró en la Asamblea Nacional un proyecto de Ley para regular el comercio electrónico[134], cuyo objeto es «… establecer normas que regulen las actividades comerciales a través de medios electrónicos, que se llevan a cabo entre prestadores de bienes y servicios, intermediarios, usuarios y los que proveen apoyo tecnológico» (art. 1). Nos llama la atención que muchas de sus normas dedicadas a la protección de los consumidores electrónicos están basadas en la derogada Ley para la Defensa de las Personas en el Acceso a los Bienes y Servicios. Además, reintroduce las expresiones «consumidores» y «usuarios», que habían sido desechadas por la citada normativa y sustituidas por la genérica expresión «personas».

Ahora bien, el proyecto define el «pago electrónico» como el «Sistema de pago que facilita la aceptación de pagos electrónicos para las transacciones en línea a través de internet» (art. 4), con lo cual, en realidad, no aporta mucho al concepto en estudio. Además, el proyecto ordena, en su artículo 13, que «Toda transacción de comercio electrónico de páginas venezolanas o para el territorio de la República Bolivariana de Venezuela debe realizarse en Bolívares». De hecho, se consideran nulas las cláusulas que fijen el precio en moneda extranjera (art. 22,9).

El proyecto dedica su artículo 36 a la «Seguridad y Medios de Pago», disponiendo que «Los oferentes deberán proporcionar a los consumidores mecanismos de pago sencillos y seguros, y realizar todos los esfuerzos necesarios para mantenerse al día sobre los avances en este campo». Además,

---

[134] Ver texto en: http://www.asambleanacional.gob.ve/uploads/documentos/doc_d80f3f729ae666918876e98f3b6ff3ab107745f9.pdf (29.11.2016). Al momento de este trabajo no hay información sobre la suerte de este proyecto de Ley.

la propia norma dispone que «Los oferentes deberán adoptar sistemas de seguridad apropiados y dignos de confianza para salvaguardar la seguridad, integridad y confidencialidad de las transacciones financieras y pagos realizados por los consumidores. Estos deberán ser informados con claridad, antes de concluir la celebración del contrato, sobre el nivel de protección que se aplica a sus datos financieros y las posibles limitaciones de los sistemas de seguridad empleados. El proveedor deberá informar al consumidor de la forma más transparente, clara y sencilla posible sobre la seguridad de los medios de pago y la tecnología que se esté utilizando para proteger las transmisiones y/o almacenamiento de sus datos financieros».

Ahora bien, fuera del ámbito del Derecho privado, específicamente en materia tributaria, ha habido un desarrollo importante del pago electrónico. En efecto, en Venezuela pueden declararse y pagarse la mayoría de los impuestos a través de internet. En tal sentido, el Código Orgánico Tributario[135] dispone, en su artículo 135, que «La Administración Tributaria podrá utilizar medios electrónicos o magnéticos para recibir, notificar e intercambiar documentos, declaraciones, pagos o actos administrativos y en general cualquier información. A tal efecto, se tendrá como válida en los procesos administrativos, contenciosos o ejecutivos, la certificación que de tales documentos, declaraciones, pagos o actos administrativos, realice la Administración Tributaria, siempre que demuestre que la recepción, notificación o intercambio de los mismos se ha efectuado a través de medios electrónicos o magnéticos». En tales casos, la Administración Tributaria «... deberá entregar por la misma vía un certificado electrónico que especifique la documentación enviada y la fecha de recepción, la cual será considerada como fecha de inicio del procedimiento de que se trate. En todo caso, se prescindirá de la firma autógrafa del contribuyente o responsable. La Administración Tributaria establecerá los medios y procedimientos de autenticación electrónica de los contribuyentes o responsables» (art. 148).

---

135 *Gaceta Oficial* N.º 6.152 Extraordinario, 18.11.2014.

En todo caso, como hemos afirmado, la ausencia de regulación específica de los medios electrónicos de pago no limita el reconocimiento que de ellos hace el sistema venezolano. Ello, además de las normas antes citadas, se refleja también en la actividad regulatoria de la Superintendencia de Instituciones del Sector Bancario, organismo encargado del control y supervisión de la actividad bancaria. Así, en las Normas que regulan los servicios de banca electrónica[136], reconoce la necesidad de extender las medidas de seguridad a las operaciones de pago y transferencias electrónicas (arts. 7 y 8).

3. Características que debería tener todo medio electrónico de pago

Tal como hemos afirmado *supra*, cuando hacemos referencia a los medios electrónicos de pago, la primera idea que tenemos al respecto se relaciona, justamente, con la intervención de nuevas tecnologías de la información y la comunicación en el proceso de pago. Generalmente, tal idea suele vincularse a internet, pues es indudable que a partir de su masificación en la década de los noventa, se abrió un enorme abanico de posibilidades para el comercio y, por supuesto, para el pago. Así, aunque la relación de base que da origen al pago, y aun el propio pago, se mantienen sustancialmente atados a los principios del Derecho de las obligaciones, la forma en que los mismos se están materializando, o desmaterializando, ha cambiado y ha permitido su expansión y transformación.

En tal sentido, la doctrina ha afirmado que, además de la participación de las nuevas tecnologías de la información y la comunicación en la dinámica del pago, es deseable que el medio de pago cumpla con ciertos requisitos, de manera que puedan convertirse en sustitutos eficaces de los medios de pago tradicionales en general, y del dinero en efectivo en particular[137].

---

136 Resolución 641.10, 23/12/2010, en: http://sudeban.gob.ve/?wpfb_dl=1103 (29.11.2016).
137 Seguiremos en este punto a: Lăpăduși, Means of payments in e-commerce..., ob. cit., pp. 1484-1485. En sentido similar, Abrazhevic, Markopoulos y Rauterberg

a. Seguridad

Los medios electrónicos de pago deben ser, en primer término, seguros, de manera que permitan el cumplimiento de transacciones financieras bajo condiciones de máxima seguridad en línea. Sin embargo, buena parte de los problemas de seguridad se deriva, precisamente, del hecho de desarrollarse en un ambiente tecnológico. Y tales problemas son, en gran medida, responsables de los obstáculos en la evolución de los medios electrónicos de pago. De hecho, tal como hemos afirmado *supra*, la desconfianza de los usuarios en el ambiente electrónico y el desconocimiento mutuo de las partes contratantes han provocado cierto desuso de los medios de pago tradicionales en las operaciones electrónicas.

Ahora bien, según apuntan Dannenberg y Ulrich, la seguridad está vinculada con cinco aspectos fundamentales. En primer lugar, la autenticidad como la capacidad de garantizar la veracidad de la identidad de las personas involucradas en la transacción. El segundo aspecto está vinculado a la protección de datos y se vincula al tercero, la integridad, como la imposibilidad de que terceros no involucrados directamente en la operación de pago, puedan tener acceso a la información. Los dos últimos aspectos —que trataremos con detalle más adelante— son el anonimato y la protección en caso de daños[138].

---

han empleado una serie de criterios para evaluar el funcionamiento de los medios de pago electrónico, de manera de determinar cuáles de ellos son fundamentales para diseñar un sistema de pago electrónico efectivo. Entre esos criterios destaca el relativo a la privacidad del usuario, la confianza en el sistema, la aceptación del sistema por los vendedores, la eficiencia, la convertibilidad de fondos, la accesibilidad para nuevos usuarios, la interacción diseño/usabilidad y la interoperabilidad con otras tecnologías de pago. Ver: Abrazhevic, Dennis, Panos Markopoulos y Matthias Rauterberg, Designing internet-based payment systems: guidelines and empirical basis, en: *Human-Computer Interaction*, 2009, Vol. 24, pp. 408 y ss.

138 Dannenberg y Ulrich, *E-Payment und E-Billing...*, ob. cit., pp. 50-56.

Ahora bien, lamentablemente, no existe en la actualidad una garantía absoluta sobre la confidencialidad o el secreto en que debe mantenerse la identidad de las personas que participan en el pago electrónico, tampoco existe seguridad sobre la no interceptación de un mensaje de datos por terceros no autorizados[139]. Sin embargo, cada día se avanza más en ese sentido, y para garantizar cabalmente la seguridad, Kannen, Leischner y Stein[140] recomiendan considerar tres aspectos fundamentales. En primer lugar, desde el punto de vista del sistema, se considera la seguridad que la infraestructura técnica y organizacional de la tecnología de la información pueda brindar a clientes y comerciantes durante el proceso de pago electrónico. En segundo lugar, se toma en cuenta la seguridad de la propia transacción, es decir, el pago debe ser seguro y confiable, conforme a reglas claramente definidas. Además, esto implica la disponibilidad de las funciones de pago, la ejecución completa y correcta del pago, los mecanismos para la integridad de los datos de pago, así como la protección contra la liberación no autorizada de fondos. Finalmente, los autores se refieren a la seguridad desde el punto de vista jurídico, es decir, la posibilidad de contar con un marco legal definido, lo cual evita que una parte esté a merced de la otra. Así, que un pago sea seguro implica que sea efectuado conforme a principios de «*multilateral security*», centrados en el equilibrio de los intereses en presencia.

b. Anonimato

Una característica relacionada con la anterior –y que, como hemos afirmado, será tratada con detalle *infra*– tiene que ver con el carácter anónimo que sería deseable en los medios de pago electrónicos. Que un medio de pago sea anónimo implica que deba protegerse tanto la identidad de los clientes como

---

139 Martínez Nadal, *El dinero electrónico...*, ob. cit., pp. 18-21.
140 Kannen, Martina, Martin Leischner y Torsten Stein, A framework for providing electronic payment services (10th annual workshop of HP-OVUA, July 6-9, 2003 Geneva), en: http://www.leischner.inf.fh-bonn-rhein-sieg.de/PDF/HPOVUA03-A3.pdf (29.11.2016), pp. 1 y ss., especialmente p. 2.

los datos de la operación de pago. Sin embargo, no puede decirse que los medios electrónicos de pago sean completamente anónimos pues, de hecho, la trazabilidad de su uso es esencial para la operación del sistema, en orden a prevenir el doble uso de un mismo medio de pago.

c. Convertibilidad

En tercer lugar, los *e-payments* deben ser convertibles, pues muchas veces la labor de intermediación es realizada tanto por bancos como por instituciones diferentes de los bancos, por lo cual se hace necesario garantizar que los medios de pago emitidos por unos u otros sean aceptados por los demás prestadores de servicios de pago.

d. Facilidad de uso y aceptación

En cuarto lugar, los medios electrónicos de pago deben ser fáciles de usar y de aceptar. Según afirman Kannen, Leischner y Stein[141], el manejo de los instrumentos de pago electrónico debería ser tan simple que incluso niños, personas mayores y personas con discapacidad sean capaces de operar una transacción de pago sin dificultades. Un ejemplo claro de esta característica lo da el dinero en efectivo. Además de la ergonomía del usuario, debe garantizarse la tolerancia a fallos, dispositivos informáticos integrados, rezagos marginales, así como la transparencia y el control por parte del usuario[142].

Por otra parte, en relación con la aceptabilidad, hemos de considerar que la empresa que desee vender sus productos *on-line* no tiene oportunidades si sus clientes no están de acuerdo con la idea del *e-business*. En este sentido, la llamada «fungibilidad» juega un papel determinante, pues el medio de pago debe poder ser utilizado en el mayor número de situaciones posibles.

---

[141] Kannen, Leischner y Stein, A framework for providing electronic payment services..., ob. cit., p. 3.
[142] Ver también: Dannenberg y Ulrich, *E-Payment und E-Billing*..., ob. cit., pp. 57-58.

Esto implica, por un lado, que el medio de pago sea ampliamente aceptado, con independencia del canal de distribución elegido (internet, teléfonos móviles, puntos de venta, etc.), del punto de pago, del producto pagado (físico o digital), de la moneda o del precio (micropago o macropago), y, en segundo término, que no pueda excluirse a ningún usuario de la posibilidad de utilizar un medio electrónico de pago, independientemente de su posición económica o social, su edad, su rol (consumidor, comerciante, pagador, beneficiario) o su nacionalidad, con lo cual la fungibilidad se entiende, a su vez, como universalidad, aceptación, flexibilidad e internacionalidad[143].

Lo interesante de esta característica es que ella nos pone frente al llamado *chicken and egg problem*. En efecto, la aceptación generalizada de un medio de pago determinado requiere que compradores y vendedores estén de acuerdo en aceptarlo y usarlo[144]. Sin embargo, los compradores no están dispuestos a usar instrumentos de pago que ellos no puedan utilizar en los lugares en que desean comprar, y los vendedores, por su parte, no los aceptarán si solo pocos compradores quieren pagar con ellos. Tengamos en cuenta que el vendedor, generalmente, deberá invertir en mecanismos y tecnologías para la aceptación de nuevos medios de pago[145].

---

143 Kannen, Leischner y Stein, A framework for providing electronic payment services..., ob. cit., p. 3.
144 «*Für Händler rentiert sich der Einsatz eines neuen Zahlungssystems erst dann, wenn genügend Kunden es nutzen wollen, und Kunden wählen die Systeme, die in den meisten Online-Shops akzeptiert werden*». Ver: Dannenberg y Ulrich, *E-Payment und E-Billing...*, ob. cit., p. 59.
145 Evans y Schmalensee refieren el caso del cambio de tarjetas magnéticas a tarjetas con chip en Estados Unidos, donde, a pesar de que el sistema financiero puso tarjetas con chip en manos de consumidores, los comerciantes se tardaron mucho en instalar los lectores de chip, debido a que los márgenes de ganancias eran bajos, comparados con la inversión. «*It is very difficult to persuade merchants to adopt a new payment alternative so much that they will no shop a that merchant or will buy less unless the merchant offers that alternative...*». Ver: Evans, David y Richard Schmalensee, Innovation and evolution of the payments industry, en: *Moving money*.

e. Escalabilidad y transferibilidad

Los medios electrónicos de pago deben también ser escalables y lo serán si pueden soportar nuevos usuarios y nuevos recursos sin disminuir su rendimiento, es decir, la forma de pago debe permitir que clientes y empresas puedan integrarse a él sin afectar su estructura. En sexto lugar, se afirma que los medios de pago electrónicos deben ser transferibles, en el sentido de tener la capacidad para permitir que la transferencia de dinero de una cuenta a otra se produzca sin que sea necesario que el cliente y el proveedor contacten directamente al banco o al intermediario de que se trate.

f. Flexibilidad

Además, los medios electrónicos de pago deben ser lo suficientemente **flexibles** como para adaptarse a modalidades alternativas de pago, dependiendo de la seguridad de cumplimiento de las partes, del tiempo necesario para realizar el pago y del valor de la transacción. La base infraestructural sobre la cual se cumplen los pagos debe poder lidiar con diferentes modalidades de pago como tarjetas de crédito, cheques o *e-money*. Esta característica se verificaría cuando el medio de pago admite su utilización también en el extranjero, permite la realización de micropagos, puede usarse en transacciones entre particulares –*Person-to-Person*, P2P– y pueden también utilizarse en operaciones *off-line*[146].

g. Eficiencia

Como octavo requisito de los medios electrónicos de pago se menciona su eficiencia, de manera que estos deben ser capaces de asegurar la reducción de costos, en función de los beneficios que puedan aportar. Al respecto, Baddeley pone de manifiesto cierta paradoja. El autor afirma que es probable que los costos de producción y almacenamiento del dinero

---

The future of consumer payments, Washington D.C., Brookings Institution Press, 2009, pp. 36 y ss., especialmente pp. 44-45, 48 y 51-52.
146 Dannenberg y Ulrich, *E-Payment und E-Billing...*, ob. cit., pp. 60-65.

electrónico sean más bajos que los relacionados con la impresión, almacenamiento y transporte del dinero convencional, lo cual supone ciertas ganancias en términos de eficiencia económica, si se generaliza el uso de dinero electrónico. Sin embargo, los costos involucrados en el intercambio de moneda electrónica son relativamente altos en comparación con los costos involucrados en el intercambio de dinero convencional, debido al uso de tecnología asociada a los protocolos de seguridad, lo cual hace que estos sistemas sean costosos para realizar micropagos[147].

h. Integración y confiabilidad
Los medios electrónicos de pago deben ser, además, integrados y confiables. Que sean integrados quiere decir que el sistema debe soportar las aplicaciones existentes y ofrecer medios que integren otras aplicaciones, independientemente de la plataforma de *hardware* o de la red. Que sean confiables implica que deben estar permanentemente disponibles para sus usuarios y evitar posibles errores.

4. Criterios de clasificación

La doctrina suele agrupar los diferentes medios electrónicos de pago atendiendo a múltiples criterios que tienen que ver con el tipo de relación negocial en la cual se desarrolla el pago; los componentes de *hardware* o *software* necesarios para realizar el pago; el monto de la transacción; el momento en el cual se verifica el pago, entre otros. Desde luego habrá tantos criterios como autores traten el tema y muchos de ellos se relacionan con las características que hemos analizado en la sección anterior. Nosotros seguiremos la clasificación hecha por Jahnke, Hofmann y Manowsky,

---

147 Baddeley, Michelle, Using e-cash in the new economy: An economic analysis of micropayment systems, en: *Journal of Electronic Commerce Research*, 2004, Vol. 5, N.º 4, pp. 239 y ss., especialmente pp. 241-242. El propio autor describe algunos métodos utilizados para reducir los costos de la implementación de los medios electrónicos de pago.

sin perjuicio de volver, en las secciones posteriores de este trabajo, sobre algunos de estos criterios[148].

a. Consideración del tipo de relación

En primer término, considerando el tipo de relación, el pago se puede verificar en relaciones entre comerciantes (*Business-to-Business,* B2B); entre comerciantes y consumidores (*Business-to-Consumer,* B2C); entre consumidores (*Consumer-to-Consumer,* C2C); entre comerciantes y el Estado (*Business-to-Administration,* B2A); entre el Estado y los particulares (*Administrations-to-Consumer,* A2C); o entre diferentes entes del Estado (*Administration-to-Administration,* A2A)[149]. Lo interesante de algunas de estas combinaciones es la necesaria consideración de regímenes especiales para su regulación. Es el caso, por ejemplo, de las relaciones en las cuales participe un consumidor y las normas de Derecho del consumo. Lo mismo puede decirse de la participación de la Administración y la aplicación de las prerrogativas que le son propias.

---

148 Jahnke, Bernd, Arne Hofmann y Marion Manowsky, *E-Payment in Deutschland – eine Nutzwertanalyse,* Tübingen, Arbeitsberichte zur Wirtschaftsinformatik, 2002, Band 25, pp. 6-9.

149 Zapkau y Schwickert desarrollan un esquema un poco más complejo. Así, siguiendo a Hermanns y Sauter, los autores se refieren a relaciones *Administration-to-Consumer* (A2C), como ocurre con las ayudas sociales brindadas por el Estado; relaciones *Administration-to-Business* (A2B), como ocurre en la contratación pública de obras, servicios o adquisición de bienes; relaciones *Administration-to-Administration* (A2A), que se desarrollan entre instituciones del Estado; relaciones *Business-to-Consumer* (B2C), por ejemplo, la orden de un cliente en una tienda de Internet; relaciones *Business-to-Business* (B2B), como la orden de una empresa a un proveedor; relaciones *Business-to-Administration* (B2A), es el caso del pago de impuestos por parte de las empresas; relaciones *Consumer-to-Consumer* (C2C), o transacciones desarrolladas en las casas de subasta; relaciones *Consumer-to-Business* (C2B), como las bolsas de trabajo con avisos de buscadores de empleo, y, finalmente, relaciones *Consumer-to-Administration* (C2A), como el caso del pago de impuestos por parte de personas privadas. Ver: Zapkau y Schwickert, *E-Payment-Systeme…,* ob. cit., p. 26.

Justamente, considerando la intervención de los distintos sujetos en la dinámica de la relación de pago, Mateo Hernández clasifica los medios electrónicos de pago en *wholesale payment systems*, o sistemas de pago al por mayor, y *retail payment systems*, o sistemas de pago al por menor. Los primeros excluyen las operaciones en las cuales intervengan los consumidores, puesto que su objeto fundamental estaría limitado a las transacciones realizadas entre bancos, gobiernos y otras instituciones financieras. En la segunda categoría de sistemas sí participa, desde luego, el consumidor, haciendo uso de tarjetas en todas sus modalidades, cajeros automáticos, puntos de venta y servicios de banca *on-line*[150].

b. Clasificación en función del componente necesario para realizar el pago

Desde el punto de vista de los componentes necesarios para realizar el pago, los medios electrónicos de pago pueden estar basados en el uso de un *software* determinado o en el uso de un *hardware* para el almacenamiento de dinero. Este criterio es muy importante, pues, según estima la doctrina, es principalmente a través de la configuración tecnológica del instrumento de pago, que este puede ser definido[151]. Es lo que pasa justamente con el dinero electrónico, según podremos comprobar más adelante.

Los medios de pago basados en un *hardware* se manifiestan generalmente a través de las llamadas tarjetas inteligentes, es decir, aquellas que, según analizaremos *infra*, almacenan el dinero en un chip. El *software* constituye un programa que permite almacenar el dinero en la memoria de una computadora. Aunque se supone que, en principio, para estos últimos no es necesario ningún equipo o *hardware* adicional, es difícil que no se use al menos un proveedor de servicios de internet.

---

150 Mateo Hernández, *El dinero electrónico en internet...*, ob. cit., p. 73.
151 Zapkau y Schwickert, *E-Payment-Systeme...*, ob. cit., p. 33.

c. Criterio del volumen de la transacción

En relación con el volumen de la transacción, se suele hacer referencia a nanopagos, micropagos, pagos medianos y macropagos. En los nanopagos –pagos entre 0,001 y 0,1– debido a la cantidad tan baja, se consideran innecesarios complicados procedimientos de pago, con lo cual no se suelen ofrecer instrumentos especiales para estos. Aunque los micropagos –entre 0,1 y 5– son generalmente hechos en efectivo, la posibilidad de adquirir bienes o servicios digitales, como ocurre con algunas aplicaciones para teléfonos móviles o incluso con la música, los ha llevado a internet. En la categoría de pagos medianos –pagos entre 5 y 1.000– se ubica las mayoría de las compras entre personas privadas, estos son generalmente hechos a través de tarjetas de pago y suelen involucrar a un tercero –bancos o emisores de tarjetas– para dar seguridad al proceso de pago. Finalmente, los macropagos, debido a que manejan cantidades superiores a 1.000, suponen la existencia de una relación de negocios entre los participantes.

En esta clasificación destaca el tema de los micropagos, una modalidad –como hemos afirmado– especialmente importante para internet. Se trata de microtransacciones cuyo beneficio se deriva no tanto de su cuantía individual, como de su masificación y su valoración económica en conjunto. La industria de la música conoce bien este fenómeno e *iTunes* es un ejemplo de ello[152]. Sin embargo, esa escasa cuantía hace que la seguridad disminuya y que, como contrapartida, sea justamente en materia de micropagos donde el tema del anonimato ha adquirido mayor desarrollo y, donde, por ello, los sistemas de pago electrónico se han aproximado de manera más estrecha al pago con dinero en efectivo.

---

152 Refiriéndose a la industria musical, Wéry ha afirmado: « ...*alors que ses ventes traditionnelles sont en chute libre, elle est provisoirement sauvée grâce au téléchargement payant de sonneries et par la vente à prix réduit de morceaux uniques en lieu et place de l'achat d'un album entier* ». Ver: Wèry, *Paiements et monnaie électroniques...*, ob. cit., pp. 20-21.

d. Consideración del tiempo requerido por la transacción

En relación con el tiempo que transcurre entre el momento en que se da la orden de pago y el momento en que se hace el débito en la cuenta del pagador, hay sistemas prepago o *pre-pay*, de pago simultáneo o *pay-now* y postpago o *pay-later*, según se deba disponer de saldo en el instrumento de pago antes, durante o después de realizar la operación de que se trate.

e. Intermediación

A estos criterios de clasificación desarrollados por Jahnke, Hofmann y Manowsky, podemos añadir dos más propuestos por Mateo Hernández[153]. El primero atiende a la **participación de terceras partes de confianza** en el momento de la realización del pago y distingue entre sistemas de pago *off-line* y sistemas de pago *on-line*. En los primeros la relación se establece entre comprador y vendedor, sin la participación de terceros. Con esta modalidad se manejan la mayoría de los micropagos y algunos casos de monederos electrónicos[154]. Por el contrario, los sistemas de pago *on-line* requieren la participación de un tercero de confianza que verifica el pago antes que este se haga efectivo en el patrimonio del beneficiario. Es lo que ocurre, en principio, con las tarjetas de pago, aunque estos instrumentos también pueden operar *off-line*.

El segundo criterio que hemos tomado de este autor es el referido a la **interacción entre el pagador y el beneficiario**. De conformidad con este criterio puede haber pagos directos o indirectos. Se tratará de un instrumento de pago directo cuando esa interacción es imprescindible; será, por

---

153 Mateo Hernández, *El dinero electrónico en internet...*, ob. cit., pp. 75-77.
154 Jahnke, Hofmann y Manowsky estiman que los macropagos, por razones de seguridad, suelen realizarse *off-line*. Tengamos en cuenta que, en opinión de estos autores, pagar cantidades de dinero considerables haciendo uso de instrumentos electrónicos requiere una relación previa entre las partes, con lo cual se trata de una relación de confianza. Ver: Jahnke, Hofmann y Manowsky, *E-Payment in Deutschland...*, ob. cit., p. 8.

el contrario, indirecto, cuando una de las partes inicie el procedimiento de pago sin participación de la otra. El pago con tarjeta puede mencionarse como ejemplo del primer grupo y la trasferencia en el segundo.

C. El dinero electrónico como medio de pago electrónico por excelencia

1. Generalidades

La doctrina suele referirse al dinero electrónico con diversas expresiones. Así, además de dinero electrónico, se utilizan términos como «dinero virtual, dinero digital», *e-cash*[155] o *e-money*. Se trata, en todo caso, de unidades digitales de valor, emitidas por entidades autorizadas para realizar tal actividad, que pueden ser almacenadas en diversos dispositivos o incluso en un *software*.

Habría, en este sentido, cierta correspondencia con el concepto de dinero que hemos adoptado a los efectos de este trabajo, es decir, el dinero como valor que satisface el derecho de un acreedor y que, en el caso del dinero electrónico, como hemos afirmado, es transformado en bits. En efecto, ese valor se expresa y transmite electrónicamente a través de diversos medios de pago que serán, en consecuencia, electrónicos y en los cuales puede además almacenarse

---

155 La expresión *electronic cash* (*e-cash*) es comúnmente atribuida al criptógrafo David Chaum, quien, en un trabajo publicado en 1992, destaca el papel de la criptografía para sustituir las formas convencionales de identificación de las personas, lo cual permitiría, entre otras cosas, que «… *people would in effect give a different (but definitively verifiable) pseudonym to every organization they do business with and so make dossiers impossible. They could pay for goods in untraceable electronic cash or present digital credentials that serve the function of a banking passbook, driver's license or voter registration card without revealing their identity. At the same time, organizations would benefit from increased security and lower record-keeping costs*». Ver: Chaum, David, Achieving electronic privacy, en: *Scientific American*, August 1992, pp. 96 y ss. También disponible en: http://www.chaum.com/articles/Achieving_Electronic_Privacy.htm (29.11.2016).

ese valor. Tales medios o instrumentos pueden estar basados en un *hardware* o dispositivo o en un *software*, tal como lo hemos anticipado[156].

En este sentido se pronunció el Comité de Basilea –*Basle Committee on Banking Supervision*– en su informe titulado «*Risk management for electronic banking and electronic money activities*», presentado en marzo de 1998[157], en el cual admite que «*Electronic money refers to 'stored value' or prepaid payment mechanisms for executing payments via point of sale terminals, direct transfers between two devices, or over open computer networks such as the Internet*». De acuerdo con el propio informe, ese valor puede ser almacenado en monederos electrónicos o *electronic purses* –sean basados en un *hardware* o en tarjetas de pago– o representados en dinero digital o *digital cash*, como mecanismo basado en un *software*.

Al contrario, el Banco Central Europeo, a la hora de definir al dinero electrónico, parece centrarse más en el dispositivo o soporte de almacenamiento que en el valor almacenado. En tal sentido, esta entidad ha afirmado que «*Electronic money is broadly defined as an electronic store of monetary value on a technical device that may be widely used for making payments to undertakings other than the issuer without necessarily involving bank accounts in the transaction, but acting as a prepaid bearer instrument*»[158].

---

156 Es a lo que se refiere, según entendemos, Echebarría Sáenz, cuando afirma: «… estamos ante un sistema de pago que no pretende propiamente transferir un valor de un lugar a otro, sino constituir un valor en sí mismo salvando el inconveniente, no menor, de su transferencia por medios electrónicos y su inmaterialidad». Ver: Echebarría Sáenz, Joseba Aitor, El dinero electrónico: construcción del régimen jurídico emisor-portador, en: *Los medios electrónicos de pago. Problemas jurídicos*, (R.M. Mata y Martín, Coord. y A.M. Javato Martín, Dir.), Granada, Comares, 2007, pp. 219 y ss., especialmente p. 224.
157 Basle Committee on Banking Supervision, *Risk management for electronic banking and electronic money activities*, Basle, March 1998, en: http://www.bis.org/publ/bcbs35.pdf (29.12.2014).
158 European Central Bank, Report on electronic money, Frankfurt am Main, 1998, p. 7, en: http://www.ecb.europa.eu/pub/pdf/other/emoneyen.pdf (29.12.2014).

Por su parte, algunos autores alemanes –es el caso de Deutsch y Theil–, luego de admitir la diferencia entre el valor almacenado y el dispositivo de almacenamiento, distinguen, considerando estos últimos, entre el dinero electrónico y el medio de pago electrónico. En tal sentido, han afirmado que la expresión dinero electrónico se aplica solo a los sistemas en los cuales las unidades de valor se almacenan en la memoria de una computadora, mientras que los sistemas basados en tarjetas inteligentes son más bien formas de pago electrónico[159].

A los efectos de este trabajo, hemos de admitir nuestro planteamiento inicial en el sentido de entender que el dinero electrónico es el medio para satisfacer obligaciones pecuniarias y el *hardware* o el *software* en los cuales se almacene el valor representativo de dinero, los instrumentos para almacenar o transferir ese valor, es decir, los medios o instrumentos electrónicos de pago.

Estos últimos han evolucionado desde su aparición y continúan evolucionando. De hecho, si leemos con detenimiento la definición inicial del Banco Central Europeo, hemos de reconocer con Hartmann, que la misma no cubre todos los esquemas que puede adoptar el llamado dinero electrónico en la actualidad. Mas la insuficiencia de esta definición obedece, sin duda, al momento en el cual fue emitido el informe y los desarrollos tecnológicos vigentes para la época. Así parece admitirlo Hartmann cuando desarrolla lo relativo al nacimiento y propagación del dinero electrónico en Europa[160]. En efecto, la forma en la cual se manifiesta el dinero electrónico ha evolucionado de manera paralela al desarrollo de las nuevas tecnologías de la información y comunicación.

---

159 Ver: Theil, *Kreditkarte versus E-Payment...*, ob. cit., p. 8. El propio autor cita a Deutsch, Markus, *Electronic Commerce. Zwischenbetriebliche Geschäftsprozesse und nueue Marktzugänge realisieren*, Braunschweig, Wieweg, 2. Verbesserte Auflage, 1999, p. 234.
160 Hartmann, E-Payments evolution..., ob. cit., pp. 9-11.

La propia Hartmann reconoce que la primera generación de sistemas de pago electrónico, introducida en la década de los 80, se basó en tarjetas con chip. Se trataba de valores monetarios protegidos y administrados en el chip de una tarjeta inteligente, la cual funcionaba como un «monedero electrónico»[161]. Estas tarjetas fueron en principio utilizadas para servicios de prepago de un solo uso –*single-purposes*–, como ocurre aún con algunas tarjetas telefónicas o de transporte, y para realizar micropagos en puntos de venta. Pero también surgieron tarjetas para usos múltiples –*multiple purposes*. Esta segunda manifestación de dinero electrónico surgió y se desarrolló con la ambición de convertirse en un sustituto del dinero en efectivo, al menos en las transacciones entre personas privadas.

Ya en 1994, el *European Monetary Institute* reconoció la importancia de esta modalidad de monederos electrónicos, pronosticó su éxito y advirtió sobre la necesidad de regularlos. Así, en su *Annual Report* de ese año admitió que «*Although developments in the field of electronic purses are only at an early stage, there is a real possibility of the proliferation of such cards in the future. In particular, if electronic purses were used in a great number of retail outlets, they would become a direct competitor not only to other cashless payment instruments but also to banknotes and coins issued by central banks and other monetary authorities*»[162].

Si bien es cierto que con la aparición de los primeros medios electrónicos de pago comenzó a discutirse si, y en qué medida, era necesario regularlos e incluso si era necesario aplicarles las restricciones vinculadas al sistema monetario, lo cierto es que este debate cobró mayor importancia durante la década de los noventa, con la aparición de internet y de un nuevo esquema de dinero electrónico basado esta vez en un *software*. Este

---

161 Es la prehistoria en el desarrollo de los medios electrónicos de pago. Ver: Dannenberg y Ulrich, *E-Payment und E-Billing...*, ob. cit., pp. 20-21.
162 http://www.ecb.europa.eu/pub/pdf/annrep/ar1994en.pdf (29.11.2016).

nuevo tipo de dinero era administrado por un programa que debía ser instalado en la computadora del usuario –u otro dispositivo con conexión a internet. Al no requerir un *hardware* específico, resultaba menos costoso que las tarjetas con chip. Sin embargo, muchas de las modalidades que aparecieron en esta etapa han desaparecido del mercado[163], dando paso a nuevos sistemas que garantizan el almacenamiento de los valores representativos de dinero en un servidor, al cual se puede acceder, bien sea a través de una dirección de correo electrónico o del número de teléfono móvil, o a través de una clave de acceso. Es justamente a esta nueva generación de pagos electrónicos a los cuales se refiere Hartmann como no incluidos en la definición inicial del Banco Central Europeo[164], tal como afirmamos *supra*.

Dannenber y Ulrich se refieren a una segunda generación de los medios electrónicos de pago. Así, estos nuevos instrumentos basados en un servidor se caracterizan por liberar al usuario de largas y pesadas descargas de *software*; le permiten un acceso rentable y flexible a la aplicación de pago desde una multiplicidad de dispositivos (computadoras, teléfonos móviles, etc.); facilitan la integración de otros sistemas de pago innovadores u otras aplicaciones, y reducen la complejidad del sistema al permitir que todas las aplicaciones se integren en una interface unificada[165].

Hoy en día, los avances tecnológicos han hecho que los pagos salgan incluso del ámbito de una computadora con acceso a internet –*e-payment*– para instalarse, por ejemplo, en el teléfono o cualquier otro dispositivo móvil, no solo por el acceso a internet que estos permiten, sino porque el propio dispositivo móvil puede ser usado como un instrumento de pago –*m-payment*. Estos dispositivos móviles son comúnmente utilizados para pagar bienes y servicios digitales prestados a través de ellos mismos o a través

---

163 Hartmann, E-Payments evolution…, ob. cit., p. 10.
164 Hartmann, E-Payments evolution…, ob. cit., pp. 9-11.
165 Dannenberg und Ulrich, *E-Payment und E-Billing*…, ob. cit., p. 25.

de internet –música o libros. Pero su uso no se limita a ello y también permiten pagar por la adquisición de bienes y servicios en el mundo físico[166].

2. El dinero electrónico en la Unión Europea

El primer instrumento normativo de carácter vinculante que, en el marco de la Unión Europea, se ocupó de la regulación del dinero electrónico, fue la Directiva 2000/46/CE del Parlamento Europeo y del Consejo de 18 de septiembre de 2000, sobre el acceso a la actividad de las entidades de dinero electrónico y su ejercicio, así como la supervisión cautelar de dichas entidades[167], hoy derogada. El objetivo fundamental de esta Directiva, tal como lo reconoció su Considerando N.º 5, fue el establecimiento de un marco normativo que permitiera aprovechar plenamente todas las ventajas derivadas del dinero electrónico, evitando obstaculizar la innovación tecnológica.

En tal sentido, la Directiva estableció un «marco jurídico neutro desde el punto de vista tecnológico», con lo cual se consagró un principio que estará siempre presente en la normativa europea dedicada a la regulación del mundo electrónico. Nos referimos al principio de neutralidad tecnológica[168].

---

166 Hartmann, E-Payments evolution…, ob. cit., p. 13.
167 http://www.boe.es/doue/2000/275/L00039-00043.pdf (29.11.2016).
168 Este principio ya se había manifestado en la Guía para la incorporación de la Ley Modelo Uncitral sobre Comercio Electrónico de 1996, en la cual se afirmó que «Al incorporar a su derecho interno los procedimientos prescritos por la Ley Modelo para todo supuesto en el que las partes opten por emplear medios electrónicos de comunicación, un Estado estará creando un entorno legal neutro para todo medio técnicamente viable de comunicación comercial… Todos estos supuestos están previstos por la Ley Modelo, que responde así a la necesidad en que se encuentran los usuarios del comercio electrónico de poder contar con un régimen coherente que sea aplicable a las diversas técnicas de comunicación que cabe utilizar indistintamente. Cabe señalar que, en principio, no se excluye ninguna técnica de comunicación del ámbito de la Ley Modelo, que debe acoger en su régimen toda eventual innovación técnica en este campo». Ver texto en: http://www.uncitral.org/pdf/spanish/texts/electcom/05-89453_S_Ebook.pdf (29.11.2016).

Con su consagración se reconoce la velocidad de la evolución de las relaciones que nacen y se desarrollan en el espacio virtual y, a la vez, la poca capacidad del ordenamiento jurídico para adaptarse a esa realidad. Así, teniendo como norte tal principio, se busca establecer normas que, a la vez que ordenen este tipo de relaciones, no obstaculicen su desarrollo.

Respondiendo de alguna manera a este principio, la Directiva se centró en armonizar la supervisión cautelar de las entidades de dinero electrónico en la medida necesaria para garantizar su gestión responsable y prudente, así como su integridad financiera. Con este enfoque, se buscó el «grado necesario y suficiente de armonización» para asegurar el reconocimiento mutuo de la autorización y supervisión cautelar de las entidades de dinero electrónico (Considerando N.º 4).

En el marco de este instrumento normativo, el dinero electrónico, considerado como «... un substituto electrónico de las monedas y los billetes de banco, almacenado en un soporte electrónico...», estaba pensado para «... efectuar pagos electrónicos de cuantía limitada...» (Considerando N.º 3) y fue definido, por su artículo 1,3,b como «un valor monetario representado por un crédito exigible a su emisor: i) almacenado en un soporte electrónico, ii) emitido al recibir fondos de un importe cuyo valor no será inferior al valor monetario emitido, iii) aceptado como medio de pago por empresas distintas del emisor».

Según reconoce la doctrina, en esta definición es posible identificar los rasgos clásicos de la noción funcional de la moneda: en primer lugar, puede reconocerse la cualidad de medida de valor, función fundamental de la moneda (ii), y, en segundo término, su función como medio de pago (iii). Mas el elemento que califica al dinero como electrónico es, desde luego, la presencia del «soporte electrónico» (i)[169]. Esta mención genérica,

---

169 Moliterni, Francesco, *E-Commerce e pagamenti in rete*, en: *E-Commerce. La Direttiva 2000/31/CE e il quadro normativo della rete*, (A cura di A. Antonucci), Milano, Dott. A. Giuffrè Editore, 2001, pp. 177 y ss., especialmente pp. 178-179.

que se identifica con la ya mencionada neutralidad tecnológica que orienta la Directiva, se refiere tanto a las tarjetas inteligentes como a la memoria de una computadora (Considerando N.º 3).

Esta Directiva regulaba, con cierto detalle, la actividad de las entidades de dinero electrónico, es decir, aquellas empresas o personas jurídicas diferentes de las entidades de crédito, que emiten medios de pago en forma de dinero electrónico (art. 1,3,a), estableciendo lo relativo al capital inicial y a los fondos propios permanentes de estas entidades (art. 4), las limitaciones en relación con las inversiones que estas pueden realizar (art. 5); la verificación del cumplimiento de los requisitos por parte de las autoridades competentes (art. 6); las normas sobre gestión responsable y prudente (art. 7); las exenciones (art. 8); los derechos adquiridos (art. 9), y los reembolsos (art. 3).

En todo caso, el gran mérito de esta Directiva, más que intentar ofrecer una regulación específica a un fenómeno ya existente, fue intentar orientar el desarrollo futuro del dinero electrónico. Lo realmente transcendente, según reconoce Echebarría Sáenz, es «… su pretensión de delimitar un fenómeno en el que se depositan grandes esperanzas para convertirse en el medio de pago del siglo XXI e, incluso, a juicio de algunos, como el sistema de pago destinado a sustituir al dinero tal y como lo conocemos en la actualidad»[170].

Ahora bien, tal como lo previó la propia Directiva en su artículo 11, su aplicación fue sometida a revisión, y en el informe de la Comisión Europea se consideró que «… algunas de sus disposiciones habían obstaculizado la creación de un verdadero mercado único de servicios de dinero electrónico y el desarrollo de este tipo de servicios fáciles para el usuario…». Tal revisión terminó en la derogatoria de la Directiva 2000/46 y su sustitución por la Directiva 2009/110/CE del Parlamento Europeo y del Consejo de 16 de septiembre de 2009 sobre el acceso a la actividad de las entidades

---

170 Echebarría Sáenz, El dinero electrónico…, ob. cit., pp. 219-220.

de dinero electrónico y su ejercicio, así como sobre la supervisión prudencial de dichas entidades, por la que se modifican las Directivas 2005/60/CE y 2006/48/CE y se deroga la Directiva 2000/46/CE[171], cuyo Considerando N.º 4 reconoce que con el objeto de «… eliminar los obstáculos de entrada al mercado y facilitar el acceso a la actividad de emisión de dinero electrónico, y su ejercicio, es preciso revisar las normas a que están sujetas las entidades de dinero electrónico, con el fin de garantizar la igualdad de condiciones a todos los proveedores de servicios de pago».

Esta Directiva 2009/110 modificó el concepto de dinero electrónico contenido en el instrumento derogado. Así el artículo 2,2 entiende que el dinero electrónico es «… todo valor monetario almacenado por medios electrónicos o magnéticos que representa un crédito sobre el emisor, se emite al recibo de fondos con el propósito de efectuar operaciones de pago, según se definen en el artículo 4, punto 5, de la Directiva 2007/64/CE[172], y que es aceptado por una persona física o jurídica distinta del emisor de dinero electrónico».

Esta definición ha sido calificada como amplia y neutra, pues atiende al ya citado principio de neutralidad tecnológica, con el objeto de evitar posibles obsolescencias legales derivadas de la innovación tecnológica. Así, la definición permite incluir no solo los productos de dinero electrónico que existen actualmente en el mercado, sino también aquellos que puedan desarrollarse en el futuro[173], y así lo reconoció expresamente el Considerando N.º 8 de la Directiva: «La definición de dinero electrónico ha de extenderse al dinero electrónico tanto si está contenido en un dispositivo de pago en poder del titular del dinero electrónico o almacenado a distancia

---

171 http://eur-lex.europa.eu/LexUriServ/LexUriServ.do?uri=OJ:L:2009:267:0007:0017:ES:PDF (29.11.2016).
172 Ha de entenderse como una referencia al artículo del mismo número, en la Directiva 2015/2366.
173 Rico Carrillo, *El pago electrónico en internet…*, ob. cit., pp. 63-64.

en un servidor y gestionado por el titular del dinero electrónico mediante una cuenta específica para el dinero electrónico. Dicha definición ha de ser suficientemente amplia, de modo que no se obstaculice la innovación tecnológica y entren en ella no solo todos los productos de dinero electrónico que existen actualmente en el mercado, sino también los productos que puedan desarrollarse en el futuro».

Para delimitar su concepto de dinero electrónico, la Directiva excluye de su ámbito de aplicación, «... al valor monetario almacenado en los instrumentos exentos en virtud del artículo 3, letra k), de la Directiva 2007/64/CE». Aunque con alguna modificación en su contenido que no altera su sentido general, esta ha de entenderse como una referencia al artículo 3,k de la Directiva 2015/2366, es decir, «los servicios basados en instrumentos de pago específicos que solo se pueden utilizar de forma limitada y que cumplan alguna de las condiciones siguientes: i) instrumentos que permiten al titular adquirir bienes o servicios únicamente en los locales del emisor o dentro de una red limitada de proveedores de servicios en virtud de un acuerdo comercial directo con un emisor profesional, ii) instrumentos que únicamente pueden utilizarse para adquirir una gama muy limitada de bienes o servicios, iii) instrumentos cuya validez está limitada a un solo Estado miembro, facilitados a petición de una empresa o entidad del sector público, que están regulados por una autoridad pública de ámbito nacional o regional con fines sociales o fiscales específicos, y que sirven para adquirir bienes o servicios concretos de proveedores que han suscrito un acuerdo comercial con el emisor».

Se excluyen así, por ejemplo, las tarjetas de uso restringido, que solo pueden usarse en un comercio específico –generalmente el propio emisor– o en una red de comercios. La *Gift Card* de Amazon puede ilustrar este caso[174].

---

174 En los términos y condiciones de uso de estas tarjetas puede leerse: «*Amazon. com Gift Cards ('Gift Cards') may only be redeemed toward the purchase of eligible*

Precisamente, el Considerando N.º 5 de la Directiva 2009/110 reitera esta exclusión de valores monetarios almacenados «… en instrumentos prepagados específicos, diseñados para satisfacer necesidades precisas y cuyo uso esté limitado», bien sea porque el titular del dinero electrónico solo puede adquirir con ellos bienes o servicios en los locales del emisor de dinero electrónico, o dentro de una red limitada de proveedores de servicios que hayan celebrado un acuerdo comercial directo con un emisor profesional –tarjetas de compra, tarjetas de combustible, tarjetas de socio, tarjetas de transporte público, vales de alimentación o vales de servicios (guardería, servicios sociales, subvención de empleo de personal encargado de trabajos domésticos)–, o bien porque solo pueden utilizarse para adquirir una gama limitada de bienes o servicios.

La Directiva tampoco resultará aplicable cuando se trate de valores monetarios utilizados para «… la adquisición de bienes o servicios digitales, cuando, por la propia naturaleza del bien o el servicio, el operador le añada valor intrínseco, por ejemplo, en forma de prestaciones para el acceso, la búsqueda o la distribución, a condición de que el bien o servicio solo pueda utilizarse a través de un aparato digital, como un teléfono móvil o un ordenador, siempre y cuando el operador de servicios de telecomunicación, digitales o de tecnologías de la información no actúe únicamente como intermediario entre el usuario del servicio de pago y el proveedor de los bienes y servicios. En este régimen un abonado a una red de telefonía móvil o a cualquier otra red digital paga directamente al operador de la red y no existe ni una relación directa de pago ni una relación directa deudor-acreedor entre el abonado a la red y cualquier otro proveedor tercero de bienes o servicios suministrados en el marco de la transacción» (Considerando N.º 6).

---

products on www.amazon.com, or its affiliated websites smile.amazon.com, www.myhabit.com and fresh.amazon.com». Ver en: http://www.amazon.com/gp/help/customer/display.html?ie=UTF8&nodeId=3122091 (29.11.2016).

Además, esta Directiva regula con mucho más detalle que su predecesora, todo lo relativo a las condiciones para la actividad, el ejercicio y la supervisión prudencial de las entidades de dinero electrónico y la emisión y reembolso de dinero electrónico, con normas relativas al capital inicial (art. 4); los fondos propios (art. 5); las actividades de la entidades de dinero electrónico (art. 6); los requisitos de garantía (art. 7); las relaciones con terceros países (art. 8); las excepciones facultativas (art. 9); las prohibiciones de emisión de dinero electrónico (art. 10); la emisión y reembolso (art. 11); la prohibición de intereses (art. 12), y los procedimientos de reclamación y recursos extrajudiciales para la solución de litigios (art. 13).

3. El dinero electrónico en América Latina

Tal como mencionamos *supra*, en América Latina, comienza a notarse cierta preocupación por la regulación de los medios electrónicos de pago. Destaca así el caso de Perú, con la Ley que regula las características básicas del dinero electrónico como instrumento de inclusión financiera[175]. El objeto de esta Ley es «… regular la emisión de dinero electrónico, determinar las empresas autorizadas a emitirlo y establecer el marco regulatorio y de supervisión de las Empresas Emisoras de Dinero Electrónico» (art. 1.1). La emisión de dinero electrónico incluye operaciones de emisión propiamente dicha, reconversión a efectivo, transferencias, pagos y cualquier movimiento u operación relacionada con el valor monetario del que disponga el titular y necesaria para las mismas (art. 1.2).

Este instrumento introduce una definición de dinero electrónico en la cual se nota cierta influencia del artículo 1,3,b de la derogada Directiva 2000/46. En efecto, de conformidad con el artículo 2 de la Ley peruana, «El dinero electrónico es un valor monetario representado por un crédito exigible a su

---

[175] Ley N.º 29985, en: http://www.bcrp.gob.pe/transparencia/normas-legales/ley-del-dinero-electronico.html (29.11.2016).

emisor, el cual tiene las siguientes características: a) Es almacenado en un soporte electrónico. b) Es aceptado como medio de pago por entidades o personas distintas del emisor y tiene efecto cancelatorio. c) Es emitido por un valor igual a los fondos recibidos. d) Es convertible a dinero en efectivo según el valor monetario del que disponga el titular, al valor nominal. e) No constituye depósito y no genera intereses». Las dos últimas características a que se refiere esta norma, la distinguen de la normativa europea. Sin embargo, ambas son aceptadas por la doctrina, y particularmente la última fue introducida, según veremos, en la Directiva 2015/2366.

De manera mucho más sencilla, el ya citado Reglamento boliviano de instrumentos electrónicos de pago, define al dinero electrónico como un «… valor monetario almacenado de forma electrónica…», que además tiene «… un equivalente directo con el valor de los billetes y monedas de curso legal». Destaca, tanto en esta norma como en la correspondiente de la Ley peruana, la referencia al valor, más allá del dispositivo de almacenamiento. Similar comentario puede hacerse del ya citado artículo 6, VI de la Ley N.º 12.865 de Brasil, al definir la moneda electrónica como el recurso almacenado en un dispositivo electrónico, que permite a su usuario realizar un pago, lo cual coincide con el concepto de dinero electrónico que hemos adoptado a los efectos de este trabajo.

4. El dinero electrónico en Venezuela

En el caso de Venezuela, el dinero electrónico ha seguido la suerte de otros medios de pago que han nacido, se han desarrollado y funcionan al margen del ordenamiento jurídico. Según se reconoce en un estudio realizado por la Unidad de Análisis del Mercado Financiero del Banco Central de Venezuela[176], en el país ha habido cierto desarrollo en esta materia. Así,

---

176 Álvarez, Maximir, Dinero electrónico y política monetaria. Una primera aproximación, en: *Revista Venezolana de Análisis de Coyuntura*, 2002, Vol. VIII, N.º 2, pp. 185 y ss., especialmente pp. 188-189.

se reconoce que el mayor desarrollo se ha verificado con las tarjetas prepagadas, asociadas a un proveedor específico de un servicio, normalmente de telecomunicaciones, precisamente un servicio excluido de las regulaciones de la Unión Europea. El propio informe reporta los trabajos de Visa y MasterCard para la implementación de pruebas piloto de tarjetas inteligentes multifuncionales que sirven como monederos electrónicos. Estas pruebas estarían limitadas a círculos de personas consideradas proclives al pago a través de nuevas tecnologías, como los estudiantes o los empleados de estas empresas. No hemos podido, sin embargo, localizar los resultados de estos estudios.

Algunos bancos nacionales ofrecen a sus usuarios, servicios de «pago electrónico», de manera que el cliente pueda realizar transferencias o débitos directos para el pago de algunos servicios como electricidad, telefonía móvil, televisión por cable, entre otros. Pero, actualmente, solo el Banco Mercantil ofrece la posibilidad de tener una tarjeta virtual, con su producto e-*Card*. Esta tarjeta, que funciona como tarjeta de débito o como tarjeta de crédito, se solicita a través del portal del banco y, una vez emitida, puede ser activada y desactiva por el propio usuario como medida de seguridad. La relación de consumos es enviada por el Banco a través del correo electrónico. En actualidad, debido al control de cambio vigente en Venezuela, solo puede utilizarse en portales de internet con dominio en el país y no permite hacer consumos en monedas distintas del bolívar.

También ha habido iniciativas privadas en este sentido. Es el caso de *CityWallet*[177], un sistema de micropagos que funciona a través de una calcomanía, en la cual se almacena la información necesaria para realizar el pago. Se trata, en definitiva, de un monedero electrónico, cuyo uso se ha ido extendiendo en la ciudad de Caracas, donde se usa con frecuencia en algunos estacionamientos. La calcomanía se afilia a una cuenta bancaria o a una tarjeta de

---

177 http://citywallet.co/ (29.11.2016).

crédito desde las cuales se realizan las recargas en la misma. Al momento de presentar la calcomanía al lector para realizar el pago, la validación de la transacción se hace vía *gateway*, una aplicación que protege las informaciones y datos necesarios para el pago, a través de la criptografía[178].

A pesar de estos avances en la práctica, hasta ahora no hay regulación al respecto. El problema que en un primer momento enfrenta este silencio es, en nuestra opinión, la propia aceptación del dinero electrónico como medio de pago. En efecto, el Derecho venezolano debe encarar la necesidad de aceptar que un medio de pago que no es sino una transferencia contable de fondos realizada por un medio electrónico, a la que tradicionalmente se le reconocen efectos *pro solvendo*, también pueda tener plena eficacia *pro soluto*. Se trata, en todo caso, de reconocer –en palabras de Echebarría Sáenz– un paso más en la desmaterialización del dinero, que se liberó primero del metal y lo está haciendo ahora del papel[179].

D. Diversas manifestaciones del dinero electrónico

1. Punto previo: sistemas que el dinero electrónico puede adoptar en la práctica

En la práctica, el dinero electrónico se estructura sobre la base de diversos sistemas, cuya finalidad es tratar de tomar en cuenta las características de los medios de pago tradicionales e intentar aplicarlas a los pagos electrónicos. Así, en función de los problemas técnicos o jurídicos que puedan plantearse, se consideran criterios, tales como el soporte de almacenamiento, el sistema de creación del dinero electrónico, la verificabilidad, el grado

---

178 «Un *gateway* de pago es al *e-commerce* lo que un lector de tarjetas de crédito es a las tiendas convencionales». Ver: http://destinonegocio.com/ve/negocio-por-internet-ve/gateway-de-pagos-que-es-y-como-funciona/ (29.11.2016).
179 Echebarría Sáenz, El dinero electrónico..., ob. cit., p. 223.

de anonimato, el grado de transferibilidad, la moneda en que se realiza el pago y la manera en que se almacena y presenta el importe[180].

a. Sistema de creación

El primer criterio se refiere al sistema de creación y distingue entre sistemas de crédito y sistemas de débito o prepago[181]. Conforme al **sistema de crédito**, las monedas son creadas por el propio usuario que realiza el pago. Su receptor las deposita en la entidad bancaria del pagador, para verificar que existe disponibilidad de fondos, garantizándose que la moneda representa dinero real. El principal problema de este sistema, según reconoce Mateo Hernández, es la sobreutilización que se puede producir, cuando el cobrador, al depositar la moneda recibida, se da cuenta que el pagador ya ha agotado sus fondos, los cuales debían ser iguales en cantidad al dinero electrónico emitido. Esta operación, añade Echebarría Sáenz, no es comparable con el uso tradicional de la tarjeta de crédito, pues, en este caso, el usuario crea una moneda virtual y paga en efectivo con ella sin necesidad de articular una concesión de crédito[182]. Además del nombre –crédito–, probablemente la confusión deriva del hecho de que la confrontación entre la moneda emitida y los fondos disponibles se da en un momento posterior a la emisión. Sin embargo, la emisión siempre se fundamenta en los propios fondos del pagador/emisor.

En el **sistema de débito o prepago**, el dinero es creado por una institución autorizada para emitir dinero electrónico y supone, por ello, un abono previo del usuario, con lo cual el dinero electrónico se configura como un valor que, almacenado en un monedero, permite a su titular disponer de él al momento de la compra. Este sistema se diferencia del funcionamiento de las tradicionales tarjetas de débito, en las que debe haber una orden

---

180 Seguiremos el esquema de Mateo Hernández, José *El dinero electrónico en internet...*, ob. cit., pp. 126 y ss.
181 Mateo Hernández, *El dinero electrónico en internet...*, ob. cit., pp. 127-128.
182 Echebarría Sáenz, El dinero electrónico..., ob. cit., p. 228.

tanto para realizar el abono como para realizar el cargo en la cuenta, debido a que el valor se transmite directamente[183]. Su principal problema es la posible reutilización, pues por la propia naturaleza digital de la moneda, se pueden producir situaciones en las que una misma unidad sea utilizada varias veces en el mismo o en diferentes comercios o que sea depositada varias veces.

b. Intervención de terceros
El segundo criterio es el de la intervención de terceros al momento de pago o con posterioridad a él y se relaciona con la posibilidad que pueda tener el receptor del dinero electrónico, de verificar o no su existencia y cantidad[184]. De allí que Echebarría Sáenz se refiera a la verificabilidad del dinero electrónico[185], con lo cual se distingue entre sistemas verificados (*accounted systems*) y no verificados (*non accounted systems, off-line unaccountables systems*).

En los **sistemas verificados** existe posibilidad de determinar si el dinero electrónico recibido está efectivamente respaldado por fondos suficientes. Tal verificación puede hacerse al momento del pago a través de un sistema en línea –lo cual reduce la posibilidad de falsificación, e incluso de sobreutilización y reutilización–, o después del pago con un método *off-line* que, desde luego, no cuenta con las ventajas del primero para evitar los problemas citados. En los **sistemas no verificados** –*non accounted systems*–, no hay verificación ni antes ni después del pago, por lo que suelen estar reservados a redes en las que los usuarios son afiliados y, por ello, plenamente identificados. Estos sistemas están generalmente limitados a los micropagos, en los que el control sobre el pago sería más costoso que la propia transacción[186].

---

183 Echebarría Sáenz, El dinero electrónico..., ob. cit., p. 228.
184 Mateo Hernández, *El dinero electrónico en internet...*, ob. cit., pp. 129-130.
185 Echebarría Sáenz, El dinero electrónico..., ob. cit., pp. 229-230.
186 Echebarría Sáenz, El dinero electrónico..., ob. cit., pp. 229-230.

Mondex se menciona como ejemplo paradigmático de este método de pago. Se trata de un proveedor global de dinero electrónico, cuyo principal producto es, justamente, el dinero electrónico Mondex, originalmente desarrollado para el National Westminster Bank y que en la actualidad es propiedad de MasterCard. El dinero electrónico Mondex, desarrollado a partir del sistema operativo MULTUS, puede ser almacenado en una computadora, en una tarjeta inteligente, o en un teléfono móvil, entre otros dispositivos, los cuales pueden ser recargados a través de internet, de un cajero automático o del propio teléfono. Este sistema resulta ideal para realizar micropagos en transacciones B2C o C2C[187].

c. Grado de privacidad
En relación con el grado de privacidad, se distingue entre sistemas anónimos y sistemas trazables[188]. En materia de dinero electrónico, tal como hemos afirmado *supra*, lo deseable es el anonimato, pero desde el punto de vista tecnológico tal cuestión no resulta tan sencilla. Tengamos en cuenta que la necesaria presencia de al menos un banco, una pasarela de pago, una autoridad de certificación de firmas electrónicas, entre otros, ante los cuales el usuario debe identificarse, permite la trazabilidad de la operación e impide el anonimato buscado por los usuarios del dinero electrónico[189]. Además, esta materia pone de manifiesto un conflicto de intereses entre el comprador y el vendedor: mientras el comprador preferirá el anonimato, el vendedor preferirá poder almacenar información sobre sus clientes, por lo que también aquí se plantea el problema de la protección de datos personales[190].

Ahora bien, debido a estas dificultades tecnológicas, y partiendo de la idea según la cual lo deseable, lo que realmente equipararía el dinero electrónico

---
187 Ver: http://www.mondex.org/main_page.html (29.11.2016).
188 Mateo Hernández, *El dinero electrónico en internet...*, ob. cit., pp. 131-134.
189 Ver: Dannenberg y Ulrich, *E-Payment und E-Billing...*, ob. cit., p. 54.
190 En este sentido: Theil, *Kreditkarte versus E-Payment...*, ob. cit., p. 38.

al dinero en efectivo, es el anonimato, Mateo Hernández prefiere referirse, más bien, a **grados de anonimato**. En sentido similar, Echebarría Sáenz reconoce que uno de los principales quebraderos de cabeza de los técnicos es, precisamente, conseguir un sistema que ofrezca anonimato al pagador, tanto frente al acreedor/beneficiario, como frente al propio emisor del dinero electrónico o cualquier tercero que participe en el pago[191].

Sobre la base de este criterio, puede afirmarse que hay sistemas en los que el comprador permanece anónimo frente al vendedor, pero no frente a los terceros intervinientes en el proceso de pago, como un banco o una entidad de emisión de dinero electrónico y otros que, además de frente al vendedor, garantizan el anonimato del comprador incluso frente a los terceros[192].

Para garantizar, si no el anonimato, al menos sí la confidencialidad de los datos transmitidos, se han desarrollado algunos protocolos de seguridad. Mencionemos en primer lugar el *Secure Electronic Transaction* (SET), un protocolo utilizado por un gran número de compañías de tarjetas de crédito, con el fin de hacer frente a las preocupaciones de sus clientes en relación con la privacidad. A través de él, los clientes pueden firmar y ocultar los detalles de su compra. Es calificado como muy completo, pues mantiene la confidencialidad de la información sensible, asegura la integridad del pago y es capaz de verificar la identidad de comprador y vendedor en cualquier proceso de pago. Sin embargo, es muy complejo desde el punto de vista técnico y sus costos son por ello elevados[193]. A través de técnicas criptográficas, el protocolo SET permite la realización de pagos con tarjeta sin que los datos del comprador sean conocidos por el vendedor, siendo, sin embargo, plenamente conocidos por la entidad emisora de dinero electrónico.

---

191 Echebarría Sáenz, El dinero electrónico..., ob. cit., p. 230.
192 Mateo Hernández, *El dinero electrónico en internet...*, ob. cit., pp. 132-133.
193 Ver: Armesh, Hamed, Zahra Shokouh Saljoughi y Baqer Kord, Electronic payments and its implications, en: *Interdisciplinary Journal of Contemporary Research in Business*, 2010, Vol. 2, N.º 8, pp. 246 y ss., especialmente p. 252.

En segundo lugar, podemos citar el *Secure Sockets Layer* (SSL). Este protocolo –que podría traducirse al español como «capa de conexión segura»– está basado en una técnica criptográfica que utiliza conjuntamente sistemas de cifrado simétrico y asimétrico y garantiza la autenticación de servidores, la integridad del mensaje y, opcionalmente, la autenticación del cliente[194]. Su principal desventaja es que solo protege a los compradores contra ataques externos, asumiendo que puede confiarse en los comerciantes para mantener los datos de sus clientes en privado[195], por lo que se afirma que no garantiza la confidencialidad de los datos transmitidos. A pesar de ello, este protocolo es ampliamente utilizado por los sistemas de pago a través de redes inalámbricas con dispositivos móviles.

Otra forma de mantener cierto anonimato entre los participantes de un pago electrónico es el **uso de pseudónimos**. Clarke define el seudónimo como el identificador de una de las partes en una transacción, que no es, en el curso normal de los acontecimientos, suficiente para asociar esa transacción a una persona en particular. De ahí que una transacción sea pseudónima, si sus datos no contienen la identificación de esa parte. Los datos pueden, sin embargo, ser indirectamente asociados con la persona, si se siguen procedimientos particulares[196]. El uso del pseudónimo es conocido, desde luego, por el emisor del dinero electrónico, en cuyas manos está la destrucción del anonimato del sistema[197].

---

194 Rico Carrillo, *El pago electrónico en internet...*, ob. cit., p. 223.
195 Armesh, Shokouh Saljoughi y Kord, Electronic payments and its implications..., ob. cit., p. 251.
196 Clarke, Robert, Identification, anonymity and pseudonymity in consumer transactions: a vital systems design and public policy issue, en: http://www.rogerclarke.com/DV/AnonPsPol.html (29.11.2016).
197 Huguet Rotger, Llorenç, Josep Lluís Ferrer Gomila y Magdalena Payeras Capellà, Requerimientos y características ideales de los sistemas de moneda electrónica para pagos de cantidades especiales, en: *Sociedad de la Información y del Conocimiento, I Congreso Internacional Sociedad de la Información*, Actas CISIC 2002, Las Palmas de Gran Canaria, McGraw Hill, 2002, pp. 110 y ss., especialmente p. 112.

Ahora bien, cuando se hace referencia a la privacidad de los medios de pago electrónico, es necesario considerar dos conceptos estrechamente vinculados con esta: la trazabilidad y la vinculabilidad[198]. Para que un sistema sea totalmente anónimo no debe ser trazable ni vinculable, es decir, debe tratarse de un sistema incapaz de establecer una relación entre la identidad del usuario y el uso dado a la moneda electrónica. Caso contrario, será vinculable y trazable cuando el banco, el emisor del dinero electrónico o, en general, el intermediario en la operación de pago, se reserve una característica de la moneda, como su número de serie, y pueda luego vincularla al usuario y, al momento del depósito por parte del vendedor, este pueda ser informado de la identidad del comprador. Un sistema puede ser no trazable y no obstante vinculable, cuando aunque no se asocien a la identidad del usuario, los pagos realizados por este se pueden vincular entre sí.

De hecho, ha llegado a evaluarse la posibilidad de que la identidad del vendedor permanezca también anónima, tanto frente al comprador como frente al tercero de confianza. Aunque esto puede sonar paradójico, debido a que generalmente el comerciante desea ser conocido, es común que se plantee esta característica cuando las relaciones se verifican en la red *peer-to-peer* (*P2P*), es decir, relaciones entre iguales, en las que los usuarios, sin intermediación de terceros, intercambian bienes y servicios, acordando entre ellas mantener oculta su identidad[199].

Así las cosas, cuando es posible rastrear la operación de pago y vincularla al sujeto que la realiza, nos encontramos frente a un sistema trazable. No así en caso contrario, es decir, si la operación no es rastreable o lo es

---

198 Seguimos en este punto: Huguet Rotger, Ferrer Gomila y Payeras Capellà, Requerimientos y características ideales de los sistemas de moneda electrónica..., ob. cit., p. 112.
199 Mateo Hernández, *El dinero electrónico en internet...*, ob. cit., pp. 134-135.

a través de un pseudónimo usado por el pagador. Se entiende entonces que el sistema es no rastreable y no vinculable en la medida en que no puede identificarse al pagador, por lo que, en definitiva, es un sistema anónimo. Aunque, como hemos afirmado antes –citando Huguet Rotger, Ferrer Gomila y Payeras Capellà–, la preservación de ese anonimato está en manos del emisor del dinero electrónico.

En la actualidad se utilizan, aunque no de manera muy extendida, sistemas de firmas electrónicas ciegas, que permiten mantener al comprador en el anonimato, tanto frente al vendedor como frente a la tercera parte de confianza que participa en la autenticación de la operación de pago. Según destaca Echebarría Sáenz, esta posibilidad choca con las normas sobre protección de los consumidores y sobre blanqueo de capitales[200]. De hecho, en el caso de Estados Unidos, aunque hipotéticamente el potencial de seguridad y anonimato es mayor en el mundo electrónico, en la práctica, debido a las restricciones gubernamentales, la seguridad y la privacidad de los sistemas de e-*Cash* son limitadas. Desde el punto de vista del bienestar social, un anonimato absoluto no es deseable. En teoría, un sistema de anonimato que solo es revocado por la autoridad cuando se producen actividades delictivas, significaría que la actividad criminal puede ser controlada y sancionada con mayor eficacia. Pero en la práctica, el punto es que los criminales no usarían un sistema que permite la monitorización y el castigo efectivo[201].

En todo caso, sin que sea necesario llegar a un anonimato absoluto, los Estados se han ocupado de establecer normas de protección de datos personales. Particularmente en materia de medios de pago, la Directiva 2015/2366, en su artículo 94, además de remitir a la Directiva 95/46/CE del Parlamento Europeo y del Consejo de 24 de octubre de 1995 relativa

---

200 Echebarría Sáenz, El dinero electrónico..., ob. cit., p. 232.
201 Ver: Baddeley, Using e-cash in the new economy..., ob. cit., p. 242.

a la protección de las personas físicas en lo que respecta al tratamiento de datos personales y a la libre circulación de estos datos[202] y al Reglamento 45/2001 del Parlamento Europeo y del Consejo de 18 de diciembre de 2000 relativo a la protección de las personas físicas en lo que respecta al tratamiento de datos personales por las instituciones y los organismos comunitarios y a la libre circulación de estos datos[203], introduce una novedad en relación con el artículo 79 de su predecesora, al establecer que «Los proveedores de servicios de pago únicamente obtendrán, tratarán y conservarán los datos personales necesarios para la provisión de sus servicios de pago, únicamente con el consentimiento expreso del usuario del servicio de pago» (art. 94,2). Con esto se limita la cantidad de información que puede manejar el proveedor del servicio de pago, y se le impone la obligación de obtener el consentimiento expreso por parte del usuario.

d. Grado de transferibilidad del dinero electrónico

A diferencia de lo que ocurre con el dinero en efectivo, la mayoría de los sistemas de dinero electrónico que funcionan actualmente son de uso único y, por ello, no transferibles[204]. En tal sentido, la reutilización del dinero electrónico pasa, necesariamente, bien por una reedición, bien por la implementación de un sistema de endoso, lo cual permitiría distinguir entre dinero electrónico de uso único y dinero electrónico transferible. Sin embargo, tales métodos lo harían trazable y vinculable, con las ventajas y desventajas que ya hemos comentado. La reutilización plantearía, además, problemas con el posible fraccionamiento del dinero electrónico y su reedición abusiva[205].

---

202 http://eur-lex.europa.eu/legal-content/ES/TXT/PDF/?uri=CELEX:31995L0046&from=ES (29.11.2016).
203 http://ec.europa.eu/justice/policies/privacy/docs/application/286_es.pdf (29.11.2016).
204 Mateo Hernández, *El dinero electrónico en internet...*, ob. cit., p. 135.
205 Echebarría Sáenz, El dinero electrónico..., ob. cit., p. 232.

e. Emisor del dinero electrónico

El criterio relativo a la entidad emisora del dinero electrónico[206] plantea la necesidad de reconocer que un establecimiento privado pueda emitir dinero. Se trata de una posibilidad ampliamente aceptada en la actualidad, no obstante conviene volver a ella con detenimiento, al analizar, en el capítulo II de este trabajo, a cada uno de los intervinientes en la dinámica del pago electrónico.

f. Moneda en la que se expresa el dinero electrónico

Desde luego, el dinero electrónico es emitido en una determinada moneda de curso legal, pues es esta la que, en última instancia, respalda la emisión del dinero electrónico[207]. Sin embargo, hay medios electrónicos de pago que se limitan a una moneda específica, dentro de un territorio determinado, como ocurre con la *Geldkarte* en Alemania, según veremos *infra*; mientras que otros sistemas, como PayPal, permiten el almacenamiento y realización de pagos en monedas diversas. La posibilidad de operar con diferentes monedas, desde luego, hace aplicable al dinero electrónico, todas las normas sobre control de divisas.

Actualmente, sin embargo, hay casos en los cuales el valor expresado en dinero electrónico, está absolutamente desvinculado de monedas de curso legal. Es el caso del *bitcoin*, según analizaremos más adelante. Sin embargo, Echebarría Sáenz destaca el peligro de esta posibilidad, en relación con el control ejercido, en la creación de un crédito, por parte de las entidades privadas emisoras del dinero electrónico[208].

g. Soporte de almacenamiento

En función del soporte de almacenamiento, tal como hemos afirmado *supra*, hay sistemas de tarjeta (*card-based system*) y sistemas de almacenamiento

---

206 Mateo Hernández, *El dinero electrónico en internet…*, ob. cit., pp. 136-137.
207 Mateo Hernández, *El dinero electrónico en internet…*, ob. cit., pp. 137-138.
208 Echebarría Sáenz, El dinero electrónico…, ob. cit., p. 233.

en disco (*software-based system*)²⁰⁹. En la primera categoría, se hace uso de las llamadas tarjetas inteligentes que, como ya hemos mencionado, están dotadas de un microprocesador —chip— en el cual se almacenan las unidades de valor y demás datos necesarios para realizar el pago. Según reconoce Echebarría Sáenz, la importancia de esta clasificación se relaciona con el riesgo de destrucción del dinero electrónico, pues aunque este es, como se ha dicho, inmaterial, su almacenamiento lo vincula a un soporte material que sí puede extraviarse o destruirse, caso en el cual será necesario determinar las posibles responsabilidades²¹⁰.

h. Forma en que se almacena y presenta el importe del dinero

Desde el punto de vista de la forma en que se almacena y presenta el importe del dinero²¹¹, se hace referencia a los *balance-based products*, en los que un valor global es almacenado en su totalidad en el soporte elegido, el cual disminuye con la realización de cada pago, tal como ocurre, por ejemplo, con una cuenta corriente tradicional. También se hace referencia, con fundamento en este criterio, a los *note-based models*, o sistemas de monedas individualizadas en los cuales se «acuña» cada moneda, identificándola con un código individualizado por unidades de valor, y se transmiten, en función de la necesidad de pago, como monedas electrónicas.

i. Aplicaciones que pueden incorporarse al instrumento de pago

De acuerdo con este criterio²¹², puede haber dispositivos que estén diseñados para albergar un único medio de pago y otros que puedan almacenar varios o, incluso, aplicaciones con funciones diversas al pago. Un ejemplo típico es el de las tarjetas de pago —crédito, débito o prepagadas— dotadas de un chip que permite almacenar dinero electrónico. También está el caso de los telé-

---

209   Mateo Hernández, *El dinero electrónico en internet...*, ob. cit., pp. 138-140.
210   Echebarría Sáenz, El dinero electrónico..., ob. cit., p. 233.
211   Mateo Hernández, *El dinero electrónico en internet...*, ob. cit., p. 141.
212   Mateo Hernández, *El dinero electrónico en internet...*, ob. cit., pp. 141-142.

fonos móviles con los cuales, además de las múltiples funciones que pueden desempeñar, puede realizarse el pago de bienes y servicios.

j. Monto del pago

Finalmente, en función de las cantidades involucradas en los pagos, se hace referencia a esquemas de dinero electrónico para pagos genéricos, esquemas para micropagos y esquemas para pagos de cantidades muy elevadas[213]. Los primeros están diseñados para pagos de cantidades ni excesivamente grandes ni excesivamente pequeñas, se trata de sistemas que buscan operar en el terreno generalmente reservado a los pagos en efectivo. Los segundos, los sistemas de micropagos, tal como lo hemos referido antes, están referidos al pago de cantidades ínfimas, generalmente, por bienes que pueden ser servidos a través de internet. Dentro de esta categoría –también lo hemos mencionado antes– hay quienes distinguen entre los nanopagos (hasta 0,001) y los micropagos propiamente dichos (0,001-5). Estos esquemas son generalmente anónimos, pues se busca que sean más eficientes que seguros. Finalmente, están los esquemas para pagos de cantidades elevadas, lo cuales son generalmente costosos, pues requieren de medidas de seguridad extremas que garanticen la realización de la transacción.

Ahora bien, es indudable que, tratándose de un tema tan estrechamente vinculado a la tecnología, su rápida evolución dificulta seriamente la elección de un medio electrónico de pago para su análisis. Sin embargo, hemos hecho una elección basada en la importancia y novedad del propio medio. Así, con fundamento en el concepto que hemos asumido de dinero electrónico, analizaremos en este trabajo tanto el valor –dinero electrónico en efectivo– como los medios o instrumentos a través de los cuales se transmite aquel. Para analizar los *e-payments* basados en un *hardware* nos referiremos al caso de las tarjetas inteligentes a través de la *Geldkarte* alemana y al uso del teléfono móvil para realizar pagos. Del lado de los medios de pago que se

---

213 Mateo Hernández, *El dinero electrónico en internet...*, ob. cit., pp. 143-145.

basan en el uso de un *software* analizaremos el caso de las tarjetas virtuales, PayPal y Bitcoin. A través de estos ejemplos determinaremos el régimen jurídico aplicable a los medios electrónicos de pago.

2. Dinero electrónico en efectivo

a. Definición

Al definir lo que ha de entenderse como dinero electrónico, Rico Carrillo comienza por delimitar los conceptos de dinero electrónico, dinero digital y dinero virtual[214]. En relación con el primero, la autora admite que el mismo puede ser utilizado en una doble acepción. De manera amplia, como medios electrónicos de pago en general, y, de manera restringida, como dinero efectivo electrónico, equivalente a los billetes y monedas de banco. Es la última acepción, según veremos *infra*, la que utilizaremos en este trabajo.

Por su parte, la expresión dinero digital se refiere más bien a la tecnología empleada para emitir las monedas, y puede definirse como una información digital autenticada, singularizada y firmada electrónicamente que se admite como representación del dinero y como instrumento de pago. Prinz coincide parcialmente con este concepto, al definir el dinero digital —o *digital cash*— como un código binario almacenado en el disco duro de una computadora que puede ser transferido a través de internet u otra red[215].

Finalmente, el dinero virtual es definido como el instrumento que permite el almacenamiento del valor monetario. Este instrumento puede ser de dos tipos: aquel que no es convertible en dinero real y aquel que se basa en la representación de una forma de dinero real, con posibilidad de con-

---

214 Rico Carrillo, *El pago electrónico en internet...*, ob. cit., pp. 126 y 139-141.
215 Prinz, Aloys, Money in the real and the virtual world: e-money, c-money and the demand for cb-money, en: *Netnomics*, 1999, N.º 1, pp. 11 y ss., especialmente p. 14.

versión a moneda de curso legal. El primero de los casos mencionados es el del llamado *scrip*[216]. Se trata de sistemas que funcionan sobre la base de la acumulación de puntos y obtención de vales o cupones en forma de moneda virtual. Estos se suelen obtener a través de programas de fidelización de clientes en comercios reales o virtuales, mas solo pueden usarse en internet. Este instrumento no puede ser convertido en dinero real y funciona de manera análoga a como lo hacen los vales o puntos en el comercio tradicional[217].

Vale la pena mencionar aquí el caso de las tarjetas Granton, las cuales fueron objeto de análisis por parte del Tribunal de Justicia de la Unión Europea, a través de una sentencia dictada en fecha 12 de junio de 2014[218]. Se trató de una interpretación prejudicial que tuvo por objeto la interpretación de la Directiva 77/388/CEE del Consejo, de 17 de mayo de 1977, Sexta Directiva en materia de armonización de las legislaciones de los Estados miembros relativas a los impuestos sobre el volumen de negocios - Sistema común del impuesto sobre el valor añadido: base imponible uniforme[219], de manera de determinar si la emisión y venta de estas tarjetas era una operación gravable.

---

216   *Scrip* es un término para cualquier sustituto de la moneda de curso legal y es a menudo una forma de crédito. El *scrip* fue creado como una forma de pago del salario, bajo el sistema de trueque. También se ha utilizado como un medio de pago cuando la moneda regular no está disponible, como ocurre en pueblos remotos, bases militares, buques dedicados a viajes largos, o países ocupados en tiempos de guerra. Otras formas de *scrip* incluyen vales, fichas de metro y puntos en algunos sitios webs, entre otros. Ver: http://en.wikipedia.org/wiki/Scrip#Virtual_money (29.11.2016).

217   Un ejemplo de este sistema puede ser la tarjeta VIP de LEGO, la cual permite acumular puntos con cada compra para ser utilizados en las propias tiendas de LEGO, tanto reales como virtuales. Ver: http://shop.lego.com/de-DE/VIP (29.11.2016).

218   Asunto C461/12, Granton Advertising BV e Inspecteur van de Belastingdienst Haaglanden/kantoor Den Haag en: http://curia.europa.eu/juris/document/document.jsf?docid=153578&doclang=ES (29.11.2016).

219   http://eur-lex.europa.eu/legal-content/ES/TXT/HTML/?uri=URISERV:l31006 &from=ES (29.11.2016).

Según se afirma en la decisión citada, entre 2001 y 2005, la sociedad neerlandesa Granton Advertising BV emitió y vendió a consumidores las tarjetas Granton, a un precio que oscilaba entre 15 y 25 euros. Con su compra, los consumidores tenían derecho a la adquisición o a la prestación de un determinado número de bienes y servicios en condiciones privilegiadas en comercios y empresas tales como restaurantes, cines, hoteles o saunas, que habían celebrado un contrato a tal fin con Granton Advertising. Sin embargo, según estima la propia sentencia, «... no existe una relación suficientemente directa entre el importe pagado, por esos consumidores, para la obtención de la tarjeta Granton y los bienes o las prestaciones de servicios eventualmente obtenidos».

Así las cosas, «... la utilización de una tarjeta Granton no puede constituir un "pago", a efectos de la Sexta Directiva, en la medida en que se trata, de hecho, de una rebaja de precio (...) cuando un consumidor compra dicha tarjeta, no adquiere ni un derecho de propiedad sobre la sociedad Granton Advertising, ni un derecho de crédito sobre esa empresa, ni, por otra parte, ningún derecho que guarde relación con esos derechos. En efecto, la tarjeta Granton se caracteriza por el hecho de que únicamente confiere a su titular un derecho a obtener descuentos en los precios de los productos y de los servicios ofrecidos por las empresas adheridas».

Ahora bien, la segunda forma de dinero virtual es una verdadera representación de dinero de curso legal. Rico Carrillo ejemplifica esta modalidad a través del llamado dólar Linden (L$) que circula en *Second Life*[220]

---

220 Second Life es un «*metaverso*» —metauniverso— desarrollado por Linden Lab y lanzado al mercado en 2003. Según sus creadores, «*Second Life is the leading 3D virtual world. It's a space where you can be whoever you'd like, build and sell whatever you can imagine, and have fun with others from all over the globe while you explore unique virtual environments, listen to live music performances, play games, shop in the world's largest user-generated virtual goods economy, and much more*». En: http://lindenlab.com/products/second-life (29.11.2016). Uno de los aspectos más interesantes de esta red,

y con el cual se pueden adquirir bienes y servicios virtuales. Esta moneda se adquiere y almacena en línea y, según se ha reconocido, es convertible en dinero de curso legal[221]. Nosotros no consideramos, sin embargo, que el intercambio de dólares Linden por moneda de curso legal pueda ser incluido dentro del concepto de convertibilidad. Pareciera tratarse, más bien, del intercambio de un «producto» por un precio determinado. En todo caso, a diferencia del dinero electrónico, el dinero virtual no constituiría un verdadero sustituto del dinero de curso legal. Otro ejemplo fue el Facebook Credit, una moneda que permitía comprar juegos y aplicaciones de la plataforma Facebook, aunque la idea era expandirse a los micropagos. Para 2010, con un dólar de Estados Unidos podía adquirirse 10 Facebook Credits. Pero Facebook anunció el fin de su moneda en junio de 2011[222].

Ahora bien, a los efectos de esta investigación, con la expresión dinero electrónico en efectivo queremos referirnos directamente al valor representativo de dinero, independientemente del medio o instrumento en el cual esté almacenado[223]. Con lo cual admitimos, tal como hemos afirmado *supra*, cierto paralelismo entre el dinero y el dinero electrónico.

---

es que los participantes –llamados residentes– pueden crear objetos 2D e incluso 3D, a través del lenguaje de programación LSL (*Linden Script Lenguage*), lo cual genera incluso derecho de autor. Actualmente se ha llegado a admitir que Second Life está cambiando la forma de hacer negocios. Ver: Pannicke, Danny y Rüdiger Zarnekow, Was sich aus Second Life lernen lässt. Implikationen für die Geschäftsmodelle virtueller Welten, en: *HMD – Praxis der Wirtschaftsinformatik*, 2013, N.º 292, pp. 82 y ss.

221 Para el 29 de noviembre de 2016, con un dólar americano pueden adquirirse entre 300 y 330 dólares Linden. Ver: http://wiki.secondlife.com/wiki/Conseguir_Dinero_en_SL (29.11.2016).

222 http://en.wikipedia.org/wiki/Facebook_Credits (29.11.2016).

223 Un concepto similar acepta Baddeley quien, citando a Carat (Carat, Gérard, *ePayment Systems database – Trends and Analysis*, Sevilla, Electronic Payment Systems Observatory (ePSO), Institute for Prospective Technological Studies / European Commission, 2002, p. 11), afirma que «*In broad terms, electronic money can be*

b. Funciones y características del dinero electrónico

Según hemos podido apreciar en las definiciones contenidas en los instrumentos legales analizados, la función del dinero electrónico como medio de pago es admitida con relativa facilidad. Mas, tal como afirma Echebarría Sáenz, si se pretende crear un sustituto electrónico del dinero en efectivo, este debe cumplir, en cierta medida, con las demás funciones tradicionales del dinero, es decir, además de servir como medio de pago, deberá poder ser utilizado como unidad de cuenta y como reserva de valor[224].

El propio autor admite que cuando se realiza una transferencia electrónica de una determinada cantidad de dinero bancario de una cuenta a otra, o cuando se realiza el pago con una tarjeta a través de un terminal de punto de venta, en cierto sentido se está transmitiendo dinero electrónico, pues lo que se traslada son archivos digitales. Sin embargo, con el dinero electrónico lo que se pretende es obtener el mismo efecto que con el efectivo tradicional, que ahora es sustituido por un archivo digital, a través de un proceso de desmaterialización que despoja al dinero de su «forma material-fungible tradicional»[225]. Bajo esta forma, el dinero electrónico puede ser almacenado, de manera que podría cumplir con su función de reserva de valor. No obstante, el problema que podríamos plantearnos en relación con la posibilidad de ahorrar dinero electrónico está más vinculado a la desconfianza que aún se tiene en internet, que con la potencialidad del dinero electrónico para cumplir con esta función.

El cumplimiento de su función como unidad de cuenta, en cambio, no dependería de su naturaleza electrónica, sino, más bien, del valor de lo almacenado, como ocurre con cualquier medida de valor. Esta función

---

defined as monetary value stored on an electronic device issued on receipt of funds or accepted as a means of payments». Ver: Baddeley, Using e-cash in the new economy…, ob. cit., p. 240.
224 Echebarría Sáenz, El dinero electrónico…, ob. cit., p. 224.
225 Echebarría Sáenz, El dinero electrónico…, ob. cit., p. 225.

puede resultar más interesante en formas de dinero electrónico cuyo valor no se corresponde exactamente con el de una determinada moneda de curso legal. Es lo que está ocurriendo actualmente con el *bitcoin*, según analizaremos *infra*.

Resulta entonces un interesante ejercicio la aplicación de las características del dinero al dinero electrónico, de manera de delimitar de mejor manera su definición[226]. El primer criterio a considerar tiene que ver con **la convertibilidad y la eficacia solutoria** del dinero. El dinero electrónico, desde luego, no tiene curso legal, pues no es emitido por las autoridades competentes de un Estado sino por entidades privadas y ello hace que su aceptación como medio de pago dependa, fundamentalmente, de la voluntad de las partes de aceptarlo para extinguir una determinada obligación[227].

Sin embargo, es necesario referir la influencia que sobre esta falta de equiparación en relación con el pago, tiene el llamado **principio de equivalencia funcional**[228], del cual podría derivarse que no sea necesario el acuerdo

---

226 Seguiremos en este punto a Echeberría Sáenz, El dinero electrónico..., ob. cit., pp. 233-238.
227 También lo reconoce así Rico Carrillo (*El pago electrónico en internet*..., ob. cit., p. 134) y de Miguel Asensio, para quien está claro que solo el dinero tiene curso legal, por lo que su aceptación no está limitada a ciertos sistemas como ocurre con el dinero electrónico. Ver: De Miguel Asensio, *Derecho privado de internet*..., ob. cit., p. 892.
228 Este principio fue expresamente reconocido por primera vez en la Ley Modelo de UNCITRAL sobre comercio electrónico de 1996. Así, en virtud del artículo 5 de este instrumento, «No se negarán efectos jurídicos, validez o fuerza obligatoria a la información por la sola razón de que esté en forma de mensaje de datos». Ver texto en: http://www.uncitral.org/pdf/spanish/texts/electcom/05-89453_S_Ebook.pdf (29.11.2016). Este principio ha sido recogido por buena parte de las legislaciones modernas, fundamentadas en esta Ley modelo, entre las que se cuenta la Ley venezolana sobre mensaje de datos y firmas electrónicas (*Gaceta Oficial* N.º 37.148 28.02.2001), cuyo artículo 4 dispone: «Los Mensajes de Datos tendrán la misma eficacia probatoria que la ley otorga a los documentos escritos, sin

previo entre las partes para que el dinero electrónico funcione como medio de pago, pues sería equivalente al dinero bancario. Según estima Echebarría Sáenz, una transacción en dinero electrónico equivaldría jurídicamente a una transacción en dinero tradicional tan pronto como las partes admitan por pacto o por el mero hecho de su utilización, el medio electrónico de comunicación y el instrumento de dinero electrónico. El propio autor reconoce que esta alternativa genera problemas, en primer término, con los sistemas no verificados en los que la convertibilidad de la moneda electrónica se comprueba *a posteriori*, supuesto en el cual se plantearía un caso similar al de la entrega de moneda falsa, y, en segundo lugar, con el nivel de información que debe garantizarse, sobre todo cuando entre las partes se encuentra un consumidor[229].

Algunos autores, luego de reconocer la importancia de este principio en materia de medios de pago, en particular de aquellos que constituyen una digitalización de medios de pago tradicionales, estiman que la especial naturaleza de estos documentos comporta una excepción que exige una regulación especial, que establezca las condiciones para que la equivalencia funcional proceda en toda su extensión[230]. En tal sentido, el artículo 11 del Reglamento boliviano sobre instrumentos electrónicos de pago no llega a equiparar el dinero tradicional con el electrónico, pero reconoce, al menos, que las órdenes de pago efectuadas con un instrumento elec-

---

perjuicio de lo establecido en la primera parte del artículo 6 de este Decreto-Ley. Su promoción, control, contradicción y evacuación como medio de prueba, se realizará conforme a lo previsto para las pruebas libres en el Código de Procedimiento Civil. La información contenida en un Mensaje de Datos, reproducida en formato impreso, tendrá la misma eficacia probatoria atribuida en la ley a las copias o reproducciones fotostáticas».
229 Echebarría Sanz, *El dinero electrónico...*, ob. cit., pp. 234-235.
230 En este sentido, Rico Carrillo, *El pago electrónico en internet...*, ob. cit., p. 142. La autora refiere, en particular, el caso de los títulos valores electrónicos, los cuales, para desplegar todos sus efectos sobre la base del principio de equivalencia funcional, deben reunir las características propias de un título valor.

trónico de pago «… tendrán pleno valor probatorio y los mismos efectos legales y judiciales que los archivos y registros escritos».

El segundo elemento a considerar es el tema de **la corporeidad, la transferibilidad y la fungibilidad del dinero**. El dinero tradicional es un bien mueble material y ultrafungible, susceptible de circulación por simple tradición. Así, el dinero tiene una capacidad ilimitada para circular, a pesar de los deterioros que pueda sufrir lo cual, generalmente, supone su renovación a través de nuevas unidades. El control que ejerce el Estado sobre el dinero tradicional se verifica solo al momento de su emisión, sin que sea necesario que se compruebe luego la validez de las transacciones que se realizan con él. En cambio, al ser inmaterial, el dinero electrónico requiere de un registro para ser acuñado y, si no se toman las previsiones de seguridad del caso, el dinero electrónico sería susceptible de posesión simultánea, copia o reproducción indefinida y de manipulación en su importe o características.

Esa falta de un sustrato material dificulta además, como ya hemos señalado, su transferibilidad, al menos a través de los mecanismos tradicionales. Por otro lado, admitir esta característica supondría que el dinero electrónico se haga trazable y pierda el tan buscado anonimato. De manera que para admitir que el dinero electrónico sea transferible, será necesario articular mecanismos autónomos basados en la entrega de un archivo digital, lo cual no evitará que sea necesario un contraste con el registro del emisor, que es lo que ocurre con los sistemas verificados.

En todo caso, según admite Baddeley, mientras limitar la transferibilidad reduciría las posibilidades de fraude, la no transferibilidad haría el sistema menos flexible y más costoso. En su opinión, suponiendo que se pueda prevenir el doble uso del dinero electrónico, un sistema que permita múltiples pagos, probablemente disminuirá los costos de las transacciones. Sin embargo, para buena parte de los sistemas existentes cada unidad de dinero electrónico solo puede ser gastada una vez, de manera que cada unidad monetaria es solo parcialmente transferible, en otras palabras, es transferible solamente hasta que se gasta[231]. En efecto, cuando el acreedor recibe un pago con dinero electrónico, solo puede pedir el reembolso de la cantidad pagada en moneda de curso legal, pues su circulación es cerrada, lo cual impediría su reutilización[232].

No obstante, hemos de admitir con Echebarría Sáenz, que «... el carácter inmaterial del dinero electrónico no le priva de sus características esenciales como medio de pago, unidad de cuenta y reserva de valor e incluso manifiesta un elevado grado de la cuarta función que tradicionalmente se le discute al dinero, ser un factor de aceleración del cambio»[233].

Ahora bien, muy vinculado con el tema de la transferibilidad se menciona, en tercer lugar, el problema de la **consumibilidad del dinero**, es decir, el dinero no se consume o destruye con su uso, el dinero circula y se traslada de titular en titular y, en todo caso, se consume solo para quien se ha desposeído de él. En el caso del dinero electrónico, aunque el valor propiamente dicho no se consume, sí lo hace su representación digital. Al conservarse su valor, el dinero electrónico podría equipararse al dinero tradicional, del cual, una vez gastado, solo puede recuperarse la suma, pero no la misma moneda.

Finalmente, se plantea de nuevo el tema del **anonimato**. Tanto el dinero electrónico como el tradicional garantizan cierto grado de anonimato. Sin embargo, en ambos casos existen sistemas capaces de identificar al portador y ello depende del tratamiento jurídico que se dé al tema del control de divisas y blanqueamiento de capitales. Por lo que nos interesa en esta parte de la investigación, en este punto podrían también ser equiparables el dinero tradicional y el dinero electrónico.

---

231 Baddeley, Using e-cash in the new economy..., ob. cit., pp. 242-243.
232 En este sentido, Rico Carrillo, *El pago electrónico en internet...*, ob. cit., p. 135.
233 Echebarría Sáenz, El dinero electrónico..., ob. cit., p. 236.

Analicemos ahora los dispositivos en los cuales puede almacenarse el dinero electrónico.

3. Dispositivos de almacenamiento de dinero electrónico basados en un *hardware*

a. Tarjetas inteligentes. El caso de la *Geldkarte* alemana

Dentro de los sistemas de pago electrónico basados en un *hardware*, la doctrina suele referirse a las llamadas tarjetas inteligentes[234]. Estas tarjetas[235], reconocidas como el primer paso en la evolución de los medios electrónicos de pago –según hemos adelantado *supra*–, se caracterizan por tener inserto un chip[236], es decir, un dispositivo que puede leer información al momento de la operación, capaz de almacenar en una sola plataforma aplicaciones bancarias y no bancarias y proveer mayor seguridad, especialmente con respecto a la autenticación[237].

---

234 Ver, entre otros Lammer, Thomas y Karsten Stroborn, Internet-Zahlungssysteme in Deutschland und Österreich: ein Überblick, en: *Handbuch E-Money, E-Payment & M-Payment*, (T. Lammer, Herausgeber), Heildelberg, Physica-Verlag, 2006, pp. 57 y ss., especialmente pp. 59-60.

235 Según reporta Rico Carrillo, estas tarjetas han recibido diversas calificaciones por la doctrina. Así, además de tarjetas inteligentes o *smart cards* (Jiménez Sánchez), se las ha llamado tarjetas chip (Rodríguez Bonachera, Lorenzi) o tarjetas con memoria (Carbonel Pintanel). La propia autora se refiere a ellas como «nuevas tarjetas». Ver: Rico Carrillo, *El pago electrónico en internet...*, ob. cit., p. 73.

236 Estas tarjetas contienen un microprocesador, una memoria de acceso (RAM), una memoria de solo lectura (ROM) y una memoria de solo lectura eléctricamente borrable y reprogramable (EEPROM). Kou, Weidong, Simpson Poon y Edwin M. Knorr, Smart cards and applications, en: *Payment technologies for E-Commerce*, (W. Kou, ed.), Berlín, Heidelberg, New York, Springer Verlag, 2003, pp. 95 y ss., especialmente p. 95.

237 Rodríguez Azuero, Sergio, *Contratos bancarios. Su significación en América Latina*, Bogotá, México, Buenos Aires, Caracas, Lima, Santiago, Miami, Legis, 5.ª ed., 2002, p. 233.

Ha sido precisamente el tema de la seguridad, lo que ha motivado la migración de las tarjetas con banda magnética a las tarjetas con chip, a través del estándar de interoperabilidad de tarjetas EMV, al cual ya nos hemos referido. Las características esenciales del chip EMV son su flexibilidad y polivalencia; su seguridad, y su interoperabilidad e interbancariedad, tanto a nivel nacional como internacional[238].

Ahora bien, la tarjeta inteligente que almacena dinero electrónico puede estar integrada a cualquier tarjeta de pago, o puede funcionar de manera independiente de las tarjetas tradicionales. El chip, en estos casos, funciona como un monedero electrónico que almacena una determinada cantidad de dinero que, generalmente, es usada para hacer micropagos en lugares en los cuales tradicionalmente no se aceptaban tarjetas de débito o crédito, y el pago debía hacerse en efectivo[239]. Estas tarjetas son calificadas como tarjetas de uso múltiple, debido a que son aceptadas por terceros diversos y sirven para pagar múltiples categorías de productos y servicios[240]. Para entender mejor el funcionamiento de las tarjetas inteligentes, utilizaremos el caso de la *Geldkarte* alemana.

La *Geldkarte*, desarrollada por el *Zentraler Kreditausschuss* (Comité Central de Créditos)[241], fue probada por primera vez en 1996 y fue implemen-

---

238 Wèry, *Paiements et monnaie électroniques...*, ob. cit., p. 46.
239 Rico Carrillo, *El pago electrónico en internet...*, ob. cit., p. 74; Linardatos, Dimitrios, *Das Haftungssystem im bargeldlosen Zahlungsverkehr nach Umsetzung der Zahlungsdiensterichtlinie*, Baden-Baden, Nomos, 2013, pp. 93-94.
240 De Miguel Asensio, *Derecho privado de internet...*, ob. cit., p. 894.
241 El Zentraler Kreditausschuss (ZKA), es una institución que agrupa a los diversos bancos alemanes (Bundesverband deutscher Banken; Bundesverband der Deutschen Volksbanken und Raiffeisenbanken; Deutscher Sparkassen- und Giroverband, DSGV; Verband deutscher Pfandbriefbanken (bdp) und Bundesverband Öffentlicher Banken Deutschlands, VÖB), creada en 1932, y cuyo principal objetivo es estandarizar los pagos sin efectivo. Ver: http://www.zentraler-kreditausschuss.de/was-ist-der-zka/ (29.11.2016).

tándose paulatinamente en las diversas regiones del país[242]. Esta tarjeta puede calificarse como un monedero electrónico basado en un chip –*chipkartenbasierte elektronische Geldbörse*–, que puede estar integrado, bien sea a la *ec-Karte* –*electronic cash Karte*, equivalente a la tarjeta de débito– emitida por las diversas instituciones de crédito alemanas, bien sea a una tarjeta separada –aunque estos casos son poco frecuentes[243]–, independiente de una cuenta bancaria, como ocurre, por ejemplo, con la *White Card*[244]. Se afirma por ello, que la *Geldkarte* puede estar o no vinculada a una cuenta[245].

La intención inicial de la *Geldkarte* fue reducir, de manera significativa, la tenencia de efectivo. Algunos autores[246] consideran que esta expectativa no se cumplió pues, aunque para 2005 había cerca de 60 millones de tarjetas en circulación[247], su uso no era tan extendido como se esperaba. Otros, sin embargo consideran como muy positiva la aceptación de la tarjeta en el comercio alemán. En tal sentido, según sostiene Jacobson, el hecho de que en 2001 se hayan realizado casi 27 millones de transacciones de pago por una cantidad promedio de 3 euros, supone que la cantidad de operaciones se duplicó desde 1998, lo cual es, sin duda, positivo[248]. En la

---

242 Una cronología del desarrollo de la *Geldkarte* puede verse en: Koppe, Volker, Die Geldkarte, das bessere Kleingeld, en: *Handbuch E-Money, E-Payment & M-Payment*, (T. Lammer, Herausgeber), Heildelberg, Physica-Verlag, 2006, pp. 261 y ss., especialmente pp. 264-265.
243 Así lo reconoce Linardatos, *Das Haftungssystem im bargeldlosen Zahlungsverkehr...*, ob. cit., p. 93.
244 Zapkau y Schwickert, *E-Payment-Systeme...*, ob.cit., pp. 130-131.
245 «*Es gibt die Geldkarte als kontogebundene und als ungebundene Karte*». Ver: Jacobsen, Olaf, E-Payment mit Chipkarten – Die Geldkarte als Zahlungsmittel im Internet, en: *HMD – Praxis der Wirtschaftsinformatik*, 2002, N.º 224, pp. 22 y ss., especialmente p. 23.
246 Zapkau y Schwickert, *E-Payment-Systeme...*, ob.cit., p. 131.
247 Dato aportado por Koppe, Die Geldkarte, das bessere Kleingeld..., ob. cit., p. 261, y asimilado por Zapkau und Schwickert, *E-Payment-Systeme...*, ob. cit., p. 131.
248 Jacobsen, E-Payment mit Chipkarten...,ob. cit., p. 25.

actualidad, manteniendo un promedio de 3 euros por transacción, y habiendo alcanzado un pico en 2007 de 52,9 millones de operaciones, con un total de 148,3 millones de euros, para el año 2015, los alemanes cargaron sus tarjetas alrededor de 4,5 millones de veces, con un total de aproximadamente 133 millones de euros. Esto representa una cantidad media de carga de 29,50 euros. Además, se hicieron más de 32 millones de pagos, lo cual alcanza una cantidad total de casi 109 millones de euros[249].

Ahora bien, para utilizar esta tarjeta en una operación de pago, es necesario que previamente se deposite en el chip una cantidad de dinero que no puede exceder de 200 euros. Por eso también se califica la *Geldkarte* como un medio de pago *pre-paid*. La carga de dinero electrónico en la *Geldkarte* se puede llevar a cabo en los cajeros automáticos, cuando la tarjeta está vinculada a una cuenta, o, en caso contrario, en sus propias máquinas –*SB-Ladegeräten*–, las cuales están generalmente localizadas en las sedes de los bancos o, incluso, en los comercios en los cuales puede usarse la *Geldkarte* como medio de pago.

En este proceso de carga, el cajero o terminal actúa como un intermediario entre la tarjeta y el centro de carga competente. Este último constituye un elemento esencial del sistema de seguridad de la *Geldkarte*. Así, la carga, la acreditación de saldo en la tarjeta y el descuento en la cuenta del cliente se producen de manera simultánea y tal operación es registrada por la *Evidenzzentrale*[250], una especie de cámara de compensación, entre cuyas principales tareas se encuentra el registro de la transacción de pago y la garantía de su legibilidad[251].

---

249 https://www.geldkarte.de/presse/pressemitteilungen/2016/19-02-2016 (29.11.2016).
250 Ver referencias y gráfico en: Koppe, Die Geldkarte, das bessere Kleingeld…, ob. cit., p. 266. También refiere este proceso: Zapkau y Schwickert, *E-Payment-Systeme*…, ob.cit., pp. 131-132.
251 Zapkau y Schwickert, *E-Payment-Systeme*…, ob.cit., p. 131.

Cuando la tarjeta que contiene el chip de la *Geldkarte* está vinculada a una cuenta, esta se puede descargar en los cajeros de la institución que emitió la tarjeta, hasta tres meses después de su fecha de caducidad. Así, es posible que el saldo de la *Geldkarte* quede en cero, y que la cantidad que tenía almacenada pase a la cuenta del usuario, sin que para esta operación se requiera PIN. El cajero automático actúa, tal como afirmamos *supra*, como un simple intermediario en la descarga en línea del chip y de acreditación en la cuenta[252].

Como medio de pago, esta tarjeta puede ser utilizada tanto en comercios reales como virtuales. En ambos casos, el pago es irreversible, puesto que tiene efectos inmediatos, y solo produce la acreditación del pago en la cuenta del comerciante involucrado en la transacción[253]. En ambos casos, se requiere, además de la propia tarjeta, un lector para la misma, sea en manos de un comerciante, sea en manos del propio usuario, según el caso.

Ahora bien, cuando el pago con *Geldkarte* se produce en un negocio físico, la aprobación y procedencia de la operación de pago no dependen ni de la firma del usuario ni del uso de un PIN, basta con que el chip entre en contacto con el lector y se indique la cantidad a debitar, para que el pago se haga efectivo. Además, siendo que la operación ocurre sin conexión a ningún sistema, es decir, *off-line*, los costos y la duración de la operación son más bien bajos[254].

El comerciante, por su parte, debe tener una tarjeta de comerciante –*Händlerkarte*–, como contraparte física de la tarjeta del cliente. Esta tarjeta transmite la cantidad debitada, junto con el número de la tarjeta, el número de la secuencia de pago y el número de cuenta al terminal en el

---

252 Koppe, Die Geldkarte, das bessere Kleingeld..., ob. cit., p. 267.
253 Jacobsen, E-Payment mit Chipkarten..., ob. cit., p. 25.
254 Koppe, Die Geldkarte, das bessere Kleingeld..., ob. cit., p. 267.

cual se realiza la operación y estos datos son almacenados en un registro criptográficamente asegurado, lo cual reduce considerablemente las posibilidades de manipulación de los datos de pago[255].

El comerciante, con ayuda de la interfaz de su caja registradora, cierra las transacciones realizadas con *Geldkarte* y su *Händlerkarte* genera una suma total de las ventas y la identifica con un número. Con esos datos, la *Evidenzzentrale*, instruida por el banco de este, determinará después si hay transacciones repetidas. El pago se hará efectivo en la cuenta del comerciante después que este presente los datos de las transacciones, individuales y en conjunto, a la cámara de compensación. Los bancos emisores realizan un balance para cada *Geldkarte*, y adaptan los saldos-sombra —*Schatten-Salden*—, de manera que en la tarjeta permanezca únicamente el saldo no consumido[256].

Cuando el pago con *Geldkarte* se realiza en internet[257], en vista de que no hay contacto físico entre la tarjeta del cliente y la del comerciante, deben tomarse precauciones adicionales, de manera de proteger al cliente de un débito involuntario. El cliente debe estar claro en relación con la identidad del comerciante y el monto de la transacción. Además, se le debe garantizar la confidencialidad de los datos de pago. Para ello, el cliente debe poder determinar, si el comerciante dispone de un certificado —*Händler-*

---

255 «*Alle Transaktionen werden zwischen Geldkarte und Händlerkarte Ende-zu-Ende kryptografisch abgesichert, so dass Manipulationen der Zahlungsdaten per se ausgeschlossen sind*». Ver: Jacobsen, E-Payment mit Chipkarten..., ob. cit., p. 24.
256 Ver procedimiento y gráficos al respecto en: Koppe, Die Geldkarte, das bessere Kleingeld..., ob. cit., pp. 267-268. Ver también: Zapkau y Schwickert, *E-Payment-Systeme...*, ob.cit., p. 132.
257 Seguiremos el proceso descrito por Jacobsen, E-Payment mit Chipkarten..., ob. cit., pp. 25-26. También puede verse un gráfico de este proceso en: Zapkau y Schwickert, *E-Payment-Systeme...*, ob.cit., p. 134, y en Dannenberg y Ulrich, *E-Payment und E-Billing*..., ob. cit., pp. 151-153.

zertificat– reconocido por un tercero de confianza, el cual cumplirá un rol de intermediación en el proceso de pago.

Como hemos mencionado, para realizar la operación de pago con *Geldkarte* a través de internet, es necesario que el usuario disponga de un terminal de internet *–Internet-Kundenterminal, IKT–*, dispositivo que, dotado de teclado y pantalla, funciona como un lector del chip[258], además del *software* correspondiente. A través de este dispositivo, el usuario se asegura de aprobar solo la cantidad que desea pagar, la cual, una vez marcada en el teclado, se aprueba presionando la tecla OK. Los datos de la cantidad debitada se transfieren a través de internet, haciendo uso del ya mencionado protocolo de seguridad SSL, para garantizar su seguridad. El comerciante, por su parte, debe disponer en su sistema de compra *on-line* de un servidor de pago y una tarjeta de comerciante virtual *–virtueller Händlerkarte, VHK*. Este procedimiento garantiza que no se debite de la tarjeta cantidad alguna sin el consentimiento del cliente.

La doctrina alemana ha destacado ciertas ventajas del uso de la *Geldkarte* frente al efectivo. En relación con el propio acto de pago, puede decirse que, por un lado, tratándose de un medio de pago clasificado como *prepaid*, asegura al comerciante frente al incumplimiento por parte del cliente y, por otro, el propio cliente se beneficia del anonimato en el pago, así como de la limitación de los riesgos de pérdida de las cantidades almacenadas[259]. Además, se dice que es un medio de pago económico, pues solo genera comisiones de un 0,3 %, lo cual equivale a un centavo por transacción, independientemente del monto de la misma; brinda total seguridad contra la falsificación de dinero; su proceso de utilización es rápido y seguro, y los costos por manejo de efectivo disminuyen, así como también los peligros por manejo de efectivo en los cajeros electrónicos.

---

258 Descripción hecha en: Lammer y Stroborn, Internet-Zahlungssysteme in Deutschland und Österreich..., ob. cit., p. 60.
259 Zapkau y Schwickert, *E-Payment-Systeme*..., ob. cit., p. 133.

La *Geldkarte* tiene, no obstante, algunos problemas, unos vinculados a la propia marca, otros compartidos por esta modalidad de monedero electrónico. A pesar de que actualmente puede pagarse con *Geldkarte* en más de 420 mil negocios en Alemania —en su mayoría se trata de máquinas expendedoras de bebidas, comida, cigarrillos, estampillas, tickets de transporte, parquímetros y restaurantes de escuelas y universidades[260]—, su principal inconveniente es que su uso se encuentra limitado a Alemania, no pudiendo ser utilizada siquiera en otros países de la Zona Euro, pues es incompatible con otros sistemas. Esta tarjeta, además, no permite prestamos ni transferencias de saldos a otros usuarios. Un problema común con otros monederos electrónicos, tiene que ver con el hecho de que, en caso de pérdida o robo, es imposible bloquear la cantidad en ella almacenada, por lo que esta puede ser utilizada por cualquier persona distinta de su titular. Es posiblemente por esta razón que su saldo máximo se limita a 200 euros.

b. *M-Payment*

Con la expresión *mobile payment* o *m-payment* se designa a aquellos pagos que son iniciados o confirmados haciendo uso de técnicas de comunicación móvil, a través de dispositivos móviles[261]. Aunque generalmente esta mo-

---

260 https://www.geldkarte.de/privatkunden/bezahlen/ (29.11.2016).
261 Así puede verse, por ejemplo, en: Karnouskos, S. y F. Fokus, Mobile Payment: A journey through existing procedures and standarization iniciatives, en: *IEEE Communications Surveys and Tutorials*, 2004, Vol. 6 N.º 4, pp. 44 y ss.; Jacob, Katy, Are mobile payments the smart cards of the aughts?, en: *Essays on Issues*, The Federal Reserve Bank of Chicago, 2007, N.º 240, s/p.; de Meijer, Carlo y Jonathan Bye, The increasing adoption of mobile payments in Europe – and remaining challenges to growth, en: *Journal of Payments Strategy & Systems*, 2011, Vol. 5, N.º 3, pp. 273 y ss., especialmente p. 274; Hartmann, E-Payments evolution..., ob. cit., p. 13; Pousttchi, Key, Conditions for acceptance and usage of mobile payment procedures, en: Giaglis, G.M., H. Werthner, V. Tschammer and K. Foeschl, *mBusiness 2003 - The Second International Conference on Mobile Business*, Vienna, 2003, pp. 201 y ss., especialmente p. 201: Dannenberg y Ulrich, *E-Payment und E-Billingw...*, ob. cit., pp. 207-208.

dalidad de pago se asocia con un teléfono móvil, no está limitada a este. El pago, calificado como móvil, puede también realizarse a través del uso de consolas de videojuegos, tabletas, *laptops*, aparatos de televisión o incluso automóviles[262]. Un concepto tan amplio implica un «*wallet in cloud*» o monedero en la nube[263], al cual se pueda tener acceso en cualquier lugar y desde cualquier dispositivo[264].

Con un dispositivo móvil pueden obtenerse bienes digitales para el propio dispositivo, como *ringtones*, protectores de pantalla, juegos u otras aplicaciones, pero también se puede acceder a los llamados *premium-rate services, PRS*[265], servicios prestados a través de números telefónicos de facturación adicional, a través de los cuales se tiene acceso a líneas de chat para adultos, soporte técnico, consultas de directorios, previsiones meteorológicas, o concursos y votaciones vinculados a programas de televisión. Servicios diplomáticos, como la embajada estadounidense en Londres o en la Embajada del Reino Unido en Washington, también han cobrado

---

262 En Japón, por ejemplo, se comercializa un monedero electrónico contenido en una pulsera de silicón que, acercándose a lectores dispuestos en algunos comercios, permite hacer pagos. Es la denominada E-Money Band (http://techcrunch.com/2010/11/11/video-japanese-company-offers-e-money-wristband/ [29.11.2016]), dotada del sistema Edy, una tarjeta inteligente prepagada sin contacto, que utiliza la tecnología FeliCa de Sony (http://en.wikipedia.org/wiki/Edy [29.11.2016]).
263 Una nube es un tipo de sistema paralelo y distribuido que consiste en una colección de computadoras interconectadas y «virtualizadas» que son dinámicamente aprovisionadas, presentadas como uno o más recursos unificados de computación, basados en acuerdos entre el proveedor de servicios y los consumidores. Ver: Buyya, Rajkumar, Chee Shin Yeo, Srikumar Venugopal, James Broberg y Ivona Brandic, Cloud computing and emerging IT platforms: Vision, hype, and reality for delivering computing as the 5th utility, en: *Future Generation Computer Systems*, 2009, N.º 25, pp. 599 y ss., p. 601.
264 Pernet-Lubrano, Sophie, Mobile payments: Moving towards a wallet in the cloud?, en: *Communications & Strategies*, 2010, 79, N.º 3, pp. 63 y ss., especialmente p. 70.
265 Hartmann, E-Payments evolution…, ob. cit., p. 13.

tasas adicionales para las llamadas del público en general²⁶⁶. Ambos servicios pueden ser cargados en la factura del teléfono en el caso de servicios postpago, o son descontados del saldo prepagado, en caso de servicios prepago (*prepaid airtime*).

Ahora bien, para realizar un pago móvil hay diferentes soluciones técnicas, cuya implementación depende de si el pago puede ser calificado como pago próximo o como pago remoto²⁶⁷. En efecto, el pago puede hacerse, en primer lugar, por proximidad —*contactless or proximity mobile payments*—, caso en el cual los datos se transmiten, sin contacto, a través de radio frecuencia —*Radio Frecuency Identification* (RFID)— o haciendo uso de la tecnología *Near Field Communication* (NFC).

La RFID permite la identificación automática, a través del reconocimiento y localización de objetos. El sistema incluye un transmisor²⁶⁸, un chip RFID, una lectora con antena e interface con los servidores. El dispositivo móvil también debe estar dotado de un chip RFID que le permita comunicarse a corta distancia con el lector. La transmisión de datos se produce por ondas electromagnéticas²⁶⁹. Los servicios de telepeaje suelen funcionar con esta tecnología. Así, es posible pagar el peaje sin detener el vehículo, gracias a un dispositivo que se coloca en el mismo y un lector ubicado en las estaciones, que se encarga del descuento de la tarifa en la cuenta del conductor²⁷⁰.

---

266 http://en.wikipedia.org/wiki/Premium-rate_telephone_number (29.11.2016).
267 De Meijer y Bye, The increasing adoption of mobile payments in Europe..., ob. cit., p. 275.
268 Técnicamente llamado «*transponder*» o transpondedor, palabra resultante de la mezcla de las inglesas *transmitter* —transmisor— y *responder* —contestador— debido a que transmite y responde automáticamente un mensaje, en este caso, con los datos de pago. Ver: http://es.wikipedia.org/wiki/Transpondedor (29.11.2016).
269 Krassnigg, Harald, *Electronic-Banking und Mobile Payment. Ausgewählte Rechtsfragen beim E-Banking und M-Payment*, Saarbrücken, Südwestdeucher Verlag für Hochschulschriften & Co, 2007, pp. 113-114.

La NFC es también una tecnología inalámbrica de corto alcance y alta frecuencia, que permite el intercambio de datos entre dispositivos[271]. La realización de un pago haciendo uso de la NCF requiere que tanto el dispositivo desde el cual se da la orden de pago, como el que la recibe estén dotados de la misma. Muchos teléfonos inteligentes están siendo ensamblados con esta tecnología[272] que requiere, además, la instalación de un lector NFC en el local del comerciante. El Google Wallet es un ejemplo de monedero que funciona con esta tecnología. Fue creado por Google en 2011 y permite el almacenamiento de tarjetas de débito, crédito, fidelidad y tarjetas regalo. A través de él se pueden hacer compras en tiendas, gracias justamente a la tecnología NFC, pero además permite transferir dinero y hacer compras en internet[273].

Al lado de las tecnologías NFC y RFID, están *2D barcode* y *Wireless Application Protocol* (WAP). El *2D barcode* –o *Quick Response Code (QR code)*– es un código de barras bidimensional que contiene más información que un código de barras unidimensional lineal convencional. Este código permite el acceso rápido a datos y se utiliza a menudo en combinación con los teléfonos inteligentes. Para realizar los pagos, el dispositivo, a través de la correspondiente aplicación, muestra un código de barras 2D que contiene la información de pago que es leída por el punto de venta.

Un ejemplo de la tecnología *2D barcode* es el sistema *Square* inicialmente aceptado para el pago en la cadena Starbucks[274], pero que en la actualidad

---

270 Es el caso de Telepeaje Plus en Argentina, sistema que permite acumular el monto del peaje en el dispositivo del vehículo y pagarlo al final del mes. Ver: http://telepeajeplus.com/Inicio/Default.aspx (29.11.2016).
271 http://es.wikipedia.org/wiki/Near_field_communication (29.11.2016).
272 Ver lista de teléfonos con tecnología NFC en: http://es.wikipedia.org/wiki/Near_field_communication#Tel.C3.A9fonos_con_NFC (29.11.2016).
273 http://www.google.com/wallet/ (29.11.2016).
274 http://www.starbucks.com/coffeehouse/mobile-apps/square-wallet (29.11.2016).

está siendo aceptado por otros comerciantes[275]. Para realizar el pago, el usuario debe previamente descargar la aplicación de *Square* e instalarla en su dispositivo móvil, luego deberá asociarla con alguna de sus tarjetas de crédito o débito. Al momento del pago, bastará con acercar el teléfono a un escáner que está instalado en todas las tiendas en las que funciona el sistema.

WAP, por su parte, es un estándar técnico abierto, de carácter internacional, para acceder a la información a través de una red inalámbrica móvil[276]. Su principal función es permitir el acceso a internet desde un dispositivo móvil (navegador WAP). Al igual que en un navegador de internet en una computadora, WAP puede ser utilizado para hacer pagos en transacciones B2C y para transferencias de persona a persona (C2C), haciendo uso de métodos de pago en línea, como PayPal o Google Wallet. Además, este programa permite hacer pagos en puntos de venta[277].

Ahora bien, como hemos afirmado, la segunda categoría implica que el pago puede realizarse a distancia –*remote mobile payment*. Esta modalidad, a su vez, admite diferentes métodos. El primero consiste en el cargo del pago en la factura del usuario y es generalmente utilizado para comprar bienes que son descargados en el propio dispositivo como *ringtones* o protectores de pantalla.

Este método puede funcionar con el envío de un SMS –*Short Message Service*– o un mensaje de voz o a través de páginas webs o aplicaciones del propio dispositivo móvil. También puede funcionar ingresando un número de cuenta en una web móvil, registrándose en la página web del comerciante, como ocurre con Amazon, o usando el propio dispositivo

---

275 https://squareup.com/global/es/register (29.11.2016).
276 http://es.wikipedia.org/wiki/Wireless_Application_Protocol (29.11.2016).
277 Hayashi, Fumiko, Mobile Payments: What's in it for consumers?, en: *Economic Review*, First Quarter 2012, pp. 35 y ss., especialmente pp. 38-39.

como un monedero electrónico. En estos casos, el monedero puede estar integrado al propio dispositivo o estar almacenado en un chip separado[278].

Un buen ejemplo es el caso de *PayPal mobile*[279]. Este monedero electrónico permite pagar con una cuenta de PayPal, con una tarjeta de crédito o de débito, con una cuenta bancaria o con una línea de crédito de Bill Me Later[280], las cuales pueden asociarse a la aplicación. Para usar este monedero, el usuario envía un mensaje de texto a PayPal, indicando la cantidad de fondos que desea transferir y el número de teléfono o dirección de correo electrónico del destinatario. Luego de la solicitud, la computadora de PayPal llamará al cliente y le pedirá que ingrese su PIN para confirmar. A continuación, PayPal notificará al destinatario del pago recibido[281].

El teléfono también puede ser usado para iniciar pagos que serán debitados de la tarjeta de débito o crédito del titular, o directamente de una cuenta bancaria. En estos casos, el operador telefónico hace de intermediario en la transmisión de mensajes, pero no en el proceso de compensación y ejecución del pago[282]. Esta modalidad procede a través de lectores de tarjetas implementados en el dispositivo. *Square* también puede funcionar bajo esta modalidad.

---

278 Hartmann, E-Payments evolution…, ob. cit., p. 13.
279 Pernet-Lubrano, Mobile payments: Moving towards a wallet in the cloud?..., ob. cit., p. 64.
280 https://www.billmelater.com/index.xhtml (29.11.2016).
281 Al menos para el futuro próximo, PayPal Mobile parece estar por delante de sus competidores debido al hecho de que PayPal ya tiene más de 100 millones de clientes. Además, los teléfonos basados en NFC pueden llegar a atraer a una mayor base de clientes si se comercializan bien. Ver: Au, Yoris A. y Robert J. Kauffman, The economics of mobile payments: Understanding stakeholder issues for an emerging financial technology application, en: *Electronic Commerce Research and Applications*, 2008, N.º 7, pp. 141 y ss., especialmente p. 152.
282 Hartmann, E-Payments evolution…, ob. cit., p. 13.

Considerando estas posibilidades, Kreyer, Pousttchi y Turowski reconocen cuatro posibles escenarios para el uso de los medios de pago móviles[283]. El primero, denominado *Mobile commerce scenario*, funciona para la descarga de información, audio o video en el propio dispositivo; en segundo lugar, los autores refieren el *electronic commerce scenario*, el cual está referido a todas las transacciones B2C, con exclusión de las relativas al *mobile commerce*. Es el caso de la compra de bienes o contenidos a través de internet. En tercer lugar, se encuentra el *stationary merchant scenario*, que se realiza de manera presencial y puede ser entre personas —como ocurre con el pago de un taxi— o con una máquina —como la compra de tickets, cigarrillos, etc. Finalmente, los autores mencionan el *consumer to consumer scenario* para referirse a las transferencias de dinero entre personas. Es lo que ocurre con e-Bay, por ejemplo.

Ahora bien, aunque se reconoce que el *m-payment* se encuentra en una etapa temprana de desarrollo, su potencial para convertirse en un medio de pago de uso masivo es grande[284]. En primer término, debido al gran número de población que tiene acceso a teléfonos móviles, muchos de los

---

283 Kreyer, Pousttchi y Turowski reconocen hacer la descripción sobre la base de estudios empíricos del mercado alemán. Ver: Kreyer, Nina, Key Pousttchi y Klaus Turowski, Mobile payments procedures. Scope and characteristics, en: *e-Service Journal*, 2003, pp. 7 y ss., especialmente p. 12. También puede verse la distinición en: Pousttchi, Key, An analysis of the mobile payment problem in Europe, en: *Münich Personal RePEc Archive*, 2007, Paper N.º 2915, pp. 260 y ss., especialmente p. 261.
284 «*Compared to mobile commerce (m-commerce), mobile payment (m-payment) is still at the infant stage... However, worldwide m-payment users surpassed 141.1 million in 2011, a 38.2% increase from 2010 (Gartner Newsroom, 2011). Yankee Group (2011) has reported that the value of global mobile transactions may grow from $241 billion in 2011 to more than $1 trillion by 2015. That growth, coupled with 500 million mobile banking users around the world (Yankee Group, 2011) may present an enormous opportunity for mobile marketers*». Ver: Wang, Alex, A preliminary model for mobile payment acceptance, en: *International Journal of Mobile Marketing*, 2012, Vol. 7, N.º 2, pp. 37 y ss., especialmente p. 37.

cuales son de los llamados *smart-phones*. Por otro lado, esta modalidad de pago permite el acceso de personas no bancarizadas a estos novedosos medios de pago pues, como veremos, aunque existe una gran preferencia de los consumidores por la presencia de un banco en la dinámica del medio de pago, debido a la confianza que este genera en los usuarios, actualmente las compañías de telecomunicaciones están prestando servicios de pago desvinculados de cuentas bancarias o de las tarjetas de crédito tradicionales.

Tal vez el lento desarrollo de este método de pago se deba a ciertos obstáculos relacionados, principalmente, con la tecnología[285]. Así, en primer lugar, hemos de referir el «complejo ecosistema» en que los *m-payments* se desenvuelven. Hay varios participantes clave involucrados en el proceso de pago, cuyos roles no han sido claramente delimitados. Así, en los *m-payments* pueden participar instituciones financieras, operadores de redes móviles, proveedores de servicios, productores de dispositivos móviles, proveedores de aplicaciones y soluciones de pago, procesadores de transacciones, vendedores de terminales de puntos de venta y comerciantes. Justamente, considerando los participantes, Herzberg ha descrito las posibles aplicaciones de los medios de pago móviles. Desde las más fáciles de las operaciones, que solo involucran a un usuario, un dispositivo y un único proveedor de servicios que puede ser un banco u otro intermediario, como ocurre, por ejemplo, con la transferencia de dinero a través del teléfono móvil, hasta relaciones más complejas que involucran a comerciantes y a prestadores de servicios de pago móvil[286].

La no incorporación de la tecnología NFC en los dispositivos móviles, también afecta el desarrollo de los *m-payments*. En efecto, tal como hemos

---

285 Seguiremos la enumeración de obstáculos hecha en: De Meijer y Bye, The increasing adoption of mobile payments in Europe…, ob. cit., pp. 279- 281.
286 Ver: Herzberg, Amir, Payments and banking with mobile personal devices, en: *Communications of the Association for Computing Machinery*, 2003, Vol. 46, N.º 5, pp. 53 y ss., especialmente pp. 56-57.

sostenido, esta tecnología es fundamental para la realización de un pago por proximidad, y su incorporación supone costos adicionales para los productores que serían trasladados al consumidor final, quien probablemente no esté dispuesto a asumirlos. En tercer lugar, se hace referencia al tema de la seguridad, siendo la principal preocupación de los usuarios la seguridad vinculada a la transmisión de datos, por lo que los proveedores deben garantizar la integridad y no vulnerabilidad de los mensajes.

La falta de estándares y de interoperabilidad aparece como un cuarto obstáculo a vencer por los *m-payments*. Es necesario desarrollar y adoptar estándares y controles que permitan la interoperabilidad entre los diversos actores involucrados para desarrollar modelos de ingresos y oportunidades de participación en los ingresos. En quinto lugar, ha de mencionarse que los comerciantes deben hacer una inversión importante en infraestructura para aceptar pagos a través de dispositivos móviles, a lo cual suelen no estar dispuestos y que, como hemos mencionado antes, generan el dilema según el cual hay pocos usuarios del sistema porque pocos comerciantes lo aceptan, y pocos comerciantes lo aceptan porque tiene pocos usuarios. Finalmente, se menciona la falta de negocios viables, es decir, no parece haber un claro retorno de la inversión, ni para operadores de redes móviles, ni para las instituciones financieras, lo cual produce cierta desmotivación para la aceptación de estos medios de pago.

En todo caso, han de destacarse dos ventajas de los *m-payments* sobre las tarjetas. En primer término, los dispositivos móviles permiten una comunicación bidireccional. En efecto, estos aparatos permiten enviar, recibir y presentar información relacionada con el pago, cosa que no pasa con las tarjetas. Además, el hecho de que los teléfonos modernos funcionen como pequeñas computadoras, facilita el almacenamiento de información, lo cual, además de facilitar el control del consumidor sobre las compras que hace, permite al comerciante potenciar programas de fidelidad y desarrollar campañas publicitarias a partir de esa información. El teléfono puede, en suma, integrar pagos, banca y transmisión bidireccional de datos en tiempo real[287], con una garantía de seguridad más alta que en otros medios electrónicos, debido a la necesaria iniciación y autorización para el pago a partir del propio teléfono[288].

Destaca dentro de los medios de pago móviles, el caso de Paybox. Paybox fue introducida en Alemania en mayo de 2000 por paybox.net AG, una empresa creada en 1999 en Frankfurt y que contaba al momento de su creación con un 50 % de participación del Deutsche Bank. Luego de atravesar diversos problemas financieros[289], fue adquirida por la multinacional de software Sybase en noviembre de 2013 y, actualmente, presta servicios de pago móvil en Alemania, Austria, España, Reino Unido y Suecia.

Paybox permite el pago en comercios físicos y en internet. Para realizar el pago, es necesario que el teléfono móvil esté equipado con una tarjeta SIM, el correspondiente PIN del teléfono y un PIN de Paybox. La autorización de pago se realiza a través del teléfono y la transmisión de datos se lleva a cabo a través de la red GSM, reconocida como una de las más seguras del mercado. Además de esto, no se requieren otro *software* o *hardware* especial[290].

Otro sistema ofrecido en Alemania es Jamba[291], sistema de pago móvil al cual tienen acceso los clientes de O2, Vodafone y T-Mobile. Luego de introducir su número de teléfono en el punto de venta en internet, el cliente recibe un SMS con un código PIN, que debe introducir en un formulario

---

287 Jacob, Are mobile payments the smart cards of the aughts?..., ob. cit., s/p.
288 Zapkau y Schwickert, *E-Payment-Systeme...*, ob.cit., p. 151.
289 Algunos descritos en Zapkau y Schwickert, *E-Payment-Systeme...*, ob. cit., pp. 149-150.
290 Jahnke, Hofmann y Manowsky, *E-Payment in Deutschland...*, ob. cit., pp. 14-15.
291 http://www.jamba.de/index.xhtml (29.11.2016).

electrónico. Este sistema permite pagos hasta por 10€. El pago se produce por débito en el saldo prepagado[292].

Actualmente, tal como sostuvimos antes, en el ámbito de la Unión Europea, el Consejo Europeo de Pagos está trabajando con las partes interesadas activas en la realización de pagos móviles, de manera de contribuir al desarrollo en la SEPA, de un ecosistema fiable y seguro para pagos móviles. A tales efectos publicó, el 12 de diciembre de 2014, la más reciente edición del documento «*Overview. Mobile payments initiatives*», en el cual describe diversas iniciativas, las nuevas y las ya existentes, en materia de pagos móviles, con el objetivo de crear conciencia sobre los últimos acontecimientos. En su elaboración, tomó en cuenta las contribuciones de los miembros del Consejo y las iniciativas reportadas en diversas fuentes noticiosas[293].

Además, la Directiva 2015/2366, en sus Considerandos, ha introducido una clara referencia a los *m-payments*, al comentar la necesaria limitación de la exclusión de los pagos realizados mediante dispositivos móviles a los «micropagos por contenidos digitales y servicios de voz». El propio Considerando N.º 16 admite que «Debe introducirse una referencia clara a las operaciones de pago para la adquisición de billetes o entradas electrónicos, a fin de tener en cuenta el desarrollo de los pagos en los que, en particular, el cliente puede encargar, pagar, obtener y validar billetes o entradas electrónicos desde cualquier lugar y en cualquier momento utilizando un teléfono u otro dispositivo móvil». Poder realizar estas operaciones a través de dispositivos móviles reduce «… los costes de producción y distribución asociados a los canales tradicionales de emisión de billetes y entradas en papel y aumentan la comodidad del consumidor, al ofrecerle formas nuevas y sencillas de adquirir tales billetes o entradas». Sin embargo, en el

---

292 Zapkau y Schwickert, *E-Payment-Systeme…*, ob.cit., p. 151.
293 http://www.europeanpaymentscouncil.eu/index.cfm/knowledge-bank/epc-documents/epc-overview-on-mobile-payments-initiatives-edition-december-2014/epc091-14-v20-epc-overview-on-mobile-payments-initiatives/ (29.11.2016).

texto de la Directiva, se mantiene el silencio y no se incluye una normativa especial para los *m-payments*.

En Venezuela, la gran mayoría de los bancos ofrece servicios de banca móvil, de manera que se han desarrollado aplicaciones que pueden descargarse en los teléfonos inteligentes y permiten al usuario realizar todo tipo de transacciones a través de estos dispositivos. Entre las operaciones que pueden realizarse a través de estas aplicaciones, están las transferencias y pagos de servicios. Sin embargo, tal como afirmamos en su momento en relación con la banca por internet, la banca móvil constituye una manera de comunicación entre el banco y su cliente, a través de la cual, entre otras cosas, el cliente puede extender órdenes de pago a su banco, a favor de un tercero.

Por ejemplo, como parte de un producto ofrecido en buena parte de los Estados donde tiene presencia el grupo BBVA, el BBVA Banco Provincial ofrece en Venezuela el servicio de «dinero móvil». A través de este servicio el cliente del banco ingresa en la página web y emite una orden de pago indicando el número de teléfono móvil del beneficiario, su nombre y el monto a transferir. Luego, el banco envía un mensaje de texto al beneficiario, con una clave de 8 dígitos, con la que podrá retirar el efectivo enviado, en los cajeros del banco[294].

Además, en Venezuela funcionan aplicaciones tales como PayPal Mobile, pero su operatividad está seriamente limitada por la existencia, desde 2003, de un fuerte control de cambio. Sistema que, tal como analizaremos *infra*, entorpece el funcionamiento de buena parte de los medios electrónicos de pago.

Vale la pena mencionar, sin embargo, que debido a la crisis de dinero en efectivo que vive el país desde mediados de diciembre de 2016, la Superintendencia de Instituciones del Sector Bancario (SUDEBAN) ha comenzado

---

294 https://www.provincial.com/personas/provinet-personas/provinet-dinero-movil.jsp (29.11.2016).

a implementar un sistema de pago móvil interbancario *peer-to-peer* (P2P), de manera de dar un respiro al sistema monetario nacional. Se trata de un sistema que que comenzó a funcionar el 13 de octubre de 2017 y solo requiere que el usuario disponga de una cuenta bancaria en Venezuela y que descargue la aplicación en su teléfono inteligente.

La SUDEBAN no ha dictado aún normas para regular este nuevo sistema de pagos electrónicos[295]. No obstante, varios bancos venezolanos han comenzado a implementar diversos productos de pago móvil. Así, el Banco Mercantil ha lanzado recientemente un sistema denominado Tpago, una «… red móvil adaptada a las nuevas tendencias internacionales en procesos de pagos sin necesidad de cheque o efectivo y con un alto esquema de seguridad»[296]. El propio BBVA Banco Provincial lanzó la aplicación «Dinero Rápido», la cual funciona de manera similar[297].

Entre las ventajas de estos medios de pago se cuenta el hecho de no haber necesidad de conocer el número de la cuenta bancaria del beneficiario del pago y la inmediatez en la disponibilidad de fondos, sobre todo considerando que, en la actualidad, una transferencia entre cuentas de bancos diferentes puede tardarse hasta 24 horas. Sin embargo, estos sistemas también tienen aún algunas limitaciones. Por ejemplo, solo pueden utilizarse entre personas físicas y tienen un límite diario entre tres y cinco millones de bolívares, cantidad que, considerando los altos índices de inflación por los que atraviesa Vene-

---

[295] Hasta el momento, la SUDEBAN solo ha hecho anuncios a través de la prensa nacional. Ver: http://www.eluniversal.com/noticias/economia/pago-movil-interbancario-procura-disminuir-uso-del-efectivo_673039 (6.10.2017). El Banco Central de Venezuela, por su parte, publicó un Aviso Oficial (*Gaceta Oficial*) en el cual se establecen las comisiones a ser cobradas por las instituciones financieras que ofrezcan el servicio de pago móvil.
[296] http://www.paymentmedia.com/news-3250-tpago-primer-servicio-de-pago-moacutevil-de-la-banca-venezolana-.html (6.10.2017).
[297] http://elestimulo.com/elinteres/bbva-provincial-estrena-nueva-aplicacion-de-pagos-interbancario/ (13.10.2017).

zuela en la actualidad, podría resultar insuficiente. Además, se requiere que tanto el pagador como el beneficiario dispongan de una cuenta bancaria, por lo que estarían en principio limitados a la población bancarizada.

Finalmente, conviene mencionar el caso de Vippo (*Virtual Payments Platform Operator*)[298], una plataforma que funciona en Venezuela y Perú, y que permite hacer pagos a través de mensajes de texto (SMS), por lo cual funciona desde cualquier tipo de dispositivo móvil, sea básico o inteligente. Este sistema, que no requiere que el usuario tenga una cuenta bancaria, además del teléfono móvil solo requiere tener una cuenta en Vippo. Esta cuenta puede recargarse y una vez que tiene saldo positivo, permite realizar pagos desde esa cuenta. Entre sus ventajas se cuenta el hecho de no requerir la exposición de datos distintos del número de teléfono y la disminución del uso de efectivo. Según se anuncia en su página oficial, cada vez más comercios aceptan esta forma de pago: empresas de televisión por cable, restaurantes, comedores universitarios, etc.

4. Dispositivos de almacenamiento de dinero electrónico basados en un *software*

Según reconoce la doctrina, para los pagos en internet, el dinero electrónico almacenado en la memoria de una computadora parece especialmente apropiado. Aunque en principio sus características dependen del modelo adoptado, pueden considerarse en ellos ciertos rasgos comunes. En efecto, el dinero electrónico se traduce en impulsos electrónicos almacenados en la memoria de una computadora; suele ser recargable al estar generalmente vinculado a una cuenta bancaria de la cual se retiran las cantidades que serán convertidas en dinero electrónico y a la que ingresa el valor de su reembolso; en principio no es necesaria la participación de una entidad de dinero electrónico; la ausencia de costos facilita la realización de micropagos;

---

[298] https://vippo.mobi/es_ve/home-pe/ (13.10.2017).

el valor almacenado puede expresarse en cualquier divisa, lo cual facilita su uso en operaciones de carácter internacional, y, finalmente, el diseño de algunos modelos permite su uso anónimo[299].

Aunque suele comparársele con el dinero en efectivo, el dinero electrónico generado por un *software* es absolutamente desmaterializado y convertido en bits o *tokens*[300] que se almacenan en la memoria de la computadora y pueden usarse para adquirir bienes y servicios, exclusivamente, a través de internet. Para tener validez, los *tokens* deben ser identificados con un número de serie único, contener un valor nominal, estar fechados y estar firmados por la entidad emisora[301].

Una vez que el usuario dispone de una cuenta de dinero electrónico, puede usarla con comerciantes que, en sus páginas webs, admitan este tipo de medio de pago. Estos generan una solicitud de pago que es recibida por el programa de dinero electrónico, y este elige, de la memoria de la computadora, las unidades que se correspondan con la cantidad a pagar y las envía al vendedor a través de la red. El programa informático del vendedor remite las series de dígitos al banco, quien se encarga de controlar que estas unidades no hayan sido gastadas previamente y, a elección del vendedor, las deposita bien en su cuenta bancaria, bien en la memoria de su computadora, como nuevas unidades de dinero electrónico[302].

Veamos algunos ejemplos.

---

299 De Miguel Asensio, *Derecho privado de internet...*ob. cit., p. 894.
300 De manera general, el *token* es definido como todo objeto que usado en sustitución de la moneda, está hecho de materiales menos costosos y no es emitido por la autoridad competente del Estado (http://en.wikipedia.org/wiki/Token_coin [29.11.2016]). En el mundo digital, los *tokens* están expresados en bits.
301 Rico Carrillo, *El pago electrónico en internet...*, ob. cit., p. 131.
302 De Miguel Asensio, *Derecho privado de internet...*ob. cit., p. 895.

a. Tarjetas virtuales

Una forma de almacenar dinero electrónico sin un soporte físico es a través de las llamadas tarjetas virtuales, las cuales constituyen una representación digital de los monederos electrónicos. Estas tarjetas son identificadas con un número, que es el único dato que se da al comerciante para realizar el pago, pues no se encuentran vinculadas a cuenta alguna. Estas tarjetas se han convertido en una alternativa segura a las tarjetas tradicionales, pues garantizan un alto grado de anonimato a la hora de realizar el pago.

Paysafecard constituye un buen ejemplo de esta modalidad. Esta tarjera fue introducida por primera vez en Austria en el 2000 y en Alemania en el 2001 y actualmente opera en 37 países alrededor del mundo. Paysafecard funciona de manera similar a una tarjeta de prepago para teléfono móvil. El usuario adquiere la Paysafecard en un punto de venta y luego, para realizar pagos, solo tiene que proporcionar el PIN de 16 dígitos en la página web del comerciante. Los importes pagados se descuentan del saldo de la respectiva tarjeta, el cual puede ser consultado *online* en todo momento. De esta forma, el cliente mantiene un control pleno sobre sus gastos y sabe siempre cuánto dinero le queda disponible en su tarjeta[303].

b. PayPal

PayPal se constituyó en 1998, bajo el nombre de «Confinity». Su nombre actual lo adquirió luego de fusionarse con X.com. En 2002, la empresa fue comprada por eBay, debido a que era usado por más del 50 % de los usuarios del portal y, además, competía con su propio sistema BillPoint. En septiembre de 2014 se anunció la separación de PayPal y eBay[304].

---

303 https://www.paysafecard.com/es-global/corporativa/productos/paysafecard/ (29.11.2016).
304 «*With our 157 million active digital wallets, we have created an open and secure payments ecosystem people and businesses choose to securely transact with each other online, in stores and on mobile devices. PayPal is a truly global payments platform that is available to people in 203 markets, allowing customers to get paid in more than 100*

PayPal es un sistema de pago electrónico que se puede utilizar para transferir dinero entre dos personas a través internet, con la única condición de que ambas tengan una dirección de correo electrónico[305]. PayPal forma parte de los llamados sistemas de cuenta centralizada en internet, es decir, aquellos en los cuales el usuario debe tener una cuenta con el intermediario que gestiona los pagos.

Generalmente es descrito como una pasarela de pagos, es decir, una empresa que se dedica a la intermediación en los procesos de pago, sin ser un banco. Su servicio consiste en cargar el monto en la cuenta PayPal del pagador y depositar la cantidad en la cuenta PayPal de su beneficiario. Una de sus mayores bondades es la confidencialidad de los datos bancarios de las partes, pues solo PayPal los maneja, y su transmisión se hace a través del ya mencionado protocolo SSL, lo cual garantiza su seguridad.

Para realizar y recibir pagos a través de PayPal, además de sus direcciones de correo electrónico, los usuarios deben abrir una cuenta PayPal. Para ello, el usuario debe proporcionar una tarjeta de crédito o una cuenta bancaria. Luego PayPal comprobará si la cuenta o la tarjeta registrada por el usuario le permite hacer pagos, y debitará una pequeña cantidad que luego es reintegrada a la cuenta del usuario. Con este proceso, el usuario recibirá una clave de cuatro dígitos que deberá introducir en la página de PayPal para formalizar su registro. Luego de registrarse y crear de esta

---

currencies, withdraw funds to their bank accounts in 57 currencies and hold balances in their PayPal accounts in 26 currencies. PayPal is an eBay Inc. (Nasdaq: EBAY) company. In September 2014, eBay Inc. announced the planned separation of eBay and PayPal into independent publicly traded companies in 2015». Ver: https://www.paypal-media.com/about (29.11.2016).

305 Martínez González, Mercedes, Mecanismos de seguridad en el pago electrónico, en: AA. VV., *Los medios electrónicos de pago (Problemas jurídicos)*, (R. Mata y Martín, Dir. y A.M. Javato Martín, Coord.), Granada, Comares, 2007, pp. 5 y ss., especialmente p. 28. Ver también: Dannenberg y Ulrich, *E-Payment und E-Billing...*, ob. cit., p. 167.

manera una cuenta PayPal, el usuario puede hacer y recibir pagos a través de la misma.

A pesar de ser la labor de intermediación la función principal de PayPal, hemos de considerar que también está provisto de una plataforma que permite almacenar dinero, sea proveniente de una cuenta o tarjeta del titular de la cuenta PayPal, sea provenientes de pagos que recibe de terceros en esa cuenta. Ello le permite funcionar como un monedero electrónico. De hecho, cuando se realiza un pago teniendo saldo disponible en la propia cuenta de PayPal, el monto se descuenta automáticamente de esta y, en cuestión de segundos, estará disponible en la cuenta PayPal del beneficiario[306].

En estos casos en los que el cliente decide dejar su dinero en la cuenta PayPal, la empresa parece operar con estos depósitos para financiar sus operaciones. Según reconoce la propia empresa, en vista de que sus cuentas no ofrecen pago de intereses, PayPal puede invertir el dinero que quede allí hasta que el usuario decida gastarlo[307]. De hecho, PayPal coloca el dinero depositado por los usuarios en una cuenta bancaria en Wells Fargo Bank y en fondos del mercado monetario gestionado por ellos[308].

Tengamos en cuenta que la propia Directiva 2015/2366 establece, en su artículo 18,5, que «Las entidades de pago no podrán llevar a cabo actividades

---

306 Feller, Frerk-Malte, PayPal – Globales Zahlungssystem mit Kompetenz für lokale Zahlungsmärkte, en: *Handbuch E-Money, E-Payment & M-Payment*, (T. Lammer, Herausgeber), Heildelberg, Physica-Verlag, 2006, pp. 237 y ss., especialmente p. 242.
307 De hecho, de acuerdo con la normativa europea, PayPal debe garantizar, entre otras cosas, que los recursos de clientes se invierten de manera segura y con una alta liquidez que permita el pago en el momento en que el cliente lo necesite. Ver: Zapkau y Schwickert, *E-Payment-Systeme…*, ob.cit., p. 144.
308 Guadamuz González, Andrés, PayPal: the legal status of C2C payment systems, en: *Computer Law & Security Report*, 2004, Vol. 20, N.º 4 2004, pp. 293 y ss., especialmente p. 294.

de constitución de depósitos u otros fondos reembolsables en el sentido del artículo 9 de la Directiva 2013/36/CE (del Parlamento Europeo y del Consejo de 26 de junio de 2013 relativa al acceso a la actividad de las entidades de crédito y a la supervisión prudencial de las entidades de crédito y las empresas de inversión, por la que se modifica la Directiva 2002/87/CE y se derogan las Directivas 2006/48/CE y 2006/49/CE[309])». Esta norma es un reflejo de la prohibición general de recibir depósitos u otros fondos reembolsables de parte de personas o empresas que no estén autorizadas para funcionar como entidades de crédito (art. 9 Directiva 2013/36).

Ahora bien, tal vez por esta posibilidad de almacenar dinero, en Europa se reconoce que PayPal opera como una entidad de dinero electrónico, sometida por tal razón, a la aplicación de la Directiva 2009/110[310]. Sin embargo, hay autores que cuestionan esta consideración debido, principalmente, a que PayPal no emite dinero electrónico, tal como lo requiere la citada Directiva en su artículo 2,1, al definir lo que ha de entenderse por entidad de dinero electrónico.

En los términos y condiciones de uso, la propia empresa reconoce que «*PayPal is a payment services provider and acts as such by creating, hosting, maintaining and providing our PayPal Services to you via the Internet. Our services allow you to send payments to anyone with a PayPal Account, and, where available, to receive payments. Our service availability varies by country*»[311]. PayPal Europa va más allá y afirma que «*PayPal's main business is*

---

309 http://eur-lex.europa.eu/LexUriServ/LexUriServ.do?uri=OJ:L:2013:176:0338:0436:ES:PDF(29.11.2016).
310 Feller, PayPal – Globales Zahlungssystem..., ob. cit., pp. 237 y ss., especialmente p. 240. Naraine, Ryan, PayPal Readies European Subsidiary, en: *Internet News*, January 5, 2004, en: http://www.internetnews.com/ec-news/article.php/3295181 (29.11.2016). Ver también: Lammer und Stroborn, Internet-Zahlungssysteme in Deutschland und Österreich..., ob. cit., p. 63.
311 https://cms.paypal.com/ve/cgi-bin/?cmd=_render-content&content_ID=ua/UserAgreement_full&locale.x=es_XC (29.11.2016).

the issuance of E-money and the provision of services closely related to the issuance of E-money... Since the service is limited to E-money, which does not qualify as a deposit or an investment service in the sense of the Law, you are not protected by the Luxembourg deposit guarantee schemes provided by the Association pour la Garantie des Dépôts Luxembourg (AGDL)...»[312].

Las principales discusiones en relación con la naturaleza de PayPal se presentaron durante la vigencia de la Directiva 2000/46, pues como hemos mencionado, esta limitaba el concepto de dinero electrónico, al valor monetario almacenado en un soporte electrónico, razón por la cual, según afirmaba Guadamuz González, ni siquiera el principio de neutralidad tecnológica que inspiraba la Directiva, permitía que PayPal se ajustase a tal concepto. En efecto, el autor estima que este principio le permitiría a la Directiva adaptarse a las nuevas formas de dinero electrónico que aparecerían en el futuro, pero esos nuevos medios superaron el concepto, entre otras razones, porque el mismo parecía estar limitado al funcionamiento de las tarjetas inteligentes[313].

De hecho, la propia Comisión debió aclarar el punto y, en 2003, dirigió una comunicación al Consejo Europeo[314], en la cual sostuvo que «... el objetivo

---

312 https://www.paypal.com/ie/webapps/mpp/ua/useragreement-full (29.11.2016). «*PayPal (Europe) S.à.r.l. & Cie, S.C.A. dispone de las licencias necesarias como institución de crédito en Luxemburgo de acuerdo con el Artículo 2 de la ley del 5 de abril de 1993 sobre el sector financiero con las enmiendas correspondientes y está bajo la supervisión prudencial de la autoridad supervisora de Luxemburgo, la* Commission de Surveillance du Secteur Financier, *con sucursal registrada en L-1150 Luxemburgo. Como el servicio se limita a dinero electrónico, lo cual no se puede considerar como depósito o como servicio de inversiones según la Ley, los clientes de PayPal no están protegidos por los planes de garantía de depósitos de la* Association pour la Garantie des Dépôts Luxembourg (AGDL)». Ver: https://www.paypal.com/es/webapps/mpp/about (29.12.2014).
313 Guadamuz González, PayPal: the legal status of C2C payment systems..., ob. cit., pp. 297-298.
314 Comunicación de la Comisión al Consejo y al Parlamento Europeo relativa a nuevo marco jurídico para los pagos en el mercado interior, Bruselas, 02/12/2003,

de la Directiva sobre el dinero electrónico era cubrir el valor monetario que circula como sustitutivo electrónico de las monedas y billetes de banco entre individuos, ya sea en una red de comunicaciones abierta, como Internet, o de un dispositivo electrónico a otro en operaciones con presencia física». Además, reconoció la existencia de servicios de pago no cubiertos por la misma, los cuales «… podrían llegar a convertirse en sistemas a escala comunitaria para cubrir algunas necesidades de pago, como los micropagos en Internet o en servicios de comunicación inalámbrica. Algunos productos de pago del mercado, como las cuentas de operadores móviles y las cuentas virtuales (por ejemplo, PayPal), están más próximos a las transferencias en un sistema de cuentas centralizadas que los instrumentos reales al portador».

La definición actual, contenida en la Directiva 2009/110, podría incluir más fácilmente a esta plataforma, pues se trata de un concepto más amplio, que busca evitar las posibles obsolescencias legales derivadas de los avances tecnológicos[315], los cuales no se verán obstaculizados por esta normativa. De hecho, tal concepto admitiría la inclusión de todos los productos de dinero electrónico existentes en la actualidad y de los que puedan desarrollarse en el futuro, tal como lo reconoce el Considerando N.º 8 de la propia Directiva.

c. Criptomonedas

Las criptomonedas constituyen una forma de expresión de un valor, fundamentada en la criptografía, específicamente en la tecnología *blockchain*. «… *[B]lockchain is essentially a distributed database of records, or public ledger of all transactions or digital events that have been executed and shared among participating parties*»[316].

COM(2003) 718 final, http://eur-lex.europa.eu/LexUriServ/LexUriServ.do?uri=COM:2003:0718:FIN:ES:PDF (29.11.2016).
315 Rico Carrillo, *El pago electrónico en internet…*, ob. cit., p. 63.
316 Crosby, Michael, Nachiappan, Pradan Pattanayak, Sanjeev Verma y Vignesh Kalyanaraman, BlockChain Technology: Beyond Bitcoin, en: *Applied Innovation Review*, June 2016, Issue N.º 2, pp. 6 y ss., especialmente p. 8.

La tecnología *blockchain* permite que partes que se desconocen entre sí puedan mantener y editar conjuntamente bases de datos, de manera completamente descentralizada, sin que ningún intermediario ejerza un control central (*Peer-to-Peer*). Aunque su auge se debe a su uso en la emisión y funcionamiento de criptomonedas como el Bitcoin, la utilidad de la tecnología *blockchain* excede el mundo financiero.

En efecto, tal como lo señala Parrondo Tort, «[l]a capacidad de *blockchain* de registrar todo tipo de transacciones persona-a-persona de manera eficiente, segura, verificable e inmutable significa que puede aplicarse a tareas no financieras como la contabilidad o la trazabilidad de productos en la cadena de suministros. Podría ayudar a resolver finalmente el problema de la piratería de música y video, permitiendo que los medios digitales sean legítimamente comprados, vendidos y heredados. Desde una vertiente social puede ser utilizada en la transmisión de votos, para ayudar a certificar si un producto es de origen ético, si la ropa se fabrica en talleres legales o si las donaciones llegan al destino esperado. También presentan oportunidades en todo tipo de servicios públicos, como pagos de la salud y el bienestar e incluso para la verificación documental en el registro de la propiedad. Todo ello de forma transparente, segura y prescindiendo de intermediarios que validen la identidad de las partes, la titularidad de los activos o la validez en una transacción»[317].

Ahora bien, el desarrollo de esta tecnología ha permitido almacenar la lógica de programación personalizable en *blockchains*, además de en las bases de datos regulares, lo cual ha dado lugar a los llamados *smart contracts* o contratos inteligentes, definidos como «... *digital programs based on a blockchain consensus architecture that automatically implement their internal logic as certain preconditions are met, and which are also able to*

---

317 Parrondo Tort, Luz, Tecnología blockchain, una nueva era para la empresa, publicado el 10 de enero de 2018 en: http://www.luzparrondo.com/wp-content/webcontent/Blockchain-una-nueva-era-para-la-empresa.pdf (15.04.2018).

prevent unauthorised changes of their internal logic as a result of their decentralised nature». Al cumplirse los términos del acuerdo, estos contratos se ejecutan automáticamente y, debido a su estructura descentralizada, se ejecutan automáticamente incluso de manera forzosa y son inviolables[318].

El Bitcoin supone, de hecho, un *smart contract*. Pero el ejemplo más primitivo de *smart contract* es la venta hecha a través de una máquina expendedora. La máquina recibe el dinero, retorna el vuelto y, finalmente, entrega el producto cuando el pago ha sido satisfactorio. Así lo explica Nick Szabo, a quien se le atribuye el concepto base de *smart contracts*[319].

En todo caso, para entender mejor como funcionan las criptomonedas, analizaremos dos ejemplos particulares: el Bitcoin y el petro.

c.1. Bitcoin

Bitcoin es «*… a digital, decentralized, partially anonymous currency, not backed by any government or other legal entity, and not redeemable for gold or other commodity»*[320]. Es una criptomoneda descentralizada, pues utiliza la criptografía para controlar su creación y transacciones, en lugar de depender de autoridades centrales[321]. Aunque no es la única criptomoneda que circula actualmente[322], es considerada la más importante, debido a que su funcionamiento ha servido de base a las demás.

---

318 Lauslahti, Kristian, Juri Mattila y Timo Seppälä, Smart Contracts – How will Blockchain Technology Affect Contractual Practices?, en: *ETLA Reports*, 9 January 2017, N.º 68, (disponible en: https://pub.etla.fi/ETLA-Raportit-Reports-68.pdf [6.10.2017]), pp. 6-7 y 11.
319 Ver: Gord, Michael, Smart contracts described by Nick Szabo 20 years ago now becoming reality, en: https://bitcoinmagazine.com/articles/smart-contracts-described-by-nick-szabo-years-ago-now-becoming-reality-1461693751/ (6.10.2017).
320 Grinberg, Reuben, Bitcoin: an innovative alternative digital currency, en: *Hastings Sciences & Technology Law Journal*, 2012, N.º 4, pp. 159 y ss., especialmente p. 160.
321 https://bitcoin.org/es/acerca-de (29.11.2016).
322 Se mencionan también como ejemplos de criptomoneda, entre otros, al litecoin, «*… a peer-to-peer Internet currency that enables instant payments to anyone in the*

Esta moneda fue concebida en 2008[323] en el Libro Blanco de Bitcoin[324], por una persona o grupo de personas, bajo el pseudónimo de Satoshi Nakamoto[325], quien se desvinculó del proyecto en 2012. Se trata de una moneda de código abierto (*Open-Source*), que funciona con una licencia MIT de SourceForge, Github y bitcoin.org, basada en la red *peer-to-peer* (P2P). La aplicación de las técnicas propias de este tipo de redes hace al Bitcoin resistente a los intentos individuales de bloquear el sistema en su función, para alterarlo o cambiar los parámetros sin consenso mayoritario[326].

El Bitcoin se crea por la extracción –*mining*– realizada por una red global de desarrolladores voluntarios de *software*. No es más que un archivo

---

world. It is based on the Bitcoin protocol but differs from Bitcoin in that it can be efficiently mined with consumer-grade hardware. Litecoin provides faster transaction confirmations (2.5 minutes on average) and uses a memory-hard, scrypt-based mining proof-of-work algorithm to target the regular computers and GPUs most people already have. The Litecoin network is scheduled to produce 84 million currency units» (https://litecoin.org/ [29.11.2016]); el Peercoin o peer-to-peer coin, lanzada al mercado el 12 de agosto de 2012 (http://peercoin.net/whitepaper [29.11.2016]), y el Primecoin, que apareció en el mercando el 13 de julio de 2013, «*... the first cryptocurrency on the market with non-hashcash proof-of-work, generating additional potential scientific value from the mining work*». Ver: King, Sunny, Primecoin: Cryptocurrency with Prime Number Proof-of-Work, en: http://primecoin.org/static/primecoin-paper.pdf (29.11.2016).

323 Se reconoce como antecedente la propuesta de un miembro del movimiento llamado «cypherpunk» –un grupo de activistas que aboga por el uso generalizado de la criptografía fuerte como una vía para el cambio social y político (http://en.wikipedia.org/wiki/Cypherpunk [29.11.2016])–, quien propuso la creación de una moneda anónima llamada *bmoney*, la cual permitiese que «*... untraceable pseudonymous entities to cooperate with each other more efficiently, by providing them with a medium of exchange...*». Ver: http://www.weidai.com/bmoney.txt (29.11.2016).

324 Una versión es español puede verse en: http://www.di-fusion.com/wp/el-libro-blanco-de-bitcoin-de-satoshi-nakamoto/ (29.11.2016).

325 Sobre la identidad de Satoshi Nakamoto, ver: https://es.wikipedia.org/wiki/Satoshi_Nakamoto#Identidad (29.11.2016).

326 Cap, Clemens, Bitcoin – das Open-Source-Geld, en: *HMD – Praxis der Wirtschaftsinformatik*, 2012, pp. 84 y ss., especialmente p. 85.

digital que enumera todas las transacciones que han ocurrido en la red, en su versión de un libro mayor general llamado «bloque de la cadena». Se trata de tecnología *blockchain*, como ya hemos afirmado. Ahora bien, los «mineros» hacen que la red Bitcoin funcione, mediante la validación de transacciones y la creación de nuevos Bitcoins. La red recoge todas las transacciones realizadas durante un período determinado de tiempo, generalmente cada 10 minutos, en una lista llamada «bloque». Los mineros confirman estos bloques de transacciones y los registran en las cadenas de bloques, compitiendo entre ellos para resolver cálculos matemáticos. Cada vez que el sistema de un minero encuentra una solución que valida un bloque de transacciones, gana 25 *bitcoins*. Cada cuatro años, este premio se reduce a la mitad para que el número total de Bitcoins nunca exceda de 21 millones[327].

Para usar el Bitcoin, sin ser minero, el usuario debe convertir dinero de curso legal en Bitcoins, para ello, debe instalar un *software* en su computadora o en un dispositivo móvil. Una vez instalado, el monedero le proporciona al usuario un número arbitrario de claves criptográficas, a partir de las cuales se le asigna la dirección Bitcoin. Es este el dato necesario para hacer y recibir pagos. Además, el usuario dispondrá de una clave privada que funciona como una firma electrónica, para completar el proceso de pago.

Bitcoin.org ha establecido algunas características importantes de esta criptomoneda para ayudar a comprender su naturaleza[328]. En primer término, cada usuario es responsable de la seguridad de su monedero, por lo que cada uno debe tomar las medidas necesarias de que lo dota el propio sistema para mantener a salvo su dinero. En tal sentido se recomienda hacer respaldos del monedero o encriptarlo. En segundo término, se afirma que el Bitcoin es un

---

327 Rotman, Sarah, Bitcoin *versus* electronic money, en: *CGAP Brief*, enero 2014, en: http://www.cgap.org/web-publication/bitcoin-versus-electronic-money (15.04.2018).
328 https://bitcoin.org/es/debes-saber (29.11.2016).

activo de alto riesgo, por lo que se recomienda no almacenarlo por mucho tiempo, pues su precio es impredecible y volátil[329].

Los pagos hechos con Bitcoin son irreversibles, de manera que solo pueden ser reembolsados por la propia persona que recibe los fondos. Además, el anonimato que puede sugerir el hecho de hacer y recibir pagos con el único dato de la dirección Bitcoin no es del todo cierto. En efecto, todas las transacciones con Bitcoin se almacenan públicamente y de manera permanente en la red, lo que significa que cualquiera puede consultar el balance y transacciones de cualquier dirección, aunque esta no está vinculada con su propietario[330]. Finalmente, debe considerarse que el Bitcoin, como activo en el patrimonio de una persona, debe ser contabilizado a la hora de pagar impuestos. En Alemania, por ejemplo, luego de haberse reconocido como moneda privada[331], se estableció un régimen para el pago de impuestos, al considerarse que la compraventa de Bitcoins es una transacción privada de venta que genera impuesto sobre la renta[332]. En Singapur

---

329 Por ejemplo, en mayo de 2010, un Bitcoin se negociaba a medio centavo de dólar, en junio de 2011 alcanzó los 30 dólares, antes de caer a 2 dólares en octubre. El 3 de febrero de 2014, el Bitcoin se cotizaba en 838,49 dólares; el 7 de diciembre de 2014 había bajado a 375,10 dólares; el 27 de octubre de 2015 se cotizaba en 292,54 dólares; el 13 de septiembre de 2016 se cotizaba en 607,30 dólares; el 16 de octubre de 2017 se cotizaba en 5.702,76 dólares. En diciembre de 2017 superó los 17.000 dólares y durante los cuatro primeros meses de 2018 bajó y fluctuó para ubicarse, el 25 de abril de 2018 en 9.016.38 dólares. Ver: https://www.buybitcoinworldwide.com/es/precio/ (25.04.2018).

330 Por tal razón, Cap lo califica como relativamente anónimo y reconoce la posibilidad de crear varias direcciones para realizar las transacciones, de manera que estas no puedan rastrearse fácilmente. Ver: Cap, Bitcoin – das Open-Source-Geld…, ob. cit., p. 87.

331 «*Die deutsche Bundesregierung hat die digitale Währung Bitcoin als 'Rechnungseinheiten' anerkannt. Damit seien sie eine Art 'privates Geld', welches in 'multilateralen Verrechnungskreisen' eingesetzt werden kann*». Ver: http://www.faz.net/aktuell/finanzen/devisen-rohstoffe/digitale-waehrung-deutschland-erkennt-bitcoins-als-privates-geld-an-12535059.html (29.11.2016).

332 Ver: http://www.welt.de/print/die_welt/finanzen/article117487737/Bitcoin-Geschaefte-nach-einem-Jahr-steuerbefreit.html (29.11.2016).

se aplica un razonamiento semejante al considerarse las operaciones con Bitcoin como ventas de servicios y, por ello, susceptibles de ser considerados como hechos imponibles[333].

Ahora bien, al tratarse de una moneda autónoma que no depende de ningún ente para su «emisión», mientras no se reconozca como dinero por los diversos sistemas jurídicos, el Bitcoin recibirá el tratamiento de un bien. En España, por ejemplo, la instalación de un cajero automático de Bitcoins implica el cumplimiento de las normas que regulan el comercio minorista a través de máquinas expendedoras. En tal sentido, más que con un ATM se le compara con una máquina expendedora de cigarrillos, solo que este cajero entrega Bitcoins a cambio de dinero o viceversa[334].

En todo caso, con todas las críticas que pueda hacerse al Bitcoin, aunque su propia volatilidad dificulte su uso como medida de valor y como riqueza[335], lo cierto es que esta criptomoneda está siendo usada como medio de pago. De hecho, en internet hay sitios especialmente diseñados para realizar compras pagando con Bitcoins[336] y para comprar los propios Bitcoins[337]. Grinberg considera, sin embargo, que la poca familiarización

---

333 http://venturebeat.com/2014/01/10/singapore-clarifies-tax-on-bitcoin-exchanges-and-sales/ (29.11.2016).
334 «Desde marzo de 2010, no es necesario que la Comunidad Autónoma, en la que se va a instalar y activar, homologue la máquina de bitcóins, ni es necesario obtener de ella una autorización. Basta con cumplir la normativa aplicable, que será la correspondiente a la compra-venta de servicios, a la prestación de servicios en línea y la puesta al usar una máquina de venta automática (vending). Así se establece en la Ley 1/2010, de 1 de marzo, de reforma de la Ley 7/1996, de 15 de enero, de Ordenación del Comercio Minorista, en consonancia con los dispuesto en la Directiva 2006/123/CE...». Ver: http://www.abanlex.com/2013/12/como-instalar-un-cajero-de-bitcoins-en-espana/ (29.11.2016).
335 http://bancaynegocios.com/oro-vs-bitcoin-cual-es-la-inversion-mas-segura/?utm_campaign=wptwitter&utm_medium=twitter&utm_source=twitter (29.11.2016).
336 http://www.bitcoinshop.us/ (29.11.2016).
337 https://localbitcoins.com/es/ (29.11.2016).

con esta moneda, hace que «*Most consumers do not care about anonymity or centralization. They do not want to shop real goods in prices listed in Bitcoin instead of dollars…*». Además, añade el propio autor «*… Bitcoin has no built in anti-fraud capabilities, whereas companies like PayPal have invested millions of dollars in protecting customers against fraud*»[338]. A esto habría que sumar el hecho de que su alto nivel de anonimato permite, al igual que ocurre con todas las monedas digitales y anónimas, que pueda ser utilizado para facilitar el lavado de dinero, la evasión fiscal, el comercio de drogas ilegales y la pornografía infantil[339].

Justamente por tales razones, el Consejo Europeo aprobó, en diciembre de 2017, normativa para extender los protocolos de control y verificación que actualmente se aplican a las entidades bancarias, tales como la identificación de clientes –lo cual reduce los problemas derivados del anonimato–, a las plataformas de negociación de monedas digitales y a los servicios de monederos electrónicos, además se ordena ejercer una vigilancia más estrecha sobre el Bitcoin y el resto de monedas virtuales, de manera de evitar que se utilicen para lavar dinero o financiar el terrorismo. Estas normas

---

338 Ver: Grinberg, Bitcoin: an innovative alternative digital currency…, ob. cit., pp. 169-170.
339 Grinberg, Bitcoin: an innovative alternative digital currency…, ob. cit., p. 161. Según reporta el propio Grinberg, citando a Tucker, el Gobierno de Estados Unidos procesó a los creadores y ordenó el cierre de *e-gold*, una moneda digital respaldada por oro, pues conforme a las leyes estatales y federales, e-gold incurrió en conspiración para cometer lavado de dinero, y prestó servicios para quienes estaban involucrados en explotación infantil, fraudes con tarjetas de crédito y fraude electrónico. Ver: Tucker, Peter C., The digital currency doppelganger: regulatory challenge or harbinger of the new economy?, en: *Cardozo Journal of International and Comparative Law*, 2009, N.º 17, pp. 589 y ss., especialmente pp. 590-592. También destaca el caso del congelamiento de los fondos de WikiLeaks por parte de PayPal. La empresa fundamentó su decisión en la presunta realización de actividades ilegales por parte de este y, aunque en su declaración pública no detalló la actividad ilegal que WikiLeaks promovió, se presume que fue la filtración de información clasificada. Ver: http://www.wired.com/2010/12/paypal-wikileaks/ (29.11.2016).

fueron aprobadas por el Parlamento Europeo el 20 de abril de 2018 y al momento de publicación de este trabajo, no se han publicado en el Diario Oficial de la Unión Europea.

En todo caso, la equiparación del Bitcoin con el dinero tradicional no es absoluta. En el caso de Estados Unidos, por ejemplo, la decisión de un Tribunal de Distrito del Estado de la Florida, luego de describir el funcionamiento del *bitcoin*, admite que este «... *may have some attributes in common with what we commonly refer to as money, but differ in many important aspects. While Bitcoin can be exchanged for items of value, they are not a commonly used means of exchange. They are accepted by some but not by all merchants or service providers. The value of Bitcoin fluctuates widly and has been estimated to be eighteen times greater than the U.S. dollar. Their high volatility is explained by scholars as due to their insufficient liquidity, the uncertainly of future value, and the lack of stabilization mechanism. With such volatility they have a limited ability to act as a store of value, another important attribute of money*». A partir de esta caracterización, la decisión negó la posibilidad de condenar al demandado por lavado de dinero, pues el *bitcoin*, precisamente, no es dinero[340].

Quizá considerando estos riesgos y buscando garantizar la estabilidad de la propia moneda, el Gobierno boliviano prohibió, en mayo de 2014, «... el uso de monedas no emitidas o reguladas por Estados, países o zonas económicas y de órdenes de pago electrónicas en monedas y denominaciones monetarias no autorizadas por el Banco Central de Bolivia en el ámbito del sistema de pagos nacional»[341].

---

340 Circuit Court of the Eleventh Judicial Circuit in and for Miami-Dade County, 22.07.2016. Ver referencia en: http://www.lexology.com/library/detail.aspx?g=d18cd662-456a-4e93-baa0-4bbd44cd9fb3 (29.11.2016).
341 Banco Central de Bolivia, Resolución de Directorio N.º 044/2014, de 6 de mayo de 2014, en: http://www.bcb.gob.bo/webdocs/2014/Normativa/Resoluciones/044%202014.PDF (29.11.2016).

En el caso de Venezuela, a las complicaciones propias del Bitcoin se une el control de cambio y la imposibilidad de negociar libremente con monedas distintas del bolívar. Así, en marzo de 2016 se «desmanteló» una mina de Bitcoin, debido a que su valor estaba siendo fijado y comercializado a una tasa de cambio no oficial y se consideró como una «operación clandestina»[342]. Debe considerarse, sin embargo, que el problema es su comercialización en moneda extranjera debido al control de cambio y no la minería propiamente dicha.

De hecho, recientemente se ha anunciado el lanzamiento de una nueva incitativa basada en la Initial Coin Offerings (ICO). Una forma de *Inicial Public Offer* (IPO), en la que, en lugar de acciones, se ofrecen criptomonedas[343]. En Venezuela este proyecto es promovido por un grupo de profesionales egresados del MIT, Berkeley e Illinois University en Estados Unidos, y del Instituto de Estudios Superiores de Administración y la Universidad Simón Bolívar en Venezuela. «… [E]l programa que ofrecen (Invot[344]) está ideado para dar soluciones a los inversionistas que se adentran en el ecosistema de las criptomonedas a través del trading, gracias a las ventajas de los activos digitales como alternativas de inversión financiera …) Las tecnologías empleadas para desarrollar Invot combinan los smart contracts de la plataforma Ethereum, redes neuronales, deep learning y otras herramientas de vanguardia empleadas en el mundo de las criptomonedas»[345]. Aunque

---

342 http://lared.com.ve/noticias/venezuela-desmantelan-mina-de-bitcoin/ (29.11.2016).
343 «Según los datos disponibles, la cantidad de dinero que se ha recaudado a través de ICOs se ha quintuplicado desde mayo de este año. Los 380 millones de US$ que se habían levantado hasta mayo parecían asombrosos. Entonces, en menos de un trimestre 1,4 mil millones de US$ adicionales inundaron en el mercado. Las cuatro más grandes: Bancor, EOS, Tezos y Status, recaudaron solo entre ellos, 670 millones de US$». Ver: http://noticiasvenezuela.info/2017/08/efren-gutierrez-que-es-una-ico-initial-coin-offering/ (6.10.2017).
344 http://www.invot.io/ (15.04.2018).
345 http://elestimulo.com/elinteres/empresa-venezolana-preve-captar-20-millones-con-emision-de-criptomonedas/ (6.10.2017).

se esperaba que la primera oferta se llevase a cabo en noviembre de 2017, se anunció que el programa necesitaba mayor desarrollo.

Ethereum es, de hecho, una de las más recientes aplicaciones de la tecnología *blockchain*. Se trata de «... *a decentralized platform that runs smart contracts: applications that run exactly as programmed without any possibility of downtime, censorship, fraud or third party interference*»[346]. Lanzado en 2015, es considerado como un gran avance para el *bitcoin*, al ofrecer una oportunidad real para el cumplimiento descentralizado de los programas dentro de la tecnología *blockchain*[347].

En definitiva, hay muchos problemas sin resolver, por ejemplo, el hecho de ser «emitido» por ese procedimiento de minería dificulta la identificación de una entidad responsable del mismo, de allí su descentralización. Para Velde, por ejemplo, este protocolo no es más que una solución elegante al problema de la creación del dinero digital. El propio autor, luego de reconocer que el *bitcoin* no solo está libre del poder del Estado, sino que también está fuera de su protección, se pregunta: ¿Qué tan probable es que el *bitcoin* siga estando al margen del poder del Estado, si sigue ganando gran aceptación y crecen también sus incentivos?[348].

c.2. Petro

Para entender el fundamento y la finalidad del petro, la criptomoneda lanzada al mercado por el Gobierno venezolano, es necesario considerar el contexto en el cual se ha verificado su nacimiento. Desde marzo de 2015, el Gobierno de Estados Unidos ha venido adoptando medidas económicas en contra de algunos funcionarios del Gobierno venezolano, por considerarse su participación en violación de derechos humanos y actos de

---

346 https://ethereum.org/ (13.06.2017).
347 Lauslahti, Mattila y Seppälä, Smart Contracts..., ob. cit., p. 12.
348 Velde, François R., Bitcoin: A primer, en: *Chicago Fed Letter*, december 2013, N.º 317, s/p.

corrupción. En agosto de 2017, sin embargo, la naturaleza de estas sanciones trascendió el ámbito patrimonial de estos funcionarios para afectar las negociaciones de deuda del Estado venezolano y con ello la contratación internacional y su régimen aplicable.

En efecto, el 24 de agosto de 2017, el Gobierno estadounidense dictó la orden ejecutiva 13808[349], a través de la cual, en suma, se prohíbe emitir nueva deuda con vencimiento superior a 90 días de PDVSA; emitir nueva deuda con vencimiento superior a 30 días, o nueva participación, del Gobierno de Venezuela; los bonos emitidos por el Gobierno de Venezuela antes de la fecha de la orden, y el pago de dividendos u otros beneficios al Gobierno de Venezuela, por cualquier entidad que este posea o controle, directa o indirectamente. Además, se prohíbe la compra, directa o indirecta, de valores del Gobierno de Venezuela. Básicamente, las medidas prohíben las operaciones con bonos del Estado venezolano, limitando su capacidad para operar en dólares, pues las instituciones financieras bajo supervisión del gobierno de Estados Unidos no podrán comprar ni vender nuevas emisiones de deuda.

Para mitigar el impacto de estas medidas en la población, el gobierno de Estados Unidos diseñó un sistema de licencias generales que permiten algunas transacciones. Es el caso de las emisiones con periodo de vencimiento inferior a 30 días, el financiamiento para importaciones y exportaciones de petróleo, operaciones con algunas emisiones preexistentes y operaciones con productos para atender la emergencia humanitaria. Sin embargo, en buena parte de los casos, el acceso a la licencia exige revelar la identidad de los tenedores de bonos.

Tratando de evadir los pesados efectos de esta orden ejecutiva, a finales de 2017, el Gobierno venezolano anunció el lanzamiento del Petro,

---

349 https://www.whitehouse.gov/presidential-actions/presidential-executive-order-imposing-sanctions-respect-situation-venezuela/ (15.04.2018).

criptomoneda que deberá ser usada por Petróleos de Venezuela, entre otras empresas, para transar una porción de sus ventas de petróleo y gasolina.

Mucho se ha cuestionado su calificación como criptomoneda, pues la misma estará respaldada por las reservas de petróleo y no hay absoluta claridad sobre el rol de la criptografía en su funcionamiento. Algunos expertos[350] han afirmado que, en realidad, «... el petro no está respaldado por las reservas petroleras y mucho menos es una moneda convertible en barriles de petróleo. El respaldo del petro es la garantía de que el Gobierno de Venezuela aceptará la criptomoneda como forma de pago de impuestos, tasas, contribuciones y servicios públicos nacionales, tomando como referencia el precio del barril de la cesta venezolana del día anterior con un descuento porcentual, el cual se estima que será del 10 %. Adicionalmente, el Gobierno de Venezuela se compromete a promover el uso del Petro en el mercado interno y a realizar esfuerzos para estimular su aceptación en todo el mundo».

En todo caso, el Gobierno creó la Superintendencia de los Criptoactivos y Actividades Conexas Venezolana (Supcacven)[351], organismo que estaría encargado de la administración de la nueva criptomoneda y publicó, el 31 de enero de 2018, el Libro Blanco del Petro[352], a través del cual, con no mucha claridad se admite que el petro busca sustituir al dólar como moneda de reserva y así darle estabilidad al sistema financiero internacional; aprovechar la tecnología del *blockchain* para crear una moneda alternativa al dólar; reducir la volatilidad típica de las criptomonedas, dándoles el respaldo de activos reales o de materias primas, y utilizar las amplias reservas certificadas de petróleo que existen en Venezuela como respaldo para esa nueva criptomoneda.

---

350 https://prodavinci.com/un-analisis-critico-del-libro-blanco-del-petro/ (15.04.2018).
351 http://www.supcriptove.gob.ve/ (15.04.2018).
352 http://elpetro.gob.ve/pdf/esp/Whitepaper_Petro_es.pdf (15.04.2018).

Al lado de la Superintendencia se autorizó la Tesorería de Criptoactivos de Venezuela, S. A., una Empresa del Estado, bajo la forma de sociedad anónima, «… con personalidad jurídica y patrimonio propio, distinto e independiente del Fisco Nacional, adscrita a la Vicepresidencia de la República Bolivariana de Venezuela, y tendrá su domicilio en el lugar que indique su Acta Constitutiva Estatutaria, pudiendo establecer sucursales y agencias dentro del territorio nacional e internacional, previa aprobación de la Asamblea de Accionistas y de su órgano de adscripción»[353].

Esta empresa tendrá por objeto «… la emisión, custodia, recaudación, distribución de criptoactivos, así como todas las actividades inherentes a la percepción de ingresos, transferencias, realización de pagos, inversiones, administración de fondos, gestión de criptoactivos e instrumentos negociables destinados a sostener su valor, emisión y gestión de la infraestructura y el sistema de información de los criptoactivos, monitorear digitalmente el cumplimiento de los contratos virtuales que han de manejarse en la Cadena de Bloques (*Blockchain*), incentivar la promoción del equilibrio financiero a través de la colocación de los criptoactivos en el mercado, y en general, la realización de todo tipo de actividades que tengan alguna relación con el objeto principal de la sociedad sin limitación alguna, siempre y cuando sean de lícito comercio» (Decreto 3.353, art. 2).

El Petro ha encontrado algunos obstáculos desde su anuncio. Así, el 9 de enero de 2018 la Asamblea Nacional declaró nula la primera y próxima emisión del Petro[354]. A lo que el Tribunal Supremo respondió reafirmando que

---

[353] Decreto N° 3.353, mediante el cual se autoriza la creación de una Empresa del Estado, bajo la forma de sociedad anónima, que se denominará Tesorería de Criptoactivos de Venezuela, S. A., con personalidad jurídica y patrimonio propio, distinto e independiente del Fisco Nacional, adscrita a la Vicepresidencia de la República Bolivariana de Venezuela, publicado en la *Gaceta Oficial* N.° 6.371 Extraordinario, 9.04.2018.

[354] http://www.el-nacional.com/noticias/asamblea-nacional/asamblea-nacional-petro-compromete-endeuda-republica_218125 (15.04.2018).

la Asamblea está en desacato y sus actos son nulos. El 16 de enero de 2018 el Departamento del Tesoro de Estados Unidos advirtió a los inversores estadounidenses que el uso del Petro podría ocasionarles problemas legales.

No obstante estas reacciones, el 20 de febrero de 2018 se hizo la publicación oficial del *Manual del Comprador*, y la preventa comenzó el 20 de febrero de 2018 con 38.400.000 *tokens* disponibles con un valor de referencia de 60 dólares, el cuál es el precio del barril de la cesta venezolana en la segunda semana de enero de 2018. El cierre de la preventa se programó para 19 de marzo. El 20 de marzo de 2018 se ofrecieron 44.000.000 Petros disponibles a la venta con un precio de referencia de 60 dólares. La venta de la oferta inicial cerrará al agotarse los Petros de la emisión inicial. Los resultados de esta operación se anuncian vagamente, pero tampoco hay claridad absoluta al respecto.

En abril de 2018, la Asamblea Nacional Constituyente –un órgano cuya legitimidad es cuestionable– publicó el Decreto constituyente sobre criptoactivos y la criptomoneda soberana Petro[355], cuyo objeto es «... establecer las bases fundamentales que permiten la creación, circulación, uso e intercambio de criptoactivos, por parte de las personas naturales y jurídicas, públicas y privadas, residentes o no en el territorio de la República Bolivariana de Venezuela y en especial el petro, criptomoneda venezolana, creada de manera soberana por el Ejecutivo Nacional, con el firme propósito de avanzar, de forma armónica en el desarrollo económico y social de la Nación, a través de su ofrecimiento como criptoactivo alternativo para el mundo, dado su carácter de intercambiabilidad por bienes y servicios» (art. 1).

El artículo 5 de este Decreto se refiere al Petro como un «... criptoactivo soberano, respaldado y emitido por la República Bolivariana de Venezuela sobre una plataforma de cadena de bloques federada, intercambiable por

---

355 *Gaceta Oficial* N.° 6.370 Extraordinario, 9.04.2018

bienes y servicios, y por dinero fiduciario de 'exchange' nacionales e internacionales, cuyo lanzamiento busca promover una economía digital independiente, transparente y abierta a la participación directa de las ciudadanas y ciudadanos, sobre la base de sus riquezas minerales e hidrocarburos. El Petro es un novedoso mecanismo financiero alterno al sistema financiero tradicional, favoreciendo el crecimiento de un nuevo ecosistema económico basado en la confianza, integridad, transparencia, eficiencia y rapidez que garantiza la tecnología de cadenas de bloques, en sus tres dimensiones como instrumento de intercambio, de ahorro e inversión y como plataforma tecnológica». Las *exchanges* son «casas de intercambio virtuales» (art. 3).

A los efectos de la emisión de Petros, el propio decreto autorizó «… la afectación del desarrollo potencial de CINCO MIL TRESCIENTOS CUARENTA Y DOS millones de barriles normales (5.342 MMBN) de Petróleo Original en Sitio (POES) pesado y extrapesado, localizado en Bloque Ayacucho 01, de la faja petrolífera del Orinoco Hugo Chávez, para el desarrollo de una economía digital independiente, transparente y abierta a la participación directa de los ciudadanos…»[356]. Además se refrendó la emisión de cien millones de Petros (art. 12).

El futuro del Petro en incierto. El 19 de marzo de 2018, el Gobierno de Estados Unidos emitió una nueva orden ejecutiva a través de la cual se toman medidas adicionales en relación con la situación de Venezuela[357],

---

356 Este respaldo para la emisión de petros ya había sido autorizado por el Decreto N.º 3.292, mediante el cual se determina como respaldo para la implementación de operaciones de intercambio financiero y comercial a través de criptoactivos, el desarrollo potencial de 5.342 MMBN de Petróleo Original en Sitio (POES) pesado y extrapesado, de acuerdo a una certiicadora internacional independiente, localizado en el Bloque Ayacucho 01, de la Faja Petrolífera del Orinoco Hugo Chávez Frías, publicado en la *Gaceta Oficial* N.º 41.347 de 23.02.2018.
357 https://www.whitehouse.gov/presidential-actions/executive-order-taking-additional-steps-address-situation-venezuela/ (15.04.2018).

en particular, con relación al Petro. En efecto, a través de esta orden se prohíbe a personas estadounidenses, o que estén en Estados Unidos, realizar cualquier transacción que involucre monedas digitales, emitidas por, para o en nombre del Gobierno de Venezuela a partir del 9 de enero de 2018. Esta prohibición –que es efectiva desde la publicación de la orden–, echa por tierra, sin duda, las aspiraciones del Gobierno venezolano en relación con el Petro.

E. La transferencia electrónica de fondos en la dinámica de los medios electrónicos de pago

Al contemplar toda transmisión de un valor monetario por medios telemáticos, toda operación resultante de una orden de pago emitida a través de un instrumento electrónico podría considerarse como una transferencia electrónica de fondos[358]. De hecho, cuando el artículo 4,44 de la Directiva 2015/2366 se define lo que ha de entenderse por «adquisición de operación de pago», se hace referencia a «un servicio de pago prestado por un proveedor de servicios de pago que ha convenido mediante contrato con un beneficiario en aceptar y procesar las operaciones de pago, de modo que se produzca una transferencia de fondos al beneficiario».

Sin embargo, es conveniente tener en cuenta, tal como lo hemos mencionado antes, que aunque la dinámica del medio de pago electrónico implica, en buena parte de los casos, la transferencia de un valor desde el patrimonio del deudor/pagador al patrimonio del acreedor/beneficiario, no es correcto confundir la noción de transferencia electrónica de fondos con la de instrumento electrónico de pago.

En efecto, aunque los instrumentos electrónicos de pago pueden llevar a cabo un variado conjunto de funciones, estos son diseñados fundamental-

---

358 Mateo Hernández, *El dinero electrónico en internet...*, ob. cit., p. 63.

mente para hacer pagos; la transferencia electrónica de fondos, en cambio, persigue como único fin, el traslado de una determinada cantidad de una cuenta a otra, haciendo uso de una red específica de transmisión de información y tal movimiento puede llevarse a cabo con finalidades diferentes de aquella de realizar un pago[359].

En todo caso, la noción de traslado patrimonial que supone la transferencia de fondos, no es para nada novedosa. Antes se realizaba prácticamente de mano a mano y, desde mediados del siglo pasado, comenzó a verificarse en el ámbito interbancario y limitada a él. Por ello se ha afirmado que la transferencia de fondos no está unida al desarrollo del comercio electrónico, sino que, al vincular de manera general cuentas bancarias con movimientos de capital entre ellas, lo cual llama a la necesaria intervención de entidades de crédito, se relaciona, más bien, con el desarrollo de los sistemas de comunicación interbancaria[360].

De hecho, la transferencia electrónica de fondos ha sido definida en la Guía Jurídica de la Comisión de las Naciones Unidas para el Derecho Mercantil Internacional (CNUDMI) sobre Transferencias Electrónicas de Fondos, como aquella «… en la que una o más de las operaciones del proceso que antes se desarrollaban sobre la base de técnicas documentales, se efectúan ahora mediante técnicas electrónicas»[361].

Ahora bien, debido a la seguridad brindada por las transferencias, al evitar la movilización de efectivo y estar garantizadas, precisamente, por la intervención de una institución financiera, además de su facilidad de uso, estas comenzaron a utilizarse de manera masiva y, justamente, el uso de

---

359 Mateo Hernández, *El dinero electrónico en internet…*, ob. cit., pp. 61-62.
360 De Miguel Asensio, *Derecho privado de internet…*ob. cit., p. 883.
361 Guía Jurídica de la CNUDMI sobre Transferencia Electrónica de Fondos, Nueva York, Naciones Unidas, 1987, en: http://www.uncitral.org/pdf/spanish/texts/payments/transfers/LG_E-fundstransfer-s.pdf (29.11.2016).

medios electrónicos contribuyó a esa masificación. En efecto, en la actualidad es posible que todos los pasos necesarios para realizar la transferencia de valores se realice por vía electrónica, desde la orden inicial hasta la recepción por parte del beneficiario[362].

Tal como reconoce la doctrina[363], la forma tradicional en que se verifica la transferencia de fondos implica la participación de las redes internas de los bancos, a través de las cuales un banco remite a otro la orden de su cliente para que adeude de su cuenta una determinada cantidad y al mismo tiempo la abone en la cuenta del beneficiario. Ahora bien, la orden de pago puede darse por diversos medios, que dependerán del mecanismo de comunicación entre el banco y su cliente. Así, la orden puede darse con una tarjeta de pago en un punto de venta, o podría también darse a través de internet, haciendo uso de los servicios de banca *on-line.*

En este sentido, Rico Carrillo considera a la transferencia electrónica de fondos como un elemento fundamental en la infraestructura de los sistemas de pago electrónico, es decir, del conjunto de instrumentos y procedimientos que permiten la circulación del dinero y facilitan el cumplimiento de las obligaciones, materializados a través de técnicas electrónicas. Se trata, en definitiva, de la circulación electrónica del dinero. El movimiento de dinero que supone la transferencia puede darse entre cuentas, entre una cuenta y un soporte material –una tarjeta o un teléfono móvil– o entre una cuenta y un soporte inmaterial –un *software.* Cuando la propia autora define lo que ha de entenderse como medio electrónico de pago se refiere, justamente, al empleo de mecanismos electrónicos que permiten iniciar una orden de pago que se ejecuta a través de una transferencia electrónica de fondos[364].

---

362 En este sentido: Rico Carrillo, *El pago electrónico en internet...*, ob. cit., p. 37.
363 Rico Carrillo, *El pago electrónico en internet...*, ob. cit., p. 49.
364 Rico Carrillo, *El pago electrónico en internet...*, ob. cit., pp. 35, 37-38 y 50-51. En sentido similar, Zapkau y Schwickert han afirmado que «*In einer engeren*

Esta concepción se relaciona, en cierta medida, con la regulación europea. Tengamos en cuenta que antes de la Directiva 2007/64, el tema de las transferencias de fondos estaba regulado en la Directiva 97/5, cuyo artículo 2,f definía a la «transferencia transfronteriza», como «... una operación efectuada por iniciativa de un ordenante a través de una entidad, o una sucursal de entidad, situada en un Estado miembro, destinada a poner una cantidad de dinero a disposición de un beneficiario en una entidad o una sucursal de entidad situada en otro Estado miembro; el ordenante y el beneficiario podrán ser la misma persona». Una vez más destaca en este concepto, la noción de traslado patrimonial aunado al elemento transfronterizo debido, este último, al ámbito de aplicación de la Directiva. En sentido similar las define el ya citado artículo 2,a,i del Reglamento 2560/2001, instrumento que además, según hemos analizado, define de manera separada la noción de instrumento electrónico de pago.

La Directiva 2007/64, sin embargo, no hizo expresa referencia a las transferencias más que cuando en su anexo enumera las actividades que pueden ser consideradas como servicios de pago. Este instrumento normativo prefirió la noción más genérica de operación de pago, definida en su artículo 4,5 como una acción, iniciada por el ordenante o por el beneficiario, cuyo objeto, entre otras cosas, es la transferencia de fondos.

Este silencio terminó con la Directiva 2015/2366, cuyo artículo 4,24, tal como mencionamos *supra*, define la transferencia como un «servicio de pago destinado a efectuar un abono en una cuenta de pago de un beneficiario mediante una operación de pago o una serie de operaciones de pago con cargo a una cuenta de pago de un ordenante por el proveedor de servicios

---

Definition können E-Payments folglich als Transfer von elektronischen Zahlungsmitteln vom Zahlungserbringer zum Zahlungsempfänger unter Nutzung von elektronischen Zahlungsinstrumenten beschrieben werden». Ver: Zapkau y Schwickert, *E-Payment-Systeme...*, ob. cit., p. 31.

de pago que mantiene la cuenta de pago del ordenante, y prestado sobre la base de las instrucciones dadas por el ordenante».

En definitiva, toda orden dada a través de medios electrónicos y cuyo objeto sea el pago de una cantidad determinada de dinero a un beneficiario, supone el traslado de valores de una cuenta a otra, es decir, una transferencia. Mas no toda transferencia electrónica se traduce en la realización de un pago. Ocurre, por ejemplo, cuando el traslado patrimonial se produce entre cuentas de un mismo titular, o cuando su objetivo es recargar un dispositivo electrónico para realizar pagos posteriores.

F. Internacionalidad

En materia de comercio electrónico, la internacionalidad no es una característica esporádica sino más bien habitual[365] y esa internacionalidad, que podríamos calificar como connatural, arropa también a los medios de pago en general y a los medios de pago electrónico en particular. Así, puede ocurrir que los medios de pago tradicionales y que son usados en el mundo virtual –como la tarjeta de crédito– se internacionalicen, pero también puede suceder, tal como hemos venido afirmando, que este ambiente virtual genere medios de pago nuevos, desvinculados incluso de los sistemas estatales, como ocurre, por ejemplo, con el *bitcoin*.

A pesar de esta realidad que hace internacional, prácticamente de manera automática, a toda relación que se desarrolla en el mundo virtual, conviene analizar los criterios que hacen que un pago pueda ser calificado como internacional.

---

365 Así lo reconoce de Miguel Asensio, para quien internet facilita el contacto comercial del consumidor, desde su propio domicilio, con empresas situadas en el extranjero. Ver: de Miguel Asensio, *Derecho privado de internet...*, ob. cit., pp. 110-111.

1. Criterios de determinación de la internacionalidad del pago

En primer término, puede afirmarse que el pago será internacional cuando así pueda calificarse la relación jurídica subyacente, y, en segundo término, el pago puede ser internacional en sí mismo. En virtud del primer criterio mencionado, será internacional todo pago que tenga su causa en una operación de comercio internacional, aun cuando, en sí mismo, el mecanismo de pago no tenga contacto con varios ordenamientos jurídicos[366]. Pensemos, por ejemplo, en un contrato celebrado en España por una empresa venezolana y otra española para construir una planta de tratamiento de aguas en Venezuela y que será pagadero en bolívares en Venezuela, desde una cuenta que, a nombre de la empresa española, se ha abierto en bolívares en un banco venezolano. En este caso el pago no es en sí mismo internacional, pero es causado por un contrato de obra que, jurídicamente, puede ser calificado como internacional.

En segundo lugar, como hemos afirmado, el pago puede ser internacional en sí mismo, mas la aplicación de este criterio puede resultar, sin duda, más compleja. En efecto, siguiendo a Carrascosa González, podemos afirmar que este carácter se manifiesta con total claridad cuando el acreedor y el deudor están establecidos en Estados diferentes, pero también puede haber «elementos menos visibles» que dotan al pago de esa internacionalidad. Es el caso del pago en moneda extranjera, aunque las partes estén situadas en un mismo Estado, o los casos en que ni siquiera hay pago internacional en sentido material, pues el dinero no viaja de un país a otro, pero existe una transferencia de valor patrimonial en un contexto internacional, o cuando se produce en un mismo Estado entre operadores económicos extranjeros, etc.[367].

---

366 Carrascosa González, Medios de pago internacionales…, ob. cit., p. 733.
367 Ídem.

En relación con los que el autor español denomina «elementos menos visibles», llama nuestra atención la referencia a los casos en los que el pago debe hacerse en moneda extranjera. En tal sentido, debemos preguntarnos si un contrato de compraventa celebrado en Venezuela, entre partes domiciliadas en Venezuela para ser ejecutado también en Venezuela, pero cuyo precio se ha denominado en euros, puede ser calificado como internacional, por ser considerado así el pago del mismo. En otras palabras, en este punto es necesario evaluar si es suficiente, para calificar una obligación como internacional, el hecho de que la moneda sea el único componente localizado fuera del Estado donde se encuentran los demás elementos de la relación y para ello es necesario, en primer término, precisar lo que ha de entenderse por moneda extranjera.

Ya en 1978 Malaurie[368] había planteado la necesidad de determinar conforme a cuál elemento debe entenderse que una moneda es extranjera, pues no parece suficiente definirla como una moneda no nacional. En opinión del autor, existen dos criterios, el primero considera que una moneda es extranjera cuando es distinta de que la que tiene curso legal en el Estado del juez, y, de acuerdo con el segundo, será extranjera la moneda que difiera de la que circula en el lugar de pago. Mann añade un tercer criterio, al definir la moneda extranjera como aquella que pertenece al sistema monetario de un Estado diferente de aquel cuyo Derecho rige la relación[369].

En Venezuela, Lagrange parece aceptar la definición de moneda extranjera considerando el punto de vista del ordenamiento jurídico del juez, al afirmar que la moneda extranjera es, «... por contraste con la moneda nacional..., la correspondiente a un determinado ordenamiento

---

368 Malaurie, Philippe, Le Droit monétaire dans les relations privées internationales, en: *R. des C.*, 1978, Vol. 160, pp. 265 y ss., especialmente pp. 293-294.
369 Mann, Frederick Alexander, *The legal aspect of money: with special reference to comparative private and public international law*, Oxford, Clarendon Press, 5.ª ed., 1992, p. 171.

jurídico extranjero y sin curso legal en el país, pero reconocida como tal por este...»[370]. Un concepto similar es el contenido en la Ley de Régimen Cambiario y sus Ilícitos[371] cuando, en su artículo 3, define divisas como «Las monedas diferentes al bolívar, entendido este como la moneda de curso legal en la República Bolivariana de Venezuela, incluidos los depósitos en bancos e instituciones financieras nacionales e internacionales, las transferencias, cheques bancarios y letras, títulos valores o de crédito, así como cualquier otro activo u obligación que esté denominado o pueda ser liquidado o realizado en moneda extranjera en los términos que establezca el Banco Central de Venezuela y conforme al ordenamiento jurídico venezolano». Esta definición no parece considerar el Derecho del lugar de pago.

Nosotros nos inclinamos por entender como moneda extranjera a aquella que difiera de la que tiene curso legal en el lugar de pago. En primer lugar, debido a que generalmente es el juez del lugar de pago quien conoce de la causa y el Derecho del foro, el único que podría entorpecer la calificación realizada por ese ordenamiento jurídico. En segundo término, porque incluso cuando el lugar de pago y el foro no coinciden, el juez suele considerar el Derecho monetario del lugar de pago, por tener generalmente carácter imperativo, como ocurre, por ejemplo, con las normas sobre control de cambio.

Calificar una moneda como extranjera en virtud del Derecho del lugar de pago es el criterio considerado en los artículos 6.1.9.1 de los Principios Unidroit sobre Contratos Internacionales (2016)[372] y 7:108 de los Principios

---

370 Ver: Lagrange, Enrique, La especificación en dinero de la garantía hipotecaria, en: *BoACPS*, 2004, N.º 142, pp. 239 y ss., especialmente p. 266.
371 *Gaceta Oficial* N.º 6.210 Extraordinario, 30.12.2015.
372 Unidroit, *Unidroit Principles of international commercial contracts 2016*, Rome, Unidroit, 2016, disponible en: https://www.unidroit.org/instruments/commercial-contracts/unidroit-principles-2016 (15.04.2018).

de Derecho Europeo de los Contratos[373]. Este parece ser también el criterio aceptado por el artículo 128 de la Ley del Banco Central de Venezuela al referirse al pago del equivalente de la moneda extranjera en moneda de curso legal en el lugar de pago y por el § 244,1 del BGB cuando se refiere a deudas de dinero expresadas en moneda distinta del euro para ser pagaderas en Alemania.

Tan importante parece el lugar de pago, que los propios Principios UNIDROIT, en su artículo 6.1.10 establecen que «Si el contrato no expresa una moneda en particular, el pago debe efectuarse en la moneda del lugar donde ha de efectuarse el pago», lo cual puede, según los comentarios oficiales a los Principios, tener ventajas prácticas precisas. Los Principios europeos no contienen una disposición semejante; sin embargo, la moneda del lugar de pago aparece como referencia para aquellos casos en los que se fije una moneda distinta como moneda de cuenta, en el artículo 7:108,2.

Ahora bien, con el objeto de determinar si el hecho de haber fijado el precio en una moneda diferente de aquella que tiene curso legal en el lugar de pago, internacionaliza el contrato, es necesario distinguir entre las nociones de obligación en moneda extranjera y de obligación de carácter internacional. Aunque hay algunos autores que identifican ambos conceptos, delineando entre ellos una relación de especie a género[374], la

---

373 http://campus.usal.es/~derinfo/Material/LegOblContr/PECL%20I+II.pdf (29.11.2016).
374 Para Díez-Picazo, por ejemplo, se trata de «… fenómenos que se encuentran en relación de género y especie. Así, dentro del amplio género de las obligaciones en moneda extranjera existe un subgénero formado por las obligaciones monetarias internacionales, cuya característica primordial es el desplazamiento de capitales y la derivación de este hecho de una relación jurídica que presenta diferentes puntos de conexión con ordenamientos jurídicos diversos». Ver: Díez-Picazo, Luis, *Fundamentos del Derecho civil patrimonial*, Madrid, Civitas, 5.ª ed., 1996, Vol. II, p. 274.

mayoría entiende que son diferentes. Así, Desantes Real estima que la obligación internacional es aquella conectada, a través de sus elementos, con ordenamientos jurídicos diversos, mientras que en la obligación en moneda extranjera, la moneda en la cual se expresa el importe de la misma no es una unidad monetaria nacional[375]. El autor, sin embargo, parece limitar este concepto a los casos en los cuales se pacta la moneda extranjera como moneda de cuenta, es decir, cuando la moneda extranjera se usa como una medida de valor, y el pago deberá ser hecho en el monto equivalente en moneda nacional.

A este concepto se refiere, justamente, el ya citado artículo 128 de la Ley del Banco Central de Venezuela al disponer que «Los pagos estipulados en monedas extranjeras se cancelan, salvo convención especial, con la entrega de lo equivalente en moneda de curso legal, al tipo de cambio corriente en el lugar de la fecha de pago». Sin embargo, la propia norma admite que pueda haber «convención especial» en contrario, es decir, que las partes hayan pactado la moneda extranjera como moneda de pago, de manera que la especie monetaria extranjera esté *in obligatione* y también *in solutione*: el deudor está obligado a pagar en moneda extranjera y solo se libera pagando en esa moneda extranjera.

Este último supuesto sí puede plantear problemas para la determinación de la internacionalidad de la relación. El propio Desantes Real admite que cuando la moneda extranjera se pacta como moneda de cuenta, ello por sí solo no supone la internacionalización de la relación, pues en tales casos, se considera como una «... cláusula de indexación acordada por las partes cuya justificación puede derivar, bien de la desconfianza originada por la inestabilidad de la moneda nacional frente a otras monedas más fuertes,

---

375 Desantes Real, Manuel, *Las obligaciones contractuales internacionales en moneda extranjera (Problemas relativos al ámbito de la ley aplicable)*, Madrid, La Ley, 1994, p. 30.

bien del proceso inflacionista –el valor del bien o del servicio no se corresponde con el precio acordado cuando el pago no se realiza instantáneamente– sufrido en el Estado que sustenta tal divisa, bien –lo que será más frecuente, por su clara interrelación– en ambos fenómenos a la vez»[376]. En definitiva, en estos casos la moneda extranjera se utiliza como podría utilizarse cualquier otra medida de valor: el precio del oro o de cualquier otro producto en el mercado, el valor del Derecho Especial de Giro, etc.

En cambio, el problema podría complicarse cuando se pacta la moneda extranjera como moneda de pago. Desde luego, la validez y ejecutabilidad de semejante cláusula dependerá del Derecho del lugar de pago y, particularmente, de las normas sobre control de cambios, según analizaremos más adelante. Mas en estos casos, tampoco consideramos pertinente tal elemento para internacionalizar la relación. Por lo que consideramos que vale la pena mantener cierta distinción entre obligaciones internacionales y obligaciones en moneda extranjera. De hecho, Kegel y Schurig parecen admitir cierto carácter previo de la internacionalidad de la obligación, con respecto a la posibilidad de elección de una moneda extranjera para realizar el pago. Los autores afirman que aplicar Derecho monetario extranjero es una excepción que solo se produce cuando el Derecho que rige la relación reconoce la libertad negocial y las partes estipulan el pago en moneda extranjera y es, justamente, el Derecho que rige la obligación el que determinará si hubo o no elección válida de una moneda extranjera[377].

En Venezuela, por el contrario, Rodner se muestra en desacuerdo con la distinción, al afirmar que la obligación en moneda extranjera es calificada como tal «... cuando existen diferencias de domicilio de los sujetos de la relación; cuando el objeto de una prestación consiste en una moneda que no

---

376 Desantes Real, *Las obligaciones contractuales...*, ob. cit., p. 47.
377 Ver: Kegel, Gerhard y Klaus Schurig, *Internationales Privatrecht*, München, Verlag C.H. Beck, 9. Auflage, 2004, pp. 1112-1113.

tenga curso legal en el lugar del pago o no corresponda a la moneda de curso legal de la ley que rige la relación contractual, siempre por supuesto, que el objeto de la prestación consista en una moneda que tenga curso legal en alguna jurisdicción»[378].

Vale la pena recordar que esta distinción se planteó, de alguna manera, en 1927 con el caso *Pélissier du Besset*, cuando la validez de la elección de una moneda extranjera se sujetó a la determinación previa del carácter internacional de la obligación. En este caso, un inglés dio en arrendamiento a un francés, un inmueble ubicado en Argel –territorio ocupado por Francia hasta 1962. En el contrato se estipuló que el alquiler sería pagado en libras esterlinas en Londres o en Argel, a elección del arrendador. El interés por fijar la internacionalidad de la relación tenía que ver, justamente, con la necesidad de determinar la validez de la cláusula relativa a la moneda de pago, pues a partir de la Ley de 14 de abril de 1803, el Banco de Francia comenzó a emitir notas –*billets*– que no eran técnicamente moneda, debido a que el oro seguía siendo el elemento de curso legal, en virtud de la Ley del 28 de marzo de ese mismo año[379].

O incluso en el célebre caso *Messageries Maritimes* de 1950, en el cual se afirmó que las cláusulas oro, que eran inadmisibles en los contratos internos,

---

378 Rodner, James Otis, Ley aplicable a la estipulación y pago en moneda extranjera, en: *Estudios de Derecho, Homenaje a la Facultad de Derecho de la Universidad Católica Andrés Bello en su 50 aniversario*, (A. Baumeister, C. Guardia, J. Casal, R. Duque, Coords.), Caracas, UCAB, 2004, Vol I., pp. 237 y ss., especialmente p. 240.
379 Cass. Civ., 17/05/1927, DP, 1928, 1, 25, nota de Capitant. En Venezuela, este caso es reseñado por: Dos Santos P., Olga María, *Contratos internacionales en el ordenamiento jurídico venezolano*, Caracas, Valencia, FCJPUCV, Vadell Hermanos Editores, 2000, p. 2, y Romero, Fabiola, Derecho aplicable al contrato internacional, en: *Liber Amicorum, Homenaje a la Obra Científica y Académica de la profesora Tatiana B. de Maekelt*, Caracas, FCJPUCV, Fundación Roberto Goldschmidt, 2001, T. I, pp. 203 y ss., especialmente p. 213. Ver también: Olavo Baptista, Luiz, *Contratos internacionais*, Sao Paulo, OABSP, Comissão Direito e Mundialização, 2011, p. 22.

eran válidas en los internacionales, debido a la especial naturaleza de los mismos[380]. Quizá hoy día no podamos afirmar de manera general la nulidad de la cláusula, salvo la existencia de una prohibición expresa o de un régimen de control de cambio, lo que no puede afirmarse es la internacionalidad de la relación.

En definitiva, nosotros entendemos que la evaluación de la internacionalidad del pago en sí mismo debe hacerse conforme a los criterios generales en la materia; sin embargo, estos deben estar orientados por un elemento de pertinencia, razón por la cual, la sola presencia de una moneda extranjera –sea como moneda de cuenta, sea como moneda de pago– no hace internacional a la relación[381].

Debemos considerar, además, que en algunos medios de pago hay un elemento que resulta fundamental para calificarlos como internacionales: la intermediación bancaria. En efecto, la «dimensión multinacional» ha sido generalmente reconocida por la doctrina como una característica de la actividad bancaria[382]. De hecho, Rodríguez Azuero menciona esa internacionalización como un rasgo que afecta, de manera general, al Derecho mercantil y, de forma particular, al Derecho bancario[383].

En efecto, los negocios bancarios internacionales han aumentado constantemente y se hacen cada vez más diversos y complejos, yendo más allá

---

380 Pérez Vera, Elisa y otros, *Derecho internacional privado*, Madrid, Universidad Nacional de Educación a Distancia, 2.ª ed., 2000, Vol. I, p. 90.
381 Desantes Real concluye su análisis del tema, afirmando que «... una obligación en moneda extranjera puede incluirse en un contrato interno sin elevar por ello el conjunto de la relación al ámbito internacional». Ver: Desantes Real, *Las obligaciones contractuales...*, ob. cit., 1994, p. 49.
382 Plantey, Alain, El arbitraje internacional en un mundo en cambio, en: *Boletín de la Corte Internacional de Arbitraje de la CCI*, abril 1995, Suplemento Especial, El arbitraje comercial internacional, pp. 7 y ss., especialmente p. 7.
383 Rodríguez Azuero, *Contratos bancarios...*, ob. cit., p. 196.

de los prestamos internacionales y el financiamiento al comercio exterior. Al lado de los depósitos bancarios, se cuentan los servicios de pago y liquidaciones por transferencia (operaciones de giro), la administración y custodia de títulos valores (operaciones de depósito) y la adquisición de cambio o cheques (operaciones de descuento)[384].

Es importante destacar que el traslado de dinero o de un valor representativo de dinero a través de las fronteras es un elemento internacionalizador por excelencia, tanto desde el punto de vista jurídico como desde el punto de vista económico. Esto es, cuando un deudor domiciliado en Venezuela realiza todos los pasos necesarios para poner una determinada cantidad de dinero en la cuenta de su acreedor en un banco establecido en Alemania, estamos frente a una relación jurídica y económicamente internacional.

2. La internacionalidad del pago en el sistema venezolano de Derecho internacional privado

No existe en el sistema venezolano –tampoco lo hemos visto en el Derecho comparado– una norma expresa que califique el pago como internacional. Por lo que en la mayoría de los sistemas se apreciará su internacionalidad por tratarse del cumplimiento de un contrato que ha sido calificado como internacional, y tal cosa ocurrirá, desde la perspectiva del sistema venezolano de Derecho internacional privado, cuando así lo indique el criterio jurídico de la presencia del elemento de extranjería, aceptado también por la doctrina y la jurisprudencia[385] e, incluso, a través del criterio económico, aceptado al menos jurisprudencialmente[386].

---

384 Herdegen, Matthias, *Internationales Wirtschaftsrecht*, München, Verlag C.H. Beck, 9. Auflage, 2011, p. 236.
385 Dentro de la jurisprudencia venezolana también se ha aceptado este criterio jurídico y, en tal sentido, encontramos decisiones que repiten que el sistema de Derecho internacional privado deberá activarse debido a la presencia de elementos de extranjería relevantes, sin detenerse a definir lo que ha de entenderse por

Conviene además considerar que, dentro de las fuentes formales, en las cuales predomina el criterio jurídico, este es asumido de manera diversa. En efecto, una diferencia interesante puede apreciarse entre la consagración de este criterio por la Convención Interamericana sobre Derecho Aplicable a los Contratos Internacionales[387] y por la Ley de Derecho Internacional Privado venezolana[388].

Así, el artículo 1 de la Convención Interamericana, luego de disponer que tal instrumento «... determina el Derecho aplicable a los contratos internacionales», califica al contrato como internacional «... si las partes del mismo tienen su residencia habitual o su establecimiento en Estados Partes diferentes, o si el contrato tiene contactos objetivos con más de un Estado Parte».

---

tales (TSJ/SPA, Sent. N.º 0627, 23/03/2000, en: http://historico.tsj.gob.ve/decisiones/spa/Marzo/00627%20230300%2014895.htm; TSJ/SPA, Sent. N.º 1363, 13/06/2000, en: http://historico.tsj.gob.ve/decisiones/spa/Junio/01363-130600-15348%20.htm; TSJ/SPA, Sent. N.º 2872, 29/11/2001, en: http://historico.tsj.gob.ve/decisiones/spa/Noviembre/02872-291101-01-0325.htm; TSJ/SPA, Sent. N.º 0586, 22/04/2003, en: http://historico.tsj.gob.ve/decisiones/spa/Abril/00586-220403-2003-0151.htm; TSJ/SPA, Sent. N.º 4541, 22/06/2005, en: http://historico.tsj.gob.ve/decisiones/spa/Junio/04541-220605-2001-0245.htm; TSJ/SPA, Sent. N.º 5980, 19/10/2005, en: http://historico.tsj.gob.ve/decisiones/spa/Octubre/05980-191005-2005-1023-1.htm; TSJ/SPA, Sent. N.º 02699, 29/11/2006, en: http://www.tsj.gov.ve/decisiones/spa/Noviembre/02699-291106-2003-0152.htm). Además, están aquellas decisiones que enumeran algunos elementos de extranjería (TSJ/SPA, Sent. N.º 0158, 1/02/2006, en: http://historico.tsj.gob.ve/decisiones/spa/Febrero/00158-010206-2005-5660-1.htm; TSJ/SPA, Sent. N.º 0567, 2/03/2006, en: http://historico.tsj.gob.ve/decisiones/spa/Marzo/00567-020306-2005-5521.htm). Todos los links verificados el 29.11.2016.

386 Sobre la evolución de ambos criterios ver: Madrid Martínez, Claudia, *La norma de Derecho internacional privado*, Caracas, FCJPUCV, Serie Trabajos de Grado N.º 2, 2004, pp. 12-23.

387 Suscrita durante la CIDIP-V, México 1994, ratificada por Venezuela y publicada en la *Gaceta Oficial* N.º 4.974 Extraordinario, 22.09.1995.

388 *Gaceta Oficial* N.º 36.511, 06.08.1998. Vigencia, 6.02.1999.

En este caso puede decirse que los elementos de extranjería deben ser relevantes y como tales se consideran, dentro de los elementos subjetivos, la residencia habitual –en el caso de las personas físicas– o el establecimiento –en el caso de las personas jurídicas–; por su parte, los elementos objetivos no están limitados por el texto normativo, de manera que podría tratarse del lugar de celebración o de ejecución del contrato, o del lugar de ubicación de los bienes objeto del mismo, entre otros.

Por lo que respecta al sistema interno, la Ley de Derecho Internacional Privado establece, en su artículo 1, además del sistema de fuentes, su ámbito de aplicación, el cual estará limitado a los «… supuestos de hecho relacionados con los ordenamientos jurídicos extranjeros…». La Ley no califica el tipo de contactos que la relación pueda tener con sistemas foráneos, por lo que hemos entendido que cualquier elemento de extranjería presente en la misma, hace que esta sea considerada como internacional[389]. De esta manera, el carácter internacional del contrato dependerá de cualquier contacto que el mismo presente con ordenamientos jurídicos extranjeros, sin que se exija la relevancia de tal vinculación, mas sí debe examinarse, tal como hemos afirmado *supra*, su pertinencia.

Por su parte, el criterio económico fue aceptado por la Sala Político-Administrativa de la entonces Corte Suprema de Justicia, en la decisión de

---

389 Es la opinión que hemos sostenido en: Madrid Martínez, *La norma de Derecho internacional privado…*, ob. cit., p. 22. Además, esta solución coincide con la consagrada por la Convención Interamericana sobre Normas Generales de Derecho internacional privado (Suscrita en el marco de la CIDIP II, Montevideo 1979 y cuya Ley aprobatoria fue publicada en la *Gaceta Oficial* N° 33.252 de fecha 26.06.1985) en su artículo 1, norma que se refiere a «… situaciones vinculadas con Derecho extranjero…», sin limitar el tipo de vínculos que deben unir a la relación con un ordenamiento jurídico foráneo, por lo que debemos entender que puede tratarse tanto de lazos objetivos como subjetivos, sin que se exija en ellos relevancia alguna.

fecha 9 de octubre de 1997, dictada en el célebre caso Pepsi Cola[390]. En esta decisión la Sala, al discutir la naturaleza internacional de un contrato, como requisito de admisibilidad de una cláusula de sumisión a arbitraje en el extranjero, hizo caso omiso de los elementos de extranjería presentes en la relación (lugar de constitución de una de las empresas contratantes, lugar de celebración) y la calificó como internacional «... en vista de su objeto y del renombre mundial de las marcas que identifican los productos a ser comercializados en Venezuela...», lo cual «... tiene forzosa incidencia en el comercio internacional...». En todo caso, «... Lo determinante es el objeto o materia del contrato. Por ello (...) un contrato celebrado en Francia entre franceses será internacional siempre que interese al comercio internacional...».

En esta decisión destaca una premisa según la cual el elemento de extranjería no puede ser creado artificialmente por las partes, con la elección de un Derecho extranjero o a través de cláusulas de elección de un tribunal extranjero o de árbitros que resuelvan en el extranjero[391]. Sin embargo, en una decisión posterior, el propio Tribunal aceptó la procedencia de los clásicos elementos de extranjería y añadió que también se trataría de un contrato internacional «... cuando se haya sometido el conocimiento de la controversia a los tribunales de una jurisdicción extranjera»[392].

Nosotros hemos sostenido en otras oportunidades que solo si la elección de un Derecho extranjero o de un tribunal o árbitro en el extranjero se considerase como un elemento objetivo podría aceptarse, a partir de esta

---

390 CSJ/SPA, Sent. 09.10.1997. El texto de la sentencia y un comentario pueden verse en: Hernández-Bretón, Eugenio, Lo que dijo y no dijo la sentencia Pepsi Cola, en: *RFCJPUCV*, 1998, N.º 109, pp. 141 y ss.
391 En este sentido: Giral Pimentel, José Alfredo, *El contrato internacional*, Caracas, Editorial Jurídica Venezolana, 1999, Colección Estudios Jurídicos N.º 71, pp. 77-78.
392 TSJ/SPA, Sent. N.º 05878, 13/10/2005, en: http://historico.tsj.gob.ve/decisiones/spa/Octubre/05878-111005-2005-1871-2.htm (29.11.2016).

conducta de las partes, la internacionalidad del contrato. Pero si entendemos que para ejercer la autonomía conflictual es necesario que se trate de un contrato internacional, hemos de desechar tal idea[393].

Lo cierto es que, tratándose de relaciones de carácter internacional, corresponde al Derecho internacional privado dar una respuesta y, a ella, volveremos en el capítulo III de este trabajo.

---

393 Madrid Martínez, Claudia, Los contratos internacionales en la jurisprudencia venezolana, en: *DeCita*, 9.2008, pp. 247 y ss., especialmente p. 250. En tal sentido: Ver: Hernández-Bretón, Eugenio, Propuesta de actualización de los sistemas latinoamericanos de contratación internacional, en: *Anuario del Instituto Hispano-Luso-Americano de Derecho Internacional*, 2005, N.º 17, pp. 11 y ss., especialmente pp. 17-18; y, del mismo autor: *Mestizaje cultural de los países de la América Latina* (Trabajo de Incorporación a la ACPS), Caracas, ACPS, 2007, p. 82.

Capítulo II

Relaciones jurídicas en torno a la relación de un pago electrónico

La realización de un pago a través de medios electrónicos supone la existencia de un complejo entramado de relaciones jurídicas que involucra a múltiples intervinientes. Así, en lo que podríamos llamar un primer círculo de relaciones, encontramos al emisor del medio de pago, al titular del mismo y al aceptante de ese medio de pago. Además, al tratarse de medios gestionados a través de internet, habría un segundo círculo en el cual se encuentran los proveedores de servicios de internet y los encargados de gestionar el medio de pago en el ambiente electrónico.

A los efectos de este trabajo, nos centraremos en lo que hemos llamado el primer círculo, en el cual se articula una relación triangular sobre la base de los contratos de emisión y aceptación del medio de pago en cuestión y el contrato cuyo precio sería pagado a través del instrumento en cuestión[394]. Pero antes de analizar estas relaciones, examinemos a cada uno de sus participantes.

A. Sujetos intervinientes en la dinámica de los medios de pago electrónico

1. Prestadores de servicios de pago. Instituciones bancarias y no bancarias

Cuando se hace referencia a proveedores de servicios de pago, se piensa casi de manera exclusiva en los bancos. Sin embargo, si algo caracteriza las

---

394 Rico Carrillo, *El pago electrónico en internet...*, ob. cit., p. 148.

modernas relaciones de pago es, justamente, la pérdida de protagonismo de las instituciones bancarias. De hecho, los bancos, que por mucho tiempo ejercieron una especie de monopolio sobre los servicios de pago, han perdido este privilegio a manos de «instituciones financieras» diferentes, tal como ocurre con las empresas de telecomunicaciones y las entidades de dinero electrónico, entre otras[395]. Las altas comisiones cobradas por los bancos se mencionan como una posible causa de su desplazamiento y de la aparición de nuevos intermediarios que, aunque ofrecen menos seguridades, resultan menos costosos[396].

A pesar de la extensión de los servicios de pago a estos nuevos intermediarios, los usuarios se muestran aún reacios, debido al riesgo de confiar la gestión de sus pagos a una sola empresa privada, pues la historia ha demostrado que incluso las compañías multinacionales más exitosas no necesariamente prosperan para siempre. Para que un medio electrónico pueda sobrevivir como un sistema efectivo, este requiere el respaldo de instituciones confiables y estables como los bancos centrales, los cuales podrían implementar protocolos comunes y actuar como instituciones unificadoras[397]. No obstante esta desconfianza, lo cierto es que los bancos comparten su rol en la emisión y administración de medios de pago, con otros sujetos que, tal como las instituciones de crédito, se dedican a la prestación de servicios de pago.

De hecho, la posibilidad de participación de actores distintos de los bancos en la emisión y administración de medios de pago es ratificada por el ya mencionado concepto de «cuenta de pago» contenido en la Directiva 2015/2366 (art. 4,12), de manera que «*... both traditional bank accounts*

---

395 Mavromati, *The Law of payment services in the EU...*, ob. cit., p. 150.
396 Por tal razón se les considera adecuados para realizar micropagos. Es lo que ocurre con Millicent, Micromint, Payword y Suscript. Martínez González, Mecanismos de seguridad en el pago electrónico..., ob. cit., p. 28.
397 Baddeley, Using e-cash in the new economy..., ob. cit., p. 242.

(where funds can be deposited, received and transferred from) and accounts used specifically for facilitating payment transactions (and not taking deposits) are covered»[398].

Para determinar quiénes son los otros actores que junto al banco están prestando servicios de pago, tomaremos como punto de partida la Directiva 2015/2366, para luego examinar la situación del Derecho venezolano.

a. Prestadores de servicios de pago en la Unión Europea
El artículo 1,1 de la Directiva reconoce seis categorías de prestadores de servicios de pago:

> «a) entidades de crédito definidas en el artículo 4, apartado 1, punto 1, del Reglamento (UE) N.º 575/2013 del Parlamento Europeo y del Consejo, incluidas sus sucursales en el sentido del artículo 4, apartado 1, punto 17, de dicho Reglamento que estén ubicadas en la Unión, tanto si las administraciones centrales de esas sucursales de entidades de crédito están ubicadas en el interior de la Unión como si, de conformidad con el artículo 47 de la Directiva 2013/36/UE y con la legislación nacional, lo están en el exterior de la Unión;
>
> b) entidades de dinero electrónico en el sentido del artículo 2, punto 1, de la Directiva 2009/110/CE, incluidas, de conformidad con el artículo 8 de dicha Directiva y con la legislación nacional, sus sucursales si estas están ubicadas en la Unión y tienen su administración central fuera de la Unión, y en la medida en que los servicios de pago prestados por las sucursales estén vinculados a la emisión de dinero electrónico;

---

398 «*This is meant to allow non-bank payment institutions (PIs) and e-money institutions (EMIs) to perform the same payment services that banks are providing today*». Ver: van Winkel, Erik, The Payment Services Directive: Where are the opportunities for new entrants in the European payments industry? en: *Journal of Payments Strategy & Systems*, 2009, Vol. 3, N.º 2, pp. 105 y ss., especialmente p. 106.

c) instituciones de giro postal facultadas en virtud de la legislación nacional para prestar servicios de pago;

d) entidades de pago;

e) el Banco Central Europeo (BCE) y los bancos centrales nacionales, cuando no actúen en su condición de autoridad monetaria u otras autoridades públicas;

f) los Estados miembros y sus autoridades regionales y locales, cuando no actúen en su condición de autoridades públicas».

Hay una nota común a estos prestadores de servicios de pago, reconocida por la propia Directiva en su artículo 1,2,b: todos ellos prestan dichos servicios «... con carácter de profesión u ocupación habitual». Es decir, se trata de quienes por profesión o hábito desempeñan una actividad que constituye su principal fuente de ingresos[399]. Así, en virtud de un título de idoneidad, los prestadores de servicios de pago se dedican a servir una profesión al público y ese título de idoneidad refiere, justamente, los especiales conocimientos que estos han de tener para poder prestar, en este caso, servicios de pago[400].

Ahora bien, de esta enumeración nos interesan fundamentalmente tres categorías: las instituciones bancarias, las entidades de dinero electrónico y las entidades de pago. Las dos últimas categorías mencionadas plantean escasas dudas, pues se trata de los entes que normalmente tienen competencia en materia monetaria.

El caso de las instituciones de giro postal es algo más complejo, pues su consideración como prestadores de servicios de pago dependerá de lo dis-

---

399 Mosset Iturraspe, J., Los profesionales, en: *Revista de Derecho de Daños*, 2000, N.º 8, pp. 3 y ss., especialmente p. 7.
400 Ver: Cervilla Garzón, María D., *La prestación de servicios profesionales*, Valencia, Tirant lo Blanch, Monografías, 2001, p. 25.

puesto por el Derecho interno del Estado de que se trate. En el caso de España, por ejemplo, la Ley de Servicios de Pago, en su artículo 4,1,d, califica como proveedor de servicios de pago a «la Sociedad Estatal de Correos y Telégrafos, S. A., respecto de los servicios de pago para cuya prestación se encuentra facultada en virtud de su normativa específica».

En el caso de Alemania, la *ZAG* no hace referencia a las instituciones de giro postal al enumerar los prestadores de servicios de pago en su § 1,1. Tal omisión puede deberse a que en la actualidad, el *Postscheckdienst* –servicio de giro postal– es desempeñado por el *Deutsche Postbank AG*, que junto al *Deutsche Post* y al *Deutsche Telekom*, resultó de la división del *Deutsche Bundespost*[401]. Siendo un banco, está regulado por la *Gesetz über das Kreditwesen*[402], con lo cual entra en el marco de la Directiva como una institución de crédito.

a.1. Los bancos

El artículo 1,1,a de la Directiva 2015/2366 califica como primer prestador de servicios de pago, a las «… entidades de crédito, definidas en el artículo 4, punto 1, del Reglamento (UE) N.º 575/2013 (del Parlamento Europeo y del Consejo de 26 de junio de 2013 sobre los requisitos prudenciales de las entidades de crédito y las empresas de inversión, y por el que se modifica el Reglamento (UE) N.º 648/2012[403])».

De acuerdo con el artículo 4,1,1 del Reglamento 575/2013, entidad de crédito es «… una empresa cuya actividad consiste en recibir del público depósitos u otros fondos reembolsables y en conceder créditos por cuenta

---

401 *Gesetz zur Neustrukturierung des Post- und Fernmeldewesens und der Deutschen Bundespost*, 08.06.1989.
402 *Kreditwesengesetz* – KWG, 9.09.1998, [BGB I S. 2091], modificada por Ley de 10.12.2014.
403 http://eur-lex.europa.eu/LexUriServ/LexUriServ.do?uri=OJ:L:2013:176:0001:0337:ES:PDF (29.11.2016).

propia», en una clara referencia al banco que, como profesional[404], presta de manera masiva un servicio para el cual requiere una preparación particular, frente a una comunidad que lo reconoce como tal y que aspira a obtener de él bienes y servicios de calidad y está dispuesta a reclamar en caso contrario.

La definición del Reglamento hace referencia a las dos principales operaciones bancarias: las pasivas y las activas. Mediante las operaciones pasivas, el banco recibe medios y disponibilidades monetarias y financieras de sus clientes o de otras entidades crediticias para aplicarlas a sus propios fines. Estas convierten al banco en deudor de las sumas recibidas, las cuales se obliga a restituir en la forma y tiempo convenidos. El depósito es el mejor ejemplo de este tipo de operaciones. A través de las operaciones activas, por su parte, el banco entrega a sus clientes cantidades de dinero o les da disponibilidad para acceder a ellas, con cargo a los capitales recibidos de sus propios clientes o a sus propios recursos. Este tipo de operaciones transforman al banco en acreedor. El crédito, desde luego, es ejemplo de ellas.

Sin embargo, la definición del artículo 4,1,1 del Reglamento 575/2013 no hace expresa referencia a las operaciones neutras, a través de las cuales los bancos prestan determinados servicios a sus clientes que no suponen ni la obtención ni la concesión de crédito, aunque puedan superponerse a las operaciones activas o pasivas, e independientemente de que generen o no algún lucro. Justamente la intermediación en operaciones de pago es ejemplo de esta última categoría[405]. A pesar del silencio de la norma comentada, la intermediación en operaciones de pago es añadida al catálogo de operaciones bancarias por la Directiva 2015/2366.

---

404 Rodríguez Azuero, *Contratos bancarios...*, ob. cit., p. 169.
405 Así lo admite Rodríguez Azuero, quien incluso reconoce cierta independencia técnica en las operaciones de pago. Ver: Rodríguez Azuero, *Contratos bancarios...*, ob. cit., pp. 170-171.

a.2. Las entidades de dinero electrónico

Las entidades de dinero electrónico (art. 1,1,b Directiva 2015/2366) son definidas por la Directiva 2009/110 como toda persona jurídica a la cual se le haya otorgado una autorización para emitir dinero electrónico. A diferencia de su predecesora, la Directiva 2000/46, este nuevo instrumento no hace expresa referencia a que no ha de tratarse de entidades de crédito[406]. Tampoco el Reglamento 575/2013 las incluye en su enumeración, como sí lo hacía la derogada Directiva 2006/48[407].

Aunque la doctrina reconoce cierta inclinación a la calificación de estos entes como entidades de crédito por parte de los organismos especializados de la Unión Europea[408], lo cierto es que la normativa vigente parece desdecir de la misma. En efecto, cuando la Directiva 2009/110 describe en su artículo 6,1 las actividades que puede desarrollar una entidad de dinero

---

406 El artículo 1,3,a de la Directiva 2000/46 definía a la entidad de dinero electrónica como «… una empresa o cualquier otra persona jurídica distinta de una entidad de crédito (…) que emita medios de pago en forma de dinero electrónico».

407 El artículo 4 de la Directiva 2006/48 disponía que «A efectos de la presente Directiva, se entenderá por: (1) "entidad de crédito": a) una empresa cuya actividad consiste en recibir del público depósitos u otros fondos reembolsables y en conceder créditos por cuenta propia, o b) una entidad de dinero electrónico con arreglo a la Directiva 2000/46/CE». Probablemente esta inclusión obedeciera a que, de acuerdo con su Considerando N.º 6, «… es necesario que el ámbito de aplicación de los trabajos de coordinación sea lo más amplio posible y contemple todas las entidades cuya actividad consista en captar del público fondos reembolsables, tanto en forma de depósito como bajo otras formas tales como la emisión continua de obligaciones y otros títulos comparables, y en conceder créditos por cuenta propia…».

408 Así lo consideraba Mateo Hernández, para quien los documentos emanados del *Committee on Payment and Settlement Systems* del *Bank for International Settlements*; el *Basle Committee on Banking Supervision*; el *European Monetary Institute* y Banco Central Europeo, muestran que la solución acogida en el seno de la Unión Europea es considerar a toda entidad de dinero electrónico como una entidad de crédito. Ver: Mateo Hernández, *El dinero electrónico en Internet…*, ob. cit., p. 395.

electrónico, hace referencia, además de la emisión de dinero electrónico, a la prestación de servicios de pago en los términos del Anexo a la Directiva 2015/2366; la concesión de créditos en relación con los servicios de pago; la prestación de servicios operativos y servicios auxiliares estrechamente vinculados a la emisión de dinero electrónico o a la prestación de servicios de pago; la gestión de sistemas de pago, y demás actividades empresariales distintas de la emisión de dinero electrónico, con arreglo a la normativa comunitaria y nacional aplicable.

Además, la propia norma, en sus parágrafos 2 y 3, afirma que las entidades de dinero electrónico «… no aceptarán del público depósitos u otros fondos reembolsables…», y que «Los fondos que el titular del dinero electrónico entregue a la entidad de dinero electrónico se cambiarán por dinero electrónico sin demora. Estos fondos no constituirán un depósito u otros fondos reembolsables…». Así, estos entes no pueden realizar una de las principales actividades que caracteriza a las entidades de crédito, el depósito, y la otra, el otorgamiento de créditos, solo pueden llevarla a cabo, limitada a los servicios de pago.

Mavromati[409] prefiere referirse a las entidades de dinero electrónico, como entidades financieras, y reconoce que la necesidad de asimilar los servicios de pago a la actividad bancaria tiene que ver con el hecho de que estos servicios se han vinculado, tradicionalmente, con la aceptación de depósitos y la liquidación pasa a una segunda etapa de la operación de pago. Solo con el surgimiento de nuevos instrumentos de pago que no entrañan el mismo riesgo prudencial, la situación comienza a cambiar.

En efecto, desde que la transmisión de la información de pago no requiere la disponibilidad de depósitos, estos servicios pueden, de manera segura,

---

409 Mavromati, *The Law of payment services in the EU…*, ob. cit., pp. 150-151.

estar a cargo de instituciones no bancarias. En otras palabras, los servicios de pago pueden formar parte de la actividad bancaria, pero también pueden ser prestados de manera independiente, con lo cual habrá entidades de pago que se incluyan en el ámbito de aplicación de la Directiva 2015/2366, pero que no entrañen los mismos riesgos prudenciales que las instituciones de crédito, de manera que no les es aplicable la normativa que regula la actividad bancaria. Debemos en todo caso considerar que los bancos están autorizados para emitir dinero electrónico, pero esa sola actividad no constituye una recepción de depósitos, en el sentido del Reglamento 575/2013.

En la actualidad, esta discusión ha pasado a un segundo plano, debido a que las entidades de dinero electrónico son calificadas expresamente como entidades financieras, por el artículo 4,1,26 del propio Reglamento 575/2013, norma que incluye en esta categoría a las empresas que realizan la actividad referida en el punto 15 del anexo I de la Directiva 2013/36, es decir, la emisión de dinero electrónico.

a.3. Las entidades de pago

Las «entidades de pago» a que se refiere el artículo 1,1,d de la Directiva 2015/2366 son definidas por el propio instrumento como «… una persona jurídica a la cual se haya otorgado autorización, de conformidad con el artículo 11, para prestar y ejecutar servicios de pago en toda la Unión» (art. 4,4).

Son quizá estas entidades, calificadas como instituciones financieras por el artículo 4,1,26 del Reglamento 575/2013, la mayor novedad introducida por la Directiva 2007/64. De hecho, a ellas se refiere buena parte de su articulado, en especial, el sistema de autorizaciones (Sección 1, Capítulo 1, Título II). Tengamos en cuenta que, desde luego, la autorización exigida por la Directiva no es aplicable a las otras categorías de prestadores de servicios de pago, pues ellos ya estarían autorizados, de acuerdo con sus propias normas de funcionamiento, para, entre otras cosas, emitir y gestionar medios de pago[410]. El fundamento para la exigencia de una autorización a las llamadas entidades de pago se encuentra en la Recomendación Especial N.º 6 de la *Financial Action Task Force*[411], cuyo objetivo general es la lucha contra el financiamiento al terrorismo y el blanqueamiento de dinero.

Esta autorización permite el reconocimiento de las entidades de pago para actuar en otros Estados de la Unión Europea, debido a que la Directiva le reconoce expresamente naturaleza extraterritorial al disponer, en su artículo 11,9, que «Una autorización será válida en todos los Estados miembros y permitirá a la entidad de pago interesada prestar servicios de pago que estén cubiertos por la autorización en toda la Unión, en virtud de la libre prestación de servicios o de la libertad de establecimiento». Desde luego, esto facilita el funcionamiento de la SEPA.

Ahora bien, tal como ocurre con las entidades de dinero electrónico, «Las entidades de pago no podrán llevar a cabo actividades de constitución de depósitos u otros fondos reembolsables en el sentido del artículo 9 de la Directiva 2013/36/UE» (art. 18,5). Esta limitación reitera la imposibilidad de que una institución que no esté autorizada como institución de crédito funcione como tal, realizando una de las principales operaciones bancarias: el depósito.

---

410 Así lo admite Mavromati, *The Law of payment services in the EU...*, ob. cit., pp. 152-153.
411 De acuerdo con esta recomendación, «*Each country should take measures to ensure that persons or legal entities, including agents, that provide a service for the transmission of money or value, including transmission through an informal money or value transfer system or network, should be licensed or registered and subject to all the FATF Recommendations that apply to banks and non-bank financial institutions. Each country should ensure that persons or legal entities that carry out this service illegally are subject to administrative, civil or criminal sanctions*». Ver: http://www.fatf-gafi.org/topics/fatfrecommendations/documents/ixspecialrecommendations.html (29.11.2016).

a.4. Críticas a la enumeración de la Directiva 2015/2366

La limitación de la Directiva a las seis categorías mencionadas ha sido criticada –desde la publicación de la Directiva 2007/64– por van Winkel[412] pues, en su opinión, este instrumento excluye un número importante de participantes y de servicios. Es el caso de los sistemas de circuito cerrado con una red de aceptación limitada[413], los cajeros automáticos administrados por compañías que no ofrecen otros servicios de pago[414] y los servicios prestados por empresas de telecomunicación[415].

---

412 Ver: van Winkel, The Payment Services Directive…, ob. cit., pp. 107-108.
413 Art. 3,k: «los servicios basados en instrumentos de pago específicos que solo se pueden utilizar de forma limitada y que cumplan alguna de las condiciones siguientes:
   i) instrumentos que permiten al titular adquirir bienes o servicios únicamente en los locales del emisor o dentro de una red limitada de proveedores de servicios en virtud de un acuerdo comercial directo con un emisor profesional,
   ii) instrumentos que únicamente pueden utilizarse para adquirir una gama muy limitada de bienes o servicios,
   iii) instrumentos cuya validez está limitada a un solo Estado miembro, facilitados a petición de una empresa o entidad del sector público, que están regulados por una autoridad pública de ámbito nacional o regional con fines sociales o fiscales específicos, y que sirven para adquirir bienes o servicios concretos de proveedores que han suscrito un acuerdo comercial con el emisor».
414 Art. 3,o: «los servicios de retirada de efectivo en cajeros automáticos prestados por proveedores que actúen en nombre de uno o varios emisores de tarjetas y que no sean parte del contrato marco con el consumidor que retire dinero de una cuenta de pago, siempre y cuando dichos proveedores no presten otros servicios de pago a que se refiere el anexo I. No obstante, se deberá facilitar al cliente la información relativa a toda comisión por retirada de fondos a que se refieren los artículos 45, 48, 49 y 59 con anterioridad a dicha retirada, así como a la recepción del efectivo una vez llevada a cabo la operación».
415 Art. 3,l: «las operaciones de pago de un proveedor de redes o servicios de comunicación electrónica efectuadas con carácter adicional a la prestación de servicios de comunicación electrónica en favor de un suscriptor de la red o servicio:
   i) para la compra de contenido digital y servicios de voz, con independencia del dispositivo utilizado para dicha compra o consumo del contenido digital y cargadas en la factura correspondiente, o

En tal sentido, el Considerando N.º 6 de la Directiva 2007/64 establecía que «Su aplicación debe limitarse a los proveedores de servicios de pago cuya actividad principal sea la prestación de servicios de pago a los usuarios de dichos servicios...», con lo cual excluía, de manera general, los casos en los cuales «... la actividad del operador va más allá de una simple operación de pago». Al respecto, algunos autores lamentaron que este precepto no se reflejase en el texto de la Directiva, pues se observaba cierta falta de claridad en relación con las instituciones no bancarias que, de acuerdo a la misma, requieren de una autorización para prestar servicios de pago[416].

Quizá, en este sentido, la Directiva 2015/2366 resulta más clara. De hecho, el Considerando N.º 15 de la nueva Directiva reconoce que la exclusión de estos servicios de pago, cuando el operador de redes de comunicación, además del servicio de pago, genere un valor añadido, estaba expresada en términos ambiguos y se aplicó de manera diversa en los Estados miembros, lo cual generó inseguridad jurídica, tanto para los operadores como para los consumidores. Tales razones condujeron a la limitación de la exclusión de estos servicios. Así, el artículo 3,l excluye, concretamente, las operaciones de pago efectuadas adicionalmente con los de servicios de comunicación electrónica para la compra de contenido digital

---

ii) realizadas desde o a través de un dispositivo electrónico y cargadas en la factura correspondiente, en el marco de una actividad benéfica o para la adquisición de billetes o entradas;
siempre que ninguna operación de pago a las que se refieren los puntos i) e ii) supere la cuantía de 50 EUR y cumpla una de las condiciones siguientes:
— que el importe acumulado de las operaciones de pago de un suscriptor no exceda de 300 EUR al mes, o
— que, en caso de que el suscriptor tenga un contrato de prepago con el proveedor de la red o servicio de comunicación electrónica, el importe acumulado de las operaciones de pago no exceda de 300 EUR al mes».

416 Turing, Business implications of the Payments Services Directive..., ob. cit., pp. 328-329.

y servicios de voz, o realizadas desde o a través de un dispositivo electrónico y cargadas en la factura correspondiente, en el marco de una actividad benéfica o para la adquisición de billetes o entradas, siempre que ninguna de estas operaciones supere los 50 euros y, además, que el importe acumulado de las operaciones de pago de un suscriptor no exceda de 300 euros al mes, o que, en caso de que el suscriptor tenga un contrato de prepago con el prestador del servicio de comunicación electrónica, el importe acumulado de las operaciones de pago no exceda de 300 euros al mes.

Ahora bien, si la entidad de pago, además de algunas de las actividades calificadas como servicios de pago, realiza otras distintas, la propia Directiva faculta a las autoridades competentes para exigirle la constitución de una entidad separada que pueda prestar servicios de pago, «... en caso de que las actividades de la entidad de pago ajenas a los servicios de pago perjudiquen o puedan perjudicar a la solidez financiera de la entidad de pago o a la capacidad de las autoridades competentes para supervisar el cumplimento de las obligaciones establecidas por la presente Directiva por parte de la entidad de pago» (art. 11,5).

Además, debe considerarse que la propia Directiva establece un régimen de excepciones en su artículo 3, que permite a ciertas entidades prestar servicios de pago en la Zona Euro, sin obtener la autorización puesto que su actividad es excluida del ámbito de aplicación de la Directiva, lo cual en efecto, causa cierta desigualdad en el tratamiento de los distintos proveedores de servicios de pago, pues el usuario no suele evaluar el tema de la autorización a la hora de elegir a un prestador de servicios determinado. Estos prestadores de servicios de pago sin licencia estarán, no obstante, sujetos a las normas sobre protección de los consumidores, en caso que el usuario ostente tal condición[417].

---

417 Rico Carrillo, *El pago electrónico en internet...*, ob. cit., p. 151.

Para algunos autores, la falta de claridad de la Directiva al establecer estas excepciones genera para los prestadores no bancarios, la carga adicional de determinar la necesidad de la licencia. Incluso los bancos, exonerados por ser entidades de crédito que ya tienen licencia para actuar como tales, deberán hacer un análisis al respecto, pues muchas veces forman parte de grupos de empresas dentro de los cuales hay estructuras que no reciben depósitos y que no están, por tanto, autorizados para prestar servicios de pago sin antes obtener la licencia a que se refiere la Directiva[418].

Hemos de tener en cuenta, también, que frecuentemente los prestadores de servicios de pago comercializan instrumentos de pago identificados con marcas que son propiedad de un tercero. A estos terceros se refiere la Recomendación 88/590 con la denominación «Suministrador de sistemas», definido como «la persona que facilita un producto financiero con una marca comercial concreta vinculado normalmente a una red, permitiendo así que los instrumentos de pago se utilicen para las operaciones mencionadas anteriormente».

Ahora bien, tal como lo describe Rico Carrillo, la participación de estos sujetos, a menudo a través de contratos de franquicia, concesión o licencia de uso, añade una nueva relación a la dinámica de los medios de pago. Además, la propia autora admite que es frecuente que el propietario de la marca encomiende la gestión de esta a otros sujetos, comúnmente denominados «sociedades de explotación social de la marca»[419].

En este sentido, una de las novedades de la Directiva 2015/2366 con relación a su antecesora fue, precisamente, la inclusión en su artículo 4,47 del término «marca de pago», entendido por la norma citada como «cualquier

---

418 Turing, Business implications of the Payments Services Directive..., ob. cit., p. 327.
419 Rico Carrillo, *El pago electrónico en internet*..., ob. cit., pp. 154-155.

nombre, término, signo, símbolo o combinación de los anteriores, material o digital, capaz de indicar bajo qué sistema de tarjetas de pago se realizan operaciones de pago basadas en una tarjeta». Además se hace referencia al caso de las marcas de pago compartidas, es decir, cuando «dos o más marcas de pago o aplicaciones de pago de una misma marca de pago en el mismo instrumento de pago» (art. 4,48), circunstancia esta última que deberá ser debidamente informada al usuario (art. 52,2,g).

b. Los casos de Bolivia, Perú y Uruguay

De conformidad con el artículo 3 de la Ley peruana que regula las características básicas del dinero electrónico como instrumento de inclusión financiera, «Solo pueden emitir dinero electrónico las empresas que operan bajo el ámbito de supervisión de la Superintendencia de Banca, Seguros y Administradoras Privadas de Fondos de Pensiones, listadas en el inciso A del artículo 16 y el numeral 6 del artículo 17 de la Ley 26702, Ley General del Sistema Financiero y del Sistema de Seguros y Orgánica de la Superintendencia de Banca y Seguros»[420], es decir, los bancos en todas sus

---

420 Ley General del Sistema Financiero y del Sistema de Seguros y Orgánica de la Superintendencia de Banca y Seguros, art. 16: «Para el funcionamiento de las empresas y sus subsidiarias, se requiere que el capital social, aportado en efectivo, alcance las siguientes cantidades mínimas:
A. Empresas de Operaciones Múltiples:
1. Empresa Bancaria: S/. 14 914 000,00.
2. Empresa Financiera: S/. 7 500 000,00.
3. Caja Municipal de Ahorro y Crédito: S/. 678 000,00.
4. Caja Municipal de Crédito Popular: S/. 4 000 000,00.
5. Entidad de Desarrollo a la Pequeña y Micro Empresa - EDPYME: S/. 678 000,00.
6. Cooperativas de Ahorro y Crédito autorizadas a captar recursos del público: S/. 678 000,00.
7. Caja Rural de Ahorro y Crédito: S/. 678 000,00».
Art. 17. «Para el establecimiento de las empresas de servicios complementarios y conexos, se requiere que el capital social alcance las siguientes cantidades mínimas:

modalidades, las entidades de ahorro y prestamo y las llamadas «empresas emisoras de dinero electrónico».

Estas últimas «... tienen como objeto principal la emisión de dinero electrónico, no conceden crédito con cargo a los fondos recibidos y solo pueden realizar otras operaciones relacionadas a su objeto principal»[421]. Tal emisión –propiamente dicha– «... es la conversión de dinero tradicional a dinero electrónico, por el mismo valor que se recibe, a través de su almacenamiento en un soporte electrónico, siendo esta función responsabilidad exclusiva del emisor de dinero electrónico». Ello, de conformidad con el artículo 2 del Reglamento de la Ley que regula las características básicas del dinero electrónico como instrumento de inclusión financiera. El propio Reglamento admite que esa actividad puede ser desarrollada directamente por la entidad de dinero electrónico o por terceros contratados por esta, quien, en todo caso, mantiene su «... responsabilidad por la realización de dichas operaciones, conforme a lo dispuesto en el artículo 2.º del presente Reglamento» (art. 3.1 Reglamento).

Ahora bien, las empresas emisoras de dinero electrónico deben ser autorizadas para realizar esta actividad, y deben cumplir con los requisitos

---

6. Empresas Emisoras de Dinero Electrónico: S/. 2 268 519,00. El citado capital corresponde al trimestre octubr-diciembre 2012 y posteriormente se sujeta a la actualización trimestral según el procedimiento señalado en el artículo 18° de la Ley 26702».

421 Las entidades emisoras de dinero electrónico están obligadas a proporcionar la información a que se refiere el artículo 3 de la Ley N.º 27693, que crea la Unidad de Inteligencia Financiera, conforme a lo dispuesto en el artículo 3,3.1,a de la Ley N.º 29038, que incorpora la Unidad de Inteligencia Financiera del Perú a la Superintendencia de Banca, Seguros y Administradoras Privadas de Fondos de Pensiones, y sus normas reglamentarias. «En tal sentido, se encuentran obligadas a cumplir con las disposiciones reglamentarias emitidas sobre prevención del lavado de activos y financiamiento del terrorismo que emita la Superintendencia de Banca, Seguros y Administradoras Privadas de Fondos de Pensiones, siendo responsables de aplicar las normas del presente numeral a sus clientes o usuarios que adquieran el dinero electrónico que emitan» (art. 4, Ley sobre dinero electrónico).

establecidos por la Ley General del Sistema Financiero y del Sistema de Seguros y Orgánica de la Superintendencia de Banca y Seguros (art. 17,6). El otorgamiento de la autorización debe emanar de la Superintendencia de Banca y Seguros, previa opinión del Banco Central de Perú (art. 21). Los bancos y entidades de ahorro y prestamo no parecen requerir autorizaciones especiales para prestar servicios de pago electrónico pues, tal como ocurre en el ámbito europeo, esta actividad se engloba dentro de la intermediación financiera para la cual están habilitadas de manera general estas empresas.

En Bolivia, por su parte, el artículo 16 del Reglamento de instrumentos electrónicos de pago dispone que quienes pueden emitir instrumentos electrónicos de pago vinculados a cajas de ahorro, cuentas corrientes, líneas de crédito o cuentas de pago, son las entidades autorizadas por la Autoridad de Supervisión del Sistema Financiero, es decir, bancos públicos y privados en todas sus modalidades, las entidades de ahorro y prestamo, y las «empresas de servicios financieros complementarios», categoría dentro de la cual se incluyen, entre otras, las empresas administradoras de tarjetas electrónicas y las empresas de servicios de pago móvil. En general, las entidades de intermediación financiera cuentan con licencia de funcionamiento al haber cumplido con los requisitos establecidos por la Ley N.º 393 de Servicios Financieros, de manera que cuentan con la autorización correspondiente para captar recursos del público y realizar operaciones crediticias, dentro de las cuales se incluiría la gestión de pagos electrónicos[422].

La autorización también aparece como un requisito necesario en la Ley uruguaya de inclusión financiera. En efecto, de conformidad con el artículo 4 de esta Ley, «Las instituciones emisoras de dinero electrónico deberán obtener la autorización previa del Banco Central del Uruguay (BCU) para

---

422 https://www.asfi.gob.bo/EntidadesFinancieras/%C3%81mbitodeSupervisi%C3%B3n/ConLicenciadeFuncionamiento.aspx (29.11.2016).

desarrollar esa actividad y quedarán sujetas a las disposiciones de la presente ley, a su reglamentación y a las normas generales e instrucciones particulares que dicte el BCU». El otorgamiento de la autorización dependerá de razones de legalidad, de oportunidad y de conveniencia.

Ahora bien, la Ley uruguaya solo exige autorización a las instituciones emisoras de dinero electrónico, sin hacer mención a los bancos u otras instituciones financieras, siendo que la parte final del artículo 2 de la Ley admite que además de las entidades emisoras de dinero electrónico, también pueden realizar esta actividad las instituciones de intermediación financiera, categoría que incluye a los bancos y a las instituciones no bancarias, tales como casas financieras, instituciones financieras externas, cooperativas de intermediación financiera, empresas administradoras de grupos de ahorro previo, casas de cambio, empresas administradoras de crédito, representantes de entidades financieras constituidas en el exterior, empresas de servicios financieros, empresas de transferencias de fondos y prestadores de servicios de administración, contabilidad y procesamiento de datos[423].

Estas entidades están autorizadas para realizar actividades de emisión y uso de dinero electrónico, y tales actividades comprenden –de conformidad con el artículo 6, en concordancia con el artículo 3 de la propia Ley– operaciones de emisión de dinero electrónico propiamente dicha, su reconversión a efectivo, operaciones de transferencias, pagos, débitos automáticos y cualquier otra que implique movimientos u otras operaciones relacionadas con el valor monetario del instrumento de dinero electrónico emitido.

c. Prestadores de servicios de pago de acuerdo al Derecho venezolano

En el caso venezolano, no existe una norma que establezca cuáles son las entidades autorizadas para realizar intermediación en materia de pagos.

---
423 http://www.bcu.gub.uy/Servicios-Financieros-SSF/Paginas/Default.aspx (29.11.2016).

Sin embargo, puede afirmarse que el sistema venezolano parece hacer gravitar el servicio de pago alrededor de las instituciones del sector bancario, sin que exista una norma especial, como la de la Directiva 2015/2366, que establezca al menos las características generales de los prestadores de servicios de pago.

De manera general, las normas que regulan el tema bancario suelen referirse, más bien, al concepto de intermediación financiera entendida, en los términos del artículo 5 de la Ley de Instituciones del Sector Bancario, como «… la captación de fondos bajo cualquier modalidad y su colocación en créditos o en inversiones en títulos valores emitidos o avalados por la Nación o empresas del Estado, mediante la realización de las operaciones permitidas por las leyes de la República». La doctrina también se ha fundamentado en esta noción, entendiendo que los bancos hacen de intermediarios entre los capitalistas, los industriales y los comerciantes[424].

En tal sentido, la Ley Orgánica del Sistema Financiero Nacional[425], en su artículo 8, define a los participantes del sector bancario sobre la base, precisamente, del concepto de intermediación financiera. Así, formará parte del sector bancario «… el conjunto de instituciones que realizan intermediación financiera mediante la colocación de los recursos, obtenidos a través de los

---

424 «Los bancos recogen de los capitalistas las cantidades que estos tienen inoperantes, por no saber o no querer emplearlas con provecho en otra forma, y las pasan, con las debidas garantías, a los industriales y comerciantes que las solicitan para emplearlas con utilidad en la industria y en los negocios. Esta mediación que ejerce la banca entre los capitales que buscan empleo y la empresa que pide los medios para una aplicación más productiva, es lo que se denomina "actividad bancaria", la cual implica las operaciones fundamentales de la banca; es decir, las operaciones de obtención de fondos que comúnmente se conocen con el nombre de operaciones pasivas, y las de colocación de fondos que se denominan operaciones activas». Ver: Acedo Mendoza, Carlos y Alfredo Acedo Machado, *Instituciones financieras*, Caracas, McGraw Hill, 7.ª ed., 2000, p. 95.
425 *Gaceta Oficial* N.º 39.447, 16.06.2010.

depósitos del público o de otras fuentes permitidas por la Ley, para el financiamiento, en especial, de actividades productivas de la economía real, de sus servicios asociados y la infraestructura correspondiente».

Ahora bien, a pesar de que la doctrina entiende que la intermediación financiera caracteriza a los bancos, la amplia definición del citado artículo 8 permite a instituciones no bancarias realizar intermediación financiera, mas estas instituciones son absorbidas por el sistema bancario y, por ello, les son aplicables sus normas. Al respecto, el artículo 15 de la Ley de instituciones del sector bancario dispone:

> «Forman también parte del sector bancario las personas naturales o jurídicas que presten servicios financieros o servicios auxiliares a las instituciones bancarias, casas de cambio y operadores cambiarios fronterizos, entendiéndose por éstos a las sociedades de garantías recíprocas, fondos nacionales de garantías recíprocas, sociedades y fondos de capital de riesgo, **compañías emisoras o administradoras de tarjetas de crédito, débito, prepagadas y demás tarjetas de financiamiento o pago electrónico**, transporte de especies monetarias y de valores, **servicios de cobranza, cajeros automáticos**, servicios contables y de computación, las arrendadoras financieras y los almacenes generales de depósitos, cuyo objeto social sea exclusivo a la realización de esas actividades (resaltado nuestro).

A este concepto responde también la Ley de Tarjetas de Crédito, Débito, Prepagadas y demás Tarjetas de Financiamiento o Pago Electrónico cuando en su artículo 2 define a los emisores de tarjetas como «... empresas emisoras y operadoras de tarjetas de crédito, el banco o institución financiera que emite u otorga tarjetas de crédito, débito, prepagadas y demás tarjetas de financiamiento o pago electrónico, de uso nacional, internacional o en ambas modalidades en la República Bolivariana de Venezuela, autorizados por la Superintendencia de Bancos y Otras Instituciones Financieras (SUDEBAN)».

Por su parte, el artículo 2 de las Normas relativas a la Protección de los Usuarios y Usuarias de los Servicios Financieros[426] incluye, entre sus definiciones, el concepto de «corresponsales no bancarios», entendiendo que se trata de «Personas jurídicas y personas naturales constituidas en firmas personales, cuyas actividades económicas se encuentran enmarcadas en el sector comercial o de servicios y que han acordado con Instituciones Bancarias, mediante contrato suscrito al efecto, la posibilidad de servir de canales de distribución de servicios financieros hacia los clientes, usuarios y usuarias, a nombre y por cuenta de tales instituciones».

Esta definición coincide con la contenida en el artículo 3 de las Normas sobre Corresponsales no Bancarios[427]. De acuerdo con el artículo 4 de estas Normas, los corresponsales no bancarios pueden realizar depósitos y retiros en efectivo en cuentas; transferencias de saldos disponibles entre cuentas del mismo cliente, y a terceros en la misma institución bancaria; consulta de saldos y movimientos; pago o amortización de saldos adeudados, y pagos de servicios de electricidad, teléfono, agua, gas doméstico, entre otros. Además, estos corresponsales podrán ofrecer informaciones a los usuarios sobre las condiciones y características de los demás servicios y productos financieros ofrecidos por la institución bancaria a la que sirvan como tales.

Sin embargo, no podrán abrir cuentas bancarias, aprobar operaciones activas o pasivas, ni prestar servicios distintos a los indicados en el párrafo anterior (art. 4), de manera de «… dar cumplimiento a la política conozca su cliente por parte de las Instituciones Bancarias y garantizar la debida diligencia de estas en la prevención de la legitimación de capitales» (art. 10). Tampoco podrán cobrar comisiones o tarifas por los servicios prestados, salvo las establecidas por el Banco Central de Venezuela (art. 13).

---

426 *Gaceta Oficial* N.º 40.809, de fecha 14 de diciembre de 2015.
427 *Gaceta Oficial* N.º 40.376, del 20 de marzo de 2014.

Estos corresponsales podrán prestar servicios de banca electrónica. Para ello, «Las Instituciones Bancarias deben utilizar una plataforma tecnológica con la capacidad técnica necesaria, conectada en línea con los terminales electrónicos ubicados en los Corresponsales no Bancarios que les permita dar estricto cumplimiento a las normas relativas a la tecnología de información, servicios financieros desmaterializados, banca electrónica, virtual y en línea emanada de la Superintendencia de las Instituciones del Sector Bancario y/o por el Banco Central de Venezuela» (art. 16).

En definitiva, podría afirmarse que el sistema venezolano admite que los bancos y demás instituciones realicen operaciones de intermediación relacionadas a pagos electrónicos. Sin embargo, la Ley que rige el sector bancario exige una autorización de la Superintendencia para realizar estas actividades. En efecto, el artículo 56 de la Ley dispone que «Las instituciones bancarias, previa autorización de la Superintendencia de las Instituciones del Sector Bancario, podrán ofrecer a sus clientes otras modalidades de captación las cuales serán movilizadas únicamente a través de medios electrónicos».

Así, a diferencia de lo que hemos observado en el Derecho comparado, la prestación de servicios de pago electrónico parece, sin razón, entenderse como una categoría diferente de la intermediación financiera general, que requiere una nueva autorización para las instituciones bancarias. No vemos justificación técnica o jurídica para semejante exigencia más que, tal como afirmamos en el capítulo I de este trabajo, el control que, de conformidad con el artículo 171,8 de la Ley de instituciones del sector bancario, ha de ejercer la Superintendencia sobre todas las actividades realizadas por las instituciones bancarias.

Ahora bien, aunque no queda claro el régimen aplicable a los prestadores de servicios de pago, cuando no formen parte del sistema bancario, en el marco del V Foro sobre Sistemas de Pago, organizado por el Banco Central de Venezuela en 2010, se destacó el aumento de operadores no bancarios en la prestación de servicios de pago, lo cual se debe, principalmente, a la baja bancarización de la población; la escasez de servicios de intermediación financiera; la baja terminalización o bajo número de puntos de venta (POS), y a la penetración de internet y las economías de escala. Esto hace que los operadores no bancarios aprovechen la situación para realizar, principalmente, dos negocios: el financiero, llevando a cabo actividades de crédito al consumo, seguros y fondos de retiro, y el transaccional, referido al procesamiento de tarjetas de crédito, *m-payments*, redes físicas de pago y presentación y pago de facturas[428].

El negocio realizado por los operadores no bancarios se caracteriza porque sus ingresos provienen fundamentalmente de las comisiones; su mercado de destino está basado en nichos específicos con necesidades específicas o transaccionales; está dirigido a trabajadores que pueden ser de la economía formal o informal; tiene un bajo volumen unitario (bajo monto por transacción); tiene menores costos transaccionales; maneja una mayor cantidad de transacciones, y cuenta con una estrategia de costos variables[429].

Un buen ejemplo de prestador no bancario de servicios de pago en Venezuela es Neopago.com. Se trata de una plataforma de pago electrónico administrada por Neopago Sistema de Medios de Pago, C. A., empresa constituida y domiciliada en Venezuela y que trabaja en conjunto con la Cámara Venezolana de Comercio Electrónico y el Banco Central de Venezuela. Neopago es una aplicación que permite a compradores y vendedores realizar operaciones de cobro y pago utilizando tarjetas de crédito o saldo prepagado[430]. Funciona de manera similar a como lo hace Paypal,

---

428 Campos, José Ramón, Desarrollo del mercado de pagos por operadores no bancarios, en: *Sistemas de pago: tendencia mundial retos y oportunidades*, Caracas, Banco Central de Venezuela, 2011, pp. 95 y ss., especialmente pp. 99-100.
429 Campos, Desarrollo del mercado de pagos..., ob. cit., pp. 102-103.
430 «Neopago es una aplicación web especialmente diseñada para facilitar el comercio electrónico al permitir a usuarios compradores y vendedores poder realizar

de manera que para usarlo solo se requiere de una cuenta de correo electrónico. También podemos citar el caso de CityWallet que, aunque en la actualidad –en su fase piloto– es de uso restringido, podría eventualmente convertirse en un sistema masivo para la realización de micropagos.

En definitiva, puede afirmarse que, a pesar del silencio del legislador venezolano en materia de determinación de los prestadores de servicios de pago, en Venezuela, la intermediación en los medios de pago no es exclusiva de los bancos. Debe también reconocerse, no obstante, que la ausencia de normativa deja a los usuarios expuestos a una situación escasamente protegida, sobre todo considerando la ausencia de normas de protección de los consumidores que actualmente vive el Derecho venezolano. En estos casos, solo ha quedado vigente la normativa prudencial dictada por la Superintendencia de Instituciones del Sector Bancario, para la protección especial de los usuarios de la banca electrónica[431]. A esta normativa nos referiremos más adelante.

2. Usuario de los servicios de pago. Consumidores y no consumidores

a. Concepto general

Tradicionalmente, suele equipararse al usuario de los servicios de pago con el titular de un medio de pago determinado. Así puede verse en el artículo 2,f de la Recomendación 97/489 y en el párrafo 2 del anexo a la Recomendación 88/590, normas que definían al usuario de los servicios de pago como «… la persona que, en virtud de un contrato suscrito con

---

operaciones electrónicas de pago y cobro de manera cómoda, rápida y segura desde el lugar que desee utilizando sus Tarjetas de Crédito Visa, Mastercard o Saldo Pre Pagado Neopago, todo esto sin revelar datos financieros». Ver: https://www.neopago.com/comofunciona (29.11.2016).

431 Normas que regulan el uso de los servicios de la banca electrónica, Circular N.º 641.10, 23.12.2010, publicado en la *Gaceta Oficial* N.º 39.597, 19.01.2011. Su texto puede verse en: http://sudeban.gob.ve/?wpfb_dl=1103 (29.11.2016).

el emisor, posee un instrumento de pago». La falla de este concepto tiene que ver con el hecho de que no siempre el titular se identifica con el contratante, tal como ocurre en el caso de la emisión de tarjetas adicionales –de empresa o suplementarias–, en relación con las cuales, contratante es quien se obliga frente al emisor por el uso de la tarjeta y normalmente es una persona distinta del titular[432].

La Recomendación 87/598, por su parte, se refiere más bien a «prestadores», definidos como empresas de comercio o de servicios y «consumidores», a los cuales identifica como «los titulares de las tarjetas». Llama la atención semejante identificación, pues, como confirmaremos más adelante, no todo titular puede calificarse además como consumidor.

La Directiva 2015/2366 establece un concepto mucho más amplio de usuario de los servicios de pago y entiende que se trata de «… una persona física o jurídica que utiliza un servicio de pago, ya sea como ordenante, beneficiario o ambos» (art. 4,10). De manera que se incluye tanto a «la persona física o jurídica titular de una cuenta de pago que autoriza una orden de pago a partir de dicha cuenta o, en caso de que no exista una cuenta de pago, la persona física o jurídica que dicta una orden de pago» –ordenante– (art. 4,8), como a «la persona física o jurídica que es el destinatario previsto de los fondos objeto de una operación de pago» –beneficiario– (art. 4,9). Además, tal como ya hemos afirmado, ambas condiciones pueden darse en una misma persona, cuando la operación de pago se verifica entre dos cuentas distintas de un mismo titular.

No se descarta, en el ámbito de la propia Directiva, que el beneficiario pueda emitir una orden de pago (art. 4,13), lo cual podría ocurrir en el caso del débito directo. Rico Carrillo estima que esta amplitud en el concepto de usuario descrito por la Directiva 2015/2366 obedece a que

---

432 Rico Carrillo, *El pago electrónico en internet…*, ob. cit., p. 151.

también su ámbito de aplicación es mucho más amplio que el de las Recomendaciones anteriores, y abarca una gran variedad de servicios de pago[433].

Así, el beneficiario de la transparencia, de la reglamentación de las órdenes de pago y del régimen de responsabilidad contenido en la Directiva es el usuario, independientemente de su condición de consumidor. En efecto, tal como reconoce Llácer Matacás, en la medida en que los servicios y las técnicas de comunicación se hacen más complejos, el ámbito subjetivo de la tutela legal también debe hacerse más amplio, de manera de proteger a quienes –personas físicas o jurídicas– carecen de la formación necesaria para contratar de manera informada. Tal como reconoce la propia autora, no hay en esta extensión una pretensión de modificar el concepto de consumidor, al que haremos referencia de seguidas, sino que más bien se trata de «... afrontar la regulación de nuevas manifestaciones sociales o económicas (usuarios de servicios de comunicaciones electrónicas, de servicios financieros, de medios de pago) donde los clientes requieren unos niveles de información y tutela adecuados»[434].

b. El consumidor como usuario de servicios de pago

Ahora bien, es posible que, tal como hemos adelantado, el usuario del servicio de pago pueda ser calificado como un consumidor. La Directiva 2015/2366 califica como consumidor a «... una persona física que, en los contratos de servicios de pago objeto de la presente Directiva, actúa con fines ajenos a su actividad económica, comercial o profesional» (art. 4,20).

Esta definición coincide con la que históricamente ha sido adoptada por la normativa europea, cuando califica los contratos de consumo. En efecto,

---

433 Rico Carrillo, *El pago electrónico en internet...*, ob. cit., p. 152.
434 Llácer Matacás, María Rosa, El cliente de servicios de pago: contratación de tarjetas y responsabilidad en el sistema de pagos, en: *Anuario da Facultade de Dereito da Universidade da Coruña*, 2007, N.º 11, pp. 397 y ss., especialmente pp. 402-403.

con una norma que viene del Convenio de Bruselas relativo a la competencia judicial y a la ejecución de resoluciones judiciales en materia civil y mercantil, de 1968, el Reglamento 1215/2012 del Parlamento Europeo y del Consejo de 12 de diciembre de 2012 relativo a la competencia judicial, el reconocimiento y la ejecución de resoluciones judiciales en materia civil y mercantil (Bruselas I)[435] se refiere, en su artículo 17, a los contratos en los cuales una persona física –el consumidor– contrate la adquisición de bienes y servicios «... para un uso que pueda considerarse ajeno a su actividad profesional...».

Esta norma ha sido ratificada y afinada por algunas decisiones del Tribunal de Justicia de la Unión Europea, de manera que debe entenderse que el consumidor es siempre una persona física[436], que no está comprometida en

---

435 http://eur-lex.europa.eu/LexUriServ/LexUriServ.do?uri=OJ:L:2012:351:0001:0032:es:PDF (29.11.2016). Este Reglamento, que entró en vigencia el 10 de enero de 2015, sustituyó al Reglamento 44/2001 y, al menos en esta materia, no aporta cambios sustanciales (http://eur-lex.europa.eu/LexUriServ/LexUriServ.do?uri=CONSLEG:2001R0044:20070101:ES:PDF [29.11.2016]).

436 En efecto, como señaló el Tribunal de Justicia en su sentencia de 19 de enero de 1993, en el caso Shearson Lehman, «... no puede reconocerse la calidad de consumidor, en el sentido del Convenio de Bruselas, a una persona jurídica que actúa como cesionario de los derechos de un consumidor final privado, sin ser parte ella misma en un contrato entre un profesional y un particular, por lo que no puede invocar los artículos 13 a 15 del Convenio. Pues bien, esta interpretación debe aplicarse asimismo a una asociación para la protección de los consumidores como el VKI, que ha ejercitado una acción de interés colectivo por cuenta de éstos» (TJCE, Asunto C-89/91, 19/01/1993, Shearson Lehman Hutton Inc. c. TVB Treuhandgesellschaft für Vermögensverwaltung und Beteiligungen mbH, en: http://curia.europa.eu/juris/showPdf.jsf?text=&docid=97667&pageIndex=0&doclang=ES&mode=lst&dir=&occ=first&part=1&cid=3558670 [29.11.2016]). En sentido similar: TJCE, Asunto C-167/00, 01/10/2002, Verein für Konsumenteninformation c. Kerl Heinz Henkel, en: http://curia.europa.eu/juris/showPdf.jsf?text=&docid=47727&pageIndex=0&doclang=ES&mode=lst&dir=&occ=first&part=1&cid=3558039 (29.11.2016).

actividades comerciales o profesionales[437]. Los contratos que tuvieren una doble finalidad, profesional y privada, quedarán excluidos de la aplicación del criterio atributivo de jurisdicción especial, consagrado por el citado artículo 17[438].

También el Reglamento (CE) No 593/2008 del Parlamento Europeo y del Consejo de 17 de junio de 2008 sobre la ley aplicable a las obligaciones contractuales (Roma I)[439] asume una definición similar, al establecer, en su artículo 6,1, que el contrato de consumo es «... el contrato celebrado por una persona física para un uso que pueda considerarse ajeno a su actividad comercial o profesional ('el consumidor') con otra persona ('el profesional') que actúe en ejercicio de su actividad comercial o profesional...»[440].

Comentando esta norma, Martiny estima que no queda claro si la determinación de lo que se considera ajeno a la actividad comercial o profesional

---

437 TJCE, Asunto C-89/91, Shearson Lehman Hutton Inc. c. TVB Treuhandgesellschaft für Vermögensverwaltung und Beteiligungen mbH; TJCE, Asunto C-269/95, 03/07/1997, Francesco Benincasa c. Dentalkit S.R.L., en: http://curia. europa.eu/juris/document/document.jsf?text=&docid=43682&pageIndex=0&do clang=ES&mode=lst&dir=&occ=first&part=1&cid=3559054 (29.11.2016).
438 «... en el caso de los contratos con doble finalidad, no es necesario que el uso del bien o del servicio con fines profesionales sea preponderante para que no sean aplicables los artículos 13 a 15 de dicho Convenio». Ver: TJCE, Asunto C-464/01, 20/01/2005, Johann Gruber c. Bay Wa AG, en: http://curia.europa.eu/ juris/showPdf.jsf?text=&docid=49857&pageIndex=0&doclang=ES&mode=lst& dir=&occ=first&part=1&cid=3559235 (29.11.2016).
439 http://eur-lex.europa.eu/LexUriServ/LexUriServ.do?uri=OJ:L:2008:177:0006:00 16:ES:PDF (29.11.2016).
440 Esta definición también es asumida por el § 29 EGBGB cuando se refiere a los contratos de consumo (*Verbraucherverträger*) como: «... *Verträgen über die Lieferung beweglicher Sachen oder die Erbringung von Dienstleistungen zu einem Zweck, der nicht der beruflichen oder gewerblichen Tätigkeit des Berechtigten (Verbrauchers) zugerechnet werden kann*...». Ver además: Kegel y Schurig, *Internationales Privatrecht...*, ob. cit., pp. 673-676.

del consumidor depende de elementos objetivos (propósitos perceptibles) o subjetivos (voluntad de las partes). En efecto, la voluntad unilateral del beneficiario no parece un elemento suficiente, puesto que puede no ser perceptible para la otra parte. Lo recomendable es, en su opinión, atender en primer lugar a la voluntad expresa de las partes y, en ausencia de esta, deberá considerarse la perspectiva del proveedor, en el sentido del conocimiento que este pueda tener de la intención del consumidor en relación con el uso del bien o servicio suministrado[441]. Esto último garantiza que incluso siendo tácita, la voluntad siga siendo común.

Ya Giuliano y Lagarde habían referido este criterio al comentar el entonces vigente artículo 6 del Convenio de Roma. En su opinión, cuando el destinatario del bien o servicio hubiere actuado fuera del contexto de su actividad profesional, sin que la otra parte hubiere conocido o, teniendo en cuenta todos los elementos, hubiere podido conocer tal circunstancia, la situación quedaría excluida del ámbito de aplicación de la norma[442].

Llama la atención que en dos de sus artículos, el 38,2 y el 61,3, la Directiva 2015/2366 admite que los Estados puedan aplicar «… las disposiciones del presente título se apliquen a las microempresas de la misma forma que a los consumidores». Ahora bien, la equiparación entre las microempresas y los consumidores supone una carga extra para los proveedores de servicios de pago, quienes deberán estar en capacidad de identificar a aquellos

---

441 Martiny, Dieter, VO (EG) 593/2008 Art. 6 Verbraucherverträge, en: *Münchener Kommentar zum Bürgerlichen Gesetzbuch*, München, C.H. Beck, 5. Auflage, 2010, Rn 6-11.

442 «Así, si el destinatario del objeto mueble corporal o del servicio se presenta como un profesional y hace un pedido, por ejemplo, de objetos que puedan servir efectivamente para el ejercicio de su profesión sobre papel con membrete profesional, la buena fe de la otra parte está protegida y el asunto no está regido por el artículo 5 (Art. 6 del Reglamento Roma I)». Ver: Giuliano, Mario y Paul Lagarde, Informe relativo al Convenio sobre la Ley aplicable a las obligaciones contractuales, en: *DOCE* C 327, de 11 de diciembre de 1992, pp. 1 y ss., especialmente p. 21.

clientes que pueden calificarse como tales, y asegurarles un nivel de protección semejante al de los consumidores.

En la identificación de las microempresas deberá tomarse en cuenta la definición contenida en el artículo 4,36 de la propia Directiva 2015/2366, norma de conformidad con la cual, se trata de «... una empresa que, en la fecha de celebración del contrato de servicios de pago, cumpla las condiciones definidas en el artículo 1 y en el artículo 2, apartados 1 y 3, del anexo de la Recomendación 2003/361/CE»[443], es decir, una empresa que ocupa a menos de 10 personas y cuyo volumen de negocios anual o cuyo balance general anual no supera los 2 millones de euros. Bien, «*On an amusing (and possibly concerning) note, the definition of microenterprise in the PSD specifies that the key point is the time at which the customer entered into the payment services contract, meaning that a company such as Google, which started with two people in a garage, could still be classed as a microenterprise today*»[444].

Respecto de esta posibilidad de aplicar las normas sobre protección de consumidores a las microempresas, Roppo ha afirmado que la misma se justifica al tratarse de relaciones asimétricas en las que la parte débil no pueda ser calificada como consumidor. Así –según afirma el autor– «... los consumidores no tienen el monopolio de la necesidad de protección como partes débiles en los contratos con una empresa, sino que esta necesidad también concierne a otros sujetos del mercado (especialmente pequeñas empresas), que padecen al igual que los consumidores, una asimetría en el poder contractual en sus relaciones con partes contractuales más fuertes». Se trata, en palabras del propio Roppo, de contratos B2C –*Business to Client*– en los cuales la protección no se centra ya en el consumidor sino en el cliente.

---

443 Recomendación 2003/361/CE de 6 de mayo de 2003 sobre la definición de microempresas, pequeñas y medianas empresas. Texto disponible en: http://eur-lex.europa.eu/LexUriServ/LexUriServ.do?uri=OJ:L:2003:124:0036:0041:ES:PDF (29.11.2016).
444 Ver: Burns, The Payment Services Directive..., ob. cit., p. 209.

Por tal razón, en estos casos propone extender la protección de los consumidores, como una manera de intervenir contra las fallas del mercado e introducir en estos «… preciosos elementos de justicia/corrección y de racionalidad/eficiencia»[445].

La extensión de las normas sobre protección de los consumidores a otras partes débiles ha sido incluso reconocida por el Tribunal de Justicia de la Unión Europea. Así, en una decisión de 20 de septiembre de 2001, en el caso *Courage*[446], el tribunal admitió la posibilidad de que en un contrato entre dos empresas, una de ellas pueda hallarse «… en posición de inferioridad notoria con relación a la otra parte, de forma que se habrían visto seriamente restringidas, o incluso anuladas, tanto su libertad para negociar las cláusulas del referido contrato como su capacidad para evitar el perjuicio o limitar su cuantía, utilizando en particular a su debido tiempo todos los cauces jurídicos que estaban a su disposición».

Ahora bien, a pesar de tener cierta justificación en el desigual poder de negociación de la microempresa frente al prestador de servicios de pago, su equiparación con los consumidores, a los efectos de su protección, no parece haber sido bien aceptada por los sistemas europeos. Por ejemplo, en España, la Ley 16/2009 de servicios de pago incluye el concepto de consumidor de la Directiva, pero no se refiere a las microempresas. En situación similar se encuentre la Ley belga. En Alemania, por su parte, la *ZAG* ni incluye el concepto de consumidor ni hace referencia a las microempresas,

---

445 Roppo, Vincenzo, Del contrato con el consumidor a los contratos asimétricos: perspectivas del derecho contractual europeo, en: *Revista de Derecho privado*, 2011, N.º 20, pp. 117 y ss., especialmente pp. 204, 210 y 217.
446 Asunto C-453/99, 20.9.2001, «*Courage Ltd vs. Bernard Crehan y Bernard Crehan vs. Courage Ltd y otros*», en: http://curia.europa.eu/juris/showPdf.jsf;jsessionid=9e a7d2dc30d55c33928055e844ffada4cc3cb92e9a60.e34KaxiLc3qMb40Rch0Saxu Tchr0?text=&docid=46604&pageIndex=0&doclang=ES&mode=lst&dir=&occ= first&part=1&cid=598840 (29.11.2016).

probablemente debido a la definición de consumidor que, en el § 13 del BGB, limita a las personas físicas la posibilidad de ser calificadas como tales[447].

c. El caso del Derecho venezolano

No existe en el Derecho venezolano una norma que determine como ha de definirse a los usuarios de los servicios de pago. Ni siquiera una que defina de manera general al consumidor. Mas, en esta tarea, resulta de gran utilidad el concepto de «tarjetahabiente» contenido en el artículo 2 de la Ley de tarjetas. De acuerdo con esta norma se trataría de una «... persona natural o jurídica, que, previo contrato con el emisor, es habilitado para el uso de un crédito, línea de crédito o cargo en cuenta, a través de tarjetas de crédito, débito, prepagadas y demás tarjetas de financiamiento o pago electrónico». Aunque esta definición pareciera acercarse a la contenida en las Recomendaciones 97/489 y 88/590, hay una sutil diferencia, pues no existe en ella una equiparación absoluta entre contratante y titular. Si bien la norma parte de la existencia de un contrato, hace referencia a quien sea habilitado para el uso de la tarjeta por ese contrato, y tal persona habilitada puede ser o no el mismo contratante. No existe tampoco en esta norma una equiparación del tarjetahabiente con el consumidor, de manera que quien realice el pago puede o no ser un consumidor.

Las Normas relativas a la Protección de los Usuarios y Usuarias de los Servicios Financieros establecen una interesante distinción entre cliente y usuario. En efecto, el artículo 2 de las normas citadas define como cliente a «... Toda persona natural o jurídica que contrata productos y/o servicios financieros de una Institución Bancaria» y como usuario a «... Toda persona natural o jurídica que utiliza los servicios financieros de una Institución Bancaria sin ser cliente de esta». Con tal distinción se admitiría, en materia de medios de pago, que una operación de pago pueda estar o no vinculada a una cuenta en una institución bancaria determinada.

---

447 BGB, § 13 «*Verbraucher ist jede* **natürliche Person**, *die ein Rechtsgeschäft zu einem Zwecke abschließt, der weder ihrer gewerblichen noch ihrer selbständigen beruflichen Tätigkeit zugerechnet werden kann*». (Resaltado nuestro).

La definición de consumidor, por su parte, ha girado tradicionalmente en torno al concepto de destino final. Sin embargo, hemos de apuntar que, lamentablemente, con la ya mencionada derogatoria de la Ley para la Defensa de las Personas en el Acceso a los Bienes y Servicios, también se derogó el concepto de consumidor que había estado presente en el sistema venezolano y la Ley Orgánica de Precios Justos nada establece al respecto.

En efecto, aunque de conformidad con su artículo 1, el objeto de este instrumento es, entre otras cosas, establecer «... los controles que se deban ejercer para garantizar el acceso de las personas a los bienes y servicios a precios justos, que conlleven a la satisfacción de sus necesidades en condiciones de justicia y equidad, con el fin de proteger los ingresos de las ciudadanas y ciudadanos, y muy especialmente, el salario de las trabajadoras y los trabajadores», el tema de la protección de los consumidores no es propiamente atendido por el Decreto Ley.

Este instrumento se limita a reconocer una serie de derechos a las personas en el acceso a los bienes y servicios[448], y a establecer sanciones frente a su

---

448 Decreto Ley, art. 7: «Son derechos de las personas en relación con los bienes y servicios, declarados o no de la cesta básica o regulados, además de los establecidos en la Constitución de la República Bolivariana de Venezuela, en los tratados y convenios internacionales suscritos y ratificados por la República, los siguientes:
1. La protección de su vida, salud y seguridad en el acceso de bienes y servicios, así como a la satisfacción de las necesidades fundamentales y el acceso a los servicios básicos;
2. Que los proveedores públicos y privados oferten bienes y servicios competitivos, de óptima calidad, y a elegirlos con libertad;
3. A recibir servicios básicos de óptima calidad;
4. A la información adecuada, veraz, clara, oportuna y completa sobre los bienes y servicios ofrecidos en el mercado, así como sus precios, características, calidad y demás aspectos relevantes de los mismos, incluyendo los riesgos que pudieran derivarse de su uso o consumo;
5. A la protección contra la publicidad falsa, engañosa, o abusiva y a los métodos comerciales coercitivos o desleales;

violación, menoscabo, desconocimiento u obstaculización (art. 47). Por ello, para analizar lo que había venido siendo la tendencia sobre la materia en Venezuela, haremos algunas referencias a la Ley derogada.

La Ley derogada, que había sustituido los clásicos términos «consumidor y usuario» por la genérica expresión «personas»[449], destacaba el destino final como elemento característico de las relaciones de consumo, al definir al consumidor en su artículo 4, como «Toda persona natural o jurídica, de carácter público o privado, organizada o no, que adquiera, utilice o disfrute bienes y servicios de cualquier naturaleza como destinatario final».

Esta norma incluía expresamente a las personas jurídicas dentro del concepto de consumidor, lo cual parece ser común en América Latina[450],

---

6. A la educación en la adquisición de los bienes y servicios, orientada al fomento del consumo responsable y a la difusión adecuada sobre sus derechos;
7. A la reparación e indemnización por daños y perjuicios, por deficiencias y mala calidad de bienes y servicios;
8. Acceder a mecanismos efectivos para la tutela administrativa de sus derechos e intereses, que conduzcan a la adecuada prevención, sanción y oportuna reparación de los mismos;
9. La promoción y protección jurídica de sus derechos e intereses económicos y sociales en las transacciones realizadas, por cualquier medio o tecnología.
10. A la protección en los contratos de adhesión que sean desventajosos o lesionen sus derechos o intereses.
11. A retirar o desistir de la denuncia y la conciliación en los asuntos de su interés, siempre que no se afecten los intereses colectivos.
12. A la protección en las operaciones a crédito.
13. A la disposición y disfrute de los bienes y servicios, de forma continua, regular, eficaz, eficiente e ininterrumpida.
14. A los demás derechos que la Constitución de la República y la normativa vigente establezcan, inherentes al acceso de las personas a los bienes y servicios».

449 No conocemos las razones exactas que llevaron al legislador a preferir la expresión «persona», mas lo cierto es que no apreciamos en esta situación un razonamiento más allá del meramente terminológico.
450 También incluyen a las personas jurídicas las legislaciones de Argentina, Brasil, Chile, Colombia, Costa Rica, Ecuador, El Salvador, Guatemala, México, Nicaragua,

y se debería, en opinión de Lorenzetti, a la llamada «parasubordinación», es decir, supuestos de pequeñas empresas que no entran en la definición tradicional de consumidor, pero que están en la misma situación fáctica de vulnerabilidad frente a los grandes proveedores de bienes y servicios y que, por ello, requieren de cierta protección por parte del ordenamiento jurídico[451]. Algo semejando a lo que ocurre en Europa –según hemos indicado *supra*– con las microempresas.

En el ámbito electrónico, destaca la definición de consumidor contenida en el artículo 4 del Proyecto de Ley de comercio electrónico. De conformidad con esta norma, consumidor es «… una persona u organización que demanda bienes o servicios proporcionados por el productor o el proveedor de bienes y servicios». Esta norma parece seguir, en cierta medida, la tradición venezolana, al incluir en el concepto a las personas jurídicas, con la expresión «organización». Nada aporta, sin embargo, en relación con el criterio del destino final, al limitarse a referir a quien «demanda» bienes y servicios.

En todo caso, lo cierto es que el silencio actual de la legislación venezolana da pie a discutir la posibilidad de asumir un criterio diferente al del destino final, elemento común en las diversas legislaciones latinoamericanas[452], y a asumir el criterio de la «no profesionalidad» como elemento

---

Paraguay, Perú y Uruguay. También se había aceptado doctrinariamente, al asumirse una noción más amplia de consumidor que incluyese situaciones que no pueden ser explicadas por el concepto de consumidor contratante. Así, se hace referencia al usuario –destinatario final de los servicios–; a los terceros afectados por prácticas comerciales, definidos como aquellos que están expuestos al consumo; a los llamados subconsumidores, que agrupan a categorías con fallas especiales como los menores, ancianos, enfermos graves, analfabetas, etc.; e incluso el empresario. Ver: Lorenzetti, Ricardo Luis, *Consumidores*, Buenos Aires, Rubinzal-Culzoni Editores, 2003, pp. 84-96.
451 Lorenzetti, *Consumidores*…, ob. cit., p. 86.
452 Tal como ocurre con el sistema venezolano, el destino final es considerado por los sistemas de Argentina, Brasil, Chile, Costa Rica, Ecuador, España, Guatemala, México, Nicaragua, Paraguay, Perú y Uruguay.

de calificación que deja de estar vinculado al bien o servicio, para centrarse más bien en la actividad del sujeto protegido. Este cambio obedecería –siguiendo el criterio de Lorenzetti– a la necesidad de superar las dificultades que surgen en áreas de alta tecnología para probar cuál es el destino dado al bien, a la globalización creciente de la economía que obliga a tomar estándares más amplios y, por lo tanto, más abstractos, y al deseo de ampliar la protección. Así, en la práctica, la «no profesionalidad» prescindiría de la comprobación del destino final, tomando en cuenta un elemento negativo, el cual no es necesariamente requerido en un contrato específico, sino que se vincula con la actividad del consumidor[453].

No obstante esta apreciación, en Venezuela la jurisprudencia parece seguir sujeta al concepto de destino final. En efecto, sin entrar en un análisis exhaustivo, y sin el auxilio de la doctrina que poco o nada ha dicho al respecto, es frecuente que las decisiones judiciales, incluso las emanadas del Tribunal Supremo, hagan uso de la expresión «destinatario final» o incluso «consumidor final» para referirse a los consumidores[454]. De hecho, visto con detalle, aún en ausencia de definición, el Decreto de Ley Orgánica de Precios Justos deja escapar al menos una clara referencia al destino final. Lo hace en el artículo 3,1 al reconocer como una de sus finalidades, la creación de las bases de una política integral de precios justos para establecer el valor del bien o servicio para el «usuario final».

Ahora bien, resulta conveniente destacar el giro que da, en el ámbito interamericano, el artículo 1 de la Propuesta Buenos Aires, que contiene

---

453 Lorenzetti, *Consumidores...*, ob. cit., p. 76.
454 Ver, entre las decisiones más recientes: TSJ/SPA Sent. N.º 0069, 11.02.2015, en: http://historico.tsj.gob.ve/decisiones/spa/febrero/174153-00069-11215-2015-2011-0424.HTML (29.11.2016); TSJ/SPA Sent. N.º 0706, 17.06.2015, en: http://historico.tsj.gob.ve/decisiones/spa/junio/178569-00706-17615-2015-2014-1375.HTML (29.11.2016); TSJ/SPA Sent. N.º 0707, 17.06.2015, en: http://historico.tsj.gob.ve/decisiones/spa/junio/178569-00706-17615-2015-2014-1375.HTML (29.11.2016).

el proyecto de Convención Interamericana sobre Derecho aplicable a algunos contratos y transacciones internacionales de consumo[455], al definir al consumidor como «... cualquier persona física que, frente a un profesional o proveedor de bienes y servicios, actúe con fines personales, familiares o domésticos o que no pertenezcan al ámbito de su actividad profesional o con fines de reventa». Esta norma, que prefiere inclinarse hacia la línea seguida por el sistema europeo, constituiría sin duda un cambio significativo en el ámbito interamericano, en primer lugar, por preferir el criterio de la no profesionalidad al del destino final predominante en la región, y, en segundo término, al dejar fuera a las personas jurídicas del concepto de consumidor.

3. Aceptantes

El aceptante es el proveedor de los bienes o servicios por los cuales se recibe el pago a través de un medio o instrumento determinado. Generalmente se le identifica con un comerciante, pero no necesariamente tiene tal condición. Así ocurre en el caso del comercio C2C, por ejemplo, pues se trata de transacciones que relacionan a dos personas individuales, una de las cuales, sin que pueda ser calificada como comerciante, vende un bien o presta un servicio a la otra[456]. A pesar de esta imposibilidad de identificación,

---

455 OEA/Ser.G, CP/CAJP-2652/08 add. 4 corr.1, 19.03.2010 http://www.oas.org/dil/esp/CIDIP-VIIdoctrabajogtproteccionconsumidorversionsimplificadabrasil.pdf (29.11.2016). Este documento es el resultado de las discusiones que se han dado en el ámbito interamericano, desde 2007, con miras a la regulación de las relaciones internacionales de consumo, a través de la Organización de Estados Americanos. Lamentablemente, tal regulación aún no se ha logrado. Ver desarrollo de los trabajos en: Madrid Martínez, Claudia, Determinación del régimen de los contratos de consumo internacionales: perspectiva interamericana, en: *La protección del consumidor en dos espacios de integración: Europa y América. Una perspectiva de Derecho internacional, europeo y comparado*, (F. Esteban de la Rosa, ed.), Valencia, Tirant lo Blanch, 2015, pp. 147 y ss.
456 En sentido similar se ha pronunciado Mateo Hernández, *El dinero electrónico en internet...*, ob. cit., p. 478.

la Recomendación 87/598 se refiere a los «prestadores», y los define como «las empresas de comercio o de servicios» (II,3), término restringido que no abarca, como hemos afirmado, todos los supuestos posibles.

A diferencia de la Directiva 2015/2366 que no hace referencia a los aceptantes, en Venezuela la Ley de tarjetas regula la figura del «negocio afiliado» o aceptante, a quien obliga a respetar los términos de la contratación entre el tarjetahabiente y el emisor, así como a dar fiel cumplimiento a las normas sobre protección de los consumidores. En tal sentido, el aceptante deberá identificar en un lugar visible las marcas de tarjetas que acepta; exigir en todo caso la identificación del tarjetahabiente a los fines de resguardar la seguridad del uso al titular autorizado; aceptar las tarjetas identificadas en su negocio; entregar el comprobante de las operaciones realizadas en todos los casos; resguardar los puntos de pago electrónico que mantenga en su negocio y garantizar el buen uso de los mismos por parte del personal encargado de manipularlos. El aceptante no podrá establecer recargos para el uso de una tarjeta; ni podrá establecer mínimos de compras, ni eliminar descuentos por el uso de la tarjeta; tampoco podrá adoptar cualquier medida que genere una desigualdad o discriminación entre los consumidores; ni podrá excluir las ofertas existentes en su negocio por el pago con tarjetas (art. 25).

Recordemos, finalmente, que parte importante del proceso de pago está en manos del aceptante, y que para que un medio de pago tenga cierto éxito en el mercado es necesario que proveedores de bienes y servicios estén dispuestos a aceptarlos.

4. Prestadores de servicios vinculados a internet

Fuera del primer círculo de relaciones a que nos hemos referido *supra*, pero con una importancia vital para el proceso de pago a través de instrumentos electrónicos, se encuentran los prestadores de servicios vinculados a internet. En efecto, la realización del pago a través de internet hace necesaria la participación de estos sujetos, debido a la propia naturaleza de la red. Tengamos en cuenta que, en la ejecución de un pago electrónico, intervienen, al menos, el prestador de servicios de internet, el prestador de servicios de certificación y otros intermediarios de confianza vinculados a las operaciones de pago[457].

En primer término, el prestador de servicios de internet suministra la infraestructura técnica para el procesamiento de pagos. Se trata de una categoría general regulada por la Directiva 2000/31/CE del Parlamento y del Consejo de 8 de junio de 2000, relativa a determinados aspectos jurídicos de los servicios de la sociedad de la información, en particular el comercio electrónico en el mercado interior[458]. Este instrumento define al prestador de servicios como «cualquier persona física o jurídica que suministre un servicio de la sociedad de la información» (art. 2,b), es decir, «… todo servicio prestado normalmente a cambio de una remuneración, a distancia, por vía electrónica y a petición individual de un destinatario de servicios», tal como lo define, por remisión del artículo 2,a de la Directiva 2000/31, el artículo 1,2 de la Directiva 98/34/CE del Parlamento Europeo y del Consejo, por la que se establece un procedimiento de información en materia de las normas y reglamentaciones técnicas y de las reglas relativas a los servicios de la sociedad de la información[459].

Este concepto englobaría a los «proveedores de servicios de información sobre cuentas» a los que se refiere el artículo 4,19 de la Directiva 2015/2366, definido como un proveedor de servicios de pago que ejerce, a título profesional, un «servicio en línea cuya finalidad consiste en facilitar información agregada sobre una o varias cuentas de pago de las que es

---

457 Seguiremos en este punto a Rico Carrillo, *El pago electrónico en internet…*, ob. cit., pp. 156-158.
458 http://eur-lex.europa.eu/LexUriServ/LexUriServ.do?uri=CELEX: 32000L0031:Es:HTML (29.11.2016).
459 http://ec.europa.eu/enterprise/tris/consolidated/indexes.pdf (29.11.2016).

titular el usuario del servicio de pago, bien en otro proveedor de servicios de pago, bien en varios proveedores de servicios de pago» (art. 4,16). La propia Directiva –en lo que también constituye una novedad en relación con la Directiva 2007/64– se refiere además a la «red de comunicaciones electrónicas» (art. 4,41) y al «servicio de comunicaciones electrónicas» (art. 4,42). Para definir ambos conceptos, este instrumento remite a la Directiva 2002/21/CE del Parlamento Europeo y del Consejo, de 7 de marzo de 2002, relativa a un marco regulador común de las redes y los servicios de comunicaciones electrónicas (Directiva marco)[460].

En el marco de esta normativa europea, con la expresión «redes de comunicaciones electrónicas» se hace referencia a «los sistemas de transmisión y, cuando proceda, los equipos de conmutación o encaminamiento y demás recursos que permitan el transporte de señales mediante cables, ondas hertzianas, medios ópticos u otros medios electromagnéticos con inclusión de las redes de satélites, redes terrestres fijas (de conmutación de circuitos y de paquetes, incluido Internet) y móviles, sistemas de tendido eléctrico, en la medida en que se utilicen para la transmisión de señales, redes utilizadas para la radiodifusión sonora y televisiva y redes de televisión por cable, con independencia del tipo de información transportada» (art. 2,a). El «servicio de comunicación electrónica», por su parte, es «el prestado por lo general a cambio de una remuneración que consiste, en su totalidad o principalmente, en el transporte de señales a través de redes de comunicaciones electrónicas, con inclusión de los servicios de telecomunicaciones y servicios de transmisión en las redes utilizadas para la radiodifusión, pero no de los servicios que suministren contenidos transmitidos mediante redes y servicios de comunicaciones electrónicas o ejerzan control editorial sobre ellos; quedan excluidos asimismo los servicios de la sociedad de la información definidos en el artículo 1 de la Directiva 98/34/CE

---

460 http://eur-lex.europa.eu/legal-content/ES/TXT/PDF/?uri=CELEX:32002L0021 &from=ES (29.11.2016).

que no consistan, en su totalidad o principalmente, en el transporte de señales a través de redes de comunicaciones electrónicas» (art. 2,c).

En Venezuela, el Proyecto de Ley de comercio electrónico, más que una definición, aporta diversos ejemplos. Así, el artículo 4 de este instrumento refiere al «proveedor de servicios de internet» como «Operadoras de internet, portales webs, redes sociales de comercio electrónico prestadores de servicio, plataformas de sitios webs, empresas operadoras de internet, operadores de servicios de internet y cualquier otro medio electrónico que exista o se creare donde se ofrezca, publicite o comercialice bienes o servicios vía electrónica».

Ahora bien, en el ámbito financiero, conviene también tomar en cuenta la regulación de la Directiva 2002/65/CE del Parlamento Europeo y del Consejo de 23 de septiembre de 2002 relativa a la comercialización a distancia de servicios financieros destinados a los consumidores, y por la que se modifican la Directiva 90/619/CEE del Consejo y las Directivas 97/7/CE y 98/27/CE. El artículo 2,g de esta Directiva califica como «operador o proveedor de una técnica de comunicación a distancia», a «... toda persona física o jurídica, pública o privada, cuya actividad comercial o profesional consista en poner a disposición de los proveedores una o más técnicas de comunicación a distancia». Tales técnicas han de ser entendidas como medios que puedan utilizarse sin necesidad de presencia física y simultánea del proveedor y el consumidor para la comercialización, a distancia, de un servicio (art. 2,e).

En el curso de una operación de pago, la participación del proveedor de servicios de internet del emisor resulta fundamental, pues este podría ser responsable por la alteración, pérdida o acceso indebido al mensaje que contiene la información para el pago, durante su transmisión o ante las fallas en el acceso y transmisión de esa información. En tal sentido, la Directiva 2015/2366 dispone, en su artículo 20, que cuando las entidades de pago recurran a terceros para la realización de funciones operativas, dichas entidades deberán adoptar medidas razonables para garantizar el cumplimiento de los requisitos establecidos en la Directiva. En tal sentido, estas entidades serán plenamente responsables «... de los actos de sus empleados y de cualesquiera agentes, sucursales o instituciones a las que se hayan externalizado sus actividades».

Ahora bien, el hecho de que algunos instrumentos de pago electrónico requieran de una firma electrónica, hace también necesaria la presencia de un prestador de servicios de certificación. Estos entes, que pueden ser personas físicas o jurídicas, están autorizados para emitir certificados que permiten generar firmas electrónicas, de acuerdo con el artículo 2,1 de la Directiva 1999/93/CE del Parlamento Europeo y del Consejo de 13 de diciembre de 1999 por la que se establece un marco comunitario para la firma electrónica[461]. Definición que, en líneas generales, coincide con la contenida en el artículo 2 del Decreto con Fuerza de Ley sobre Mensajes de Datos y Firmas Electrónicas. La intervención de estos sujetos resulta fundamental para los esquemas de dinero electrónico basados en infraestructuras de clave pública (*public key infraestructure,* PKI), pues ellos aseguran la autenticación de los intervinientes en la operación de pago, garantizando la autenticidad y el no repudio de los mensajes de pago transmitidos[462].

Tengamos en cuenta que, justamente, al desarrollarse en un ambiente electrónico, la transmisión de mensaje de datos para la realización de una operación de pago, debe cumplir con las garantías establecidas por la Norma ISO 7498-2:1989, es decir, autenticación, control de acceso, integridad, confidencialidad y no repudio. La autenticación está vinculada con la verificación de la identidad del remitente del mensaje de

---

461 http://eur-lex.europa.eu/LexUriServ/LexUriServ.do?uri=OJ:L:2000:013:0012:0020:ES:PDF(29.11.2016).
462 Mateo Hernández, *El dinero electrónico en internet...*, ob. cit., p. 479.

datos[463]; el control de acceso tiene como objetivo evitar el uso no autorizado de los recursos, y la integridad garantiza que los datos recibidos por el receptor coinciden con los enviados por el emisor, que no han sido alterados, modificados o manipulados durante la transmisión.

Por su parte, la confidencialidad proporciona protección contra la revelación deliberada o accidental de los datos, de manera que solo tendrá acceso al mensaje quien esté autorizado para ello. Esta protección alcanza tanto los datos comerciales, referidos a la propia operación de pago, como los datos personales. El no repudio se aprecia al momento de originarse el mensaje, de manera que el emisor no pueda negar su envío y al momento de su recepción, de manera que el destinatario no pueda negar ni su recepción ni su contenido.

En Venezuela, además de las normas contenidas en el Decreto Ley de mensaje de datos –cuyo objeto es «… otorgar y reconocer eficacia y valor jurídico a la Firma Electrónica, al Mensaje de Datos y a toda información inteligible en formato electrónico, independientemente de su soporte material, atribuible a personas naturales o jurídicas, públicas o privadas, así como regular todo lo relativo a los Proveedores de Servicios de Certificación y los Certificados Electrónicos» (art. 1)– ha de tomarse en cuenta que las disposiciones contenidas en las Normas que regulan el uso de los servicios de la banca electrónica refieren, al menos, cuatro de estas garantías.

---

463 La autenticación es definida por el artículo 4,29 de la Directiva 2015/2366, como un «procedimiento que permita al proveedor de servicios de pago comprobar la identidad del usuario de un servicio de pago o la validez de la utilización de determinado instrumento de pago, incluida la utilización de credenciales de seguridad personalizadas del usuario». La propia Directiva añade, en su artículo 4,30, el concepto de «autenticación reforzada de cliente», definida como «la autenticación basada en la utilización de dos o más elementos categorizados como conocimiento (algo que solo conoce el usuario), posesión (algo que solo posee el usuario) e inherencia (algo que es el usuario), que son independientes –es decir, que la vulneración de uno no compromete la fiabilidad de los demás–, y concebida de manera que se proteja la confidencialidad de los datos de autenticación».

Así, en su artículo 2, estas Normas definen autenticación como el «... Conjunto de técnicas y procedimientos tecnológicos utilizados para verificar la identidad de un usuario persona natural o jurídica». A este concepto ha de añadirse el de identificación, entendida como la validación de la identidad del cliente para el uso de la banca electrónica, mediante la utilización de datos e información, que conozca tanto la institución como el cliente. La propia norma se refiere a la confidencialidad al definir lo que ha de entenderse como dato sensible, es decir, aquellos datos de carácter confidencial del cliente o usuario de la banca electrónica, tales como el número de cuenta, el número de identificación personal, las claves del cliente, el número de la tarjeta y el código de seguridad de la misma. Finalmente, el no repudio es entendido como un método de seguridad que permite probar la participación de las partes en una comunicación, por lo que existirán dos posibilidades: el no repudio en origen, con lo cual el emisor no puede negar que envió el mensaje, porque el destinatario tiene pruebas de ello, y el no repudio en destino, pues el receptor no puede negar que recibió el mensaje porque el emisor tiene pruebas de ello.

Ahora bien, Rico Carrillo refiere también la presencia de los llamados «proveedores de servicios de pago» o PSP por sus siglas en inglés (*Payment Services Providers*). Estos sujetos no coinciden con aquellos que ostentan igual calificación en el marco de la Directiva 2015/2366 y no son, por ello, regulados por el citado instrumento. Estos sujetos ofrecen servicios para gestionar los sistemas de pago en internet. Se trata de intermediarios de confianza, cuya función principal es la tramitación de los medios de pago en operaciones llevadas a cabo en internet. Ellos no suministran nuevos medios de pago, sino que gestionan aquellos que ofrecen las entidades de crédito o los propios comerciantes[464].

El Reglamento boliviano de instrumentos electrónicos de pago se refiere a ellos como «empresas que administran instrumentos electrónicos de

---

[464] Rico Carrillo, *El pago electrónico en internet...*, ob. cit., pp. 157-158.

pago», y les impone algunas obligaciones y les dota de ciertos derechos. Así, estas empresas están obligadas a otorgar al emisor de un instrumento electrónico de pago, servicios de administración u otros servicios pactados contractualmente, para las operaciones realizadas con estos instrumentos en territorio nacional e internacional en establecimientos afiliados, entidades aceptantes y en cajeros automáticos, en función al contrato suscrito con el emisor del instrumento. Además, estos sujetos deberán salvaguardar las bases de datos de información proporcionada por el emisor, así como la información que generen como resultado de su actividad, y proporcionar al Banco Central y a la Autoridad de Supervisión del Sistema Financiero, la información referida a la actividad realizada con un instrumento electrónico de pago (art. 24). Estas mismas entidades tendrán derecho a recibir un pago por los servicios prestados, y a acceder a la información que reciben el Banco Central y la Autoridad de Supervisión del Sistema Financiero relacionada con el instrumento electrónico de pago que administra (art. 25).

Un ejemplo de estos intermediarios puede ser PayPal, cuando no almacena dinero, y Skrill. Este último, también llamado «Moneybookers»[465], fue creado como dominio de internet en 2001 y comenzó a funcionar en 2002, como una plataforma que permite enviar, recibir y poseer fondos en más de 30 monedas en todo el mundo y que ofrece pagos locales en más de 40 países. Para minimizar el fraude y prevenir el blanqueo de dinero, Moneybookers requiere verificación de la identidad antes de usar su servicio. Además, ha establecido un importe máximo transferible de 50.000 euros o su equivalente, dentro de un plazo de 90 días. Moneybookers solo realiza intermediación en el pago y no suele involucrarse en las disputas sobre mercancías vendidas o servicios prestados[466]. En Venezuela también funciona, de manera similar,

---

465 https://www.skrill.com/es/inicio/ (29.11.2016).
466 https://www.skrill.com/es/inicio/ (29.11.2016). En 2008, Moneybookers manejó más de 5,5 millones de cuentas y para 2010 poseía más de 10,8 millones de titulares

MercadoPago[467], una plataforma que permite realizar pagos con tarjetas de crédito, a través de transferencias o depósitos bancarios, e incluso a través saldo cargado en la propia cuenta MercadoPago.

Mateo Hernández destaca, en tal sentido, la participación del *broker* en los micropagos. Este sujeto, que pareciera estar vinculado contractualmente a comprador y vendedor, se encarga de intermediar entre ambos para posibilitar la adquisición e intercambio de unidades de dinero electrónico –denominadas por el autor «cupones de microvalor»– a ser utilizados en la realización de micropagos[468]. A pesar de que en principio el *broker* luce como un simple intermediario, la naturaleza de las relaciones que lo unen con el comprador y el vendedor no está del todo clara.

En tal sentido, para describir los diversos escenarios en que el *broker* puede participar en el pago electrónico, Martínez Nadal utiliza el caso de Millicent[469]. En su opinión, es posible que el *broker* se limite a ofrecer al comprador las unidades de dinero electrónico –«cupones criptográficos»[470], en

---

de cuentas. En 2009 se integró a eBay.com como proveedor oficial de pago. Trabaja además con Skype y otras empresas.
467 https://www.mercadopago.com.ve/ (29.11.2016).
468 Mateo Hernández, *El dinero electrónico en internet...*, ob. cit., p. 479.
469 «*The Millicent™ system is the basis for a new way to buy and sell content in very small amounts over the Internet. The system supports transactions as small as 1/10th of a cent up to $5.00 in size. Microcommerce transactions in this range are important to online publishers that want to sell newspapers by the article, cartoons by the strip, or music by the song. Software providers targeting the Network Computer (NC) market can use the Millicent system to sell Java applets and host-based applications on a per-use basis. In an Intranet setting, Millicent software acts as a Web-aware accountant that meters access to information systems and to services inside the enterprise*». Ver: http://web.archive.org/web/19970601153143/http://www.millicent.digital.com/ (29.11.2016).
470 Dannenberg y Ulrich los llaman Scrips y los definen como unidades de efectivo –*Zahlungseinheiten*– que contienen diferentes elementos, tales comodatos personales del cliente y firmas digitales. Dannenberg y Ulrich, *E-Payment und E-Billing...*, ob. cit., pp. 142-143.

términos de la autora– del vendedor. En otros casos, lo cual complica aún más la calificación de la relación que lo une con las partes contractuales, previamente y de forma genérica, vende al comprador una determinada cantidad de sus propios cupones, que posteriormente se podrán cambiar por cupones específicos de determinados vendedores. Así las cosas, podría existir una relación contractual entre el *broker* y el futuro comprador, además de la relación ya existente entre este y los distintos vendedores. Ello sin perjuicio de la relación que eventualmente el *broker* establezca con una entidad licenciataria como Millicent, para la utilización del medio de pago[471].

B. Relaciones nacidas para el funcionamiento de los medios electrónicos de pago

Acercar un dispositivo móvil a un lector en Starbucks y pagar con esta acción un café, haciendo uso de la aplicación *Square*, es la cara visible del pago, pero también representa la punta del *iceberg* de este complejo proceso. En efecto, para llegar a este momento culminante, han debido establecerse diferentes relaciones previas que exceden la compraventa para la cual se utilizó, en este caso, un *m-payment*.

La determinación de la naturaleza contractual o extracontractual de los diversos vínculos que nacen para permitir que una orden de pago pueda ejecutarse y, con ello, extinguir una obligación pecuniaria, pasa, necesariamente, por un análisis individualizado de cada una. Sin embargo, hemos de reconocer, por un lado, cierto predominio de las relaciones de carácter contractual[472], y, por otro, la ausencia de regulación especial en algunos casos, o la regulación parcial en otros. El sistema venezolano es ejemplo del primer supuesto y el sistema europeo del segundo.

---

471 Martínez Nadal, *El dinero electrónico…*, ob. cit., p. 187.
472 «*In general, the relationship between a bank or a payment institution and its customer, is based on a contract*». Ver: Mavromati, *The Law of payment services in the EU…*, ob. cit., p. 203.

En efecto, el Derecho venezolano no contiene normas especiales que regulen las relaciones contractuales que se desarrollan en torno al pago electrónico, por lo que habremos de recurrir a normas específicas en materia de contratación bancaria, incluyendo las relativas a la protección al usuario del sistema bancario, y, desde luego, a la regulación general de los contratos contenida en el Código Civil. En el ámbito europeo, en cambio, aunque a pesar de los esfuerzos no pueda referirse la existencia de un instrumento único que armonice el Derecho contractual[473], existen normas particulares para regular diversos tipos contractuales y algunas situaciones particulares que afectan, de manera general, a estas relaciones. Es el caso, por ejemplo, de las normas sobre control de prácticas contrarias a la competencia y el Derecho laboral[474], o la regulación de las condiciones generales de contratación. Además, encontramos algunas normas especiales de interés para esta investigación, relacionadas con la protección al consumidor, y con la construcción y funcionamiento del mercado interno europeo. Es el caso de la Directiva 2015/2366.

Veamos ahora con algo de detalle cada una de las relaciones que se verifican entre los sujetos de lo que hemos llamado el primer círculo, es decir, entre el proveedor de servicios de pago y el titular del medio de pago, entre el proveedor de servicios de pago y el aceptante, y entre el titular y el aceptante.

---

[473] Parafraseando el inicio del *Manifiesto Comunista* de Marx y Engels, Vogenauer describe el estado de desarrollo del Derecho contractual europeo, afirmando que el «... *spectre of European contract law is haunting Europe*». Ver: Vogenauer, Stefan, The Spectre of a European Contract Law, en: S. Vegenauer / S. Weatherill, eds., *The Harmonisation of European Contract Law: Implications for European Private Laws, Business and Legal Practice*, Oxford, Hart Publishing, Studies of the Oxford Institute of European and Comparative Law, 2006, p. 1 y ss., especialmente p. 1.
[474] Mavromati, *The Law of payment services in the EU...*, ob. cit., pp. 190-191.

1. Relación entre el prestador del servicio de pago y el titular del mismo

Para que una persona pueda pagar, haciendo uso de un medio de pago determinado, es necesario que sea autorizado para ello por el prestador de ese servicio de pago. En otras palabras, debe establecerse una relación entre el titular del medio de pago y el proveedor del mismo que, precisamente, faculte al primero como titular. Esta relación es de carácter contractual y suele establecerse a través de contratos de adhesión, con los cuales el prestador de servicios ofrece al titular un contenido preestablecido para su relación. Aunque en principio esta relación podría además ser calificada como un contrato bancario, debemos recordar, tal como hemos afirmado *supra*, que actualmente se admite, sin problemas, que la emisión y gestión del dinero electrónico pueda estar a cargo de entidades privadas, distintas de los bancos[475], por lo cual preferimos referirnos genéricamente a ella como un contrato de servicios de pago.

Ahora bien, la determinación del régimen aplicable a este contrato en el ámbito europeo depende, en primer término, de la regulación del llamado «contrato marco» contenida en la Directiva 2015/2366, instrumento que lo define como «… un contrato de servicio de pago que rige la ejecución futura de operaciones de pago individuales y sucesivas y que puede estipular la obligación de abrir una cuenta de pago y las correspondientes condiciones para ello» (art. 4,21). Este contrato se concluye entre proveedores de servicios de pago y usuarios, pero tengamos en cuenta que en el marco de la Directiva, el usuario es tanto el titular del medio de pago como su aceptante –ordenante y beneficiario, para usar los términos del artículo 4,10–, por lo que a su análisis detallado volveremos luego.

En segundo término, además de las normas de la Directiva 2015/2366, pueden entrar en juego las disposiciones de la Directiva 2002/65, en los

---

[475] Mateo Hernández, *El dinero electrónico en internet…*, ob. cit., p. 479.

casos en los que el contrato entre el prestador y el titular se celebre a través de una técnica de comunicación a distancia, es decir, a través de un «… medio que pueda utilizarse, sin que exista una presencia física y simultánea del proveedor y el consumidor, para la comercialización a distancia de un servicio entre estas partes» (art. 2,e). Es importante recordar que en el marco de esta Directiva, los servicios de pago son calificados como servicios financieros (art. 2,b).

Veamos ahora cómo funcionan algunos medios electrónicos de pago en particular, de manera de determinar, con exactitud, la naturaleza jurídica de esta relación.

a. Emisión de dinero electrónico

La utilización de dinero electrónico almacenado sea en un *hardware* –tarjeta con chip– sea producido a través de un *software* –tarjeta virtual–, supone en buena parte de los casos la preexistencia de un contrato de emisión de dinero electrónico. En otros supuestos, ese contrato se configura de manera simultánea con la primera emisión de dinero. Por otra parte, hemos de reiterar que, cuando el emisor recibe fondos de parte del titular, tal actividad no puede considerarse como un depósito, lo cual descarta cualquier calificación de esta relación como una cuenta corriente o figura afín. Además, tales fondos solo pueden ser usados por el titular para cargarlos en su soporte electrónico a fin de utilizarlos como dinero electrónico en diversos pagos.

Precisamente, considerando estos aspectos, Mateo Hernández sugiere calificar esta relación más bien como un contrato de cuenta de dinero electrónico[476]. Sin embargo, en el caso de los monederos electrónicos, Martínez Nadal ha afirmado que no existe propiamente una cuenta de dinero electrónico, a menos que se considere como tal al propio monedero y al

---

476 Mateo Hernández, *El dinero electrónico en internet…*, ob. cit., pp. 479-480.

saldo registrado en el mismo[477]. En estos casos, para el uso de dinero electrónico almacenado en un dispositivo físico –*hardware*– suele disponerse de una cuenta corriente o de ahorros que permita a su titular utilizar los fondos allí almacenados a través de instrumentos electrónicos. Es lo que ocurre, por ejemplo, con la *Geldkarte*, la cual está generalmente contenida en una tarjeta de débito, asociada a una cuenta bancaria desde la cual se dispone de fondos para almacenar dinero electrónico en el chip. Por tal razón, la propia Martínez Nadal admite, acertadamente en nuestra opinión, que «… parece más correcto hablar de la existencia de una cuenta de dinero electrónico o un soporte que incorpora un valor monetario electrónico, teniendo ambos su origen en una cuenta bancaria ordinaria o una previa entrega de dinero en efectivo»[478].

Ahora bien, en el caso del dinero electrónico basado en un *software*, suele requerirse la apertura de una cuenta que permita almacenar los fondos que respaldarán la emisión del dinero electrónico. Tal como reconoce Rico Carrillo, se trata de un servicio de caja en virtud del cual la entidad emisora se convierte en mandatario o comisionista del cliente y asume la obligación de pago frente a los terceros que presentan las monedas electrónicas[479]. Algo similar ocurre en los casos en que el titular carga y retira moneda electrónica, existiendo un vínculo previo con el emisor a través de una cuenta corriente[480].

Hay autores que, sin embargo, se debaten entre admitir que la retirada de monedas de dinero electrónico puede ser considerada, bien como un servicio de gestión remunerado, bien como una venta[481]. Esto último es

---

477 Martínez Nadal, *El dinero electrónico…*, ob. cit., p. 189.
478 Ídem.
479 Rico Carrillo, *El pago electrónico en internet…*, ob. cit., p. 162. Ver también: Martínez Nadal, *El dinero electrónico…*, ob. cit., p. 190.
480 Mateo Hernández, *El dinero electrónico en internet…*, ob. cit., p. 480.
481 Abels, Michael, Paying on the Net: means and associated risks, en: *Revue de Droit des Affaires Internationales/International Business Law Review*, 1998, N.º 3, pp. 349 y ss., especialmente pp. 354-355.

aceptado por quienes no consideran a la moneda electrónica como dinero, sino que más bien la califican como un producto. Recordemos que, según referíamos en el capítulo I de este trabajo, en España, los cajeros a través de los cuales pueden hacerse retiros de Bitcoins se rigen por la normativa relativa a máquinas expendedoras de productos, y no por la normativa aplicable a los cajeros electrónicos.

Martínez Nadal estima que la naturaleza de esta relación dependerá, en todo caso, de si existe o no una cuenta bancaria ordinaria, donde se encuentran los fondos que respaldarán la emisión del dinero electrónico. Si existiere tal cuenta, estaríamos frente a un contrato de servicio de caja, en virtud del cual, según afirmáramos *supra*, el emisor se convierte en mandatario o comisionista de su cliente y se obliga a pagar a los terceros que presenten las monedas de dinero electrónico emitidas. Se trata, en definitiva, del pago hecho por un tercero. Si no existiere una cuenta, la relación entre el emisor de dinero electrónico y el titular del mismo, podría ser calificada, simplemente, como una comisión o mandato. Si la especie de dinero electrónico fuere anónima, se trataría de una comisión especial en la cual el emisor comisionista no conoce al cliente comitente en nombre del cual actúa[482].

En un interesante ejercicio de sistematización, Echebarría Sáenz ha expuesto las posibilidades de calificación de esta relación entre el emisor de dinero electrónico y el titular, a fin de aplicar analógicamente las normas existentes en el sistema. Al respecto, el autor considera que sobre el dinero electrónico gravitan dos culturas jurídicas muy diferentes, la continental y la anglosajona, lo cual incide en su naturaleza jurídica y dificulta su exacta calificación[483].

Así, la primera posibilidad es entender que se trata de una transferencia de fondos, pues con el pago se produce un traspaso de crédito entre dos

---

482 Martínez Nadal, *El dinero electrónico...*, ob. cit., p. 190.
483 Echebarría Sáenz, *El dinero electrónico...*, ob. cit., pp. 249-263.

cuentas que, normalmente, pertenecen a distintos titulares. Esta equiparación podría implicar, según reconoce el propio autor, que el pago con dinero electrónico sea asimilado a la delegación de la deuda o a una simple operación contable, con la cual se sustituye la entrega material de efectivo por el abono en cuenta de dicho valor. Sin embargo, dinero electrónico y transferencia de fondos agotan su identificación al producirse un flujo de datos a través de la red. El dinero electrónico no requiere, aunque ello sea frecuente, de la articulación de cuentas corrientes, pues en él, el flujo de datos contiene un valor monetario en sí mismo, acuñado por el emisor, susceptible, si fuere reutilizable, de ser entregado como valor a una tercera persona, sin requerir autorización de los bancos del librador y del librado.

La segunda posibilidad identifica al dinero electrónico con la cesión de créditos. En efecto, cuando la Directiva 2009/110 define dinero electrónico en su artículo 2,2, admite que este «… representa un crédito sobre el emisor…», de manera que cuando el titular paga, cede su crédito a un tercero. Sin embargo, este esquema no se verifica en todos los casos de pago con dinero electrónico, con lo cual quedarían por fuera, por ejemplo, los supuestos en los cuales el propio titular es quien descarga la moneda electrónica y efectúa el reembolso o aquellos en los cuales las monedas son anónimas, pues el pago se hace sin verificación de su procedencia. A pesar de esta parcial adaptación, Echebarría Sáenz admite que el carácter imperativo de las normas sobre cesión de créditos atenta contra la rapidez y circulabilidad del dinero electrónico, además de impedir el pago directo entre particulares sin participación del emisor.

El reconocimiento de deuda también podría explicar la naturaleza de la relación entre el emisor del dinero electrónico y su titular. Sin embargo, la doctrina ha admitido que tal equiparación se debe, principalmente, a las dificultades existentes en el Derecho interno alemán antes de la Reforma del BGB en el 2001. En efecto, antes de la vigencia de la *Gesetz zur Anpassung der Formvorschriften des Privatrechts und anderer Vorschriften an den modernen Rechtsgeschäftsverkehr* de 13 de julio de 2001[484] había serias dificultades para reconocer los documentos electrónicos, problema que terminó al consagrarse el principio de equivalencia funcional. Mas no debe dejar de considerarse, tal como lo hace Neumann, que el dinero electrónico tampoco resultaba idóneo para la prueba de promesas no documentadas de deuda[485].

La cuarta calificación de la relación en estudio deriva de la identificación del dinero electrónico con un título valor desmaterializado. Entre ambas figuras parece haber cierta compatibilidad, lo cual permite aplicar al dinero electrónico, algunos de los principios que rigen los títulos valores, como la inoponibilidad de excepciones, la abstracción y su sistema de circulabilidad (endoso, cesión sin responsabilidad, etc.). Sin embargo, hay algunos aspectos problemáticos, el primero de los cuales tiene que ver con la propia determinación del tipo de título de valor de que se trata. Aunque la moneda electrónica no cumple de manera precisa con los principios de literalidad, autonomía, abstracción, circulabilidad y legitimación propios de los títulos valores tradicionales, algunas adaptaciones permitirían su equiparación, lo cual traería las ventajas propias de la aplicación del régimen cambiario al dinero electrónico pero, en opinión de Echebarría Sáenz, el precio a pagar sería muy alto: tal asimilación impediría que el dinero electrónico pudiera llegar a convertirse en un sustituto digital del dinero[486].

La última teoría que trata de explicar la relación entre el titular y el prestador de servicios de pago entiende al dinero electrónico como dinero convertible. Según afirma Echebarría Sáenz, la finalidad del dinero electrónico es reproducir en el ámbito electrónico las características del dinero tradicional, así como permitir el paso del efectivo a la realidad virtual,

---

484 Bundesgesetzblatt Jahrgang 2001 Teil I Nr. 35, 18. Juli 2001, pp. 1542 y ss.
485 Neumann, Dania, *Die Rechtsnatur des Netzgeldes*, München, Beck, 2000, pp. 47-49.
486 Echebarría Sáenz, *El dinero electrónico...*, ob. cit., pp. 256-261.

a través de la emisión, y su regreso al mundo material, a través del reembolso. Así entendido, el dinero electrónico es un estatus transitorio del dinero y durante él, cumple con sus mismas funciones, a excepción de servir como moneda de curso legal. El dinero electrónico constituye así, una excepción al privilegio del Estado en la emisión de dinero, reconociéndose la emisión hecha de manera privada. En opinión del propio autor, esta parece ser la tesis más adecuada para explicar el fenómeno del dinero electrónico, debido a que se ajusta a su concepto, naturaleza y función[487].

En todo caso, debe considerarse que calificar la relación entre el emisor del dinero electrónico y su titular no es tarea sencilla y ello se debe, principalmente, a la variedad de modalidades que este puede adoptar en la práctica. En efecto, la diversidad de productos existentes y su carácter variable en función de la evolución de la técnica, hace sumamente complicado extraer características comunes y estables para individualizar jurídicamente las relaciones desarrolladas en la dinámica del pago con dinero electrónico[488].

En sentido similar, Mateo Hernández estima que sería imposible reconducir a una sola tesis todas las modalidades que el dinero electrónico ha adoptado y las que pueda adoptar en el futuro. Hay modelos que crean unidades de cuenta que no se corresponden con la moneda oficial y otras en las cuales no es posible el reembolso. Los beenzs, monedas privadas que podían adquirirse a través de beenz.com o flooz.com, y cuya unidad equivalía aproximadamente a un centavo de dólar, son usados como ejemplo por el autor[489]. Se trataba de monedas privadas no reembolsables que podían usarse en las páginas webs de los establecimientos adheridos al sistema[490].

---

487 Echebarría Sáenz, *El dinero electrónico...*, ob. cit., p. 262.
488 Martínez Nadal, *El dinero electrónico...*, ob. cit., p. 174.
489 Mateo Hernández, *El dinero electrónico en internet...*, ob. cit., p. 381.
490 «*Beenz and flooz were originally conceived as account-based payment schemes for micropayments on the internet (...) The balances, held by online shoppers and websurfers at beenz.com, were denominated in a new private currency ('beenz').*

Sin embargo, al menos en el ámbito de aplicación de la Directiva 2009/110, ha de considerarse que el reembolso es imperativo, pues se ordena a los Estados parte, velar «... por que los emisores de dinero electrónico reembolsen al titular del mismo, cuando este así lo solicite, en todo momento y por su valor nominal, el valor monetario del dinero electrónico de que disponga» (art. 11,2). Quizá, la Directiva 2000/46, vigente para el momento de publicarse la obra de Mateo Hernández, daba cierto margen de interpretación debido al sistema de exenciones establecido en su artículo 8, el cual permitía, por excepción, que los Estados miembros autorizasen a sus autoridades competentes a eximir de la aplicación de todas o alguna de las disposiciones de la Directiva a las entidades de dinero electrónico, lo cual podía dar cabida a la emisión de monedas no reembolsables en los casos allí establecidos. Esta situación cambia con la vigente Directiva 2009/110, pues su artículo 9 solo permite la no aplicación total o parcial del procedimiento y las condiciones establecidos en los artículos 3, 4, 5 y 7 de la misma, normas dentro de las cuales no se incluye el tema del reembolso, regulado en el artículo 11.

Finalmente, es necesario considerar que la relación entre el emisor del dinero electrónico y el titular del mismo no es regulada por la Directiva 2009/110, cuyo objetivo se limita a la reglamentación del «... ejercicio de

---

The currency could be transferred from one member account to another, but its negotiability was restricted. A beenz unit could be bought by etailers from beenz.com for a fixed exchange rate (1 $ cent). Beenz-accepting etailers could sell the units back to beenz.com for a lower rate (between 0.5 and 1 $ cent). Etailers pumped the new currency into the virtual world as rewards to online shoppers or as gifts to websurfers. The customer could use his earned value points as money to buy goods or services at a member etailer who accepted the currency. Although other loyalty schemes in the virtual and physical world are very similar to beenz, this scheme was the first to blur 'the line between incentive points and actual currency'... Beenz'own headlines pointed out its ambitious vision: 'the web's currency', 'a new kind of money', 'global digital currency'». Ver: Godschalk, Hugo, Failure of Beenz and Flooz indicates the end of digital web-currencies?, en: *Electronic Payment Systems Observatory – ePSO Newsletter*, September 2001 – June 2002, Issues 9-15, 10-6, pp. 39 y ss., especialmente p. 39.

la actividad de emisión de dinero electrónico» (art. 1,1), es decir, al establecimiento de normas que regulen la constitución y funcionamiento de las entidades de dinero electrónico. Este instrumento solo se refiere al contrato entre el emisor y el titular para ordenar, precisamente, que en él se estipulen «… clara y explícitamente las condiciones de reembolso, incluidos los gastos conexos» y que se informe de esas condiciones al titular del dinero electrónico antes del perfeccionamiento del contrato (art. 11,3). En todo caso, como hemos afirmado *supra*, se trata de un contrato marco y, por ello, le son aplicables las reglas de la Directiva 2015/2366 en el caso europeo, y algunas reglas del contrato bancario en el caso venezolano. A estas regulaciones haremos referencia con detalle más adelante.

b. El caso de PayPal

Para realizar pagos a través de PayPal, es necesario suscribir el *user agreement*. Las modalidades que pueda adoptar este acuerdo celebrado entre PayPal y el usuario dependerán, en primer término, del tipo de cuenta que se suscriba. En efecto, la cuenta con PayPal puede ser personal, *premium* o *business*. Las dos últimas están adaptadas a vendedores que ofrecen sus productos en línea y a empresas, respectivamente. En el acuerdo de ambas se exige probar que la cuenta no se usará para fines personales, familiares o domésticos. La cuenta personal, en cambio, está pensada para compradores, quienes pueden realizar pagos de manera gratuita y pueden también recibirlos, pero con ciertas limitaciones.

Este acuerdo también puede variar en función de la región a la cual esté dirigido. Tengamos en cuenta que desde 2003, PayPal está abriendo páginas locales. Ese mismo año lo hizo en Gran Bretaña; en 2004 en Alemania, Austria, Suecia, Países Bajos, Francia, Bélgica e Italia, y, en 2005 en España. Así, considerando las particularidades de cada región, PayPal adaptó su oferta y, aunque en todos los casos admite que el pago pueda hacerse desde el saldo almacenado en la cuenta, o a través de tarjetas o transferencias de fondos, en Alemania, por ejemplo, se admite que puedan hacerse pagos también a través de débitos directos –*Lastschriftverfahren*–, debido a la popularidad de los mismos en ese país[491]. Algo similar ocurre en Estados Unidos con los cheques, según hemos afirmado el capítulo I.

Este contrato, en todo caso, puede calificarse como un contrato de servicios y su propio texto califica a PayPal como un prestador de servicios de pago, cuya actividad principal es «… la emisión de Dinero electrónico y la provisión de servicios estrechamente relacionados con la emisión de Dinero electrónico». Se trata de un contratista independiente a todos los efectos, de manera que PayPal no tiene ningún control sobre los productos o servicios pagados con su servicio, ni asume la responsabilidad o la legalidad de los mismos. Tampoco garantiza la identidad de ningún usuario ni asegura que un comprador o un vendedor vayan a completar una transacción[492].

Tal como afirmamos en el capítulo I, PayPal no es un banco, pero complementa la infraestructura financiera para realizar pagos y facilitar transacciones entre compradores y vendedores. Todos los pagos desde y hacia PayPal pasarían, necesariamente, por los sistemas bancarios o de tarjetas de pago. Así, al depender en buena medida de la infraestructura bancaria existente, debe trabajar en estrecha colaboración con los bancos y compañías de tarjetas, para garantizar una interfaz perfecta y eficiente[493].

c. Particularidades en los *m-payments*

El caso de los *m-payments* es algo complejo y nos obliga a realizar varias distinciones. En primer término, es necesario considerar que no siempre quien presta el servicio de *m-payment* es un operador de servicios de telecomunicación, y, en segundo lugar, cuando es este quien presta el servicio, puede ocurrir que intervenga bien para prestar propiamente los servicios

---

491 Feller, PayPal – Globales Zahlungssystem…, ob. cit., pp. 239 y 242.
492 https://cms.paypal.com/es/cgi-bin/?cmd=render-content&contentID=ua/UserAgreementfull&locale.x=esES (29.11.2016).
493 Feller, PayPal – Globales Zahlungssystem…, ob. cit., p. 240.

de pago, bien limitándose a proveer la infraestructura técnica. En este último caso, es necesaria además la intervención de un proveedor de servicios de pago.

En relación con la primera distinción que hemos realizado, la complejidad de los *m-payments* se refleja en la variedad de negocios jurídicos que la relación entre el emisor y el titular puede adoptar, y tal variedad depende, precisamente, de quién preste el servicio de pago[494]. Así, pueden distinguirse al menos cuatro categorías, según que el modelo esté liderado por un banco, por un operador de servicios de telefonía móvil, por un prestador independiente o constituya un modelo de cooperación.

En los modelos liderados por los bancos, la institución financiera controla la relación con el cliente y ofrece los servicios móviles como un nuevo canal para manejar los ya existentes. Se trata de la llamada «banca móvil», definida en el marco de las Normas sobre Banca Electrónica dictadas por la Sudeban, como el «Canal electrónico utilizado por los bancos y demás instituciones financieras para ofrecer a sus clientes los productos y servicios, basados en una aplicación instalada en un dispositivo móvil» (art. 2). Buena parte de los bancos modernos ofrecen este servicio, a través de aplicaciones especialmente diseñadas para los dispositivos móviles inteligentes.

A este modelo podemos hacer las mismas observaciones que hiciéramos en el capítulo I a la banca electrónica. Es decir, no se trata de un instrumento electrónico propiamente dicho, sino más bien de una forma de comunicación

---

494 Seguiremos en este punto a: Boer, Remco y Tonnis de Boer, Mobile payments 2010. Market analysis and overview, Version 1.01, November 2009, Innopay, en: http://www.innopay.com/system/files/private/a6157b468508f2382a8c0fd03d422f8d.pdf (29.11.2016), pp. 56-58, y Merritt, Cynthia, Mobil money transfer services: The next phase in the evolution of person-to-person payments, en: *Journal of Payments Strategy & Systems*, 2011, Vol. 5, N.º 2, pp. 143 y ss., especialmente pp. 146-147.

con el banco que permite al usuario, entre otras cosas, emitir órdenes de pago por esa vía. Sin embargo, podría ocurrir que el banco ofrezca servicios de pago móvil y, en ese caso, sí estaríamos frente a un supuesto de *m-payment*.

Por ejemplo, el BBVA ofrece el servicio de «Dinero móvil» o «Efectivo móvil» en España, en México, en Perú y, tal como indicamos en el capítulo I, en Venezuela. Este servicio permite enviar dinero desde un dispositivo móvil a un cajero para que pueda ser retirado sin necesidad de introducir la tarjeta. Para el retiro se requiere, simplemente, introducir un código enviado por SMS. Ese mismo código puede ser enviado a un tercero, para que sea este quien realice el retiro de efectivo[495].

El segundo modelo es liderado por los operadores de servicios de telefonía móvil. En este modelo podría limitarse, e incluso eliminarse, la participación de los bancos en la operación de pago. Se trata de una situación en la cual el propio operador de servicios de telefonía móvil cumple funciones de compensación y liquidación del pago, con cierta independencia de las instituciones financieras o de los bancos centrales. Un ejemplo de este modelo es la japonesa DoCoMo, la cual, haciendo uso de la tecnología NFC, permite hacer pagos en tiendas a través de puntos de venta (*iD credit payment service*) y a través de internet (*docomo Mobile Payment*)[496].

En tercer lugar, el servicio de *m-payment* puede ser prestado por un operador independiente. Obopay es un buen ejemplo de esta modalidad. Se trata de una empresa con sede en la India, que se dedica a la prestación de servicios de pago y permite hacer transferencias de capitales a través de

---

495 http://www.blogbbva.es/efectivo-disponible-desde-tu-movil/. Ver también: https://www.centrodeinnovacionbbva.com/innovation-edge/mobile-payments/bbva-mobile-payments y https://www.bbvacontinental.pe/personas/efectivo-movil.jsp (29.11.2016).

496 https://www.nttdocomo.co.jp (29.11.2016).

teléfonos móviles[497]. Para hacer uso de este mecanismo, el usuario debe crear una cuenta en Obopay y puede hacerlo con dinero en metálico o, lo que es más frecuente, vinculándola a una tarjeta de crédito o a una cuenta bancaria. Una vez que haya abierto su cuenta en Obopay, el titular puede enviar dinero a través del teléfono móvil a cualquier dispositivo que reciba mensajes de texto. El destinatario de la transferencia puede almacenar el dinero en su cuenta Obopay, o depositarlo en una cuenta bancaria.

En todo caso, debido a la naturaleza de la operación de pago, es difícil que los operadores independientes presten servicios de pago de manera aislada. Lo común es que trabajen en modelos de cooperación –o de *partnership*, en términos de Merritt[498]. En ellos, los operadores independientes trabajan en cooperación con las instituciones bancarias y los operadores de servicios de telefonía móvil, con quienes conforman el ecosistema necesario para prestar los servicios de pago. Los ya comentados Obopay y PayPal también funcionan bajo este esquema.

A pesar de las diferentes modalidades que pueden adoptar, estos contratos pueden ser calificados como contratos de servicios que, en algunos supuestos, alcanzan incluso la calificación de contratos bancarios y, en el ámbito europeo, desde luego, podrían encuadrarse en el concepto de contrato marco.

Ahora bien, cuando interviene una empresa de telecomunicaciones, cabe también hacer ciertas distinciones en función de su tipo de participación. En el ámbito europeo esta idea cobra gran importancia, pues tal como ya hemos afirmado, de tal determinación dependerá la inclusión de estos operadores en el ámbito de aplicación de las Directivas 2015/2366 y 2009/110. Así, durante la vigencia de la derogada Directiva 2000/46 se discutió la posible limitación en relación con la actividad desarrollada por

---

497   http://www.obopay.com (29.11.2016).
498   Merritt, Mobil money transfer services..., ob. cit., p. 147.

los operadores de telecomunicaciones en el proceso de pago. Ello debido, en buena medida, a que cuando se hizo la transposición de la Directiva a las diversas legislaciones nacionales, se excluyó a estos entes[499].

En su documento titulado «*Application of the e-money directive to mobile operators guidance note from the commission services*»[500], la Comisión Europea, a partir de una consulta pública iniciada en 2004, estableció una primera limitación al afirmar que, en general, el valor de los servicios prestados por terceros que son adquiridos por los clientes de servicios móviles prepago, asciende a poco más del 1 % de su gasto total. El 99 % restante se utiliza para la compra de los servicios de comunicación proporcionados por los propios operadores móviles. Estos últimos servicios no entran en el ámbito de la Directiva sobre el dinero electrónico.

Esta discusión se reflejó, en primer término, en la Directiva 2007/64, cuyo anexo, al enumerar los servicios de pago regulados por la misma, hacía referencia en el punto 7 a la «Ejecución de operaciones de pago en las que se transmita el consentimiento del ordenante a ejecutar una operación de pago mediante dispositivos de telecomunicación, digitales o informáticos y se realice el pago al operador de la red o sistema de telecomunicación o informático, que actúa únicamente como intermediario entre el usuario del servicio de pago y el prestador de bienes y servicios».

Esto se tradujo en la exclusión, del ámbito de aplicación de la Directiva, de los operadores de servicios de telecomunicaciones cuando su función iba más allá de la simple intermediación en la operación de pago, es decir, cuando ellos son los proveedores de bienes o servicios digitales, tales como tonos de llamada, música o prensa digital, además de los servicios vocales

---

499 Mavromati, *The Law of payment services in the EU...*, ob. cit., p. 169.
500 Documento de fecha 14 de julio de 2005 en: http://ec.europa.eu/internalmarket/payments/docs/emoney/guidanceen.pdf (29.11.2016).

tradicionales y su distribución a dispositivos digitales. También quedan excluidos cuando los bienes o servicios son distribuidos por uno de estos operadores o, por motivos técnicos, por un tercero, y solo pueden utilizarse mediante dispositivos digitales, tales como teléfonos móviles u ordenadores. El contenido de dichos bienes o servicios puede haber sido producido por un tercero o por el operador, que puede haberle añadido valor intrínseco en forma de facilidades de acceso, distribución o búsqueda (Considerando N.º 6 Directiva 2007/64).

De hecho, cuando el artículo 3 de la Directiva 2007/64 excluía ciertas operaciones de su ámbito de aplicación, hacía referencia, en el literal l, a «las operaciones de pago ejecutadas por medio de dispositivos de telecomunicación, digitales o de tecnologías de la información, cuando los bienes o servicios adquiridos se entregan y utilizan mediante dispositivos de telecomunicación, digitales o de tecnologías de la información, siempre y cuando el operador de servicios de telecomunicación, digitales o de tecnologías de la información no actúe únicamente como intermediario entre el usuario del servicio de pago y el proveedor de los bienes y servicios».

Cuando se hizo la revisión de la Directiva 2000/46 y se aprobó la Directiva 2009/110, se asumió esta posición de la Directiva 2007/64. Así, la nueva Directiva no se aplica al valor monetario utilizado para la adquisición de bienes o servicios digitales, cuando, por la propia naturaleza del bien o el servicio, el operador añada valor intrínseco, por ejemplo, en forma de prestaciones para el acceso, la búsqueda o la distribución, a condición de que el bien o servicio solo pueda utilizarse a través de un aparato digital, como un teléfono móvil o un ordenador. Ello, siempre y cuando el operador de servicios de telecomunicación, digitales o de tecnologías de la información no actúe únicamente como intermediario entre el usuario del servicio de pago y el proveedor de los bienes y servicios. En este régimen, un abonado a una red de telefonía móvil o a cualquier otra red digital paga directamente al operador de la red y no existe ni una relación directa de pago ni una relación directa deudor-acreedor entre el abonado a la red y cualquier otro proveedor tercero de bienes o servicios suministrados en el marco de la transacción (Considerando N.º 6 Directiva 2009/110).

Aunque la exclusión se mantiene en la Directiva 2015/2366, los términos de la misma, tal como indicamos antes, fueron modificados, con lo cual la limitación se hizo mucho más restrictiva al establecerse montos límite, de manera que cada operación no puede superar los 50 euros, ni el conjunto de operaciones de un mismo usuario puede ser superior a los 300 euros mensuales (art. 3,l). La idea general, al establecerse estos montos, fue excluir únicamente a los «… pagos que presenten escaso riesgo» (Considerando N.º 16 Directiva 2015/2366).

d. Particularidades del sistema venezolano

En Venezuela, no se regula específicamente esta relación. Sin embargo, hay algunas normas que valdría la pena destacar. Así, el segundo aparte del artículo 53 de la Ley de Instituciones del Sector Bancario dispone, de manera general, que «Las instituciones bancarias, se obligan a cumplir las órdenes de pago del cuentacorrientista, hasta la concurrencia de la cantidad de dinero que hubiere depositado en la cuenta corriente o del crédito que este le haya concedido». La propia norma admite que la cuenta corriente puede ser movilizada a través de cheques, órdenes de pago, «… o por cualquier medio electrónico de pago aplicado al efecto».

Además, hay que tener en cuenta que la Ley de tarjetas, que incluye dentro de su ámbito de aplicación a las tarjetas de financiamiento o pago electrónico, establece normas para regular la relación entre el emisor de la tarjeta –prestador de servicios de pago– y el tarjetahabiente –titular. El artículo 1 de esta Ley reconoce que tal regulación obedece a la necesidad «… de garantizar el respeto y protección de los derechos de los usuarios y las usuarias de dichos instrumentos de pago, obligando al emisor de tales instrumentos a otorgar información adecuada y no engañosa a los y las tarjetahabientes».

En el marco de esta Ley, el llamado «contrato de afiliación» de tarjetas es definido como un contrato tipo, elaborado por los bancos e instituciones financieras, autorizado por la Superintendencia de Instituciones del Sector Bancario, mediante el cual se regulan las condiciones generales de la utilización de las provisiones de fondos por parte del tarjetahabiente, además de los créditos en moneda nacional, también los créditos que se originen por consumo en el exterior en moneda extranjera y que luego son transformados en moneda nacional, para ser utilizados a través de la tarjeta de crédito, por parte del tarjetahabiente (art. 2).

Conviene recordar que fue precisamente la relación entre el titular de la tarjeta y su emisor, la que motivó la promulgación de esta Ley, antes de cuya vigencia era la práctica bancaria la encargada de regularla. Fue a partir de una sentencia dictada por la Sala Constitucional del Tribunal Supremo de Justicia en fecha 10 de julio de 2007[501], que se puso de manifiesto la necesidad de proteger, particularmente, a los usuarios de tarjetas de crédito, como débiles jurídicos de la relación. En esta sentencia, la Sala decidió la demanda intentada por la Asociación Civil Alianza Nacional de Usuarios y Consumidores (ANAUCO), «... invocando los intereses colectivos de sus asociados y los difusos de los usuarios de tarjetas de crédito en Venezuela...», contra la Asociación Bancaria de Venezuela, el Consejo Bancario Nacional, la Superintendencia de Bancos y otras Instituciones Financieras –hoy Superintendencia de Instituciones del Sector Bancario– y el Banco Central de Venezuela.

A través de ella, entre otras cosas, la Sala ordenó a la Superintendencia emitir normativa que, tomando en cuenta la situación del deudor, versare sobre el sistema de intereses que deben pagar los tarjetahabientes al emisor, así como las condiciones de los contratos de emisión de tarjeta, en

---

501 TSJ/SC, Sent. N.° 1419, 10.07.2007, en: http://historico.tsj.gob.ve/decisiones/scon/Julio/1419-100707-04-0204.htm (29.11.2016).

cuanto a las cláusulas que perjudiquen a los tarjetahabientes ante cargos indebidos o falsificación de las mismas, así como una regulación de la propaganda sobre ellas y de cualquier mecanismo psicológico que cause adicción o compulsión para su uso, «... ya que con ello se preserva la calidad de vida de los usuarios, se impiden prácticas usurarias y abusos de derecho». Este mandato fue asumido por la Asamblea Nacional con la promulgación de la Ley de tarjetas.

Ahora bien, esta Ley impone a la entidad emisora de la tarjeta un grupo de obligaciones, entre las cuales destaca el deber de información, al cual haremos referencia *infra*. Además, los emisores de tarjetas están obligados a enviar a sus tarjetahabientes, todos los meses y en los cinco días hábiles siguientes a la fecha de corte. Para ello podrán usar medios electrónicos, previa aprobación por escrito del tarjetahabiente, quien podrá impugnarlo dentro de los quince días siguientes al vencimiento del plazo antes mencionado y cuyo silencio se entenderá como aceptación (arts. 10 y 11).

El emisor también está obligado a presentar al tarjetahabiente, por escrito, el aviso de modificación del contrato de afiliación de la tarjeta, indicándole que puede rechazar la modificación si lo comunica al emisor por escrito dentro de los treinta días continuos siguientes a la fecha de corte de la tarjeta (art. 12). En caso que el tarjetahabiente no acepte las nuevas condiciones, el emisor le dará la opción de renovar el contrato bajo las condiciones vigentes, antes de la variación introducida. Si este no aceptare la renovación, el emisor procederá a liquidar la línea de crédito o cancelar la cuenta correspondiente en lo que respecta al uso de la tarjeta. Cuando en el contrato se haga mención a otras disposiciones adicionales que afecten directamente al tarjetahabiente, dicha información debe estar a su disposición (art. 13).

En caso de robo, hurto, clonación, pérdida de la tarjeta o cualquier reclamo, el emisor deberá dar al tarjetahabiente el número de registro o de gestión bajo el cual quedó registrada su denuncia y deberá indicarle el lapso dentro del cual dará respuesta a su solicitud (art. 15). Con el objeto de promover el uso de las tarjetas, el emisor debe garantizar la dotación en calidad de prestamo de uso, de los equipos electrónicos que constituyen los puntos de venta en los negocios afiliados para la prestación del servicio de cobro por tarjeta de crédito, débito, prepagada y demás tarjetas de financiamiento o pago electrónico (art. 16).

La Ley prohíbe a los bancos realizar débitos directos sin la autorización expresa del titular. Tampoco podrán descontarle cobros o comisiones por servicios que este no haya requerido (art. 17). Y queda terminantemente prohibido el cobro de intereses sobre intereses (art. 18). Los bancos están además comprometidos a poner a disposición de sus usuarios «dispensadores de dinero o cajeros automáticos o electrónicos», garantizado la seguridad de los mismos (arts. 21 a 24).

Por su parte, el titular de la tarjeta de pago está obligado, entre otras cosas, a resguardar la tarjeta con la debida diligencia; identificarse y usar en forma personal la tarjeta y no mostrar o confiar a nadie las claves de acceso a los cajeros y otros sistemas electrónicos; antes de firmar los comprobantes de pago, verificar el importe y la veracidad de la información; solicitar y guardar los comprobantes de pago y demás documentos de compra de bienes y utilización de servicios, hasta recibir el estado de cuenta y estar conforme con el mismo; velar por el correcto uso de las tarjetas suplementarias que solicite; velar por el mantenimiento de su capacidad de pago y conservación o ampliación del límite de crédito concedido por el banco o institución financiera; reportar al banco o institución financiera cuando no reciba el estado de cuenta en el plazo que se haya establecido; verificar las tasas de interés y otros cargos que le efectúe el emisor, así como los procedimientos para plantear a tiempo sus reclamos sobre los productos y servicios que adquiera por medio de la tarjeta; efectuar los reclamos en el plazo establecido en el contrato, salvo que la ley u otros reglamentos establezcan plazos mayores, en cuyo caso se aplicará siempre el plazo mayor;

reportar de manera inmediata al banco o institución financiera el robo, hurto o pérdida de la tarjeta; e informar oportunamente al banco o institución sobre la resolución de los contratos de domiciliación de pago, a los fines de evitar cargos no autorizados (art. 26).

2. Relación entre el prestador del servicio de pago y el aceptante

La relación entre el prestador del servicio de pago y el aceptante es también de carácter contractual, y generalmente se la denomina «contrato de admisión, de afiliación o de aceptación». A través de este contrato, el proveedor de bienes y servicios, o en general cualquier aceptante —recordemos que este no tiene que ser comerciante—, se obliga a aceptar el medio de pago y asume una serie de obligaciones relacionadas con el cumplimiento de este deber, tales como la verificación del propio instrumento de pago y la comprobación de la identidad del titular. No obstante, debe considerarse que el aceptante no es un experto en identificación, por lo que no podrá exigírsele al respecto, la diligencia de un profesional, con lo cual, en la práctica, el aceptante o, en su caso, sus dependientes, se limitan a analizar superficialmente los datos del titular, a cotejar la similitud de las firmas, etc.

El emisor, por su parte, se obliga a descontar las facturas y hacerlas efectivas, deduciendo la comisión correspondiente[502]. Sin embargo, también puede asumir una obligación de venta e instalación de equipos y programas —lectores de tarjetas o teléfonos móviles, por ejemplo— para el funcionamiento del medio de pago de que se trate.

La doctrina ha reconocido en este contrato, al menos dos posibilidades de calificación. En primer término, el mismo puede ser calificado como un contrato de adhesión a favor de un tercero —el titular de la tarjeta— a quien se facilita el cumplimiento de la obligación de pago por orden y cuenta del

---

502 Rico Carrillo, *El pago electrónico en internet...*, ob. cit., p. 160.

emisor. Este contrato contiene derechos y obligaciones para ambas partes y es de ejecución continuada[503]. La segunda posibilidad es entender que se trata de una delegación pasiva de deuda, en virtud de la cual el emisor se coloca en la posición del deudor en la relación obligatoria que existe entre el proveedor de bienes y servicios y el titular del medio de pago, en cuanto al pago del precio[504].

En todo caso, reiteramos, debe estar claro que el aceptante no debe ser identificado automáticamente con un comerciante, pues un consumidor también puede ser aceptante, como ocurre en el comercio C2C. Precisamente atendiendo a esta circunstancia, PayPal ofrece diferentes tipos de cuenta en función de la cualidad del aceptante. En efecto, aunque con la cuenta personal se pueden recibir pagos, lo cual se adecúa a los casos de pagos entre particulares, esta cuenta tiene un límite mensual que no se adapta de igual manera a los casos en los cuales el beneficiario es un comerciante. Para estos supuestos resultan más convenientes las cuentas *premium* o *business*.

En definitiva, entre el aceptante y el prestador de servicios de pago se establece una relación contractual que, en opinión de algunos autores, no difiere mucho de los contratos para aceptación de tarjetas como medios de pago, por lo que se sugiere la denominación «contrato de admisión de dinero electrónico como medio de pago»[505].

---

503 Jiménez Sánchez, Guillermo, Tarjetas de crédito, en: *Enciclopedia Jurídica Básica* (A. Montoya Melgar, Dir.), Madrid, Civitas, 1995, Vol. IV, p. 9, citado en Rico Carrillo, *El pago electrónico en internet...*, ob. cit., p. 161.
504 González Rubio, David, Barreras legales al desarrollo de las tecnologías de la información en el sistema económico: el caso de los medios electrónicos de pago, en: *Encuentro sobre informática y Derecho* (Instituto de Informática Jurídica, Universidad Pontificia de Comillas), Madrid, Aranzadi, 1996, pp. 325 y ss., especialmente p. 332.
505 Mateo Hernández, *El dinero electrónico en internet...*, ob. cit., p. 481.

Refiriéndose a las tarjetas de crédito, la doctrina venezolana ha aceptado que el llamado «contrato de afiliación» pueda ser calificado como un contrato de colaboración recíproca entre las partes contratantes, a través del cual el afiliado se obliga a aceptar las tarjetas emitidas como medio de pago de bienes o servicios, lo cual constituiría una estipulación a favor de terceros. El banco −o prestador de servicios de pago−, por su parte, se compromete a pagar al afiliado el monto de las facturas aceptadas y firmadas por el titular, previa conformación electrónica o telefónica de cada operación. En todo caso, el banco no garantiza el pago, sino que asume el pago por un tercero[506]. Esto último, plantea la ya mencionada posibilidad de calificar esta relación como una delegación.

A pesar de la diversidad de tipos contractuales a través de los cuales se puede configurar esta relación, los riesgos que le son propios hacen que sea común incluir en el texto del contrato, la llamada «cláusula de buen fin». Estas cláusulas facultan a los aceptantes a admitir el instrumento de pago de que se trate, con la simple indicación de los datos del mismo, y los obliga a devolver al emisor el importe de la transacción cuando resulte devuelto por cualquier causa[507].

En todo caso, debe considerarse que, en el marco de la Directiva 2015/2366, la relación entre el prestador de servicios de pago y el aceptante puede darse a través de un contrato marco que permita la realización posterior de operaciones de pago o de un contrato para la realización de una operación de pago individual. En ambos casos, la Directiva establece normativa para la realización de la operación, admitiendo ciertas diferencias, principalmente, en materia de información, tal como veremos de seguidas, al analizar el contrato marco.

---

506 Morles Hernández, Alfredo, *Curso de Derecho mercantil. Los contratos mercantiles. Derecho concursal*, Caracas, UCAB, 2006, T. IV, p. 2.320; Ustáriz Forero, Nasly, El contrato de tarjeta de crédito y la práctica comercial, en: *BoACPS*, 2010, N.º 148, pp. 165 y ss., especialmente p. 184.
507 Rico Carrillo, *El pago electrónico en internet...*, ob. cit., p. 161.

3. Contrato marco y operaciones de pago singulares
a. El contrato marco

De acuerdo con el artículo 4,21 de la Directiva 2015/2366, el contrato marco, celebrado entre un prestador de servicios de pago y un usuario de los mismos, es «… un contrato de servicio de pago que rige la ejecución futura de operaciones de pago individuales y sucesivas y que puede estipular la obligación de abrir una cuenta de pago y las correspondientes condiciones para ello». Así, en el ámbito de este contrato, el usuario de servicios de pago puede hacer depósitos y retiros –gestionar su cuenta– y realizar pagos a terceros. En definitiva, este acuerdo dota a los servicios de pago de su marco legal de funcionamiento[508].

La referencia de la norma citada a la cuenta y a la posibilidad de establecer las condiciones de funcionamiento de la misma en el contrato marco, se debe a que generalmente, la relación entre el proveedor de servicios de pago y el usuario, que puede comportar diferentes tipos de servicios de pago, es operada dentro del contexto más amplio y complejo de una cuenta de pago, la cual, en la mayoría de los casos, constituye el centro y la base de aquellos servicios[509].

Según reconoce Mavromati[510], esta concepción del contrato marco tiene su origen en el contrato general bancario alemán –*allgemeiner Bankvertrag*– que es un contrato base en el cual se articulan todas las relaciones del banco con su cliente, las cuales, comúnmente, no se agotan en una operación concreta[511]. Con esta concepción se da entrada, en materia de negocios bancarios, a las llamadas «condiciones generales de contratación», definidas de manera general por el § 305 del BGB, como términos contractuales preestablecidos

---

508 Mavromati, *The Law of payment services in the EU*…, ob. cit., p. 203.
509 Ídem.
510 Ídem.
511 Häuser, Franz, Geschäftsbeziehung und Bankvertrag, en: *Handbuch zum deutschen und europäischen Bankrecht*, 2009, pp. 25 y ss.

para una variedad de contratos, que una de las partes presenta a la otra para la celebración de un contrato específico[512].

En efecto, teniendo en cuenta que el concepto y los asuntos de las transacciones bancarias se traducen en una diversidad de posibles relaciones contractuales entre los bancos y sus clientes, estas relaciones se articulan a través de un haz de obligaciones de comportamiento y protección, que son estandarizados en condiciones generales de contratación por los bancos[513]. Algo similar ocurriría entonces con los medios de pago y su regulación a través del contrato marco.

En todo caso, el contrato marco, que ha sido calificado como un contrato de adhesión[514], puede ser definido como un contrato normalizado o dirigido en aquellos casos en los que participa un consumidor. En efecto, al establecer las normas relativas a la transparencia de las condiciones o requisitos de información aplicables a los servicios de pago, sean estos prestados de manera aislada o como parte de un contrato marco, la Directiva 2015/2366 admite, en su artículo 38,1, que las partes puedan acordar

---

512 BGB, § 305 «*(1) Allgemeine Geschäftsbedingungen sind alle für eine Vielzahl von Verträgen vorformulierten Vertragsbedingungen, die eine Vertragspartei (Verwender) der anderen Vertragspartei bei Abschluss eines Vertrags stellt. Gleichgültig ist, ob die Bestimmungen einen äußerlich gesonderten Bestandteil des Vertrags bilden oder in die Vertragsurkunde selbst aufgenommen werden, welchen Umfang sie haben, in welcher Schriftart sie verfasst sind und welche Form der Vertrag hat. Allgemeine Geschäftsbedingungen liegen nicht vor, soweit die Vertragsbedingungen zwischen den Vertragsparteien im Einzelnen ausgehandelt sind*». Ver: Baumbach, Adolf y Klaus Hopt, Allgamaine Geschäftbedingungen der Banken, en: *Kommertar zum Handelsgesetzbuch*, München, Beck, 35. Auflage, 2012, Rn 1 y ss.
513 Schnyder, Anton, *Europäisches Banken- und Versicherungsrecht*, Heildelberg, C.F. Müller Verlag, 2005, p. 211.
514 «El contrato marco se configura como un contrato de adhesión que incorpora el clausulado general no negociable por las partes...». Ver: Rico Carrillo, *El pago electrónico en internet...*, ob. cit., p. 165.

que no se apliquen, en todo o en parte, tales normas, siempre que «... el usuario del servicio de pago no sea un consumidor». La presencia del consumidor, la cual examinaremos *infra* con detalle, hace necesaria la intervención del Estado, la cual se verifica *a priori*, con el establecimiento de estas condiciones, a fin de garantizar cierto equilibrio contractual[515].

b. Operaciones de pago singulares

La Directiva 2015/2366 dedica también algunas disposiciones a las operaciones de pago singulares, no obstante reconocer en su Considerando N.º 57 que, en la práctica, los contratos marco y las operaciones de pago en el marco de dichos contratos son mucho más frecuentes y tienen mayor importancia económica que aquellas[516]. Sin embargo, tal como destaca Mavromati, este instrumento no ofrece una definición exacta y comprensiva de lo que ha de entenderse por operación de pago singular. En todo caso, una posible definición podría deducirse a partir del contenido del artículo 43 de la Directiva, de manera que la propia autora afirma que una operación individual de pago es aquella que se realiza al margen de un contrato marco[517].

La misma norma, en su segundo párrafo, admite la posibilidad de una categoría *sui generis* –para utilizar la expresión de Mavromati– al referirse

---

515 La intervención *a priori* del Estado se produce, a través del legislador, antes de nacer la relación. Habría una intervención *a posteriori*, materializada a través del juez luego de nacida la relación contractual. Ver: Madrid Martínez, Claudia, La libertad contractual: su lugar en el Derecho venezolano de nuestro tiempo, en: *Derecho de las Obligaciones. Homenaje a José Mélich Orsini*, (Ed. C. Madrid Martínez), Caracas, ACPS, 2012, pp. 105 y ss., especialmente p. 122.
516 Así lo reconocía el Considerando N.º 24 de la Directiva 2007/64.
517 Mavromati estima que, aunque a primera vista la estructura de la Directiva, para la regulación de las operaciones de pago –cubiertas o no por un contrato marco–, puede parecer algo complicada, en realidad no lo es tanto, pues este instrumento, además de las disposiciones comunes al inicio del tercer título, incluye algunas reglas sobre la entrada en vigor, los cambios en las condiciones contractuales y la terminación del contrato marco. Ver: Mavromati, *The Law of payment services in the EU...*, ob. cit., p. 201 y 212.

a la orden de pago para la realización de una operación singular de pago, transmitida a través de un instrumento de pago cubierto por un contrato marco. En tales casos, de acuerdo con la citada disposición, el proveedor de servicios de pago no está obligado a dar al usuario la información que ya le haya facilitado antes de la celebración del contrato marco.

Precisamente, la distinción entre las operaciones de pago cubiertas por un contrato marco y las que no lo están tiene importancia a los efectos de la información que el prestador de servicios de pago está obligado a dar al usuario, según veremos más adelante. Por lo demás, la regulación de la Directiva no establece diferencias entre ambos tipos de operación.

4. Obligaciones de las partes
    a. **Obligaciones del prestador de servicios de pago**
        a.1. **Información en el contrato marco**
            a.1.1. **Información previa al contrato**

En la prestación de un servicio de pago cubierto por un contrato marco, la obligación de información que recae sobre el prestador del servicio resulta fundamental para el funcionamiento del instrumento de pago de que se trate. Tengamos en cuenta que, si bien la información es esencial para realizar exitosamente cualquier operación comercial, lo es más aún cuando esa operación se desarrolla a través de internet, debido a que las partes suelen no encontrarse personalmente, lo que dota a la relación de un relativo grado de anonimato[518] que debe equilibrarse con información.

Además, la información también resulta esencial para garantizar el equilibrio en las relaciones en las que una de las partes padece cierta debilidad frente a la otra, relaciones en las que existe una marcada desigualdad en su poder de negociación. Es el caso de las relaciones de consumo. De hecho, en Venezuela, por ejemplo, el deber de información y su correlativo, el

---

518 Theil, *Kreditkarte* versus *E-Payment...*, ob. cit., p. 10.

derecho a la información, se han consagrado en materia de Derecho de consumo y, desde 1999, tienen rango constitucional. Así, de conformidad con el artículo 117 de la Constitución, «Todas las personas tendrán derecho a disponer de bienes y servicios de calidad, así como a una información adecuada y no engañosa sobre el contenido y características de los productos y servicios que consumen, a la libertad de elección y a un trato equitativo y digno…».

Sin embargo, como hemos afirmado *supra*, el deber de información no está limitado a las relaciones en las que intervenga un consumidor, sino que alcanza a todas las operaciones de pago pues, en definitiva, en materia de pago, el usuario suele ser un lego frente al prestador de servicios, cuya profesionalidad –a la cual nos hemos referido antes– es reconocida expresamente por la Directiva europea sobre la materia.

Ahora bien, la importancia del deber de información se refleja en el hecho de que su obligatoriedad se extiende incluso a la fase precontractual. La idea es que el usuario pueda comparar los términos y condiciones ofrecidos por los diferentes proveedores antes de decidir contratar con alguno y, en caso de litigo, pueda comprobar sus derechos y obligaciones contractuales[519].

Así, dentro de las obligaciones previas a la celebración del contrato marco, la Directiva 2015/2366 destaca el deber de información que, como hemos afirmado, es incluso irrenunciable cuando el usuario tiene el carácter de consumidor. En tal sentido, antes de la celebración del contrato, el prestador del servicio está obligado a «… facilitar al usuario de servicios de pago, en papel u otro soporte duradero, la información y las condiciones contenidas en el artículo 52, con suficiente antelación a la fecha en que el usuario quede vinculado por cualquier contrato marco u oferta» (art. 51). Hay tres elementos que, en un primer acercamiento, conviene destacar en

---

519 Así lo reconoce el Considerando N.º 26 de la Directiva.

esta norma: el concepto de soporte duradero, el momento en que la información debe proporcionarse al usuario y el contenido de esa información.

En relación con el primer elemento, el artículo 4,35 de la propia Directiva define al soporte duradero como «... un instrumento que permita al usuario de servicios de pago almacenar la información que le ha sido transmitida personalmente, de manera fácilmente accesible para su futura consulta, durante un período de tiempo adecuado para los fines de dicha información, y que permita la reproducción sin cambios de la información almacenada». Esta norma reproduce, de alguna manera, la definición que de soporte duradero contiene el artículo 2,f de la Directiva 2002/65[520].

El Considerando N.º 57 de la Directiva 2015/2366 repite el concepto contenido en la norma citada y califica como soportes duraderos, «... los extractos de cuenta impresos a través de cajeros automáticos, CD-ROM, DVD y discos duros de ordenadores personales en los que puedan almacenarse correos electrónicos, así como a través de sitios de internet, en la medida en que se pueda acceder a dichos sitios con fines de consulta durante un período de tiempo adecuado a efectos de información y que sea posible la reproducción de la información almacenada sin cambios»[521]. Además, de acuerdo al artículo 51,3 de la Directiva 2015/2366, la entrega de una copia del borrador del contrato marco que incluya la información

---

520 De conformidad con el artículo 2,f de la Directiva 2002/65, soporte duradero es «... todo instrumento que permita al consumidor almacenar la información dirigida personalmente a él, de modo que pueda recuperarla fácilmente durante un período de tiempo adecuado para los fines para los que la información está destinada y que permita la reproducción sin cambios de la información almacenada».
521 El Considerando N.º 20 de la Directiva 2002/65 era menos claro al establecer que un sitio de internet no sería considerado un soporte duradero, a menos que «... responda a los criterios de la definición de soportes duraderos», es decir, que se pueda acceder a él para futuras referencias, con lo cual, la solución es la misma de la Directiva 2007/64.

y condiciones del artículo 52 puede considerarse como el cumplimiento del deber de información.

Es importante tener en cuenta que, en opinión de Rico Carrillo, no es suficiente con que el proveedor de servicios de pago «ponga a disposición» del usuario la información requerida, sino que este le debe «facilitar» tal información. Se exige, de esta manera, una actitud activa por parte del proveedor. En tal sentido, la propia autora afirma que, aunque es posible que el proveedor inserte la información en su página web y el usuario la almacene luego en un soporte duradero, «… para cumplir a cabalidad la obligación de información establecida en la normativa sobre servicios de pago, el proveedor debe enviar las condiciones al consumidor…»[522].

Ahora bien, el Considerando N.º 60 de la Directiva, que parte de la idea según la cual la manera de dar información al usuario depende de las necesidades de este y de aspectos técnicos de carácter práctico y de coste beneficio, estima que existen dos formas en las que el proveedor de servicios de pago debe facilitar la información. En nuestra opinión las diferencias entre una y otra dependen del carácter esencial o no de la información en relación con el caso concreto. En efecto, el proveedor parece obligado a facilitar la información esencial, mientras que el usuario debe, en caso de estar interesado, procurar la información adicional. La información esencial sería la indicada por el artículo 52 de la Directiva.

Así, en primer término, el proveedor de servicios de pago debe comunicar la información esencial, de forma activa en el momento adecuado, sin que el usuario del servicio de pago tenga que tomar ninguna iniciativa, y, en segundo término, la información se debe poner a disposición del usuario del servicio de pago, tomando en consideración toda posible solicitud presentada en el sentido de obtener información adicional. En este último

---

522 Rico Carrillo, *El pago electrónico en internet…*, ob. cit., p. 169.

caso, el usuario del servicio de pago debe adoptar medidas activas para obtener la información, tales como solicitarla explícitamente del proveedor de servicios de pago, entrar en la cuenta de correo electrónico de la cuenta bancaria o introducir su tarjeta bancaria en una impresora de extractos de cuenta. A estos efectos, el proveedor de servicios de pago debe garantizar la posibilidad de acceso a la información y que la información esté a disposición del usuario del servicio de pago.

Bien, el segundo aspecto que destaca en el contenido del encabezamiento del artículo 51 de la Directiva 2015/2366 es el relativo al momento en el cual el prestador de servicios de pago debe proporcionar la información al usuario. Al respecto, la propia norma refiere que la información deberá darse «… con suficiente antelación a la fecha en que el usuario quede vinculado por cualquier contrato marco u oferta».

A diferencia de otros supuestos en los cuales la Directiva establece con precisión el lapso de tiempo dentro del cual deben cumplirse ciertos actos —dos meses de antelación para notificar la modificación de las condiciones del contrato (art. 54,1) o la rescisión del mismo (art. 55,3) u ocho semanas de antelación para solicitar la devolución por operaciones de pago iniciadas por un beneficiario a través del mismo y diez días para hacerla efectiva (art. 77,3)– en el caso de las informaciones previas se limita a referirse a «suficiente antelación». De manera similar, la Directiva 2002/65 hace referencia a la «debida antelación» para dar la información previa (art. 3,1) o a la «suficiente antelación» para comunicar las condiciones contractuales (art. 5,1), sin referir tampoco un lapso de tiempo preciso.

Además, en el marco de la propia Directiva 2015/2366, la posibilidad de obtener información no se limita a la fase de formación del contrato, pues «En cualquier momento de la relación contractual…», el usuario conserva el derecho, cuando así lo solicite, «… a recibir en papel o en otro soporte duradero las condiciones contractuales del contrato marco, así como la información y las condiciones contempladas en el artículo 52» (art. 53).

En todo caso, la estimación de lo que se considere como anticipación suficiente, dependerá de cada caso concreto. Así, si el fundamento de la exigencia de informar al usuario antes de la celebración del contrato es que este pueda conocer exactamente las condiciones de la relación de la cual formará parte, de manera que su consentimiento sea informado, hemos de suponer que será suficiente el lapso de tiempo que permita al usuario conocer realmente la información a que se refiere el artículo 52 de la Directiva 2015/2366, lo cual podrá variar de acuerdo con la complejidad del servicio de pago y las condiciones personales del usuario, por ello la información deberá ser accesible.

Conviene al respecto destacar que aunque la expresión «accesible» aparecía en la propuesta original de la Directiva, esta desapareció de la versión definitiva, en la cual se estipula, más bien, que «La información y las condiciones estarán redactadas en términos fácilmente comprensibles, de manera clara y legible, en una lengua oficial del Estado miembro en el que se ofrezca el servicio de pago o en cualquier otra lengua acordada entre las partes» (art. 51,1). Esta expresión es bastante cercana a la utilizada por el artículo 5 de la Directiva 93/13/CEE del Consejo de 5 de abril de 1993 sobre las cláusulas abusivas en los contratos celebrados con consumidores[523], norma de conformidad con la cual, las «… cláusulas deberán estar redactadas siempre de forma clara y comprensible», por lo que podríamos reforzar nuestra interpretación con la expresión utilizada por el Considerando N.º 20 de la Directiva 93/13, en sentido de que «… el consumidor –en nuestro caso,

---

523 http://eur-lex.europa.eu/LexUriServ/LexUriServ.do?uri=CELEX:31993L0013: es: HTML (29.11.2016). Este instrumento fue modificado por la Directiva 2011/83/UE del Parlamento Europeo y del Consejo de 25 de octubre de 2011 sobre los derechos de los consumidores, por la que se modifican la Directiva 93/13/CEE del Consejo y la Directiva 1999/44/CE del Parlamento Europeo y del Consejo y se derogan la Directiva 85/577/CEE del Consejo y la Directiva 97/7/CE del Parlamento Europeo y del Consejo (http://eur-lex.europa.eu/legal-content/ES/TXT/PDF/?uri=CELEX:32011L0083&from=ES [29.11.2016]). Sin embargo, esta modificación no ha afectado este punto específico.

el usuario– debe contar con la posibilidad real de tener conocimiento de todas las cláusulas».

Ahora bien, reforzando también esta interpretación, hemos de tener en cuenta que la Directiva 2015/2366 admite una excepción a la condición de que la información sea dada al usuario antes de la celebración del contrato, en los casos en que «... el contrato marco se ha celebrado a instancias del usuario del servicio de pago a través de un medio de comunicación a distancia...», que no permita al proveedor de servicios de pago cumplir con su deber de información en el momento oportuno. En tales casos, en los que puede razonablemente presumirse cierto grado de conocimiento por parte del usuario del servicio de pago, el proveedor podrá aportar la información requerida «... inmediatamente después de la celebración del contrato marco» (art. 51,2). Tampoco en este caso define la norma un periodo de tiempo determinado y preciso.

Finalmente, el tercer aspecto que hemos destacado en el artículo 51 de la Directiva 2015/2366 tiene que ver con el contenido de la información, para lo cual la propia norma remite al artículo 52. De conformidad con esta disposición, el prestador de servicios de pago debe dar al usuario la información vinculada a diversos aspectos de la relación, tanto objetivos como subjetivos y gracias a ella, el usuario no solo podrá conocer de antemano las obligaciones con las cuales se comprometerá al celebrar el contrato marco, sino que también se garantiza que su consentimiento sea suficientemente informado, a la vez que se dota a la operación de un buen nivel de seguridad jurídica[524].

Así, en primer término, el proveedor de servicios de pago deberá informar al usuario sobre sí mismo, indicando su nombre, la dirección postal de su administración central y, si fuere el caso, la de su sucursal o agente establecido

---

524 Rico Carrillo, *El pago electrónico en internet...*, ob. cit., p. 167.

en el Estado en el que se ofrece el servicio de pago, así como cualquier otra dirección, incluida la de correo electrónico, que pueda ser de utilidad para la comunicación con el proveedor. Además, deberá indicarle los datos de las autoridades de supervisión pertinentes y los datos del registro de la autorización.

Aunque las condiciones de uso podrán variar en función de la naturaleza del instrumento de pago, de manera general, el proveedor deberá indicar las principales características del medio de pago de que se trate y la especificación de la información o del identificador único que el usuario deberá facilitar para la correcta ejecución de una orden de pago. Este identificador único, de acuerdo con el artículo 4,33 de la Directiva 2015/2366, es una combinación de letras, números o signos que el proveedor debe proporcionar al usuario, con el objeto de identificar, de forma inequívoca al otro usuario del servicio o a su cuenta en una operación de pago. Además, ha de informarle sobre la forma y el procedimiento por el que han de comunicarse el consentimiento para la iniciación de una orden de pago, o para la ejecución de una operación de pago y la retirada de dicho consentimiento; una referencia al momento de recepción de la orden de pago, y, en su caso, la hora límite establecida por el proveedor de servicios de pago; el plazo máximo de ejecución de los servicios de pago que deban prestarse; si existe la posibilidad de ponerse de acuerdo sobre la cuantía máxima de los gastos por la utilización del instrumento de pago (art. 68,1), y, en el caso de instrumentos de pago basados en tarjetas que utilicen marcas compartidas, también deberá informar al usuario sus derechos, de conformidad con el artículo 8 del Reglamento UE 2015/751 del Parlamento Europeo y del Consejo de 29 de abril de 2015 sobre las tasas de intercambio aplicadas a las operaciones de pago con tarjeta[525].

También deberá indicarse todo lo relativo a los gastos y tipos de interés y de cambio, de manera que el usuario disponga de toda la información

---

525 http://eur-lex.europa.eu/legal-content/Es/TXT/PDF/?uri=OJ:JOL_2015_123_R_0001&from=Es (29.11.2016)

referente a los gastos que debe abonar al proveedor de servicios de pago —incluidos los asociados a la forma en que deba facilitarse o ponerse a disposición del destinatario la información prevista en la Directiva y la frecuencia de esa información— y, en su caso, el desglose de las cantidades correspondientes. De ser necesario, deberá también informarle sobre los tipos de interés y de cambio que se aplicarán o, si van a utilizarse los tipos de interés y de cambio de referencia, el método de cálculo del interés efectivo y la fecha correspondiente, además del índice o la base para determinar dicho tipo de interés o de cambio de referencia. Igualmente, de haberse convenido así, se informará sobre la aplicación inmediata de las variaciones de los tipos de interés o de cambio de referencia, y los requisitos de información en relación con dichas variaciones (art. 54,2).

Sobre la forma en que se comunicarán el proveedor de servicios de pago y el usuario, deberá informarse al usuario, cuando proceda, los medios de comunicación, incluidos los requisitos técnicos aplicables al equipo y los soportes lógicos del usuario de servicios de pago, convenidos entre las partes para la transmisión de información o notificaciones; la forma en que debe facilitarse o ponerse a disposición esta información y su frecuencia; la lengua o lenguas de celebración del contrato marco y de comunicación durante esta relación contractual, y, finalmente, el derecho del usuario del servicio de pago a recibir las condiciones contractuales del contrato marco y la información y las condiciones del mismo (art. 53).

En relación con las medidas de salvaguardia y correctivas deberá indicarse, cuando proceda, una descripción de las medidas que el usuario de servicios de pago deberá adoptar para preservar la seguridad del instrumento de pago y de la forma en que debe realizarse la notificación al proveedor de servicios de pago en caso de extravío, robo o sustracción del instrumento de pago, o de utilización no autorizada de este (art. 69,1,b). El proveedor también deberá informar al usuario el procedimiento seguro a través del cual le notificará en caso de sospecha de fraude, o de fraude real o amenazas para la seguridad (art. 52,5,b). Esta obligación se ve reforzada cuando la Directiva, en su artículo 74,3, exonera de responsabilidad al ordenante del pago, en los casos en los que habiendo sido robado, extraviado o sustraído un instrumento de pago, el mismo ha sido utilizado, sin que, previamente, el proveedor de servicios de pago haya proporcionado al usuario medios adecuados para que este pueda notificar tales hechos.

Además, en caso de haberse convenido así, el proveedor de servicios de pago le informará al usuario las condiciones en las que se reserva el derecho de bloquear un instrumento de pago por razones objetivamente justificadas, relacionadas con la seguridad del propio instrumento, la sospecha de una utilización no autorizada o fraudulenta del mismo o, en caso que el instrumento de pago esté asociado a una línea de crédito, si supone un aumento significativo del riesgo de que el ordenante pueda ser incapaz de hacer frente a su obligación de pago (art. 68,2); la responsabilidad del ordenante de conformidad con el artículo 74, con información sobre el importe correspondiente; la forma y el plazo dentro del cual el usuario debe notificar al proveedor de servicios de pago cualquier operación de pago no autorizada o ejecutada de forma incorrecta (art. 71), así como la responsabilidad del proveedor de servicios de pago en caso de operaciones de pago no autorizadas (art. 73); la responsabilidad del proveedor de servicios de pago por la iniciación o ejecución de operaciones de pago (art. 89), y los requisitos necesarios para la devolución de los fondos, en virtud de los artículos 76 y 77.

Desde luego, las modificaciones y la rescisión del contrato marco también deberán informarse al usuario, indicando, en caso de haberse convenido así, la advertencia de que se considerará que el usuario de servicios de pago acepta modificaciones de las condiciones establecidas con arreglo al artículo 54, a menos que notifique lo contrario al proveedor de servicios de pago con anterioridad a la fecha propuesta para la entrada en vigor de las mismas; la duración del contrato marco, y el derecho del usuario de servicios de pago a rescindir un contrato marco y cualesquiera acuerdos relativos a la rescisión (arts. 54,1 y 55).

Finalmente, en relación con la resolución de litigios, deberán indicarse, si las hubiere, las cláusulas contractuales relativas a la Ley aplicable al contrato marco y a la elección de la jurisdicción competente; además de los procedimientos de resolución alternativa de litigios a disposición del usuario de servicios de pago (arts. 99 a 102). Se da con esta norma cierta cabida a la posibilidad de que las partes elijan el Derecho aplicable y la jurisdicción competente, lo cual se verá matizado con la participación del consumidor, según constataremos en el capítulo III.

Ahora bien, es importante considerar que, además de los casos en que no participa un consumidor, lo cual, como hemos afirmado, permite a las partes excluir convencionalmente el régimen de informaciones previas al contrato marco (art. 38,1), la propia Directiva 2015/2366 suaviza lo dispuesto en los artículos 51 y 52, en los casos en que se trate de instrumentos de pago de escasa cuantía –pagos genéricos y micropagos, según la clasificación que hemos adoptado en el capítulo I– y dinero electrónico.

Así, de acuerdo con el artículo 42 de la Directiva, en caso de instrumentos de pago que, con arreglo al contrato marco, solo afectan a operaciones de pago individuales no superiores a 30 euros o que tienen un límite de gasto de 150 euros, o que permiten almacenar fondos que no exceden en ningún momento la cantidad de 150 euros, el proveedor del servicio de pago solo facilitará al ordenante la información sobre las características principales del servicio de pago, incluida la forma de utilizar el instrumento de que se trate, la responsabilidad, los gastos cobrados y demás información práctica necesaria para adoptar una decisión con conocimiento de causa, e indicará en qué lugar se puede acceder fácilmente a la información y condiciones contenidas en el artículo 52.

a.1.2. Información relativa a la ejecución de operaciones de pago

Además de la información previa a la celebración del contrato marco, el prestador de servicios de pago está obligado a facilitar al usuario, cuando este así lo requiera, información explícita sobre el plazo máximo de ejecución de una operación de pago concreta, los gastos que debe abonar el ordenante y, cuando proceda, el desglose de dichos gastos (art. 56). También deberá dar al ordenante, una vez que el importe de una operación de pago concreta se haya cargado en su cuenta, o cuando este no utilice una cuenta de pago tras recibir la orden, y sin demoras injustificadas, una referencia que le permita identificar la operación, y, en su caso, la información relativa al beneficiario; su importe y la moneda utilizada, el monto de los gastos –incluido su desglose, si fuera necesario–; el tipo de cambio, si fuere aplicable, y la fecha de valor del adeudo o la fecha de recepción de la orden de pago (art. 57,1). Esta información podrá enviarse periódicamente al usuario, sea porque lo disponga así el contrato marco, sea porque así lo exija el legislador (art. 57,2 y 3).

El beneficiario, por su parte, tiene derecho a que el proveedor de servicios de pago le facilite, después de la ejecución de cada operación de pago concreta y sin demoras injustificadas, una referencia que le permita identificar la operación de pago y al ordenante, así como cualquier información comunicada junto con la operación de pago; el importe de esta y la moneda utilizada; los gastos que deba abonar y su desglose; el tipo de cambio, en los casos en que procediese, y la fecha de valor del abono (art. 58).

a.1.3. Intervención del prestador de servicios de información sobre cuentas

La regulación de la intervención del prestador de servicios de información sobre cuentas es una novedad de la Directiva 2015/2366 en relación con su antecesora. Se trata de servicios complementarios prestados «a título profesional» (art. 4,19), cuyo objeto es –según se reconoce en el Considerando N.º 28 de la Directiva– proporcionar al usuario «… información agregada en línea sobre una o varias cuentas de pago mantenidas en otro u otros proveedores de servicios de pago, a la que se accede mediante interfaces en línea del proveedor del servicio de pago gestor de cuenta, lo que permite al usuario del servicio de pago tener en todo momento una visión global e inmediata de su situación financiera».

Aunque se trata de servicios complementarios, su inclusión en el ámbito de aplicación de la Directiva –se menciona en el punto 8 del Anexo I– se debe al afán de brindar «... a los consumidores una protección adecuada de sus pagos y de los datos de sus cuentas, así como seguridad jurídica en cuanto a la situación de los proveedores de información sobre cuentas» (Considerando N.º 28). Así, su regulación se hace necesaria debido a «... la naturaleza específica de la actividad que realizan y dados los riesgos asociados a la prestación de dichos servicios» que, incluso, pueden prestarse de forma transfronteriza (Considerando N.º 48).

El artículo 4,16 de la Directiva 2015/2366 define este servicio de información sobre cuentas como un «servicio en línea cuya finalidad consiste en facilitar información agregada sobre una o varias cuentas de pago de las que es titular el usuario del servicio de pago bien en otro proveedor de servicios de pago, bien en varios proveedores de servicios de pago», y cuya prestación no está supeditada a la existencia de una relación contractual entre los proveedores de servicios de información sobre cuentas y los proveedores de servicios de pago gestores de cuentas (art. 67,4).

Ahora bien, el artículo 67 de la Directiva establece las «Normas de acceso a la información sobre cuentas de pago y uso de dicha información en caso de servicios de información sobre cuentas». En tal sentido, la mencionada norma ordena a los Estados miembros velar por que el usuario de servicios de pago tenga derecho a recurrir a servicios que permitan acceder a la información sobre cuentas, derecho que se sujeta a que el usuario pueda acceder en línea a la correspondiente cuenta de pago.

El párrafo 2 de la norma citada impone al proveedor de servicios de información sobre cuentas la obligación de prestar sus servicios exclusivamente sobre la base del consentimiento explícito del usuario del servicio de pago; garantizar que las credenciales de seguridad personalizadas del usuario de servicios de pago no sean accesibles a terceros, con excepción del usuario y del emisor de las credenciales de seguridad personalizadas, y que, cuando las transmita el proveedor de servicios de información sobre cuentas, la transmisión se realice a través de canales seguros y eficientes; identificarse, en cada comunicación, ante el proveedor o proveedores de servicios de pago gestores de cuenta del usuario de servicios de pago y comunicarse de manera segura con el proveedor o proveedores de servicios de pago gestores de cuenta y el usuario del servicio de pago, *ex* 98,1,d, y acceder únicamente a la información de las cuentas de pago designadas y las operaciones de pago correspondientes. Además, la propia norma le impone algunos deberes negativos al impedirle solicitar datos de pago sensibles vinculados a las cuentas de pago, y utilizar, almacenar o acceder a algún dato, para fines distintos de la prestación del servicio de información sobre cuentas expresamente solicitado por el usuario del servicio de pago, de conformidad con las normas sobre protección de datos.

Como se ve, el prestador de servicios de información sobre cuentas se vincula estrechamente con el prestador de servicios de pago gestor de cuenta, «un proveedor de servicios de pago que facilita a un ordenante una o varias cuentas de pago y se encarga de su mantenimiento» (art. 4,17). Este último deberá establecer una comunicación segura con los proveedores de servicios de información sobre cuentas, de conformidad con el artículo 98,1,d, y tratará las peticiones de datos transmitidas a través de los servicios de un proveedor de servicios de información sobre cuentas sin discriminación alguna, salvo por causas objetivas (art. 67,3).

a.2. Información relativa a las operaciones singulares de pago

La diferencia en la regulación de las operaciones de pago según estén o no cubiertas por un contrato marco se presenta fundamentalmente, tal como hemos afirmado antes, en materia de información. Lo primero que debe considerarse es que, si existe un contrato marco, el proveedor de servicios de pago no está obligado a dar información al usuario antes de cada operación de pago realizada al amparo de este (art. 43,2). Si en cambio se pretende celebrar un contrato o se hace una oferta para realizar una operación de pago única, tal información deberá ser proporcionada al usuario de manera previa al nacimiento del vínculo.

En estos casos rigen, en principio, reglas similares a las ya analizadas para los casos en que existe un contrato marco, pues tal información debe ser puesta a disposición del usuario, «… de un modo fácilmente accesible…» para él, antes de quedar vinculado por cualquier contrato u oferta relativos a la operación de pago singular. Si el usuario lo solicita, la información deberá estar plasmada en papel u otro soporte duradero –lo cual incluye el borrador del contrato o de la orden de pago (art. 44,3)– y deberá estar redactada en términos fácilmente comprensibles, de manera clara y legible, en una lengua oficial del Estado miembro en que se ofrezca el servicio de pago, u otra lengua acordada por las partes (art. 44,1).

Tal como ocurre en el caso del contrato marco, en las operaciones singulares de pago, la información podrá no ser dada al usuario antes de su ejecución, sino inmediatamente después. Tal excepción es posible cuando el contrato relativo a la operación de pago singular se ha celebrado a instancia del usuario a través de un medio de comunicación a distancia, que no permita al proveedor de servicios de pago cumplir con su obligación de informar antes de ejecutar la operación (art. 44,2).

Sin embargo, hay también algunas reglas particulares que conviene destacar. En efecto, además de la información indicada en el artículo 52 de la propia Directiva, que debe ser puesta a disposición del usuario de un modo fácilmente accesible (art. 45,3), el proveedor de servicios de pago debe también poner a su disposición las condiciones de la operación de pago en particular, es decir, la especificación de la información o del identificador único que el usuario de servicios de pago deba facilitar para la correcta ejecución de la orden de pago; el plazo máximo de ejecución del servicio de pago; todos los gastos que el usuario debe abonar y, en su caso, el desglose de las cantidades correspondientes a esos gastos, y, cuando proceda, el tipo de cambio efectivo o el de referencia (art. 45,1).

Por su parte, el proveedor de servicios de iniciación de pagos, antes de iniciar la operación, deberá poner a disposición del ordenante, información relativa a su nombre, dirección postal de su administración central y, en su caso, de su sucursal o agente establecido en el Estado en que se ofrece el servicio, y demás datos de contacto, incluido el correo electrónico y los datos de contacto de la autoridad competente (art. 45,2). Además, este deberá facilitar o poner a disposición del ordenante y, en su caso, del beneficiario, inmediatamente después de la iniciación de la orden de pago, la confirmación de la satisfactoria iniciación de la orden de pago con el proveedor de servicios de pago gestor de cuenta del ordenante; la referencia que permita al ordenante y al beneficiario identificar la operación de pago y, en su caso, al beneficiario identificar al ordenante y cualquier información comunicada junto con la operación de pago; el importe de la operación de pago, y el importe de los gastos que deban abonarse por la operación al proveedor de servicios de iniciación de pagos y, cuando proceda, el correspondiente desglose de dicho importe (art. 46). Finalmente, este deberá poner a disposición del proveedor de servicios de pago gestor de cuenta del ordenante la referencia de la operación de pago (art. 47).

Ahora bien, una vez que el proveedor reciba la orden de pago, debe informar al usuario –ordenante– una referencia que le permita identificar la operación de pago y, en su caso, la información relativa al beneficiario; el importe de la operación y la moneda usada en la misma; la cantidad total de gastos que deba abonar el ordenante; en su caso, el tipo de cambio utilizado en la operación de pago, y la fecha de recepción de la misma (art. 48). También, tras la ejecución de la orden de pago, el proveedor debe informar al beneficiario de la misma, una referencia que le permita identificarla, y, en su caso, identificar al ordenante y cualquier otra información comunicada junto con la operación; el importe y la moneda de la operación de pago; los gastos que este debe abonar; el tipo de cambio, cuando corresponda, y la fecha del abono (art. 49).

a.3. La información en el marco del Derecho venezolano

Tal como hemos afirmado *supra*, la información, al menos en materia de relaciones de consumo, tiene en Venezuela carácter constitucional (art. 117 CRBV). Sin embargo, también hemos reconocido que la vigente Ley Orgánica de Precios Justos no desarrolla suficientemente el mandato constitucional.

En efecto, a diferencia de su predecesora, la derogada Ley para la Defensa de las Personas en el Acceso a Bienes y Servicios, que regulaba con cierto detalle el derecho a la información[526], el nuevo instrumento normativo se limita a reconocer que entre los «… derechos de las personas en relación a los bienes y servicios declarados o no de la cesta básica o regulados…» está el derecho «A la información adecuada, veraz, clara, oportuna y completa sobre los bienes y servicios ofrecidos en el mercado, así como sus

---

526 Además de las normas generales aplicables a toda relación de consumo, la Ley derogada contenía una norma especial sobre el deber de información en materia de servicios (art. 24: «Las proveedoras o proveedores de servicios, deben entregar a las personas, constancia escrita de las condiciones de la prestación y de los derechos y obligaciones de los contratantes. Igualmente, deben informar por escrito sobre las normas técnicas adecuadas, el cumplimiento efectivo del servicio ofrecido. Sin perjuicio de ello, deberán mantener permanentemente esta información a disposición de las personas en todas las oficinas de atención al público y en caso de existir variables, estas deberán ser informadas de igual manera») y una norma en materia de comercio electrónico (art. 33: «Las proveedoras o proveedores asociados al comercio electrónico que difundan información de los bienes y servicios que provean, deberán presentar la información en idioma oficial, de manera veraz, clara, precisa y accesible, a fin de evitar ambigüedad o confusión a la consumidora o al consumidor y a la usuaria o usuario, para que este pueda tener la posibilidad de expresar su consentimiento en la adquisición del bien o servicio ofrecido»).

precios, características, calidad, condiciones de contratación y demás aspectos relevantes de los mismos, incluyendo los riesgos que pudieran derivarse de su uso o consumo» (art. 7,4), para luego sancionar a «... quienes violen, menoscaben, desconozcan o impidan a las personas...» el ejercicio del derecho a «Recibir información suficiente, oportuna y veraz sobre los bienes y servicios puestos a su disposición, con especificación de los datos de interés inherentes a su elaboración, prestación, composición y contraindicaciones que sean necesarias» (art. 47,2).

Por otro lado, la propia Ley obliga a la Superintendencia Nacional para la Defensa de los Derechos Socioeconómicos, a «Proveer las herramientas para la captación de información y formulación de criterios técnicos, que permitan hacer efectivas reclamaciones de las personas ante las conductas especulativas y, otras conductas irregulares que menoscaben sus derechos en el acceso a los bienes y servicios» (art. 10,19).

Ahora bien, recordemos que, de conformidad con el artículo 15 de la Ley de Instituciones del Sector Bancario, los prestadores de servicios de pago pueden ser considerados como incluidos en esta categoría, por lo que examinaremos las normas sobre el derecho a la información aplicables a las intuiciones bancarias. En tal sentido, a pesar del reconocimiento generalizado del recurso a contratos de adhesión, lo cual no debe considerarse de ningún modo pernicioso en sí mismo, hay un elemento fundamental que conviene tener presente en esta materia. No parece correcto pensar –aunque esta sea la posición de la Directiva 2015/2366 y de nuestra Ley– que en las relaciones del banco con los usuarios, la intervención de estos últimos ha de ser totalmente pasiva. Hoy día ha de admitirse que su consentimiento, para ser legitimador, debe ser informado y consciente. Se trata, en suma, de una voluntad racional[527]. De allí que el derecho a la información sea considerado como fundamental.

---

527 Charbin, Nicole, *Le contrat de consommation de crédit et l'autonomie de la volonté*, París, LGDJ, Bibliothèque de Droit Privé, T. CXCIX, 1988, p. 7 y 216.

Así, la Ley sobre instituciones del sector bancario ordena a los bancos «Ofrecer a los usuarios y usuarias la información de todos los servicios que tengan a la disposición del público en general a través de los mecanismos de comunicación idóneos, entre otros el Código Braille, aptos para personas con impedimentos visuales y físicos» (art. 69,6). Además, les impone la obligación «informar y orientar» de forma adecuada al público general «... a través de comunicación verbal, impresa, audiovisual, virtual o a través de otros medios, sobre los servicios o procedimientos a seguir para efectuar cualquier operación o transacción, así como acerca de las diferentes especificaciones inherentes a cada producto o servicio financiero que les permita elegir conforme a sus necesidades» (69,7).

Llama la atención en la última de las normas transcritas, en primer lugar, la referencia a la posibilidad de transmitir la información «... a través de comunicación verbal...» lo cual, ciertamente, no supondría un «soporte duradero». En segundo término, destaca la referencia a las «especificaciones inherentes a cada producto o servicio financiero»[528]. Se reafirma así, la existencia de algo propio o connatural a cada servicio que no deriva de la actuación de las partes, ni del propio pacto, ni de la ley, sino de su intrínseca naturaleza[529], y sobre lo cual también habría que informar al usuario.

Para determinar esa naturaleza propia de cada servicio, el intérprete debe colocarse en el lugar del usuario y responder la interrogante sobre lo que puede esperar de ese servicio, aun cuando ello no figure expresamente en el

---

528 Tal expresión es semejante a la que contenía el artículo 82 de la Ley para la Defensa de las Personas en el Acceso a los Bienes y Servicios, al imponer al proveedor la obligación de ofrecer al usuario «... garantías suficientes por escrito contra los desperfectos y mal funcionamiento, vicios ocultos o cualquier otro riesgo de acuerdo a la naturaleza del bien o servicio».
529 Cavanillas Mujica, Santiago, Las prestaciones propias de cada producto o servicio (Art. 8.1 de la Ley General para la Defensa de Consumidores y Usuarios), en: *Aranzadi Civil*, enero 1993, N.º 2, pp. 6 y ss., especialmente p. 8.

contrato, la publicidad o las instrucciones. Los parámetros para tal determinación son reconocidos por la doctrina en la *Lex artis*, entendiendo que toda prestación debe cumplir con las pautas de una buena práctica profesional[530].

Pero, en esta materia en particular, han de considerarse también las regulaciones establecidas por la normativa bancaria. El usuario del sistema bancario tiene derecho a que los servicios contratados le ofrezcan una prestación normal, es decir, más que una calidad media, una condición usual, regular, habitual. En todo caso, es el principio de buena fe, en su función integradora, el encargado de completar el cuadro de prestaciones expresamente pactadas en el contrato, imponiendo deberes accesorios, como la obligación de seguridad y la legítima expectativa del usuario de que el servicio reúna todas las características propias de su naturaleza[531].

Ahora bien, la Ley de instituciones del sector bancario, además del reconocimiento general del deber de información, afina algunas cuestiones que tienen que ver con las características propias de la actividad bancaria. Así, el artículo 78 establece que «Las instituciones del sector bancario deben proporcionar información fidedigna al público. Para ello, en todo tipo de publicidad, en todos los documentos que respalden sus operaciones, y en sus oficinas de atención al público, deberán especificar las tasas nominales anuales de las operaciones pasivas, las comisiones y cargos por cada servicio financiero, además de cualquier otra información necesaria para que el usuario y usuaria pueda determinar con facilidad el costo total de la operación activa». Como parte de esta norma general, los bancos deben «... tener a disposición del público en general su memoria semestral» (art. 79 LISB).

---

530 Vázquez Ferreyra, Roberto, Las obligaciones emergentes del contrato y la tutela del consumidor: las prestaciones propias de cada producto o servicio, en: *Contratación contemporánea. Contratos modernos. Derecho del consumidor*, Lima, Palestra, Bogotá, Temis, 2001, pp. 479 y ss., especialmente pp. 483-484.
531 Vázquez Ferreyra, Roberto, Las obligaciones emergentes del contrato y la tutela del consumidor..., ob. cit., p. 487.

En el marco de la Ley de Tarjetas de Crédito, Débito, Prepagadas y demás Medios de Financiamiento o Pago Electrónico, esta obligación de informar debe plasmarse en un folleto puesto al servicio del público, en el cual se indique el servicio que ofrece el banco y los beneficios de la marca de la tarjeta, de manera que los interesados «... puedan tener información adecuada y no engañosa, suficiente y oportuna para la toma de decisión al momento de contratarlo». De hecho, una vez suscrito el contrato, el emisor debe entregar el folleto separado del documento, dejándose constancia de ello en el recibo suscrito por el tarjetahabiente (art. 8).

Tal información, de conformidad con el artículo 19 de la Ley de tarjetas, deberá incluir el nombre legal completo del emisor o emisores; el nombre y marca comercial de las tarjetas y beneficios de la marca; las tasas de interés financieras o corrientes aplicadas en el mes respectivo de acuerdo al tipo de tarjeta; las tasas de interés moratorias aplicadas a las tarjetas de crédito y los rubros sobre los que recaen; los beneficios adicionales otorgados sin costo adicional para el tarjetahabiente; el plazo de pago de contado (días a partir del corte) de acuerdo al tipo de tarjeta; el plazo de financiamiento; la cobertura, indicándose el ámbito geográfico o sector del mercado donde puede ser utilizada la tarjeta de crédito; el grado de aceptación de cada una de las tarjetas (número de puntos de transacción disponible); los requisitos y restricciones de las ofertas, promociones y premios, y cualquier otra información relacionada con las características del producto y la marca de interés para el usuario o la usuaria en el uso del servicio nacional e internacional. La propia norma indica que el emisor ha de aportar la información correspondiente a los parámetros aplicados por los emisores de tarjetas durante el mes anterior. En caso de que el contrato llegare a modificarse, el emisor deberá notificarlo por escrito al tarjetahabiente, informándole además que puede rechazar la modificación si se lo comunica por escrito dentro treinta días continuos, contados a partir de la fecha de corte de la tarjeta (art. 12).

Por su parte, las Normas relativas a la Protección de Usuarios y Usuarias del Sistema Financiero también dan especial importancia a la información. De hecho, la tratan desde la doble perspectiva derecho/deber. Así, de conformidad con el artículo 5 de estas Normas, «Los clientes, usuarios y usuarias de las Instituciones Bancarias tienen derecho a contar con información clara, suficiente, oportuna, precisa, comprensible y no engañosa sobre el contenido y características de los productos y servicios que reciben, que les permita conocer acerca del giro de sus negocios al momento de sus requerimientos y en cualquiera de las sucursales, agencias u oficinas».

Desde la perspectiva de los bancos, estas instituciones «… deberán informar y orientar adecuadamente a los clientes, usuarios y usuarias, a través de comunicación impresa, visual, audiovisual, virtual o por otros medios…», acerca de cualquier servicio y producto financiero con las diferentes especificaciones, que les permita elegir conforme a sus necesidades; los procedimientos a seguir para efectuar operaciones, transacciones, denuncias, reclamos o quejas y todo aquello que considere pertinente, para garantizar la defensa de sus derechos, y la existencia y funciones del Defensor del Cliente y Usuario Bancario; así como de los derechos que asisten a dichos clientes y usuarios para presentar sus reclamos y quejas. Este deber también será cumplido con programas educativos sobre cultura financiera a través de charlas, seminarios, distribución de material educativo, sitios webs, concursos, entre otros, «… con el objeto de promover entre los ciudadanos la socialización bancaria, mejorar su calidad de vida y garantizar que se encuentren mejor capacitados al momento de relacionarse con los proveedores de servicios financieros» (art. 12 Normas)[532].

---

532 Esta norma se complementa con el artículo 15 de las propias Normas, según el cual «Las Instituciones publicarán a la disposición de los clientes, usuarios y usuarias en su página web, en sus sucursales, agencias, oficinas, taquillas externas, taquillas asociadas, centros de negocios y en los corresponsales no bancarios; una lista de las operaciones e instrumentos financieros que éstos pueden requerir y/o realizar, la forma y el costo de su tramitación; así como, las tasas de interés activas y pasivas, comisiones y gastos, detallando las variaciones de las mismas, de acuerdo con sus plazos y modalidades».

De conformidad con las propias Normas, este deber/derecho de información también debe ser garantizado durante la fase precontractual. En efecto, los bancos deberán poner a disposición de sus clientes, copia de la oferta pública, «... a los efectos de entregársela a éstos cuando la soliciten». Igualmente, deberán publicar su contenido en un sitio visible en sus sucursales, agencias, oficinas y taquillas, o difundirla en medios electrónicos, con caracteres legibles, en idioma castellano, redactada de manera clara, de fácil comprensión y sin ambigüedades (art. 21).

En el caso particular de operaciones con tarjetas de crédito, débito, cheques y servicios de banca por internet, los bancos deberán contar con sistemas de alerta temprana seguros, transparentes y confiables, con la finalidad de que sus clientes y usuarios estén informados de las operaciones que se realizan con tales instrumentos, de manera que, con su acción, se pueda mitigar la ejecución de posibles fraudes en el manejo de los haberes y en la realización de cualquier operación (art. 18).

Vale la pena también mencionar que la Ley Antimonopolio[533] prohíbe la publicidad engañosa, entendida como «Todo acto que tenga por objeto, real o potencial, inducir a error al consumidor o usuario de un bien o servicio, sobre las características fundamentales de los mismos, su origen, composición y los efectos de su uso o consumo. Igualmente, la publicidad que tenga como fin la difusión de aseveraciones sobre bienes o servicios que no fueren veraces y exactas, que coloque a los agentes económicos que los producen o comercializan en desventaja ante sus competidores» (art. 17,1).

Finalmente, el proyecto de Ley de comercio electrónico hace referencia, en diversas ocasiones, al derecho a la información. En efecto, refiriéndose específicamente a los medios de pago, el artículo 6 de este instrumento dispone que «Se debe proporcionar mecanismos fáciles y seguros de pago,

---

533 *Gaceta Oficial* N.º 40.549, de fecha 26.11.2014.

así como información acerca del nivel de seguridad de los mismos a la usuaria o usuario, indicando suficientemente las limitaciones al riesgo originado por el uso de sistemas de pago no autorizados o fraudulentos, así como medidas de reembolso o corresponsabilidad entre la proveedora o proveedor y el emisor de tarjetas de débito, crédito o cualquier otro medio válido de pago». No indica la norma, sin embargo, sobre quién recae esta obligación de información. Hemos de suponer que, en el contexto del proyecto, el deber de informar recaería sobre el aceptante del medio de pago.

Por su parte, el artículo 36 del propio proyecto, al referirse a la «Seguridad y medios de pago», reconoce el doble carácter de la información como deber y como derecho. Así, la norma dispone que los consumidores «… deberán ser informados con claridad, antes de concluir la celebración del contrato, sobre el nivel de protección que se aplica a sus datos financieros y las posibles limitaciones de los sistemas de seguridad empleados» y que el proveedor «… deberá informar al consumidor de la forma más transparente, clara y sencilla posible sobre la seguridad de los medios de pago y la tecnología que se esté utilizando para proteger las transmisiones, procesamiento y/o almacenamiento de sus datos financieros».

a.4. Obligaciones derivadas del uso del medio de pago electrónico
a.4.1. Obligaciones generales

En el marco de la utilización de un medio de pago electrónico, el prestador de servicios de pago asume obligaciones tanto frente al usuario del mismo, como frente al aceptante. Frente a este último, desde luego, su principal obligación es el pago de la factura, pero además, es posible que el prestador se haya comprometido a instalar un determinado *hardware* o un *software* para el funcionamiento del instrumento de pago[534] y el mantenimiento de los mismos.

---

[534] Rico Carrillo, *El pago electrónico en internet…*, ob. cit., p. 183.

Frente al usuario, el artículo 70 de la Directiva 2015/2366 obliga al prestador, en su carácter de emisor del instrumento de pago, en primer lugar, a garantizar la seguridad del propio instrumento de pago, cerciorándose que sus credenciales de seguridad personalizados solo sean accesibles para el usuario facultado para utilizarlo. De hecho, es el prestador quien carga con el riesgo del envío del instrumento o de cualquier credencial de seguridad personalizada del mismo (art. 70,2). Sin dejar de considerar que, en virtud del artículo 69,2, el usuario debe tomar todas las medidas razonables para proteger sus credenciales de seguridad personalizada de que vaya provisto el instrumento de pago que haya recibido.

En segundo término, el proveedor debe abstenerse de enviar instrumentos de pago que no hayan sido solicitados, salvo en caso que deba sustituirse un instrumento de pago ya entregado al usuario de servicios de pago. Tal como destaca Rico Carrillo, esta prohibición obedece a los costos que el instrumento de pago puede generar para el usuario. Sin embargo, la propia autora, comentando la legislación española, admite la posibilidad del envío de un instrumento no solicitado en casos de renovación y afirma que tal renovación puede estar motivada por la incorporación de un nuevo instrumento de pago, tal como ocurre, por ejemplo, con el chip en las clásicas tarjetas de crédito o débito, siempre que tal posibilidad haya sido prevista por el contrato marco y no genere gastos adicionales al usuario[535].

En tercer lugar, el prestador debe garantizar que en todo momento estén disponibles medios adecuados que permitan al usuario de servicios de pago notificar al prestador el robo, sustracción o extravío del instrumento de pago, o su utilización por un tercero, lo cual se traduce, en definitiva, en facilitar y no obstaculizar la obligación del usuario de hacer esa notificación, conforme al artículo 69,1,b. Además, el prestador debe posibilitar al usuario la solicitud del desbloqueo del instrumento de pago, o su susti-

---

535 Rico Carrillo, *El pago electrónico en internet*…, ob. cit., p. 184.

tución, una vez que haya cesado la situación que motivó el bloqueo de su uso (art. 68,4) y le facilitará, cuando así lo solicite, medios que le permitan demostrar que ha hecho la notificación durante los 18 meses siguientes a la misma (art. 70,1,c). Generalmente, los proveedores ponen a disposición de los usuarios números telefónicos que funcionan 24 horas y comunicaciones directas a través de sus páginas webs.

El proveedor de servicios de pago deberá, además, ofrecer al usuario la posibilidad de efectuar la notificación, en caso de extravío, robo o apropiación indebida, de manera gratuita. En tales casos, solo podrían cobrar los costos de sustitución directamente imputables al instrumento de pago. Igualmente, deberán impedir cualquier utilización del instrumento, una vez ejecutada la notificación (art. 70,1,d y e).

Finalmente, el proveedor está obligado a impedir cualquier utilización del instrumento de pago una vez que se le haya notificado el robo, sustracción o extravío del mismo. Así, una vez que el usuario ha realizado la notificación, se le exonera de toda responsabilidad por la utilización del instrumento, salvo que la utilización no autorizada del mismo, sea fruto de su actuación fraudulenta o del incumplimiento intencional de sus obligaciones (art. 61,2).

a.4.2. Reembolso

El reembolso es el elemento que permite la efectiva sustitución del dinero en efectivo por el dinero electrónico[536] y, tal como reconoce el Considerando N.º 8 de la Directiva 2009/110, éste contribuye a mantener la confianza del titular en el dinero electrónico. En efecto, a través del reembolso, una vez que el dinero electrónico ha sido emitido y almacenado en un dispositivo, su titular puede exigir al emisor su reconversión a dinero en efectivo por una cantidad equivalente al valor nominal de aquel, sin

---

536 Rico Carrillo, *El pago electrónico en internet...*, ob. cit., p. 186.

que, a pesar de estar sujeto a ciertas condiciones, se haga excesivamente gravoso o complejo para el emisor[537]. Así entendido, el reembolso tiene una doble naturaleza: es un deber del proveedor del servicio de pago y es un derecho del usuario de ese servicio.

Tengamos en cuenta que difícilmente se aceptará un sistema de dinero electrónico no reembolsable, pues si su titular no puede gastarlo todo, debido a que no consigue los bienes o servicios deseados en los comercios que lo aceptan como medio de pago, y tampoco puede obtener su reembolso del emisor, el dinero electrónico se convertirá en algo sin valor[538]. Sin embargo, ha resultado problemático admitir esta figura, sobre todo si se asume como principio, que «Los fondos que el titular del dinero electrónico entregue a la entidad de dinero electrónico se cambiarán por dinero electrónico sin demora. Estos fondos no constituirán un depósito u otros fondos reembolsables recibidos del público en el sentido de lo establecido en el artículo 5 de la Directiva 2006/48/CE» (art. 6,3 Directiva 2009/110)[539].

Así, la posibilidad de reembolso ha sido criticada por la doctrina[540] afirmándose, en primer término, que la aplicación del reembolso puede generar un retroceso en la implementación de esquemas de dinero electrónico y en la aparición y desarrollo de entidades de emisión de este medio de pago. Utilizando el ejemplo de lo que ocurre en Estados Unidos, se ha afirmado que lo mejor es dejar que las partes decidan, en su contrato, si

---

537 Martínez Nadal, *El dinero electrónico...*, ob. cit., p. 212.
538 Martínez Nadal, *El dinero electrónico...*, ob. cit., p. 213.
539 Recordemos que una disposición semejante está contenida en el artículo 18,5 de la Directiva 2015/2366, norma de conformidad con la cual «Las entidades de pago no podrán llevar a cabo actividades de constitución de depósitos u otros fondos reembolsables en el sentido del artículo 9 de la Directiva 2013/36/UE».
540 Seguiremos en este punto, la sistematización de las críticas hechas por los detractores de la posibilidad del reembolso, realizada en: Mateo Hernández, *El dinero electrónico en internet...*, ob. cit., pp. 424-425.

procede o no el reembolso. De manera que los empresarios evaluarán si es más efectivo ofrecer a sus clientes la posibilidad de optar por el reembolso del monto no utilizado, o reforzar las medidas de seguridad de sus esquemas, afianzando su posición en el mercado, y ofreciendo sistemas de dinero electrónico fiables, seguros, solventes, pero no reembolsables. En segundo lugar, se afirma que la noción de reembolsabilidad está generalmente vinculada a las entidades de crédito y no a las entidades de dinero electrónico. Finalmente, se ha reconocido que la obligación de reembolso podría plantear graves problemas para algunos esquemas de pago, como las tarjetas de fidelidad.

Probablemente inspirada en la posición del sistema estadounidense, la propuesta original de la Directiva 2000/46 disponía, en la parte final de su artículo 2,4, que «El contrato entre el emisor y el usuario determinará si el dinero electrónico almacenado es o no reembolsable y, si procede, las condiciones, requisitos y plazos aplicables al reembolso», con lo cual este tema era dejado a la voluntad de las partes. Tal solución obedeció, en opinión de Martínez Nadal, a que la Comisión estimaba que las cantidades de dinero electrónico utilizadas por consumidores eran generalmente pequeñas. Sin embargo, diversas instituciones europeas se opusieron a esta propuesta.

Así, el Banco Central Europeo estimó que entre los requisitos para la emisión del dinero electrónico debería estar «… la obligación jurídica de reembolsar el dinero electrónico en billetes de banco a la par, a petición del tenedor del mismo». Desde el punto de vista de la política monetaria, la posibilidad de reembolso ayudaría a preservar la función del dinero como unidad de cuenta, a mantener la estabilidad de los precios, evitando su emisión ilimitada y garantizaría la capacidad de controlar las condiciones de liquidez y los tipos de interés a corto plazo fijados por el propio Banco Central Europeo. Los tenedores de dinero electrónico deben poder «… disfrutar del derecho incondicional de abandonar el sistema de dinero electrónico siempre que lo estimaran conveniente». Esta institución concluye, de manera precisa, que «La obligación de reembolso deberá aplicarse de forma indiscriminada a todos los sistemas de dinero electrónico, independientemente de su tamaño», con lo cual, ningún emisor de dinero electrónico deberá ser dispensado de la obligación de reembolsar[541].

Por su parte, el Comité Económico y Social, aunque reconoce que la obligatoriedad del reembolso cuestionaría el hecho de que la emisión de dinero electrónico no constituye una recepción de depósitos, aceptar esta tesis no puede justificar que se cometa un abuso contra los consumidores. En efecto, impedir la posibilidad de reembolso puede conducir a un enriquecimiento sin causa, pues, en la práctica, esto supondría que el dinero electrónico pueda ser confiscado por el emisor. En opinión del Comité, debe preverse, de manera expresa, que siempre se reembolsarán los importes no utilizados. «No se trata únicamente de un reconocimiento elemental de los derechos del consumidor; desde el punto de vista jurídico, el no reembolso constituye claramente un enriquecimiento ilícito». Además, el propio ente considera que una cláusula contractual que excluya el derecho al reembolso puede considerarse como abusiva. No obstante, este organismo sugiere que, para evitar confusiones, se haga referencia más bien a una restitución que a un reembolso[542].

---

541 Dictamen del Banco Central Europeo de 18 de enero de 1998, emitido a instancias del Consejo de la Unión Europea, de conformidad con el apartado 4 del artículo 105 del Tratado constitutivo de la Comunidad Europea y de la letra a) del artículo 4 de los Estatutos del Sistema Europeo de Bancos Centrales y del Banco Central Europeo, respecto de dos propuestas presentadas por la Comisión de: 1) Directiva del Parlamento Europeo y del Consejo sobre el inicio, el ejercicio y la supervisión cautelar de las actividades de las entidades de dinero electrónico, y 2) Directiva del Parlamento Europeo y del Consejo por la que se modifica la Directiva 77/780/CEE sobre la coordinación de las disposiciones legales, reglamentarias y administrativas referentes al acceso a la actividad de las entidades de crédito y a su ejercicio, párrafos 7, 10 y 19. En: http://www.ecb.europa.eu/ecb/legal/pdf/c18919990706es00070010.pdf (29.11.2016).
542 Dictamen del Comité Económico y Social sobre la «Propuesta de Directiva del Parlamento Europeo y del Consejo sobre el inicio, el ejercicio y la supervisión

Finalmente, la Comisión de Asuntos Jurídicos y Derechos de los Ciudadanos se preguntaba si una cláusula que excluye la posibilidad del reembolso sería conforme a la legislación que pretende proteger al consumidor en el marco de los contratos de adhesión. En tal sentido, estima que, aun cuando la legislación existente pudiera considerarse suficiente para garantizar la protección del consumidor, se produciría, por lo menos hasta que se pronunciaran los tribunales, una situación de inseguridad jurídica poco propicia para el desarrollo de la confianza de los usuarios del dinero electrónico y de los minoristas. Así, «El dinero electrónico debería ser reembolsable, dentro del límite de validez del soporte, tanto en monedas como en billetes, sin cuestionar el principio básico que establece que los fondos recibidos a cambio de dinero electrónico no se consideran como depósitos». Uno de los principales argumentos de la Comisión para incluir el reembolso de manera obligatoria tenía que ver con el hecho de que no estaba previsto establecer una cantidad límite para el dinero electrónico registrado en un soporte electrónico, por lo que se sugiere introducir una disposición que permita una aplicación flexible del principio: prever una cantidad mínima de diez euros para el reembolso en monedas y billetes. Finalmente, la Comisión reconoce que, aunque las solicitudes de reembolso serán poco frecuentes, este derecho debe garantizarse a los portadores con el fin de reforzar su confianza en el sistema[543].

---

cautelar de las actividades de las entidades de dinero electrónico», y la «Propuesta de Directiva del Parlamento Europeo y del Consejo por la que se modifica la Directiva 77/780/CEE sobre la coordinación de las disposiciones legales, reglamentarias y administrativas referentes al acceso a la actividad de las entidades de crédito y a su ejercicio», de 27 de enero de 1999, párrafos 3.2.2 y 3.2.3, en: http://eur-lex.europa.eu/legal-content/ES/TXT/PDF/?uri=CELEX:51999AC0069&from=ES (29.11.2016).

543 Comisión de Asuntos Jurídicos y Derechos de los Ciudadanos, Informe sobre la propuesta de Directiva del Parlamento Europeo y del Consejo sobre el inicio, el ejercicio y la supervisión cautelar de las actividades de las entidades de dinero electrónico (COM[98]0461 - C4-0531/98 - 98/0252[COD]), y sobre la propuesta de Directiva del Parlamento Europeo y del Consejo por la que se modifica la Directiva 77/780/CEE sobre la coordinación de las disposiciones legales, reglamentarias

Todas estas críticas causaron que, en la versión definitiva de la Directiva 2000/46, y considerando la necesidad de que el dinero electrónico pueda reembolsarse para dar confianza al portador, sin que ello suponga que los fondos recibidos a cambio del dinero electrónico sean considerados como depósitos (Considerando N.º 9), se incluyera tal obligación en el artículo 3. Así, el portador podría solicitar el reembolso del valor nominal del dinero electrónico, bien sea con monedas y billetes de banco, bien sea a través de una transferencia, sin que ello genere otros gastos que los estrictamente necesarios para realizar la operación. Además, el contrato deberá estipular claramente las condiciones del reembolso y podrá prever un límite mínimo para este, que no podrá superar los diez euros.

La Directiva 2009/110 mantiene la obligatoriedad del reembolso disponiendo, en su Considerando N.º 18, que «Es necesario que el dinero electrónico pueda reembolsarse, a fin de mantener la confianza del titular del dinero electrónico». El propio Considerando reafirma que la posibilidad de obtener el reembolso no supone, en sí misma, que los fondos recibidos a cambio de dinero electrónico deban considerarse como depósitos u otros fondos reembolsables. Luego admite que el reembolso debe poder efectuarse en todo momento, al valor nominal y sin posibilidad de acordar un límite mínimo para proceda, además debe efectuarse, en principio, libre de gastos. No obstante, en los supuestos debidamente previstos en la Directiva debería ser posible solicitar una comisión proporcional y basada en el coste, sin perjuicio de la legislación nacional en materia fiscal o social y de las posibles obligaciones impuestas al emisor del dinero electrónico en virtud de otras disposiciones legislativas comunitarias o nacionales, como la normativa contra el blanqueo de capitales y contra la financiación del

---

y administrativas referentes al acceso a la actividad de las entidades de crédito y a su ejercicio (COM[1998]0461 - C4-0532/98 - 98/0253[COD]), de 25 de marzo de 1999, p. 21, en: http://www.europarl.europa.eu/sides/getDoc.do?pubRef=-//EP//NONSGML+REPORT+A4-1999-0156+0+DOC+PDF+V0//ES (29.11.2016).

terrorismo, así como de cualquier acción que tenga por objeto la congelación de fondos o de cualquier otra medida específica en relación con la prevención e investigación de delitos.

El artículo 11,2 de la Directiva 2009/110 es absolutamente claro al ordenar a los Estados velar «... por que los emisores de dinero electrónico reembolsen al titular del mismo, cuando este así lo solicite, en todo momento y por su valor nominal, el valor monetario del dinero electrónico de que disponga» y en la única norma que se refiere al contrato marco entre el emisor y el titular[544] ordena, justamente, que ese contrato estipule «clara y explícitamente» las condiciones del reembolso, incluidos los gastos, y de ello deberá informarse al titular, antes de la celebración del contrato.

En todo caso, si bien es cierto que, tal como estima Mateo Hernández, favorecer la aparición y desarrollo de las entidades de dinero electrónico pasaría por la eliminación del reembolso[545], también es cierto que privar al titular de tal posibilidad puede resultar excesivo, sobre todo cuando este tiene la cualidad de consumidor. De hecho, la propia Directiva 2009/110 admite la posibilidad de excluir el reembolso, por acuerdo contractual, en el caso del aceptante, al establecer, en el artículo 11,7, que «... los derechos de reembolso de las personas distintas a los clientes, que acepten dinero electrónico estarán sujetos a las estipulaciones contractuales acordadas entre los emisores de dinero electrónico y dichas personas».

---

544 De hecho hay quien critica que una normativa destinada a regular la actividad de las entidades de dinero electrónico, establezca regulaciones en relación con el contrato, específicamente, en relación con el reembolso. En el ya citado Informe del Comité Económico y Social puede leerse: «... no se entiende que en una directiva sobre supervisión cautelar tenga que incluirse una disposición referida a los aspectos contractuales entre el emisor y el usuario...» (párrafo 3.2.4). También se pronuncia en este sentido: Mateo Hernández, *El dinero electrónico en internet...*, ob. cit., p. 424.

545 Mateo Hernández, *El dinero electrónico en internet...*, ob. cit., p. 427.

Aunque no debe dejar de reconocerse cierto grado de flexibilidad en la norma de la Directiva vigente —pues esta deja a la voluntad de las partes la determinación de las condiciones del reembolso—, los gastos, elemento que hace que los prestadores de servicios de pago se muestren renuentes a la procedencia del reembolso, han sido regulados con más rigurosidad. Así, el reembolso podrá estar sujeto a cargas, únicamente, si así se estipula en el contrato y solo en uno de los siguientes casos: a) cuando el reembolso se solicite antes de concluir el contrato; b) cuando el contrato determine una fecha de finalización y el titular del dinero electrónico haya resuelto el contrato con anterioridad a dicha fecha, o c) cuando el reembolso se solicite con más de un año de antelación respecto de la fecha de finalización del contrato. En todo caso, la carga impuesta deberá ser proporcional y adecuada a los costes reales en que incurra el emisor de dinero electrónico (art. 11,4).

Además, la Directiva distingue entre los casos en que el reembolso de solicita antes de la finalización del contrato y aquellos en lo que se pide en ese momento o hasta un año después. En el primer caso, el titular del dinero electrónico podrá solicitar el reembolso total o parcial (art. 11,5); en el segundo, se reembolsará el valor monetario total del dinero electrónico que se posea, y, en los casos en que una entidad de dinero electrónico realice una o varias de las actividades permitidas por la Directiva, y se desconozca de antemano el porcentaje de fondos que se va a utilizar como dinero electrónico, se reembolsarán al titular del dinero electrónico todos los fondos que solicite.

En el ámbito latinoamericano, la Ley de inclusión financiera de Uruguay considera al reembolso como un rasgo característico del dinero electrónico. Así, el literal d del artículo 2 de esta Ley dispone que el dinero electrónico «Es convertible en efectivo por el emisor, a solicitud de titular, según el importe monetario del instrumento de dinero electrónico emitido no utilizado». De hecho, en opinión de Carlos de Cores, el reembolso forma parte de la definición operativa del dinero electrónico[546]. De manera similar, la Ley peruana de dinero electrónico, además de reconocer que el dinero electrónico «No constituye depósito y no genera intereses» (art. 2,e), establece claramente que el mismo «Es convertible a dinero en efectivo según el valor monetario del que disponga el titular, al valor nominal» (art. 2,d).

a.5. Obligaciones derivadas de la ejecución de la orden de pago

Tal como hemos afirmado antes, la ejecución de una operación de pago –acción iniciada por el ordenante o el beneficiario a fin de situar, transferir o retirar fondos– se inicia con la orden de pago, es decir, con una instrucción dada por el ordenante o beneficiario a su proveedor de servicios de pago, justamente, para ejecutar una operación determinada.

Tratándose de una acción independiente de la obligación subyacente –para usar los términos del artículo 4,5 de la Directiva 2015/2366–, el artículo 64 del mismo instrumento normativo dispone que la operación de pago requiere una nueva manifestación de consentimiento independiente para ser autorizada, tanto que de no existir, la operación se considera no autorizada. Aunque en principio tal consentimiento deberá ser previo a la ejecución de la operación, si las partes hubieren pactado lo contrario, podrá darse con posterioridad. La forma en que el mismo se emita y el procedimiento para su notificación también estarán sujetos a lo que las partes hayan dispuesto al respecto.

Es importante tener en cuenta que la orden de pago es una declaración unilateral de voluntad que puede ser calificada como recepticia. De manera

---

546 De Cores Helguera, Carlos, Los servicios financieros en la era de la globalización. Reflexiones sobre el llamado «dinero electrónico» a propósito de la reciente ley uruguaya de inclusión financiera, en: *Los servicios en el Derecho internacional privado, Jornadas de la ASADIP 2014*, Porto Alegre, ASADIP, BRASILCON, 2014, pp. 645 y ss., especialmente p. 650.

que, por regla general, ella es esencialmente revocable mientras no sea recibida por el proveedor de servicios de pago. No es necesario, en todo caso, el consentimiento del proveedor, solo se requiere que este reciba la orden de pago. En ese momento se perfeccionará la orden y será por ello irrevocable (arts. 64,3 y 80,1). Esta regla tiene, no obstante, algunas excepciones.

En primer término, si quien inicia la operación de pago es un proveedor de servicios de iniciación de pagos o por el beneficiario o través de él, esta orden no podrá ser revocada por el ordenante «... una vez haya dado al proveedor de servicios de iniciación de pagos su consentimiento para iniciar la operación de pago o una vez haya dado su consentimiento para que se ejecute la operación de pago al beneficiario» (art. 80,2). La irrevocabilidad en este caso, según entendemos, se produce debido a que una vez que el beneficiario o el proveedor de servicios de iniciación de pagos reciben la declaración que expresa el consentimiento del ordenante para que inicie la operación de pago, esta se hace irrevocable. Además, lógicamente, mal podría el ordenante revocar una declaración ajena.

En segundo lugar, si se tratase de un adeudo domiciliario o débito directo, el ordenante podrá revocar la orden de pago –sin perjuicio de los derechos de devolución– «... a más tardar al final del día hábil anterior al día convenido para el adeudo de los fondos» (art. 80,3). Hemos de resaltar que la norma de la Directiva 2007/64 admitía que la orden de pago pudiese ser revocada por el usuario, con lo cual tal revocatoria podía provenir tanto del propio beneficiario como del ordenante. La versión de la Directiva 2015/2366 limita esta posibilidad al ordenante.

En tercer lugar, en los casos en que el usuario y el proveedor de servicios de pago, de común acuerdo, determinen una fecha específica para la ejecución de la orden de pago, o acuerden que esta se llevará a cabo al final de un periodo de tiempo determinado o cuando el ordenante ponga los fondos a disposición de su proveedor, de conformidad con el artículo

78,2, la orden de pago podrá ser revocada por el usuario, «… a más tardar al final del día hábil anterior al día convenido» (art. 80,4).

Fuera de estos casos, la orden de pago solo podrá revocarse por acuerdo entre el usuario y el proveedor de servicios de pago. Así, no estando el caso concreto dentro de las excepciones mencionadas, se aplica el principio general, de manera que una vez que se ha perfeccionado la orden, solo es posible dejarla sin efecto por mutuo acuerdo entre el usuario y el proveedor de servicios de pago. En caso que la orden haya sido iniciada por el beneficiario o si se trata de un débito directo, además del consentimiento del usuario y su proveedor de servicios de pago, será necesario el del beneficiario (art. 80,5). Finalmente, los gastos generados por la derogatoria también dependerán de lo que las partes hayan convenido en el contrato marco (art. 80,5 *in fine*).

a.5.1. Obligaciones del proveedor de servicios de pago del ordenante

Tal como reconoce Rico Carrillo, una vez que el ordenante emite la orden de pago, el proveedor de servicios de pago se obliga frente a este, principalmente, a recibir la orden y a ejecutarla. En estos casos, continúa la autora, la recepción constituye la aceptación del proveedor para ejecutar la operación de pago, de manera que es fundamental para que el proceso de pago pueda iniciarse y para determinar el tiempo que la operación tardará en ejecutarse[547]. Tengamos en cuenta que, tal como hemos afirmado antes, una vez que el proveedor de servicios recibe la orden de pago –como declaración unilateral de voluntad recepticia–, el ordenante no puede revocarla, pues en ese momento se perfecciona la relación.

De conformidad con el artículo 64,1 de la Directiva 2007/64, el momento de la recepción era calificado como aquel «… en que la orden es transmitida directamente por el ordenante o es indirectamente recibida

---

547 Rico Carrillo, *El pago electrónico en internet…*, ob. cit., p. 194.

a través del beneficiario por el proveedor de servicios de pago del ordenante». Esta concepción acerca del momento de la recepción de la orden de pago cambia con la Directiva 2015/2366, cuyo artículo 78,1 prefiere «el momento en que la orden de pago es recibida por el proveedor de servicios de pago del ordenante», independientemente de la vía a través de la cual llega la orden. Además, la nueva disposición añade, expresamente, que «No se adeudará la cuenta del ordenante antes de la recepción de la orden de pago». En caso que no fuera un día hábil, la orden de pago se considerará recibida al día hábil siguiente, pudiendo el proveedor de servicios de pago establecer incluso una hora límite, cercana al final del día hábil «... a partir de la cual cualquier orden de pago que se reciba se considerará recibida el siguiente día hábil».

Ahora bien, una vez que el proveedor de servicios de pago del ordenante recibe la orden debe ejecutarla, y tal ejecución consiste en el envío del monto especificado en ella, al proveedor de servicios de pago del beneficiario u otra entidad intermediaria, según el caso[548]. El proveedor de servicios de pago del ordenante debe garantizar entonces que el importe de la operación sea abonado en la cuenta indicada, a más tardar, al final del día hábil siguiente[549]. En todo caso, este lapso podrá extenderse un día hábil para las operaciones de pago iniciadas en papel (art. 83,1). También debe considerarse que el proveedor de servicios de pago del ordenante deberá transferir la totalidad del importe de la operación y no podrá deducir gastos de la cantidad transferida (art. 81,1).

Si se tratare de una operación basada en una tarjeta iniciada por el beneficiario y se ignorase el monto exacto de la misma al momento en que el ordenante da su consentimiento para la ejecución, «... el proveedor de

---

548 Rico Carrillo, *El pago electrónico en internet...*, ob. cit., p. 196.
549 Tal como disponía el artículo 69,1 de la Directiva 2007/64, «Hasta el 1 de enero de 2012, el ordenante y su proveedor de servicios de pago podrán acordar un plazo no superior a tres días hábiles». Esta posibilidad ha quedado excluida de la Directiva vigente.

servicios de pago del ordenante solo podrá bloquear fondos en la cuenta de pago del ordenante si este último ha consentido en la cantidad exacta de fondos que ha de bloquearse», y liberará los fondos «sin demora indebida una vez que haya recibido la información referente al importe exacto de la operación de pago y, como muy tarde, inmediatamente después de haber recibido la orden de pago» (art. 75).

Ahora bien, el proveedor de servicios de pago podría, en principio, negarse a ejecutar la orden y, en tal caso, deberá notificarlo al usuario indicando, si fuere posible, los motivos de la negativa, así como el procedimiento para rectificar los posibles errores factuales que la hayan motivado, «... salvo que lo prohíban otras disposiciones pertinentes del Derecho de la Unión o del Derecho nacional» (art. 79,1). Esta última expresión no parece estar referida a la legislación que rige el contrato marco, en los términos del artículo 52,7,a de la Directiva, sino más bien a normas de carácter imperativo de un Estado parte vinculado a la relación o del propio Derecho comunitario. A este tipo de normas volveremos en el capítulo III.

En caso de estar objetivamente motivada la negativa y de haberlo así previsto las partes en el contrato marco, el prestador de servicios podrá cobrar gastos por la notificación de la negativa (art. 79,1 *in fine*). Sin embargo, si se cumplen las condiciones para su procedencia y ejecución establecidas en el contrato marco, el proveedor de servicios de pago no podrá negarse a ejecutar la orden «... salvo que lo prohíban otras disposiciones pertinentes del Derecho de la Unión o del Derecho nacional» (art. 79,2).

a.5.2. Obligaciones del prestador de servicios de pago del beneficiario

Además de la obligación de recibir y transmitir la orden de pago en aquellos casos en los cuales el beneficiario haya sido autorizado para iniciarla, como ocurre, por ejemplo, en el caso del débito directo, el prestador de servicios de pago del beneficiario tiene la obligación de ejecutar la operación de pago.

La ejecución, en su caso, se concreta con la recepción de fondos enviados por el proveedor de servicios de pago del ordenante y su puesta a disposición del usuario[550].

Así, tal como lo dispone el artículo 83,2 de la Directiva 2015/2366, una vez que el proveedor de servicios de pago del beneficiario haya recibido los fondos, deberá ponerlos a disposición del beneficiario, para lo cual deberá establecer una fecha de valor, es decir, tal como establece el artículo 4,26, un momento utilizado como referencia para el cálculo de intereses sobre los fondos abonados a una cuenta de pago. Tal fecha no debe ser posterior al día hábil en que el importe de la operación de pago se abonó en la cuenta del proveedor de servicios de pago del beneficiario (art. 87,1). De hecho, este deberá velar por que la cantidad de la operación de pago esté a disposición del beneficiario inmediatamente después que dicha cantidad haya sido abonada en su cuenta, si, por parte del proveedor de servicios de pago del beneficiario, no hay conversión de moneda entre el euro y la divisa del Estado miembro, o entre las divisas de dos Estados miembros (art. 87,2). Pero la fecha valor tampoco debería ser anterior al momento en que el importe de la operación se cargue en dicha cuenta (art. 87,3).

El proveedor de servicios de pago del beneficiario tampoco podrá deducir los gastos de la cantidad transferida, a menos que exista un acuerdo previo con el propio beneficiario, caso en el cual deberá informarse al beneficiario, indicándose la cantidad total y, por separado, los gastos descontados (art. 81,2).

a.5.3. Intervención del proveedor de servicios de pago gestor de cuentas

De conformidad con el artículo 65 de la Directiva 2015/2366 –que no será aplicable a las operaciones de pago iniciadas mediante instrumentos

---

550 Rico Carrillo, *El pago electrónico en internet...*, ob. cit., p. 198.

de pago basados en tarjetas en los que se almacene dinero electrónico tal como se define en la Directiva 2009/110/CE–, el proveedor de servicios de pago gestor de cuenta, previa solicitud de un proveedor de servicios de pago que emita instrumentos de pago basados en tarjetas, debe confirmar inmediatamente la disponibilidad de fondos en la cuenta de pago del ordenante para la ejecución de una operación de pago basada en una tarjeta, siempre que la cuenta de pago del ordenante sea accesible en línea en el momento de la solicitud, y el ordenante haya dado consentimiento expreso al proveedor de servicios de pago gestor de cuenta –antes de que se realice la primera solicitud de confirmación– para que responda a las solicitudes de proveedores de servicios de pago específicos de facilitar confirmación de que el importe correspondiente a una operación de pago basada en una tarjeta determinada está disponible en la cuenta de pago del ordenante.

El proveedor de servicios de pago podrá solicitar tal confirmación cuando el ordenante haya dado su consentimiento expreso para ello; el ordenante haya iniciado la operación de pago basada en una tarjeta por el importe en cuestión utilizando un instrumento de pago basado en tarjeta emitido por el proveedor de servicios de pago, y el proveedor de servicios de pago se autentique ante el proveedor de servicios de pago gestor de cuenta antes de cada solicitud de confirmación, y se comunique de manera segura con el proveedor de servicios de pago gestor de cuenta, de conformidad con el artículo 98,1,d.

La confirmación, que de acuerdo con la Directiva 95/46/ «… consistirá únicamente en una simple respuesta de "sí" o "no" y no en un extracto del saldo de cuenta», solo podrá ser utilizada a los fines de la ejecución de la operación de pago con tarjeta y en ningún caso autorizará al proveedor de servicios de pago gestor de cuenta para bloquear fondos en la cuenta de pago del ordenante.

a.5.4. Intervención del proveedor de servicios de iniciación de pagos

Cuando se pueda acceder en línea a la correspondiente cuenta de pago y el ordenante haya dado su consentimiento, este tendrá derecho a que intervenga un proveedor de servicios de iniciación de pagos, derecho que deberá ser garantizado por el proveedor de servicios de pago gestor de cuenta (art. 66,1 y 2).

Ahora bien, en tales casos, el proveedor de servicios de iniciación de pagos se obliga a no entrar en poder de los fondos del ordenante en relación con la prestación del servicio de iniciación de pagos; garantizar que las credenciales de seguridad personalizadas del usuario no sean accesibles a terceros —con excepción del usuario y del emisor de las credenciales de seguridad personalizadas—, y a transmitirlas a través de canales seguros y eficientes; garantizar que cualquier otra información sobre el usuario, obtenida al prestar sus servicios, se facilite exclusivamente al beneficiario y únicamente con el consentimiento expreso del usuario; identificarse, cada vez que se inicie un pago, ante el proveedor de servicios de pago gestor de cuenta del titular de la cuenta y comunicarse de manera segura con el proveedor de servicios de pago gestor de cuenta, el ordenante y el beneficiario; no almacenar datos de pago sensibles del usuario; no solicitar al usuario ningún dato distinto de los necesarios para prestar sus servicios; no utilizar, almacenar o acceder a ningún dato para fines distintos de la prestación del servicio, y no modificar el importe, el destinatario ni ningún otro elemento de la operación (art. 66,4).

El proveedor de servicios de pago gestor de cuenta, por su parte, deberá establecer una comunicación segura con los proveedores de servicios de iniciación de pagos, e, inmediatamente después de la recepción de la orden de pago, deberá facilitarle o pondrá a su disposición, toda la información sobre el inicio de la operación de pago y toda la información a la que tenga acceso con relación a la ejecución de la operación de pago al proveedor de servicios de iniciación de pagos. Además, deberá tratar las órdenes de pago transmitidas a través de los servicios de un proveedor de servicios de iniciación de pagos sin discriminación alguna con respecto a las órdenes de pago transmitidas directamente por el ordenante, salvo por causas objetivas, en particular en lo que se refiere a los plazos, la prioridad o los gastos aplicables (art. 66,4).

b. Obligaciones del ordenante

De conformidad con el artículo 69 de la Directiva 2015/2366, el ordenante se obliga, básicamente, a utilizar el instrumento de pago de conformidad con las condiciones que regulen su emisión y utilización. Condiciones que deberán ser objetivas, no discriminatorias y proporcionadas. A tales efectos, el titular deberá tomar todas la medidas razonables a fin de proteger las credenciales de seguridad personalizadas del instrumento de pago. Además, el ordenante tiene el deber de notificar al proveedor de servicios de pago, sin demoras indebidas, el extravío, robo o sustracción del instrumento de pago o su utilización sin autorización, en cuanto tenga conocimiento de ello.

Aunque más adelante analizaremos con detalle el tema de la responsabilidad civil, conviene tener en cuenta, desde ahora, que el ordenante será responsable por su actuación fraudulenta y por el incumplimiento deliberado, o por negligencia grave, de las obligaciones establecidas en la norma citada. En tales casos, deberá soportar todas las pérdidas económicas (art. 74,1, parte final).

b.1. ¿Relación de consumo? Consecuencias

En los casos en los cuales el usuario pueda ser calificado como un consumidor, se producirán algunas consecuencias derivadas de la intervención del Derecho de consumo. Antes de entrar a analizar esas consecuencias, es conveniente destacar que nos hemos referido intencionalmente a la cualidad de consumidor del usuario en general, y no del titular del medio de pago, en específico. En efecto, el destinatario final de los servicios de pago —en términos del sistema venezolano— o la persona que utiliza el servicio de pago con fines ajenos a su actividad económica, comercial o profesional —de acuerdo con la concepción europea— puede ser tanto el titular del medio de pago como su aceptante. Este último supuesto se plantea, como hemos afirmado antes, en los casos de comercio C2C.

Ahora bien, de conformidad con la Directiva 2015/2366, cuando en la relación intervenga un consumidor no será posible excluir las normas relativas a las informaciones previas (art. 38,1). Tampoco se podrán excluir total o parcialmente, de conformidad con el artículo 61,1, las normas relativas a la prohibición de cobro al usuario de los servicios de pago por el cumplimiento de la obligación de información en cabeza del prestador de servicios de pago, o por medidas correctivas o preventivas, pues tales gastos deberán ser convenidos entre el usuario y el proveedor de servicios, atendiendo a los costos efectivamente soportados por este último (art. 62,1); a la posibilidad de retirar el consentimiento en cualquier momento, salvo que se haya hecho irrevocable *ex* artículo 80 (art. 64,3); a la prueba de la autenticación y ejecución de las operaciones de pago (art. 72); a la responsabilidad del ordenante en caso de operaciones de pago no autorizadas (art. 74); a la devolución de las operaciones de pago iniciadas por un beneficiario o través de él (art. 76); a las solicitudes de devolución por operaciones de pago iniciadas por un beneficiario o través de él (art. 77); a la irrevocabilidad de la orden de pago (art. 80), y a la responsabilidad del proveedor de servicios de pago en caso de no ejecución o ejecución defectuosa o con retardo de las operaciones de pago (art. 89). Tampoco podrán establecer plazos diferentes a los dispuestos por el artículo 71, para la notificación y rectificación de operaciones de pago no autorizadas o ejecutadas incorrectamente.

Además, el artículo 61,2 permite a los Estados decidir, en caso de relaciones que no sean de consumo, si podrá recurrirse a un procedimiento distinto al establecido en el artículo 102, lo cual se traduce, en definitiva, en su aplicación imperativa en aquellos casos en los cuales intervenga un consumidor.

Tratándose de un consumidor, en los casos en que el servicio de pago sea contratado a distancia, deberán considerarse también las disposiciones pertinentes de la Directiva 2002/65, cuyas normas se aplicarán al contrato marco (art. 1,2)[551] y no podrán ser renunciadas por los consumidores, debido a su carácter imperativo (art. 12,1). De hecho, según el segundo párrafo del artículo 12, los Estados deberán adoptar las medidas necesarias para garantizar que el consumidor no pierda esta protección, en los casos en que se haya elegido el Derecho de un tercer Estado para regular el contrato, cuando el mismo tenga vínculos estrechos con uno o más Estados de la Unión Europea.

Esta Directiva contiene, además, importante regulación en relación con el deber de información del prestador de servicios financieros[552] y su propio texto delimita su ámbito de aplicación frente a la Directiva 2015/2366. En efecto, de conformidad con su artículo 4,5, cuando sean aplicables ambas Directivas, en materia de información se dará preferencia a la Directiva 2015/2366, pero se añadirán, debido a la prestación a distancia del servicio, algunas de las normas de la Directiva 2002/65[553]. La preferencia de

---

551 Art. 1,2: «En el caso de contratos relativos a servicios financieros que comprendan un acuerdo inicial de servicio seguido por operaciones sucesivas o una serie de distintas operaciones del mismo tipo escalonadas en el tiempo, las disposiciones de la presente Directiva solamente se aplicarán al acuerdo inicial».

552 «Las complejidades técnicas, la ausencia de conocimientos, el elevado coste de los servicios financieros y los riesgos que conlleva este tipo de contratación justifican la rigurosidad del legislador en el establecimiento de la obligación de suministrar información al consumidor con anterioridad a la celebración del contrato». Ver: Rico Carrillo, Mariliana, La contratación bancaria electrónica en el Derecho español, en: *Jurismática. El Derecho y las nuevas tecnologías (Estudios en homenaje a Julio Téllez Valdés por sus 30 años de labor académica en el derecho informático)*, (E. Ibarra Sánchez y R. Romero Flores, Coords.), México, Universidad Autónoma de Nuevo León, 2010, pp. 459 y ss., especialmente p. 466.

553 Art. 4,5: «Cuando también sea de aplicación la Directiva (UE) 2015/2366 del Parlamento y del Consejo, las disposiciones en materia de información recogidas en el artículo 3, apartado 1, de la presente Directiva, a excepción del apartado 2,

la Directiva 2015/2366 en materia de información es ratificada por el artículo 39 de este instrumento[554].

Así, además de las ya citadas disposiciones sobre la información previa contenidas en la Directiva 2015/2366, deberá advertirse, si fuere el caso, que el servicio financiero está relacionado con instrumentos que implican riesgos especiales derivados de sus características específicas o de las operaciones que se vayan a ejecutar o cuyo precio depende de fluctuaciones en mercados financieros ajenos al control del proveedor, y cuyos resultados históricos no son indicadores de resultados futuros. También deberán indicarse otros eventuales impuestos o gastos que no se paguen a través del proveedor o que no los facture él mismo; las limitaciones del periodo durante el cual la información suministrada sea válida; las modalidades de pago y de ejecución, y cualquier otro costo suplementario específico para el consumidor, inherente a la utilización de la técnica de comunicación a distancia (art. 3,1,2, c-g).

Deberá indicarse, además, si es posible o no ejercer el derecho de rescisión y, en caso de ser posible, su duración y las condiciones para su ejercicio, incluida la información relativa a los costos del mismo y las consecuencias de su falta de ejercicio. Deberá también instruirse al consumidor sobre el ejercicio del derecho de rescisión indicando, por ejemplo, a dónde debe

---

letras c) a g), el apartado 3, letras a), d) y e), y el apartado 4, letra b), se sustituirán por los artículos 44, 45, 51 y 52 de la Directiva (UE) 2015/2366». Esta norma fue modificada por el artículo 110 de la Directiva 2015/2366.

554 Art. 39: «Las disposiciones del presente título se entienden sin perjuicio de las disposiciones del Derecho de la Unión que establezcan requisitos adicionales en materia de información previa.
No obstante, cuando sea de aplicación también la Directiva 2002/65/CE, las disposiciones en materia de información recogidas en el artículo 3, apartado 1, de dicha Directiva, a excepción del punto 2, letras c) a g), del punto 3, letras a), d) y e), y del punto 4, letra b), de dicho apartado, se sustituirán por los artículos 44, 45, 51 y 52 de la presente Directiva».

dirigirse la notificación de la rescisión y el Derecho aplicable a las relaciones precontractuales entre el proveedor y el consumidor (art. 3,1,3, a, d y e).

Finalmente, deberá indicarse al consumidor, en su caso, la existencia de fondos de garantía u otros mecanismos de indemnización no cubiertos por las Directivas 94/19/CE del Parlamento y del Consejo de 30 de mayo de 1994, relativa a los sistemas de garantía de depósitos[555] y 97/9/CE del Parlamento Europeo y del Consejo, de 3 de marzo de 1997, relativa a los sistemas de indemnización de los inversores[556] (art. 3,1,4,b).

Otro instrumento a considerar, en el ámbito europeo, es la Directiva 93/13 sobre cláusulas abusivas en contratos con consumidores. Así, si en el contrato marco participa un consumidor, este no quedará vinculado (art. 6,1) por las cláusulas contractuales que no se hayan negociado individualmente cuando, pese a las exigencias de la buena fe, causan en detrimento del consumidor un desequilibrio importante entre los derechos y obligaciones de las partes que se derivan del contrato (art. 3,1). El artículo 3,2 de la propia Directiva califica como una cláusula no individualmente negociada a aquella que haya sido redactada previamente y el consumidor no

---

555 http://eur-lex.europa.eu/legal-content/ES/TXT/PDF/?uri=CELEX:31994L0019&from=ES (29.11.2016). Esta Directiva fue modificada por las Directivas 2005/1/CE del Parlamento Europeo y del Consejo de 9 de marzo de 2005 por la que se modifican las Directivas 73/239/CEE, 85/611/CEE, 91/675/CEE, 92/49/CEE y 93/6/CEE del Consejo y las Directivas 94/19/CE, 98/78/CE, 2000/12/CE, 2001/34/CE, 2002/83/CE y 2002/87/ CE, a fin de establecer una nueva estructura organizativa de los comités de servicios financieros (http://eur-lex.europa.eu/legal-content/ES/TXT/PDF/?uri=CELEX:32005L0001&from=ES [29.11.2016]) y 2009/14/CE del Parlamento Europeo y del Consejo de 11 de marzo de 2009 por la que se modifica la Directiva 94/19/CE relativa a los sistemas de garantía de depósitos, en lo que respecta al nivel de cobertura y al plazo de pago (http://eur-lex.europa.eu/legal-content/ES/TXT/PDF/?uri=CELEX:32009L0014&from=ES [29.11.2016]).
556 http://eur-lex.europa.eu/legal-content/EN/TXT/PDF/?uri=CELEX:31997L0009&rid=2 (29.11.2016).

haya podido influir sobre su contenido, «... en particular en el caso de los contratos de adhesión».

La Directiva contiene, en su anexo, una lista de cláusulas que serían consideradas como abusivas. Esta lista, que ha sido calificada por la doctrina como «no exhaustiva»[557], incluye aquellas «Cláusulas que tengan por objeto o por efecto»,

«a) excluir o limitar la responsabilidad legal del profesional en caso de muerte o daños físicos del consumidor debidos a una acción u omisión del mencionado profesional;

b) excluir o limitar de forma inadecuada los derechos legales del consumidor con respecto al profesional o a otra parte en caso de incumplimiento total o parcial, o de cumplimiento defectuoso de una cualquiera de las obligaciones contractuales por el profesional, incluida la posibilidad de compensar sus deudas respecto del profesional mediante créditos que ostente en contra de este último;

c) prever un compromiso en firme del consumidor mientras que la ejecución de las prestaciones del profesional está supeditada a una condición cuya realización depende únicamente de su voluntad;

d) permitir que el profesional retenga las cantidades abonadas por el consumidor, si este renuncia a la celebración o la ejecución del contrato, sin disponer que el consumidor tiene derecho a percibir del profesional una indemnización por una cantidad equivalente cuando sea este el que renuncie;

e) imponer al consumidor que no cumpla sus obligaciones una indemnización desproporcionadamente alta;

f) autorizar al profesional a rescindir el contrato discrecionalmente, si al consumidor no se le reconoce la misma facultad, o permitir que el profesional se quede con las cantidades abonadas en concepto de prestaciones aún no efectuadas si es el propio profesional quien rescinde el contrato;

---

557 Mavromati, *The Law of payment services in the EU...*, ob. cit., p. 207.

g) autorizar al profesional a poner fin a un contrato de duración indefinida, sin notificación previa con antelación razonable, salvo por motivos graves;

h) prorrogar automáticamente un contrato de duración determinada si el consumidor no se manifiesta en contra, cuando se ha fijado una fecha límite demasiado lejana para que el consumidor exprese su voluntad de no prorrogarlo;

i) hacer constar de forma irrefragable la adhesión del consumidor a cláusulas de las cuales no ha tenido la oportunidad de tomar conocimiento real antes de la celebración del contrato;

j) autorizar al profesional a modificar unilateralmente sin motivos válidos especificados en el contrato los términos del mismo;

k) autorizar al profesional a modificar unilateralmente sin motivos válidos cualesquiera características del producto que ha de suministrar o del servicio por prestar;

l) estipular que el precio de las mercancías se determine en el momento de su entrega, u otorgar al vendedor de mercancías o al proveedor de servicios el derecho a aumentar los precios, sin que en ambos casos el consumidor tenga el correspondiente derecho a rescindir el contrato si el precio final resultare muy superior al precio convenido al celebrar el contrato;

m) conceder al profesional el derecho a determinar si la cosa entregada o el servicio prestado se ajusta a lo estipulado en el contrato, o conferirle el derecho exclusivo a interpretar una cualquiera de las cláusulas del contrato;

n) restringir la obligación del profesional de respetar los compromisos asumidos por sus mandatarios o supeditar sus compromisos al cumplimiento de formalidades particulares;

o) obligar al consumidor a cumplir con todas sus obligaciones aun cuando el profesional no hubiera cumplido con las suyas;

p) prever la posibilidad de cesión del contrato por parte del profesional, si puede engendrar merma de las garantías para el consumidor sin el consentimiento de éste;

q) suprimir u obstaculizar el ejercicio de acciones judiciales o de recursos por parte del consumidor, en particular obligándole a dirigirse exclusivamente a una jurisdicción de arbitraje no cubierta por las disposiciones jurídicas, limitándole indebidamente los medios de prueba a su disposición o imponiéndole una carga de la prueba que, conforme a la legislación aplicable, debería corresponder a otra parte contratante».

c. Obligaciones del aceptante

En su contrato con el proveedor de servicios de pago, el aceptante se obliga, en primer término, a aceptar el medio de pago en cuestión. Para ello, debe disponer de los equipos o programas necesarios, de manera de poder tramitar el pago a través de ese medio. Además, al asumir esta obligación, tiene también el deber de verificar el instrumento de pago y la identidad de su titular.

En relación con el instrumento de pago, el aceptante se obliga a verificar su validez y la disponibilidad de fondos. Tales datos se obtendrían de la comunicación con el *software* o directamente del *hardware* en el cual esté almacenado el dinero electrónico, es decir, con la transmisión del número que identifica la tarjeta virtual, con el correo electrónico que identifica una cuenta en PayPal o con la lectura del chip de la *Geldkarte* en el dispositivo dispuesto para ello. La verificación de la identidad del titular, por su parte, se produce generalmente con la presentación de su documento de identidad, el uso de un PIN o la firma. Sin embargo, hay medios de pago, como la *Geldkarte* y las tarjetas con chip en general, en las cuales no se requiere ningún tipo de identificación por parte del titular, con lo cual, no existe ningún deber al respecto para el aceptante, ni responsabilidad en caso de uso indebido por un tercero.

Adicionalmente, en el caso de pagos hechos a través de un portal de internet, el aceptante debe implementar sistemas de verificación adecuados a este medio, de manera de poder identificar el instrumento de pago y la identidad de su titular[558]. Para verificar la identidad del titular suelen utilizarse mecanismos basados en el suministro de claves personales y códigos de verificación de instrumentos de pago, así como protocolos de seguridad y firmas electrónicas basadas en técnicas criptográficas. Generalmente, el proveedor de servicios de pago es quien instala el sistema de verificación, pero la responsabilidad de este se limita al funcionamiento técnico del mismo, pues el propio sistema no puede garantizar que quien realiza el pago sea efectivamente el titular del instrumento utilizado.

d. Modificaciones al contrato marco

El artículo 54 de la Directiva 2015/2366 admite que el prestador del servicio de pago pueda, unilateralmente, modificar las condiciones del contrato marco. En tales casos, el proveedor deberá informarlo al usuario de la misma manera en que puso a su disposición la información previa, pero esta vez con una antelación no inferior a dos meses respecto de la fecha de aplicación propuesta[559]. El usuario podrá aceptar o rechazar estas modificaciones antes de la fecha propuesta para su entrada en vigencia.

De conformidad con la propia norma, el silencio del usuario es calificado como aceptación de la modificación de las condiciones del contrato marco. En efecto, se considerará –y así se lo informará el proveedor de servicios *ex* artículo 52,6a– que el usuario acepta la modificación de las condiciones del contrato, a menos que notifique lo contrario, con anterioridad a la fecha de entrada en vigencia de las modificaciones. «En tal caso, el proveedor de servicios de pago especificará que el usuario de servicios de pago tendrá el derecho a rescindir el contrato marco de forma inmediata y sin coste alguno antes de la fecha propuesta para la aplicación de los cambios» (art. 44,1, aparte único).

---

558 En este sentido: Rico Carrillo, *El pago electrónico en internet...*, ob. cit., p. 192.
559 En el artículo 33 de la propuesta original, el lapso era de un mes. Referencia tomada de Mavromati, *The Law of payment services in the EU...*, ob. cit., p. 207.

Si lo que se modifica es el tipo de interés o de cambio, tal modificación se podrá aplicar de inmediato y sin previo aviso, siempre que así se haya acordado en el contrato marco y que las variaciones se basen en los tipos de interés o de cambio de referencia acordados. En estos casos, el usuario será informado lo antes posible, salvo que se haya acordado una frecuencia específica o un procedimiento de comunicación o puesta a disposición de la información. No obstante, los cambios en los tipos de interés o de cambio que sean más favorables para los usuarios de servicios de pago podrán aplicarse sin previo aviso (art. 54,2). En el caso de las operaciones de pago singulares, las modificaciones de los tipos de interés o de cambio se aplicarán y calcularán de una forma neutra que no resulte discriminatoria con respecto a los usuarios de servicios de pago (art. 54,3).

Ahora bien, tal como hemos indicado antes, el parágrafo j de la Directiva 93/13 considera como abusiva la cláusula que permita al proveedor de bienes y servicios modificar unilateralmente los términos del contrato. Sin embargo, el segundo párrafo del propio anexo excepciona a los prestadores de servicios financieros –categoría dentro de la cual se incluye a los prestadores de servicios de pago–, permitiéndoles alterar la tasa de interés que debe pagar el consumidor, o el monto de otros cargos por servicios financieros, sin una notificación que indique una razón válida (Anexo, 2,b), lo cual coincide, en cierta medida, con el ya citado artículo 54,2 de la Directiva 2015/2366.

e. Terminación unilateral del contrato marco

A pesar que el artículo 55 hace referencia a la «rescisión», nosotros preferimos referirnos a la terminación unilateral del contrato. Ello debido a que la rescisión es tradicionalmente definida por la doctrina como la privación de los efectos producidos por un contrato válido cuando este, en virtud de algunas de las causas taxativamente fijadas por la Ley, produce lesiones o perjuicios para los contratantes o terceros, siempre que el perjudicado no pueda obtener por otro medio la reparación de los daños. Así entendida, la rescisión es un remedio jurídico puesto al servicio de intereses legalmente determinados, cuyos titulares solo pueden usarla subsidiariamente[560].

Es importante considerar, y así lo reconoce en parte el propio artículo 55, que las demás formas de terminación del contrato no se ven excluidas por esta posibilidad. En efecto, aunque el artículo 55,5 solo se refiere a la nulidad, si se verifican los presupuestos necesarios procedería la resolución del contrato, la suspensión del cumplimiento, la terminación por mutuo acuerdo e, incluso, la propia rescisión en los términos en que la hemos definido antes.

Ahora bien, de acuerdo con la norma citada, el usuario puede, en cualquier momento, manifestar su voluntad de terminar el contrato marco, sin que sea necesario que este fundamente su decisión en alguna causa determinada. Tal terminación tendrá efectos inmediatos a menos que las partes hayan fijado un preaviso que, en todo caso, no podrá ser superior a un mes (art. 55,1). Esta terminación unilateral generará gastos apropiados y en consonancia con los costes, pero será gratuita para el usuario cuando el contrato terminado haya tenido una duración superior a 12 meses o tenga carácter indefinido (art. 55,2). En los casos en que los gastos de los servicios de pago se cobren periódicamente, solo se abonará la parte proporcional adeudada hasta la terminación del contrato. Si tales comisiones se han pagado por anticipado, se reembolsarán de manera proporcional (art. 55,4).

Tal como lo reconoce Mavromati, el objetivo fundamental de esta norma, al otorgar semejante facultad al usuario del servicio de pago, es facilitar su liberación de un contrato marco no deseado, así como promover la movilidad de los clientes[561].

---

560 Díez-Picazo, Luis, *Fundamentos del Derecho civil patrimonial*, Madrid, Civitas, 5.ª ed., 1996, Vol. I, pp. 507-515.
561 Mavromati, *The Law of payment services in the EU...*, ob. cit., p. 208.

Por su parte, el proveedor de servicios de pago también podrá terminar unilateralmente el contrato, pero deberá satisfacer ciertas condiciones, la primera de las cuales es que el propio contrato le haya acordado tal posibilidad y, en esos casos, deberá notificar la terminación al usuario con al menos dos meses de anticipación (art. 55,3). Esta facultad del prestador de servicios ha de interpretarse conjuntamente con el párrafo g del anexo de la Directiva 93/13, norma que considera como abusiva una cláusula que permita al prestador de servicios terminar unilateralmente el contrato, sin una notificación razonable y sin razones serias. El párrafo 2 del propio anexo establece una excepción en los casos en que «… el prestador de servicios financieros se reserve el derecho de rescindir unilateralmente, sin previo aviso en caso de razón válida, el contrato de duración indeterminada, a condición de que el profesional esté en la obligación de informar de ello inmediatamente a las demás partes contratantes» (Anexo, 2,a).

f. El contrato bancario en el Derecho venezolano[562]

El contrato bancario es definido a partir de un elemento subjetivo: la intervención de al menos un banco. En efecto, tal como lo entiende Ustáriz Forero, el apellido de «bancario» es adquirido por el contrato cuando un banco entra en juego[563]. Esto nos obliga a volver al concepto de institución bancaria, el cual, tal como afirma Morles Hernández, partiendo de la noción de intermediación financiera, puede ser elemental y definir al banco como la empresa que se ocupa de la intermediación con el dinero y con los

---

562 Hemos tomado algunas ideas de: Madrid Martínez, Claudia, La defensa de los usuarios en el marco de la Ley de Instituciones del Sector Bancario, en: *Análisis y comentarios de la Ley de Instituciones del Sector Bancario*, Caracas, FUNEDA, 2011, pp. 413 y ss.

563 Ustáriz Forero, Nasly, Regulaciones bancarias como derecho de los consumidores y usuarios del sistema financiero, en: *Libro Homenaje al profesor Alfredo Morles Hernández*, (Coords. A. Uzcátegui y J. Rodríguez), Caracas, UCAB, Universidad de Los Andes, Universidad Monteávila, UCV, ACPS, 2012, Vol. III (Derecho financiero y Derecho concursal), pp. 283 y ss., especialmente pp. 290-291.

títulos; o ser más elaborado y entender a tales instituciones como empresas industriales de crédito[564].

Con esta definición doctrinal coincide el artículo 8 de la Ley Orgánica del Sistema Financiero Nacional, al incluir en el sector bancario a todas aquellas instituciones que «… realizan intermediación financiera mediante la colocación de los recursos, obtenidos a través de los depósitos del público o de otras fuentes permitidas por la Ley, para el financiamiento, en especial, de actividades productivas de la economía real, de sus servicios asociados y la infraestructura correspondiente». Además, el artículo 15 de la Ley de instituciones del sector bancario incluye en esta categoría a los «servicios financieros» y a los «servicios auxiliares a las instituciones bancarias».

La amplitud de este concepto nos permite vincular, tal como afirmamos antes, la intermediación en la realización de pagos electrónicos, con la intermediación financiera y, a partir de esta identificación, recurrir a las normas especiales sobre contratos bancarios pues, reiteramos, no existe en Venezuela regulación especial sobre los medios electrónicos de pago.

Así las cosas, lo primero que debemos considerar es que tanto la Ley de instituciones del sector bancario, como la Ley de tarjetas parecen identificar a todos los clientes de las instituciones de crédito como consumidores y, automáticamente, como débiles jurídicos necesitados de protección especial. Sin embargo, como es lógico, no todas las operaciones bancarias pueden calificarse como relaciones de consumo.

En efecto, tal como hemos afirmado *supra*, la relación de consumo se caracteriza, subjetivamente, por la intervención de un proveedor de bienes o servicios, por una parte, y un consumidor por la otra. Este esquema

---

564 Morles Hernández, Alfredo, *Curso de Derecho mercantil. Introducción. La empresa. El empresario*, Caracas, UCAB, 2006, T. I, p. 234.

se reproduce en muchas de las operaciones bancarias, mas no en todas está presente la nota fundamental, referida al destino final del servicio, lo cual califica, en Derecho venezolano, al consumidor y por ello, a la misma relación de consumo. Así, en las operaciones activas, cuando se trata de créditos al consumo[565], por ejemplo, el usuario es el destinatario final de ese servicio, por lo que estos pueden calificarse como relaciones de consumo[566]. No puede afirmarse lo mismo, sin embargo, de los casos en los cuales el crédito se otorga para que el tomador emprenda alguna actividad productiva o de comercialización[567].

En el caso de las operaciones pasivas, algunos autores han afirmado que quien deposita dinero en una entidad bancaria no puede ser calificado como destinatario final, pues este coloca dinero o bienes en el círculo financiero[568]. Sin embargo, Lorenzetti niega esta conclusión, al afirmar, acertadamente en nuestra opinión, que la utilización financiera del dinero depositado es realizada por el banco y no por el cliente. En su opinión, el

---

565 Los créditos al consumo son definidos por el Decreto Ley sobre Instituciones del Sector Bancario, en su artículo 58,2, como «... el financiamiento rotativo en corto plazo, realizado por las instituciones bancarias, otorgado por cualquier medio a personas, para efectuar de manera directa operaciones de compra en establecimientos de compra o pago de servicios, dentro y fuera del territorio nacional, hasta por quince mil quinientas Unidades Tributarias (15.500 U.T.), y cuyo monto es recuperable a través del pago de cuotas consecutivas, que contengan pagos de intereses y capital. Se incluyen dentro de este tipo de créditos, las operaciones realizadas a través del sistema de tarjetas de crédito o cualquier medio informático, magnético o telefónico, por personas naturales o jurídicas».
566 De hecho, la derogada Ley para la Defensa de las Personas en el Acceso a los Bienes y Servicios se refería de manera particular a este tipo de relación de consumo, en sus artículos 75 a 77.
567 Lorenzetti, *Consumidores...*, ob. cit., 2003, p. 345.
568 García-Cruces González, José Antonio, Contratación bancaria y consumo, en: *Revista de Derecho Bancario y Bursátil*, 1988, Año 8, N.º 30, pp. 259 y ss., especialmente p. 269.

contrato entre el depositante y el banco se agota con ese uso del dinero, por lo que esta operación también podría calificarse como de consumo[569].

En lo relacionado con las operaciones neutras, donde se ubicarían los servicios de pago, Lorenzetti aconseja distinguir entre los servicios prestados por el propio banco y los prestados, a través de él, por terceros. Si los servicios son propios y están dirigidos al consumo final, pueden calificarse como relaciones de consumo. Si los servicios son en cambio prestados por terceros, hay quienes afirman que no hay relación contractual con el banco, por lo que no puede hablarse de relación de consumo, mientras que para otros la inexistencia de una relación contractual no excluye su calificación como de consumo[570].

Podemos afirmar en conclusión que, al menos en el ámbito del Derecho venezolano, solo las relaciones en las cuales se identifique un destinatario final, pueden calificarse como relaciones de consumo. Trátese o no de un cliente del banco, pues recordemos que se puede ser usuario sin ser cliente. Pensemos en una persona que compra un cheque de gerencia en una entidad bancaria en la cual no dispone de cuenta. Esta distinción es admitida, según reseñamos antes, por las Normas relativas a la Protección de Usuarios y Usuarias de los Servicios Financieros.

Podemos entonces admitir que el usuario del servicio bancario es quien interviene en la relación bancaria con fines privados, contratando bienes y servicios como destinatario final, sin incorporarlos, ni directa, ni indirectamente,

---

569 Lorenzetti, *Consumidores...*, ob. cit., p. 345.
570 Moeremans, Daniel, Contratación bancaria y ley de defensa de los consumidores (Ley 24.240), en: *La Ley*, 1997-E, p. 1267, y Rinessi, Antonio, *Tarjeta de crédito y otras conexidades contractuales en el consumo*, Buenos Aires, Mave, 1999, p. 26. Ambos también citados en: Lorenzetti, *Consumidores...*, ob. cit., p. 345.

en procesos de producción, comercialización o prestación a terceros[571]. Justamente, considerando este criterio, se ha afirmado que la relación contractual que nace entre el banco emisor y el ordenante de un crédito documentario, por ejemplo, no puede calificarse como una relación de consumo, pues este último es un operador profesional y, en tal calidad, ordena la emisión del crédito[572]. Sí podría considerarse consumidor, por el contrario, a quien ordenase un pago, a través de una transferencia, por la compra de un producto en una página web, destinado a su uso personal.

Ahora bien, el contrato bancario ha sido considerado por la doctrina como aquel que generalmente se perfecciona a través de métodos de contratación en masa —a través de contratos de adhesión o condiciones generales de contratación— para proveer servicios especiales en el mercado, creando relaciones jurídicas complejas, múltiples y de larga duración[573], vinculando una cadena de proveedores organizados entre sí y con una característica determinante: «… la posición de "cautividad" o "dependencia" de los clientes, consumidores»[574]. Estas características explican la importancia

---

571 Flores Doña, M.ª de la Sierra, *Naturaleza y caracterización general de la contratación bancaria electrónica con el consumidor*, en: http://eprints.ucm.es/9531/1/Funcas3naturalezacontratobancarioelectronicoSierra.pdf (29.11.2016), p. 6.
572 Carrascosa González, Medios de pago internacionales…, ob. cit., p. 764.
573 Los contratos de larga duración, definidos por algunos autores como acuerdos provisorios sometidos a permanentes mutaciones, presentan como ventaja para el usuario la disminución de los costes de información, pues sería muy caro tener que contratar con muchas empresas individuales para comprar un producto compuesto. Ver: Lorenzetti, Ricardo, Luis, Contratos de larga duración, en: Lorenzetti, Ricardo Luis y Cláudia Lima Marques, *Contratos de servicios a los consumidores*, Buenos Aires, Rubinzal-Culzoni Editores, 2005, pp. 79 y ss., especialmente pp. 81-82.
574 Lima Marques define la cautividad como la inducción al consumo de bienes materiales e inmateriales, de publicidad masiva y métodos agresivos de *marketing*, de graves y renovados riesgos en la vida en sociedad, y de gran inseguridad en cuanto al futuro. Ver: Lima Marques, Cláudia, Contratos bancarios en tiempos postmodernos. Primeras reflexiones, en: Lorenzetti, Ricardo Luis y Cláudia Lima

que para las relaciones bancarias de consumo tiene, por ejemplo, el deber de información y la regulación de la publicidad.

Tomando en cuenta la sistematización realizada por Rodríguez Azuero[575], los contratos bancarios –incluyendo aquellos que pueden ser calificados como de consumo– tienen características bien particulares[576]. En primer lugar, hemos de mencionar la íntima relación existente entre la formulación jurídica del contrato y la realidad técnico-contable de las operaciones a las cuales se refiere. Consideremos, precisamente, el enorme desarrollo de las nuevas tecnologías de la información, su auge en los sistemas bancarios y su consecuente consideración por parte de los legisladores.

Así, la Ley de Instituciones del Sector Bancario admite, en su artículo 5, que la labor de intermediación financiera pueda ser prestada «… bajo cualquier modalidad…» e incluso, luego de ordenar a la Superintendencia de Instituciones del Sector Bancario el desarrollo de «normativas prudenciales», prohíbe a las instituciones bancarias prestar u ofrecer, a través de la banca virtual, productos o servicios distintos de los permitidos por la propia Ley, o los autorizados por la Superintendencia (art. 70 LISB). La misma norma impone a la Superintendencia la obligación de «… obtener

---

Marques, *Contratos de servicios a los consumidores*, Buenos Aires, Rubinzal-Culzoni Editores, 2005, pp. 291 y ss., especialmente pp. 291-292.
575 Rodríguez Azuero, *Contratos bancarios…*, ob. cit., pp. 171-197.
576 Lima Marques se ha referido a las características de los contratos bancarios de consumo, afirmando que los modelos tradicionales «… proveen pocos instrumentos para regular estas larguísimas, reiteradas y complejas relaciones contractuales», en las cuales se aprecia la masificación y continuidad de los clientes, la prestabilidad por terceros de servicios autorizados o controlados por el Estado, el macrointerés del verdadero objeto contractual, la internacionalidad, el gran poder económico de los proveedores y, por encima de todo, la continuidad de las relaciones, teniendo en cuenta la esencialidad del crédito en la sociedad de consumo actual. Ver: Lima Marques, Cláudia, Contratos bancarios en tiempos postmodernos…, ob. cit., pp. 306-307.

la opinión previa vinculante del Banco Central de Venezuela cuando la normativa prudencial a ser dictada pudiera incidir en el correcto funcionamiento del sistema nacional de pagos, en aras de evitar posibles perturbaciones en el mismo y a sus participantes».

La introducción de las nuevas tecnologías de la información y la comunicación, más que una posibilidad que optimiza la prestación de servicios financieros, parece haberse convertido en un deber de los bancos. En esta misma línea, el artículo 69 de las Normas relativas a la Protección de los Usuarios y Usuarias de los Servicios Financieros establece que los bancos «… deberán procurar incluir dispositivos electrónicos de conformidad con los avances tecnológicos». Además, la propia norma dispone que estas instituciones deberán activar servicios para la emisión de referencias bancarias y estados de cuenta vía internet, siendo las constancias emitidas por esta vía, perfectamente válidas frente a otras instituciones del sector. Se consagra así, el principio de equivalencia funcional, lo cual abona el terreno a la validez de los medios electrónicos de pago, más allá de la autonomía de la voluntad de las partes.

En segundo término, Rodríguez Azuero destaca el carácter personalísimo de estos contratos. Así, aunque estemos frente a un servicio ofrecido por los bancos a la comunidad de forma indiscriminada, ciertos requisitos son necesarios para poder tener acceso a los sistemas bancarios, máxime en la actualidad, cuando rige el imperativo «conoce a tu cliente», de manera de poder detectar, dentro de un creciente flujo de operaciones financieras, los movimientos de dinero provenientes de actividades ilícitas, principalmente, del narcotráfico. Mas el hecho de que se trate de un contrato *intuito personae* ha provocado, en ciertos casos, que los bancos abusen del derecho a no contratar, por lo que se cuida que esta decisión resulte de un análisis razonable de las condiciones y cualidades del cliente potencial y no de una caprichosa actitud contraria a derecho e injustificadamente perjudicial para quien recibe la negativa.

En tal sentido, la Ley de tarjetas dispone, en su artículo 31, la obligación del emisor de «... suministrar por escrito al solicitante de una tarjeta de crédito o al tarjetahabiente, cuando este lo requiera, las razones por las cuales negaron una solicitud de tarjetas de crédito o ampliación del límite de crédito en particular». La Ley de Instituciones del Sector Bancario reconoce este deber, de manera general, obligando a los bancos a informar por escrito las razones por las cuales se rechaza, niega o no acepta una solicitud de crédito. Además, admite que «El criterio básico es la capacidad de pago del deudor» (art. 62 LISB)[577]. A través de la consagración de este principio podría garantizarse al consumidor, en cierta medida, protección para los casos de sobreendeudamiento[578].

---

577 Las Normas relativas a la Protección de los Usuarios y Usuarias de los Servicios Financieros establecen, en el primer aparte de su artículo 29, que «La Institución Bancaria responderá por escrito y remitirá a la dirección física o electrónica establecida por el cliente, usuario y usuaria dentro de los veinte (20) días hábiles bancarios siguientes, contados a partir de la fecha de la aprobación o negativa de la solicitud de crédito. En caso que el crédito resulte negado, la Institución Bancaria deberá indicar de manera explícita al solicitante las razones o causas que motivaron la negación del crédito o financiamiento solicitado, dicha respuesta debe ser expedida y firmada por un funcionario y/o (sic) empleado debidamente autorizado por la Institución Bancaria».

578 No parece haber acuerdo en la doctrina acerca del sobreendeudamiento. Su propia definición genera múltiples problemas. Por ejemplo, no está claro si se trata de una situación que deba ser apreciada desde el punto de vista estrictamente jurídico o también desde una óptica sociológica. Tampoco está claro el límite que debe alcanzar el conjunto de las deudas de una persona para considerar que esta se encuentra en una situación de sobreendeudamiento (Ver: Korczak, Dieter, *Definitionen der Verschuldung und Überschuldung im europäischen Raum*, Literaturrecherche im Auftrag des Bundesministeriums für Familie, Senioren, Frauen und Jugend, 2003. Disponible en: http://www.schuldenberatung.at/downloads/infodatenbank/statistiken-daten/literaturstudie_verschuldung_korczak.pdf [29.11.2016]). Sin embargo, tomemos como punto de partida, la definición establecida en el artículo L330-1 del Code de la Consommation. De acuerdo con esta norma, « *La situation de surendettement des personnes physiques est caractérisée par l'impossibilité manifeste pour le débiteur de bonne foi de faire face à l'ensemble de ses dettes non professionnelles exigibles et à échoir. L'impossibilité manifeste pour une*

En tercer lugar, la contratación bancaria es una contratación profesional, pues, tal como hemos afirmado antes, el banco es un profesional. Esta profesionalidad da al banco, sin duda, cierta posición de superioridad en relación con su cliente, de manera que aunque no se considere a este último como un consumidor, sin duda tiene un menor poder de negociación frente al banco. Se trataría de un contrato *Business to Client*, en los ya comentados términos de Roppo.

En reconocimiento de tal condición, el artículo 20 de las Normas de la Superintendencia de Instituciones del Sector Bancario sobre protección de usuarios del servicio financiero prohíbe a los bancos incluir en sus contratos, cláusulas que puedan vulnerar los derechos de sus usuarios, por lo que se consideran como cláusulas abusivas, las que facultan a las instituciones financieras para modificar unilateralmente el contenido de sus contratos, sin notificar previamente a las partes interesadas; las que consagran el pago o aumento del precio de las comisiones por prestaciones no realizadas; las que permiten al banco cargar a sus clientes comisiones o gastos por servicios no solicitados ni aceptados expresamente por estos; las que otorgan al banco, en contratos por tiempo determinado, la facultad de terminar unilateralmente el contrato, sin que haya ocurrido alguna de las causas expresamente estipuladas por el propio contrato; las que excluyen total o parcialmente la responsabilidad de las instituciones bancarias por los daños derivados de sus acciones u omisiones; las que limiten la operatividad del producto o servicio, y las que impongan un domicilio distinto al del cliente.

---

personne physique de bonne foi de faire face à l'engagement qu'elle a donné de cautionner ou d'acquitter solidairement la dette d'un entrepreneur individuel ou d'une société caractérise également une situation de surendettement. Le seul fait d'être propriétaire de sa résidence principale et que la valeur estimée de celle-ci à la date du dépôt du dossier de surendettement soit égale ou supérieure au montant de l'ensemble des dettes non professionnelles exigibles et à échoir ne peut être tenu comme empêchant que la situation de surendettement soit caractérisée ».

En cuarto lugar, hemos de considerar la utilización, por el sistema bancario, de contratos de adhesión, pues al tratarse de servicios prestados en masa, la entidad bancaria ofrece a los usuarios, con la necesaria aprobación de las autoridades competentes, un clausulado frente al cual estos manifestarán o no su aceptación. Sin embargo, en la actualidad estos contratos, más que de adhesión, han de calificarse como contratos dirigidos, debido al control que sobre los mismos ejerce el Estado. En tal sentido, el artículo 2 de las Normas sobre protección de usuarios del sistema financiero define los contratos de adhesión como «... contratos tipo o aquellos cuyas cláusulas han sido aprobadas por la autoridad competente por la materia o establecidos unilateralmente por la proveedora o el proveedor de bienes y servicios, sin que las personas puedan discutir o modificar substancialmente su contenido al momento de contratar».

En Venezuela, ya lo hemos comentado, la Ley de Instituciones del Sector Bancario ordena a la Superintendencia ejercer el «más amplio y absoluto control sobre todas las operaciones, negocios y en general cualquier acto jurídico que las instituciones del sector bancario realicen» (art. 171,8), y aprobar «... las normas generales que regulen los contratos e instrumentos de las operaciones de intermediación y servicios conexos permitidas a las instituciones del sector bancario, y aprobar las cláusulas generales de contratación que le sean sometidas por las instituciones sujetas a su competencia, en la forma contemplada en los artículos pertinentes del Código Civil» (art. 171, 13)[579]. Nos queda, no obstante, la duda sobre esta última

---

579 La competencia de la Superintendencia de Bancos y otras Instituciones Financieras, en el marco de la Ley derogada (*Gaceta Oficial* N.º 39.491, de 19.08.2010) se limitaba a la evaluación y aprobación de los contratos de fideicomiso, mandato, comisión y otros encargos de confianza, mediante los cuales se establezca la emisión de títulos o certificados de participación u otro tipo de figura equivalente, con por lo menos quince (15) días hábiles bancarios antes de la suscripción de los mismos. Del mismo modo, debía aprobar toda modificación que se pretendiera realizar en las condiciones generales, previamente aprobadas.

remisión. Es decir, no entendemos a que normativa del Código Civil se refiere, pues este instrumento normativo nada establece en relación con los contratos de adhesión o las condiciones generales de contratación. Tal vez hubiera sido mejor hacer una remisión a la normativa prudencial de la Superintendencia.

Por su parte, el artículo 4 de la Ley de tarjetas también establece la competencia de la Superintendencia en los siguientes términos: «Las cláusulas de los contratos de afiliación de tarjeta de crédito, débito y demás tarjetas de financiamiento o pago electrónico, serán elaboradas y apegadas a la legalidad y la justicia, del modo más favorable al tarjetahabiente...». La propia norma ordena el cumplimiento de los parámetros establecidos en la normativa prudencial de la Superintendencia y en la Ley para la Defensa de las Personas en el Acceso a los Bienes y Servicios, esta última hoy derogada.

La quinta característica del contrato en estudio está relacionada con el llamado secreto bancario, obligación que se traduce en la necesidad de conservar la privacidad de las fuentes, el destino, la cuantía y demás características de las operaciones celebradas por cuenta del usuario, así como de los informes financieros e informes particulares sobre las actividades que ordinariamente presentan los usuarios al banco, como requisito para la realización de las diversas operaciones.

En Venezuela, el artículo 86 de la Ley de Instituciones del Sector Bancario establece que «Está prohibido a las instituciones bancarias, así como a sus directores o directoras y trabajadores o trabajadoras, suministrar a terceros cualquier información sobre las operaciones pasivas y activas con sus usuarios y usuarias, a menos que medie autorización escrita de éstos o se trate de los supuestos consignados en el artículo 87 del presente Decreto

---

Ello, de conformidad con el artículo 56 de la Ley General de Bancos y otras Instituciones Financieras.

con Rango, Valor y Fuerza de Ley». Esta norma es la primera de un capítulo denominado «Sigilo Bancario» y, en efecto, la norma hace referencia al sigilo y no al secreto, debido a las múltiples excepciones establecidas por el artículo 87 del Decreto Ley[580].

Finalmente, Rodríguez Azuero menciona una característica que ya hemos analizado y a cuyas consecuencias volveremos en el capítulo III. Nos referimos a la internacionalización como característica que afecta, de manera general, al Derecho mercantil y, en forma particular, al Derecho bancario. Esta internacionalización hace necesaria la intervención del Derecho internacional privado, con las implicaciones y complicaciones que de ello pueda derivarse y a las que haremos referencia más adelante.

---

580 El artículo 87 regula el llamado «levantamiento del secreto bancario», en los siguientes términos: «El secreto bancario no rige cuando la información sea requerida para fines oficiales por:
1. El Presidente o Presidenta de la República, el Vicepresidente Ejecutivo o Vicepresidenta Ejecutiva de la República, el Presidente o Presidenta de la Asamblea Nacional, los Magistrados o Magistradas Presidentes o Presidentas de las Salas del Tribunal Supremo de Justicia, el Ministro o Ministra del área financiera, el Fiscal o la Fiscal General de la Republica, el Defensor o Defensora del Pueblo, el Procurador o Procuradora General de la República, el Contralor o Contralora General de la República, el Presidente o Presidenta del Consejo Nacional Electoral, el Presidente o Presidenta del Órgano Superior del Sistema Financiero Nacional, el Presidente o Presidenta del Banco Central de Venezuela, el Presidente o Presidenta del Fondo de Protección Social de los Depósitos Bancarios, el Superintendente o Superintendenta del mercado de valores y el Superintendente o Superintendenta del sector seguros.
2. El Ministro o Ministra del Poder Popular con competencia en materia para Interior y Justicia, el Ministro o Ministra del Poder Popular con competencia en materia para la Defensa, los Órganos del Poder Judicial, la administración aduanera y tributaria, y la autoridad administrativa con competencia en materia cambiarla, según las Leyes.

5. Relación entre el titular del medio del pago y el aceptante

Aunque generalmente se la identifique con la compraventa de productos[581], la relación jurídica entre el titular del medio de pago y el aceptante del mismo, también puede abarcar el caso de los servicios. En efecto, si tal como hemos advertido antes, los medios de pago entran en juego cuando existe la obligación de pagar una determinada cantidad de dinero, cada vez que exista una prestación de esta naturaleza, sea en una compraventa, sea en un contrato de servicios, será posible el recurso a un medio de pago electrónico. Lo que queremos dejar claro es, en definitiva, la posibilidad de recurrir a estos para satisfacer cualquier prestación que consista en el pago de una determinada cantidad de dinero, independientemente de la naturaleza de la contraprestación por la cual se pague el precio.

---

3. Los jueces o juezas y tribunales en el ejercicio regular de sus funciones y con específica referencia a un proceso determinado, en el que sea parte el usuario y usuaria de la institución del sector bancario a Quien se contrae la solicitud.
4. La Fiscalía General de la República, en el ejercicio regular de sus funciones y con específica referencia a un proceso determinado.
5. El Superintendente o Superintendenta de las Instituciones del Sector Bancario, en el ejercicio de sus funciones de supervisión.
6. Los organismos competentes del gobierno de un país con el que se tenga celebrado convenio para combatir, reprimir y sancionar el tráfico ilícito de drogas, el terrorismo y la legitimación de capitales.
7. El Presidente o Presidenta de una Comisión Investigadora de la Asamblea Nacional, con acuerdo de la Comisión de que se trate y en relación con hechos que comprometan el interés público.
    Los receptores o receptoras de la información a que se refiere el presente artículo, deberán utilizarla solo a los fines para los cuales fue solicitada, y responderán de conformidad con las Leyes por el incumplimiento de lo aquí establecido».

581 Obviando cualquier otra posibilidad, Pardo Lidón se refiere directamente a la compraventa internacional y a los riesgos que la misma presenta y hacen necesario que las partes determinen expresamente el medio de pago. Ver: Pardo Lidón, *Medios de cobro y pago en el comercio internacional...*, ob. cit., pp. 20-21.

Es importante tener en cuenta, en todo caso, que esta es una relación que goza de cierta independencia con respecto a aquella por la cual se emite y permite la utilización de un medio de pago, pues este generalmente depende de un contrato distinto, que puede ser previo o paralelo a la relación por la cual se desea hacer el pago. Ambas relaciones, de hecho, suelen estar sometidas a regímenes jurídicos diferentes. Sin embargo, también es cierto que la no realización del pago puede tener consecuencias sobre ambas.

Ahora bien, el principal problema que plantea la relación entre el titular del medio de pago y su aceptante, el cual está vinculado a los efectos y a la finalidad del pago realizado, es ilustrado por Martínez Nadal al comentar el caso particular del dinero electrónico[582]. Según estima la autora, en estos casos es necesario determinar si la transmisión de una cantidad de dinero electrónico del comprador al vendedor ha de ser calificada como un cumplimiento definitivo o más bien provisional del contrato, es decir, como «... una entrega en pago o para el pago del precio debido». En el primer supuesto, la entrega de dinero electrónico tendría eficacia liberadora y extintiva inmediata, mientras que, en el segundo caso, el acreedor beneficiario recibe un nuevo crédito contra el deudor, de manera que la liberación del deudor y la consecuente extinción de la obligación se verificarán cuando se realice efectivamente el derecho de crédito, es decir, cuando el dinero esté disponible para el beneficiario.

En definitiva, la propia Martínez Nadal reconoce que esta situación plantea el problema de determinar quién asume el riesgo de impago a partir del momento de la entrega del dinero electrónico, lo cual se complica cuando el dinero digital puede transferirse entre una serie de personas antes de retornar a la entidad emisora. Desde luego, la respuesta a este planteamiento dependerá del medio de pago electrónico de que se trate y, tratándose de dinero electrónico, de la concepción que se tenga de este.

---

582 Martínez Nadal, *El dinero electrónico...*, ob. cit., pp. 191-192.

En efecto, si el dinero electrónico se concibe como un sustituto de dinero en efectivo, que es hacia donde Europa parece querer encaminarse, la simple entrega del mismo –lectura del dispositivo en el caso del chip o el teléfono móvil o introducción del código de una tarjeta virtual– debería extinguir la obligación, pues debe considerarse como un instrumento *pro soluto*. Sin embargo, este no parece ser el estado actual de las cosas. Considerándose el dinero electrónico como un medio de pago, habría que distinguir, tal como comentamos en el capítulo I, el momento de pago –momento en el cual se realizan los actos tendientes al pago– y el momento de cumplimiento –momento en el cual se satisface el derecho del acreedor y, consecuencialmente, se libera el deudor. Se consideraría entonces al dinero electrónico como un instrumento *pro solvendo*.

En nuestra opinión, mientras no se consolide el carácter sustitutivo de los medios electrónicos de pago en relación con el dinero tradicional y sean estos considerados simplemente como medios de pago, y salvo los casos en que el pago se haga *on-line* a través de un medio verificable, la eficacia liberatoria se prorrogará hasta el momento de cumplimiento, es decir, hasta el momento en que el acreedor tenga el monto pagado a su disposición. Solo en ese momento, cuando el acreedor vea satisfecho su derecho, se extinguirá la obligación y, hasta ese momento, los riesgos estarán en cabeza del deudor.

6. Otras relaciones derivadas de la prestación de servicios de pago en internet

Según reconoce Rico Carrillo, entre los prestadores de servicios de certificación y los titulares de la firma electrónica se establece una relación contractual regulada, fundamentalmente, por las llamadas Declaraciones Prácticas de Certificación (*Certification Practice Statement*)[583]. Estos sujetos no emiten

---

583 «*A Certification Practice Statement (CPS) is a document from a Certificate Authority or a member of a web of trust which describes their practice for issuing and*

medios de pago, ellos se limitan a actuar como intermediarios de confianza tramitando los medios de pago en su tránsito por internet[584].

Ahora bien, la intervención del prestador de servicios de certificación plantea, al menos, dos nuevas relaciones jurídicas, además de aquella que une al aceptante y al titular del medio de pago. En primer lugar, hay una relación contractual con el titular del medio de pago electrónico, a través de la cual el prestador se compromete a garantizar la correspondencia entre el certificado y la identidad del portador, así como la validez del certificado, durante el tiempo pactado para ello y mientras no ocurra una causa que pueda ocasionar la terminación anticipada del contrato. El titular del medio de pago, por su parte, se compromete a tomar las medidas necesarias para no comprometer la seguridad de su clave privada.

En segundo término, se establece también una relación entre el proveedor de servicios de certificación y el aceptante del medio de pago que, siendo un tercero en la relación del proveedor con el titular del medio de pago, confía en la validez y exactitud del certificado. Esta relación tiene naturaleza extracontractual y, debido a la confianza del aceptante en el proveedor, puede generar en este último la obligación de responder ante el primero por los posibles daños que le genere la aceptación del certificado[585].

C. Responsabilidad civil derivada de la prestación de servicios de pago

El establecimiento de la responsabilidad civil de cada una de las partes involucradas en una operación de pago requiere, a fin de proporcionar seguridad y confianza a los titulares de medios electrónicos, un detenido

---

managing public key certificates». Ver: https://en.wikipedia.org/wiki/Certification_Practice_Statement (29.11.2016).
584 Rico Carrillo, *El pago electrónico en internet...*, ob. cit., pp. 157-158.
585 Mateo Hernández, *El dinero electrónico en internet...*, ob. cit., pp. 504-505.

análisis, además de soluciones claras y precisas[586]. Así, aunque la diversidad de esquemas de pago electrónico plantee la necesidad de prever distintas soluciones desde el punto de vista de la responsabilidad civil, la doctrina admite que es posible establecer un régimen general, que considere la dinámica de los diferentes medios de pago, pero a la vez lo suficientemente preciso para que permita una efectiva protección, sin olvidar que habrá casos que requieren una regulación específica debido a las concretas características del medio de pago utilizado[587].

En todo caso, el establecimiento de un régimen general de responsabilidad civil pasa por la determinación de la naturaleza de la prestación que se pacta para la ejecución del pago como una obligación de medios o como una obligación de resultado. De la respuesta a este planteamiento depende, no solo la atribución de responsabilidad, sino también las posibilidades de que goza el deudor para exonerarse de ella. Recordemos algunos aspectos básicos de esta distinción para luego aplicarlos a los servicios de pago.

1. Punto previo: calificación de las prestaciones objeto del contrato de servicios[588]

Tal como hemos afirmado en el capítulo I, la emisión y gestión de instrumentos de pago constituye un servicio, de manera que la responsabilidad que de tal actividad se deriva, debe ser examinada a la luz de este concepto. Así, en materia de prestación de servicios —concepto en el cual predominan las obligaciones de hacer— se suele aceptar, en principio, la procedencia de una responsabilidad subjetiva, debido a que generalmente lo que se promete es la realización de una actividad determinada, sin

---

586 Mateo Hernández, *El dinero electrónico en internet...*, ob. cit., p. 473.
587 Ibíd, pp. 493-494 y 501.
588 Muchos de las ideas que aplicaremos en esta parte del trabajo, fueron analizadas por nosotros en: Madrid Martínez, *La responsabilidad civil derivada de la prestación de servicios...*, ob. cit., pp. 73-82.

incluir la obtención de un resultado. Sin embargo, hemos de considerar que, bien sea por la voluntad de las partes, en los casos en que ello sea posible, bien sea que se derive de la propia naturaleza de la obligación, es posible que el resultado también se incluya en la prestación objeto de un contrato, lo cual influiría en el régimen de la responsabilidad.

Recordemos, para delimitar mejor el problema, que tradicionalmente se ha entendido que dentro de la categoría de las obligaciones de hacer pueden identificarse dos tipos distintos de prestación: una de medios y otra de resultado. La calificación de una obligación como de medios o como de resultado depende de que se incluya o no a este último en la prestación.

Para Demogue —reconocido como el precursor de esta clasificación[589]—, la obligación de medios implica la realización de una actividad considerada en sí misma, la cual tiende a un fin que, aunque querido por las partes, no está incluido en la prestación. Lo importante en las obligaciones de medio es desplegar las medidas adecuadas —las cuales no están limitadas a las de carácter material— independientemente de la consecución del fin. Así, el comportamiento del deudor deberá adecuarse a la diligencia establecida.

---

589 El autor refirió esta diferencia al analizar la carga de la prueba de la culpa, para desdibujar la diferencia que sobre tal criterio estableció la doctrina clásica entre la responsabilidad civil contractual y la responsabilidad civil extracontractual. Demogue analizaba la aparente contradicción entre los artículos 1.147 del Código Civil francés, que establece una presunción de culpa contractual y la posibilidad de exoneración a través de la prueba de la causa extraña no imputable; y 1.137 *eiusdem* referido a la obligación de conservar la cosa, caso el cual la exoneración se materializa con la prueba de la ausencia de culpa (Demogue, Rene, *Traité des obligations en général*, París, Arthur Rousseau, 1925, T. V, pp. 538 y ss.). Por ello se suele afirmar que su descubrimiento fue incidental. Ver al respecto: Vaquero Pinto, María José, *El arrendamiento de servicios. Propuesta de modelo general para la contratación de servicios*, Granada, Comares, Colección Estudios de Derecho Privado, N.º 42, 2005, pp. 106-107. Ver opiniones contrarias a esta clasificación en: Cervilla Garzón, *La prestación de servicios...*, ob. cit., pp. 103-112.

La obligación de resultado, por su parte, incluye la obtención de un objetivo dentro de la prestación. El resultado está *in obligatione*, de manera que no basta desarrollar una actividad adecuada si no se alcanza el resultado convenido. Dicho de otra manera, en la obligación de resultado se espera un hecho o acto preciso, concreto, un resultado que ha de alcanzarse con independencia de los esfuerzos empleados para ello.

Así las cosas, para determinar si ha habido o no cumplimiento, es fundamental calificar previamente la prestación como de medios o como de resultado, puesto que no alcanzar un fin determinado puede configurar incumplimiento en las obligaciones de resultado y no así en las de medios. Esa operación no está exenta de complicaciones, pues todo acto implica medios para realizarlo y todo medio busca un fin[590]. Lo importante es determinar cuándo el resultado aparece como objeto directo de la obligación y cuándo lo es solo la actividad[591]. En efecto, aunque toda prestación tiende a un fin que se muestra como una ventaja para el acreedor, el grado de colaboración del deudor con respecto al fin no es siempre el mismo[592].

Tratando de despejar las dudas respecto de la delimitación de ambos tipos de prestación, en el artículo 5.1.5 de los Principios UNIDROIT se proponen algunos criterios de distinción entre ambas categorías[593]. Así, bajo el título

---

590 Trigo García, María Belén, *Contrato de servicios. Perspectiva jurídica actual*, Granada, Comares, p. 187.
591 Tunc, André, La distinction des obligations de résultat et des obligations de diligence, en: *Jalons, dits et écrits d'André Tunc*, París, 1991, pp. 135 y ss., especialmente pp. 136-137.
592 Acertadamente, Hernández Gil estima que el resultado puede estar jurídicamente fuera de la prestación o estar incluido en ella. En el primer caso lo realmente importante es el comportamiento del deudor. Hernández Gil, Antonio, *Derecho de obligaciones*, Madrid, Centro de Estudios Universitarios Ramón Areces, 1983, pp. 125-126.
593 Frossard ofrece un profundo análisis de los criterios clásicos, refiriéndose, en primer lugar, a criterios objetivos dentro de los cuales menciona el álea y la acep-

«Determinación del tipo de obligación», se establece: «Para determinar en qué medida la obligación de una parte implica una obligación de emplear los mejores esfuerzos o de lograr un resultado específico, se tendrán en cuenta, entre otros factores: (a) los términos en los que se describe la prestación en el contrato; (b) el precio y otros términos del contrato; (c) el grado de riesgo que suele estar involucrado en alcanzar el resultado esperado; (d) la capacidad de la otra parte para influir en el cumplimiento de la obligación».

Destaca el hecho de mencionar como primer factor a considerar, la propia voluntad de las partes, criterio que, en opinión de algunos autores, tendría carácter decisivo frente al carácter supletorio de los demás[594]. Es innegable, en tal sentido, la relación de este criterio con el tema de la interpretación de los contratos y la posible preponderancia que, a través de tal operación, se dé, bien a la voluntad real sobre la voluntad declarada, bien a esta última sobre la primera[595].

La admisión de este criterio nos lleva a preguntarnos por la posibilidad de que las partes puedan, en ejercicio de la autonomía de la voluntad, con-

---

tación de riesgos. En segundo lugar, analiza factores subjetivos, dentro de los cuales incluye los derechos de la víctima, la interdependencia de las partes y la situación de las partes, para finalmente proponer un criterio propio, al que volveremos *infra*. Ver: Frossard, Joseph, *La distinction des obligations de moyens et des obligations de résultat*, París, LGDJ, 1965, Bibliothèque de Droit Privé, T. LXVII, pp. 123 y ss.

594 De hecho, todos los criterios de distinción estarían, en el fondo, referidos a la autonomía de la voluntad. Ver: Vaquero Pinto, *El arrendamiento de servicios...*, ob. cit., pp. 112-113.

595 En los Comentarios a los Principios puede verse un ejemplo de funcionamiento de este criterio: si un contratista se compromete a construir un edificio antes del 31 de diciembre, se presume la intención de alcanzar dicho resultado en la fecha indicada; si solo dice que tratará de terminar los trabajos antes del 31 de diciembre, solo se compromete a emplear todos los medios a su alcance para entregar el edificio en esa fecha. En: UNIDROIT, *Principios UNIDROIT...*, ob. cit., p. 164-165.

vertir lo que sería una obligación de medios en una de resultados o viceversa. Con partidarios[596] y detractores[597], admitir esta posibilidad tiene importantes efectos en la dinámica de la relación obligatoria. Así, la conversión de una obligación de resultado en una de medios por la intervención de la autonomía de la voluntad, implica aceptar la validez de cláusulas limitativas del objeto contractual, cuyo fin es dejar fuera de la prestación, al resultado que, en ausencia de convención, formaría parte del mismo.

El supuesto contrario, es decir, la conversión de una obligación de medios en una de resultados por obra de la voluntad, requiere de un acuerdo claro. Recuérdese que la no obtención de un resultado implica incumplimiento, con la consiguiente responsabilidad. Resulta un poco peligrosa esta alternativa. Sin embargo, según reconoce Trigo García, el avance de los medios técnicos en ciertas actividades, la proliferación de servicios y el cambio de mentalidad, cada vez menos resignada y más exigente de resultados y soluciones, han hecho frecuentes estas conversiones. El caso de los medios electrónicos de pago es, según veremos, un ejemplo de ello. En todo caso, continúa la autora, la equidad ha de guiar las legítimas expectativas del cliente, de manera que la protección se garantice a través de la responsabilidad civil, incluso en casos de falta de información o de publicidad engañosa[598].

En cuanto al artículo 5.1.5.b, los propios Comentarios a los Principios UNIDROIT establecen que un precio insólitamente alto u otra obligación recíproca de naturaleza no pecuniaria, puede indicar la obligación de alcanzar un resultado concreto en casos en que, por lo general, suele asumirse solo una obligación de medios. Ejemplos de semejante apreciación serían los casos de establecimiento de cláusulas penales para supuestos en que no se alcance el resultado esperado; o de aquellas que permiten a una de

---

596 Frossard, *La distinction des obligations...*, ob. cit., pp. 265 y ss.
597 Trigo García, *Contrato de servicios...*, ob. cit., pp. 194-212.
598 Trigo García, *Contrato de servicios...*, ob. cit., pp. 198-199.

las partes ajustar el contenido del contrato ante el desequilibrio de las prestaciones debido a la variación imprevista de las circunstancias; incluso las que vinculan el pago del precio al éxito de una operación[599]. Este criterio se acerca, al menos indirectamente, al de la autonomía de la voluntad.

Para los casos en que sea imposible conocer la intención de las partes, es fatal recurrir a un elemento objetivo que implica centrarse en la naturaleza del comportamiento. Así, suele hacerse referencia al carácter aleatorio del resultado; de manera que no deben considerarse incluidos en el contenido de la prestación, los resultados o fines cuya realización o logro efectivo no están en manos del deudor, sino que dependen, en gran medida, de otros factores ajenos a su control[600].

Este criterio puede también apreciarse en la referencia que hace el artículo 5.1.5.c de los Principios UNIDROIT al «... grado de riesgo que suele estar involucrado en alcanzar el resultado esperado». En los Comentarios se puntualiza que, cuando el cumplimiento de la obligación implica un riesgo muy alto, se presume que el deudor no ha pretendido garantizar un resultado y que el acreedor no ha de esperar tal garantía. Si, por el contrario, el resultado esperado se puede alcanzar fácilmente, ha de entenderse que el deudor ha querido asegurarlo y que el acreedor podrá válidamente exigirlo[601].

Frossard, a quien este criterio le parece, en principio, ingenioso, estima que el mismo presenta el problema de tener que determinar cuándo nos encontramos ante obligaciones aleatorias y cuándo ante aquellas que

---

599 UNIDROIT, *Principios UNIDROIT...*, ob. cit., p. 158.
600 Es el caso de la disposición anímica o los hábitos del paciente, en el caso del médico; o la formación y talante de los jueces, en el caso del abogado. Ver: Vaquero Pinto, *El arrendamiento de servicios...*, ob. cit., pp. 114.
601 UNIDROIT, *Principios UNIDROIT...*, ob. cit., pp. 158-159.

presentan un riesgo normal[602]. Por lo que este suele acompañarse con el del papel activo del acreedor –criterio que, en opinión de Trigo García, no es más que una concreción del factor aleatorio[603]. Los Principios UNIDROIT recogen este criterio al referirse a la influencia de «... la capacidad de la otra parte para influir en el cumplimiento de la obligación». Esta situación puede transformar en una obligación de medios, aquella prestación que de otro modo habría sido calificada como de resultado[604].

Luego de analizar críticamente estos criterios, Frossard sugiere uno propio. En su opinión, el factor preponderante para la distinción entre las obligaciones de medio y las obligaciones de resultado es la determinación de la prestación. Cada vez que una persona promete ejecutar una prestación determinada, con contornos jurídicos y materiales precisos, ella soporta una obligación de resultado. Si, por el contrario, el deudor, sin garantizar un resultado, se reserva una libertad más o menos amplia de acción, su prestación es indeterminada, su obligación estará sometida a las normas sobre obligaciones de medios[605]. Nosotros pensamos que el autor francés plantea, en

---

602 En opinión de Frossard, este criterio presenta peligros e incertidumbres. El álea –sostiene el autor– es una circunstancia exterior al deber e independiente de la actitud o voluntad de las partes. Ver: Frossard, *La distinction des obligations...*, ob. cit., pp 135 y ss.

603 En efecto, la intervención de la otra parte contractual o de un tercero, siendo decisiva para la obtención de un resultado, no deja de generar incertidumbre en torno a su consecución. Ver: Trigo García, *Contrato de servicios...*, ob. cit., p. 228.

604 En los Comentarios, tal situación se ejemplifica a través de un contrato por medio del cual A se obliga a dar a B la asistencia técnica necesaria para implementar un proceso químico recientemente descubierto, y acuerdan que B enviará a algunos de sus ingenieros a entrenarse en las sesiones organizadas para tal fin por A. A no puede prometer que el nuevo proceso sea dirigido por la otra parte, cuando tal resultado depende, al menos parcialmente, de que B envíe a sus ingenieros al entrenamiento, de la competencia de esos ingenieros y de su aprovechamiento del entrenamiento. Ver: UNIDROIT, *Principios UNIDROIT...*, ob. cit., p. 159.

605 Frossard, *La distinction des obligations...*, ob. cit., pp. 165-170. Cabanillas Sánchez considera insuficiente la propuesta de Frossard. Ver: Cabanillas Sánchez, A.,

definitiva, un retorno bien particular al criterio de la autonomía de la voluntad, pues es esta la que determina, en primer lugar, la extensión de la prestación.

En todo caso, estimamos que no debe exagerarse la oposición entre obligaciones de medios y obligaciones de resultado, pues de todo contrato pueden derivar ambas. En la obligación de medios también se persigue un resultado y es la obtención de ese resultado lo que realmente interesa al acreedor: al paciente le interesa la curación; al cliente de un abogado ganar el litigio. Siendo los medios –resultados inmediatos– útiles para la consecución de un resultado final, la obtención de este último controla la exactitud en la ejecución de los resultados inmediatos. Tampoco es exacto menospreciar la diligencia del deudor en las obligaciones de resultado, ello sería tanto como ignorar que el objeto de toda obligación, en una concepción personalista, es el comportamiento del deudor. Calificar una obligación como de medios o de resultado, en definitiva, «... depende básicamente de la interpretación de cuál sea la intención de las partes»[606].

En nuestra opinión, la determinación de la naturaleza de una obligación como de medios o de resultado no depende de la presencia o no de este último. El resultado suele estar presente, lo que ha de determinarse es si el mismo se encuentra incluido en el círculo obligatorio o, por el contrario, aun estando presente, permanece fuera de la prestación. Así, en las obligaciones de resultado, este se halla dentro del contenido de la prestación,

---

Las obligaciones de actividad y de resultado, Barcelona, Casa Edit. Bosch, 1993, pp. 43-44.
606 Mélich Orsini, José, *Doctrina general del contrato*, Caracas, ACPS, Centro de Investigaciones Jurídicas, 4.ª ed. corregida y ampliada, 2006, Serie Estudios N.º 61, pp. 489-490. «...así como no se puede separar nunca el resultado del comportamiento necesario para producirlo, un resultado, entendido como momento final de la prestación, existe en cualquier obligación». Ver: Cortés, Edgar, *La culpa contractual en el sistema jurídico latinoamericano*, Bogotá, Universidad Externado de Colombia, 2001, p. 129.

de tal manera que si no es obtenido, la obligación permanece incumplida. En cambio, en las obligaciones de medio, aunque el interés del acreedor en obtener un resultado pueda estar presente, este permanece fuera de la prestación. En otras palabras, la prestación, en las obligaciones de medio, está constituida por el despliegue de una actividad diligente, que podrá o no tener como consecuencia un resultado. Aunque es muy probable que la no obtención de ese resultado frustre las expectativas del acreedor, debido a que este no forma parte de la prestación, esa obligación no podrá considerarse incumplida, siempre que el deudor haya desplegado la actividad prometida[607].

Todo dependerá, entonces, de las circunstancias propias de cada caso concreto. En este sentido, la calificación de la obligación como de medios se vería favorecida al considerar elementos como el carácter gratuito de la prestación; las dificultades particulares de la actividad que el deudor se compromete a desempeñar en beneficio del acreedor; la participación del acreedor en la ejecución de la obligación; el estado de dependencia del deudor respecto del acreedor. La calificación de la obligación como de resultado se lograría considerando el papel pasivo del acreedor; la constatación de una situación de inferioridad del acreedor en la relación con el deudor; la fiabilidad de las técnicas y los instrumentos utilizados por el deudor para el cumplimiento de su obligación[608].

Esta distinción, aplicada a los servicios de pago, resulta fundamental para el Derecho venezolano, debido a la ausencia de normas especiales que regulen la materia y la consecuencial necesidad de recurrir a las normas generales sobre responsabilidad civil, para resolver las controversias que puedan plantearse.

---

607 En este sentido: Cervilla Garzón, *La prestación de servicios...*, ob. cit., pp. 105-106.
608 Vaquero Pinto, *El arrendamiento de servicios...*, ob. cit. pp. 115-116.

2. Responsabilidad civil por la prestación de servicios de pago

Para determinar si el prestador de servicios de pago solo compromete su actividad o si, además, garantiza un resultado es de gran utilidad la determinación de la llamada «prestación propia del servicio». En virtud de ese algo propio o connatural a cada servicio que no se deriva de la actuación de las partes, ni del propio pacto, ni de la Ley, sino de su intrínseca naturaleza[609], el usuario puede legítimamente esperar que el servicio le proporcione las prestaciones que le son propias, aun cuando en la publicidad no se hayan mencionado expresamente. Esta expectativa solo dejará de producirse si el prestador de servicios hace constar en la publicidad o en la información dada al usuario determinados elementos que faltan o son inferiores a lo que se considera normal o propio en el mismo[610].

Así, debido a que las cada vez más sofisticadas y seguras formas de transmisión de datos garantizan el cumplimiento de la orden de pago hasta la puesta a disposición del beneficiario de la cantidad de que se trate, puede decirse que la prestación propia del servicio de pago es, justamente, la realización efectiva de la operación de pago, en otras palabras, la puesta a disposición del beneficiario de la cantidad de dinero pactada por las partes. Esa sería su condición usual, regular, habitual[611]. El usuario de los servicios de pago puede legítimamente esperar que, el instrumento de pago cuyo uso o aceptación ha acordado con el prestador de servicios, le permita hacer y recibir pagos, por lo que, tal como adelantamos *supra*, la obligación solo se considerará cumplida cuando el beneficiario tenga a su disposición la cantidad de dinero transmitida a través de un medio electrónico

---

609 Ver: Cavanillas Mujica, Las prestaciones propias de cada producto o servicio…, ob. cit., p. 8.
610 Goméz Calero, Juan, *Los derechos de los consumidores y usuarios*, Madrid, Dykinson, 1994, pp. 26-27.
611 Vázquez Ferreyra, Las obligaciones emergentes del contrato y la tutela del consumidor…, ob. cit., pp. 483-484.

de pago. Es en ese momento en que se producen los efectos liberatorio y extintivo de la obligación.

Este análisis, válido para el Derecho venezolano que, como hemos afirmado, carece de normas especiales, podría resultar irrelevante para el Derecho europeo, sistema que, a pesar de las dificultades propias de la heterogeneidad de los medios electrónicos de pago, ha logrado establecer, en la Directiva 2015/2366, un régimen especial de responsabilidad civil de los proveedores de servicios de pago y de los ordenantes de operaciones de pago, para los casos de incumplimiento o cumplimiento defectuoso y para los supuestos en los cuales se produjesen operaciones de pago no autorizadas. Estas situaciones pueden producirse tanto en el ámbito de un contrato marco o derivar de un acuerdo previo o simultáneo a una operación de pago singular. Por esta razón, puede entenderse que tal responsabilidad tiene carácter contractual. Sin embargo, el fundamento de la responsabilidad civil difiere según el caso. Mas, antes de analizar con detalle los supuestos regulados por la Directiva, hemos de hacer algunas precisiones en relación con la naturaleza de la responsabilidad civil.

a. ¿Responsabilidad civil contractual o extracontractual?

En materia de prestación de servicios de pago, tal como hemos observado a lo largo de este capítulo, suele haber un acuerdo entre las partes. Puede tratarse de un contrato marco o de un acuerdo previo o simultáneo a una operación de pago individual. Así, siempre que exista entre las partes un acuerdo que pueda ser calificado como contrato, estaremos en el terreno de la responsabilidad civil contractual.

Puede haber, sin embargo, supuestos en los que no se tenga certeza del perfeccionamiento del contrato, lo cual plantea algunos problemas en relación con el régimen de responsabilidad civil aplicable. Es importante tener en cuenta que la Directiva 2015/2366 no regula —y en nuestra opinión no tendría por qué haberlo hecho— el tema del perfeccionamiento del contrato, por lo que la determinación de si existe o no contrato en un caso concreto, dependerá del Derecho aplicable al mismo, en los términos en que lo examinaremos en el capítulo III.

En todo caso, para que un daño se considere contractual, es necesario tener en cuenta la noción de *avantage spécialement conféré par le contrat* o *reliance*[612], de manera que solo la no obtención de una ventaja específica que se esperaba a partir del cumplimiento del contrato, podría ocasionar un daño de naturaleza contractual[613]. Se trata, en definitiva, de lo que Mélich Orsini, dentro de la doctrina venezolana, ha denominado «especificidad del daño contractual»[614]. En caso contrario, es decir, en el supuesto de producirse un daño sin que el contrato haya llegado a perfeccionarse o cuando, habiéndose perfeccionado, el daño se produce al margen del mismo, entraremos en los dominios de la responsabilidad civil extracontractual.

En definitiva, tal como hemos reconocido en otras oportunidades[615], en materia de servicios podrá recurrirse a las normas sobre responsabilidad aquiliana en aquellos casos en que no exista relación convencional entre el prestador del servicio y el usuario[616], y en los casos en los que, pese a existir

---

612 Muir Watt, Horatia, Reliance et définition du contrat, en: *Dialogues avec Michel Jeantin, Prospectives du Droit Économique*, París, Dalloz, 1999, pp. 57 y ss.
613 Cualquiera sea la identidad de la víctima, la responsabilidad solo puede ser calificada como contractual cuando ella tienda a la reparación de un daño resultante de la violación de una obligación contractual. En este sentido: Heuzé, Vicent, La notion de contrat en Droit international privé, en: *Travaux du Comité français de Droit international privé*, 1995-1998, París, Editions A. Pedone, 2000, pp. 26 y ss.; Cuendet, Jean, *La faute contractuelle et ses effets*, Berne, Université de Lausanne, Imprimerie Staempfli, 1970, pp. 3 y ss.
614 Mélich Orsini, *Doctrina general del contrato...*, ob. cit., pp. 471-474.
615 Madrid Martínez, *La responsabilidad civil derivada de la prestación de servicios...*, ob. cit., pp. 134-135.
616 Como excepción a la naturaleza contractual que, en calidad de regla general, admite la mayoría de las legislaciones para el caso de los servicios, suele citarse a Inglaterra. Esto se atribuye al mayor desarrollo que la institución aquiliana ha

una relación contractual entre las partes, el daño se produce al margen de las prestaciones contenidas en el mismo. En todo caso, la circunstancia de que entre dañador y perjudicado no exista vínculo contractual priva de toda particularidad al hecho de que haya habido en aquel, el dañador, un comportamiento calificable como servicio, pues el juicio de responsabilidad girará en torno a los criterios y principios del régimen de Derecho común, sin que la nota del servicio reste o añada nada al mismo[617].

Resulta también interesante la manera en que la evolución de la noción de consumidor ha influenciado el aumento de los supuestos de responsabilidad extracontractual en materia de servicios. En efecto, el concepto de «consumidor contratante» se ha reconocido como insuficiente y se ha admitido que terceros que, sin ser partes en el contrato, se encuentran expuestos al consumo, sean también calificados como consumidores. Es el caso de quienes se ven afectados por publicidad abusiva, engañosa o fraudulenta. También los supuestos del llamado *bystander*, o persona que accidentalmente, y en función de una proximidad ocasional con el servicio, resulta dañada como consecuencia de un defecto o por causa imputable a este. En tales casos, el daño confirma su condición de consumidor eventual o transitorio[618].

---

recibido en los Estados pertenecientes a los sistemas del *Common Law*, así como a la circunstancia de que todo daño con origen contractual es también reparable por vía extracontractual. En este sistema, la elección de la acción no depende tanto del vínculo entre las partes como de la naturaleza del daño. Ver: Weir, Tony, *A casebook on tort law*, London, Sweet & Maxwell, 10th ed., 2004.

617 De Ángel Yágüez, Ricardo, La responsabilidad civil de los suministradores, en: *Estudios de Deusto*, julio/diciembre 2004, Vol. 52/2, pp. 11 y ss., especialmente p. 43. Este autor menciona como excepcional el caso de los auditores, para lo cual cita la obra de Pantaleón, quien destaca la importancia de la responsabilidad civil extracontractual, en el caso de los auditores de cuentas y su responsabilidad frente a terceros, cuando estos confiaron en el informe negligentemente elaborado por el profesional. Ver: Pantaleón, Fernando, *La responsabilidad civil de los auditores: extensión, limitación, prescripción*, Madrid, Cuadernos Civitas, 1996, pp. 111-120.

618 De conformidad con la Resolución del Consejo de la Comunidad Económica Europea de 14 de abril de 1975, relativa al Programa Preliminar de la Comunidad

Otro elemento a considerar en materia de relaciones de consumo, es la tendencia a prescindir de la calificación de la responsabilidad civil como contractual o extracontractual[619], pues lo que se busca, más bien, es facilitar el derecho al resarcimiento a través de criterios de objetivación de la responsabilidad, y tal situación es reconocida como común en el Derecho comparado[620]. El motivo de tal abstracción en relación con la naturaleza de la responsabilidad se fundamenta, por un lado, en la necesidad de proteger a los consumidores y de conseguir la máxima pulcritud en la fabricación de bienes de uso y consumo y en la prestación de servicios[621];

Económica Europea para una política de protección e información de los consumidores, «... ya no se considera al consumidor únicamente como un comprador y usuario de bienes y servicios para uso personal, familiar o colectivo, sino una persona involucrada en los diferentes aspectos de la vida social que pueden afectarlo directa o indirectamente como consumidor» (http://consumo-inc.gob.es/publicac/EC/1986/EC07/EC07_08.pdf [29.11.2016]). Fundamentado en esta Resolución, Lorenzetti afirma que la legitimación para reclamar la reparación de los daños sufridos viene dada por el hecho de consumir, sea que el mismo se fundamente en un contrato, un acto jurídico unilateral o un hecho jurídico. Ver: Lorenzetti, *Consumidores...*, ob. cit., pp. 17 y 86-89.

619 Así nos hemos pronunciado en: *La responsabilidad civil derivada de la prestación de servicios...*, ob. cit., pp. 111-116 y en: *Las relaciones entre la responsabilidad civil contractual y la extracontractual en el Derecho internacional privado venezolano*, Caracas, FCJPUCV, Serie Trabajos de Ascenso N.º 10, 2007, pp. 43-45. La doctrina también ejemplifica este régimen que podríamos denominar independiente, a través de las regulaciones internacionales en materia de transporte de pasajeros, tal es el caso del Convenio de Varsovia (1929) modificado por el Protocolo de Montreal (1999), y el Convenio de Bruselas (1961). Referencias tomadas de Alpa, Guido, *Responsabilidad civil y daño. Lineamientos y cuestiones*, (Trad. J. Espinoza Espinoza), Perú, Gaceta Jurídica, 2001, p. 29.

620 En este sentido: Díez-Picazo, *Derecho de daños*, Madrid, Civitas, 1999, pp. 139-140.

621 No ha faltado quien afirme que las normas sobre protección de los consumidores no establecen reglas de responsabilidad civil, sino más bien mandatos cuya finalidad es ordenar las respectivas actividades económicas de productos y servicios, precisando un marco de deberes a cargo de quienes fabrican o distribuyen los productos o prestan los servicios. Así, el legislador introduce, por vía normativa, un conjunto de reglas de conducta que, de otro modo, el juzgador tendría que extraer

y, por otro lado, en la necesidad de no sofocar el progreso industrial y la implantación de nuevas tecnologías o la introducción de nuevos bienes y servicios, del mismo modo que el imperativo de evitar que normas demasiado exigentes conduzcan a situaciones de verdadero abuso por parte de los consumidores[622].

En materia de servicios en general, también se ha aceptado, para evitar discusiones y garantizar una protección cabal al usuario, la conveniencia de la adopción de sistemas que tiendan al establecimiento de un régimen autónomo de responsabilidad civil. Así ocurrió con la Propuesta de Directiva europea sobre la responsabilidad del prestador de servicios, de 1989[623], instrumento que, sin referirse a la naturaleza contractual o extracontractual de la responsabilidad, sancionaba la violación de las legítimas expectativas del usuario, con respecto a la seguridad del servicio[624].

En materia de servicios de pago propiamente dichos, Linardatos considera que lo fundamental es que la consecuencia jurídica para las partes involucradas en una operación de pago consiste en una obligación establecida

---

por exégesis de las parcas normas que, de manera general regulan el contrato o de las concretas figuras mediante las que se articula en la vida económica, el fenómeno de la adquisición de bienes o servicios. Ver: De Ángel Yágüez, La responsabilidad civil de los suministradores..., ob. cit., p. 44.

622 Este fenómeno que ha llegado a situaciones extremas en Estados Unidos, donde se ha implementado la llamada *patent danger rule*, para eximir al fabricante de la obligación de advertir al consumidor de aquellos riesgos que son manifiestos y obvios. Ver: De Ángel Yágüez, Ricardo, *La responsabilidad civil*, Bilbao, Universidad de Deusto, 2.ª ed., 1989, p. 209.

623 El primer proyecto se aprobó en Bruselas el 08 de noviembre de 1989 (Doc. SER-8-11:XI/403/89), fue luego reformado en 1990 y 1991; mas ante las frecuentes críticas, la Comisión decidió retirarla (Comunicación de la Comisión COM [94] 260 final, 23/06/1994). A finales de 2006, la Directiva estaba siendo nuevamente discutida, sin éxito, por el Parlamento Europeo.

624 Palao Moreno, Guillermo, *El régimen jurídico de la responsabilidad derivada de servicios en Derecho internacional privado*, Tesis doctoral, Valencia, 1994, p. 123.

en detalle por el ordenamiento jurídico, por lo que resulta irrelevante si se trata de un incumplimiento contractual o de un daño extracontractual. Además, en la práctica, el fundamento de la responsabilidad suele complementarse con el tema de la carga de la prueba, con lo cual la calificación pierde importancia[625].

b. El problema de los contratos conexos

El hecho de que la operación de pago se encuentre inmersa en una red de contratos también contribuye a complicar el panorama de la responsabilidad civil en esta materia, pues se plantea el problema de determinar los efectos de la injerencia de la parte en uno de los contratos, en el cumplimiento o incumplimiento de otro de los contratos que forman parte de un mismo grupo. Pensemos, por ejemplo, en la posibilidad del aceptante del medio de pago, de accionar contra el proveedor de servicios de pago del titular del mismo. Naturalmente, el problema que se plantea es el fundamento contractual que pueda darse a su acción.

Recordemos que las expresiones contratos conexos, *groupes de contrats*[626] o *collegamento negoziale*[627], hacen referencia a una «… pluralidad coordinada de contratos, cada uno de los cuales responde a una causa autónoma, aun cuando en conjunto tiendan a la realización de una operación económica unitaria y compleja»[628], lo cual provoca que, aunque los contratos mantengan

---

625 Linardatos, *Das Haftungssystem im bargeldlosen Zahlungsverkehr...*, ob. cit., p. 53.
626 Teyssié, Bernard, *Les groupes de contrats*, París, LGDJ, Bibliothèque de Droit Privé, T. CXXXIX, 1975, p. 33.
627 Castiglia, G., Negozi collegati in funzione di scambio (su alcuni problemi del collegamento negoziale e della forma giuridica delle operazioni economiche di scambio), en: *Rivista di Diritto Civile*, 1979 II, p. 397 y ss. Messineo se refiere más bien a contratos recíprocos y contratos vinculados. Messineo, Francesco, *Doctrina general del contrato* (Trad. R.O. Fontanarrosa, S. Sentís Melendo y M. Volterra), Buenos Aires, EJEA, 1952, T. I, pp. 402-404.
628 Galgano, Francesco, *El negocio jurídico*, (Trad. F. Blasco Gasco y L. Prats Albentosa), Valencia, Tirant lo Blanch, 1992, p. 114.

su individualidad, los efectos de uno repercutan sobre el otro[629]. Se trata de una situación que se presenta cuando varios sujetos celebran dos o más contratos distintos caracterizados por una estrecha conexión funcional entre sí, en razón de su propia naturaleza o de la finalidad global que los informa, vinculación que es, o puede ser, jurídicamente relevante[630].

Tradicionalmente, ha sido la causa, entendida como la función económico social del contrato[631], el elemento que guía al operador jurídico para calificar a un conjunto de relaciones como grupo de contratos[632] y que, además, facilita su diferenciación con los contratos mixtos[633]. Así, habrá tantos contratos como causas puedan identificarse y, lógicamente, habiendo una causa única estaremos en presencia de un solo contrato.

629 No se trata de un nuevo tipo contractual, sino de uniones parciales de contratos separados e independientes que, debido a la unión o enlace, se afectan mutuamente. Si los contratos perdieren su individualidad, se estaría más bien frente a un contrato único. Ver: Rodner, James Otis, Contratos enlazados (El grupo de contratos), en: *Derecho de las Obligaciones en el nuevo milenio*, (Coord. I de Valera), Caracas, ACPS, Asociación Venezolana de Derecho Privado, Serie Eventos N.° 23, 2007, pp. 253 y ss., especialmente pp. 259-260. Ver también: Rodner, James Otis, *Los contratos enlazados. El subcontrato*, Caracas, ACPS, AVDP, Serie Eventos, 2008, N° 77, p. 10.
630 López Frías, Ana, *Los contratos conexos. Estudio de supuestos concretos y ensayo de una construcción doctrinal*, Barcelona, José María Bosch Editor, 1994, p. 273.
631 Ver: Messineo, *Doctrina general del contrato...*, ob. cit., p. 113.
632 En este sentido: Segui, Adela, Teoría de los contratos conexos. Algunas de sus aplicaciones (Especial referencia al Proyecto de Código Civil de 1998 y a las conclusiones de las XVII Jornadas Nacionales de Derecho Civil, Santa Fe, setiembre de 1999), en: A. A. Alterini, J.L de los Mozos y C. A. Soto, *Contratación contemporánea. Contratos modernos. Derecho del consumidor*, Lima, Palestra, Bogotá, Temis, 2000, pp. 181 y ss., especialmente, p. 191; López Frías, *Los contratos conexos...*, ob. cit., pp. 278-279.
633 «*Contratos mixtos* son aquellos en que, dentro de un único contrato confluyen elementos que pertenecen a tipos de contratos diferentes». En este caso, a diferencia de los grupos, hay unidad contractual. Ver: Díez-Picazo, *Fundamentos de Derecho civil patrimonial...*, ob. cit., Vol. I, pp. 388-389. Ver también: Messineo, *Doctrina general del contrato...*, ob. cit., pp. 397-398.

El fenómeno de los grupos contractuales presenta altos grados de heterogeneidad, cubriendo numerosos supuestos que han sido clasificados de diferentes maneras por los autores que se han ocupado del tema[634]. En el caso de las operaciones de pago y las relaciones que giran en torno a ella podemos considerar, siguiendo la clasificación de Teyssié, que se trata de un conjunto de contratos, es decir, una red contractual formada alrededor de un personaje clave, un promotor que crea relaciones inmediatas con cada uno de los participantes en el grupo, caracterizada por una estructura circular, cuya vinculación deriva de una causa remota única, conservando cada contrato su propia causa próxima. Además podríamos afirmar que, dentro de esta categoría, se trata de relaciones interdependientes, de carácter indivisible, pues para que un ordenante pueda ejecutar una operación de pago es necesario, al menos, un acuerdo entre él y el prestador de servicios de pago y entre éste y el aceptante.

El principal problema que plantea la existencia de semejante vinculación tiene que ver con la vigencia del principio de relatividad de los contratos y la determinación de la responsabilidad derivada del incumplimiento de uno de los contratos y los efectos que pueda tener sobre los demás[635].

---

634 Teyssié, *Les groupes de contrats...*, ob. cit., p. 33. En Venezuela: Rodner, Contratos enlazados..., ob. cit., pp. 287-300; Rodner, *Los contratos enlazados...*, ob. cit., pp. 55-80.

635 Resulta en este sentido interesante la solución propuesta por Bacache-Gibeili cuando destaca, luego de reafirmar que el contrato se ha hecho obligatorio en razón de su utilidad social, la necesidad de extender ese efecto obligatorio más allá del círculo de los contratantes. Tal necesidad deriva del propio fundamento de la fuerza obligatoria del contrato, la cual ha de ser extendida a los miembros de un grupo, en la medida en que estos se benefician, en razón de su propio contrato, de una obligación idéntica de aquella a que está sujeto el deudor. De tal manera, la autora extiende la noción de parte a todas aquellas personas concernidas por el contrato como instrumento de respeto a las previsiones y a la realización de la justicia conmutativa, con lo cual son partes, no solo las partes en el contrato –*parties contractantes*–, sino también aquellos que participan del grupo contractual –*simples parties contractantes*. Ver: Bacache-Gibeili, Mireille, *La relativité*

Pensemos en el incumplimiento de la obligación de pagar un bien determinado, debido a una transferencia defectuosamente ejecutada por el prestador de servicios de pago.

Se plantearía incluso, en estos casos, la posible aceptación de la acción directa, de manera que, a pesar del silencio del legislador[636], se permita a quien no sea parte de un contrato accionar por vía contractual contra quien sí lo es. Esto, sin dejar de lado la posibilidad de ejercer una acción oblicua, de manera que el accionante pueda actuar con la condición de subrogado del deudor cuyo derecho se ejerce y para cuya procedencia se requiere la inacción del deudor en su condición de acreedor de la causa por la cual se ejerce la acción[637].

A pesar de haberse considerado la posibilidad de ejercer una acción directa fuera de los supuestos expresamente admitidos por el legislador[638], no

---

des conventions et les groupes de contrats, París, LGDJ, Bibliothèque de Droit Privé, T. 268, 1996, pp. 250 y ss.

636 Tradicionalmente, se ha negado la posibilidad de otorgar la acción directa fuera de los casos expresamente previstos por el legislador, pues la misma constituye un privilegio que funciona como excepción al principio general de igualdad de los acreedores. Ver: Cozian, Maurice, *L'action directe*, París, LGDJ, Bibliothèque de Droit Privé, T. XCII, 1969. El clásico ejemplo de acción directa admitida por el legislador es la ejercida por la víctima del daño contra el asegurador, consagrada en el caso venezolano en el artículo 192 de la Ley de Transporte Terrestre (*Gaceta Oficial* N.° 37.332, 01/08/2008). De acuerdo con la norma citada «El conductor o la conductora, o el propietario o la propietaria del vehículo y su empresa aseguradora, están solidariamente obligados u obligadas a reparar todo daño que se cause con motivo de la circulación del vehículo, a menos que se pruebe que el daño proviene de un hecho de la víctima, o de un tercero que haga inevitable el daño; o que el accidente se hubiese producido por caso fortuito o fuerza mayor...».

637 Rodner, Contratos enlazados..., ob. cit., p. 304; Rodner, *Los contratos enlazados...*, ob. cit., pp. 91-92.

638 La jurisprudencia francesa ha aceptado ciertas acciones que han sido calificadas como directas. En tal sentido suelen citarse dos sentencias de la *Cour de Cassation*.

debe dejar de considerarse que aceptarla, vulneraría el principio de la relatividad del contrato. Por tal razón, autores como López Frías y Larroumet argumentan su procedencia, no en el hecho de constituir una excepción al principio de relatividad de los contratos, sino más bien con fundamento en la propia existencia del grupo contractual y, sobre todo, en la aplicación analógica de los preceptos que autorizan la procedencia de la acción directa. La *ratio* común de todas las acciones directas –que salvaría la objeción de la aplicación analógica de normas que establecen excepciones al principio general– justificaría tal operación[639]. La *ratio* es, justamente, la conexión de relaciones jurídicas y la relevancia jurídica de tal conexión en la determinación de la responsabilidad civil de los sujetos intervinientes[640].

En estos casos, habrían de concurrir dos requisitos. En primer lugar, debe tratarse de obligaciones de la misma naturaleza o de contenido muy próximo, tal como ocurre con los casos en que el legislador admite la acción directa, por ejemplo, en los casos de subarrendamiento, submandato o contrato de seguros, en los que existe correspondencia entre la obligación incumplida del verdadero deudor y la obligación, también incumplida, de

---

En la primera, de fecha 8 de marzo de 1988, la Corte calificó como contractual la acción del acreedor contra un subdeudor y, en la segunda, de fecha 21 de junio del mismo año, se hizo lo propio con la responsabilidad de un miembro del grupo frente a otro. Referencias tomadas de López Frías, *Los contratos conexos...*, ob. cit., p. 307.

639 La aplicación analógica de una norma no implica comparar rasgos individuales que pertenecen solo al caso especial, puesto que no se compara casos individuales, sino casos o grupos de casos típicos de manera de obtener una coincidencia y poder determinar si tal coincidencia es valorativamente tan relevante como para permitir un igual tratamiento jurídico. Larenz, Karl, *Metodología de la ciencia del Derecho*, (Trad. E. Gimbernat Ordeig), Barcelona, Ariel, 1966, pp. 301-302.

640 López Frías, *Los contratos conexos...*, ob. cit., pp. 308-310; Larroumet, Christian, L'action de nature nécessairement contractuelle et la responsabilité civile dans les ensembles contractuels, en: *Jurisclasseur Périodique (Semaine juridique) Édition générale*, 1988, Nos. 9-10, p. 1.3357.

quien ha contratado con este. En segundo lugar, es necesaria una razón jurídica que justifique su procedencia, es decir, habrá de comprobarse cuáles son las consecuencias de la aceptación, en el caso concreto de la acción directa y la evidencia de que con ella se corrige una «… clara inadecuación de los intereses en juego y su regulación jurídica». Si no concurrieren estos requisitos, la acción deberá ser de naturaleza extracontractual[641].

Esta tendencia luce adecuada a las novedosas formas de contratación que han surgido en la actualidad[642]. En todo caso, aunque aceptar una acción directa en materia de operaciones de pago contribuiría a reforzar la posición del cliente del sistema de pagos[643], lo común es que, ante la ausencia de normas, los jueces se sientan tentados por la aplicación del principio de la relatividad de los contratos, y califiquen como extracontractual toda acción ejercida por y contra quien no sea parte en un contrato individualmente considerado, a pesar de la existencia del grupo contractual[644].

---

641 López Frías, *Los contratos conexos…*, ob. cit., pp. 308-310.
642 De hecho, Lorenzetti estima que cualquier análisis que pretenda hacerse de este tema no debe dejar de lado su novedad, de manera de no enfocarse únicamente en el contrato como un fenómeno aislado, sino más bien en la interacción de un grupo de ellos que actúa en forma coordinada, entendiendo al contrato como un instrumento para la realización de negocios. Ver: Lorenzetti, Ricardo Luis, Redes contractuales y contratos conexos, en: A. A. Alterini, J. L de los Mozos y C. A. Soto, *Contratación contemporánea. Contratos modernos. Derecho del consumidor*, Lima, Palestra, Bogotá, Temis, 2000, pp. 113 y ss., especialmente, pp. 122-126.
643 Llácer Matacás, El cliente de servicios de pago…, ob. cit., p. 406.
644 Sirva como ejemplo el tratamiento que se ha dado a la responsabilidad civil derivada de los productos defectuosos. Ver: Rodner, James Otis, La responsabilidad civil del fabricante en el Derecho venezolano, en: *Estudios de Derecho civil, Libro Homenaje a José Luis Aguilar Gorrondona*, Caracas, TSJ, Colección Libros Homenaje N.º 5, 2002, Vol. II, pp. 405 y ss., especialmente pp. 420-421 y 428; Rojo y Fernández Río, Ángel, *La responsabilidad civil del fabricante*, Bolonia, Publicaciones del Real Colegio de España, 1974, p. 236.

3. Regulación de la responsabilidad en la Directiva 2015/2366
a. Responsabilidad civil por incumplimiento, cumplimiento defectuoso o retraso en el cumplimiento

Cuando el titular de un medio de pago hace uso de este, lo hace con el objetivo fundamental de realizar un pago, es decir, para poner a disposición de su acreedor una determinada cantidad de dinero y dar con ello cumplimiento a una obligación pecuniaria. Cuando tal resultado no se alcanza estaremos frente a un incumplimiento de la obligación. Y tal incumplimiento puede deberse a diferentes causas, las cuales abarcan desde la inactividad del prestador de servicios de pago del ordenante que recibe la orden de pago, hasta el mal funcionamiento del dispositivo de almacenamiento, pasando por conductas imputables al prestador de servicios de pago del beneficiario, al prestador de servicios de certificación o, incluso, al propio beneficiario.

Es importante tener en cuenta que la Directiva da un tratamiento igualitario a los casos de incumplimiento y cumplimiento defectuoso. En efecto, este instrumento hace referencia a la «… correcta ejecución de la operación de pago…». De manera que la misma ha de verificarse y ha de ajustarse a las instrucciones dadas por el ordenante o por el beneficiario, si fuere el caso, considerándose especialmente, «… la cantidad total correspondiente a la operación de pago y el plazo de ejecución» (Considerando N.º 86, Directiva 2015/2366). El hecho de establecer que cualquier desviación de la orden de pago dada puede generar responsabilidad se traduce, en definitiva, en una obligación de garantía impuesta al prestador de servicios de pago, quien ha de comprometerse a ejecutar correctamente la orden recibida[645].

Así, tienen la misma consecuencia en cuanto a la responsabilidad civil, aquellos casos en los cuales el deudor no cumple con su obligación y aquellos en los cuales se produce lo que algunos autores alemanes denominaron

---

645 Linardatos, *Das Haftungssystem im bargeldlosen Zahlungsverkehr…*, ob. cit., p. 297.

«violación positiva del contrato» –*positive Vertragsverletzung*–[646], es decir, supuestos en los que el deudor, no es que no haya realizado la prestación –caso en el cual se trataría de un incumplimiento– sino que, habiendo desplegado cierta actividad, no lo ha hecho de manera ajustada al proyecto inicial pactado por las partes, de manera que con su actuación se ha apartado de los principios de identidad e integridad del pago. Se trata de una ejecución defectuosa de la orden de pago, para usar los términos del artículo 89 de la Directiva comentada[647].

Justamente en relación con la norma antes citada, la doctrina ha reconocido la vaguedad del concepto de ejecución defectuosa y la ha vinculado a casos en los cuales la cantidad pagada se pone a disposición de quien no es el verdadero beneficiario[648]; o el monto completo de la operación no haya alcanzado su destino, es decir, casos de cumplimiento parcial; o supuestos en los cuales la cantidad haya sido puesta a disposición del beneficiario después de vencido el lapso acordado por las partes o dispuesto en la Directiva, en ausencia de acuerdo, con lo cual se incluyen los casos de retardo en la ejecución[649].

---

646 La expresión «violación positiva del contrato» es atribuida a Staub (Staub, Hermann, Über die positiven Vertragsverletzungen und ihre Rechtsfolgen, en: *Festschrift für den 26. deutschen Juristentag*, Berlín, Guttentag, 1902, pp. 29 y ss.). Larenz no se muestra muy de acuerdo con esta expresión, pues la misma implica aceptar que, en caso de imposibilidad o mora, el deudor no hace lo que debe y, en caso de violación positiva del crédito, él hace lo que no debe. Ver: Larenz, Karl, *Derecho de obligaciones*, (Trad. J. Santos Briz), Madrid, Edit. RDP, 1958, T. I, pp. 366-367. Ver también, en materia de cumplimiento defectuoso: Díez-Picazo, Luis, *Fundamentos del Derecho civil...*, ob. cit., Vol. II, pp. 665 y ss.
647 Aunque el título del artículo 75 de la Directiva 2007/64 utilizaba el término ejecución defectuosa, en su texto, la norma hacías más bien referencia a la «correcta ejecución de la operación de pago» por parte del ordenante.
648 Linardatos, *Das Haftungssystem im bargeldlosen Zahlungsverkehr...*, ob. cit., p. 296.
649 Mavromati, *The Law of payment services in the EU...*, ob. cit., p. 234.

En cuanto al retardo en el cumplimiento, aunque se han plateando algunas interrogantes sobre su inclusión en el concepto de ejecución defectuosa o sobre la determinación del momento a partir del cual una situación deja de ser retardo en el cumplimiento para convertirse en un incumplimiento definitivo[650], hemos de tener en cuenta que el propio artículo 89 se refiere a este supuesto al permitir la exoneración de responsabilidad del prestador de servicios de pago del ordenante, en los casos en los cuales este logre demostrar que ha puesto el monto pagado a disposición del prestador de servicios de pago del beneficiario, en el lapso establecido en el artículo 83,1[651], lo cual parece sugerir que la correcta ejecución de la orden de pago implica, tal como hemos afirmado *supra*, su ejecución dentro del lapso establecido, legal o contractualmente, para ello. Sin embargo, la norma contenida en el artículo 89 de la Directiva vigente se diferencia del artículo 75 de su antecesora, entre otras cosas, por la inclusión expresa del supuesto de transmisión y ejecución con retraso de operaciones de pago. A este supuesto volveremos *infra*.

Lo que sí distingue la Directiva 2015/2366 es entre los casos de operaciones iniciadas por el ordenante y aquellas iniciadas por el beneficiario. Además, este instrumento establece diferencias entre los casos en que la conducta reprochable recaiga en el proveedor de servicios de pago de uno u otro y añade, a diferencia de la Directiva 2007/64, los casos en los cuales la responsabilidad recae en los prestadores de servicios de iniciación de pagos.

---

650 Linardatos, *Das Haftungssystem im bargeldlosen Zahlungsverkehr...*, ob. cit., p. 294.
651 Así lo ha estimado también Linardatos al afirmar: «*Um Umkehrschluss würde das bedeuten, dass jeder Verstoß gegen das Ausführungsgebot des Art. 69 I ZDRL eine Fehlerhaftigkeit des Zahlungsvorgangs und demnach eine Haftung nach Art. 75 ZDRL begründet...*». Ver: Linardatos, *Das Haftungssystem im bargeldlosen Zahlungsverkehr...*, ob. cit., p. 297.

Pero antes de entrar a analizar los supuestos de los artículos 89 y 90, debemos reconocer que nos ha llamado la atención el silencio de la Directiva, ante los casos de incumplimiento, cumplimiento defectuoso o retraso en el cumplimiento ocasionados por un defecto en el dispositivo de almacenamiento del dinero electrónico. Sobre todo porque la Recomendación 97/489 contenía una regla especial según la cual el emisor sería responsable frente al titular de un instrumento de dinero electrónico cuando la pérdida o la ejecución defectuosa fuesen atribuibles a una disfunción del mismo, del dispositivo o terminal o de cualquier otro equipo autorizado para el uso, a menos que la disfunción hubiere sido causada deliberadamente por el titular o se debiere a una conducta desapegada de las instrucciones de uso del mismo, de acuerdo con el artículo 3,3,a (art. 8,4).

Así, de conformidad con esta norma, el emisor sería responsable por el incumplimiento o cumplimiento defectuoso debidos a un fallo en el chip de la tarjeta inteligente, o al *software* de la computadora donde se almacena el dinero electrónico, o debido a cualquier otra anomalía técnica que pudiere producirse en el concreto soporte electrónico donde se almacena el valor monetario, salvo los casos de actuación intencional del titular o de una actuación desapegada a las instrucciones de uso proporcionadas por el proveedor de servicios de pago[652].

La Directiva vigente, como hemos afirmado, no contiene una regla particular para este supuesto, por lo que el mismo quedaría englobado en las disposiciones de los artículos 89 y 90, normas que, según analizaremos de seguidas, consagran un estricto sistema de responsabilidad en cabeza de los proveedores de servicios de pago, fundamentado en el hecho de que el usuario de tales servicios no tiene ninguna influencia en las posibles relaciones que tenga su prestador de servicios con otros proveedores o intermediarios, con lo cual, el usuario no está obligado a investigar a todos

---

[652] Mateo Hernández, *El dinero electrónico en internet...*, ob. cit., p. 494.

los participantes en la cadena de pago para determinar quién es el responsable por el incumpliendo, cumplimiento defectuoso o retraso en el cumplimiento, mientras que el proveedor sí está en capacidad de evaluar los riesgos propios de la operación que ha aceptado ejecutar[653], de manera que «La capacidad de control se traduce jurídicamente en diligencia y responsabilidad»[654]. De hecho, la parte final del Considerando N.º 71 de la Directiva dispone que la misma «... se entiende sin perjuicio de la responsabilidad de los prestadores de servicios de pago por la seguridad técnica de sus propios productos».

a.1. Operaciones iniciadas por el ordenante

Cuando la operación sea iniciada por el ordenante, su proveedor de servicios de pago será responsable «... de la correcta ejecución...» de la misma, es decir, el proveedor será responsable frente al ordenante por poner una determinada cantidad de dinero a disposición del beneficiario dentro del plazo pactado para ello. Esta atribución de responsabilidad se debe, según se reconoce en el Considerando N.º 73 de la propia Directiva, a que normalmente el proveedor está en mejores condiciones de evaluar los riesgos de fraude en la operación de pago y de adoptar las medidas correspondientes. Además, es a él a quien corresponde proporcionar el sistema de pago, tomar medidas para reclamar los fondos asignados erróneamente y, en la mayoría de los casos, decidir qué intermediarios pueden intervenir en la ejecución de una operación de pago.

Ahora bien, para determinar el fundamento de la responsabilidad civil, en este y en los demás casos, conviene tener en cuenta las posibilidades de las que dispone el proveedor de servicios de pago del ordenante para exonerarse de responsabilidad. Tomemos en cuenta que cuando la responsabilidad civil se basa en la culpa del agente del daño, este puede exonerarse

---

653 Mavromati, *The Law of payment services in the EU...*, ob. cit., pp. 225-226.
654 Llácer Matacás, El cliente de servicios de pago..., ob. cit., p. 404.

probando, justamente, la ausencia de culpa, es decir, demostrado que su actuación se ajusta a la conducta prevista por las partes en el contrato.

Pero si se trata más bien de una responsabilidad de tipo objetivo, sea por presunción absoluta de la culpa, sea por la consagración de la teoría de los riesgos, el concepto de culpa es irrelevante y solo quedará al agente la posibilidad de exonerarse de responsabilidad probando una causa extraña que no le sea imputable, de manera de romper así el vínculo de causalidad entre su conducta y el daño sufrido por la víctima. Conviene en este punto considerar que, a pesar de algunas posiciones doctrinales[655], en nuestra opinión la prueba de la causa extraña no implica la necesidad de demostrar la ausencia de culpa. Ausencia de culpa es sinónimo de diligencia y cuidado, los cuales, una vez demostrados, atacan el elemento culpa y tal prueba puede dejar intacto el vínculo causal, elemento que en cambio quedaría destruido en caso de probarse una causa extraña no imputable[656].

En tal sentido, el propio artículo 89,1 permite que el proveedor de servicios de pago del ordenante pueda exonerarse de responsabilidad civil, probando que él cumplió con su obligación, es decir, que el proveedor de

---

[655] Para las tesis subjetivistas, la imputabilidad debe determinarse sobre la base de la diligencia que el deudor debía haber empleado, con lo que la causa extraña no es otra cosa que la no culpa, cuya valoración depende del grado de diligencia exigida para el tipo de obligación de que se trate. Giorgianni, por ejemplo, estima que el fundamento subjetivo de la responsabilidad civil del deudor recibe una deformación del Derecho procesal, pues se impone al deudor la carga de la prueba liberatoria. Tal prueba, que habitualmente se satisface con la demostración del empleo de la diligencia debida, algunas veces se hace más gravosa, en cuanto se exige al deudor la prueba del acaecimiento del evento que imposibilitó el cumplimiento. Ver: Giorgianni, Michelle, *L'inadempimento*, Milano, Giuffrè, 1959, pp. 196 y 296. Ver también: Cervilla Garzón, *La prestación de servicios...*, ob. cit., p. 140.
[656] En este sentido: Tamayo Jaramillo, Javier, *De la responsabilidad civil*, Bogotá, Temis, 1999, T. I, Teoría general de la responsabilidad. Responsabilidad contractual, p. 304.

servicios de pago del beneficiario recibió la cuantía de la operación de pago, al menos, al final del día hábil siguiente a la recepción de la orden (art. 83, 1). En tales casos, «… el proveedor de servicios de pago del beneficiario será responsable frente al beneficiario de la correcta ejecución de la operación de pago». En otras palabras, la exoneración se produce con la prueba del hecho de un tercero, uno de los supuestos de causa extraña no imputable.

A este concepto general se refiere, precisamente, el artículo 93 de la Directiva 2015/2366 bajo el título «Circunstancias excepcionales e imprevisibles». De conformidad con esta norma, «La responsabilidad establecida con arreglo a los capítulos 2 o 3 no se aplicará en caso de circunstancias excepcionales e imprevisibles fuera del control de la parte que invoca acogerse a estas circunstancias, cuyas consecuencias hubieran sido inevitables a pesar de todos los esfuerzos en sentido contrario, o en caso de que a un proveedor de servicios de pago se le apliquen otras obligaciones jurídicas establecidas por el Derecho de la Unión o el Derecho nacional».

A pesar que la primera versión de la Directiva se limitaba a admitir la exoneración del prestador de servicios de pago en casos de fuerza mayor, la norma vigente –desde la Directiva 2007/64–, que define tales situaciones, parece inspirada en el artículo 9 de la Directiva 97/5, de conformidad con el cual «Sin perjuicio de lo dispuesto en la Directiva 91/308/CEE, las entidades que intervengan en la ejecución de una orden de transferencia transfronteriza quedarán exentas de las obligaciones previstas por las disposiciones de la presente Directiva siempre que puedan alegar motivos de fuerza mayor –es decir, circunstancias ajenas a quien la invoca, anormales e imprevisibles, cuyas consecuencias no habrían podido evitarse pese a toda la diligencia empleada– que resulten pertinentes respecto de dichas disposiciones».

Ahora bien, la causa extraña no imputable –definida como un acontecimiento imprevisible e irresistible que impide a una persona ejecutar su obligación– supone que el deudor se encuentre en la situación de serle imposible ejecutar su obligación por causa de un acontecimiento que no pudo prever y, por tanto, que no estuvo en posibilidad de evitar[657]. Aunque la doctrina suele incluir en la voz causa extraña no imputable, solo a la fuerza mayor y al caso fortuito[658], nosotros preferimos una noción más amplia que incluya todas aquellas situaciones que destruyen el vínculo causal entre la conducta del deudor y el daño. Así, además del caso fortuito y la fuerza mayor, consideramos como causas extrañas no imputables, el hecho de un tercero y la culpa del propio acreedor.

Al lado de la causa extraña no imputable reconocida en el artículo 93, Mavromati –que se refiere a ella de manera general como *force majeure*– afirma que el prestador de servicios de pago también podría exonerarse alegando la sospecha de lavado de dinero o de financiamiento al terrorismo[659], en los términos de la Directiva 2005/60/CE del Parlamento Europeo y del Consejo de 26 de octubre de 2005 relativa a la prevención de la utilización del sistema financiero para el blanqueo de capitales y para la financiación del terrorismo[660].

Ahora bien, debido a la admisión de la exoneración de responsabilidad a través de la prueba de una causa extraña no imputable, entendemos que el artículo 89,1 consagra una responsabilidad objetiva en cabeza del prestador de servicios de pago del ordenante[661], en cuyo caso, de nada le serviría a este

---

657 Mélich Orsini, José, *La responsabilidad civil por hechos ilícitos*, Caracas, BACPS, Serie Estudios Nos. 45-46, 2ª ed. actualizada de la jurisprudencia y legislación, 2001, p. 105.
658 Mélich Orsini, *Doctrina general del contrato...*, ob. cit., p. 508.
659 Mavromati, *The Law of payment services in the EU...*, ob. cit., pp. 235-236.
660 http://eur-lex.europa.eu/LexUriServ/LexUriServ.do?uri=OJ:L:2005:309:0015:0036:es:PDF (29.11.2016).
661 En el mismo sentido, Mavromati la califica como *strict liability*. Ver: Mavromati, *The Law of payment services in the EU...*, ob. cit., pp. 225 y ss. Ver también: Linardatos, *Das Haftungssystem im bargeldlosen Zahlungsverkehr...*, ob. cit., p. 301.

demostrar que hizo todo lo que pudo para cumplir, pues el resultado no se obtuvo y por ello solo le queda destruir el nexo causal a través de la prueba, justamente, de una causa extraña que no le sea imputable.

También se exoneraría de responsabilidad al proveedor, en aquellos casos en los cuales el usuario le proporcione un identificador único incorrecto (art. 88,2), pues una orden de pago cumplida de acuerdo con ese identificador se considerará correctamente ejecutada en relación con el beneficiario especificado en el mismo (art. 88,1). Se reconoce así un supuesto del hecho de la víctima como causa de exoneración de responsabilidad civil.

En definitiva, no deja de ser llamativa la consagración de una responsabilidad objetiva en materia de prestación de servicios de pago, cuando la ya citada Propuesta de Directiva sobre la responsabilidad del prestador de servicios, consagraba un principio de responsabilidad basada en la culpa, considerando, justamente, la naturaleza del servicio. En efecto, el artículo 1,1 de esta propuesta establecía que «El prestador de servicios será responsable del daño causado por su culpa, en el marco de la prestación del servicio, a la salud o a la integridad física, de los bienes muebles o inmuebles, incluidos los que sean objeto de la prestación». La norma, sin referirse a la naturaleza contractual o extracontractual de la responsabilidad, se fundamentaba en un concepto de culpa traducido en la violación de las legítimas expectativas del usuario, con respecto a la seguridad del servicio[662].

Buscando objetivar el concepto de culpa presente en la citada disposición se añadió, en el apartado 2, que «La carga de la prueba de la ausencia de culpa incumbirá al prestador de servicios», favoreciendo de esta manera a la víctima, la cual vería reducida su actividad probatoria al daño y a la relación de causalidad entre este y la prestación del servicio. No faltó quien afirmase que este método devendría, en la práctica, en un sistema de responsabilidad

---

662 Palao Moreno, *El régimen jurídico de la responsabilidad...*, ob. cit., p. 123.

civil objetiva[663]. Lo interesante es que tal inversión obedeció –en opinión de algunos autores– a que el profesional dispondría de los conocimientos técnicos, de las informaciones y de los documentos necesarios que le permiten aportar más fácilmente la prueba de su falta de culpa, aunque se trate de la prueba de un hecho negativo[664], que es justamente el argumento que esgrimen algunos –según reportáramos *supra*– para la objetivación de la responsabilidad en materia de servicios de pago.

En efecto, si bien los servicios se caracterizan por el hecho de que el hacer tiene un rol fundamental, lo cual llamaría a un análisis subjetivo de la responsabilidad civil a través de la noción de culpa, también es cierto que en las obligaciones de resultado la conducta en sí misma pasa a un segundo plano, con lo cual el resultado asume el rol protagónico y, tal como hemos afirmado antes, en materia de medios de pago, para que la obligación se considere cumplida es necesario que el importe de la operación se ponga a disposición del beneficiario en el momento establecido para ello. Además, consideremos que en un ambiente altamente automatizado, como ocurre en este, la realización de transacciones a través de redes de telecomunicación hace rápido y seguro el intercambio de mensajes de pago y la comunicación

---

[663] Struyen, D., Projets européennes en faveur du consommateur: capita selecta, en: *Revue de Droit International et de Droit Comparé*, 1991, pp. 351 y ss., especialmente, p. 367.

[664] De Cuevillas Matozzi, Ignacio, *La relación de causalidad en la órbita del Derecho de daños*, Valencia, Tirant lo Blanch, Servicio de Publicaciones, Universidad de Cádiz, Tirant Monografías, N.º 156, 2000, pp. 400-401. Además de esta razón, Bourgoigne y Maniet añaden los costos de investigación y del obligado recurso a los expertos. Reconocen también que el carácter intangible del servicio dificulta, sin duda, la administración de la prueba. Ver: Bourgoigne, Thierry y Françoise Maniet, La proposition de Directive CEE sur la responsabilité du prestataire de services : les raisons, le fondement et le contenu de l'initiative communautaire, en: *Consommation. La responsabilité du prestataire de services et du prestataire de soins de santé. Une proposition de Directive européenne* (Edit. N. Fraselle), Louvain-la-Neuve, Centre de Droit de la Consommation, Université Catholique de Louvain, Académie Bruylant, 1992, pp. 9 y ss., especialmente p. 19.

entre instituciones de pago, lo cual reduce, estadísticamente y de manera considerable, las posibilidades de error que resulten en la inejecución de una orden de pago[665].

Ahora bien, a pesar de la exoneración, la Directiva establece que el proveedor de servicios de pago del ordenante se esforzará razonablemente por recuperar los fondos de la operación de pago (art. 88,3) y, de haberse convenido así en el contrato marco, el proveedor podrá cobrar al usuario los gastos derivados de la recuperación de los fondos (art. 88,4).

Si el usuario de servicios de pago facilita información adicional al identificador único requerido para la correcta ejecución de la obligación, en los términos de los artículos 45,1,a o 52,2,b, el proveedor de servicios de pago únicamente será responsable de la ejecución de operaciones de pago conformes con el identificador único facilitado por el usuario de servicios de pago (art. 88,5).

Además, en caso de operaciones de pago no ejecutadas o ejecutadas de manera defectuosa, habiendo sido el ordenante quien inició la orden de pago, su proveedor de servicios de pago, independientemente de su responsabilidad, «... tratará inmediatamente de rastrear la operación de pago y notificará al ordenante los resultados», diligencia por la cual no podrá cobrarse gasto alguno al ordenante (art. 89,1 último párrafo).

Bien, tal como hemos adelantado, una de las novedades en materia de responsabilidad civil en la regulación de la Directiva 2015/2366 es la inclusión de algunas normas específicas para el supuesto del retraso en el cumplimiento. Para regular estos casos, la Directiva recurre al concepto de fecha de valor, es decir, «... el momento utilizado por el proveedor de servicios de pago como referencia para el cálculo del interés sobre los fondos

---

665 Mavromati, *The Law of payment services in the EU...*, ob. cit., p. 237.

abonados o cargados a una cuenta de pago» (art. 4,26). Así, si el responsable es el prestador de servicios de pago del ordenante la fecha de valor del abono en la cuenta de pago del ordenante no será posterior a la fecha en que se haya efectuado el adeudo del importe. Si, por el contrario, el responsable es el proveedor de servicios de pago del beneficiario, la fecha de valor del abono en la cuenta de pago del beneficiario no será posterior a la fecha en que se habría atribuido la fecha de valor al importe en caso de una correcta ejecución de la operación (art. 89,1).

Ahora bien, en caso que la «... operación de pago se ejecute con retraso, el proveedor de servicios de pago del beneficiario velará por que, previa solicitud del proveedor de servicios de pago del ordenante que actúe en su nombre, la fecha de valor del abono en la cuenta de pago del beneficiario no sea posterior a la fecha que se habría atribuido al importe en caso de ejecución correcta de la operación» (art. 89,1, sexto párrafo).

a.2. Operaciones iniciadas por el beneficiario

De acuerdo con el artículo 89,2 de la Directiva 2015/2366, si la orden de pago es iniciada por el beneficiario, su proveedor de servicios de pago será responsable de la correcta transmisión de la misma al proveedor de servicios de pago del ordenante. La correcta transmisión de la orden implica que esta se produzca, de conformidad con el artículo 83,3, dentro de los plazos convenidos entre el beneficiario y su proveedor de servicios de pago, de forma que, por lo que se refiere al adeudo domiciliado, permita la ejecución del pago en la fecha convenida. En tal caso, el proveedor de servicios de pago del beneficiario, siendo responsable, deberá devolver inmediatamente la orden al proveedor de servicios de pago del ordenante.

Además, el prestador de servicios de pago del beneficiario será responsable por el incumplimiento de la obligación de poner a disposición del beneficiario los fondos transferidos por el prestador de servicios de pago del ordenante, el propio día hábil en que los fondos fueron abonados en su cuenta (art. 87,2). En tales casos, de manera semejante a lo que ocurre con el proveedor de servicios de pago del ordenante, el prestador de servicios de pago del beneficiario deberá tratar de averiguar inmediatamente, previa petición y con independencia de su responsabilidad, los datos relativos a la operación de pago y notificará al beneficiario los resultados.

Mas a diferencia del primer caso comentado, el artículo 89,2 no refiere expresamente las causas de exoneración de responsabilidad para el proveedor de servicios de pago del beneficiario, además, desde luego, de los ya comentados casos de causa extraña no imputable consagrados en el artículo 93 y de ejecución de órdenes de pago conforme a identificadores únicos incorrectos conforme al artículo 88. Tal situación confirma nuestra tesis de la consagración de una responsabilidad objetiva que solo admite, a los efectos de la exoneración, la ruptura del nexo causal entre la conducta del agente del daño y el daño. De hecho, en caso de una operación de pago no ejecutada o ejecutada de forma defectuosa con respecto a la cual el proveedor de servicios de pago del beneficiario no sea responsable, el proveedor de servicios de pago del ordenante será responsable frente al ordenante (art. 89,2, tercer párrafo). De manera que, salvo los casos de exoneración expresamente establecidos, siempre será responsable uno de los prestadores de servicios de pago que intervengan en una operación concreta.

Sin embargo, es necesario resaltar cierta flexibilidad en la ejecución de la orden por parte del prestador de servicios de pago del beneficiario. En efecto, de conformidad con el artículo 89,2, quinto párrafo, este no será responsable si puede demostrar que «... ha recibido el importe de la operación de pago, incluso si el pago se ha ejecutado con un pequeño retraso». No dejamos de apreciar cierta subjetividad en esta regla que admite, en definitiva, la prueba de la «correcta ejecución» de la orden de pago. En tal caso –continúa la propia norma «... el proveedor del servicio de pago del beneficiario atribuirá una fecha de valor al importe correspondiente al abono del importe en la cuenta de pago del beneficiario que no será posterior a la fecha de valor que se habría atribuido al importe en caso de ejecución correcta de la operación».

De manera similar a lo descrito en el párrafo anterior, si la orden de pago se efectúa con retraso, «… la fecha de valor correspondiente al abono del importe en la cuenta de pago del beneficiario no será posterior a la fecha de valor que se habría atribuido al importe en caso de ejecución correcta de la operación» (art. 89,2, segundo párrafo).

a.3. Responsabilidad de los prestadores de servicios de iniciación de pagos

En los casos en que intervenga un prestador de servicios de iniciación de pagos, el proveedor de servicios de pago gestor de cuenta deberá devolver al ordenante la cantidad de la operación de pago no ejecutada o ejecutada defectuosamente. En tales casos «… restituirá la cuenta de pago en la cual se haya efectuado el cargo al estado en el que se habría encontrado de no haberse efectuado la operación defectuosa» (art. 90,1, primer párrafo).

Para exonerarse, el prestador de servicios de iniciación de pagos deberá demostrar que el gestor de cuentas del ordenante recibió la orden en tiempo oportuno y que «… dentro de su ámbito de competencia, la operación de pago fue autenticada y registrada con exactitud y no se vio afectada por un fallo técnico u otras deficiencias vinculadas a la no ejecución, la ejecución defectuosa o la ejecución con retraso de la operación» (art. 90,1, segundo párrafo).

Si una vez hecha la devolución por parte del gestor de cuentas al ordenante se comprueba que «… el responsable de la no ejecución, la ejecución defectuosa o la ejecución con retraso de la operación de pago es el proveedor de servicios de iniciación de pagos, deberá resarcir de inmediato al proveedor de servicios de pago gestor de cuenta, a petición de este, por las pérdidas sufridas o las sumas abonadas para efectuar la devolución al ordenante» (art. 90,2).

a.4. Daños resarcibles

La Directiva 2015/2366 establece las consecuencias que apareja el establecimiento de responsabilidad en cabeza de alguno de los prestadores de servicios de pago y, como primera sanción, ordena la devolución del monto que debió ser transferido. A diferencia de la Directiva 97/5, la Directiva 2007/64 no establece límites para la indemnización. En efecto, en el marco de la Directiva 97/5, «Si, tras una orden de transferencia transfronteriza aceptada por la entidad del ordenante, los fondos correspondientes no hubieran sido acreditados en la cuenta de la entidad del beneficiario, y sin perjuicio de cualquier otro recurso que pudiera presentarse, la entidad del ordenante estará obligada a abonar a este, hasta un total de 12.500 ecus[666], el importe de la transferencia». A este monto se sumarían los intereses y los gastos generados por la transferencia y pagados por el ordenante (art. 8). En opinión de la doctrina, tal limitación obedecía a la consideración de que una ausencia de limitación impondría una responsabilidad contingente a los bancos, lo cual podría tener un efecto perjudicial sobre los requisitos de solvencia de estas entidades[667].

La Recomendación 97/489, por su parte, tampoco impuso límite alguno a la reparación. Así, luego de considerar «... necesario establecer las normas relativas a la responsabilidad del emisor en caso de no ejecución o de ejecución deficiente de las instrucciones de pago dadas por el cliente o de que se efectúen transacciones no autorizadas por este, sin perjuicio de las obligaciones que incumben al cliente en caso de pérdida o robo de los instrumentos electrónicos de pago» (Considerando N.º 11), establece que la

---

666 El ECU –*European Currency Unit*– fue la unidad de cuenta utilizada en el espacio económico europeo antes de la aparición del euro. Esta unidad fue creada en 1979 junto con el Sistema Económico Europeo y «se define como una "cesta" compuesta por distintos porcentajes de las monedas de los Estados miembros, que están en función del peso de sus respectivas economías». Ver: Castellot Rafful, Rafael Alberto, *La Unión Europea. Una experiencia de integración regional*, México, Plaza y Valdez, S.A. de C.V., 2.ª reimp, 2002, p. 109.

667 Mavromati, *The Law of payment services in the EU...*, ob. cit., p. 232.

indemnización comprenderá el importe de la transacción no ejecutada o ejecutada defectuosamente y, en su caso, los intereses correspondientes, de manera que se restablezca al titular en la situación en que se hallaba antes de que tuviera lugar la transacción no autorizada.

Esta diferencia de tratamiento, según reporta Mavromati, tiene que ver con el ámbito de aplicación de cada instrumento. Recordemos que en el caso de la Directiva 2015/2366, la responsabilidad civil que ella establece se aplica a todos los servicios de pago establecidos en su anexo y no se limita a las transferencias como ocurría con la Directiva 97/5.

Ahora bien, tal como adelantamos, la cantidad correspondiente a la operación de pago no ejecutada o ejecutada de forma defectuosa deberá devolverse al ordenante, cuando la operación de pago haya sido iniciada por este y su proveedor de servicios de pago sea responsable de la inejecución. Tal devolución deberá ser inmediata, sin demora injustificada y, «... en su caso, restablecerá el saldo de la cuenta de pago a la situación en que hubiera estado si no hubiera tenido lugar la operación de pago defectuosa» (art. 89,1, segundo párrafo). Con tal disposición se reconoce el carácter compensatorio de la responsabilidad civil en el marco de la Directiva, al ordenarse la reposición de la situación al momento anterior a la producción del daño, sin considerar la conducta del agente del mismo.

Si en el supuesto mencionado resultare responsable el proveedor de servicios de pago del beneficiario, este también deberá poner inmediatamente a disposición del ordenante la cantidad correspondiente a la operación de pago y, si fuere procedente, abonará la cantidad correspondiente en la cuenta de pago del beneficiario (art. 89,1, cuarto párrafo).

En los casos de responsabilidad por el incumplimiento de sus obligaciones por parte del proveedor de servicios de pago del beneficiario, cuando haya sido este quien inició la operación, deberá velar por que la cantidad correspondiente a la operación de pago esté a disposición del beneficiario inmediatamente después que dicha cantidad sea abonada en la cuenta del proveedor de servicios de pago del beneficiario (art. 89,2, tercer párrafo).

Cuando el prestador de servicios de pago del beneficiario no sea responsable y lo sea, por tal razón, el proveedor de servicios de pago del ordenante, este devolverá al ordenante, según proceda y sin demora injustificada, la cantidad correspondiente a la operación de pago no ejecutada o ejecutada de forma defectuosa y restablecerá el saldo de la cuenta de pago a la situación en que hubiera estado si no hubiera tenido lugar la operación de pago defectuosa (art. 89,2, cuarto párrafo).

En todo caso, de acuerdo con el artículo 89,3, el proveedor de servicios de pago será responsable, frente a su propio usuario, de todos los gastos, así como de los intereses aplicados al usuario del servicio como consecuencia de la no ejecución, la ejecución defectuosa o con retraso de la operación de pago. Es decir, el proveedor de servicios de pago asumirá las consecuencias negativas del incumplimiento de la obligación para la cual se ha ordenado el pago, cuando tal incumplimiento le sea imputable, por deberse a una inejecución o a una incorrecta ejecución de la orden de pago.

Aunque esta norma reconoce la vinculación existente entre la obligación cuyo pago se desea realizar y la propia operación de pago, parece descartar la procedencia de una acción directa. En efecto, la norma establece la responsabilidad del proveedor de servicios de pago frente a su propio usuario, quien deberá enfrentar los daños derivados del incumplimiento de su obligación —gastos, intereses— y luego podrá reclamarlos a su proveedor. No parece siquiera admitirse la posibilidad de que el ordenante pueda accionar contra el proveedor de servicios del beneficiario o viceversa. De aquí que podamos concluir que, en definitiva, en la Directiva priva el principio de relatividad del contrato sobre la existencia de un grupo de contratos.

Ahora bien, además de la devolución de la cantidad abonada y del pago de gastos e intereses, podrán acordarse indemnizaciones adicionales en aquellos casos en los que, de conformidad con la normativa aplicable al contrato celebrado entre el usuario de servicios de pago y su proveedor, así se admita (art. 91). Tengamos en cuenta que, según hemos comentado *supra*, el proveedor de servicios de pago deberá informar al usuario, conforme al artículo 52,7,a, si existe alguna cláusula de elección del Derecho aplicable y será justamente ese ordenamiento, o el aplicable en ausencia de elección, el que determinará la procedencia de indemnizaciones adicionales.

En tal sentido, Mavromati admite que si el Derecho aplicable al contrato lo permite y, ante el silencio de la Directiva al respecto, los *consequencial damages*[668] podrían ser indemnizados[669]. Tengamos en cuenta que en buena parte de los sistemas tributarios del Código Civil francés, estos daños, equiparables en cierta medida con los daños indirectos, no son indemnizables y, en los sistemas anglosajones, al tratarse de daños que no derivan directamente de la lesión, su indemnización debe ser especialmente solicitada y los daños han de ser debidamente probados por las partes[670].

En caso que se determine que el responsable por el incumplimiento o cumplimiento defectuoso de la operación de pago, es otro prestador de

---

[668] Se trata de daños especiales o indirectos, como la pérdida de un producto o beneficio, incluso de un ingreso, y serían indemnizables solo si se determina que fueron razonablemente previstos por las partes, al momento de la celebración del contrato. Ver: Epstein, Richard A., Beyond foreseeability: consequential damages in the Law of contract, en: *Journal of Legal Studies*, 1989, Vol. 18, N.º 1, pp. 105 y ss.; Anderson, Roy Ryden, Incidental and consequential damages, en: *Journal of Law and Commerce*, 1987, N.º 7, pp. 327 y ss.; Bauer, Ralph, Consequential damages in contract, en: *The University of Pennsylvania Law Review and American Law Register*, 1932, Vol. 80, N.º 5, pp. 687 y ss.

[669] Mavromati, *The Law of payment services in the EU...*, ob. cit., p. 234.

[670] En el marco del *Uniform Commercial Code*, por ejemplo, para que el comprador pueda recuperar la indemnización de estos daños, ellos deben ser además inevitables para el vendedor (§ 2-715,2,a).

servicios de pago o un intermediario, este deberá compensar al primer proveedor de servicios de pago por las posibles pérdidas ocasionadas o por las cantidades abonadas con arreglo a los artículos 89 y 90[671]. Esta norma, contenida en el artículo 92,1 de la Directiva, confirma la objetividad de la responsabilidad civil en esta materia y la primacía del principio de relatividad del contrato. En efecto, el prestador de servicios de pago del ordenante o del beneficiario o el prestador de servicios de iniciación de pagos, según el caso, debe hacer una devolución inmediata de la cantidad abonada y pagar los demás gastos e intereses. Si luego de cumplir con esta obligación se comprueba que el responsable es otro de los participantes del proceso de pago, este tendrá acción contra aquel para recuperar lo que ha pagado, produciéndose en este caso una especie de subrogación en los derechos de ordenante o beneficiario, según el caso.

En este supuesto también se admite la procedencia de compensaciones financieras suplementarias de conformidad con los acuerdos entre proveedores de servicios de pago e intermediarios y la legislación aplicable a los acuerdos concluidos entre ambas partes (art. 92,2).

b. Responsabilidad civil por operaciones no autorizadas

Tal como hemos comentado, el consentimiento del usuario es requisito necesario para la ejecución de una operación de pago. Este acto constituye, precisamente, la autorización para tal ejecución, tal como lo establece el artículo 64 de la Directiva 2015/2366. Así, si una operación de pago se ejecuta sin que medie la previa autorización del titular, la propia Directiva establece un régimen de responsabilidad civil en cabeza de los

---

671 Esta regla –que apareció en la versión definitiva de la Directiva 2007/64– no estaba incluida en la Propuesta original de Directiva, pues se prefirió no interferir en la relación del proveedor de servicios de pago con sus intermediarios. Sin embargo, siguiendo la influencia de la Directiva 97/5, tal disposición se incluyó en la versión definitiva. Referencias en: Mavromati, *The Law of payment services in the EU...*, ob. cit., p. 233.

participantes en la misma. Esto puede ocurrir, por ejemplo, cuando la autorización procede de una persona diferente del titular del instrumento de pago en los casos en los cuales el mismo haya sido robado o sea haya extraviado. De allí la importancia de la inmediata comunicación de estos eventos.

b.1. Responsabilidad civil del prestador de servicios de pago

Cuando, luego de la pérdida o robo del instrumento de pago, se produce una operación no autorizada por el ordenante, su proveedor de servicios de pago deberá devolverle de inmediato, o a más tardar al final del día hábil siguiente a aquel en que haya observado o se le haya notificado la operación, el importe de la misma y, en su caso, restablecer la cuenta de pago de la cual se haya debitado el importe, al estado en que se encontraba antes de la operación no autorizada. Se trata también en este caso de una responsabilidad objetiva en cabeza del proveedor de servicios de pago, de la cual solo podrá exonerarse cuando haya habido una conducta culposa por parte del ordenante (art. 73), según veremos más adelante.

En caso que en la operación intervenga un prestador de servicios de iniciación de pagos, la obligación de devolver el importe de inmediato o, a más tardar, al final del día hábil siguiente, recae sobre el prestador de servicios de pago gestor de cuenta, quien deberá restituir la cuenta de pago de la que se haya debitado el importe de la operación no autorizada, al estado en que se encontraba de no haberse ejecutado la operación. Si se determina que el responsable por la operación no autorizada es el prestador de servicios de iniciación de pagos, este deberá indemnizar al prestador de servicios de pago gestor de cuentas, a petición de este, «... las pérdidas sufridas o las sumas abonadas para efectuar la devolución al ordenante, incluido el importe de la operación de pago no autorizada» (art. 73,2, segundo párrafo).

En todo caso, para exonerarse, el prestador de servicios de iniciación de pagos deberá demostrar que, «... dentro de su ámbito de competencia, la operación de pago fue autenticada y registrada con exactitud y no se vio afectada por un fallo técnico u otras deficiencias vinculadas al servicio de pago del que es responsable» (art. 73,2, segundo párrafo *in fine*). Al admitirse esta posibilidad, la responsabilidad adquiere, más bien, cierto carácter subjetivo, pues, en definitiva, la exoneración dependerá de la prueba, por parte del prestador de servicios de iniciación de pagos, de la ausencia de culpa, es decir, del hecho de haber desplegado su actividad con la debida diligencia.

Al igual que ocurre en los casos de incumplimiento, cumplimiento defectuoso o retraso en el cumplimiento, en el supuesto de operaciones no autorizadas también es posible otorgar otras indemnizaciones económicas, si las mismas están previstas por el Derecho aplicable al contrato celebrado entre el ordenante y su proveedor de servicios de pago (art. 73,3 Directiva 2015/2366).

Llama la atención que la Recomendación 97/489 excluía de la aplicación de una regla semejante contenida en el artículo 8,1,b[672], a las «… transacciones efectuadas mediante un instrumento de pago electrónico» (art. 1,2). Tal exclusión fue explicada por Mateo Hernández desde dos puntos de vista[673]. En primer lugar, si se concibe al dinero electrónico como un sustituto del dinero en efectivo –incluyendo la característica del anonimato–, es lógico pensar que su pérdida comporte las mismas consecuencias que acarrearía la pérdida de aquel. Sin embargo, tal equiparación a la fecha no es absoluta. En la mayoría de los casos será siempre posible establecer una relación entre el portador y el emisor del dinero electrónico, por lo que resultaba cuestionable tal exclusión.

La segunda explicación está vinculada al funcionamiento y las limitaciones de los esquemas de dinero electrónico, por lo que luciría más razonable.

---

672 Art. 8,1. «Sin perjuicio de lo dispuesto en los artículos 5 y 6 en las letras a) y e) del apartado 2 del artículo 7, el emisor será responsable: b) de las transacciones no autorizadas por el titular, así como de cualquier error o anomalía atribuible al emisor en relación con la gestión de la cuenta del titular».

673 Mateo Hernández, *El dinero electrónico en internet…*, ob. cit., pp. 496-497.

El autor ejemplifica este segundo planteamiento con las tarjetas inteligentes. En efecto, tradicionalmente estas tarjetas operan *off-line*, con lo cual, el comerciante que recibe una determinada cantidad en pago por un bien o servicio, no tiene posibilidad de verificar si la tarjeta está siendo o no utilizada fraudulentamente. De hecho, cuando el titular pierde la tarjeta y lo notifica al emisor, este solo puede impedir su recarga, pero no puede bloquear el uso del valor almacenado en el chip, pues no tiene control sobre este.

La Directiva 2015/2366, en cambio, establece responsabilidad en estos casos, y la consagra, tal como hemos adelantado, de manera objetiva. Es, probablemente, ésta la razón para establecer límites a las cantidades que es posible almacenar en estos dispositivos, como ocurre, según hemos afirmado, con la *Geldkarte*, dispositivo en el cual no pueden almacenarse más de 200 euros.

Este principio ha sido recogido en buena parte de los sistemas internos europeos. Así, lo hace, por ejemplo, el § 675u del BGB[674]. Sin embargo, en el marco del Derecho alemán se presenta una particularidad que vale la pena destacar y que se acerca a la solución de la Recomendación 97/489. En efecto, el § 675i,3 del BGB establece que esta norma no se aplicará al dinero electrónico cuando el prestador de servicios de pago no tenga la posibilidad de bloquear la cuenta asociada al instrumento de pago o el propio instrumento y cuando el monto almacenado no pueda ser superior a 200 euros[675].

---

674 § 675u BGB: «*Im Fall eines nicht autorisierten Zahlungsvorgangs hat der Zahlungsdienstleister des Zahlers gegen diesen keinen Anspruch auf Erstattung seiner Aufwendungen. Er ist verpflichtet, dem Zahler den Zahlungsbetrag unverzüglich zu erstatten und, sofern der Betrag einem Zahlungskonto belastet worden ist, dieses Zahlungskonto wieder auf den Stand zu bringen, auf dem es sich ohne die Belastung durch den nicht autorisierten Zahlungsvorgang befunden hätte*».

675 § 675i, del BGB: «*(3) Die §§ 675u und 675v sind für elektronisches Geld nicht anzuwenden, wenn der Zahlungsdienstleister des Zahlers nicht die Möglichkeit hat, das Zahlungskonto oder das Kleinbetragsinstrument zu sperren. Satz 1 gilt nur für Zahlungskonten oder Kleinbetragsinstrumente mit einem Wert von höchstens 200 Euro*».

Tal exclusión se debe a que productos como la *Geldkarte* muestran gran potencial como sustitutos del dinero en efectivo y, al no requerir medios especiales de legitimación, como el PIN o la firma, muestran altos riesgos de pérdida o abuso[676].

En todo caso, la Directiva 2015/2366 dispone que la reclamación procede siempre que el usuario la haga dentro de los 13 meses siguientes a la fecha del adeudo y siempre que haya notificado a su proveedor de servicios de pago, «… sin demora injustificada…», que ha llegado a su conocimiento la realización de una operación de pago no autorizada (art. 71). Es de notar que el lapso se cuenta, no desde la ocurrencia de la operación no autorizada sino, como es lógico, desde el momento en que el titular tiene conocimiento de ella.

b.2. Responsabilidad civil del ordenante de la operación de pago

La responsabilidad civil del ordenante por operaciones de pago no autorizadas está regulada por el artículo 74 de la Directiva 2015/2366, norma que supone, y así lo ha aceptado la doctrina, una derogatoria a la regla del artículo 73[677]. En efecto, en los casos regulados por el artículo 74, al establecerse la responsabilidad del ordenante, consecuencialmente se exonera de responsabilidad al proveedor de servicios de pago.

Bien, de conformidad con la regla general recogida en el artículo 74,1, «No obstante lo dispuesto en el artículo 73, el ordenante podrá quedar obligado a soportar, hasta un máximo de 50 EUR, las pérdidas derivadas de operaciones de pago no autorizadas resultantes de la utilización de un instrumento de pago extraviado o robado o de la apropiación indebida de un instrumento de pago».

---

676 Linardatos, *Das Haftungssystem im bargeldlosen Zahlungsverkehr*…, ob. cit., p. 94.
677 Wandhöfer, *The Payment Services Directive*…ob. cit., p. 406.

Esta norma ha introducido un cambio en relación con el artículo 61 de la Directiva 2007/64. Esta última, además de los casos de extravío, robo o sustracción del instrumento de pago, hacía referencia al supuesto en el que el ordenante no hubiese protegido los elementos de seguridad personalizados y se hubiere producido, por ello, la sustracción de un instrumento de pago.

Así las cosas, la doctrina distinguía en la norma derogada, dos supuestos claramente diferenciados, en cuanto a su procedencia y en cuanto a su fundamento. En efecto, esta se refería, en primer término, a los casos de utilización no autorizada de un instrumento de pago extraviado o robado —lo cual sugería cierta corporeidad en el instrumento— y, en segundo lugar, hacía alusión a los casos en que no se hubieren protegido correctamente los elementos de seguridad del mismo —elementos que no pueden extraviarse en sentido estricto[678].

Tal como hemos adelantado, estos supuestos también diferían en relación con el fundamento de la responsabilidad civil. En efecto, comentando el § 675v I del BGB[679] —norma que resultó de la transposición de la Directiva al ordenamiento jurídico alemán— Linardatos estimó que mientras en el primer supuesto se establecía una responsabilidad desvinculada de toda idea de culpa —*verschuldensunabhängige Haftung*–, una responsabilidad objetiva, en el segundo, al exigirse cierta diligencia en el cuidado de los elementos

---

[678] Ver en este sentido: Linardatos, *Das Haftungssystem im bargeldlosen Zahlungsverkehr...*, ob. cit., p. 178.

[679] BGB, § 675v I «*Beruhen nicht autorisierte Zahlungsvorgänge auf der Nutzung eines verlorengegangenen, gestohlenen oder sonst abhanden gekommenen Zahlungsauthentifizierungsinstruments, so kann der Zahlungsdienstleister des Zahlers von diesem den Ersatz des hierdurch entstandenen Schadens bis zu einem Betrag von 150 Euro verlangen. Dies gilt auch, wenn der Schaden infolge einer sonstigen missbräuchlichen Verwendung eines Zahlungsauthentifizierungsinstruments entstanden ist und der Zahler die personalisierten Sicherheitsmerkmale nicht sicher aufbewahrt hat*».

personalizados de seguridad, nos encontrábamos frente a un caso de responsabilidad basada en la culpa –*verschuldensabhängige Haftung*[680].

En opinión del propio autor, esta distinción obedeció al objetivo que tuvieron en mente los redactores de la norma correspondiente en la Directiva 2007/64 (art. 61,1), es decir, elaborar una regla sobre responsabilidad civil derivada del uso no autorizado de estos instrumentos, aplicable a todos los medios de pago regulados por la misma. Sin embargo, tal esfuerzo se perdió con la poca claridad de la norma respecto de su propio ámbito de aplicación. En tal sentido, Linardatos se preguntaba si esta regla sería aplicable, por ejemplo, a un caso de uso fraudulento de los datos de una tarjeta de crédito en una venta a distancia[681]. De hecho este caso, citado también por Mavromati, fue usado como ejemplo para incluir el supuesto de la norma referido a la falta de cuidado con los elementos de seguridad[682].

Lo que sí es cierto –estima Linardatos– es que el establecimiento de una gradación de la responsabilidad contribuía con el cumplimiento de la función preventiva atribuida a las normas sobre responsabilidad civil, al lado de su natural función compensatoria[683]. Así, ante una responsabilidad objetiva, el titular del medio electrónico de pago debería observar un cuidado extremo,

---

680 Linardatos, *Das Haftungssystem im bargeldlosen Zahlungsverkehr...*, ob. cit., pp. 177-178.
681 Ibíd., p. 181.
682 Mavromati, *The Law of payment services in the EU...*, ob. cit., p. 223. El caso fue presentado por la Asociación Europea de Consumidores, en el *New Legal Framework for Payments in the Internal Market. BEUC position on the Communication*, de 15 de febrero de 2004, en: http://ec.europa.eu/internalmarket/payments/docs/framework/2004-contributions/beucen.pdf (29.11.2016) p. 14.
683 Ver, respecto de las funciones de la responsabilidad civil, Madrid Martínez, Claudia, Función ¿punitiva? de la responsabilidad civil en el derecho venezolano, en: *IV Jornadas Aníbal Dominici, Derecho de daños. Responsabilidad contractual y extracontractual*, (Coord. J. G. Salaverría), Caracas, FUNEDA, 2012, pp. 221 y ss.

de manera de evitar el surgimiento de la obligación. En cambio, tratándose de una responsabilidad basada en la culpa, será la víctima quien enfrente serias dificultades probatorias, por lo que la prevención tiene menos incentivos para el ordenante[684].

La nueva Directiva, considerando de cierta manera la diligencia en el cuidado de lo que ahora llama «credenciales de seguridad», parte de supuestos que difieren, en alguna medida, de los consagrados por su antecesora. En efecto, la regla general, tal como hemos afirmado, incluye los casos de robo, extravío y apropiación indebida. En todos estos supuestos, el ordenante deberá soportar todas las pérdidas derivadas del uso indebido del instrumento de pago, hasta 50 euros.

En la Directiva derogada, el límite establecido por el artículo 60,1 era de 150 euros y, según puede leerse en el Considerando N.º 71 de la Directiva vigente, la fijación ahora de un monto tan reducido –50 euros– constituye uno de los incentivos para que el usuario de los servicios de pago notifique, sin demora, toda pérdida, robo o apropiación indebida de su instrumento de pago, con lo cual se reduce el riesgo de operaciones no autorizadas. «A este respecto –se lee en el citado Considerando–, parece adecuado fijar un importe de 50 euros con vistas a garantizar una protección elevada y homogénea del usuario dentro de la Unión».

Ahora bien, para exonerarse de responsabilidad, el ordenante deberá demostrar que no le resultaba posible detectar la pérdida, el robo o la apropiación indebida del instrumento de pago, «… salvo cuando el propio ordenante haya actuado fraudulentamente» (art. 74,1,a) o que la pérdida se deba a la «… acción o inacción de empleados o cualquier agente, sucursal o entidad de un proveedor de servicios de pago al que se le hayan externalizado actividades» (art. 74,1,b).

---

[684] Linardatos, *Das Haftungssystem im bargeldlosen Zahlungsverkehr…*, ob. cit., pp. 181-182.

El ya comentado límite de 50 euros establecido por el propio artículo 74 no se aplicará, de manera que el ordenante deberá soportar todas las pérdidas independientemente del monto, si tales pérdidas se derivan de su actuación fraudulenta o de haber incumplido deliberadamente o por negligencia grave las obligaciones que, en relación al instrumento de pago y a las credenciales de seguridad personalizadas, le impone el artículo 69 de la Directiva 2015/2366 (art. 74,1, tercer párrafo).

Ahora bien, el tema de las credenciales personalizadas de seguridad y la influencia que el cuidado, o su ausencia, por parte del ordenante pueda tener en el régimen de la responsabilidad civil es dejado a la discrecionalidad de los Estados. Así, si el ordenante no hubiere actuado de forma fraudulenta ni hubiere incumplido de forma deliberada las obligaciones que el impone el artículo 69 de la Directiva vigente, «… los Estados miembros podrán reducir la responsabilidad establecida en el párrafo primero del presente apartado, teniendo en cuenta, en particular, la naturaleza de las credenciales de seguridad personalizadas del instrumento de pago y las circunstancias específicas de la pérdida, el robo o la apropiación indebida del instrumento de pago» (art. 74,1, cuarto párrafo). Ahora habrá que esperar por la transposición de la Directiva a los diversos ordenamientos europeos para poder examinar la concepción de cada sistema.

En todo caso, el descuido del ordenante en la protección de las credenciales de seguridad personalizadas implicaría cierto grado de culpa, de manera que cuando la operación no autorizada se deba al uso, por ejemplo, de una clave que el ordenante dejó expuesta, este debería soportar las pérdidas derivadas de la operación no autorizada y si tal culpa fuese grave, es decir, si las operaciones de pago no autorizadas fueren consecuencia de «… haber actuado de manera fraudulenta o por haber incumplido deliberadamente o por negligencia grave, una o varias de las obligaciones que establece el artículo 69», la corresponderá a él soportar todas las pérdidas derivadas de tales operaciones, sin que sea aplicable el límite máximo de 50 euros establecido por el encabezamiento del artículo 74,1 (art. 74,1, tercer párrafo).

En este sentido, resulta de interés que cuando el Considerando N.º 72 de la Directiva vigente hace referencia a la negligencia para determinar los casos en que esta puede ser calificada como grave, estima que «... si el concepto de negligencia supone un incumplimiento del deber de diligencia, la negligencia grave tiene que significar algo más que la mera negligencia, lo que entraña una conducta caracterizada por un grado significativo de falta de diligencia». El ejemplo utilizado por el propio considerando «... sería el guardar las credenciales usadas para la autorización de una operación de pago junto al instrumento de pago, en un formato abierto y fácilmente detectable para terceros».

En definitiva, teniendo en cuenta que, de manera general, en materia de responsabilidad civil suele ser irrelevante el grado de culpa en el cual se incurra, pues el resultado será siempre la reparación del daño, cuya cuantía no aumentará o disminuirá en función de la conducta culposa del agente del daño, es común que los legisladores admitan excepciones en algunos casos. Ello ocurre precisamente en este supuesto, pues si el ordenante no incurre en culpa grave, su responsabilidad por las pérdidas derivadas de operaciones no autorizadas se limitará a 50 euros. Si, en cambio, incurre en culpa grave, su responsabilidad será ilimitada. De allí la importancia de la determinación del grado de culpa. A tales efectos, el Considerando N.º 72 de la propia Directiva, estima que, para la evaluación de la conducta del usuario, deberán tomarse en cuenta todas las circunstancias del caso.

Ahora bien, en el contexto de esta norma –según reconoce Mavromati[685]–, el concepto de fraude se vincula claramente a la intención deliberada de defraudar; mientras que la determinación de las conductas que engloba el concepto de «negligencia grave» necesitan ser aclaradas. En efecto, según reporta la autora, durante las discusiones de la Directiva 2015/2366, llegó a plantearse la posibilidad de incluir en este supuesto a la culpa leve, ejem-

---

685 Mavromati, *The Law of payment services in the EU...*, ob. cit., p. 224.

plificada a través de los casos en los cuales el titular no realizaba los pasos razonables para mantener seguros los dispositivos y claves para utilizar el instrumento de pago. La Comisión desechó esta posibilidad y desatendiendo la propuesta de la mayoría de los delegados de calificar la noción de negligencia grave usada por la norma, dejó el concepto sin aclarar y expuesto a la diversa interpretación de los Estados. De hecho, no se aclaró si la ausencia de notificación de la pérdida o robo del instrumento de pago constituía culpa grave o leve, de manera que se dejó en manos del juez su determinación caso por caso. En la versión de la Directiva 2015/2366 se avanzó un poco en el ya comentado Considerando N.º 72. Pero tampoco, en nuestra opinión, se alcanzó una respuesta satisfactoria al problema.

Sin duda –añade Mavromati– habría sido muy útil indicar en un anexo los casos en que se incurría en negligencia grave. Por lo que la autora considera de utilidad el recurso al Marco Común de Referencia[686], en cuyo anexo I se establece que «*There is "gross negligence" if a person is guilty of a profound failure to take such care as is self-evidently required in the circumstances*». Se trata, en nuestra opinión, de una definición tan amplia que el problema continúa dejándose, en definitiva, en manos del juez. Incluso la doctrina ha reconocido, comentando el propio marco común de referencia, que este concepto se presta a manipulación por parte de los jueces[687].

Ahora bien, una vez que el usuario haya cumplido con la obligación que le impone el artículo 69,1,b de notificar la pérdida o robo del instrumento de pago a su prestador de servicios de pago, en los términos del artículo 71, la responsabilidad se transmite a este último y el ordenante no soportará

---

686 http://ec.europa.eu/justice/policies/civil/docs/dcfroutlineeditionen.pdf (29.11.2016).
687 Koziol, Helmut, Außervertragliche Schuldverhältnisse im CFR, en: *Der gemeinsame Referenzrahmen. Entstehung, Inhalte, Anwendung*, (Hrsg. M. Schmidt-Kessel *et al.*), München, Sellier European Law Publishers, 2009, pp. 93 y ss., especialmente pp. 96-98.

consecuencia económica alguna, salvo que haya actuado, como hemos advertido, de manera fraudulenta o con negligencia grave.

En los casos en que el prestador de servicios de pago no exija autenticación reforzada –aquella «... basada en la utilización de dos o más elementos categorizados como conocimiento (algo que solo conoce el usuario), posesión (algo que solo posee el usuario) e inherencia (algo que es el usuario), que son independientes —es decir, que la vulneración de uno no compromete la fiabilidad de los demás—, y concebida de manera que se proteja la confidencialidad de los datos de autenticación», *ex* artículo 4,30– el ordenante solo será responsable en caso de fraude. Si el beneficiario o su proveedor de servicios de pago no aceptaren la autenticación reforzada, sobre ellos recaerá la obligación de reembolsar el importe del daño causado al prestador de servicios de pago del ordenante (art. 74,2).

También se considera la actuación fraudulenta del ordenante para obligarlo a soportar las pérdidas derivadas del uso indebido del instrumento de pago, incluso después de haber notificado su pérdida, robo o apropiación indebida, en los términos del artículo 69,2,b. Esta responsabilidad no se exonera ni siquiera en los casos en los cuales el proveedor de servicios de pago no haya cumplido con la obligación que le impone el artículo 70,1,c, de ofrecer medios adecuados para recibir la notificación de sus usuarios en casos de pérdida, robo o apropiación indebida del instrumento de pago (art. 74,3).

Finalmente, habría que añadir que, una vez que el usuario niegue haber autorizado una operación o alegue que esta se ejecutó de manera incorrecta, el proveedor de servicios de pago debe probar que la operación fue autenticada, registrada con exactitud y contabilizada y que no se vio afectada por un fallo técnico o cualquier otra deficiencia. Lo propio corresponderá al prestador de servicios de iniciación de pagos, en caso de haber intervenido en la operación cuestionada. El registro de la operación por parte del proveedor no es suficiente para probar que la misma fue autorizada por el ordenante, ni que este actuó de manera fraudulenta o que incumplió deliberadamente o por negligencia grave sus obligaciones (art. 72).

Además, el Considerando N.º 72 de la Directiva remite a la legislación nacional aplicable para la evaluación de las pruebas y del grado de culpa, y declara nulas las cláusulas contractuales y las condiciones de prestación y utilización de instrumentos de pago mediante las cuales se aumente la carga de la prueba sobre el consumidor o se reduzca la carga de la prueba sobre el emisor. Se trataría, en tal caso, de cláusulas abusivas, pues sin duda causan un desequilibrio importante entre los derechos y obligaciones de las partes que se derivan del contrato, en detrimento del consumidor (art. 3,1 Directiva 93/13).

Finalmente, habría que considerar que, en los casos en que sea aplicable, la Directiva 2002/65 dispone, en su artículo 8, que en caso de pagos con tarjeta, los Estados miembros velarán por que existan medidas apropiadas para que el consumidor pueda solicitar la anulación del pago en caso de utilización fraudulenta de su tarjeta de pago en el marco de contratos a distancia, y que, en tal caso, se abonen en cuenta al consumidor las sumas debitadas por concepto de pago o se le restituyan.

4. Sistema venezolano

a. Escasez de normas especiales

La situación del ordenamiento jurídico venezolano en materia de responsabilidad civil derivada de la prestación de servicios de pago es ciertamente compleja. A pesar de que el artículo 117 de la Constitución reconoce el derecho al resarcimiento de los daños derivados del uso o consumo de bienes y servicios, las escasas normas en materia de consumidores –aunque poco adaptadas a los servicios– fueron derogadas con la Ley para la Defensa de las Personas en el Acceso a los Bienes y Servicios y la normativa vigente no da una respuesta cabal al problema.

En efecto, la vigente Ley se limita, prácticamente, a reconocer el derecho de las personas «A la reparación e indemnización por daños y perjuicios, por deficiencias y mala calidad de bienes y servicios» (art. 7,7) y sancionar a los proveedores de bienes y servicios que violen este derecho, con «La reposición o devolución del bien o resarcimiento del daño sufrido en los términos establecidos en este Decreto con Rango, Valor y Fuerza de Ley Orgánica» (art. 47,4), además de la correspondiente sanción administrativa (multa entre 500 y 30.000 Unidades Tributarias).

Sin embargo, tal instrumento no dispone de parámetros para el establecimiento de la responsabilidad civil, sino que más bien remite al Derecho común. En efecto, de conformidad con el artículo 37, «La imposición de alguna de las sanciones, previstas en este Decreto con Rango, Valor y Fuerza de Ley Orgánica, no impide ni menoscaba el derecho de las afectadas o los afectados de exigir a la infractora o el infractor las indemnizaciones o el resarcimiento de los daños y perjuicios que le hubiere ocasionado, conforme al ordenamiento jurídico aplicable».

Esta es una evidencia más de que esta Ley, a pesar de reconocer entre sus fines «Defender, proteger y salvaguardar los derechos e intereses individuales, colectivos y difusos, en el acceso de las personas a los bienes y servicios para la satisfacción de sus necesidades» (art. 3,6), tiene como objetivo fundamental establecer controles del aparato productivo y no una real defensa de los derechos de los consumidores.

Por su parte, la Ley de Instituciones del Sector Bancario no contiene mención alguna en relación con la responsabilidad civil. Aunque tiene un marcado perfil tuitivo en relación con los usuarios del sistema bancario, este instrumento se limita a establecer sanciones administrativas y penales a los bancos, por la violación de sus normas. En tal sentido, algunos de los tipos que establece pueden resultar de utilidad en esta materia. Es el caso del llamado «fraude electrónico» definido, por el artículo 224, como una transferencia o encomienda electrónica de bienes no consentida, en perjuicio de la institución bancaria o del usuario del servicio, realizados por manipulación informática o mecanismo similar y con ánimo de lucro. La apropiación de información por medios electrónicos también es sancionada en los casos en que se utilicen medios informáticos o mecanismo similar, para apoderarse, manipular o alterar papeles, cartas, mensajes de correo electrónico o cualquier otro documento que repose en los archivos electrónicos de una institución del sector bancario, perjudicando el funcionamiento de las instituciones bancarias (art. 225).

La Ley de tarjetas, en cambio, tiene algunas normas que pueden resultar de mayor utilidad. En primer término, el artículo 33 reconoce el derecho del tarjetahabiente a ejercer las acciones civiles correspondientes para exigir la reparación de los daños causados por el prestador del servicio penalmente responsable, supeditando, de alguna manera la acción civil a la penal y sin calificar el fundamento de la responsabilidad civil que procede en estos casos.

En segundo término, podemos citar el artículo 50, norma según la cual en los casos de robo, hurto, clonación o pérdida del medio de pago electrónico, el emisor del instrumento, a solicitud del tarjetahabiente, deberá iniciar la investigación del caso, sin crear perjuicios a este, debiendo además notificar inmediatamente al Ministerio Público y a la Superintendencia de Instituciones del Sector Bancario. Sin embargo, en caso de «… responsabilidad o negligencia del emisor…» en estos hechos, este será sancionado conforme a la propia Ley y la sanción que, de conformidad con el artículo 60 de la citada Ley procede en este caso, es la multa entre 0,1 % y 0,5 % del capital pagado por la institución que incumple, sin menoscabo de la aplicación de medidas e instrucciones que la Superintendencia, en atención a sus atribuciones y competencias, imponga para corregir la situación infringida.

En nuestra opinión, la norma más relevante en el marco de la Ley de tarjetas está contenida en el artículo 63, el cual establece una responsabilidad solidaria del emisor del medio de pago y el aceptante, por los daños ocasionados a los tarjetahabientes «... por las consecuencias del uso de la tarjeta o de la información provista». Aunque la norma no lo establece expresamente, entendemos que se trata de uso no autorizado de la tarjeta. Esta solidaridad prevalecerá en la aplicación de las disposiciones sobre responsabilidad civil establecidas por el Derecho común, a través de cuyas normas generales deberá ser colmada la laguna en esta materia.

Finalmente, conviene destacar algunas disposiciones de las Normas relativas a la protección de usuarios de los servicios financieros. Este instrumento, a pesar de no incluir una regulación sistemática de la responsabilidad civil, prohíbe a las instituciones bancarias incluir en sus contratos cláusulas que puedan vulnerar los derechos de los usuarios, entre las que se cuentan aquellas «... que excluyan total o parcialmente la responsabilidad de las Instituciones Bancarias, por los daños o perjuicios causados a sus clientes derivados de una acción u omisión que les sea imputable» (art. 20,d). La propia normativa insiste al considerar nulas las cláusulas que «... exoneren, atenúen o limiten la responsabilidad de la Institución Bancaria por vicio de cualquier naturaleza del servicio prestado» (art. 25,a).

Ambas disposiciones parecen sugerir cierto carácter subjetivo en la responsabilidad. En efecto, la referencia a acciones u omisiones «imputables» al banco, y a «vicios» en la prestación del servicio, da la impresión de que el legislador entiende necesario un análisis de la culpa en cabeza del agente del daño, lo cual resulta, en principio, cónsono con la calificación de la actividad bancaria como un servicio. Sin embargo, antes de asumir definitivamente el carácter subjetivo de la responsabilidad en esta materia, hemos de tener en cuenta que, tal como lo hemos admitido a lo largo de este trabajo, en la mayoría de los casos se trata de relaciones contractuales, por lo que hemos de recurrir a las normas sobre responsabilidad civil contractual en el sistema venezolano.

b. Normas generales sobre la responsabilidad civil. Aplicación en materia de prestación de servicios de pago

Partiendo de la existencia de un acuerdo entre las partes en orden a la prestación del servicio de pago y en ausencia de normas especiales, hemos de recurrir a las normas generales sobre responsabilidad civil contractual. Así, en el marco del Código Civil venezolano, el principio general es que el deudor deberá cumplir su prestación con la diligencia puesta por un buen padre de familia (art. 1.270), lo cual, llevado al terreno de la prestación de servicios de pago, se traduce en que el proveedor deberá realizar la actividad con la diligencia requerida en orden a la obtención de un resultado, es decir, desarrollar los procesos necesarios para que la cantidad de dinero acordada esté, en el momento pactado para ello, a disposición del beneficiario.

Al exigirse el comportamiento de un buen padre de familia, nuestro Código se inscribe en el sistema subjetivo fundamentado en la noción de culpa, por lo que será necesario, en principio, evaluar la diligencia del deudor. Para ello, deberá determinarse la naturaleza de la obligación, las circunstancias personales del profesional y las de lugar y tiempo en que se haya de cumplir la prestación. Nos estamos refiriendo de esta manera a la *Lex artis*[688], con lo cual el buen padre de familia se configura como el «buen profesional», en nuestro caso, de los servicios de pago. Así, al tratarse de profesionales, el dominio de la ciencia o la técnica relativa al servicio especializado que se presta, es superior al de cualquier sujeto no profesional.

Esta consideración es de suma importancia, pues tal como hemos afirmado, la seguridad y precisión que el uso de la tecnología ha aportado a los

---

[688] Se trata de una regla de valoración o medición de una conducta, sobre la base de criterios objetivos de naturaleza técnica y cuyo contenido se establecerá en función del acto concreto de la actividad profesional cuya diligencia se trata de calibrar, así como las demás circunstancias personales y de lugar y tiempo en que el *facere* haya de llevarse a cabo En este sentido: Cervilla Garzón, *La prestación de servicios...*, ob. cit., pp. 132-135.

servicios de pago, con la consiguiente y necesaria profesionalización y especialización de sus prestadores, ha conducido a su calificación dentro de la categoría de las obligaciones de resultado, lo cual tiene gran influencia en la determinación de la responsabilidad civil y en el funcionamiento de las normas que la regulan.

Ahora bien, a pesar de este punto de partida que reconoce el carácter subjetivo de la responsabilidad contractual y que, por lo tanto, solo admitiría la exoneración del prestador del servicio con la prueba de la ausencia de culpa, nuestro legislador prefirió, en el artículo 1.271 del Código Civil, exonerar al deudor cuando este pruebe que «... la inejecución o el retardo provienen de una causa extraña que no le sea imputable, aunque de su parte no haya habido mala fe»[689]. Por tal razón, entendemos que el legislador presume, de manera absoluta, la culpa del deudor a partir de la prueba de la existencia de la obligación y su incumplimiento, permitiéndole únicamente al deudor la prueba de una causa extraña no imputable que rompa el vínculo causal.

La doctrina venezolana ha entendido que el funcionamiento de la presunción establecida en el artículo 1.271 del Código Civil depende de la naturaleza de la obligación de que se trate y, particularmente en materia de servicios, de su clasificación como obligación de medios o de resultado. En opinión de Mélich Orsini, el artículo 1.271 del Código Civil venezolano produce una inversión de la carga de la prueba de la ausencia de culpa en el caso de las obligaciones de resultado, mientras que, si se trata de una obligación de medios, el acreedor debe necesariamente probar que

---

689 Esta exoneración es innecesariamente reiterada en el artículo 1.272 del Código Civil, al establecer que «El deudor no está obligado a pagar daños y perjuicios, cuando, a consecuencia de un caso fortuito o de fuerza mayor, ha dejado de dar o hacer aquello a que estaba obligado o ha ejecutado lo que estaba prohibido», norma que además de redundante, deja fuera otras causas de dispensa tales como el hecho de un tercero o la culpa de la propia víctima.

su deudor no obró conforme a la diligencia de un buen padre de familia[690]. Así, aunque siempre habrá de probarse la existencia de la obligación, si se trata de una obligación de resultado, el simple hecho de no obtener el resultado hace presumir la culpa del deudor; mientras que si se trata de una obligación de medios, la discusión se centrará, necesariamente en torno a la buena o mala ejecución de la obligación, «… lo que en la práctica equivale a lo que se llama "probar la culpa" del deudor»[691]. Tal interpretación supone que la presunción solo funciona para las obligaciones de resultado y no para las obligaciones de medio.

Ya en otras oportunidades nos hemos mostrado contrarios a esta distinción en la aplicación de la presunción[692]. En nuestra opinión, en presencia de una obligación de resultado, si el deudor no demuestra haber logrado el resultado pactado, ni logra establecer tampoco otro hecho liberatorio, ha de concluirse, necesariamente, que hubo culpa de su parte y, por tanto, declararle incurso en responsabilidad civil, dándose, de esta manera, cierto carácter objetivo a la responsabilidad en estos casos. Se comprende igualmente que, en el caso de las obligaciones de medio, la discusión se centra en la previa determinación de la extensión de la prestación y en la diligencia que ha de ponerse en su cumplimiento, lo cual le imprime cierta subjetividad.

En este último caso, la doctrina ha afirmado que si la obligación contractual fuere una obligación de medios, cuyos contornos escapan a una completa determinación, las partes discutirán sobre la *buena* o *mala ejecución* de la obligación y al acreedor le parecerá verse envuelto en un debate sobre la presencia o ausencia de culpa por parte del deudor. Sin embargo, no creemos que se dispute propiamente sobre la culpa, sino sobre la amplitud

---

690 Mélich Orsini, *Doctrina general del contrato…*, ob. cit., p. 496.
691 Ver: Mélich Orsini, *La responsabilidad civil…*, ob. cit., pp. 183-184.
692 Madrid Martínez, *La responsabilidad civil derivada de la prestación de servicios…*, ob. cit., pp. 89-90.

del contenido de la prestación, con lo que, probada por el acreedor la existencia de la obligación, al deudor de la misma solo le queda demostrar que la ejecutó o que existe un hecho liberatorio que le exime de responsabilidad, de lo contrario, su culpa habría quedado establecida[693].

Entendemos[694] entonces que, en el caso de la obligación de medios, dado que la prestación consiste en la realización de una actividad de manera diligente, la diligencia, o su ausencia, viene a formar parte de esa prestación, de manera que actuar conforme a la diligencia prometida se traduce en el cumplimiento cabal de la prestación. Por el contrario, una actuación divorciada de los parámetros establecidos supone incumplimiento y, consecuencialmente, culpa. Lo cual invita, fatalmente, a un análisis del carácter culposo de la actuación u omisión del deudor en orden a determinar si hubo o no incumplimiento. Si se tratare de obligaciones de resultado, evidentemente, el incumplimiento, al margen de la idea de diligencia, se configura a partir de la ausencia del objetivo específico prometido y garantizado por el deudor y esperado por el acreedor.

Nótese, en todo caso, que el acreedor debe probar la existencia de la obligación y su incumplimiento, solo que en la prueba del incumplimiento en las obligaciones de medio se incluye, necesariamente, la prueba de la culpa. De manera que podríamos afirmar que no se produce una inversión de la carga de la prueba en el caso de las obligaciones de resultado, solo que en las obligaciones de medio la diligencia está *in obligatione*, no así en las de resultado, cuya prestación se limita a la obtención del objetivo prometido.

---

693 Madrid Martínez, *La responsabilidad civil derivada de la prestación de servicios…*, ob. cit., p. 183. Véase en el mismo sentido: Sué Machado, Alejandro, La responsabilidad civil delictual ordinaria, en: *Anuario del Colegio de Abogados del Estado Aragua*, 1978, N.º 77, pp. 209 y ss., especialmente pp. 221-222.
694 Seguiremos, en este punto, la propuesta de Cervilla Garzón, *La prestación de servicios…*, ob. cit., pp. 137-140.

Tal como hemos afirmado, en ambos casos la presunción de culpa es absoluta y solo se permite al deudor probar una causa extraña que no le sea imputable, de manera que se rompa el vínculo causal entre el daño y su conducta[695].

Así las cosas, la responsabilidad civil derivada del incumplimiento de las obligaciones, por parte de las entidades de crédito en su función de prestadores de servicios de pago, será de carácter objetivo, fundamentándose en una presunción absoluta de culpa *ex* artículo 1.271 del Código Civil.

Desde luego, tratándose de una regla general, esta también sería aplicable a los prestadores de servicios de pago no bancarios. Con estos sujetos se plantearía, sin embargo, un problema en relación con los consumidores, debido a la ausencia ya mencionada de regulación sobre la materia y que, en materia bancaria, es de alguna manera subsanada con las escasas normas de la Ley de instituciones del sector bancario, la Ley de tarjetas y la normativa prudencial de la Superintendencia. En tales casos, el operador jurídico deberá trabajar con los principios que inspiran el ya citado artículo 117 de la Constitución, de manera de proteger a los consumidores.

c. Daños resarcibles

La inmediatez de algunos supuestos, como el caso de uso no autorizado del medio de pago, requiere soluciones especiales. En tal sentido, aunque nuestro sistema no dispone de una norma general que ordene el reembolso inmediato y sin condiciones de cantidades pagadas en el curso de transacciones no autorizadas, sí dispone de un procedimiento al final del cual, si fuere procedente, se hará el reembolso.

No obstante, antes de analizar este procedimiento, hemos de destacar el único caso en el cual se ordena el reintegro inmediato. Se trata de los supuestos en los cuales el banco haya efectuado un depósito «… en forma

---

[695] Mélich Orsini, *La responsabilidad civil por hechos ilícitos…*, ob. cit., p. 105.

errada a otro beneficiario distinto al indicado por el cliente, usuario o usuaria». En ciertos casos, de conformidad con el artículo 60 de las Normas relativas a la protección de usuarios del sistema financiero, la operación deberá deshacerse tan pronto como el operador tenga conocimiento del hecho.

En relación con el procedimiento, la regla general en esta materia está consagrada en el artículo 69 del Decreto Ley sobre Instituciones del Sector Bancario. Esta norma ordena a la Superintendencia de Instituciones del Sector Bancario regular en forma específica todos los aspectos relacionados con la presentación y resolución de los reclamos de los usuarios por parte de los bancos, en una primera instancia, y la atención de las denuncias por parte del ente regulador, en una segunda instancia. Además, se ordena a la Superintendencia regular todos los elementos necesarios para garantizar los derechos de los usuarios.

En tal sentido, los bancos deberán crear unidades de atención al usuario para recibir, canalizar y tramitar los reclamos de los usuarios y proporcionar los procedimientos adecuados y efectivos para sus usuarios y público en general, de manera que estos puedan ejercer las reclamaciones que consideren pertinentes para la defensa de sus derechos. La propia norma, que establece algunos parámetros generales para tal procedimiento, dispone que cada reclamo deberá resolverse en un lapso no mayor de veinte días continuos. A tales efectos, el banco deberá suministrar un informe a la persona que interponga el reclamo, donde se indiquen las causas que motivaron los cargos no reconocidos u omisiones presentadas, y la decisión adoptada.

Si el reclamo versare sobre el reintegro de sumas de dinero, las instituciones del sector bancario, deberán proceder a su pago inmediato una vez reconocida la procedencia del reclamo. Si fuere improcedente, estas tienen la carga de probar la referida improcedencia, debiendo en todo caso motivar su decisión. Las instituciones del sector bancario están obligadas a suministrar a los usuarios toda la documentación certificada que estos soliciten.

Esta disposición fue desarrollada por las ya citadas Normas de la Superintendencia sobre protección de los usuarios de servicios financieros. Allí se ratifica la obligación de los bancos de crear una unidad de atención al usuario que se encargará, entre otras cosas, de recibir, canalizar y tramitar las denuncias, reclamos y quejas derivados de los servicios prestados por el banco (art. 31,a). Los reclamos o quejas podrán ser presentados personalmente o a través de un representante, en forma escrita o por medios electrónicos[696], «... siempre que estos permitan la lectura, impresión y conservación de los mismos» (art. 33), con lo cual se consagra, a estos efectos, el principio de equivalencia funcional.

Las Normas también establecen los requisitos mínimos del reclamo (art. 34) –entre los que destaca la necesidad de aportar las pruebas documentales o soportes del reclamo, de ser el caso (art. 34,a.7)– y ordenan a los bancos recibirlo, tramitarlo (art. 36) y dar una respuesta en un lapso no mayor de veinte días continuos, contestando todos los aspectos del reclamo de forma exacta, imparcial y verificable para la fácil comprensión del usuario (art. 37). La decisión tomada no constituirá un precedente para casos posteriores (art. 39). La institución bancaria «... solo podrá rechazar la admisión del reclamo o queja cuando el usuario haya formulado reclamos o quejas que reiteren otros anteriores ya resueltos» (art. 40). En el marco de este instrumento, la carga de la prueba también corresponde al banco (art. 43).

---

[696] Normas de la Superintendencia sobre protección de los usuarios de servicios financieros, art. 35: «En caso que el cliente, usuario y usuaria al momento de realizar el reclamo o queja no la presenten por escrito, la Institución Bancaria deberá proveer de los medios necesarios para que lo realice por esctrito, en concordancia con los parámetros establecidos en el artículo 34 de la presente Resolución, al efecto de la recepción de éstas en la primera oportunidad que acude a la sucursal, agencia u oficina, a lo fines de evitar que el cliente, usuario o usuaria tenga que regresar nuevamente a la Institución Bancaria, salvo que le falte algún recaudo necesario en el artículo 34 ejusdem».

La disposición que más nos interesa es el artículo 44 de estas Normas, de conformidad con el cual, «Si la reclamación versare sobre el reintegro de sumas de dinero, las Instituciones Bancarias procederán a su pago en la misma fecha en que se emita el acto que declare procedente la reclamación (…) La falta de pago o acreditación en esa oportunidad, hará considerar la obligación como líquida y exigible, y por lo tanto, devengará intereses moratorios. El monto a reintegrar por las Instituciones Bancarias, generará intereses durante el periodo de reclamo o queja hasta su pago efectivo».

La Ley de tarjetas, por su parte, establece algunas soluciones en caso de uso no autorizado de la tarjeta y tampoco plantea el reembolso inmediato. Sin embargo, contiene algunas normas que adoptan soluciones diferentes de las antes comentadas y que, debido a su especialidad, tendrían aplicación preferente en materia de tarjetas de pago. Así, el artículo 49 dispone que en los casos de retiro o adelanto de efectivo no consumido por parte de un cajero automático, el titular deberá dirigirse al banco emisor para hacer un reclamo, informando la identificación del cajero y la fecha y hora de la transacción. El banco emisor debe recibir la denuncia y dar una respuesta expresa en un lapso máximo de quince días hábiles. En el marco de este procedimiento, la carga de la prueba corresponde al banco, quien deberá demostrar si se dispensó dinero o no al tarjetahabiente.

En estos casos, una vez que el titular realice el reclamo, el banco depositará en la cuenta del cliente el monto debitado, pero este no estará a disposición inmediata del titular, sino que quedará diferido y solo se hará efectivo, con los intereses devengados, luego de transcurridos los quince días hábiles y siempre que el reclamo se declarase procedente. En caso contrario, el emisor debitará de la cuenta del tarjetahabiente el monto diferido. Cuando el reclamo sea por adelanto de efectivo no consumido en una tarjeta de crédito el emisor no cargará intereses de ningún tipo por el monto del reclamo.

Ahora bien, si se trata de errores en los datos contenidos en el estado de cuenta, tales como consumos o retiros de efectivo no realizados, cargos no autorizados, cargos con errores en la fecha o en el monto, cargos por bienes o servicios que no fueron recibidos o aceptados, pagos y devoluciones no reflejados, entre otros, el reclamo deberá hacerse dentro de los treinta días siguientes al recibo del estado de cuenta. También en este caso corresponderá al emisor la carga de la prueba (art. 51). Este deberá darse por notificado del reparo, en forma escrita, inmediatamente después de recibir el reclamo y a dar respuesta al mismo en un plazo no mayor de quince días hábiles (art. 52).

Estos procedimientos también serán aplicables a los casos de clonación de la tarjeta o el uso ilícito de la misma, por terceras personas no autorizadas, cualquiera que fuere el medio fraudulento utilizado, en cualquier momento en que el tarjetahabiente conozca de la sustracción, consumo, cobro o débito indebido (art. 54).

5. Cláusulas de responsabilidad

a. Generalidades

Con la expresión cláusulas limitativas o exoneratorias de responsabilidad civil se cubren desde las que buscan facilitar el establecimiento de la indemnización debida –llamadas *liquidated dammages* en los sistemas del *Common Law*– hasta aquellas estipulaciones destinadas a funcionar como medio de disuasión contra la inejecución –*penalties* en el *Common Law*, «cláusulas penales» en nuestro sistema–[697]. En todo caso, a través de ellas se limita o excluye la responsabilidad del deudor o, incluso, pueden permitir al deudor cumplir con una prestación sustancialmente diferente de

---

[697] Véase: Fontaine, Marcel, Les clauses exonératoires et les indemnités contractuelles dans les Principes d'Unidroit: Observations critiques, en: *Uniform Law Review / Revue de Droit Uniforme*, 1998 / 2-3, Vol. III, pp. 405 y ss., especialmente p. 412.

aquella que puede razonablemente esperar el acreedor. Se trata, en definitiva, de cláusulas que tienen por efecto permitir al deudor modificar unilateralmente las características de la prestación prometida, transformando con ello el contrato[698].

Así, mediante las cláusulas contractuales sobre responsabilidad civil, las partes pueden ampliar las causas de exoneración, pudiendo llegar hasta el intento de excluir radicalmente la responsabilidad derivada del incumplimiento o del cumplimiento defectuoso o tardío, o reducir la cuantía de la indemnización, excluyendo la aplicación de los criterios legales.

En principio, las partes son libres en la estipulación de estas cláusulas, siempre que no impliquen que la responsabilidad civil derivada del incumplimiento –y por lo tanto, el propio cumplimiento de la obligación– dependa exclusivamente de la sola voluntad del deudor, tal como ocurriría cuando a través de estas cláusulas se le permitiese incumplir intencionalmente el contrato. De tal postulado se deriva la nulidad de las cláusulas que contengan un intento de exonerar al deudor que incumple con dolo[699] y así se ha aceptado en Derecho comparado.

En el marco de los Principios UNIDROIT, el artículo 7.1.6 establece que «Una cláusula que limite o excluya la responsabilidad de una parte por incumplimiento o que le permita ejecutar una prestación sustancialmente diversa de lo que la otra parte razonablemente espera, no puede ser invocada si fuere manifiestamente desleal hacerlo, teniendo en cuenta la finalidad del contrato». Tal como se reconoce en los comentarios oficiales, la introducción en los Principios de una norma especial para regular este tipo de cláusulas obedeció al hecho de que ellas son particularmente habituales en la práctica de los contratos internacionales, y, además, contri-

---

698 UNIDROIT, *Principios UNIDROIT...*, ob. cit., p. 250.
699 Mélich Orsini, *Doctrina general del contrato...*, ob. cit., pp. 549-551.

buyen a suscitar numerosas controversias entre las partes. En este caso, se optó por una regla que da al juez un gran poder moderador, fundamentado en la equidad[700].

Así, estas cláusulas son en principio válidas, mas las partes no pueden invocarlas cuando resulte «... *grossly unfair*...» valerse de ellas[701], es decir, cuando su aplicación conduzca a un desequilibrio evidente entre las prestaciones de las partes. Incluso, en los casos en que la cláusula no sea inequitativa en sí misma, las partes no pueden valerse de ella cuando, por ejemplo, la inejecución resulte de un comportamiento manifiestamente negligente o cuando la parte perjudicada no hubiese podido pasar por alto las consecuencias de la limitación o exclusión de la responsabilidad al tomar un seguro adecuado. En todo caso, los comentaristas recomiendan tener en cuenta la finalidad del contrato y, en particular, aquello que una parte podría razonablemente esperar de la ejecución del mismo[702].

También los Principios de Derecho Europeo de los Contratos admiten la validez de estas cláusulas, con fundamento en la autonomía de la voluntad[703]. Así lo reconoce su artículo 9:509(1) al disponer, bajo el título «Indemnización pactada para el caso de incumplimiento», que «Si se hubiera dispuesto en el contrato que en caso de incumplimiento de una parte esta deberá pagar una suma determinada de dinero a la parte lesionada por dicho incumplimiento, el perjudicado recibirá dicho importe con independencia del daño efectivamente causado». Luego el párrafo 2 del

---

700 UNIDROIT, *Principios UNIDROIT*..., ob. cit., p. 237.
701 Ibíd., p. 239.
702 Ídem.
703 De hecho, en su artículo 8:109, bajo el título «Cláusulas de exclusión o de limitación de los medios de tutela», los Principios Europeos admiten, de manera general, la posibilidad de limitar o excluir los remedios ante el incumplimiento del contrato, al disponer: «Los medios de protección del crédito en caso de incumplimiento pueden excluirse o limitarse, salvo que resultase contrario a la buena fe alegar dicha exclusión o limitación».

mismo artículo admite que si el importe fijado en la cláusula resultara manifiestamente excesivo en proporción al daño provocado por el incumplimiento y a las demás circunstancias, la cantidad pactada podrá reducirse a una cifra más razonable. De manera que, a diferencia de lo que disponen los Principios UNIDROIT, no se excluye la cláusula sino que se produce un ajuste de la cantidad pactada en la misma.

El artículo III.-3:710 del Marco Común de Referencia tiene una disposición idéntica, con lo cual –según estiman Samoy y Dang Vu– este instrumento solo reconoce la función compensatoria de estas cláusulas y no su función punitiva, además de dejar de lado el criterio de los daños previsibles o potenciales, para asumir el criterio de los daños actuales, limitado a un monto que resulte «razonable». Los propios autores estiman que esta disposición se vincula a la prohibición del abuso de derecho, con lo cual se garantiza la potestad del juez para moderar las cláusulas válidas[704].

En Alemania, por ejemplo, se admite la procedencia de estas limitaciones contractuales a la responsabilidad –*Rechtsgeschäftliche Haftungsbeschränkungen*–, con los límites establecidos en los §§ 138 y 242 del BGB, de manera que tales cláusulas no pueden ser contrarias a las buenas costumbres ni a la buena fe. Se exceptúan además los casos de incumplimiento intencional (§ 276,3), pues nadie puede estar sometido a la arbitrariedad de otro[705] y los supuestos en los que se hayan utilizado condiciones generales de contratación (§§ 307-309 BGB), según analizaremos *infra*.

---

704 Samoy, Ilse y Tâm Dang Vu, Performance and non-performance in the DCFR. Perspectives from the Belgian Law, en: *The Draft Common Frame of Reference: national and comparative perspectives* (V. Sagaert, M. Storme, E. Terryn, eds.), Cambridge, Intersentia, 2012, pp. 53 y ss., especialmente p. 94.
705 Grundmann, Stefan, BGB § 276 Verantwortlichkeit des Schuldners, en: *Münchener Kommentar zum Bürgerlichen Gesetzbuch*, München, C.H. Beck, 6. Auflage, 2012, Rn 182.

En el caso venezolano, también es perfectamente posible estipular este tipo de compromisos en el entendido de que la responsabilidad contractual no es de orden público. Así, el artículo 1.276 del Código Civil permite que las partes puedan fijar en el contrato la cantidad que deberá ser pagada en los supuestos de incumplimiento, caso en el cual no podrá exigirse, posteriormente, un monto superior al estipulado. Igual ocurre cuando el contrato incluye una cláusula penal o se celebra por medio de arras[706], salvo, añade la doctrina, el caso de dolo[707]. En efecto, es este último supuesto, una cláusula que exonere *a priori* al deudor que dolosamente incumpla su obligación, puede resultar contraria al espíritu propio de la obligación, pues en la práctica se la estaría despojando de la coercibilidad que la caracteriza.

En los diversos sistemas es frecuente que se establezcan excepciones a la validez de estas cláusulas, en materia de contratos con consumidores y cuando se trate de contratos que son resultado de la aceptación de cláusulas generales de contratación, aunque no sean de consumo. En estos casos, las cláusulas limitativas de responsabilidad son generalmente calificadas como cláusulas abusivas.

En efecto, cuando las cláusulas de responsabilidad son incluidas en condiciones generales de contratación, se las suele considerar como cláusulas no individualmente negociadas, tal como las denominan los Principios europeos y la Directiva 93/13/CEE. Este último instrumento las define como aquellas que han sido redactadas previamente y el consumidor no ha podido influir sobre su contenido, en particular, en el caso de los contratos de adhesión.

---

706 CCV, art. 1.276: «Cuando en el contrato se hubiere estipulado que quien deje de ejecutarlo debe pagar una cantidad determinada por razón de daños y perjuicios, no puede el acreedor pedir una mayor, ni el obligado pretender que se le reciba una menor.
Sucede lo mismo cuando la determinación de los daños y perjuicios se hace bajo la fórmula de cláusula penal o por medio de arras».
707 Mélich Orsini, *Doctrina general del contrato...*, ob. cit., pp. 549-551.

El artículo 3,2 de la citada Directiva añade que el contrato no pierde su calificación como contrato de adhesión por el hecho de que ciertos elementos de una cláusula o que una cláusula aislada se hayan negociado individualmente, si la apreciación global del mismo lleva a tal conclusión.

Con esta idea se correspondía el artículo 70 de la derogada Ley para la Defensa de las Personas en el Acceso a los Bienes y Servicios, al disponer que «Se entenderá como contrato de adhesión, a los efectos de esta Ley, los contratos tipos o aquellos cuyas cláusulas han sido aprobadas por la autoridad competente por la materia o establecidas unilateralmente por la proveedora o el proveedor de bienes y servicios, sin que las personas puedan discutir o modificar substancialmente su contenido al momento de contratar». En ambos casos, por interpretación en contrario, las modificaciones no sustanciales no desdicen de la naturaleza del contrato como contrato de adhesión. Esta tesis prevalece en el ya comentado artículo 2 de las Normas sobre protección de los usuarios de los servicios financieros.

Por su parte, los Principios UNIDROIT, las denomina cláusulas estándar, y las define como aquellas que son «... preparadas con antelación por una de las partes para su uso general y repetido y que son utilizadas, de hecho, sin negociación con la otra parte» (art. 2.1.19,2). En su calificación como cláusulas estándar, según se afirma en el comentario a la norma, no es decisiva la forma en que ellas son presentadas (si figuran en un documento separado o en el propio contrato, si son preimpresas o están en formato electrónico), tampoco su autor (la propia parte o una asociación comercial o profesional, etc.), ni su volumen (si se trata de un grupo completo de disposiciones que cubren todos los aspectos importantes del contrato, o simplemente una o dos disposiciones referidas, por ejemplo, a la exoneración de responsabilidad). El aspecto decisivo, según el propio comentario, es que hayan sido previamente establecidas por un uso general y reiterado y que sean efectivamente utilizadas por una de las partes sin negociación con la otra. Esta última condición solo concierne a las cláusulas estándar propiamente dichas, las cuales deben ser aceptadas en su conjunto por la otra parte, aunque otras cláusulas del propio contrato hayan sido objeto de negociación por ambas partes[708].

Ahora bien, aunque sobre este tipo de cláusulas recae cierta sospecha, no puede afirmarse que estas sean nulas por el solo hecho de haber sido propuestas por una de las partes[709]. Si consideramos el principio general reconocido por la Directiva 93/13, hemos de entender que «Las cláusulas contractuales que no se hayan negociado individualmente se considerarán abusivas si, pese a las exigencias de la buena fe, causan en detrimento del consumidor un desequilibrio importante entre los derechos y obligaciones de las partes que se derivan del contrato» (art. 3,1).

A una conclusión semejante puede llegarse a partir del encabezamiento del artículo 20 de las Normas sobre protección de usuarios de los servicios financieros al referirse a cláusulas que «… pueden vulnerar…» los derechos de los usuarios. No obstante, al enumerar tales cláusulas no se refiere de manera general a las cláusulas de responsabilidad, sino a aquellas que la excluyan total o parcialmente. Luego, al volver a este punto en el artículo 25,a, declara nulas las cláusulas que exoneran, atenúan o limitan la responsabilidad de los bancos, lo cual pone de relieve el carácter tuitivo de esta normativa.

Ahora bien, debido a sus efectos potenciales, aunque no se requiera una especial aceptación por el adherente o no se exija un especial conocimiento de las mismas, sí es necesario que el predisponente o quien introduce la cláusula no individualmente negociada, haya adoptado las medidas razonables

---

708 UNIDROIT, *Principios UNIDROIT…*, ob. cit., p. 67.
709 De hecho, los Principios UNIDROIT disponen que «Las normas generales sobre formación del contrato se aplicarán cuando una o ambas partes utilicen cláusulas estándar…» (art. 2.1.19,1).

para llamar la atención de la otra parte, durante las negociaciones o en los momentos inmediatamente anteriores a la celebración del contrato[710].

Esta atención especial que requieren las cláusulas no individualmente negociadas es también reconocida, en el artículo 2:104, por los Principios europeos. La norma citada dispone que «Los términos de un contrato que no hayan sido objeto de negociación individual solo podrán oponerse contra una parte que no tuviera conocimiento de ellos cuando la parte que los invoca hubiera adoptado medidas suficientes para que la otra parte repare en ellos antes de la conclusión del contrato o en el momento de dicha conclusión». La propia disposición añade que una mera referencia en el texto del contrato a una cláusula, no es suficiente para considerar que se ha destacado de manera conveniente, aunque la otra parte haya firmado el documento. El objetivo de esta norma es evitar que el proponente abuse de su posición imponiendo a la otra, cláusulas que esta difícilmente aceptaría si tuviere conocimiento de ellas.

De hecho, en el texto de los Principios UNIDROIT se las denomina «cláusulas sorpresivas», refiriéndose a aquellas que no han podido ser previstas por una persona razonable puesta en las mismas circunstancias del aceptante[711]. Tales cláusulas, de conformidad con el artículo 2.1.20, no tendrán eficacia si son de tal carácter que la otra parte no hubiera podido preverlas razonablemente, salvo que dicha parte las hubiera aceptado de forma expresa. En la determinación de tal carácter se tendrá en cuenta su contenido, lenguaje y presentación.

De manera general, los Principios europeos disponen, en su artículo 4:110,1, que «Una cláusula que no se haya negociado de manera individual

---

710 Díez-Picazo, Luis, E. Roca Trías y A. M. Morales, *Los principios del Derecho europeo de los contratos*, Madrid, Civitas, 2002, p. 181.
711 UNIDROIT, *Principios UNIDROIT...*, ob. cit., p. 69.

y que cause, en perjuicio de una parte y en contra de los principios de la buena fe, un desequilibrio notable en los derechos y obligaciones de las partes derivados del contrato, puede anularse por la parte afectada, atendidas la naturaleza de la prestación debida, los demás términos del contrato y las circunstancias del momento en que se celebró el mismo». En este caso, según reconocen algunos comentaristas, la cláusula es anulable. En cambio, si la cláusula fue individualmente negociada se aplicará la reserva general del artículo 8:109, de manera que la misma no será considerada *a priori* como anulable, sino que sus efectos serán controlados y solo será anulada si su uso es contrario a la buena fe[712].

Ahora bien, en Venezuela, Mélich Orsini ha considerado al menos como «sospechosas de ser abusivas», a aquellas cláusulas que agravan la responsabilidad contractual de la contraparte del proponente de las condiciones generales de contratación[713]. En el ámbito europeo, el Tribunal de Justicia reconoció, en el caso Océano Grupo Editorial *et al.*, que hay cláusulas en una especie de «lista negra», pues siempre son abusivas, mientras que otras estarían en la «lista gris», puesto que solo se presume que lo sean[714].

En tal sentido, el anexo de la Directiva 93/13 califica como abusivas las cláusulas «… que tengan por objeto o por efecto…» excluir o limitar la responsabilidad legal del profesional en caso de muerte o daños físicos del consumidor debidos a una acción u omisión del mencionado profesional;

---

712 En este sentido: Díez-Picazo, Roca Trías y Morales, *Los principios del Derecho europeo de los contratos…*, ob. cit., p. 331.
713 Mélich Orsini, José, Las condiciones generales de contratación y cláusulas abusivas, en: *Las condiciones generales de contratación y cláusulas abusivas, Encuentro sobre Derecho para juristas iberoamericanos*, Madrid, Civitas, 1996, pp. 173 y ss., especialmente p. 180.
714 TJUE, Caso C-240/98, 26/06/2000. Ver: http://curia.europa.eu/juris/showPdf.jsf;jsessionid=9ea7d0f130d52424744077e5486588dae67cf6a0750b.e34KaxiLc3eQc40LaxqMbN4ObhuOe0?text=&docid=45388&pageIndex=0&doclang=ES&mode=lst&dir=&occ=first&part=1&cid=166778 (29.11.2016).

excluir o limitar de forma inadecuada los derechos legales del consumidor con respecto al profesional o a otra parte en caso de incumplimiento total o parcial, o de cumplimiento defectuoso de una cualquiera de las obligaciones contractuales por el profesional, incluida la posibilidad de compensar sus deudas respecto del profesional mediante créditos que ostente en contra de este último, o imponer al consumidor que no cumpla sus obligaciones una indemnización desproporcionadamente alta.

Por su parte, la normativa en materia de compraventa europea dispone, en su artículo 84, que una cláusula será considerada como abusiva, entre otros supuestos, si su objeto o efecto es excluir o limitar la responsabilidad del comerciante por el fallecimiento o las lesiones personales provocados a un consumidor por un acto u omisión de aquel o de una persona que actúe en su nombre, o excluir o limitar la responsabilidad del comerciante por cualquier pérdida o daño causados al consumidor deliberadamente o como consecuencia de negligencia grave. Así, todas las cláusulas que estén dirigidas a descargar de responsabilidad al proveedor en los casos de lesiones personales o muerte, independientemente del grado de culpa, y aquellas en las que se haya producido otro tipo de daño si el proveedor ha actuado intencionalmente o con culpa grave, son calificadas como abusivas, sin que haya lugar a otra valoración de las mismas[715].

Tal como adelantamos *supra*, el BGB también limita la posibilidad de regular convencionalmente la responsabilidad, cuando el acuerdo al respecto sea producto del uso de condiciones generales de contratación. En tal caso, se considera que las disposiciones de las condiciones generales de contratación no serán válidas si, pese a las exigencias de la buena fe, colocan a la

---

715 «*One can therefore maintain that terms concerning liability seldom have the possibility to flourish in B2C contracts*». Ver: Mazeaud, Denis y Natacha Sauphanor-Brouillaud, Article 84, en: *Common European Sales Law. Commentary*, (R. Schulze, ed.), München, Portland, Baden-Baden, C.H. Beck, Hart, Nomos, 2012, pp. 387 y ss., especialmente p. 389.

otra parte en una situación irrazonablemente desventajosa (§ 307,1)[716], lo cual ocurre, entre otros supuestos, cuando se restringen los derechos esenciales o aquellos resultantes de la naturaleza del contrato, de manera que exista el riesgo de no lograrse el objetivo del contrato (§ 307,2,2)[717].

Es importante tener en cuenta, a la hora de aplicar estas limitaciones, que ellas solo afectan a las cláusulas predispuestas o no negociadas individualmente, es decir, aquellas que han sido prerredactadas y cuya incorporación al contrato sea exclusivamente imputable a una de las partes, al predisponente[718]. En tal sentido, se ha entendido que las cláusulas referidas a los elementos esenciales del contrato, como el precio, por ejemplo, son siempre negociadas, puesto que el adherente, a la hora de expresar su consentimiento no puede haber ignorado tal contenido del contrato. De hecho, la jurisprudencia alemana entiende que en semejantes circunstancias, tales cláusulas son producto de la libertad contractual[719].

Particularmente, en materia de limitaciones a la responsabilidad, el BGB dispone que serán nulas, sin necesidad de valoración —*Klauselverbote ohne*

---

716 § 307 BGB, «(1) *Bestimmungen in Allgemeinen Geschäftsbedingungen sind unwirksam, wenn sie den Vertragspartner des Verwenders entgegen den Geboten von Treu und Glauben unangemessen benachteiligen. Eine unangemessene Benachteiligung kann sich auch daraus ergeben, dass die Bestimmung nicht klar und verständlich ist*».

717 § 307 BGB, «(2) *Eine unangemessene Benachteiligung ist im Zweifel anzunehmen, wenn eine Bestimmung: 2. wesentliche Rechte oder Pflichten, die sich aus der Natur des Vertrags ergeben, so einschränkt, dass die Erreichung des Vertragszwecks gefährdet ist*».

718 Miquel González, José María, Comentario al artículo 8 LCGC, en: *Comentarios a la Ley de Condiciones Generales de Contratación*, (A. Menéndez Menéndez, L. Díez-Picazo, A. Águila Real, ed.), Madrid, Civitas, 2002, p. 464.

719 «…*die Art und Umfang der vertraglichen Hauptleistungspflicht und der hierfür geschuldeten Vergütung unmittelbar bestimmen, unterliegen nicht der Regelung durch Rechtvorschriften, sondern sind von der den Parteien eingeräumten Vertragsfreiheit umfasst*». BGH 22/02/2002, V ZR 251/00, en: http://juris.bundesgerichtshof.de/cgi-bin/rechtsprechung/document.py?Gericht=bgh&Art=en&Datum=2002-2&Seite=1&nr=20176&pos=46&anz=206 (29.11.2016).

Wertungsmöglichkeit– las cláusulas que establezcan una suma global por todos los daños si tal cantidad excede o reduce el valor esperado en el curso normal de los acontecimientos, o si la otra parte no tiene el derecho de probar que no se ha producido el daño o que su valor es sustancialmente inferior a la cantidad estipulada (§ 309,5); las cláusulas penales (§ 309,6); las cláusulas que excluyen la responsabilidad por muerte o lesiones derivados del incumplimiento negligente o deliberado del contrato (§ 309,7,a); y las cláusulas que excluyen responsabilidad por culpa grave (§ 309,7,b)[720].

En Venezuela, la derogada Ley para la Defensa de las Personas en el Acceso a Bienes y Servicios disponía, en su artículo 74,1 que se considerarían nulas las cláusulas establecidas en el contrato de adhesión, cuando exoneren, atenúen o limiten la responsabilidad de los proveedores por vicios de cualquier naturaleza de los bienes o servicios prestados. En este, como en otros supuestos, la Ley de Precios Justos guarda silencio, limitándose a establecer, como uno de los derechos de los consumidores, la protección en los contratos de adhesión que sean desventajosos o lesionen sus derechos o intereses (art. 7,10), estableciendo sanciones a los proveedores de bienes y servicios en los casos de violación de este derecho (art. 47,8). Destaquemos en todo caso, que la exigencia de que se trate de contratos de adhesión desventajosos o que lesionen los derechos de los consumidores supone, en nuestra opinión, una valoración por parte del juez en cada caso concreto. Además, a la nulidad de tales cláusulas en materia bancaria se llega con la aplicación de los ya citados artículos 20,d y 25,a de las Normas sobre protección de los usuarios de los servicios financieros.

Finalmente, el Proyecto de Ley de comercio electrónico dispone, en su artículo 22,1, que se considerarán nulas las cláusulas o estipulaciones establecidas en el contrato de adhesión, que exoneren, atenúen o limiten la

---

720 Ver comentarios en: Grundmann, BGB § 276 Verantwortlichkeit des Schuldners..., ob. cit., Rn 185.

responsabilidad de los proveedores por vicios de cualquier naturaleza de los bienes o servicios prestados. Se trata de una norma bastante cercana a la correspondiente disposición de la derogada Ley para la defensa de las personas en el acceso a los bienes y servicios y, en definitiva, a la regulación de las Normas sobre protección de los usuarios de los servicios financieros.

b. El caso de PayPal

Para analizar la validez de las cláusulas de responsabilidad en materia de medios de pago, recurriremos a los términos y condiciones de uso de PayPal. Para 2004[721], PayPal usaba una cláusula en virtud de la cual,

> «*We shall not be liable to you for any loss or damage which you may suffer as a result of using the Service including, without limitation, losses resulting from your access to websites other than ours. In no event shall we, our affiliates, subsidiaries, agents, suppliers and/or subcontractors be liable for any direct or indirect loss of profit, goodwill, business or anticipated savings nor for any indirect or consequential loss or damage except in relation to those losses which are reasonably foreseeable when this Agreement starts. Nothing in this Agreement shall limit our liability for death or personal injury resulting from our negligence or our subcontractors' or breach of this Agreement*».

En definitiva, a partir de esta cláusula, PayPal solo respondería ante sus usuarios en caso de muerte o lesiones personales que se produjesen con ocasión del incumplimiento negligente del contrato, o cuando se tratase de daños que fueren razonablemente previsibles al momento de celebración del mismo. En los demás supuestos se excluía la responsabilidad de PayPal, sus afiliados, subsidiarias, agentes, proveedores o subcontratistas.

---

721 Así se cita en: Guadamuz González, PayPal: the legal status of C2C payment systems…, ob. cit., p. 295.

Según afirma Guadamuz González, el contenido de esta cláusula obedecía a la propia forma en que funciona PayPal, sistema que cuida con detalle el tema de la seguridad. En tal sentido, el propio autor utiliza dos ejemplos en los cuales podrían plantearse problemas de responsabilidad para PayPal, derivada de la prestación de servicios de intermediación en el pago. El primer ejemplo se refiere a la realización de un pago, a través de la plataforma de PayPal, para recibir a cambio pornografía infantil. En este caso, sería imposible para PayPal verificar la causa que da lugar al pago, ya que podría estar perfectamente motivado por la compra de cerveza, o de una colección de discos de vinilo. Por lo que, ante una reclamación, sería muy difícil probar cualquier fallo en la conducta del intermediario.

El segundo ejemplo utilizado por el autor, se refiere a un caso en el cual quien realiza el pago a través de PayPal, ha creado su cuenta a partir de los datos de una tarjeta de crédito robada, de la cual se hace el retiro del monto a pagar. En este segundo supuesto, parece más clara la responsabilidad de PayPal, por ello la empresa es extremadamente cuidadosa en la verificación de la identidad de la persona que realiza el pago, implementando métodos que le permitan asegurarse de que el usuario es quien dice ser. El objetivo de la cláusula sería, entonces, exonerar de responsabilidad a PayPal por los casos en los que, a pesar del cuidado tenido, se plantearan daños susceptibles de generar responsabilidad civil en cabeza del agente[722].

Desde luego, la pregunta que surge frente a esta cláusula tiene que ver con su validez, sobre todo si tomamos en cuenta que, cuando se abre una cuenta con PayPal, se suscribe y acepta un contrato de adhesión –condiciones generales de contratación– y, al menos en el caso de las cuentas personales, el contrato podría calificarse como de consumo.

---

722 Guadamuz González, PayPal: the legal status of C2C payment systems..., ob. cit., pp. 294-295.

Hasta el momento de elaboración de este trabajo, solo hemos podido localizar un caso de anulación de una cláusula del acuerdo de PayPal. Se trató del caso Comb *et al. vs.* PayPal decidido por una Corte de Distrito de California el 30 de agosto de 2002[723]. En él se discutió la validez de la cláusula arbitral contenida en el acuerdo de PayPal, con ocasión de la demanda interpuesta por algunos usuarios que vieron sus fondos congelados en sus cuentas PayPal.

A pesar de centrarse en la cláusula arbitral, la doctrina reconoce la relevancia del caso para el análisis de la validez de todas las demás cláusulas contenidas en el contrato, pues el tribunal consideró que en los acuerdos de adhesión «*click-wrap*» –aquellos que se perfeccionan haciendo clic en un vínculo[724]–, tales como el acuerdo de PayPal, debe haber mucho más cuidado en la redacción del contrato para asegurarse que no incluya disposiciones injustas. El tribunal consideró que se trataba de un contrato de adhesión que creó un desequilibrio en las responsabilidades y la posición de las partes, en particular en la cláusula de arbitraje, que fue por ello calificada como injusta.

Este caso hizo que se ajustaran algunas cláusulas del acuerdo, entre ellas desde luego, la relativa a la resolución de disputas que ahora reconoce la competencia de tribunales estatales, según analizaremos en el capítulo III de este trabajo, y, la que más nos interesa, la de limitación de responsabilidad, la cual actualmente dispone:

---

723 Caso N.º C-02-1227 JF (PVT), C-02-2777 JF (PVT), [DOCKET N.º 23, 5] (N.D. CAL. AUG. 30, 2002). Ver resumen en: https://casetext.com/case/comb-v-paypal-inc#.U6BUYo1t8o (29.11.2016).

724 «*Users who click their mouse on the small box marked 'I agree' or 'Click here if you agree', agree to the terms and are allowed to proceed. This is why they are called 'Click-wrap' contracts*». Ver: Oyarzábal, Mario, International electronic contracts. A note on Argentine choice of law rules, en: *The University of Miami Inter-American Law Review*, 2004, Vol. 35, N.º 3, pp. 499 y ss., especialmente, p. 512.

«*We shall only be liable to you for loss or damage caused directly and reasonably foreseeable by our breach of this Agreement and our liability in these circumstances is limited as set out in the remainder of this section.*

a. *In no event shall we, the other companies in our corporate group, persons who act on our behalf, and/or the persons we enter into contracts with be liable for any of the following types of loss or damage arising under or in relation to this Agreement (whether in contract, tort (including, without limitation, negligence) or otherwise:*

   a. *any loss of profits, goodwill, business, contracts, revenue or anticipated savings even if we are advised of the possibility of such damages, loss of profits, goodwill, business, contracts, revenue or anticipated savings; or*

   b. *any loss or corruption of data; or*

   c. *any loss or damage whatsoever which does not stem directly from our breach of this Agreement; or.*

   d. *any loss or damage whatsoever which is in excess of that which was caused as a direct result of our breach of this Agreement (whether or not you are able to prove such loss or damage).*

b. *Nothing in this Agreement shall limit our liability resulting from our fraud or fraudulent misrepresentation, gross negligence, wilful misconduct, for death or personal injury resulting from either our or our subcontractor's negligence or to the extent such limitation or exclusion is not permitted by applicable law*»[725].

Aunque la validez de esta cláusula dependerá del Derecho aplicable al contrato, en los términos que analizaremos en el capítulo III, hemos de observar

---

725 https://cms.paypal.com/re/cgi-bin/marketingweb?cmd=_rendercontent&content_ID=ua/UserAgreement_full&locale.x=en_US#14 (29.11.2016).

que ahora la misma ha sido redactada de manera positiva[726], sin que en el fondo se haya modificado su contenido. PayPal sigue confiando en los servicios que presta y solo admite su responsabilidad en caso de muerte, lesiones, negligencia grave, dolo, fraude o falsificación fraudulenta, cuando tales conductas sean imputables a la propia empresa o a sus subcontratistas. Al no limitar su responsabilidad en estos supuestos, de alguna manera se garantiza la validez de una cláusula que, aunque algo rígida, parece satisfacer los parámetros antes comentados. No podemos afirmar que PayPal preste un servicio perfecto, pero sus altos niveles de eficacia generan suficiente confianza en sus usuarios y lo posicionan como uno de los sistemas de pago más exitosos[727].

---

726 En tal sentido, Guadamuz González considera que «*It is interesting to note that the existing version of PayPal's exclusion of liability is now worded is such a way as to comply with the above mentioned unfair terms legislation* —el autor se refiere a las inglesas Unfair Contract Term Act de 1977 y Unfair Terms in Consumer Contracts Regulations de 1999—, *as previous versions had limitation of liability clauses that were considerably more exclusive*». Ver: Guadamuz González, PayPal: the legal status of C2C payment systems..., ob. cit., p. 295.

727 A esta conclusión llegan Abrazhevich, Markopoulos y Rauterberg. Los autores citados analizan PayPal aplicando los criterios que evalúan la aceptación, por parte de los usuarios, de los diversos sistemas de pago electrónico. En tal sentido, se refieren a la privacidad, la confianza en el sistema, la aceptación por parte de vendedores, la eficiencia, la convertibilidad de fondos, la accesibilidad para nuevos usuarios, la facilidad de uso y la interoperabilidad con otras tecnologías de pago. Así, concluyen que, a pesar de algunas fallas, PayPal es un sistema exitoso que satisface las necesidades de sus usuarios. Ver: Abrazhevich, Markopoulos y Rauterberg, Designing internet-based payment systems..., ob. cit., pp. 414-416.

Capítulo III
Régimen Aplicable

La respuesta a los problemas que vinculan al comercio electrónico y al Derecho internacional privado parece estar signada por un enfrentamiento con serias dificultades de conciliación. Tal situación se debe, por un lado, al afán localizador propio del Derecho internacional privado, tanto a los efectos de la determinación del Derecho aplicable, como para determinar la jurisdicción competente, y, por otro lado, a la natural inexistencia de fronteras en el llamado ciberespacio[728].

En el caso particular de los medios de pago, la reacción del Derecho internacional privado ha sido un poco complicada, pues la rapidez con la que estos evolucionan y los diferentes factores que involucran, obligan a considerar respuestas desde diversos puntos de vista, como el Derecho monetario y la regulación de funcionamiento de los entes prestadores de servicio de pago, entre otros. Además, muchas operaciones de pago son concluidas con consumidores, lo cual contribuye a complicar el panorama.

Las dificultades descritas confluyen, justamente, en materia de medios electrónicos de pago. No extraña entonces que la respuesta del Derecho internacional privado haya sido escasa o prácticamente inexistente. Por tal

---

728 De hecho, en la actualidad, la referencia al ciberespacio suele traer consigo la preferencia por la expresión «transnacional» frente a «internacional». Lo transnacional constituye así un espacio cuyos límites son muy difíciles de identificar. Ver: Kessedjian, Catherine, Codification du Droit international prive et Droit international privé: de la gouvernance normative pour les relations économiques transnationales, en: *R. des C.*, 2002, Vol. 300, pp. 79 y ss., especialmente, p. 121.

razón, hemos de dedicar este capítulo, más que al análisis de una regulación particular, a explorar la adecuación de las normas vigentes en materia contractual a los medios electrónicos de pago, pues las lagunas que respecto de esta materia presentan los diversos sistemas jurídicos, nos obligan a recurrir a las normas generales.

Tal análisis será hecho tanto desde el punto de vista de la jurisdicción, como del Derecho aplicable, pero antes de abordar estos temas, analizaremos el Derecho aplicable a la determinación de lo que puede ser considerado como un medio de pago válido.

A. ¿Qué puede ser considerado un medio de pago válido?

1. La voluntad de las partes

La elección del medio de pago está, en un primer momento, en manos de las propias partes. Es a ellas a quienes correspondería la decisión en relación con la aceptación de un medio de pago determinado. De manera que, en la sustitución del dinero en efectivo, los diversos instrumentos que se consideran idóneos para el cumplimiento de una obligación pecuniaria, deben haber sido admitidos por las partes[729].

En efecto, si es deber del deudor cumplir con su obligación exactamente como ha sido contraída, este estará obligado, en primer término, a entregar a su acreedor la suma de dinero pactada. Hacerlo por medios diferentes del efectivo, requiere de su consentimiento, pues aunque, tal como veremos, razones de seguridad, rapidez o, en definitiva, de buena fe, lo justifiquen, al entregar un valor expresado electrónicamente se estaría, de cierta manera, entregando algo distinto, sobre todo cuando no se admite que el dinero electrónico pueda ser un sustituto del dinero convencional. De allí que sea necesaria la aceptación del acreedor.

---

729 Rico Carrillo, *El pago electrónico en Internet...*, ob. cit., p. 33.

Justamente por tal razón, algunos autores han llegado a sugerir que la vigencia del principio de la identidad del pago, consagrado por una buena parte de los ordenamientos jurídicos, y de conformidad con el cual «No puede obligarse al acreedor a recibir una cosa distinta de la que se le debe, aunque el valor de la cosa ofrecida sea igual o aun superior al de aquélla» (art. 1.290 CCV)[730], impediría la sustitución del dinero con otro medio de pago, de allí que el acreedor no esté obligado a aceptarlo[731]. Así, aunque la práctica habría flexibilizado este principio, jurídicamente solo el pago en moneda de curso legal liberaría al deudor que se comprometió al pago de una determinada cantidad de dinero y, en la medida en que los medios de pago no tengan curso legal, el acreedor podría justificadamente negarse a recibir el pago, a menos que previamente haya manifestado su consentimiento para que el cumplimiento se realizare con un sustituto del dinero en efectivo.

Es quizá esta la razón por la cual, los diversos sistemas propusieron algunas fórmulas para admitir expresamente la extinción de la obligación a través de la entrega de un instrumento diferente del dinero en efectivo[732]. En efecto, la doctrina española, por ejemplo, en interpretación del artículo 1.170 del Código Civil[733], norma que admite el pago de deudas de dinero

---

730 Esta norma encuentra su fuente directa en el artículo 1.243 del *Code Civil*, de conformidad con el cual «*Le créancier ne peut être contraint de recevoir une autre chose que celle qui lui est due, quoique la valeur de la chose offerte soit égale ou même plus grande*». En Alemania, no existe una norma semejante, pero el BGB consagra una disposición general que obliga a las partes a cumplir sus obligaciones de buena fe, en el § 242: «*Der Schuldner ist verpflichtet, die Leistung so zu bewirken, wie Treu und Glauben mit Rücksicht auf die Verkehrssitte es erfordern*».
731 Wèry, *Paiements et monnaie électroniques...*, ob. cit., p. 13.
732 Seguiremos en este punto la sistematización llevada a cabo por Rodner, al referirse a los efectos del pago con «moneda escritural», concepto referido, en definitiva, a los sustitutos del dinero en efectivo. Ver: Rodner, *El dinero. Obligaciones de dinero y de valor...*, ob. cit., pp. 150-156.
733 Código Civil español, art. 1.170: «El pago de las deudas de dinero deberá hacerse en la especie pactada y, no siendo posible entregar la especie, en la moneda de plata u oro que tenga curso legal en España.

con la entrega de pagarés a la orden, letras de cambio u otros documentos mercantiles, entiende que la entrega de un instrumento de pago constituye la cesión de un derecho a obtener una cantidad determinada de dinero[734].

En Italia, por su parte, a partir del artículo 1.277 del Código Civil[735], la doctrina reconoce la existencia de medios de pago distintos del dinero, pero estos no son de aceptación obligatoria por parte del acreedor. Así, con la entrega de un instrumento de pago, afirma Inzitari, se entrega un crédito *pro solvendo*, de manera que el efecto liberatorio solo se produce con la aceptación del acreedor[736]. En Francia, también se califica al pago con instrumentos distintos del dinero como un pago por cesión de crédito, una especie de pago hecho con una moneda de segundo rango, pues al no tener curso legal, deben ser aceptados expresamente por las partes[737].

Larenz, en cambio, comentando el sistema alemán, admitió que la obligación dineraria podría cumplirse con la entrega de signos monetarios —dinero en efectivo— o mediante la imposición en cuenta o transferencia de la cantidad debida en la cuenta del acreedor y será una cuestión de interpretación casuística la determinación de si la obligación únicamente puede ser

---

La entrega de pagarés a la orden, o letras de cambio u otros documentos mercantiles, sólo producirá los efectos del pago cuando hubiesen sido realizados, o cuando por culpa del acreedor se hubiesen perjudicado.
Entre tanto la acción derivada de la obligación primitiva quedará en suspenso».

734 Hernández Gil, *Derecho de obligaciones…*, ob. cit., pp. 182-183.
735 Codice Civile, art. 1.277: «*Debito di somma di denaro. I debiti pecuniari si estinguono con moneta avente corso legale nello Stato al tempo del pagamento e per il suo valore nominale. Se la somma dovuta era determinata in una moneta che non ha più corso legale al tempo del pagamento, questo deve farsi in moneta legale ragguagliata per valore alla prima*».
736 Inzitari, Bruno, La moneta, en: *Trattato di Diritto commerciale e Diritto pubblico dell'economia* (F. Galgano, Dir.), Padova, Cedam, 6: Moneta e valuta, 1983, pp. 69 y ss.
737 Catala, Nicole, *La nature juridique du payement*, París, LGDJ, 1961, pp. 142 y ss.

cumplida en la primera forma o también en la última. Así, según estima Larenz, la entrega de especies monetarias es la forma usual de cumplimiento de las obligaciones pecuniarias, pero no la única, y «... la procuración de la posesión o propiedad de ciertos billetes o monedas es solamente el medio de proporcionar al acreedor lo que por último ha de recibir: la posibilidad de disposición sobre una determinada cuantía de valor»[738].

En todo caso, tal como hemos adelantado, la seguridad y, en definitiva, la buena fe, han sido esgrimidas como razones para la aceptación del cumplimiento a través de un medio de pago distinto del efectivo, máxime cuando se trate de sumas importantes con relación a las cuales el pago en efectivo pudiera causar un riesgo innecesario para el acreedor. Así lo ha aceptado la doctrina[739] y también lo han consagrado expresamente algunas legislaciones[740]. Destaca, por ejemplo, el caso de Bélgica, de acuerdo

---

738 Larenz, *Derecho de obligaciones...*, ob. cit., T. I, p. 178.
739 En opinión de Rodner, si los contratos deben ejecutarse de buena fe –*ex* artículo 1.160 del Código Civil–, es evidente que obligar al acreedor a recibir una gran suma de dinero en efectivo pareciera una forma de cumplimiento de la obligación que no se corresponde con tal principio. Para fundamentar esta afirmación, Rodner cita la sentencia dictada por la entonces Corte Suprema de Justicia en Sala de Casación Civil de 10 de noviembre de 1983, recaída en el caso J.M. Iglesias *vs.* Inversiones Saloz, C. A., en la cual se afirma que es tan contrario a la buena fe obligar al acreedor a recibir una gran suma de dinero en efectivo como la obligación de usar solo efectivo cuando los usos del tráfico admiten otros medios. Además, el propio autor, citando a Inzitari, admite que si hay condiciones que hicieran excesivamente gravoso el cumplimiento de la obligación por parte del deudor, con un medio de pago mediante piezas monetarias, el deudor podría liberarse mediante instrumentos de pago alternativos. Ver: Rodner, *El dinero. Obligaciones de dinero y de valor...*, ob. cit., pp. 154 y 162.
740 No se trata de una técnica nueva. Ya en Italia la Ley 197 de julio de 1991 prohibía la transferencia entre particulares de dinero contante y en títulos al portador, cuando la suma fuera superior a 20 millones de liras. En Francia, la Ley 88-1149 de 23 de diciembre de 1988, también establecía la obligatoriedad de ciertos medios de pago, por razones de control fiscal. Se cita el ejemplo del pago de un alquiler, el cual debe ser computado dentro de los ingresos gravables del arrendador,

con cuyo sistema, los comerciantes no pueden rechazar el pago a través de cheques o transferencias cuando el monto sea superior a 250 euros y están obligados a recurrir a estos medios para el pago de cantidades superiores a 15.000 euros[741]. En Francia, el pasado 27 de junio de 2015, se promulgó el Decreto N.º 2015-741, de 24 de junio 2015 *pour l'application de l'article L. 112-6 du code monétaire et financier relatif à l'interdiction du paiement en espèces de certaines créances*[742], en el cual se reduce, a partir del 1 de septiembre del mismo año, el límite de pago en efectivo o por medio de dinero electrónico a 1.000 euros en lugar de 3.000 euros, en los casos en que el deudor tenga su residencia en Francia. Tal reducción viene a reforzar la lucha contra los circuitos financieros ilícitos que recurren a medios de pago anónimos.

Resulta necesario además destacar el caso de Suecia, «... *the most cash-free society on the planet*»[743]. En Suecia, incluso el diezmo de la iglesia y las limosnas dadas en la calle, se pagan a través de tarjetas u otros dispositivos[744]. Según reporta Euromonitor International[745], solo el 2 % de las transac-

---

       por lo que debe hacerse mediante cheque o transferencia, de manera que quede una prueba de tal pago. Referencias tomadas de Rodner, *El dinero. Obligaciones de dinero y de valor...*, ob. cit., pp. 154 y 156.
741 Referencias tomadas en: Wèry, *Paiements et monnaie électroniques...*, ob. cit., pp. 13-14, notas 10 y 11.
742 https://www.journal-officiel.gouv.fr/frameset.html (29.11.2016).
743 https://www.theguardian.com/world/2014/nov/11/welcome-sweden-electronic-money-not-so-funny (29.11.2016).
744 «Los feligreses pagan el diezmo por mensaje de texto; los puestos de venta callejera de los sin techo tienen posnet con tecnología móvil, y ni siquiera el museo de ABBA, santuario de la banda de los 70 que compuso el tema "*Money, Money, Money*", acepta billetes, por considerarlos muy del siglo pasado. Pocos lugares del mundo avanzan hacia un futuro sin dinero en efectivo con mayor velocidad que Suecia, que se ha vuelto adicta a la practicidad de pagar con tarjeta o apps». http://www.lanacion.com.ar/1857588-no-se-acepta-efectivo-suecia-deja-los-billetes-en-el-pasado (29.11.2016).
745 http://www.euromonitor.com/ (29.11.2016).

ciones se hace en efectivo, cuando en Estados Unidos se alcanza un 7,7 % y 10 % en la Eurozona. No obstante, diversas organizaciones apoyadas por el Banco Central Sueco –*Sveriges Riksbank*–, aunque admiten los beneficios de este cambio en la forma de hacer los pagos, también reconocen que algunos grupos sociales están experimentando problemas con el pago sin efectivo y, en su opinión, tal sector no puede quedar desprotegido[746]. Actualmente, solo el 50 % de los Bancos suecos trabajan sin efectivo, en ellos no es posible hacer depósitos ni retiros en efectivo. La propuesta del Banco Central es, al hacer la transposición de la Directiva 2015/2366, lo cual se espera que ocurra antes del 13 de enero de 2018, que todos los bancos estén obligados a hacer algunas operaciones en efectivo[747].

En América Latina destaca el caso de Uruguay, cuya Ley 19.210 sobre acceso de la población a servicios financieros y promoción del uso de medios de pago electrónicos, de 2014[748], establece ciertos casos en los que el deudor está obligado a satisfacer el derecho del acreedor a través de medios electrónicos. En efecto, la citada Ley refiere la necesidad de pagar a través de instrumentos electrónicos las remuneraciones y demás pagos que deban recibir los trabajadores (art. 10), los honorarios que deban ser pagados por servicios prestados por profesionales sin relación de dependencia (art. 12); el pago por pensiones jubilaciones y retiros (arts. 15 y 16), el de beneficios sociales, asignaciones familiares, complementos salariales, subsidios, indemnizaciones temporarias y rentas por incapacidades permanentes (art. 17) y el de prestaciones de alimentación (art. 19).

---

746 http://www.computerweekly.com/news/450280077/Swedens-central-bank-puts-break-on-cash-free-society (29.11.2016).
747 Ver: Segendorf, Björn and Anna-Lena Wretman, The Swedish payment market in transformation, en: *Sveriges Riksbank Economic Review*, 2015, N.º 3, 48 y ss. Disponible en: http://www.riksbank.se/Documents/Rapporter/POV/2015/2015_3/rap_pov_artikel_2_151120_eng.pdf (29.11.2016).
748 *Diario Oficial* N.º 28958, 09.05.2014. Texto disponible en: http://www.parlamento.gub.uy/leyes/AccesoTextoLey.asp?Ley=19210&Anchor (29.11.2016).

En Venezuela, por su parte, la Ley del Banco Central reconoce la función del dinero como medio de pago y admite la posibilidad de que las partes pacten un instrumento diferente, sin que aparezca como obligatorio un medio de pago determinado para situaciones concretas. Así, el artículo 116 de este instrumento legal establece que «Las monedas y billetes emitidos por el Banco Central de Venezuela tendrán poder liberatorio sin limitación alguna en el pago de cualquier obligación pública o privada, sin perjuicio de disposiciones especiales, de las leyes que prescriban pago de impuestos, contribuciones u obligaciones en determinada forma y del derecho de estipular modos especiales de pago».

Lo que suele suceder en la práctica, al menos en los casos en que el aceptante tiene el carácter de comerciante, es que este pone a disposición del cliente —que puede o no ser un consumidor— una serie de medios de pago entre los cuales este elegirá, y tal elección ha de ser aceptada por el comerciante, sin que pueda imponer comisiones o condiciones de cualquier forma más onerosas al medio de pago elegido por el consumidor. En tal sentido, el Considerando N.º 5 de la Directiva 2015/2366 reconoce que «El desarrollo continuado de un mercado único integrado de pagos electrónicos seguros es esencial para apoyar el crecimiento de la economía de la Unión y para garantizar que los consumidores (...) disfruten de posibilidades de elección y condiciones de transparencia en los servicios de pago de modo que puedan aprovechar plenamente las ventajas del mercado interior».

Aunque no existe una norma semejante en el sistema europeo, cuando el artículo 128,1 del Tratado de Funcionamiento de la Unión Europea reconoce el curso legal del euro, al afirmar que «... Los billetes emitidos por el Banco Central Europeo y los bancos centrales nacionales serán los únicos billetes de curso legal en la Unión», está reconociendo el poder del euro como medio de pago y así lo ha admitido la doctrina[749]. Este principio se acom-

---

749 Ver: Carreau, Dominique, Le système monétaire international privé (UEM et Euromarchés), en: *R. des C.*, 1998, Vol. 274, pp. 309 y ss., especialmente, pp. 346-348.

paña, además, de diversas recomendaciones, resoluciones y directivas, referidas a medios de pago en particular, lo cual refiere la aceptación jurídica de los sustitutos del dinero en efectivo. Destaca en este grupo de normas, a muchas de las cuales nos hemos referido a lo largo de este trabajo, la Directiva 2015/2366.

En Venezuela, la derogada Ley para la Defensa de las Personas en el Acceso a los Bienes y Servicios, consideraba expresamente como condiciones abusivas, «La aplicación injustificada de condiciones desiguales para proveer bienes o prestar un servicio en atención al medio de pago» (art. 16,2) y «El cobro a las personas de recargos o comisiones, cuando el medio de pago utilizado por este sea a través de tarjetas de crédito, débito, cheque, ticket o cupón de alimentación, tarjeta electrónica de alimentación o cualquier otro instrumento de pago» (art. 16,7).

Con la derogatoria de esta Ley desapareció, entre otras muchas cosas, la protección antes citada en materia de medios de pago. Para resolver un problema de discriminación basada en el instrumento de pago elegido, solo quedaría recurrir a la ya mencionada protección general para los casos de contratos de adhesión que sean desventajosos o lesionen los derechos o intereses de las personas, de acuerdo con el artículo 7,10 de la Ley Orgánica de Precios Justos, lesión que, como también hemos mencionado, se traduce en una multa que no beneficia directamente al consumidor (art. 47,8).

A pesar de la inadecuación de esta sanción para la protección de los derechos de los consumidores, la misma se impone también en caso de violación del derecho de las personas en el acceso a los bienes y servicios, a no recibir tratos discriminatorios por parte de los proveedores (art. 47,7). De esta norma podría deducirse la prohibición de discriminación en razón del medio de pago utilizado.

En todo caso, es importante considerar que cuando el dinero es sustituido por otro instrumento, de alguna manera la obligación pecuniaria se transforma, pues más que a un dar, el deudor se obliga a un hacer, es decir, a desplegar la conducta necesaria para transferir al acreedor un valor representativo de determinadas unidades de dinero disponible, idéntico cuantitativamente al monto pactado. Ese valor representativo de dinero constituye un monto en moneda de curso legal, así como un crédito a la vista libremente disponible en un banco, del cual el acreedor pueda disponer inmediatamente. Por ello se trataría, tal como afirmáramos en el capítulo II, de una obligación de hacer. Es decir, el pago ya no se verificaría con la entrega física de las especies, sino con la realización de los pasos necesarios para que se cree un crédito representativo de dinero en la cuenta correspondiente del acreedor, a través del uso de un determinado medio de pago[750].

Ahora bien, hemos de reiterar que la aceptación de un medio de pago determinado como mecanismo válido para extinguir las obligaciones pecuniarias, depende en buena medida del acuerdo de las partes y, en tal proceso de elección, estas han de considerar múltiples criterios[751], entre los cuales puede contarse, por ejemplo[752], la confianza y la buena fe, de

---

750 Rodner, *El dinero. Obligaciones de dinero y de valor...*, ob. cit., pp. 208-214.
751 Algunos autores hacen referencia, por ejemplo, a la confianza recíproca de las partes y su solvencia, la seguridad en el cobro, la agilidad y costos del medio elegido, y la situación económica y política del Estado del deudor (AA. VV., *Derecho del comercio internacional*, (Dir. C. Esplugues Mota), Valencia, Tirant Lo Blanch, 2012, p. 299). Sheppard, por su parte, estima que la elección de las partes atiende a la respuesta a las siguientes preguntas: ¿Cuál es el costo del medio de pago? ¿Es una operación *cara a cara* o a distancia? ¿Es una operación regular, periódica o de una sola ejecución? ¿Es urgente o no tener disponibilidad sobre los fondos? ¿Es de alto o de escaso valor? ¿Se trata de un pago local o a distancia? ¿Es doméstico o internacional? Sheppard, David, *Payment systems*, London, Centre for Central Banking Studies, Bank of England, Handbooks in Central Banking N.º 8, 1996, p. 13.
752 Seguiremos, en este punto, los ocho criterios expuestos en: Schreiber, Fernando, *Manual sobre los medios de pago utilizados en el comercio exterior*, Montevideo,

manera que si no hay confianza entre las partes, estas tenderán a buscar un medio de pago que garantice la simultaneidad en el cumplimiento de las respectivas prestaciones.

También influye en la elección, el poder de negociación del que dispongan y la posibilidad que pueda tener una de ellas para imponer el medio de pago a la otra, lo cual puede ocurrir, particularmente, en las relaciones de consumo. Es necesario, además, reparar en los hábitos del mercado, pues estos difieren de una plaza a otra; las necesidades de financiamiento y los requerimientos exigibles a las mercaderías –o servicios, debemos añadir– o a los documentos para la realización del pago, también inciden en la elección. Igualmente, ha de considerarse el nivel de riesgo que las partes estén dispuestas a asumir –de manera que a mayor flexibilidad mayor riesgo y viceversa–; los costos del medio de pago –los cuales se relacionan directamente con su nivel de sofisticación–, y, finalmente, la agilidad de la tramitación –directamente asociada a la velocidad del cobro.

A estos criterios debe añadirse el hecho de que, en el comercio internacional, las operaciones suelen entrañar más riesgos para las partes, que en el comercio doméstico, lo cual explica que se usen fórmulas de pago diferentes y que las transacciones dependan siempre de las garantías que el comprador ofrezca al vendedor y viceversa. Así, considerando el grado de desconocimiento que pueda existir entre las partes y la estabilidad política del Estado del comprador, la práctica internacional ha diseñado una serie de instrumentos de pago en cuya virtud se logra asegurar el compromiso de pago contraído entre las partes, de manera que cada medio de pago posee características especiales que permiten elegir el más adecuado, conforme a las vicisitudes del comercio internacional[753].

Comisión Sectorial de Educación Permanente, Universidad de la República, 2010, pp. 17-19.
753 En tal sentido: Fernández Rozas, José Carlos, *Ius Mercatorum. Autorregulación y unificación del Derecho de los negocios transnacionales*, Madrid, Colegios

Es importante tener en cuenta que, al momento de la elección del medio de pago, suelen enfrentarse los intereses contrapuestos de las partes, de manera que para el vendedor, el pago anticipado resulta preferible, pues este cumplirá con su prestación solo cuando el adquirente haya pagado el precio pactado en el contrato, transmitiendo así el riesgo económico de un eventual incumplimiento. Por su parte, el comprador preferirá, desde luego, el pago posterior, pues de esta manera el riesgo recaerá sobre el vendedor[754].

Ahora bien, la libertad de las partes de elegir un medio de pago determinado para la satisfacción de sus intereses, puede estar limitada por el ordenamiento jurídico, pues históricamente se ha entendido que la legislación de cada Estado determina cuáles categorías de objetos serán consideradas como medios de pago[755] y cada Estado, de hecho, lo hace. Así, al tratarse de una obligación pecuniaria de carácter internacional, conviene tener particularmente en cuenta lo que al respecto disponga el Derecho del lugar en el cual el pago debe efectuarse. Veamos.

2. Consideración del Derecho del lugar de cumplimiento de la obligación

Ya en el capítulo I destacamos la importancia del Derecho del lugar de pago para, por ejemplo, determinar la moneda en la cual el pago ha de realizarse, para calificar una determinada moneda como extranjera y para la determinación del régimen cambiario aplicable. En este capítulo volvemos

---

Notariales de España, 2003, p. 263. El autor se refiere, por ejemplo, a la situación política y económica del Estado en el que se efectúa la venta, la agilidad de los flujos en la transacción, la solvencia del comprador y la eventual confianza existente entre las partes.
754 Galgano, Francesco e Fabrizio Marrella, *Diritto del Commercio Internazionale*, Padova, CEDAM, 3.ª ed. interamente riveduta ed aggiornata, 2011, p. 547.
755 Ver: Lemkin, Raphael, *La réglementation des paiements internationaux. Traité de Droit comparé sur les devises. Le clearing et les accords de paiements. Les conflits des lois*, París, A. Pédone, 1939, p. 2.

a ese criterio para establecer, esta vez, la validez o la admisibilidad de un determinado instrumento como medio de pago.

Aunque la aplicación del Derecho del lugar de pago ha sido la solución mayoritariamente aceptada en el Derecho comparado, la consideración de su relación con la autonomía de las partes varía en los diversos instrumentos normativos. Por ejemplo, en el marco de los Principios Unidroit, la elección de las partes parece estar limitada a los medios de pago admitidos por el Derecho del lugar de pago. Así, de conformidad con el artículo 6,1,7, «El pago puede efectuarse en cualquier forma utilizada en el curso ordinario de los negocios en el lugar del pago».

En efecto, en el comentario correspondiente, se admite que el deudor pueda pagar con cheque, letra de cambio, carta de crédito o cualquier otra forma, incluidos los medios electrónicos de pago, con la condición de que el elegido sea un medio aceptado y utilizado en el lugar de pago, que es normalmente donde el acreedor tiene su establecimiento. En principio, el acreedor debería estar satisfecho de recibir el pago en una forma habitual en el lugar de su establecimiento[756].

Por su parte, el artículo 124 del Propuesta de Reglamento del Parlamento Europeo y del Consejo relativo a una normativa común de compraventa europea[757], vuelve a referirse al criterio analizado, aunque de manera diferente. De acuerdo con la norma citada, «El pago se efectuará por los medios indicados en las cláusulas del contrato o, a falta de tales indicaciones, por

---

756 En el ejemplo incluido en los comentarios, se hace referencia a A, un importador de Luxemburgo, que recibe una factura por mercancías compradas a B, sociedad situada en América Central y envía un Eurocheque en pago. B puede rehusar este modo de pago si los bancos en su país no están habituados a los eurocheques. Ver: Unidroit, *Principios Unidroit...*, ob. cit., p. 196.
757 http://eur-lex.europa.eu/LexUriServ/LexUriServ.do?uri=COM:2011:0635:FIN:es:PDF (29.11.2016).

cualquiera de los medios habituales en el comercio en el lugar del pago, habida cuenta de la naturaleza de la transacción».

A diferencia de los Principios UNIDROIT, el Derecho del lugar de pago no funciona en esta norma para limitar la posibilidad de elección de las partes, sino que, luego de reforzar precisamente su poder vinculante –al reconocer la validez de los medios de pago elegidos por ellas–, el Derecho del lugar de pago tiene más bien una función supletoria del silencio de las mismas, de manera que, si ambas están de acuerdo, podría pactarse un medio de pago diferente de aquellos reconocidos por ese ordenamiento jurídico.

Ahora bien, ni la normativa europea sobre compraventa con la expresión «... medios habituales en el comercio en el lugar del pago, habida cuenta de la naturaleza de la transacción», ni los Principios UNIDROIT con su referencia a la «... forma utilizada en el curso ordinario de los negocios en el lugar del pago», señalan una específica fuente normativa en el lugar de pago como legitimada para reconocer el medio a través del cual se ejecutará la obligación. En tal sentido, Dannemann estima discutible que las costumbres locales puedan ser un punto de referencia adecuado para determinar la forma de un pago internacional, aunque reconoce que estas son útiles para determinar cuan gravoso puede ser un medio de pago para su receptor[758].

En nuestra opinión, por el contrario, la referencia a los medios aceptados en el lugar de pago debe necesariamente incluir a aquellos que son producto de la práctica comercial, pues, aunque pueda discutirse el valor de la costumbre en los diversos sistemas[759], las necesidades del comercio marcan la pauta en esta materia, determinando el surgimiento y auge de medios

---

758 Dannemann, Gerhard, Article 124. Means of payment, en: *Common European Sales Law (CESL), Commentary* (R. Schulze, ed.), München, Portland, Baden-Baden, C.H. Beck, Hart, Nomos, 2012, pp. 537 y ss., especialmente, p. 540.
759 Ver, respecto del caso venezolano: Madrid Martínez, Claudia y José Rafael Bermúdez, Usos y costumbres: más allá del arbitraje y la *Lex mercatoria*, en: *Libro*

de pago al margen de las legislaciones estatales. El crédito documentario y, más recientemente el dinero electrónico, así lo comprueban. De hecho, los distintos ordenamientos jurídicos no están haciendo más que tratar de adaptarse a las nuevas realidades. Además, las normas comentadas se refieren a la aceptación de los diversos medios de pago en el curso del comercio, sin limitarse a una referencia al Derecho positivo.

Ahora bien, aunque tal como hemos reconocido, la aplicación del Derecho del lugar de pago parece ser una solución generalmente aceptada, hay sistemas que prescinden de toda referencia a la misma. Es el caso, por ejemplo, de los Principios de Derecho Europeo de los Contratos y del Marco Común de Referencia. Ambos instrumentos hacen abstracción de toda mención al Derecho del lugar de pago, inclinándose hacia un criterio mucho más flexible, relacionado directamente con el tráfico comercial, pero que, a través de la interpretación, puede conducir a la consideración del criterio en estudio.

En efecto, de acuerdo con el artículo 7:107(1) de los Principios europeos, «Una deuda de dinero puede pagarse por cualquiera de los medios de pago habituales en el comercio», con lo cual, en principio, las posibilidades no estarían limitadas a aquellos aceptados en el lugar de cumplimiento de la obligación, sino que se trata, de manera general, de una referencia a los usos del tráfico. No obstante, al comentar esta norma, Díez-Picazo, Roca Trías y Morales admiten que son el tipo de negocio y el lugar de pago los criterios que permiten identificar los usos relevantes y proteger al acreedor frente a «... determinados medios sorpresivos que pudiera elegir el deudor...», como, por ejemplo, pagar una suma de dinero importante en monedas de baja denominación[760].

Homenaje al profesor Alfredo Morles Hernández, (Coords. A. Uzcátegui y J. Rodríguez), Caracas, UCAB, Universidad de Los Andes, Universidad Monteávila, UCV, ACPS, 2012, Vol. I, pp. 285 y ss.

760 Díez-Picazo, Roca Trías y Morales, *Los principios del Derecho europeo de los contratos...*, ob. cit., p. 309.

De manera similar, el Marco Común de Referencia dispone, en su artículo III – 2:108, que «*(1) Payment of money due may be made by any method used in the ordinary course of business*». Así, con una referencia general a los métodos utilizados en el curso ordinario de los negocios, la norma no establece vinculación alguna con un ordenamiento jurídico determinado.

En los comentarios preparados por el *Study Group on a European Civil Code* y el *Research Group on EC Private Law (Acquis Group)*[761], se afirma, que de conformidad con esta norma, el pago puede ser hecho por cualquier medio distinto a la moneda de curso legal. Así, se considera que «*... It is in the general interest of business to allow payment to be made in any manner which is currently being used and is easy, quick and reliable*». Por tal razón, el deudor no estaría obligado a pagar exclusivamente en moneda de curso legal y el acreedor estaría obligado a aceptar el medio de pago elegido por el deudor, siempre que sea admitido por el curso ordinario de los negocios. En tal sentido, los comentaristas vuelven al ejemplo de una deuda de una cantidad considerable que intenta ser pagada con monedas de baja denominación.

A pesar de que, como hemos afirmado *supra*, la norma hace caso omiso de toda mención al Derecho del lugar de pago, al referirse al «*... ordinary course of business...*», los comentaristas afirman que la determinación de lo que es ordinario en el curso de los negocios depende de la naturaleza de la operación en cuestión y de los usos que prevalecen en el lugar de pago, con lo cual el acreedor no tendría el derecho de demandar o rechazar, unilateralmente, un determinado medio de pago. Esta interpretación coincide con la dada a los Principios europeos, en el sentido de reconocer cierta relevancia, a pesar de la omisión, al Derecho del lugar del pago.

---

761 Study Group on a European Civil Code and Research Group on EC Private Law (Acquis Group), *Principles. Definitions and model rules of European Private Law. Draft Common Frame of Reference (DCFR)*, (C. von Bar y E. Clive, eds.), München, Sellier European Law Publishers, 2009, Vol. I, pp. 744-745.

Finalmente, hemos de tener en cuenta un dato muy importante. Sea que la norma se refiera a él expresamente, tal como ocurre con los Principios UNIDROIT y con las normas europeas sobre compraventa, sea que resulte considerado como un criterio de interpretación, como ocurre en el caso de los Principios de Derecho Europeo de los Contratos y el Marco Común de Referencia, el Derecho del lugar de pago resulta fundamental para la determinación de la admisibilidad de los diversos medios de pago. Sin embargo, la calificación de lo que ha de entenderse por tal puede ser ciertamente complicada, máxime en materia de medios electrónicos de pago.

En efecto, con la evolución en las formas de pago de las obligaciones pecuniarias, la doctrina empezó a distinguir entre el momento de pago y el momento de cumplimiento, entendiendo por el primero aquel en el cual el deudor ha cumplido todos los pasos necesarios para cumplir su obligación, y como momento de cumplimiento aquel en el que el crédito del acreedor queda satisfecho, momento este último en el cual se extingue la obligación y se libera al deudor[762]. Tal planteamiento podría trasladarse del plano temporal al espacial, pues puede ocurrir que el deudor emita una orden de pago en un Estado para que este se haga efectivo en otro, con lo cual surge la pregunta acerca de cuál de los dos ordenamientos jurídicos deberá determinar la admisibilidad del medio de pago utilizado.

En este caso, nosotros nos inclinamos por una aplicación particular del criterio de la agrupación de contactos. Así, si consideramos que la satisfacción del acreedor y la efectiva liberación del deudor se producen cuando el acreedor tiene la disponibilidad del dinero, hemos de preferir el lugar donde tales eventos se producen, es decir, el lugar de cumplimiento, para usar la terminología antes citada.

---

762 Ver: Rodner, James Otis, *El dinero, la inflación y las deudas de valor*, Caracas, Edit. Arte, 1995, pp. 193-202. Ver también: Rodner, *El dinero. Obligaciones de dinero y de valor...*, ob. cit., pp. 208-214.

B. Problemas de Derecho aplicable en relación con la dinámica de los medios electrónicos de pago

La determinación del Derecho aplicable al cumplimiento de una obligación pecuniaria a través de un medio de pago electrónico pasa, necesariamente, por analizar las diversas relaciones jurídicas que giran en torno al pago y a las que hemos hecho referencia en el capítulo II. Además, hemos de tener en cuenta que algunas de esas relaciones pueden tener carácter internacional, o no, y que cada una puede estar sometida a un Derecho diferente. Así, en primer lugar, está el contrato marco –para usar los términos de la Directiva 2015/2366– el cual, a su vez, entraña dos relaciones, el contrato de afiliación y el contrato de aceptación; luego está el contrato del cual nace la obligación de pagar una determinada cantidad de dinero, y, entre ambos, la operación de pago propiamente tal. Algunas de estas relaciones pueden ser calificadas como de consumo, con las consecuencias que de tal calificación se derivan y, además, puede ocurrir que alguna de ellas se celebrase a través de medios electrónicos.

Pero a pesar de tratarse de relaciones distintas, todas están unidas por un elemento común: la realización de un pago. En efecto, cuando el titular realiza un pago a través de su cuenta en PayPal, por ejemplo, la transferencia de un valor que se produce como consecuencia de tal acto, representa, al menos, el cumplimiento del contrato entre el titular de la cuenta y PayPal y el cumplimiento de la obligación existente entre el titular de la cuenta y su acreedor. Este elemento común entre las relaciones que rodean la realización de un pago a través de un instrumento electrónico, nos obliga a considerar su calificación como contratos conexos, con la consiguiente complicación a la hora de determinar su régimen aplicable.

Esta realidad no ha sido expresamente atendida por el Derecho internacional privado, de manera que, tal como hemos adelantado, es necesario recurrir a las reglas generales en materia de Derecho aplicable a los contratos, sobre las cuales haremos de seguidas una breve referencia, para luego analizar su adecuación a cada una de las relaciones antes descritas.

1. Derecho aplicable al contrato
   a. Relaciones paritarias o *Business to Business* (B2B)
      a.1. Reconocimiento de la autonomía de las partes

La conexión que determina el Derecho aplicable a los contratos internacionales ha variado a través de la evolución del Derecho internacional privado[763]. Sin embargo, hoy día puede sostenerse, y así lo ha aceptado la más moderna codificación en la materia, que el campo de las relaciones contractuales constituye el dominio por excelencia de la autonomía de las partes, es decir, los contratantes pueden libremente elegir el Derecho que será aplicado a sus obligaciones convencionales[764]. Tal facultad —entendida como el derecho subjetivo de que disponen los contratantes para elegir el Derecho aplicable al contrato en el que participan y que no es

---

[763] Ver: Romero, El Derecho aplicable al contrato internacional..., ob. cit., pp. 217 y ss.; Dos Santos, *Contratos internacionales*..., ob. cit., pp. 19 y ss.; Hernández-Bretón, Eugenio, Admisión del principio de autonomía de la voluntad de las partes en materia contractual internacional: Ensayo de Derecho internacional privado, en: *RFCJPUCV*, 1988, N.º 71, pp. 378 y ss.; del mismo autor: Contratación internacional y autonomía de las partes: Anotaciones comparativas, en: *Revista de la Procuraduría General de la República*, 1995, N.º 12, pp. 18 y ss.; Maekelt, Tatiana, La flexibilización del contrato internacional en la Convención Interamericana sobre Derecho Aplicable a los Contratos Internacionales. en: *Dimensão Internacional do Direito. Estudos em Homenagem a G. E. do Nascimento e Silva*, (P. Borba Casella, Coord.), Sao Paulo, LTR, 2000, pp. 265 y ss.

[764] Como antecedente más remoto de esta solución se reconoce la decisión tomada por la justicia inglesa en el caso Robinson c. Bland, 1760 (1 W. BL. 257, pp. 258-259). Lando llega incluso a calificar a la autonomía de la voluntad de las partes como un principio general del Derecho reconocido por las naciones civilizadas (Lando, Ole, The conflict of laws of contracts: general principles (general course on private international law), en: *R. des C.*, 1984 VI, T. 189, pp. 225 y ss., especialmente p. 284).

más que una emanación de la libertad contractual[765]– está generalmente acompañada por un criterio subsidiario de naturaleza flexible: el principio de proximidad, noción que se traduce en la aplicación del Derecho con el cual el contrato se encuentre más estrechamente vinculado[766].

La seguridad jurídica, en el sentido de que las partes puedan saber, *a priori*, el Derecho al que deberán adecuar su conducta[767], la garantía de sus intereses materiales[768], e incluso la disminución de los llamados «costes conflictuales»[769], justifican la aceptación del principio de la autonomía conflictual en materia contractual. De manera que la ceguera de que se

---

765 Así lo estima Mansel, Heinz-Peter, Parteiautonomie, Rechtsgeschäftslehre der Rechtwahl und allgemeinen Teil des europäische Kollisionsrechts, en: *Brauchen wir eine Rom-0-Verordnung? Überlegungen zu einem allgemeinen Teil des europäischen IPR* (S. Leible / H. Unberath, Hrsg.), Jena, JWV Jenaer Wissenschaftliche Verlagsgesellschaft, 2013, pp. 241 y ss., especialmente p. 256.

766 Ver, de manera general: Lagarde, Paul, Cours génerále de Droit international privé, en: *R. des C.*, 1986 I, T. 196, pp. 9 y ss. En la actualidad puede apreciarse una notable tendencia al abandono de las conexiones rígidas y a «… colocar la autonomía de la voluntad de las partes, manifestada en forma expresa o tácita, como primera fuente para determinarlo –el Derecho aplicable al contrato– y, a falta de elección, aplicar el principio de proximidad, esto es, regular el contrato de acuerdo con aquel Derecho con el cual tenga conexión más estrecha». Ver: Maekelt, La flexibilización del contrato internacional…, ob. cit., p. 272.

767 Vischer, Frank, The antagonism between legal security and the search for justice in the field of contracts, en: *R. des C.*, 1974 II, T. 142, pp. 1 y ss., especialmente p. 37.

768 Las partes están legitimadas para determinar el Derecho más conveniente a sus intereses, lo cual contribuye, indirectamente, con la satisfacción de los intereses del tráfico comercial. Ver: Lando, The conflict of Laws of contracts…, ob. cit., p. 285.

769 «… las partes están "mejor posicionadas" que el juez para decidir qué Ley estatal les comporta menores costes conflictuales. El juez no debe sustituir a los particulares cuando éstos pueden decidir por sí mismos, por un sencillo motivo. El juez no cuenta, *a priori*, con los datos subjetivos particulares, propios de concretos sujetos individuales, y no generalizables, que le permiten valorar cuál es la Ley que comporta costes menores para dicha persona». Ver: Carrascosa González, Javier, La autonomía de la voluntad conflictual y la mano invisible en la contratación internacional, en: *Diario La Ley*, 27 Abr. 2012, N.º 7847, Sección Tribuna, Año XXXIII, Edit. LA LEY. Disponible en: http://www.laley.es/Content/Documento.

acusa al método conflictual clásico quedaría corregida, de cierta manera, con la aceptación de la posibilidad de que sean las propias partes quienes designen el Derecho aplicable a sus relaciones.

Sin embargo, ha de admitirse que, aunque el principio de autonomía conflictual es eficiente en el sentido que permite una determinación del Derecho aplicable que incremente el bienestar general de las partes, esta eficiencia no parece afectar la práctica común. Así lo entiende Basedow, para quien a pesar de esta facultad reconocida a las partes y de las recomendaciones que estas puedan recibir, ellas «... *invariably make use of party autonomy in order to impose their own national law as the applicable law of the contract*». Esto se debe –de acuerdo al propio autor– a que los costos de un estudio comparativo de los distintos ordenamientos jurídicos para elegir el que regirá el contrato son excesivos. Este resultado también tiene que ver con la intervención de los abogados de las partes, que son quienes en definitiva negocian los contratos y sus cláusulas de elección del Derecho aplicable. En efecto, aunque la asesoría sobre un Derecho extranjero puede generarles más ingresos, también corren el riesgo de perder su participación en el negocio, frente abogados extranjeros, por lo que suelen recomendar la elección de su propio Derecho. Basedow también reconoce que la mayor función de la autonomía conflictual es psicológica: «... *it conveys the impression that parties can determine themselves the legal framework of their contractual relation*». Además, cuando las partes tienen establecimientos en Estados diferentes, la autonomía conflictual les permite elegir un Derecho neutral[770].

    aspx?params=H4sIAAAAAAAEAO29B2AcSZYlJi9tynt/SvVK1+B0oQiAYBM k2JBAEOzBiM3mkuwdaUcjKasqgcplVmVdZhZAzO2dvPfee++999577733uj udTif33/8/XGZkAWz2zkkrayZ4hgKrIHz9+fB8/IorZ7LOnb3bo2T3Y290/+IW Xed0U1fKzvZ3dvZ393V18UJxfP62mb65X+WfnWdnkvzCfVNXXb4L3f37T7/ fwAhP2lHUQAAAA==WKE (29.11.2016).

770 Basedow, Jürgen, *Lex mercatoria* and the Private International Law of the contracts in economic perspective, en: *An economic analysis of Private International Law* (J. Basedow and T. Kono, eds.), Tübingen, Mohr Siebeck, 2006, pp. 57 y ss., especialmente, pp. 66-67.

Ahora bien, la principal referencia del Derecho comparado al respecto es el Reglamento Roma I. En efecto, de conformidad con su Considerando N.º 11, «La libertad de las partes de elegir la ley aplicable debe constituir una de las claves del sistema de normas de conflicto de leyes en materia de obligaciones contractuales»[771]. Este lineamiento se refleja directamente en el artículo 3,1 de este instrumento, norma de conformidad con la cual, «El contrato se regirá por la Ley elegida por las partes».

En el marco del propio Reglamento, la elección del Derecho aplicable puede ser expresa o tácita. Esta última debe resultar de manera inequívoca de los términos del contrato o de las circunstancias del caso, entre las cuales, según veremos *infra*, destaca la elección de un tribunal. La elección hecha por las partes puede incluso cambiar, siempre que la validez formal del contrato y los derechos de terceros no se vean vulnerados (art. 3,2). Además, la propia norma admite el *dépeçage* voluntario.

Más recientemente, hemos de mencionar el reconocimiento de la libertad de elección del Derecho aplicable en los Principios de La Haya sobre elección del Derecho aplicable en materia de contratos comerciales internacionales[772], cuyo artículo 2 dispone que el contrato sea regido por el Derecho elegido por las partes. En tal sentido, la propia norma, de manera similar

---

771 La importancia de la voluntad de las partes también ha sido reconocida por la doctrina europea. Así, Mankowski, quien se hace eco de las opiniones de Radicati di Brozolo, Wouters y Leible, ha afirmado que *«Parteiautonomie ist fundamental für eine liberal organisierte Wirtschaftordnung und auch für einen liberal organisierten Binnenmarkt»*. Ver: Mankowski, Peter, Die Rom-I Verordnung – Änderungen im europäischen IPR für Schuldverträge, en: *IHR*, 4/2008, pp. 133 y ss., especialmente p. 134.
772 Aprobados el 19 de marzo de 2015. Versión en español https://assets.hcch.net/docs/21356f80-f371-4769-af20-a5e70646554b.pdf (29.11.2016). Ver comentario en: https://cartasblogatorias.com/2016/09/20/conferencia-la-haya-principios-la-eleccion-del-derecho-aplicable-materia-contratos-comerciales-internacionales/ (29.11.2016).

a como lo hace el Reglamento Roma I, dispone que las partes podrán elegir el Derecho aplicable a todo el contrato o a una parte de él o diferentes Derechos para las diferentes partes del mismo –con lo cual consagra el *dépeçage* voluntario. La norma también admite la modificación de la elección hecha por las partes, sin que con ello pueda vulnerarse la validez formal del contrato o los derechos de terceros.

Finalmente, los Principios de La Haya, en la norma citada, añaden una regla que aunque no ha sido reconocida de manera expresa por la codificación europea o interamericana, sí ha sido aceptada por la doctrina en la interpretación de los textos correspondientes. Nos referimos a la posibilidad de elegir un Derecho que no tenga vinculación alguna con el contrato[773]. Así, el artículo 2,4 de estos Principios dispone que «No se requiere vínculo alguno entre el Derecho elegido y las partes o su operación».

Recientemente, fue promulgada en Paraguay la Ley sobre el Derecho Aplicable a los Contratos Internacionales[774], normativa inspirada, precisamente, en los Principios de La Haya, razón, por la cual reproducimos, en relación con este instrumento, los comentarios hechos a los mencionados Principios de La Haya.

Dentro de la más reciente codificación interamericana, tampoco debemos dejar de mencionar, en primer lugar, la solución contenida en Ley que

---

773 Kegel y Schurig hacen referencia a la posibilidad de elección de un Derecho neutral, es decir, un Derecho con el cual el contrato no tenga ninguna vinculación. Ver: Kegel y Schurig, *Internationales Privatrecht...*, ob. cit., p. 653. En el caso venezolano, así lo han afirmado: Romero, El Derecho aplicable al contrato internacional..., ob. cit., p. 251; Dos Santos, *Contratos internacionales...*, ob. cit., pp. 99-100; Giral Pimentel, *El contrato internacional...*, ob. cit., p. 176; Hernández-Bretón, *Mestizaje cultural de los países de la América Latina...*, ob. cit., p. 85.
774 https://cartasblogatorias.com/2015/01/19/paraguay-promulgada-ley-no-5-393-sobre-derecho-aplicable-los-contratos-internacionales/ (29.11.2016).

adopta el Código de Derecho internacional privado de la República de Panamá[775]. Este instrumento, luego de aceptar que las partes pueden elegir el Derecho aplicable al contrato (art. 74) y que pueden elegir incluso varios ordenamientos para regir un solo contrato (art. 75), dispone que «El derecho aplicable debe guardar una relación con la economía de la transacción o derivarse de una ley conocida por los contratantes» (art. 75 *in fine*), con lo cual, en lo que consideramos un retroceso en relación con la codificación interamericana, se introduce un nuevo límite a la autonomía de las partes. Llama en todo caso la atención, la referencia de la norma citada a la «economía del contrato». A tal expresión volveremos *infra*.

También hemos de mencionar la Ley Modelo OHADAC sobre Derecho internacional privado[776], cuyo artículo 45 reconoce un amplio poder a la autonomía de las partes, con una redacción bastante cercana a la de la Convención Interamericana sobre Derecho Aplicable a los Contratos Internacionales. Lo mismo puede decirse de la solución contenida en los artículos 58 a 60 de la Ley de Derecho internacional privado de la República Dominicana[777].

Finalmente, conviene mencionar el caso del reciente Código Civil y Comercial de la Nación argentina[778], cuyo artículo 2651 reconoce la autonomía conflictual como regla general, la cual puede ser manifestada de forma expresa o resultar «… de manera cierta y evidente de los términos del contrato

---

775 *Gaceta Oficial Digital*, N.º 27530, 8.05.2014.
776 Su texto puede verse en: Fernández Rozas, José Carlos (Coord.), *Armonización del Derecho internacional privado en el Caribe. L'harmonisation du Droit international privé dans le Caraïbe. Harmonization of private international law in the Caribbean / Trabajos preparatorios y Proyecto de Ley Modelo OHADAC de Derecho Internacional Privado de 2014*, Madrid, Iprolex, 2015, pp. 383 y ss.
777 Ley N.º 544-14, *Gaceta Oficial de la República Dominicana*, 18 de diciembre de 2014, p. 20. Ver texto en: http://www.finjus.org.do/pdf/Ley%20544-14.pdf (29.11.2016).
778 http://www.infoleg.gob.ar/infolegInternet/anexos/235000-239999/235975/norma.htm (18.09.2015).

o de las circunstancias del caso». La norma admite además el *dépeçage* voluntario y la elección o su cambio en cualquier momento, siempre que no se vulnere la validez formal del contrato ni los derechos de los terceros.

Ahora bien, en esta misma línea, tanto la Convención Interamericana como la Ley venezolana de Derecho Internacional Privado conceden a la autonomía de las partes un papel preponderante en la determinación del Derecho aplicable a las relaciones contractuales[779]. La primera dispone, en su artículo 7, que «El contrato se rige por el Derecho elegido por las partes». El artículo 29 de la Ley, por su parte, establece que «Las obligaciones convencionales se rigen por el Derecho indicado por las partes».

---

[779] Incluso el Código Bustamante –que luego de regular diversos aspectos de la relación contractual dispone, en su regla residual, la aplicación de la Ley personal común y, en su defecto, de la Ley del lugar de celebración (art. 186)– da cabida, aunque no muy claramente, a la autonomía de las partes. Así, al referirse en el artículo 184 a la interpretación de los contratos, admite, de manera «... tímida e inexplicable...», la aplicación de la Ley tácitamente elegida por las partes (Romero, El Derecho aplicable al contrato internacional..., ob. cit., p. 243). Sánchez de Bustamante estima que, en materia contractual, «... debe prevalecer el criterio de la autonomía de la voluntad...», a través de cuyo uso las partes pueden «... señalar expresa, tácita o presuntamente las reglas a que ha de obedecer su interpretación» (Sánchez de Bustamante y Sirven, Antonio, *Derecho internacional privado*, La Habana, Cultural, S.A., 3.ª ed., 1947, T. II, pp. 188 y 196-197). Aunque algunos autores se muestran favorables a esta interpretación (López Herrera, Francisco, El contrato en el Derecho internacional privado, en: *RFDUCV*, 1954, N.º 1, pp. 87 y ss., especialmente p. 97; Dos Santos, *Contratos internacionales...*, ob. cit., pp. 83-85), Hernández-Bretón estima que tal norma se refiere más a una especie de autonomía privada material, que a la autonomía conflictual (Hernández-Bretón, Contratación internacional y autonomía de las partes..., ob. cit., p. 76). También al regular los contratos de adhesión, el convenio comentado hace referencia a la autonomía de las partes. De conformidad con el artículo 185, «... en los contratos de adhesión se presume aceptada, a falta de voluntad expresa o tácita, la Ley del que los ofrece o prepara». Según expone Romero, esta norma no consagra la autonomía presunta de las partes en su sentido clásico de presunción *hominis*, sino más bien como una presunción *iuris*, limitando la posibilidad de apreciación del juez (Romero, El Derecho aplicable al contrato internacional..., ob. cit. p. 243).

A partir de estas normas[780], ha de admitirse que la autonomía de las partes goza de un amplio marco de actuación, pues no se exige contacto alguno con el sistema elegido; tampoco se limita temporalmente la elección, en el sentido de que la misma puede producirse antes, durante o después de la celebración del contrato, incluso, a salvo la validez formal del mismo y los derechos de terceros, la elección original puede cambiar durante la vida del contrato (art. 8 CIDACI). Además, las partes pueden elegir un ordenamiento jurídico para cada parte de su relación o elegir un Derecho solo para una parte del mismo, pues se admite el *dépeçage* voluntario (art. 7 CIDACI)[781]. Esta solución, en definitiva, potencia el desarrollo del comercio internacional al reducir la incertidumbre en la regulación de las relaciones contractuales[782].

---

780 Según se reconoce en la exposición de motivos de la Ley, «... particularmente en el caso de las obligaciones convencionales (artículo 29) se ha procurado resumir en un conjunto de preceptos las orientaciones más relevantes de la Convención Interamericana sobre Derecho Aplicable a los Contratos Internacionales, ratificada por Venezuela en 1995, la más autorizada doctrina, y las necesidades de una de las instituciones de más delicadas repercusiones prácticas en el comercio jurídico internacional». Así, la doctrina ha admitido la interpretación de las normas correspondientes de la Ley, a la luz de los principios que inspiran la Convención. Ver: Romero, El Derecho aplicable al contrato internacional..., ob. cit., p. 248; Giral Pimentel, *El contrato internacional...*, ob. cit., p. 217; Hernández-Bretón, Propuesta de actualización de los sistemas latinoamericanos..., ob. cit., pp. 25. En tal sentido, Hernández Bretón reconoce expresamente que «... la CIDACI es un elemento indispensable para poder interpretar y aplicar las soluciones de la LDIP (...) Las soluciones de la CIDACI complementan y desarrollan las soluciones incorporadas expresamente en la legislación nacional como principios generalmente aceptados de Derecho internacional privado a tenor de lo dispuesto en el artículo 1 de la LDIP». Hernández-Bretón, Eugenio, *Mestizaje cultural de los países de la América Latina...*, ob. cit., p. 104.

781 De tal manera, «... resulta indispensable que la elección del Derecho sea lógicamente consistente, que se refiera a elementos del contrato que puedan estar sometidos a distintos Derechos sin causar contradicciones». Ver: Hernández-Bretón, *Mestizaje cultural de los países de la América Latina...*, ob. cit., pp. 86-87.

782 En sentido similar, Hernández-Bretón, Propuesta de actualización de los sistemas latinoamericanos..., ob. cit., p. 21.

Sin embargo, esta solución plantea algunas interrogantes en relación con la posibilidad de «congelar» el Derecho elegido, en el sentido de que este se aplique tal y como era para el momento de la elección, independientemente de que haya cambiado para el momento de su aplicación. Nos referimos así a las llamadas «cláusulas de congelación» o *freezing provisions*. La doctrina venezolana ha afirmado que estas estipulaciones constituyen más un ejercicio de la autonomía de la voluntad que de la autonomía de las partes[783], pues el Derecho así elegido equivaldría a una cláusula incorporada al contrato cuyo valor dependerá del ordenamiento jurídico determinado como competente a falta de elección[784].

Bien, ya antes de la Convención Interamericana y de la Ley, la jurisprudencia venezolana había aceptado, sobre la base del artículo 116 del Código de Comercio, que las partes pudiesen elegir el Derecho aplicable al contrato. En efecto, en una sentencia dictada por el Tribunal Segundo de Primera Instancia en lo Mercantil de la Circunscripción Judicial del Distrito Federal y del Estado Miranda, en fecha 12 de marzo de 1970[785], el juez, aplicando por vía analógica la norma citada –«Todos los actos concernientes a la ejecución de los contratos mercantiles celebrados en país extranjero y cumplideros en Venezuela, serán regidos por la Ley venezolana, a menos que las partes hubieran acordado otra cosa»– extendió su aplicación a todos los supuestos de contratos internacionales.

---

783 Así lo asume el Instituto de Derecho Internacional al disponer, en el artículo 8 de la Resolución de Bâle, de 1991, que «*Si les parties conviennent que la loi choisie doit être entendue comme celle en vigueur au moment de la conclusion du contrat, ses dispositions seront appliquées comme clauses matérielles incorporées dans le contrat ; si, toutefois, cette loi a été modifiée ou abrogée par des règles qui entendent impérativement régir les contrats en cours, ces règles doivent être appliquées*».

784 Ver: Romero, El Derecho aplicable al contrato internacional..., ob. cit., p. 259; Hernández-Bretón, Propuesta de actualización de los sistemas latinoamericanos..., ob. cit., p. 22.

785 Juzgado segundo de Primera Instancia en lo Mercantil de la Circunscripción Judicial del Distrito Federal y el Estado Miranda, Sentencia N.° 56-1, 12/03/1970, en: *Jurisprudencia Ramírez & Garay*, 1970, T. XVIII, pp. 96 y ss.

En tal sentido, el juzgador afirmó que «Resulta consecuencia indubitable del anterior precepto la existencia de una norma de Derecho internacional privado en el sistema venezolano según la cual los contratos mercantiles están sujetos en primer lugar a la autonomía de los contratantes, quienes en forma expresa o implícita pueden escoger la Ley aplicable para regir sus convenciones, ordenamiento jurídico este que impondrá también sus normas de carácter prohibitivo o imperativo». Además, en la propia sentencia se admitió que no había lugar a exigir vinculación alguna, pues cualquier restricción tendría apoyo simplemente doctrinario.

Tal decisión llegó incluso a admitir el *dépeçage* voluntario al someter el contrato de venta al Derecho del estado de Nueva York, mientras que lo relativo a la reserva de dominio establecida en el mismo fue sometida al Derecho venezolano. «De esta manera resulta que la facultad de los contratantes para determinar la Ley aplicable a sus convenciones no solo constituye un principio de Derecho internacional privado generalmente aceptado por Venezuela, sino que también representa una solución admitida por la generalidad de los países que integran la comunidad jurídica internacional».

Esta solución, además de ser confirmada por el Tribunal de Casación[786], fue avalada por la doctrina venezolana, la cual estuvo de acuerdo en que la voluntad conflictual fuese considerada como un principio de Derecho internacional privado generalmente aceptado[787]. De hecho, en 1965, Lombard reportaba la aceptación de la voluntad de las partes fundamentándose, precisamente, en el artículo 116 del Código de Comercio, además de los artículos 1.159 del Código Civil y 12 del Código de Procedimiento Civil[788].

---

786 CSJ/SCC, Sent. N.° 252-71, 27.04.1971, en: *Jurisprudencia Ramírez & Garay*, 1971, T. XXX, pp. 395 y ss.
787 Ver: Hernández-Bretón, Admisión del principio de autonomía de la voluntad de las partes..., ob. cit., p. 392.
788 Lombard, Richard, *American-Venezuelan private international law*, New York, Oceana Publications, Inc., Dobbs Ferry, Bilateral Studies in private international Law N.° 14, 1965, p. 63.

a.2. Derecho aplicable en ausencia de elección. Principio de proximidad

En ausencia de elección[789], o ante una elección inválida del Derecho aplicable, el sistema de que se trate puede optar entre consagrar criterios de conexión rígidos o, más bien, criterios flexibles[790]. Dentro de los criterios rígidos, dotados de un alto grado de certeza y previsibilidad, destacan el lugar de celebración del contrato[791] –criticado por su eventual carácter fortuito– y el lugar de su ejecución[792]. Sin embargo, la rigidez de estos

---

789 El silencio de las partes puede deberse «... a una falta de conocimiento; o responder a cierta indiferencia hacia la materia, al limitarse las partes a establecer sólo el contenido material del contrato, en la creencia de que no surgirán conflictos; o a una falta de consenso, pese a haber negociado las partes sobre el Derecho aplicable. Sin embargo, también podría esta situación encontrar justificación en otro tipo de consideraciones como, por ejemplo, el no perjudicar el curso de las negociaciones, o sencillamente, que teniendo las partes el conocimiento de las reglas de conflicto que aplicaría el foro elegido y el resultado a que conduciría su aplicación, éstas opten por esa solución, siendo innecesario un señalamiento en ese mismo sentido. Esta hipótesis, por supuesto, presupone que los contratantes estén asesorados por expertos». Ver: Dos Santos, *Contratos internacionales...*, ob. cit., pp. 100-101.

790 La aplicación de un Derecho diferente del elegido por las partes es, según estima Wengler, al menos cuestionable, pues « *...les sujets du droit sont gravement lésés lorsqu'ils ne sont pas à même de prévoir avec la plus grande sécurité possible le droit que le tribunal compétent va ppliquer par l'intermédiaire du rattachement considéré par lui comme déterminant*». Wengler critica algunas decisiones del *Bundesgerichtshof* en las cuales se admite que « *...l'intérêt des parties à la sécurité juridique quant au choix du droit applicable ne doit pas être sacrifié aux efforts produits en vue de déterminer le droit le mieux adapté au cas particulier* ». Ver: Wengler, Wilhelm, L'évolution moderne du Droit international privé et la prévisibilité du Droit applicable, en: *RC de DIP*, 1990, pp. 657 y ss., especialmente, pp. 659-660 y 664.

791 La Ley rumana N.º 105, sobre la reglamentación de las relaciones de Derecho Internacional Privado (1979) considera este criterio para los casos de ausencia de elección del Derecho aplicable, cuando no pueda determinarse la prestación característica (art. 77).

792 Los tratados de Montevideo sobre Derecho civil internacional de 1889 y 1940 admiten la aplicación del Derecho del lugar de ejecución como conexión principal, suplida, en los casos en que tal lugar no pueda determinarse, con el Derecho del

criterios ha generado que la codificación moderna los deje de lado y se note más bien un consenso para sustituirlos[793].

En algunos ordenamientos, aunque se mantienen apegados a estos criterios rígidos, los acompañan de otros más flexibles que den un respiro al sistema. Es el caso del Código panameño, cuyo artículo 74 ordena al juez aplicar el Derecho del lugar de cumplimiento en caso de ausencia de elección, y solo en caso que este no pueda ser determinado, permite al juez recurrir a «... la ley que regule la economía con que se caracteriza el contrato internacional». Con esta última expresión se hace referencia a la esencia de los contratos o a lo que la doctrina concibe como la causa que caracteriza el contrato y que lo inclina hacia su realidad económica[794]. De la determinación de tal realidad dependería el Derecho aplicable al contrato[795].

---

lugar de celebración (arts. 32-39 y 36-43, respectivamente). También el *Restatement (second) of conflict of Laws*, en su § 196, admite esta solución en materia de servicios, acompañada de la ya característica cláusula de escape.

793 Delaume reconoce, sin embargo, que en algunos casos siguen siendo útiles. Ver: Delaume, George R., *Transnational contracts. Applicable Law and Settlement of Disputes (A study in conflict avoidance)*, New York, Oceana Publications, Inc., Dobbs Ferry, 1988-1990, Booklet 4, p. 2.

794 Esta tesis se acerca a la del contenido característico del contrato –*charakteristischer Inhalt des Vertrages*– propuesta por Schnitzer y que resulta ser un concepto más amplio que el de prestación característica. Ver: Schnitzer, Adolf, *Handbuch des internationalen Privatrechts unter besonderer Berücksichtigung der Schweizerischen Gesetzgebung und Rechtsprechung*, Basel, 4. Auflage, 1958, Band II, pp. 639-646.

795 Es la opinión sostenida por Gilberto Boutin, expresada a través de un intercambio de correos electrónicos. Boutin refiere, además, algunos ejemplos. Así, en un fideicomiso constituido por un fideicomitente venezolano en Panamá, con fondos provenientes de la Florida cuyo lugar de administración es la banca suiza en Zurich y los intereses pagados periódicamente –vía transferencia– en el domicilio del fideicomisario en Montevideo. Las partes guardaron silencio respecto de la ley aplicable. En este caso, de la economía del contrato se infiere que el Derecho aplicable sería el del cantón de Zurich, lugar donde se administra el *trust*. Lo mismo ocurre en materia de *leasing* internacional. En el caso de la explotación de las grúas del canal de Panamá, las cuales son de fabricación francesa y

Ahora bien, las conexiones flexibles aparecen para desplazar el centro de gravedad del legislador al juez, quien será el encargado, considerando las circunstancias de cada caso concreto, de determinar el Derecho que regulará el contrato. En todo caso, esta tarea estará guiada por la necesidad de determinar el Derecho más vinculado con la relación contractual.

Dentro de esta tendencia, la prestación característica nacida del Derecho suizo[796] es ampliamente reconocida en el ámbito europeo[797]. Es justamente esta la solución que recogía el Convenio de Roma de 1980 y que, con alguna modificación, se mantiene en el Reglamento Roma I. Así, mientras el Convenio de Roma consagraba la prestación característica como una regla general, acompañada de una serie de presunciones para los casos de ausencia de elección o elección inválida del Derecho aplicable (art. 4,1 y 2), el Reglamento le otorga cierto carácter residual al disponer su

---

financiadas en Alemania, ante el silencio contractual, la economía del contrato apunta a la aplicación del Derecho alemán, descartando con ello la aplicación de la ley del lugar de explotación que para este tipo de contrato fiscal y de financiamiento sería subsidiario.

796 Generalmente se reconocen como antecedentes de esta tesis el *Handbuch des internationalen Handels- Wechsel- und Checkrechts* (Zürich, Leipzig, Verlag für Recht und Gesellschaft), publicado en 1938 por Adolf Schnitzer y la sentencia del Tribunal Federal suizo en el célebre caso Chevally c. Genimportex, resuelto el 12 de febrero de 1952 (ATF 78, II, pp. 74 y ss.). Actualmente, la solución es recogida por el artículo 117 por la Ley suiza de Derecho internacional privado, en los siguientes términos: «1. A falta de elección del Derecho, el contrato se rige por el Derecho del Estado con el cual presenta los vínculos más estrechos. 2. Estos vínculos se reputan existentes con el Estado en el cual la parte que debe cumplir la prestación característica tiene su residencia habitual o, si el contrato es concluido en el ejercicio de una actividad profesional o comercial, su establecimiento».

797 También destaca en el ámbito europeo, la *proper Law of the contract* del Derecho inglés, entendida como un sistema de Derecho con referencia al cual la relación tiene su conexión más cercana y más auténtica. Definida así en el caso Bonython c. Commonwealth of Australia, 1951 (A. C., 201, 219). Ver: Kahn-Freund, O., La notion anglaise de la *«proper law of the contract»* devant les juges et devant les arbitres, en: *RC de DIP*, 1973, pp. 607 y ss.

aplicación en los casos en que las partes no hayan elegido el Derecho aplicable y se trate de un contrato para el cual el Reglamento no haya dispuesto, expresamente, una conexión especial.

Así, el artículo 4,1 del Reglamento Roma I dispone, a falta de elección del Derecho aplicable, una serie de conexiones rígidas para contratos particulares[798] que, en su mayoría, giran en torno a la residencia habitual de la parte que realiza la prestación característica[799]. En los demás casos,

---

[798] Art. 4,1, «A falta de elección realizada de conformidad con lo dispuesto en el artículo 3, y sin perjuicio de lo dispuesto en los artículos 5 a 8, la ley aplicable al contrato se determinará de este modo:
   a. el contrato de compraventa de mercaderías se regirá por la ley del país donde el vendedor tenga su residencia habitual;
   b. el contrato de prestación de servicios se regirá por la ley del país donde el prestador del servicio tenga su residencia habitual;
   c. el contrato que tenga por objeto un derecho real inmobiliario o el arrendamiento de un bien inmueble se regirá por la ley del país donde esté sito el bien inmueble;
   d. no obstante lo dispuesto en de la letra c), el arrendamiento de un bien inmueble celebrado con fines de uso personal temporal para un período máximo de seis meses consecutivos se regirá por la ley del país donde el propietario tenga su residencia habitual, siempre que el arrendatario sea una persona física y tenga su residencia habitual en ese mismo país;
   e. el contrato de franquicia se regirá por la ley del país donde el franquiciado tenga su residencia habitual;
   f. el contrato de distribución se regirá por la ley del país donde el distribuidor tenga su residencia habitual;
   g. el contrato de venta de bienes mediante subasta se regirá por la ley del país donde tenga lugar la subasta, si dicho lugar puede determinarse;
   h. el contrato celebrado en un sistema multilateral que reúna o permita reunir, según normas no discrecionales y regidas por una única ley, los diversos intereses de compra y de venta sobre instrumentos financieros de múltiples terceros, tal como estipula el artículo 4, apartado 1, punto 17, de la Directiva 2004/39/CE, se regirá por dicha ley».
[799] Mankowski sostiene, de hecho, que no hubo cambios estructurales en las conexiones y el principio de la prestación característica sigue siendo la máxima en la

cuando el contrato no pueda ser subsumido en algunas de estas categorías o cuando los elementos del contrato hagan que este se corresponda con más de una de ellas, este se regirá por la ley del país donde tenga su residencia habitual la parte que deba realizar la prestación característica del contrato (art. 4,2). Además, la propia norma consagra una cláusula de escape al admitir que, si del conjunto de circunstancias se desprende claramente que el contrato presenta vínculos manifiestamente más estrechos con otro país, se aplicará el Derecho de ese Estado (art. 4,3). La norma cierra disponiendo que si, conforme a las reglas anteriores, no puede determinarse el Derecho aplicable, el contrato se regirá por el Derecho del Estado con el cual presente los vínculos más estrechos (art. 4,4).

Curiosamente, el artículo 46 de la Ley Modelo OHADAC contiene una solución idéntica a la consagrada por el Reglamento europeo, con lo cual se aparta de la solución interamericana. Así lo reconoce el comentario oficial a la norma citada, donde también se afirma que, aunque se parte de un criterio flexible –principio de proximidad–, tal flexibilidad puede «... obstaculizar la realización el objetivo general de proporcionar seguridad jurídica»[800].

---

mayoría de las conexiones. Ver: Mankowski, Die Rom I-Verordnung..., ob. cit., p. 136. En sentido similar: Magnus, Ulrich, Die Rom I-Verordnung, en: *IPRax*, 2010, Heft 1, pp. 27 y ss., especialmente p. 34. Sin embargo, hay autores que estiman que los factores de conexión consagrados por el artículo 4,1 del Reglamento no expresan en realidad la concepción europea de la prestación característica, pues de haber sido esa la intención del legislador lo hubiese expresado así en el texto del artículo 4,1. Ver: Wilderspin, Michael, The Rome I Regulation: Communitarisation and modernisation of the Rome Convention, en: *Era-Forum*, 2008, Vol. 9, Issue 2, pp. 259 y ss., especialmente p. 266.

800 «El concepto de vínculos más estrechos no puede entenderse referido a índices de proximidad estrictamente geográficos: "residencia de las partes", "lugar de celebración del contrato", "lugar de ejecución del contrato", "lugar de situación de los bienes o derechos objeto del contrato", "mercado afectado por el contrato". Cada uno de estos criterios de conexión no tiene valor en sí mismo ni alcance general; su peso depende del grado de vinculación jurídica y económica que presente respecto de un contrato en particular, por lo que su influencia es variable

Así, a diferencia de la Convención Interamericana, este régimen «... ha optado por reforzar la búsqueda de la seguridad jurídica en la aplicación del criterio de los vínculos más estrechos, con el objetivo de favorecer la aplicación uniforme de sus normas en todos los Estados miembros y dotar de mayor previsibilidad al régimen jurídico de los contratos internacionales»[801].

Por su parte, en el sistema venezolano, tanto la Convención Interamericana como la Ley de Derecho Internacional Privado también parten de una conexión flexible –principio de proximidad– pero la forma de determinar el Derecho con el cual el contrato presenta los vínculos más estrechos difiere sustancialmente del método utilizado por el Reglamento Roma I[802]. Ambos instrumentos aconsejan al tribunal tomar en cuenta «... todos los elementos objetivos y subjetivos que se desprendan del contrato...», para determinar el Derecho del Estado con el cual tiene los vínculos más estrechos (arts. 9 CIDACI y 30 LDIPV)[803], dejando de

---

según el tipo de contrato y su naturaleza. Lo fundamental no es la circunstancia geográfica, sino la medida en que tal vinculación responde a las exigencias de eficiencia económica, seguridad del tráfico y previsibilidad de las partes a tenor de la finalidad económica y jurídica de un contrato determinado. A título de ejemplo, la celebración de un contrato es un elemento a tener en cuenta en los contratos en que participa un consumidor». Fernández Rozas, *Armonización del Derecho internacional privado en el Caribe*, ob. cit., p. 531.

801 Fernández Rozas, *Armonización del Derecho internacional privado en el Caribe..*, ob. cit., p. 532.

802 Ello, a pesar de que se ha reconocido a su predecesor, el Convenio de Roma, como principal fuente de inspiración de la Convención Interamericana. En tal sentido, en el informe presentado ante el Comité Jurídico Interamericano durante los trabajos preparatorios de la Convención de México, José Luis Siqueiros ha expresado: «...se advierte la influencia del Derecho convencional adoptado en Roma (1980) por la CEE... la futura Convención Interamericana debe estructurarse en un contexto similar al adoptado por la Comunidad Económica Europea en el Convenio de Roma de 19 de junio de 1980 sobre Ley Aplicable a las Obligaciones Contractuales... no debemos soslayar las observaciones críticas que la Convención Europea (1980) ha recibido de la doctrina...». En: Comité Jurídico Interamericano, julio 1991, OEA/Ser.K/XXI.5 - CIDIP-V/12/93 - 28 de diciembre 1993, pp. 10, 18 y 37.

lado la doctrina de la prestación característica, la cual –en opinión de Hernández-Bretón– «... presenta patologías incorregibles...»[804]. En todo caso, el problema que esta solución plantea tiene que ver con la determinación de lo que ha de entenderse por elementos objetivos y subjetivos del contrato. Una solución semejante fue adoptada por la Ley paraguaya sobre el Derecho aplicable a los contratos internacionales, en su artículo 11[805].

La doctrina venezolana se encuentra dividida al respecto. En primer lugar, Fabiola Romero estima que los elementos subjetivos son aquellos que se refieren a las partes contratantes. La autora menciona, como ejemplos, la nacionalidad, el domicilio y la residencia habitual de las personas físicas, así como el establecimiento o la sede principal cuando se trate de personas jurídicas. Los elementos objetivos, por su parte, son aquellos que vinculan al propio contrato con los diferentes ordenamientos con los cuales tiene contactos, por ejemplo, el lugar de celebración del contrato, su lugar de ejecución, y el lugar de ubicación del bien objeto del contrato[806].

---

803 Aunque la Convención se refiere al Derecho con el cual el contrato tenga los vínculos más estrechos y la Ley al Derecho con el cual las obligaciones se encuentren más directamente vinculadas, se trata de una diferencia «meramente formal», pues ambas normas indican la consideración de los elementos objetivos y subjetivos que se desprendan del contrato. en este sentido: Giral Pimentel, *El contrato internacional...*, ob. cit., p. 192.

804 Hernández-Bretón, Eugenio, La contratación mercantil internacional a la luz de la Convención Interamericana sobre Derecho Aplicable a los Contratos Internacionales (México, 1994), en: *IV Jornadas Centenarias del Colegio de Abogados del Estado Carabobo, Visión contemporánea del Derecho mercantil venezolano*, Valencia, Vadell Hermanos Editores, 1998, pp. 39 y ss., especialmente p. 55.

805 Ley paraguaya sobre el Derecho Aplicable a los Contratos Internaciones, art. 11 «1. Si las partes no hubieran elegido el derecho aplicable, o si su elección resultara ineficaz, el contrato se regirá por el derecho con el cual tenga los vínculos más estrechos. 2. El tribunal tomará en cuenta todos los elementos objetivos y subjetivos que se desprendan del contrato para determinar el derecho con el cual tiene vínculos más estrechos».

806 Romero, El Derecho aplicable al contrato internacional..., ob. cit., p. 272. A favor de esta solución se pronuncia Dos Santos, *Contratos internacionales...*, ob. cit., p. 115.

Por el contrario, fundamentándose en el Informe Siqueiros[807], Giral Pimentel hace referencia a la llamada «teoría de las vinculaciones»[808]. En opinión del profesor venezolano, los elementos objetivos son «... aquellas circunstancias de hecho que están vinculadas o con las partes o con el acto jurídico en sí mismo...», tales circunstancias coinciden, en su opinión, con los factores de conexión rígidos de las clásicas normas de conflicto. En tal sentido, serían elementos objetivos la nacionalidad, el domicilio o residencia habitual de las partes, el lugar de establecimiento o de constitución, en caso de tratarse de personas jurídicas, el lugar de celebración del contrato, el lugar de ubicación de los bienes objeto del contrato, el lugar seleccionado por las partes para ser la jurisdicción competente o para que se lleve a cabo el arbitraje, el lugar donde se cumplen los requisitos de publicidad, entre otros factores que conectan al contrato con la posible aplicación de diversos Derechos. Además, el autor admite una especie de agrupamiento de contactos, al expresar que en la medida que un contrato tenga más conexiones con una jurisdicción determinada, la relevancia del ordenamiento jurídico de esa jurisdicción puede ser más fuerte en la determinación del Derecho aplicable.

Ahora bien, Giral Pimentel estima que estas circunstancias objetivas están complementadas con un elemento subjetivo, definido por el autor como la teoría jurídica que le permite al intérprete valorar los elementos objetivos del contrato y decidir a favor de la aplicación de uno de los ordenamientos jurídicos conectados con la relación a través de estos. Sin embargo, en su opinión, los elementos objetivos predominan sobre los subjetivos, de manera que en un primer momento el Derecho más vinculado dependerá del lugar en donde se ubique la mayor cantidad de elementos objetivos, y en aquellos casos en los que la distribución fuere equivalente, los operadores jurídicos deberán optar por el elemento subjetivo favorecido por el sistema europeo,

---

807 Siqueiros, José Luis, *Ley aplicable en materia de contratación internacional*, en: *Proyecto de Convención Interamericana sobre Ley Aplicable en Materia de Contratación Internacional*, OEA/Ser.Q./CJI/RES.II-6/91, de fecha 31/07/1991.
808 Giral Pimentel, *El contrato internacional...*, ob. cit., pp. 214-223.

es decir, la aplicación del Derecho de la residencia o establecimiento de aquel que tiene a su cargo la prestación característica de la relación contractual. Ello admitiendo que, desde una perspectiva histórica, la Convención de México tiene una fuerte influencia del Convenio de Roma. Mas no descarta el autor que el juez, en plena libertad de apreciación, considere otros elementos subjetivos de carácter teleológico, tales como el principio del Derecho más favorable al consumidor y otros utilizados en Derecho comparado.

Lo que en todo caso parece cierto, es que la búsqueda del ordenamiento jurídico más vinculado con el contrato conduce a un análisis del marco socio-económico de la relación contractual en cuestión. Tarea que, naturalmente, es dejada en manos del juez, lo cual ha generado cierta preocupación en la doctrina debido a la prudencia y preparación que se requiere de este para acertar en la determinación del Derecho efectivamente más vinculado con la relación. Maekelt estima, acertadamente, que este no es un argumento suficiente para desechar la aplicación de principios flexibles como el de los vínculos más estrechos, por el contrario, continúa la autora, «… antes de adaptar las Leyes a jueces negligentes, resulta necesario adaptar jueces a Leyes eficaces»[809]. Además, según admite Albornoz, el gran poder dado a los jueces para determinar el Derecho aplicable es compensado con el hecho de que esta solución se adapta mejor a los requerimientos y necesidades del comercio internacional[810].

---

809 Maekelt, La flexibilización del contrato internacional…, ob. cit., p. 277 y 282.
810 Albornoz, María Mercedes, Une relecture de la Convention interaméricaine sur la loi applicable aux contrats internationaux à la lumière du règlement "Rome I", en: *Journal du Droit International*, 2012, N.º 1, pp. 4 y ss., especialmente p. 28.

a.3. Consideración de la *Lex mercatoria*. Una diferencia notable entre los sistemas europeo e interamericano[811]

a.3.1. La *Lex mercatoria* en el marco del Reglamento Roma I
Si algo separa la reglamentación europea e interamericana en materia de contratos es, justamente, el tratamiento —o en su caso, la ausencia— de la *Lex mercatoria*. Buena parte de la doctrina europea estima que el Reglamento Roma I excluye implícitamente la posibilidad de sustraer el contrato de todo Derecho estatal, pues, cuando las partes no han elegido uno —expresa o tácitamente—, el juez debe buscar y aplicar el Derecho del Estado designado a través de uno de los ya mencionados criterios objetivos, establecidos por el propio Reglamento[812].

De hecho, se puede aceptar sin problema que algunos elementos de la *Lex mercatoria* —es el caso de los Incoterms— puedan ser incorporados al contrato, en ejercicio de la autonomía material, de manera que una elección expresa de, por ejemplo, los Principios UNIDROIT, no afectaría a la aplicación de las normas imperativas del ordenamiento jurídico aplicable al contrato a falta de elección[813]. Esta interpretación está presente en la doctrina europea desde la vigencia del Convenio de Roma. Así, en opinión de Lagarde, el Derecho designado conforme a este instrumento debía pertenecer a un ordenamiento estatal y las reglas y usos del comercio

---

811 Algunas de estas notas fueron publicadas en: Madrid Martínez, Claudia, Notas sobre la *lex mercatoria*: entre el silencio del legislador europeo y el silencio de los Estados americanos, en: *Derecho internacional privado y Derecho de la Integración. Libro Homenaje a Roberto Díaz Labrano*, (Coords. J. Moreno Rodríguez y D. Fernández Arroyo), Asunción, CEDEP, 2013, pp. 333 y ss.
812 Mayer, Pierre y Vincent Heuzé, *Droit international privé*, París, Montchrestien Lextenso Editions, 10.ª ed., Domat Droit Privé, 2011, p. 544.
813 De Miguel Asensio, Pedro, Capítulo 4. Contratación comercial internacional, en: *Derecho de los negocios internacionales*, (J.C. Fernández Rozas, R. Arenas García, P. de Miguel Asensio,) Madrid, Iustel, 2007, pp. 245 y ss., especialmente pp. 308-309.

internacional solo serían aplicados si así lo indicaba ese Derecho estatal o una convención internacional[814].

La exigencia de que fuese un Derecho estatal el elegido para regular el contrato internacional, en el marco del Convenio de Roma, se fundamentaba en «poderosas razones». En primer término, un contrato al margen de un Derecho estatal carece de fuerza vinculante ante los tribunales y solo sería un mero acuerdo entre caballeros, cuyo cumplimiento no podría exigirse ante el juez. En segundo término, solo un Derecho estatal constituye un sistema jurídico completo para integrar las lagunas del contrato, proporcionar criterios de interpretación del mismo y fijar los límites a que han de sujetarse las partes a la hora de redactar sus cláusulas[815].

---

814 Lagarde, Paul, Le nouveau Droit international privé des contrats après l'entrée en vigueur de la Convention de Rome du 19 juin 1980, en: *RC de DIP*, 1991, Vol. 80, 1991, pp. 287 y ss., especialmente p. 331.

815 Esta es la opinión de Calvo Caravaca y Carrascosa González, quienes no parecen muy favorables a la admisión de la *Lex mercatoria*, llegando incluso a afirmar que «Todo el revuelo armado a favor de esta *"Nueva lex Mercatoria"* es un "movimiento de parte": los defensores de este derecho transnacional suelen ser los árbitros, que obtienen sustanciosos ingresos con arbitrajes en los que participan y dicen aplicar la *"Nueva lex mercatoria"*, y los profesores que participan como árbitros o que elaboran materiales normativos presuntamente integrantes de la *"Nueva lex mercatoria"*». Ver: Calvo Caravaca, Alfonso Luis y Javier Carrascosa González, Capítulo III. Derecho aplicable al contrato internacional, en: *Curso de contratación internacional*, (A.L. Calvo Caravaca y J. Carrascosa González), Madrid, Colex, 2ª ed., 2006, pp. 73 y ss., especialmente pp. 76 y 92. El propio Calvo Caravaca, en un trabajo posterior, ilustra su tesis a través de la decisión de la *Court of Appeal* inglesa de 9 de abril de 2007, en el caso «*Halpern v Halpern & Anr*». *En esta decisión,* se consideró que la elección del derecho inglés para regir un contrato con sujeción a los principios de la ley islámica «… repugnaba al derecho inglés y constituía una cláusula contradictoria consigo misma y carente de sentido…», por ende, no solo no se admitió la aplicación de dos ordenamientos jurídicos, sino que el tribunal estimó que el único ordenamiento jurídico que se podía considerar como estatuto contractual era el derecho inglés y que el artículo 3 del Convenio de Roma de 1980 no permitía elegir como ley aplicable la hebraica (la *Halakhah*). Ver: Calvo Caravaca, Alfonso Luis,

Sin embargo, también había voces en contra de esta interpretación. Así, en opinión de Bouza Vidal, la aceptación casi ilimitada de la libertad conflictual casa mal con la prohibición de aplicar una reglamentación no estatal. Es paradójico –afirma acertadamente la autora– permitir que las partes puedan combinar diferentes leyes estatales y construir un marco jurídico *ad hoc*, distinto del previsto en cada uno de los sistemas elegidos individualmente considerados[816] e impedir, por otro lado, que las partes puedan someter el contrato a una normativa autónoma que, a diferencia de las leyes estatales, ha sido concebida atendiendo a la internacionalidad del contrato[817]. De hecho, la necesidad de someter el contrato a un Derecho estatal es considerada por Basedow como una limitación a la libertad de elegir el Derecho aplicable[818].

Sin embargo, la interpretación restrictiva en relación con la *Lex mercatoria*, se mantuvo en el Reglamento Roma I, a pesar de que en la Propuesta se

---

El Reglamento Roma I sobre la ley aplicable a las obligaciones contractuales: cuestiones escogidas, en: *Cuadernos de Derecho Transnacional*, 2009, Vol. 1, N.º 2, pp. 52 y ss., especialmente pp. 69-70.

816 De hecho, Ole Lando estima que cuando, ante la imposibilidad de determinar el contenido del Derecho escogido por las partes, el operador jurídico elige la solución que se le aparece como la más adecuada y equitativa, considerando normas de varios ordenamientos jurídicos a través de un proceso que el autor califica como *selective creative*, se está aplicando Lex mercatoria. ver: Lando, Ole, The *lex mercatoria* in international commercial arbitration, en: *ICLQ*, 1985, N.º 34, pp. 747 y ss., especialmente p. 747.

817 Bouza Vidal, Nuria, La elección conflictual de una normativa no estatal sobre contratos internacionales desde una perspectiva europea (Consideraciones sobre el Plan de Acción de la Comisión de febrero de 2003, en: *Pacis artes. Obra homenaje al profesor Julio D. González Campos*, Madrid, Universidad Autónoma de Madrid, Eurolex, 2005, T. II, pp. 1309 y ss., especialmente p. 1320.

818 «*Ein weiteres Argument gegen die Rechtswahlfreiheit wird daraus abgeleitet, dass Vereinbarungen nur im Rahmen einer Rechtsordnung bindende Wirkung entfalten können*». Ver Basedow, Jürgen, Theorie der Rechtswahl oder Parteiautonomie als Grundlage des internationalen Privatrechts, en: *RabelsZ*, 2011, Bd. 75, pp. 32 y ss., especialmente pp. 46-47.

incluyó, en el artículo 3,2, la posibilidad de elegir «... como ley aplicable principios y normas de Derecho material de los contratos, reconocidos a escala internacional o comunitaria», y solo en caso de no hallar solución en estos principios o en los principios generales en que se inspiran, se aplicaría la ley competente a falta de elección del Derecho aplicable.

Esta norma, que autorizaba «... en particular, la elección de los principios UNIDROIT, los *Principles of European Contract Law* o un posible futuro instrumento comunitario opcional, prohibiendo al mismo tiempo la elección de la *Lex mercatoria*, insuficientemente precisa, o de codificaciones privadas no suficientemente reconocidas por la comunidad internacional»[819], fue muy celebrada por algunos[820], pero también fue criticada por otros.

En efecto, aunque sin duda se trató de una solución que limitaba el ámbito de funcionamiento de la *Lex mercatoria*, debido –según se admitió en la Exposición de Motivos– al carácter incompleto de los instrumentos que la componen, esta propuesta fue muy criticada durante las discusiones en la Comisión, pues algunos Estados la consideraban como una fuente potencial de incertezas y de inestabilidad jurídica y otros, así como parte de la doctrina, no apreciaban la formulación textual de la norma, creyendo necesario atender a la formulación del Derecho contractual europeo, aun en formación[821].

---

819 Exposición de Motivos, disponible en: http://eur-lex.europa.eu/LexUriServ/site/es/com/2005/com20050650es01.pdf (29.11.2016).
820 Fue el caso del Instituto Max Planck: «*The Institute welcomes... especially, the parties' option to choose principles and rules recognised internationally or in the Community as their governing law is endorsed by the Institute*». Ver: Max Planck Institute for Comparative and International Private Law, Comments on the European Commission's Proposal for a Regulation of the European Parliament and the Council on the law applicable to contractual obligations (Rome I), en: *RabelsZ*, 2007, Bd. 71, H. 2, pp. 225 y ss., especialmente p. 242.
821 Lagarde, Paul, Remarques sur la proposition de règlement de la Commission européenne sur la loi applicable aux obligations contractuelles (Rome I), en:

A pesar de la exclusión de esta norma en el texto definitivo del Reglamento, su Considerando N.º 13 dispone que tal instrumento «... no impide a las partes incorporar por referencia a su contrato un derecho no estatal o un convenio internacional», con lo cual se admite la incorporación de los elementos de la *Lex mercatoria*, en uso de la autonomía material y deja el tema de la autonomía conflictual para el futuro al disponer, en su Considerando N.º 14, que «En caso de que la Comunidad adopte, en un instrumento jurídico oportuno, normas del derecho material de los contratos, incluidas las condiciones generales, este instrumento podrá prever que las partes puedan elegir aplicar dichas normas».

Habrá que esperar para determinar los efectos de la normativa europea de compraventa, cuyo artículo 3 dispone que la misma «... regule sus contratos transfronterizos de compraventa de bienes, de suministro de contenidos digitales y de prestación de servicios relacionados que entren dentro de su ámbito personal, material y territorial, tal como se establece en los artículos 4 a 7», y su influencia sobre una posible modificación al Reglamento Roma I, en relación con la *Lex mercatoria*.

En todo caso, hay un elemento que debemos destacar y que constituye un serio obstáculo para la aplicación de algún componente de la *Lex mercatoria* en el ámbito del Reglamento Roma I. Nos referimos a la aceptación del principio *quid eligit iudicem, eligit ius*. En efecto, a diferencia de lo que sucede con la Convención Interamericana, cuyo artículo 7 *in fine* dispone expresamente que «La selección de un determinado foro por las partes no

---

RC de DIP, 2006, Vol. 95, N.º 2, pp. 331 y ss., especialmente p. 336. Autores como Quiñonez Escámez, llegaron a considerar esta norma como «... el caballo de Troya de un futuro instrumento contractual europeo...». Ver: Quiñones Escámez, Ana, Ley aplicable a los contratos internacionales en la Propuesta de Reglamento «Roma I» de 15.12.2005, en: *InDret*, 2006, N.º 6, pp. 1 y ss., especialmente p. 10.

entraña necesariamente la elección del derecho aplicable»[822], en el marco del Reglamento europeo se ha entendido que «Un acuerdo entre las partes para conferir a uno o más órganos jurisdiccionales de un Estado miembro jurisdicción exclusiva para resolver los litigios ligados a un contrato es uno de los factores que deben tenerse en cuenta a la hora de determinar si la elección de la ley se desprende claramente de los términos del contrato» (Considerando N.º 12).

Así, cuando Kegel y Schurig, apoyados en la jurisprudencia alemana, afirman que una consideración típica para determinar si las partes han elegido tácitamente un ordenamiento jurídico determinado es «...*die Vereinbarung eines einheitlichen Gerichtsstands oder des Schiedsgerichts eines bestimmtes Landes*...»[823], admiten que a partir de la elección expresa de la jurisdicción pueda deducirse que las partes desean –tácitamente– ver aplicado el Derecho de ese foro. Esto funciona siempre y cuando se trate de una elección exclusiva, pues en las llamadas cláusulas mixtas o alternativas, en las que el demandante pueda elegir entre los varios tribunales indicados en el acuerdo, aquel ante cuál interpondrá la demanda, esta presunción desde luego no funciona[824].

---

822 A pesar de la influencia del Reglamente Roma I sobre la Ley Modelo OHADAC, el primer aparte del artículo 45 dispone que «La selección de un determinado foro por las partes no entraña necesariamente la elección de la ley aplicable», con lo cual se acerca más bien a la Convención Interamericana. Sin embargo, vuelve a alejarse de ella al rechazar la aplicación de la *Lex mercatoria*, al entender Derecho extranjero como las normas emanadas de un Estado, «... lo que excluye, es obvio, tanto las normas del Derecho internacional público, creadas por el consenso de los Estados, como, en principio, las de la llamada lex mercatoria, nacidas de usos y prácticas de los particulares en el comercio internacional». Ver: Fernández Rozas, *Armonización del Derecho internacional privado en el Caribe...*, ob. cit., p. 305.

823 Ver Kegel y Schurig, *Internationales Privatrecht...*, ob. cit., pp. 657-658.

824 Martiny, Dieter, VO (EG) 593/2008, Artikel 3, Freie Rechtswahl, en: *Münchener Kommentar zum Bürgerlichen Gesetzbuch*, München, C.H. Beck, 5. Auflage, 2010, Rn 48-50.

Llama la atención que la versión vigente del Reglamento haga mención a este principio en un Considerando, mientras que la propuesta establecía esta presunción de manera expresa, al establecer en el aparte único del artículo 3,1 que «Si las partes han convenido que un órgano jurisdiccional o los órganos jurisdiccionales de un Estado miembro conozcan de los litigios surgidos o que pueden surgir de un contrato, también se presumirá que las partes tienen la intención de elegir la ley de este Estado miembro». Tal vez la exclusión se deba a que en las respuestas al Libro Verde, muchos se mostraron contrarios a ella[825].

Lagarde, por ejemplo, expresó que, si había algo que presumir a partir de la elección de un foro determinado, era la elección de sus normas de Derecho internacional privado y no de su Derecho material de manera directa[826]. También se señaló la excesiva rigidez de esta solución que impedía al juez valorar todos los aspectos del caso concreto y la contradicción de la misma con el carácter universal del Reglamento[827].

Sin embargo, en los Comentarios que hiciera el Instituto Max Planck a la propuesta de Reglamento, se estima como conveniente esta mención expresa, afirmando que «*This syncronisation of forum and ius saves time and transactions costs...*», y se aconseja extender la presunción a los casos de elección de un tribunal de un Estado que no sea miembro de la Unión Europea, cuando el tribunal de un Estado miembro se enfrente a un contrato de garantía, por ejemplo, y a la necesidad de determinar el Derecho aplicable al contrato principal[828].

---

825 Bonomi, Andrea, Conversion of the Rome Convention on Contracts into an EC Instrument: Some Remarks on the Green Paper of the EC Commission, en: *Yearbook of Private International Law*, 2003, Vol. 5, pp. 53 y ss., especialmente p. 68.
826 Lagarde, Remarques sur la proposition de règlement..., ob. cit., p. 335.
827 De Cesari, Patrizia, *Diritto internazionale privato dell'Unione Europea*, Torino, G. Giappichelli Editore, 2011, pp. 358-359.
828 Max Planck Institute for Comparative and International Private Law, Comments on the European Commission's Proposal..., ob. cit., p. 243.

Quiñones Escámez, acertadamente, afirma que lo ideal es que las partes se ocupen de elegir el Derecho aplicable cuando ya se han ocupado de elegir el tribunal competente, de manera que, en su opinión, «La Propuesta de "Roma I" viene a decirnos que si se han ocupado de elegir el juez se presume que se han pre-ocupado (sin ocuparse) de elegir, al menos en una parte imperativa, el derecho aplicable». Además, continúa Quiñones Escámez, esta disposición elimina toda posibilidad de actuación de la llamada «elección negativa», «... pues en el marco de "Roma I", de no existir voluntad positiva, expresa o tácita (art. 3), el juez pasa a determinar el derecho aplicable conforme a lo previsto en el art. 4 (en defecto de elección de ley)»[829].

A pesar de las opiniones encontradas en relación con la posibilidad de aplicar algún componente de la *Lex mercatoria* en el marco del Reglamento Roma I y de que algunos ven este silencio como un desafío[830], hay autores que estiman que el legislador europeo desperdició una excelente oportunidad de adaptar las normas de Derecho internacional privado en materia de contratos a la actual realidad económica, al no dar una respuesta adecuada al problema, lo cual traerá como consecuencia que las partes recurran de manera cada vez más frecuente al arbitraje[831].

Ante este silencio del Reglamento Roma I, las partes que deseen someter su contrato a algún componente de la *Lex mercatoria*, deberán hacer uso

---

829 Quiñones Escámez, Ley aplicable a los contratos internacionales..., ob. cit., p. 9.
830 «*Obwohl der Wortlaut des Art. 3 Rom I-VO zum Problem schweigt, ist dieses Schweigen nach der Vorgeschichte beredt und bedeutet die Ablehnung einer kollisionsrechtlich wirksamen Wahl nichtstaatlichen Rechts*». Ver: Magnus, Die Rom I-Veordnung..., ob. cit., p. 33.
831 «*La previsione della possibilità di scegliere come legge applicabile normative non statali avrebbe reso innovativo il regolamento allineandolo con gli orientamenti più moderni della dottrina nell'ambito del diritto internazionale privato, la quale da anni ha auspicato il superamento dell'indirizzo interpretativo tradizionale a favore della prassi di applicare i principi di diritto non statuale, da tempo accolta nelle corti arbitrali*». Ver: de Cesari, *Diritto internazionale privato...*, ob. cit., pp. 353-356.

de la autonomía material, incorporando tal elemento al clausulado de su contrato, con el inconveniente de que, como toda cláusula contractual, su validez estará sometida a un examen a la luz del Derecho estatal declarado como competente para regular el contrato.

a.3.2. La *Lex mercatoria* en el marco de la Convención de México

A diferencia del Reglamento Roma I, el sistema interamericano es favorable a la aplicación de los componentes de la *Lex mercatoria*. En efecto, tanto la Convención Interamericana como la Ley venezolana de Derecho internacional privado establecen que, ante la falta de indicación del Derecho aplicable por las partes, el juez, en busca del ordenamiento jurídico más vinculado con el contrato, «También tomará en cuenta los principios generales del derecho comercial internacional aceptados por organismos internacionales», ordenando además que se apliquen, «cuando corresponda, las normas, las costumbres y los principios del derecho comercial internacional, así como los usos y prácticas comerciales de general aceptación, con la finalidad de realizar las exigencias impuestas por la justicia y la equidad en la solución del caso concreto» (arts. 9 y 10 Cidaci y 30 y 31 LDIPV).

Sobre la base de estas disposiciones, el juez puede, en efecto, recurrir a la *Lex mercatoria*. El problema que se le plantea tiene que ver, más bien, con los casos en que ha de aplicarla. Específicamente, la cuestión está en determinar si su aplicación procede cuando la misma es elegida por las partes o solo en ausencia de elección del Derecho aplicable.

Analizando el texto de la Convención, lo cual es extensible a la propia Ley venezolana, han surgido voces a favor y en contra de admitir que un contrato internacional esté sometido a algún componente de la *Lex mercatoria*. En efecto, quienes niegan tal posibilidad se fundamentan en las expresiones utilizadas por los artículos 7, 9 y 17 de la Convención. De conformidad con las normas citadas, el contrato debe regirse por el

«Derecho elegido por las partes» o por «Derecho del Estado con el cual tenga los vínculos más estrechos», entendiéndose por Derecho «el vigente en un Estado»[832], lo cual sugiere la necesaria aplicación de un sistema jurídico estatal. La salida a semejante limitación, al ser esta impuesta por el Derecho del foro, vendría de manos del establecimiento de un acuerdo de arbitraje, pues es innegable la libertad del árbitro en la determinación del Derecho aplicable al contrato.

Por otra parte, quienes sostienen la tesis contraria afirman que, de acuerdo con las disposiciones contenidas en los artículos 9, 10 y 15 *eiusdem*, es posible aplicar «los principios generales del Derecho comercial internacional aceptados por organismos internacionales», y «las normas, las costumbres y los principios del derecho comercial internacional, así como los usos y prácticas comerciales de general aceptación». Estas normas autorizan a concluir, sin duda alguna, que la Convención permite recurrir a la *Lex mercatoria* para regular un contrato internacional. De hecho, resultaría incoherente, contradictorio e inexplicable que, en ausencia de elección del Derecho aplicable, pudiese el juez aplicar normas anacionales como normas jurídicas y se limitara, paralelamente, tal posibilidad a las partes contratantes[833].

Tal como afirmamos antes, tampoco parece compatible aceptar una casi ilimitada actuación de la autonomía de las partes con la imposibilidad de aplicar *Lex mercatoria*. Tal interpretación podría verse apoyada en el hecho de que el artículo 10 de la Convención de México —también lo hace la Ley venezolana en su artículo 31— establece que «Además de lo dispuesto en

---

832 Romero entiende que esto no implica que las partes no puedan someter algunos aspectos del contrato a la *Lex mercatoria*, o referirse a ella como fuente subsidiaria del derecho del Estado al cual queda sometido el contrato. Ver: Romero, El Derecho aplicable al contrato internacional…, ob. cit., p. 253.
833 Así lo sostiene: Hernández-Bretón, Propuesta de actualización de los sistemas latinoamericanos…, ob. cit., pp. 25-26.

los artículos anteriores, se aplicarán, cuando corresponda, las normas, las costumbres y los principios del derecho comercial internacional, así como los usos y prácticas comerciales de general aceptación con la finalidad de realizar las exigencias impuestas por la justicia y la equidad en la solución del caso concreto», disposición que con semejante encabezamiento –resaltado por nosotros– no parece limitada a los casos de ausencia de elección del Derecho aplicable. De manera que puede corresponder aplicar *Lex mercatoria* cuando las partes así lo decidan.

Lo que no se discute es la aplicación de la *Lex mercatoria* en los casos de ausencia de elección, pues si las partes no han elegido el Derecho aplicable, además de considerar los elementos objetivos y subjetivos del contrato, el juez «… tomará en cuenta los principios generales del Derecho comercial internacional aceptados por organismos internacionales» para llegar al Derecho más vinculado (arts. 9 Cidaci y 30 LDIPV). Esta fórmula, calificada por algunos como una solución de compromiso[834], fue lo que quedó de la propuesta original que hiciera Jünger durante las discusiones de la Convención de México. Considérese que para Jünger si se cuenta con una codificación supranacional de Derecho contractual –refiriéndose específicamente a los principios Unidroit–, esta debe ser aplicada en ausencia de elección, en lugar de acudir a criterios conflictuales vagos y defectuosos que no garantizan ni la seguridad jurídica ni la uniformidad[835].

Ahora bien, esta fórmula que permite al juez tomar en cuenta «los principios generales del derecho comercial internacional aceptados por organismos inter-

---

834 Hernández-Bretón, Propuesta de actualización de los sistemas latinoamericanos…, ob. cit., p. 28.
835 Según afirma Parra Aranguren, Jünger hizo estas afirmaciones en «… un documento que circuló de manera informal, carente de siglas identificativas…». Ver: Parra Aranguren, Gonzalo, La Quinta Conferencia Especializada Interamericana sobre Derecho Internacional Privado (CIDIP-V, México, 1994), en: *BoACPS*, 1995, N.º 130, pp. 97 y ss., especialmente p. 145, nota 78.

nacionales» para determinar el Derecho aplicable a falta de elección, no implica entonces que el legislador esté ordenando su aplicación directa –lo cual reafirmaría su carácter de disposiciones materiales–, sino su toma en consideración para llegar a la determinación del Derecho más vinculado con el contrato. Parte de la doctrina entiende que esta referencia constituye un complemento del sistema conflictual previsto en la primera parte del artículo. A través de ella, el intérprete dispone de un mecanismo flexible que le permitirá llegar al sistema, nacional o anacional, más conveniente a la justicia y a las necesidades del comercio internacional[836]. Por su parte, Albornoz –intentando encontrar un sentido a la norma– ha afirmado que, ante un contrato que presente vínculos estrechos con varios ordenamientos jurídicos, de manera que se dificulte la elección por parte del operador jurídico, habrá de preferirse aquel más acorde con los intereses del comercio internacional[837].

En todo caso, esta función parece diluirse ante el contenido de los artículos 10 de la Convención y 31 de la Ley. De conformidad con estas normas, «Además de lo dispuesto en los artículos anteriores, se aplicarán, cuando corresponda, las normas, las costumbres y los principios del derecho comercial internacional, así como los usos y prácticas comerciales de general aceptación con la finalidad de realizar las exigencias impuestas por la justicia y la equidad en la solución del caso concreto»[838]. Sin embargo, la

---

836 Hernández-Bretón, Propuesta de actualización de los sistemas latinoamericanos..., ob. cit., p. 30. Samtleben propone, de hecho, un particular sistema interpretativo del artículo 30 de la Ley venezolana, el cual resulta aplicable, desde luego, al artículo 9 de la Convención de México. Ver Samtleben, Jürgen, El enigma del artículo 30 de la Ley de Derecho Internacional Privado, en: *Ley de Derecho Internacional Privado, Libro Homenaje a Gonzalo Parra Aranguren*, Caracas, TSJ, Colección Libros Homenaje, N.º 1, 2002, *Addendum*, pp. 355 y ss., especialmente pp. 363-371.
837 Albornoz, Une relecture de la Convention interaméricaine sur la loi applicable aux contrats internationaux..., ob. cit., p. 27.
838 Giral Pimentel estima que esta disposición delata «... una defectuosa técnica legislativa, toda vez que el mismo principio se repite, al menos, en dos disposiciones

distinción entre la consideración de la *Lex mercatoria* en orden a la determinación del Derecho más vinculado y su aplicación en ausencia de elección, sugiere que entre una y otra disposición es la función –conflictual o sustantiva– la que marca la diferencia[839].

Para evitar el solapamiento de las funciones de la *Lex mercatoria*, la Ley paraguaya sobre Derecho aplicable a los contratos internacionales eliminó la parte final de los artículos 9 de la Convención y de la Ley, y simplemente refiere, en su artículo 12, que «Además de lo dispuesto en los artículos anteriores, se aplicarán, cuando corresponda, las normas, los usos de comercio y los principios de la contratación preponderantes en el derecho comparado, con la finalidad de realizar las exigencias impuestas por la equidad en el caso concreto».

Ahora bien, teniendo en consideración el panorama descrito, hemos de concluir que dentro del sistema interamericano de Derecho internacional privado, la *Lex mercatoria* cumple diversas funciones[840]. Desde el punto

---

las cuales, en nuestra opinión, persiguen el mismo objetivo general: que el juez reconozca la importancia de la práctica comercial internacional en el análisis de los problemas de derecho internacional privado relativos al contrato». Ver Giral Pimentel, *El contrato internacional...*, ob. cit., pp. 223-224.

839 Ver: Ochoa Muñoz, Javier, Artículo 31. Aplicación de la *lex mercatoria*, en: AA. VV., *Ley de Derecho Internacional Privado comentada*, Caracas, FCJPUCV, Consejo de Desarrollo Científico y Humanístico, UCV, 2005, T. II, pp. 805 y ss., especialmente pp. 807-809.

840 Al referirse específicamente a los Principios UNIDROIT –una de las expresiones más importantes de la *Lex mercatoria*–, Tatiana Maekelt afirmó que los mismos cumplen cinco funciones específicas, a saber, una función normativa, una función complementaria, una función interpretativa, una función sustitutiva y una función de reemplazo. Así, puede recurrirse a los principios cuando las partes los han elegido, para integrar las lagunas del Derecho aplicable, para interpretar el Derecho aplicable, para ser aplicados a falta de elección –elección negativa–, y, finalmente, para reemplazar el Derecho estatal elegido por las partes. La propia autora reconoce las dificultades para admitir la última de las funciones citadas,

de vista de su función material, los componentes del Derecho anacional pueden aplicarse bien por elección de las partes, bien en ausencia de elección del ordenamiento destinado a regular el contrato cuando el juez considere que se trata del sistema más vinculado con este. Además podría recurrirse a la *Lex mercatoria* como criterio de interpretación o integración de lagunas o, en todo caso, cuando su actuación sea demandada por la justicia material del caso concreto. Desde el punto de vista de su función conflictual, la *Lex mercatoria* será una herramienta a ser considerada por el juez para llegar al Derecho más vinculado con el contrato[841].

En todo caso, la admisión de la aplicación de la *Lex mercatoria* en el sistema venezolano de Derecho internacional privado se compadece con una tendencia generalizada en el Derecho comparado hacia la «deslocalización» del contrato, lo cual apunta hacia adopción de esquemas autosuficientes y completos, que aseguren la independencia del contrato de las legislaciones estatales. Sobre todo, si consideramos que la mayoría

---

pues podría, además de irrespetar la voluntad de las partes, atentar contra la certeza y la previsibilidad de resultados. Aunque Maekelt no considera válida la tesis de conformidad con la cual es necesario someter el contrato a un Derecho estatal, reconoce la conveniencia de relacionar la aplicación de los Principios con el arbitraje. Ver: Maekelt, Tatiana, Aplicación práctica de los Principios de Unidroit en el sistema venezolano de derecho internacional privado, en: *El derecho internacional en tiempos de globalización, Libro homenaje a Carlos Febres Pobeda*, Mérida, Universidad de Los Andes, Publicaciones Vicerrectorado Académico, t. I, Derecho internacional privado, 2005, pp. 209 y ss., especialmente pp. 215-216. Tal opinión se compadece, en buena medida, con lo establecido en el preámbulo de los Principios Unidroit. Igualmente, comentando la versión de 1994, Jaime Martínez había ya expresado tal opinión. Ver Martínez, Jaime, Anotaciones sobre los Principios Unidroit, en: *RFDUCAB*, N.º 51, 1997, pp. 199 y ss., especialmente p. 204. Ver también: Siqueiros, José Luis, Los nuevos Principios de Unidroit 2004 sobre contratos comerciales internacionales, en: *Revista de Derecho Privado*, año IV, N.º 11, 2005, pp. 129 y ss., especialmente p. 134.

841 Es la opinión que hemos sostenido en Madrid Martínez, *La responsabilidad civil derivada de la prestación de servicios...*, ob. cit., pp. 279-280.

de los contratos que se celebra en la práctica pueden ser caracterizados como contratos atípicos. Las nuevas operaciones económicas no suelen estar expresamente reguladas por los ordenamientos jurídicos estatales y es en estos casos donde cobra mayor importancia la *Lex mercatoria*[842]. Es lo que ha ocurrido, justamente, con los medios de pago.

b. Relaciones de consumo: *Business to Consumer* (B2C) / *Consumer to Consumer* (C2C)

La protección de los consumidores en el Derecho internacional privado tiene una indudable influencia en el método asumido por cada Estado para regular los supuestos que involucren a esta categoría de débiles jurídicos. Así, el Estado –a través del legislador– puede intervenir con la formulación de normas de aplicación necesaria; disposiciones que limitan *a priori* el juego de las conexiones generales, de manera de no arriesgarse a la aplicación de un Derecho extranjero desfavorable para el consumidor. Pero también puede adaptar la estructura de sus normas de conflicto a las nuevas realidades. Consideremos que el sistema de Derecho internacional privado no escapa al deber del Estado de promover y proteger jurídicamente los derechos e intereses económicos y sociales de los consumidores.

Ahora bien, a semejanza de lo que ocurre en el Derecho interno, en Derecho internacional privado la autonomía de las partes puede convertirse en un elemento que contribuya al desequilibrio existente entre estas en las relaciones de consumo. Así, este factor de conexión, cuyas bondades han sido universalmente reconocidas en materia de contratos internacionales, muestra su peor rostro frente al consumidor, facilitando su sometimiento a un Derecho que suele ser más favorable para el proveedor y resultando incluso en algunas ocasiones totalmente desconocido para él[843]. En efecto,

---

[842] Sobre este punto ver: Bin, Marino, La circolazione internazionale dei modelli contrattuali, en: *Contratto e Impresa*, 1993, N.° 2, pp. 475 y ss.

[843] Neuhaus entiende que la posibilidad de escogencia dada a las partes pierde su sentido si se convierte en un instrumento de dominio de los más débiles por los más

si ambas partes no tienen el mismo poder de negociación, el Derecho aplicable podría resultar en una imposición del empresario al consumidor, quien no tendría más remedio que aceptarla[844].

Ahora bien, los diversos ordenamientos jurídicos que se han ocupado de regular las relaciones internacionales de consumo, han asumido la protección de los consumidores como débiles jurídicos, adoptando soluciones que van desde la supresión de la autonomía conflictual y su sustitución por conexiones como la residencia habitual del consumidor, hasta su limitación, estableciendo la irrenunciabilidad de ciertas normas de protección.

La supresión obedece a la ya anotada proyección del Derecho material sobre el Derecho internacional privado, de manera que, tal como las normas materiales protectoras del consumidor excluyen toda capacidad negociadora de las partes[845], las normas de conflicto que indican el Derecho aplicable a los contratos internacionales concluidos con consumidores harían lo propio con la autonomía conflictual[846]. Neuhaus pone de manifiesto ese paralelismo al afirmar que, si las partes tienen autonomía material, puede haber autonomía en Derecho internacional privado; mas si

---

fuertes, pues en una relación en que las partes no tengan el mismo poder de negociación, será la parte fuerte la que elija el Derecho aplicable e imponga sus intereses a la otra. Ver: Neuhaus, Paul Heinrich, *Die Grundbegriffe des Internationalen Privatrechts*, Tübingen, J.C.B. Mohr (Paul Siebeck), 2. Auflage, 1976, pp. 257-258.

844 Carrascosa González, Javier y Pilar Blanco Morales-Limones, Capítulo XXV. Contratos internacionales (II), Algunos contratos, en: Calvo Caravaca, Alfonso-Luis y otros, *Derecho internacional privado*, Granada, Comares, 1998, Vol. II, pp. 437 y ss., especialmente p. 442.

845 En efecto, la Ley de Precios Justos dispone, en su artículo 4, que «Las disposiciones del presente Decreto con Rango, Valor y Fuerza de Ley Orgánica, son de orden público y, en consecuencia, irrenunciables».

846 En este sentido: Lando, Ole, The EC draft convention on the Law applicable to contractual and non contractual obligations, en: *RabelsZ*, 1974, pp. 6 y ss., especialmente p. 15.

las partes no tienen autonomía material porque una de ellas es estructuralmente más fuerte –el proveedor de bienes y servicios– y otra más débil –el consumidor lego y vulnerable, que generalmente concluye contratos internos y que cuando concluye contratos internacionales, es frecuente que ignore tal circunstancia–, entonces la autonomía de las partes pierde su sentido como factor de conexión principal. En estos casos no hay verdadera libertad material y no puede haberla desde el punto de vista conflictual[847].

Basedow anota también una razón económica para limitar la autonomía conflictual en esta materia: los costos prohibitivos generados por la información y comprensión de los distintos ordenamientos jurídicos vinculados al caso. Si bien estos costos podrían justificarse desde el punto de vista del proveedor de bienes y servicios, para quien la estandarización de sus relaciones lleva a considerar su efecto masivo a la hora de terminar el Derecho aplicable, esta característica no se materializa del lado del consumidor. En efecto, para el consumidor se trata de una relación aislada, no equiparable a transacciones análogas, con lo cual serían impagables los costos de información y consejo legal, con relación a cada una de ellas[848].

La Ley suiza, por ejemplo, es absolutamente clara al disponer, en su artículo 120,2, que en los contratos de consumo, «La elección del Derecho está excluida». Este instrumento prefiere la aplicación del Derecho del Estado de la residencia habitual del consumidor, si el proveedor ha recibido el pedido en ese Estado; o si la conclusión del contrato ha sido precedida en ese Estado de una oferta o de una publicidad y el consumidor ha cumplido allí los actos necesarios para la conclusión del contrato, o si el consumidor ha sido incitado por su proveedor a presentarse en un Estado extranjero a los fines de realizar allí el pedido (art. 120,1).

---

847 Neuhaus, *Die Grundbegriffe des internationalen Privatrechts...*, ob. cit., p. 257.
848 Basedow, *Lex mercatoria* and the Private International Law of the contracts..., ob. cit., p. 68.

Preferir *a priori* el Derecho de la residencia habitual del consumidor sugiere que este es el sistema que mejor le protege, lo cual no necesariamente es así. Ya Pocar ha advertido que tal criterio puede resultar contraproducente para el consumidor, en algunas ocasiones, a la vez que el Derecho impuesto por el proveedor puede ser más beneficioso para este que el de su residencia habitual[849], y a semejante conclusión solo puede llegar el juez después de analizar el caso concreto. Por ello, si lo que se busca es una mayor protección, antes que suprimir la autonomía conflictual parece mejor limitarla y, en tal sentido, se ha admitido que la limitación puede lograrse, en primer lugar, manteniendo el sistema conflictual aplicable al contrato, y restringiéndolo a través de normas de aplicación necesaria, lo cual garantizaría la protección material del consumidor. En segundo lugar, podría elaborarse una norma de conflicto específica y ajustada a la problemática que plantean los contratos concluidos con consumidores[850].

En tercer lugar, siguiendo la fórmula utilizada por el Código Civil de Uzbekistán en su artículo 1195, se podría permitir que sea el consumidor quien decida cuál será el Derecho aplicable a la relación de consumo. Esta elección es limitada a una triple alternativa entre el Derecho del Estado en donde el consumidor tiene su residencia; el Derecho del Estado en donde el productor o el servidor tiene su residencia o se encuentra localizado, y el Derecho del Estado en donde el consumidor adquirió el bien, aceptó el resultado del trabajo, o recibió el servicio. Considérese que el sistema de Uzbekistán admite la autonomía conflictual como regla general en materia contractual[851].

---

849 Pocar, Fausto, La protection de la partie faible en Droit international privé, en: *R. des C.*, 1984 V, T. 188, pp. 339 y ss., especialmente p. 373.
850 Palao Moreno, Guillermo, *Aspectos internacionales de la responsabilidad civil por servicios*, Granada, Comares, 1995, pp. 143-145.
851 Código Civil de Uzbekistán, art. 1189: «El contrato se regula por el Derecho elegido por las partes, salvo disposición contraria de la Ley. Las partes de un contrato pueden seleccionar el Derecho aplicable a todo el contrato o a una parte del mismo. La elección del Derecho aplicable puede hacerse por las partes en cualquier momento, cuando

Finalmente, Boggiano propone admitir la escogencia del Derecho aplicable, pero solo si fuese este el mejor Derecho, el más favorable para el consumidor; debiendo, en caso contrario, aplicarse el Derecho de su domicilio. Además, el orden público y las normas de aplicación necesaria se mantendrían como límites generales a la autonomía de las partes[852]. No es necesario un análisis profundo para percibir la dificultad de esta solución. Kropholler, por ejemplo, advirtió que la determinación de la Ley más favorable –*Günstigkeitsprinzip*– supondría una tarea bastante difícil para los jueces, pues el uso de esta conexión abierta requiere la comparación del resultado material de la aplicación hipotética de los varios Derechos conectados con el caso, para solo entonces determinar aquel más favorable a los intereses del consumidor y que, por ello, sería aplicable[853].

b.1. Los consumidores en el Derecho internacional privado europeo

En el ámbito europeo, el Reglamento Roma I se fundamenta en la idea según la cual, «Los consumidores deben quedar protegidos por las disposiciones del país de su residencia habitual que no puedan excluirse mediante acuerdo, siempre que el contrato se haya celebrado en el marco de las actividades comerciales o profesionales ejercidas por el profesional en el país de que se trata. Debe garantizarse la misma protección en caso de que el profesional, aun no ejerciendo sus actividades comerciales o profesionales en el país de la residencia habitual del consumidor, dirija por cualquier medio sus actividades hacia este país o hacia varios países, incluido el del

---

se celebra el contrato o posteriormente. Las partes pueden, también en cualquier momento, acordar lo relativo al cambio del Derecho aplicable al contrato».

852 Boggiano, Antonio, The contribution of the Hague Conference to the development of private international Law in Latin America: universality and genius loci, en: *R. des C.*, 1992 II, T. 233, pp. 99 y ss., especialemente p. 137.

853 Kropholler, Jan, Das kollisionsrechtliche System des Schutzes der schwächeren Vertragspartei, en: *RabelsZ*, 1978, pp. 634 y ss., especialmente p. 657. Ver también: Kropholler, Jan, *Internationales Privatrecht: einschließlich der Grundbegriffe des Internationalen Zivilverfahrensrechts*, Tübingen, Mohr Siebeck, 4. Auflage, 2001, pp. 137-138.

consumidor, celebrándose el contrato en el marco de estas actividades» (Considerando N.º 25).

Así, como lo adelanta el citado Considerando y lo ratifica el artículo 6,1 del Reglamento, la protección del mismo se limita a los llamados consumidores pasivos –aquellos que son «asaltados» en su propio país por actividades comerciales de un empresario radicado en otro[854]–, por lo que se aplicará el artículo 6 y, consecuencialmente, el Derecho del país en que el consumidor tenga su residencia habitual, siempre que el profesional ejerza sus actividades comerciales o profesionales en ese país; o cuando, por cualquier medio dirija estas actividades al país de residencia del consumidor o a distintos países, incluido aquel.

Los consumidores activos, es decir, los que penetran un mercado ajeno y que, por ello, asumen ciertos riesgos[855], quedarían, en principio, fuera de la protección dada por este instrumento. La razón de limitar la protección a los consumidores pasivos se debe, según estima Garcimartín Alférez, a que «... *the consumers do not travel abroad with their law in their backpack*». En efecto, de acuerdo con el propio autor, si un consumidor alemán viaja a Nueva York y compra allí un producto, él no espera ser protegido por el Derecho alemán. El profesional, por su parte, no estaría dirigiendo sus actividades al mercado alemán, por lo que no estaría sujeto a las normas sobre protección de los consumidores del Derecho alemán. Sin embargo, a pesar de que el consumidor alemán esperaría ser tratado como un consumidor

---

[854] Scotti, Luciana, La (des)protección del ciberconsumidor en América (Una mirada desde la Argentina y Mercosur), en: *Protección de los consumidores en América. Trabajos de la CIDIP VII (OEA)*, (Coords. D.P. Fernández Arroyo y J.A. Moreno Rodríguez), Asunción, CEDEP, La Ley Paraguaya, 2007, pp. 519 y ss., especialmente p. 531.

[855] González Martín, Nuria, Comercio electrónico y protección del consumidor: acercamiento al contexto mexicano, en: *Cuestiones actuales del Derecho mercantil internacional*, (Dirs. A.L. Calvo Caravaca y S. Areal Ludeña), Madrid, Colex, 2005, pp. 615 y ss., especialmente p. 630.

conforme al Derecho de Nueva York, el Reglamento lo trata como un profesional y lo expone a la elección de cualquier ordenamiento jurídico[856].

La protección del consumidor, en un caso como este, puede venir dada, de plantearse ante tribunales europeos, por vía del artículo 3,4 del Reglamento Roma I, de manera que, «Cuando todos los demás elementos pertinentes de la situación en el momento de la elección se encuentren localizados en uno o varios Estados miembros, la elección por las partes de una ley que no sea la de un Estado miembro se entenderá sin perjuicio de la aplicación de las disposiciones del Derecho comunitario, en su caso, tal como se apliquen en el Estado miembro del foro, que no puedan excluirse mediante acuerdo». Así, serían aplicables las normas resultantes de la transposición de las Directivas en materia de protección de los consumidores[857] y, en el caso que nos ocupa, de la Directiva 2015/2366.

Ahora bien, a pesar de que la propuesta original del Reglamento Roma I–siguiendo el modelo de la Ley suiza– excluía la posibilidad de que las partes eligiesen el Derecho aplicable al contrato de consumo[858], la versión definitiva mantuvo cierto apego al Convenio de Roma y le dio cabida a esta facultad con una única limitante: «... dicha elección no podrá acarrear, para el consumidor, la pérdida de la protección que le proporcionen aquellas disposiciones que no puedan excluirse mediante acuerdo en virtud de la ley que, a falta de elección, habría sido aplicable de conformidad con el apartado 1» (art. 6,2). Se consagra de esta manera el ya citado

---

856 Garcimartín Alférez, Francisco, The Rome I Regulation: Much ado about nothing?, en: *The European Legal Forum*, Issue 2-2008, pp. 61 y ss., especialmente, p. 74.
857 Ibíd., p. 65.
858 Así lo reporta Ragno, Francesca, The law applicable to the consumer contracts under the Rome I Regulation, en: *Rome I Regulation. The law applicable to contractual obligations in Europe* (F. Ferrari / S. Leible, eds.), München, Selliers. European Law Publishers, 2009, pp. 129 y ss., especialmente pp. 149-150.

Günstigkeitsprinzip o principio del Derecho más favorable[859], de manera que el juez deberá comparar las soluciones consagradas por el Derecho elegido por las partes y las vigentes en ordenamiento jurídico de la residencia habitual del consumidor y aplicar el sistema que mejor proteja los intereses del consumidor en el caso concreto[860].

De no haberse producido la elección del Derecho aplicable, será competente el Derecho de la residencia habitual del consumidor, siempre que el profesional ejerza sus actividades comerciales o profesionales en ese Estado o por cualquier medio dirija estas actividades a ese o a varios Estados, incluido el de la residencia habitual del consumidor (art. 6,1). Esta regla constituye una excepción a la aplicación del Derecho más vinculado con el contrato, *ex* artículo 4, ya que, tal como estima Martiny, sería artificial considerar la prestación del consumidor como característica. Además, afirma el propio autor, esta desviación de la aplicación del Derecho del comerciante –prestador característico– garantiza que la protección del consumidor a través de las normas de consumo no sea mayor ni menor que la dada a las transacciones internas[861].

En todo caso, esta solución ha sido calificada como un sistema híbrido que busca conciliar el principio de la autonomía de la voluntad con la necesidad de proteger al consumidor frente a la parte fuerte, la cual podría

---

859 «*After extensive discussion both in political circles and academic writing the pendulum swung around full circle and returned back to its very starting point: In Article 6(1) of the Rome I Regulation the* Günstigkeitsvergleich *lives on*». Ver: Mankowski, Peter, Consumer contracts under Article 6 of the Rome I Regulation, en: *Le nouveau règlement européen «Rome I» relatif à la loi applicable aux obligations contractuelles. Actes de la 20e Journée de droit international privé du 14 mars 2008 à Lausanne*, (E. Cashin Ritaine / A. Bonomi, eds.), Zürich, Schulthess, 2009, 121 y ss., especialmente p. 141

860 Martiny, VO (EG) 593/2008, Art. 6 Verbraucherverträge..., ob. cit., Rn 46-48. Ver también: Magnus, Die Rom I-Verordnung..., ob. cit., p. 39.

861 Martiny, VO (EG) 593/2008, Art. 6 Verbraucherverträge..., ob. cit., Rn 40.

utilizar de forma abusiva su facultad para elegir el Derecho aplicable. Esta situación no resulta una cuestión meramente hipotética, dada la superior posición en que se encuentra el profesional frente al consumidor. Así, a la vez que se reconoce la autonomía conflictual, se consagra un factor de conexión especial —de carácter personal y exclusivo— para los casos de ausencia de elección: la residencia habitual del consumidor[862].

b.2. La realidad del sistema interamericano

A pesar de los intentos[863] y de las soluciones introducidas por recientes normas estatales, en el ámbito de la codificación convencional interamericana nos encontramos aún frente a un silencio casi absoluto en materia de relaciones internacionales de consumo[864]. La Convención de México nada establece al respecto, y algunos incluso consideran que, ante semejante laguna, hubiera sido preferible excluir los contratos de consumo de su ámbito de aplicación[865], sobre todo considerando el éxito de la norma especial del entonces vigente Convenio de Roma, modelo seguido por el codificador interamericano[866]. Además, consideremos que la Convención

---

862 Ragno, The law applicable to the consumer contracs..., ob. cit., p. 151.
863 Ver evolución en: Madrid Martínez, Determinación del régimen de los contratos de consumo internacionales..., ob. cit.
864 Los sistemas internos deben trabajar con las normas de Derecho internacional privado diseñadas para contratos paritarios y con las normas de consumo diseñadas para contratos domésticos, generalmente signadas por una fuerte dosis de orden público. Así, puede verse reseña en: Lima Marques, Cláudia, A insuficiente proteção do consumidor nas normas de Direito internacional privado da necessidade de uma Convenção interamericana sobre a Lei aplicável a alguns contratos e relações de consumo, en: *El futuro de la Codificación del Derecho internacional privado en América, de la CIDIP VI a la CIDIP VII*, Córdoba (Argentina), Alvarone Ediciones, 2005, pp. 105 y ss., especialmente pp. 140-144.
865 Tal fue la propuesta de Siqueiros. Ver: Siqueiros, Ley aplicable en materia de contratación internacional..., ob. cit., pp. 10, 18 y 37.
866 «... la Convención de México no contiene una regulación expresa sobre la protección a consumidores y empleados. Este resguardo queda comprendido dentro de la prevalencia que da el instrumento interamericano a las disposiciones imperativas

Interamericana está diseñada para regular los contratos paritarios, y ante su silencio podría resultar aplicada a un contrato concluido con consumidores, con todas las consecuencias que una aceptación tan amplia de la autonomía conflictual acarrearía en estos supuestos.

En todo caso, conviene considerar, aunque sea brevemente, la solución contenida en la más importante iniciativa que, hasta el momento, ha surgido en el ámbito interamericano: la Propuesta Buenos Aires[867]. Este

---

del foro, según interpretación prevaleciente. Algunos han criticado la omisión; sin embargo, debe considerarse acertado que en su momento no se haya seguido el modelo europeo, cuya solución resulta insatisfactoria y ha merecido, en particular, sugerencias para que en estos temas se cuente con una regulación específica, tal cual debería ocurrir también, eventualmente, en el continente americano». Ver: Moreno Rodríguez, José Antonio, La CIDIP VII y el tema de la protección al consumidor. Algunas reflexiones en borrador para el foro virtual de expertos, en: http://www.oas.org/DIL/esp/CIDIPVIIproteccionconsumidorjosemorenorodriguez.pdf (29.11.2016).

867 Recientemente, el Comité Jurídico Interamericano emitió una Resolución sobre protección internacional de los consumidores, a través de la cual reconoce «... los desafíos enfrentados por los consumidores en sus negociaciones transfronterizas y, consecuentemente, la necesidad frecuente de protección especial de los mismos, incluyendo el acceso a métodos efectivos, eficientes y accesibles de resolución de controversias» y «... la importancia de preservar la capacidad de vendedores y proveedores de competir en el mercado, a fin de garantizar que los consumidores cuenten con una amplia gama de productos y servicios apropiados a sus necesidades y deseos, asegurando al mismo tiempo su salud, seguridad y necesidad de protección especial». A través de esta resolución se busca «Instar a los países a considerar las recomendaciones de las organizaciones internacionales para adoptar principios y mecanismos apropiados en materia de derecho aplicable, de procedimientos de solución de controversias y de mejores prácticas comerciales para los proveedores de bienes y servicios destinados a los consumidores en transacciones transfronterizas (...) Enfatizar la necesidad de los Estados de establecer mecanismos de cooperación internacional y de coordinación en el área de protección al consumidor (...) (y) Concentrar su esfuerzos en temas relativos a los mecanismos de resolución de conflictos en línea que emergen de transacciones de consumo transfronteriza». Ver: CJI/RES. 227 (LXXXIX-O/16), Rio de Janeiro, 3-14 de octubre de 2016, en: http://www.oas.org/es/sla/cji/docs/CJI-RES_227_LXXXIX-O-16.pdf (29.11.2016).

instrumento distingue entre la situación del consumidor pasivo y la del consumidor activo[868]. En tal sentido, el artículo 4 de la Propuesta somete los contratos y transacciones internacionales realizados por un consumidor pasivo especialmente en caso de contratación a distancia, al Derecho elegido por las partes. Sin embargo, tal elección se limita al Derecho del domicilio del consumidor, el del lugar de celebración del contrato, el del lugar de su ejecución o el de la sede del proveedor de los productos o servicios. Esta elección será válida, siempre que el Derecho seleccionado sea más favorable al consumidor. Con lo cual se asume, en definitiva, el *Günstigkeitsprinzip*, de manera que, en principio, el juez debería aplicar los cuatro ordenamientos jurídicos señalados, determinar luego el más favorable al consumidor, y aplicarlo, si es que coincide con el elegido por las partes.

Sin embargo, la propia norma indica, en su párrafo 2, un orden jerárquico para la determinación del Derecho más favorable al consumidor, entendiéndose que la opción más favorable es, en primer lugar, el Derecho del domicilio del consumidor; en segundo término, el Derecho de la residencia común del consumidor y de uno de los establecimientos del proveedor de productos y servicios, y, finalmente, el Derecho del lugar de celebración o del lugar de ejecución, siempre que coincida con el lugar del domicilio, del establecimiento principal o sede del proveedor de los productos o servicios, que actuó en el contrato en una condición que no sea la de mero distribuidor.

Se trata, ciertamente, de una solución complicada que limita al extremo la autonomía conflictual, hasta casi dejarla sin efecto. Cómo interactúa, nos preguntamos, este orden jerárquico, con la alternatividad que supone que las partes puedan elegir entre los Derechos indicados por la propia norma. En todo caso, si las partes no hubieren elegido el Derecho aplicable al

---

[868] Además, de estas reglas generales, la Propuesta contiene reglas especiales para los casos de contratos de viaje y turismo y los de tiempo compartido, cuyo análisis desborda el ámbito material de este trabajo.

contrato, se aplicará el Derecho del domicilio del consumidor. Imaginamos que idéntica solución se aplicaría para los casos en que las partes elijan un Derecho que no resulte ser el más favorable al consumidor.

Si se tratase de un consumidor activo, el artículo 5 dispone que sus relaciones estarán sometidas al Derecho elegido entre el vigente en el lugar de celebración del contrato, en el lugar de ejecución o en el del domicilio del consumidor. En ausencia de elección, se aplicará el Derecho del lugar de celebración, considerado como aquel donde el consumidor y el proveedor o profesional se encontraban físicamente al momento de celebrar el contrato. En este caso, no se consagra el principio de favor. Tal omisión se debe, en nuestra opinión, a que se ha entendido que el consumidor activo estaría consciente de los riesgos que asume al ingresar a un ambiente jurídico distinto del propio. Sin embargo, en nuestra opinión, tal estado de conciencia no implica que el consumidor conozca el contenido del marco jurídico al cual está ingresando, por lo que también requeriría cierta protección especial[869].

Dos excepciones terminan de dar forma al sistema de la Propuesta Buenos Aires: las normas de aplicación necesaria y la cláusula de excepción, concebidas ambas dentro de la filosofía propia del Derecho de consumo. Así, las normas imperativas del foro se aplicarán necesariamente «en protección del consumidor». Mas si la contratación hubiere sido precedida por cualquier actividad negocial o de *marketing*, por parte del proveedor, de sus filiales o de sus representantes, en especial el envío de publicidad, correspondencia, correos electrónicos, premios, invitaciones y demás actividades dirigidas a la comercialización de productos y servicios y a la atracción de clientela en el Estado del domicilio del consumidor, las normas de este Estado se aplicarán de manera

---

869 Ver al respecto: Madrid Martínez, Claudia, Servicios, turismo y la protección del consumidor: una mirada desde el Derecho internacional privado interamericano, en: *Derecho internacional, mundialización y gobernanza. Jornadas de la ASADIP, Lima noviembre de 2012*, Asunción, CIAC, CEDEP, ASADIP, 2012, pp. 353 y ss.

necesaria y acumulativa con las normas imperativas del foro y aquellas contenidas en el Derecho que resulte competente para regular el contrato (art. 7).

Por su parte, la cláusula de excepción, además de tener al principio de proximidad como fundamento de actuación, requiere que el Derecho más vinculado sea, a su vez, el más favorable al consumidor. El artículo 8 de la Propuesta dispone: «El Derecho indicado como aplicable por esta Convención puede no serlo en casos excepcionales, si, teniendo en vista todas las circunstancias del caso, la conexión con el Derecho indicado como aplicable resultara superficial y el caso se encontrara más estrechamente vinculado con otro Derecho más favorable al consumidor». No parece una tarea sencilla el establecimiento, en un caso concreto, de la doble condición de conexidad y favorecimiento de los intereses del consumidor.

También en el ámbito interamericano, el *Günstigkeitsprinzip* encuentra acogida en la Ley Modelo OHADAC, cuyo artículo 48,2 dispone la aplicación de la Ley elegida por las partes. Mas la aplicación de esta Ley «... no podrá aminorar los estándares de protección del consumidor previstos en la ley de la residencia habitual del consumidor». Si las partes no hubieren elegido el Derecho aplicable será competente el Derecho de la residencia habitual del consumidor. En este particular, también se nota la gran influencia del Reglamento Roma I sobre este instrumento.

Los redactores de la Ley Modelo afirman la inconveniencia de excluir totalmente la autonomía conflictual en materia de contratos de consumo, pues estiman que tal exclusión «... acarrearía la necesidad de que los profesionales prestaran una renovada atención al clausulado de sus contratos, pues no serviría ya como elemento homogeneizador de los mismos la inclusión –tan frecuente en la práctica– de una cláusula sobre ley aplicable, pues esta ya no sería eficaz ni siquiera con respecto a los aspectos que quedan al margen de las normas imperativas de protección de los consumidores. Además, la exclusión de la posibilidad de elegir la ley aplicable en la práctica podría repercutir negativamente sobre la posición del consumidor, pues la ley elegida en el marco de la solución aquí adoptada sólo se aplica en la medida en que proporcione un régimen más favorable para el consumidor»[870].

El recientemente promulgado Código panameño de Derecho internacional privado somete la relación de consumo, en el encabezamiento de su artículo 95, al Derecho de lugar de celebración del contrato. Sin embargo, luego de resolver el tema de la jurisdicción, en el último párrafo de la propia norma, define la Ley más favorable al consumidor como aquella que brinde «la reparación y protección más apropiada al interés del consumidor». No queda claro, no obstante, la función de este criterio en la determinación del Derecho aplicable a las relaciones de consumo.

Por su parte, el artículo 2655 del Código Civil y Comercial argentino se acerca de alguna manera a la solución suiza, al disponer que los contratos de consumo estén sometidos al Derecho del domicilio del consumidor, en los casos en que la conclusión del contrato haya sido precedida de una oferta o de una publicidad o actividad realizada en el Estado del domicilio del consumidor y este haya cumplido en él los actos necesarios para la conclusión del contrato; el proveedor haya recibido el pedido en el Estado del domicilio del consumidor; el consumidor haya sido inducido por su proveedor a desplazarse a un Estado extranjero a los fines de efectuar en él su pedido, o, en el supuesto de los contratos de viaje, por un precio global, se incluyan prestaciones combinadas de transporte y alojamiento. En los demás casos, los contratos de consumo se rigen por el Derecho del lugar de cumplimiento y, en su defecto, por el Derecho del lugar de celebración.

Otro acercamiento al sistema europeo puede verse en la Ley dominicana, cuyo artículo 63 dispone que los contratos celebrados por consumidores se rigen por la ley del país donde habitualmente se realiza la actividad.

---

[870] Fernández Rozas, *Armonización del Derecho internacional privado en el Caribe...*, ob. cit., 259.

Sin embargo, la propia norma da cabida a la posibilidad de elegir el Derecho aplicable al contrato, cuando admite que, en defecto de elección, se aplicará Derecho de la residencia habitual del consumidor y añade, en su aparte único, que, en estos casos, «… la elección por las partes de la ley aplicable no podrá aminorar los estándares de protección del consumidor previstos en la ley de su residencia habitual, en aquellos casos en que el co-contratante tenga un establecimiento comercial en dicho país o de cualquier forma haya dirigido su actividad comercial hacia dicho país».

Ahora bien, la Ley venezolana de Derecho internacional privado no regula estas relaciones, por lo que no cabe más que recurrir a la regla general en materia de contratos, y a la excepción general para evitar lesiones en los derechos de consumidores. Nos referimos a la admisión de la voluntad conflictual o, en su caso, del principio de proximidad, limitados ambos por la actuación de las normas de aplicación necesaria o inmediata, en protección del consumidor.

Sin embargo, entender la aplicación de las normas imperativas como regla general en materia de consumo, lo cual supone un fundamento simplista a la aplicación de la *Lex fori*, no brinda –en opinión de Lima Marques– una respuesta oportuna ni suficiente. No es oportuna, pues no promueve la armonía de soluciones y acaba por aumentar las tensiones propias del comercio internacional. Las legislaciones nacionales y regionales que dejan desamparados a sus consumidores posibilitan el uso y abuso de estándares fuertemente diferenciados que dan paso al llamado «consumidor de residuos», para utilizar la expresión de Stigliz. No es suficiente porque deja desamparada a buena parte de los consumidores nacionales. El turista o el consumidor que adquiere un bien o servicio por teléfono o vía internet no tiene conciencia precisa del Derecho que debe aplicarse a su relación, ni de sus derechos o garantías materiales[871].

---

871 Lima Marques, A insuficiente proteção do consumidor nas normas de Direito internacional privado…, ob. cit., p. 125.

A pesar de las críticas, esta es la única herramienta de que dispone el juez venezolano para atemperar los rigores de la voluntad conflictual en los contratos con consumidores, dificultada en su aplicación, por la ya comentada derogatoria de las normas sobre protección de los consumidores en el Derecho interno. Ante un caso semejante, corresponderá al juez atender al mandato constitucional desoído por el legislador de garantizar el derecho de todas las personas a disponer de bienes y servicios de calidad, así como a una información adecuada y no engañosa sobre el contenido y características de los productos y servicios que consumen, a la libertad de elección y a un trato equitativo y digno (art. 117 CRBV).

Así, sobre la base de esta norma, de los derechos escuetamente enunciados en el artículo 7 de la Ley Orgánica de Precios Justos, y, en materia de medios de pago, de las Normas sobre protección de usuarios de los servicios financieros, el juez ha de ir más allá de las sanciones favorables al Estado establecidas por la Ley, y garantizar una verdadera y adecuada protección a los consumidores, incluso en los casos en que la relación de consumo se encuentre, por obra del sistema venezolano de Derecho internacional privado, sometida a un ordenamiento jurídico extranjero.

Finalmente, hemos de considerar que dentro de las relaciones de consumo hay situaciones en las cuales no participa un proveedor de bienes o servicios, sino que el prestador es otro consumidor. Nos referimos a las relaciones *Consumer-to-Consumer* (C2C), las cuales se caracterizan, justamente, por poner frente a frente a dos consumidores en los roles de comprador y vendedor. Esto genera cierto equilibrio entre ambas partes, pues, si bien frente a un proveedor de bienes o servicios, los consumidores detentan un menor poder de negociación, entre ellos no hay mucha diferencia, por lo que podemos preguntarnos en quién debe recaer la protección del ordenamiento jurídico y si deben aplicarse las limitaciones que se imponen en las relaciones B2C.

En nuestra opinión, no habría problema en reintroducir, en estos casos, el funcionamiento pleno de la autonomía de la voluntad, pues ambas partes estarán negociando en un plano de igualdad, y no pudiendo predicarse respecto de alguna de ellas cierta debilidad o fortaleza de una frente a la otra, no parece tener mucho sentido llamar a la aplicación de normas tuitivas en consideración a una vulnerabilidad que, en estos casos, ya no existe.

2. Adecuación a las características de las relaciones que nacen con ocasión del pago electrónico

Tal como hemos analizado en el capítulo II, la realización de un pago a través de un medio o instrumento electrónico supone el establecimiento de un haz de relaciones jurídicas, algunas de las cuales pueden tener carácter internacional. También hemos afirmado que estas relaciones tienen, en la gran mayoría de los casos, carácter contractual, por lo que resultarían aplicables las normas antes expuestas[872]. Sin embargo, además de ser necesario calificar cada relación como paritaria o de consumo, es importante destacar las características particulares de cada una, lo cual tiene, sin duda, un rol decisivo en la determinación del Derecho aplicable. Es el caso de las relaciones en las que interviene un banco, por ejemplo. Veamos algunos casos particulares.

a. Contrato entre el emisor del medio de pago y su titular

La determinación del Derecho aplicable al contrato que permite a una persona –el titular– realizar pagos a través de un instrumento electrónico puede verse fuertemente influenciada por la participación, por un lado, de un consumidor como titular del medio de pago y, por otro, de un banco en el rol de prestador de servicios de pago. En efecto, ambos elementos, tal como examinaremos con detalle, tienen gran influencia en el juego

---

872 Así lo ha afirmado, en el ámbito europeo: Mankowski, Peter, Internet und besondere Aspekte des internationalen Vertragsrechts (I), en: *Computer und Recht*, 1999, pp. 512 y ss., especialmente p. 519.

de las conexiones elegidas por el legislador para regular los contratos, sea limitando la operatividad de la autonomía conflictual, sea inclinando la balanza a favor de la aplicación de la Ley del banco en los casos de falta de elección, según sea el caso.

Además, hay otro elemento a considerar en el ámbito particular de la Unión Europea. Cuando la Directiva 2015/2366 delimita su propio ámbito de aplicación, dispone, en su artículo 2, que la misma regirá los servicios de pago dentro de la Unión. Por su parte, los títulos III y IV se aplicarán a operaciones de pago efectuadas en la moneda de un Estado miembro, cuando tanto el proveedor de los servicios de pago del ordenante como el proveedor de los servicios de pago del beneficiario, o el único proveedor de servicio de pago en una operación de pago, estén situados en la Unión.

Tengamos en cuenta que la Directiva 2007/64 parecía estar limitada a operaciones efectuadas en euros o en monedas distintas del euro, siempre que tuvieren curso legal en un Estado de la Zona Euro, incluso si la operación se verificaba fuera de ese espacio. De hecho, cuando Pieters y Broekaert enumeraron los servicios de pago excluidos del ámbito de aplicación de la Directiva derogada, hacían referencia a los pagos hechos en una moneda diferente de aquellas que tuvieren curso legal en el espacio económico europeo. Sin embargo, también reconocieron algunas excepciones, por ejemplo, el caso de la responsabilidad por operaciones no autorizadas en los casos que el instrumento de pago se hubiere perdido o lo hubieren robado. En estos supuestos, las normas correspondientes de la Directiva son aplicables a operaciones en todas las divisas. Ocurría algo semejante en el ámbito de aplicación particular de las disposiciones en materia de retardo en el cumplimiento y de fecha de valor[873].

---

873 Pieters y Broekaert, Les services de paiement: l'autorégulation, la directive et la loi..., ob. cit., pp. 20-21.

Esta situación, no obstante, cambio con la Directiva 2015/2366, cuyo artículo 2,3 admite la aplicación del Título III, salvo los artículos 45,1,b; 52,2,e; 52,5,g y 56,a, y el Título IV, salvo los artículos 89 y 92, «a las operaciones de pago efectuadas en una moneda que no sea la de un Estado miembro cuando tanto el proveedor de servicios de pago del ordenante como el proveedor de servicios de pago del beneficiario, o el único proveedor de servicios de pago que intervenga en la operación de pago, estén situados en la Unión». Además, en caso de operaciones de pago «en todas las monedas», cuando solo uno de los proveedores de servicios de pago estuviere situado en la Unión, se aplicarán el Título III, salvo los artículos 45,1, b; 52,2, e; 52,5,g y 56,a, y el Título IV, salvo los artículos 62,2 y 4; 76; 77; 81; 83,1; 89 y 92.

Ahora bien, en todo caso cabe preguntarse sobre la posible aplicación preferente de las normas que transponen la Directiva a los diferentes sistemas nacionales, en los casos vinculados con Estados partes de la Unión, sobre todo considerando que las normas que componen este instrumento comunitario, tal como comentáramos en el capítulo I, tienen como finalidad instrumentalizar el funcionamiento de la SEPA. Con lo cual el Reglamento Roma I se aplicaría a las relaciones que están fuera del ámbito de aplicación de la Directiva, con la dificultad adicional de que tal ámbito varía según las normas estatales.

Tomemos como ejemplo algunas de las leyes que resultaron de la transposición de la Directiva 2007/64. La Ley española se refiere a los servicios de pago prestados en territorio español[874]; la Ley belga conservó la disposi-

---

874 Art. 1,1, «El objeto de esta Ley es la regulación de los servicios de pago, relacionados en el apartado 2, que se presten en territorio español, incluyendo la forma de prestación de dichos servicios, el régimen jurídico de las entidades de pago, el régimen de transparencia e información aplicable a los servicios de pago, así como los derechos y obligaciones respectivas tanto de los usuarios de los servicios como de los proveedores de los mismos».

ción de la Directiva 2007/64 al referirse al espacio de la Unión Europea[875], y la ZAG alemana no contiene disposición al respecto, pero su contenido no permite llegar a una conclusión diferente.

En concreto, la pregunta sería si un contrato celebrado entre un usuario en España y un prestador de servicios de pago en Alemania está o no sujeto a las disposiciones del Reglamento Roma I o si las leyes de transposición, en tales casos, se aplican con preferencia al Reglamento o, al contrario, solo en caso de que este último indique como competente la Ley de ese Estado. Una respuesta acorde con el funcionamiento del sistema europeo parece favorecer la segunda alternativa, pues los reglamentos tienen aplicación preferente frente a las normas que resultan de la transposición de las Directivas.

En tal sentido, el artículo 23 del Reglamento Roma I dispone que «Con excepción del artículo 7, el presente Reglamento se entenderá sin perjuicio de la aplicación de disposiciones del Derecho comunitario que, en materias concretas, regulen las normas de conflicto de leyes relativas a las obligaciones contractuales». Se ha entendido que la expresión «disposiciones del Derecho comunitario» incluye tanto otros reglamentos, como directivas, pero el Reglamento solo cede ante normas de conflicto –no ante normas materiales– que regulen obligaciones contractuales específicas. Tratándose de directivas, el ejemplo recurrente es precisamente la relación con consumidores[876], según veremos de seguidas. Mas ratificamos: si no se trata de normas de conflicto, el artículo 23 no es aplicable, lo cual implica

---

875 Art. 3,1 «*La présente loi est applicable aux services de paiement, dans la mesure où tant le prestataire de services de paiement du payeur que celui du bénéficiaire, ou l'unique prestataire de services de paiement intervenant dans l'opération de paiement, sont situés dans l'Union européenne et les services de paiement sont offerts en vente en Belgique*».
876 Martiny, Dieter, VO (EG) 593/2008, Artikel 23, Verhältnis zu anderen Gemeinschaftsrechtsakten, en: *Münchener Kommentar zum Bürgerlichen Gesetzbuch*, München, C.H. Beck, 5. Auflage, 2010, Rn 7-10.

que las normas resultantes de la transposición de Directivas, solo serán aplicables a casos de Derecho internacional privado, cuando así lo indique la norma de conflicto.

El sistema no plantearía grandes inconvenientes si las partes eligen el Derecho de un Estado parte, o si, ante la ausencia de elección, el juez determina que tal sistema es competente, pues las normas materiales que han resultado de la transposición de la Directiva serían aplicadas. Los problemas se presentarían más bien cuando resulte competente el Derecho de un tercer Estado, pues su aplicación podría privar a las partes de la protección dada por el Derecho comunitario. Por tal razón, el propio sistema se ha blindado en algunas materias.

Es lo que ocurre, según hemos adelantado, con las Directivas que regulan materias relativas a las relaciones con consumidores. Por ejemplo, el artículo 12,2 de la Directiva 97/7, disponía que «Los Estados miembros adoptarán las medidas necesarias para que el consumidor no quede privado de la protección que otorga la presente Directiva por la elección del Derecho de un país tercero como Derecho aplicable al contrato, cuando el contrato presente un vínculo estrecho con el territorio de uno o más Estados miembros». El artículo 6,2 de la Directiva 93/13 contiene una norma idéntica.

Esa solución se vio reforzada por la interpretación prejudicial que hiciera el Tribunal de Justicia de la Unión Europea en el caso Ingmar, resuelto el 9 de noviembre de 2000[877]. En este asunto se decidió lo relativo a la normativa aplicable a las indemnizaciones debidas por la terminación de un contrato de agencia, celebrado entre una sociedad con domicilio en el Reino

---

877 TJCE, Asunto C-381/98, 09/11/2000, Ingmar GB Ltd. vs. Eaton Leonard Technologies Inc., en: http://curia.europa.eu/juris/showPdf.jsf;jsessionid=9ea7d2dc30d6fa3369edf81d43c1b1e5ef63750306b2.e34KaxiLc3qMb40Rch0SaxuOa310?text=&docid=45788&pageIndex=0&doclang=ES&mode=lst&dir=&occ=first&part=1&cid=75431 (29.11.2016).

Unido y otra con domicilio en California. Las partes eligieron, para regir el contrato, el Derecho del estado de California. En concreto se discutió la aplicación de las normas inglesas de transposición de la Directiva 86/653/CEE del Consejo, de 18 de diciembre de 1986, relativa a la coordinación de los Derechos de los Estados miembros en lo referente a los agentes comerciales independientes[878].

Así, el Tribunal destacó el carácter imperativo de las normas de protección a los agentes comerciales que actúan en el ámbito de la Unión, por lo que las mismas no pueden ser desplazadas por el ordenamiento jurídico de un tercer Estado, aunque haya sido elegido por las partes. A través de la protección de tales agentes, se afirma en la decisión, se protege la libertad de establecimiento y el juego de una competencia no falseada en el mercado interior, y el cumplimiento de tales normas es necesario para conseguir estos objetivos. Un razonamiento semejante puede aplicarse, sin duda, en materia de consumidores, según veremos más adelante a través de las cláusulas utilizadas por PayPal.

Pero, incluso en los supuestos en que se aplica el Derecho interno de un Estado parte, las normas que transponen la Directiva deberán ceder en algunos casos. Alter, por ejemplo, refiere tres supuestos en los que los principios del Derecho común prevalecerán sobre las disposiciones de la Ley que transpuso la Directiva 2007/64 al Derecho belga. Así, el autor se refiere, en primer lugar, a los procesos en curso relativos a las operaciones de pago ejecutadas antes de la entrada en vigencia de la Ley; en segundo término, las operaciones de pago que presentan elementos de extranjería con respecto a la Unión Europea, por lo que algunas o todas las disposiciones de la Ley serán descartadas, y, finalmente, las operaciones de pago concluidas con un usuario que no sea consumidor, lo cual permite

---

[878] http://eur-lex.europa.eu/legal-content/ES/TXT/PDF/?uri=CELEX:31986L0653&from=ES (29.11.2016).

a las partes excluir algunas disposiciones⁸⁷⁹. Recordemos que, con relación al último de los tres casos citados, el artículo 30,1 de la Directiva 2007/64 y el artículo 38,1 de la Directiva 2015/2366 admiten tal posibilidad.

En la actualidad, de hecho, la Directiva 2011/83 solo hace referencia a la imperatividad de sus normas para los contratos sometidos al Derecho de un Estado europeo. En tal sentido, el artículo 25 de este instrumento dispone que, si la legislación aplicable al contrato es la de un Estado miembro, el consumidor no podrá renunciar a los derechos que le confieran las disposiciones nacionales de transposición de la Directiva, y concluye estableciendo que «Toda disposición contractual que excluya o limite directa o indirectamente los derechos conferidos por la presente Directiva no vinculará al consumidor».

Con este panorama podemos concluir, en primer término, la limitación de las normas que resulten de la transposición de las Directivas europeas a aquellos casos en que sea aplicable el Derecho de un Estado de la Unión, y, en segundo término, la irrenunciabilidad, en tales casos, de las normas de protección a los consumidores, con relación a las cuales, su exclusión no vincula al consumidor. El que las mismas sean consideradas no vinculantes para el consumidor implica que, de alguna manera, estas cláusulas se consideran como no escritas, de manera que el contrato mantiene su validez ignorando absolutamente estas disposiciones⁸⁸⁰. Aunque el efecto sería el mismo, llama la atención que la norma no considere nula una

---

879 Ver: Alter, *Droit bancaire général...*, ob. cit., p. 248.
880 Que una cláusula se repute como no escrita implica que el contrato se mantenga vivo, eliminando de pleno derecho sus cláusulas irregulares. Ver: voz «réputée non écrite (clause)», en: *Vocabulaire juridique*, (G. Cornu, Dir.), París, Presses Universitaires de France, 2011, p. 180. Ver también: Gabriel Rivera, José Luis, Las cláusulas reputadas «no puestas» o «no escritas»: rescatando un concepto del olvido (Apuntes exclusivamente históricos), en: *Advocatus, Revista de los alumnos de la Facultad de Derecho de la Universidad de Lima*, 2012, N.º 27, pp. 439 y ss.

exclusión semejante, sino que simplemente la entienda como no escrita, estableciendo, de alguna manera, su inexistencia. En los demás supuestos, es decir, cuando resulte involucrado el ordenamiento jurídico de un tercer Estado, se aplicará el sistema conflictual.

Ahora bien, de manera general ha de entenderse que, al aplicarse el sistema conflictual, su funcionamiento deberá considerar dos circunstancias que influenciarían la aplicación de las normas generales sobre Derecho aplicable al contrato: la intervención de un banco como prestador de servicios de pago y la intervención de un consumidor como titular del instrumento de pago. Teniendo siempre en cuenta que la calificación de un contrato como bancario tiene un carácter eminentemente subjetivo, en el sentido de que dependerá de la participación de un banco como prestador de servicios de pago y, por otra parte, su consideración como relación de consumo pasa, necesariamente, por su confrontación con el concepto que, en primer término, tenga de este tipo de relaciones el ordenamiento jurídico del juez que conoce de la causa. Tal como hemos comentado en el capítulo II, habría que determinar, según el caso, si el titular contrata el instrumento de pago como destinatario final o para fines ajenos a su actividad profesional.

a.1. Autonomía conflictual limitada: contratos de consumo

Tal como hemos adelantado, si el titular del instrumento de pago es su destinatario final –según la concepción mayoritaria en América Latina y en Venezuela– o si utilizara tal instrumento para fines ajenos a su actividad económica, comercial o profesional –tal como se admite en el ámbito europeo–, la admisión de la autonomía conflictual sufre algunas alteraciones, sea con limitaciones *a priori* derivadas de la propia norma indirecta, sea con el funcionamiento de las excepciones generales a la aplicación del Derecho extranjero.

En efecto, ya hemos comprobado que, a nivel europeo, la autonomía conflictual se ve modificada cuando se trata de contratos de consumo, de manera que las partes podrán elegir el Derecho aplicable al contrato, siempre que tal elección no implique la pérdida de la protección que le proporciona al consumidor la Ley del lugar de su residencia habitual (art. 6,2 Reglamento Roma I). En Venezuela, en cambio, se aplicarían las normas sobre Derecho aplicable a los contratos, lo cual implica una admisión de la autonomía conflictual (arts. 7 CIDACI y 29 LDIPV) y, en su caso, del principio de proximidad (arts. 9 CIDACI y 30 LDIPV), con el único limitante de las excepciones generales a la aplicación del derecho extranjero, es decir, las normas de aplicación necesaria (arts. 11 CIDACI y 10 LDIPV) y el orden público (arts. 18 CIDACI y 8 LDIPV).

Estas formas diversas de enfrentar el problema se reflejan en las cláusulas que ofrecen, en las diversas regiones, los prestadores de servicios de pago electrónico. Tomemos como ejemplo el caso de PayPal, prestador de servicios de pago que ha adaptado sus términos y condiciones de uso a las exigencias legales de las diversas regiones en las que presta sus servicios. Generalmente, tales exigencias tienen que ver con las normas sobre protección de los consumidores.

Así, cuando se suscribe una cuenta personal PayPal desde Venezuela o, en general, desde cualquier país de América Latina, a excepción de Brasil, se acepta la cláusula 12,3 del *User Agreement for PayPal Services*, de acuerdo con la cual «*This Agreement shall be governed in all respects by the laws of Singapore as such laws are applied to agreements entered into and to be performed entirely within Singapore, without regard to conflict of law provisions*»[881]. En la citada disposición –que no hace referencia alguna al caso de los consumidores– se elige sin más el Derecho de Singapur y se excluye toda aplicación de las normas sobre conflicto de leyes. En el caso venezolano, la situación es mucho más grave, puesto que, como hemos afirmado,

---

881 https://cms.paypal.com/ar/cgi-bin/?cmd=_render-content&content_ID=ua/UserAgreement_full&locale.x=es_XC#12 (29.11.2016).

lamentablemente en la actualidad no hay un sistema de protección a los consumidores y la tarea quedará en manos del juez.

En América Latina destaca, no obstante, el caso de Brasil. De acuerdo con la parte final de la cláusula 12,2 del *Contrato do Usuário do PayPal*, «*Este Contrato é regido em todos os aspectos pelas leis do Brasil*». Este es el único supuesto en el cual se elige un Derecho diferente del vigente en Singapur. Sin embargo, ciertamente llama la atención, pues, de acuerdo con el artículo 9,2 de la Ley de Introducción al Código Civil brasileño, «*Para qualificar e reger as obrigações, aplicar-se-á a lei do país em que se constituirem. § 2º A obrigação resultante do contrato reputa-se constituida no lugar em que residir o proponente*» y, según ha admitido la doctrina, es el proveedor el que redacta y determina la propuesta, por lo cual, los formularios y la propia publicidad realizada por el proveedor profesional determinan que la oferta de consumo sea, en la actualidad, generalmente realizada por el proveedor[882]. Así, las cosas, sería aplicable, por regla general, el Derecho del proveedor del servicio y, en este caso, ocurre justamente lo contrario. Quizá la magnitud del mercado brasileño haya hecho ceder a PayPal en la elección del Derecho aplicable a sus términos y condiciones de uso.

En el caso europeo, el sistema comunitario tiene un fuerte régimen de protección a los consumidores, tanto que, tal como hemos visto, en esta materia se ha aceptado la supremacía de las normas de protección al consumidor por encima del propio Reglamento Roma I (arts. 6,2 Directiva 93/13 y 25 Directiva 2011/83). Atendiendo a estas características, PayPal ha adaptado sus cláusulas de manera de garantizar la aplicación del Derecho inglés, a través del cual se colará la normativa europea de protección a los consumidores. Además, estas cláusulas –según analizaremos *infra*– se suelen acompañar con disposiciones acerca de la jurisdicción, garantizando,

---

882 Lima Marques, A insuficiente proteção do consumidor nas normas de Direito internacional privado..., ob. cit., p. 122.

de cierta manera, la procedencia de los foros de protección que le permitan al consumidor hacer valer sus derechos como consumidor europeo.

Así puede verse, por ejemplo, en la cláusula 14,3 del *User Agreement for PayPal Service* para la Unión Europea, en la cual se dispone que «*This Agreement and the relationship between us shall be governed by English law*». Además, luego de disponer la jurisdicción no exclusiva de los tribunales ingleses, la cláusula ratifica que «*English law will apply in all cases*»[883]. Los términos y condiciones de uso que contiene esta cláusula se aplican a todos los Estados de la Unión Europea, a excepción de Alemania, Austria, Bélgica, España, Francia, Italia, Países Bajos, Polonia, Suiza y el Vaticano. Sin embargo, en algunos de estos países, la cláusula de elección del Derecho aplicable es idéntica. Es el caso de Bélgica[884], España[885], Italia[886], Países Bajos[887] y Polonia[888].

La cláusula 16 del acuerdo de uso para Suiza se ajusta más bien a la regla aplicada en Latinoamérica, de manera que «*This Agreement is governed*

---

883 https://www.paypal.com/ie/webapps/mpp/ua/useragreement-full?locale.x=en_IE#14 (29.11.2016).

884 Cláusula 14,3: «*Ce Contrat et notre relation clientèle sont régis par la loi anglaise*». Ver: https://www.paypal.com/be/webapps/mpp/ua/useragreement-full?locale.x=fr_BE#14 (29.11.2016).

885 Cláusula 14,3: «Estas Condiciones de uso y la relación entre nosotros los regirá la ley de Inglaterra» https://www.paypal.com/es/webapps/mpp/ua/useragreement-full (29.11.2016).

886 Cláusula 14,3: «*Le presenti Condizioni d'uso e la relazione tra l'utente e PayPal sono regolati dalla legge inglese*». Ver: https://www.paypal.com/it/webapps/mpp/ua/useragreement-full?locale.x=it_IT#14 (29.11.2016).

887 Cláusula 14,3: «*This Agreement and the relationship between us shall be governed by English law*». Ver: https://www.paypal.com/nl/webapps/mpp/ua/useragreement-full?locale.x=en_NL#14 (29.11.2016).

888 Cláusula 14,3: «*This Agreement and the relationship between us shall be governed by English law*». Ver: https://www.paypal.com/pl/webapps/mpp/ua/useragreement-full?locale.x=en_PL#14 (29.11.2016).

by and interpreted under the laws of Singapore as such laws are applied to agreements entered into and to be performed entirely within Singapore»[889].

En Alemania, por su parte, la cláusula 14,1 de las *PayPal-Nutzungsbedingungen* va más allá, y luego de admitir la elección del Derecho inglés para regir el contrato, dispone que los derechos de protección de los consumidores alemanes no se verán afectados por esta elección. En efecto, de acuerdo con la cláusula citada, «*Für die vorliegende Vereinbarung und das zwischen uns bestehende Rechtsverhältnis gilt das Recht von England und Wales… Ihre deutschen Verbraucherschutzrechte sowie Ihr Recht, gerichtliche Verfahren vor Luxemburger Gerichten einzuleiten, bleiben von dieser Regelung unberührt*»[890]. En el caso de Austria hay una disposición similar[891].

El caso francés es bien particular, pues de acuerdo con la cláusula 14,3 de las *Conditions d'utilisation du Service PayPal*, «*Le présent Contrat et la relation qui nous unit sont régis par la loi anglaise. Cependant, si vous êtes un client, aucune disposition du présent Contrat ne vous privera de la protection qui vous est accordée conformément à la législation française d'ordre public (en particulier les lois définissant les droits des consommateurs). Plus spécifiquement, aucune disposition du présent Contrat n'exclura ou ne limitera de toute autre manière la responsabilité de PayPal vis-à-vis de vous en tant que consommateur. (La responsabilité de PayPal vis-à-vis de vous en tant que consommateur peut uniquement être limitée ou exclue dans les cas stipulés par*

---

889 https://www.paypal.com/ch/webapps/mpp/ua/useragreement-full?locale.x=en_CH#16 (29.11.2016).
890 https://cms.paypal.com/de/cgi-bin/marketingweb?cmd=render-content&contentID=ua/UserAgreementfull (29.11.2016).
891 Cláusula 14,3: «*Für die vorliegende Vereinbarung und das zwischen uns bestehende Rechtsverhältnis gilt das Recht von England und Wales… Ihre österreichischen Verbraucherschutzrechte sowie Ihr Recht, gerichtliche Verfahren vor Luxemburger Gerichten einzuleiten, bleiben von dieser Regelung unberührt*». Ver: https://www.paypal.com/at/webapps/mpp/ua/useragreement-full?locale.x=de_AT#14 (29.11.2016).

la loi.)»⁸⁹². De esta cláusula destaca el uso del orden público *a posteriori*, salvo en el caso de las limitaciones a la responsabilidad que solo pueden ser impuestas por Ley. En los demás casos, los derechos de los consumidores reconocidos por la legislación francesa, tendrán aplicación si estos términos y condiciones de uso llegaran a privar a los consumidores de los mismos.

Ahora bien, podemos también citar el caso de Paybox. En tal sentido, la cláusula 20,1 de las *allgemeine Geschäftsbedingungen der Paybox Bank AG für das Produkt Paybox* para Austria dispone la aplicación del Derecho austriaco —«*Das Vertragsverhältnis zwischen dem Kunden und der Paybox Bank unterliegt österreichischem Recht*». Luego de acompañar esta disposición por una sumisión a los tribunales de Viena, la misma, en su segundo párrafo, dispone que tales reglas no serán aplicables a las acciones ejercidas por o en contra de un consumidor, de acuerdo con las normas de protección de los consumidores, cuando este tuviere su domicilio o residencia habitual en Austria o se encontrare trabajando allí⁸⁹³.

Desde luego, en los acuerdos de servicios a comerciantes, no se toman tantos cuidados. Así, por ejemplo, la cláusula 16,a del *PayPal Website Payments Pro and Virtual Terminal Agreement*, dispone que el mismo «... *shall be governed in all respects by the laws of the State of California, without regard to conflict of law provisions*»⁸⁹⁴. Por su parte, según la cláusula 9 del *PayPal Website Payments Standard Agreement: Premium Services*, «*This Agreement is governed by English Law*»⁸⁹⁵.

Destaquemos, dentro de esta categoría, la cláusula sobre Derecho aplicable contenida en el *Commercial Entity Agreement with JP Morgan Chase* de

---

892 https://www.paypal.com/fr/webapps/mpp/ua/useragreement-full?locale.x=fr_FR#14 (29.11.2016).
893 http://www.paybox.at/download/paybox_AGB_Januar_2014_Fassung_II_02_01_2014.pdf (29.11.2016).
894 https://www.paypal.com/us/webapps/mpp/ua/provt-full (29.11.2016).
895 https://www.paypal.com/uk/webapps/mpp/ua/erpagreement-full#9 (29.11.2016).

PayPal[896]. La cláusula 8 de este acuerdo dispone que «*Governing law with respect to this CEA shall be determined in accordance with the laws of the State of New York*». Llama en ella la atención que no parece haber una elección directa del Derecho del estado de Nueva York, sino de la forma en que este ordenamiento determina el Derecho aplicable, es decir, parece llamar a la aplicación de normas de conflicto, con lo cual daría entrada a la figura del reenvío, institución generalmente excluida en materia contractual.

a.2 Derecho aplicable a falta de elección
a.2.1. Derecho del prestador del servicio de pago

Cuando las partes no han elegido el Derecho aplicable al contrato, corresponderá al juez su determinación sobre la base de las reglas que le da su propio sistema. Sin embargo, hemos de reconocer que, vista la naturaleza del servicio de pago, la necesidad de seguridad y el deseo del prestador de servicios de pago, que realiza su actividad en masa, de ver sometida su actividad a un solo Derecho –generalmente el suyo propio–, independientemente del sistema que rige a sus usuarios, es poco probable que los términos y condiciones de uso de los diversos servicios no contengan una cláusula de elección de un Derecho determinado, frecuentemente acompañada de una cláusula de elección de foro.

En esta conducta también influye la existencia del deber de información que recae en cabeza del prestador. En efecto, cuando la Directiva 2015/2366 refiere las informaciones que, sobre la resolución de litigios, debe dar el prestador de servicios de pago al usuario, destaca expresamente el deber de informar sobre «… las cláusulas contractuales, si las hubiere, relativas a la ley aplicable al contrato marco…» (art. 52,7,a).

Si a pesar de estas consideraciones, no se hubiera elegido el Derecho aplicable y se tratase de un contrato de consumo, es generalmente aceptada una natural inclinación hacia la aplicación del Derecho de la residencia

---

896 https://www.paypal.com/us/webapps/mpp/ua/ceagreement-full (29.11.2016).

habitual del consumidor. Tal aplicación se produce, en el ámbito europeo, por disposición expresa del artículo 6,1 del Reglamento Roma I y, en el ámbito interamericano, por la consideración de un elemento teleológico —protección del consumidor— a la hora de concretizar el Derecho del Estado con el cual el contrato se encuentra más estrechamente vinculado, de conformidad con los artículos 10 de la Convención Interamericana sobre Derecho Aplicable a los Contratos Internacionales y 30 de la Ley venezolana de Derecho internacional privado.

Ahora bien, si quien contrata con el prestador de servicios de pago no es un consumidor se desata, desde luego, una reacción diferente del sistema conflictual, pues generalmente va a preferirse, al menos en el ámbito europeo, la aplicación del Derecho de quien realiza la prestación característica. En el ámbito interamericano, el Derecho aplicable dependerá de las consideraciones que realice el juez para llegar al Derecho más vinculado con el contrato, lo cual depende, como hemos afirmado, de una agrupación de contactos sin descartar, desde luego, el tema de la prestación característica como un criterio a tomar en cuenta para determinar ese ordenamiento más vinculado.

Bien, por lo que respecta al Reglamento Roma I, a falta de designación del Derecho aplicable, y partiendo de la calificación de esta relación como un contrato de servicios, sería aplicable el artículo 4,1,b, norma según la cual «... el contrato de prestación de servicios se regirá por la ley del país donde el prestador del servicio tenga su residencia habitual». La elección de este factor de conexión obedeció a la necesidad de favorecer a la parte que genera la riqueza —en este caso el prestador del servicio—, quien, entre otras ventajas, podrá ver todos sus contratos internacionales sometidos a la misma legislación[897]. En efecto, en el caso de los servicios, el legislador

---

897 Calvo Caravaca y Carrascosa González, Capítulo III. Derecho aplicable al contrato internacional..., ob. cit., pp. 189-190.

comunitario prefirió favorecer al prestador, antes que favorecer a la parte débil, como lo hizo, por ejemplo, en el caso de la franquicia o el contrato de distribución[898].

Además, en esta disposición, en la que Martiny[899] reconoce una nueva conexión específica que contribuye a una mayor seguridad jurídica y «... menores costes conflictuales globales»[900], también destacan los problemas vinculados a una cierta rigidez de la conexión –aunque esta característica es suavizada por la cláusula de escape consagrada por el artículo 4,3 del propio Reglamento– y a la necesidad de calificación del contrato de servicios.

Ante el silencio en relación con el concepto de servicio, la doctrina recomienda evitar el recurso a los conceptos del Derecho estatal y acudir más bien a una calificación autónoma[901]. Tal definición puede construirse con ayuda de la guía brindada por el artículo 57 del Tratado de Funcionamiento de la Unión Europea[902] y el artículo 4,1 de la Directiva 2006/123/CE del Parlamento Europeo y del Consejo de 12 de diciembre de 2006, relativa a los servicios en el mercado interior[903].

---

898 Ver: Bonomi, Andrea, The Rome I Regulation on the Law applicable to contractual obligations - Some general remarks, en: *Yearbook of Private International Law*, 2008, Vol. 10, pp. 165 y ss., especialmente p. 175.

899 Martiny, Dieter, VO (EG) 593/2008, Art. 4 Mangels anzuwendes Recht, en: *Münchener Kommentar zum Bürgerlichen Gesetzbuch*, München, C.H. Beck, 5. Auflage, 2010, Rn 16.

900 Ver: Calvo Caravaca, Alfonso Luis y Javier Carrascosa González, *Derecho internacional privado*, Granada, Comares, 12.ª ed., 2011, Vol. II, p. 666.

901 Seguiremos en este punto a: Ferrari, Franco, Eva-Maria Kieninger, Peter Mankowski, Karsten Otte, Ingo Saenger, Götz Schulze y Ansgar Staudinger, *Internationales Vertragsrechts. Rom I-VO. CISG. CMR. FactÜ*, München, Verlag C.H. Beck, 2012, pp. 69-70.

902 http://eur-lex.europa.eu/legal-content/ES/TXT/PDF/?uri=CELEX:12012E/TXT&from=ES (29.11.2016).

903 http://eur-lex.europa.eu/LexUriServ/LexUriServ.do?uri=OJ:L:2006:376:0036:0068:es:PDF (29.11.2016).

De conformidad con la primera de las normas citadas, «... se considerarán como servicios las prestaciones realizadas normalmente a cambio de una remuneración, en la medida en que no se rijan por las disposiciones relativas a la libre circulación de mercancías, capitales y personas. Los servicios comprenderán, en particular: a) actividades de carácter industrial; b) actividades de carácter mercantil; c) actividades artesanales; d) actividades propias de las profesiones liberales». El artículo 4,1 de la Directiva 2006/123 dispone, por su parte, que servicio es «... cualquier actividad económica por cuenta propia, prestada normalmente a cambio de una remuneración». En los considerandos de la Directiva se añade que a los fines de la «... la libertad de establecimiento y la libre circulación de servicios» debe tratarse de actividades que «... estén abiertas a la competencia...». Tal delimitación obedece a que no debe obligarse a los Estados miembros «... ni a liberalizar servicios de interés económico general ni a privatizar entidades públicas que presten este tipo de servicios, ni a abolir los actuales monopolios para otras actividades o determinados servicios de distribución».

No debemos dejar de lado que el Considerando N.º 17 del Reglamento Roma I ordena su calificación, de conformidad con lo dispuesto por el artículo 5,1,b, segundo guion del Reglamento 44/2001 –hoy artículo 7,1,b del Reglamento 1215/2012–, por lo que resulta de vital importancia lo resuelto por el Tribunal de Justicia de la Unión Europea en el caso Falco Privatstiftung y Thomas Rabitsch contra Gisela Weller-Lindhorst, en fecha 23 de abril de 2009[904]. En este caso, al plantearse la necesidad de determinar si el contrato de licencia de propiedad intelectual, podría calificarse o no como un contrato de servicios, el sentenciador afirmó que «... el concepto de servicios implica, como mínimo, que la parte que los presta lleve a cabo una determinada actividad como contrapartida de una remuneración»[905].

---

904 TJCE Asunto C-533/07, 23/04/2009, caso Falco Privatstiftung y Thomas Rabitsch contra Gisela Weller-Lindhorst, en: http://curia.europa.eu/juris/document/document.jsf?docid=77990&doclang=ES (29.11.2016).

905 En su decisión el tribunal concluyó que el contrato de licencia de propiedad intelectual no es un contrato de servicios, pues «... mediante tal contrato, el

Ahora bien, habiendo sido calificado el servicio de pago como una «actividad empresarial» –para usar los términos de la Directiva 2015/2366– es indudable la aplicabilidad del artículo 4,1,b del Reglamento Roma I al contrato celebrado entre el titular del medio de pago y el prestador del servicio. Así, no habiendo elección del Derecho aplicable o resultando esta inválida, tal contrato se verá sometido al Derecho del Estado donde el prestador de servicios de pago tenga su residencia habitual.

Siendo que los prestadores de servicios de pago son personas jurídicas, es necesario considerar la calificación que de la conexión residencia habitual hace el propio Reglamento Roma I. En efecto, en aras de favorecer la necesaria seguridad jurídica (Considerando N.º 39), el encabezamiento del artículo 19,1 establece que las personas jurídicas tendrán su residencia habitual en el lugar donde esté localizada su administración central. Garcimartín Alférez destaca que el Reglamento Roma I se decanta por un criterio único, la administración central. A diferencia del artículo 60 del Reglamento 44/2001–hoy, artículo 63 del Reglamento 1215/2012–, que se refiere también a la «sede estatutaria» y al «centro de actividad principal». Sin embargo, lamentablemente, el Reglamento Roma I no califica lo que ha de entenderse por centro de actividad principal. Por ello, el citado autor reconoce la conveniencia de tener en cuenta el Considerando N.º 13 del Reglamento (CE) N.º 1346/2000 del Consejo de 29 de mayo de 2000 sobre procedimientos de insolvencia[906], el cual, aunque hace referencia a un concepto formalmente diferente (el centro de los intereses

---

       titular del derecho cedido se obliga, frente a la otra parte contratante, únicamente a no impugnar la explotación de dicho derecho por este último. Como destacó la Abogado General en el punto 58 de sus conclusiones, el titular del derecho de propiedad intelectual no lleva a cabo ninguna prestación al ceder la explotación y solamente se obliga a permitir a la otra parte contratante que explote libremente el referido derecho».

906 http://eur-lex.europa.eu/LexUriServ/LexUriServ.do?uri=OJ:L:2000:160:0001:0018:es:PDF (29.11.2016).

principales del deudor), pueden ser de ayuda en la resolución de casos difíciles[907]. De conformidad con el referido Considerando, «El centro principal de intereses debería corresponder al lugar donde el deudor lleve a cabo de manera habitual la administración de sus intereses y que, por consiguiente, pueda ser averiguado por terceros».

Además, conforme al artículo 19,2 del Reglamento Roma I, si el contrato hubiere sido celebrado por «… una sucursal, agencia o cualquier otro establecimiento, o si, según el contrato, la prestación debe ser realizada por tal sucursal, agencia o establecimiento, se considerará residencia habitual el lugar en el que dicha sucursal, agencia u otro establecimiento esté situado». La norma finaliza con una solución a los conflictos móviles, impidiendo que los mismos se produzcan al disponer que se considerará la residencia habitual del prestador al momento de la celebración del contrato (art. 19,3).

Por lo que respecta al sistema interamericano, reiteramos la libertad de que dispone el juez para la aplicación del principio de proximidad y para determinar, a través de este, el Derecho más vinculado con el contrato, cuando las partes no hayan designado un ordenamiento competente o lo hayan hecho de manera ineficaz. No puede decirse que tal ordenamiento se traduzca, necesariamente, en aquel en el cual tenga su asiento la parte que deba cumplir con la prestación característica, pues este sería, más que un elemento determinante, un criterio más a tomar en cuenta.

Tengamos en cuenta que, aunque la Convención de México partió del modelo del entonces vigente Convenio de Roma, fundamentado en el concepto de prestación característica, el convenio interamericano se separó del europeo, según reporta Albornoz, debido a que la solución de este último favorece la aplicación de la Ley del profesional –lo cual se evidencia particularmente, en materia de servicios–, y tal solución no resulta del todo

---

907 Ver: Garcimartín Alférez, The Rome I Regulation…, ob. cit., p. 69.

adecuada para los países en vías de desarrollo, donde los usuarios de servicios generalmente los contratan con operadores económicos de los países desarrollados[908].

Aunque, hasta el momento, no tenemos conocimiento de alguna decisión emanada de los tribunales venezolanos que haya aplicado el principio de proximidad, hemos de reconocer que, ante una relación de consumo, el juez se sentirá tentado a aplicar el Derecho personal consumidor y, en el caso de las relaciones paritarias, sin tener un elemento teleológico a mano, tenderá a favorecer la agrupación de contactos, de manera de favorecer la aplicación de la Ley del lugar en el cual se encuentren localizados la mayoría de los elementos del contrato.

a.2.2. Aplicación de la *Lex bancae*

Cuando el prestador de servicios de pago es un banco –lo cual hace que, tal como lo admiten la gran mayoría de los sistemas en Derecho comparado, el contrato pueda ser calificado como bancario– ciertas particularidades se presentan durante el proceso de determinación del Derecho aplicable, pues, como veremos de seguidas, la Ley del banco ejerce cierta atracción sobre la relación, que solo se vería perturbada por la presencia de un consumidor.

No obstante la opinión favorable de buena parte de la doctrina por una regulación autónoma de estos supuestos[909], el Derecho conflictual ha mantenido,

---

908 Albornoz, Une relecture de la Convention interaméricaine sur la loi applicable aux contrats internationaux..., ob. cit., p. 27.
909 Así lo estima Stoufflet, en cuya opinión, la participación del banco en un contrato hace que el mismo adquiera una fisionomía particular, que exige una particular determinación del Derecho aplicable, sobre todo, en los casos en que las partes no lo han elegido. Ver: Stoufflet, Jean, Les conflits de lois en matière de crédits bancaires, en: *Travaux du Comité français de Droit international privé*, París, Editions A. Pedone, 1967, p. 207.

hasta hoy, cierto silencio frente a los contratos bancarios. En todo caso, ante tal silencio, estas relaciones contractuales se encuentran expuestas a las reglas generales sobre Derecho aplicable a los contratos internacionales, con lo cual, tal como hemos expuesto antes, tanto en el ámbito europeo como en el interamericano, el contrato estará sometido al Derecho elegido por las partes.

Mas la inconveniencia de la aplicación de las reglas generales a los contratos bancarios se pone de manifiesto en los casos en los cuales las partes no han elegido el ordenamiento competente para regir el contrato, debido a la posible inadecuación de las conexiones supletorias elegidas por los diversos sistemas. En efecto, siguiendo el planteamiento de Checa Martínez[910], ha de considerarse que son dos las maneras en que el sistema de Derecho internacional privado reacciona ante la necesidad de regular los contratos bancarios. En primer término, si los criterios de conexión utilizados por un ordenamiento jurídico determinado son lo suficientemente flexibles, el operador jurídico puede interpretarlos y, atendiendo a la naturaleza y características de la contratación bancaria, llegar a una solución adaptada al caso concreto.

Si, por el contrario, las conexiones utilizadas tienen carácter rígido, de manera que no puedan ser adaptadas al supuesto concreto, «... se impone la elaboración de una norma de conflicto especial, que permita una mejor localización de la relación obligatoria en función de los intereses específicamente relevantes». Cada sistema determinará –añade el propio autor– si tal elaboración solo puede proceder por vía legislativa o si pudiera estar en manos del juez.

Checa Martínez, haciéndose eco de la opinión de Vischer –en el sentido de favorecer el desarrollo jurisprudencial de las decisiones aunque ello

---

910 Checa Martínez, Miguel, *El crédito documentario en el Derecho del comercio internacional*, Madrid, Edit. Beramar, 1994, pp. 184-185.

suponga cierta renuncia o debilitación de la seguridad jurídica[911]– concluye que «La respuesta a las expectativas de las partes y al conflicto de intereses que pueda existir entre las mismas deberá venir dada para cada tipo contractual en virtud de un proceso particularizado de localización, de modo que las reglas generales de localización puedan ser concretadas mediante "subreglas" o excepcionadas en los supuestos en que los criterios de conexión relevantes conforme al análisis de los intereses en conflicto conduzcan a otra localización». Así las cosas, entraría en juego el principio de proximidad, un criterio flexible, cuya interpretación podría conducir a una solución ajustada a las particularidades del sector bancario[912].

Ahora bien, la contratación en masa que resulta del desarrollo de la actividad bancaria es también un importante elemento a considerar. En efecto, tal como afirmamos antes, existe una especie de exigencia práctica para que los contratos celebrados en masa estén sometidos a un ordenamiento único. Se trata de una exigencia económica de uniformidad jurídica. Someter al banco a la Ley del cliente podría resultar impracticable y obligaría al banco a verificar el contenido de cada ordenamiento jurídico, calcular sus riesgos jurídicos y afrontar los costos de la operación, los cuales repercutirán, en definitiva, en el propio cliente[913].

De allí que se prefiera la aplicación del Derecho del banco, lo cual sería menos perturbador para la propia relación. Recordemos que, de conformidad con el llamado principio de la menor perturbación –*Prinzip der geringsten Störung*– de Kegel, ha de procederse a la aplicación del Derecho de la parte para la cual la aplicación de un Derecho distinto al propio,

---

911 Vischer, The antagonism between legal security and the search for justice..., ob. cit., pp. 66-67.
912 Ver: Checa Martínez, *El crédito documentario en el Derecho del comercio internacional...*, ob. cit., p. 183.
913 Ver: Checa Martínez, *El crédito documentario en el Derecho del comercio internacional...*, ob. cit., p. 195.

supondría mayores dificultades[914]. Además, se ha admitido, que aunque no sea obligatorio y se reconozca la autonomía de ambas dimensiones, resulta atractivo que coincidan el llamado Derecho público bancario –regulación estatal para el funcionamiento de la actividad bancaria– y el Derecho privado aplicable. Lo propio ocurrirá con las normas sobre reglamentación del crédito y sobre control de cambios[915]. En efecto, tal situación conduciría a la armonía interna de soluciones, calificada en esta materia por Kegel como un gratificante efecto colateral[916].

A pesar de no estar expresamente consagrada, la aplicación de la Ley del banco puede considerarse como una regla general para regir las operaciones bancarias internacionales. En efecto, generalmente, en las condiciones generales de contratación propuestas por el banco, hay una cláusula de elección de su propio Derecho[917]. Radicati di Brozolo reconoce que solo en las operaciones muy complejas y sofisticadas, se da una real negociación

---

[914] Tengamos en cuenta que Kegel expone este junto a otros criterios que contribuirán a determinar la voluntad hipotética de las partes –*hypothetischer Parteiwille*– para los casos en que estas no hayan elegido expresa o tácitamente el Derecho aplicable al contrato. Ver: Kegel, Gerhard, Die Bankgeschäfte im deutschen internationalen Privatrecht, en: *Aktuelle Fragen aus modernem Recht und Rechtsgeschichte, Gedächtnisschrift für Rudolf Schmidt*, (E. Seidl, Hgr.), Berlín, München, Duncker & Humboldt, 1966, pp. 215 y ss., especialmente p. 220.

[915] Checa Martínez, *El crédito documentario en el Derecho del comercio internacional...*, ob. cit., p. 196.

[916] «*Zwar wird so der 'innere Entscheidungseinklang' gefördert; aber das ist nur eine erfreuliche Nebenfolge*». Ver: Kegel, Die Bankgeschäfte im deutschen internationalen Privatrecht..., ob. cit., p. 223.

[917] «... *nos contratos mais correntes celebrados por bancos com clientes sucede frequentemente que o modelo contratual utilizado pelo banco inclui uma cláusula geral de designação do Direito aplicável, em geral a lei do país em que situa a sede do banco ou, em relação às operações realizadas por filiais ou sucursais estabelecidas noutro país, a lei do país onde se encontra sedeada a filial ou estabelecida a sucursal*». Ver: de Lima Pinheiro, Luís, Direito aplicável ás operações bancárias internacionais, en: *Revista da Ordem dos Advogados*, 2007, Ano 67, II, pp. 573 y ss., especialmente p. 584.

entre las partes para elegir el Derecho aplicable al contrato[918]. Además, en el caso poco frecuente de ausencia de elección, la Ley del banco se considera como la más vinculada con la relación contractual en la que este participa. Sin embargo, reiteramos, no puede decirse que exista una norma de conflicto expresa de tal tenor, sino que, tal como hemos apuntado, en la práctica, la forma de determinar el Derecho aplicable a un contrato bancario conduce a la misma.

Ahora bien, aunque en el ámbito europeo —según reconoce la doctrina— no se ha alcanzado aún una armonización, ni a nivel de regulación material ni a nivel de regulación conflictual, en materia de transacciones bancarias en general, en lo concerniente a los medios de pago tal armonización se ha logrado a través, principalmente, de los Reglamentos 2560/2001 y 260/2012 y de la Directiva 2015/2366[919].

En todo caso, tal como hemos afirmado, al tratarse de un pago internacional, tiene preferente aplicación el Reglamento Roma I, con lo cual el artículo 4,1,b, de este texto resultará aplicable, conduciendo a la aplicación de la Ley del banco —quien realiza la prestación característica—, en los términos antes expuestos en relación con el prestador del servicio de pago[920],

---

918 El propio autor menciona el ejemplo de la concesión de grandes préstamos internacionales. Ver: Radicati di Brozolo, Luca, La legge regolatrice delle operazioni bancarie segondo la Convenzione di Roma del 18 giugno 1980, en: *Verso una disciplina comunitaria della legge applicabile ai contratti* (T. Treves, ed.), Padova, Cedam, 1983, pp. 83 y ss., especialmente p. 85.

919 La aplicación de la Directiva será preferente en esta materia, en los casos indicados por el propio instrumento, en el ya citado artículo 2. Ver: Martiny, VO (EG) 593/2008, Art. 4 Mangels anzuwendes Recht..., ob. cit., Rn 66.

920 Los propios Giuliano y Lagarde, al comentar el artículo 4 del Convenio de Roma, afirmaron: «Así, por ejemplo, en un contrato bancario, la ley del país del establecimiento bancario con el que la operación se efectúe regirá normalmente el contrato». Ver: Giuliano y Lagarde, Informe relativo al Convenio sobre la Ley aplicable a las obligaciones contractuales..., ob. cit., p. 19. También lo había ya

a menos que se considere que existen vínculos más estrechos con el Derecho de otro Estado y se aplique la cláusula de escape contenida en el artículo 4,3 del propio Reglamento. En esta última situación tendrá sin duda gran incidencia la complejidad de la operación.

En el ámbito interamericano, el análisis seguirá siendo el mismo que expusiéramos en el caso de los prestadores de servicios de pago, en general. Pero sin duda la Ley del banco será un importante elemento a considerar por parte del juez, en los poco frecuentes casos de ausencia de elección.

a.2.3. La labor de los bancos en la producción de *Lex mercatoria*

Si en algo coinciden los estudiosos de la *Lex mercatoria* y quienes se han dedicado al análisis de los medios de pago, es en la efectividad de algunos componentes del Derecho espontáneo en esta materia. Ciertamente, en el ámbito de los medios de pago suelen verificarse dos de las razones del éxito de la *Lex mercatoria*: el silencio de los legisladores estatales e, incluso, supranacionales, y la activa participación de organizaciones privadas en la sistematización y creación de normas.

En efecto, el contexto desregularizado ha favorecido el diseño de reglas privadas más eficientes y, en definitiva, más acordes con la autonomía de la voluntad, principio rector de las relaciones contractuales en la mayoría de los sistemas jurídicos. Sin embargo, también es justo reconocer que la falta de tradición legal ha dificultado, e incluso impedido, la elaboración de nuevos instrumentos legales que consideren a los medios de pago de manera independiente[921].

---

reconocido Radicati di Brozolo al comentar el artículo 4,1 y 2 del entonces vigente Convenio de Roma. Ver: Radicati di Brozolo, La legge regolatrice delle operazioni bancarie segondo la Convenzione di Roma del 18 giugno 1980..., ob. cit., pp. 83 y ss.
921 Carrascosa González, Medios de pago internacionales..., ob. cit., p. 736.

Así, cuando Basedow se refiere a que el éxito de la *Lex mercatoria* se debió, desde sus orígenes, al hecho de que el Derecho positivo resultase excesivamente formal y no atendiese a todas las necesidades del comercio, el autor utiliza, justamente, el caso de la falta de efecto vinculante de las letras de cambio y de las órdenes de pago, lo cual resultaba fundamental para el cumplimiento de transacciones entre los comerciantes que asistían a las principales ferias, como ejemplo de esta situación[922].

Ahora bien, esta nueva dinámica en la regulación de los medios de pago está directamente relacionada con uno de los elementos fundamentales de la globalización y la internacionalización de la economía. Es decir, repensar el rol del Estado como único actor internacional con capacidad para dictar normas. De hecho, actualmente estamos siendo testigos del crecimiento del rol de otros actores, por ejemplo, las organizaciones internacionales, como la Comisión de las Naciones Unidas para el Derecho Mercantil Internacional (CNUDMI) y organismos privados, como ocurre con la Cámara de Comercio Internacional[923].

La intervención de los bancos en la producción de normas también ha sido, sin duda, un elemento determinante en el desarrollo de la autorregulación. En efecto, Checa Martínez ha destacado el protagonismo de las instituciones bancarias, mas considera que no es algo sorprendente debido a que los pagos internacionales han sido las primeras operaciones bancarias de carácter internacional y el origen de la actual actividad desarrollada en un espacio transnacional por las entidades bancarias[924].

---

922 Basedow, Jürgen, The State's Private Law and the economy. Commercial Law as an amalgam of public and private rule-making, en: *AJCL*, 2008, Vol. 56, N.º 3, pp. 703 y ss., p. 705.
923 Cadena Afanador, Walter y Germán Cubillos Guzmán, El régimen internacional de las Cartas *Standby* y el papel de Estado, en: *Revista Diálogos de Saberes*, enero-junio 2009, N.º 30, pp. 39 y ss., especialmente p. 41.
924 Checa Martínez, *El crédito documentario en el Derecho del comercio internacional...*, ob. cit., p. 45.

Así, la constante actividad de los bancos se une al silencio de las legislaciones estatales respecto de las operaciones de estas entidades, comúnmente caracterizadas como relaciones atípicas. La ausencia de regulación se ha visto paliada por el interés de los propios operadores en desarrollar reglas especializadas que son aplicadas, en principio, por incorporación al contrato. Su efecto unificador viene dado por el uso prácticamente generalizado en todas las instituciones bancarias, lo cual va creando —en opinión de Fernández Rozas— una especie de Derecho uniforme *sui generis* que, por su naturaleza y alcance es, en principio, esencialmente contractual[925].

Dentro de la participación bancaria en la regulación de los medios de pago, destacan las labores del *Institute of International Banking Law & Practice* (IIBLP)[926], entidad que nació como un proyecto conjunto de la *American Bar Association* y la *International Financial Services Association*. Este instituto tiene su sede en Montgomery Village, Maryland, Estados Unidos y está dedicado a la investigación y enseñanza de las prácticas bancarias y al financiamiento de programas y proyectos que contribuyen a la armonización y unificación en la regulación de los medios de pago.

Entre sus actividades destaca la redacción de las Prácticas Internacionales en materia de Cartas de Crédito Contingente (ISP98) de 1998 y de la Convención de las Naciones Unidas sobre Garantías Independientes y Cartas de Crédito Contingente, además de su participación en la revisión del artículo 5 del *Uniform Commercial Code*[927], norma que regula, justamente, las cartas de crédito. Este Instituto creó, en 1996, el *International Center for Letter of Credit Arbitration*[928], con sede en Washington y filiales

---

925 Fernández Rozas, *Ius Mercatorum*..., ob. cit., p. 114.
926 http://www.iiblp.org/ (29.11.2016).
927 Su texto puede verse en: http://www.law.cornell.edu/ucc/ucc.table.html (29.11.2016).
928 http://www.iiblp.org/files/uploads/ICLOCA%20Rules%20of%20Arbitration.pdf (29.11.2016).

en Londres y China y cuyos objetivos principales son actuar como una autoridad administrativa y como un centro de información, formación e investigación sobre las controversias relacionadas con la carta de crédito.

También puede mencionarse la labor de la *International Financial Services Association* (IFSA), creada en 1923, y hoy fusionada con la *Bankers' Association for Finance and Trade* (BAFT). Así, BAFT-IFSA constituye un importante foro para reunir a la comunidad financiera y colaborar en la formación práctica del mercado, influyendo en la regulación y la legislación a través de la promoción mundial, el desarrollo y la adaptación de los instrumentos nuevos y existentes que facilitan el asentamiento de los productos y ofertas de servicios para los clientes, proporcionando educación y formación. Esta institución contribuye además con la seguridad y solidez del sistema financiero global[929].

La Federación Latinoamericana de Bancos, Felaban[930], creada en 1965 en Mar del Plata y con sede en Bogotá, agrupa a través de sus respectivas asociaciones en 19 países del continente, a más de 500 bancos y entidades financieras de América Latina. Dentro de sus objetivos, destaca el de contribuir por conducto de sus servicios técnicos a la coordinación de criterios y a la unificación de usos y prácticas bancarias y financieras en general en Latinoamérica.

Desde luego, resulta fundamental referir los trabajos de la Cámara de Comercio Internacional y, especialmente, de una de sus comisiones, la *ICC Banking Commission*, «... *the most authoritative voice in the field of trade finance*...»[931]. Según reportara Stoufflet, el desplazamiento de la tarea

---

929 https://www.baft-ifsa.com/eWeb/DynamicPage.aspx?Site=IFSA&WebKey=97d40b30-28a4-4737-a77e-805f5c679c95 (29.11.2016).
930 http://www.felaban.com/ (29.11.2016).
931 http://www.iccwbo.org/about-icc/policy-commissions/banking/ (29.11.2016).

reguladora hacia la Cámara de Comercio Internacional se produjo a mediados de los años veinte cuando, con la idea de evitar los riesgos de la proliferación de reglas elaboradas por las asociaciones bancarias nacionales[932], la Comisión comenzó a combinar las recopilaciones de los usos y principios más extendidos en la práctica bancaria internacional con el desarrollo de nuevas normas más adaptadas a la materia regulada[933]. Sin duda, la obra maestra de la *ICC Banking Commission* está constituida por las Reglas y Usos Uniformes para Créditos Documentarios.

En Venezuela, la importancia de la *Lex mercatoria* se ha reconocido especialmente en materia bancaria, tanto a nivel de la legislación como de la jurisprudencia. En efecto, además de las ya comentadas normas contenidas en la Convención Interamericana sobre Derecho aplicable a los contratos internacionales (arts. 9 y 10) y en la Ley de Derecho Internacional Privado (arts. 30 y 31), el artículo 58,1 primer aparte de la Ley de Instituciones del Sector Bancario dispone que «En todo caso, las instituciones bancarias, podrán emitir, avisar, confirmar y negociar cartas de crédito, a la vista o a plazo, de acuerdo con los usos internacionales y en general canalizar operaciones de comercio exterior, en cumplimiento de las normas establecidas por el Banco Central de Venezuela».

Sin citar este artículo, sino más bien fundamentándose en los artículos 30 y 31 de la Ley de Derecho Internacional Privado, una decisión del Tribunal Supremo de Justicia, dictada en fecha 2 de diciembre de 2014, admitió la aplicación de la *Lex mercatoria* en materia bancaria[934]. Se trató de

---

932 Stoufflet, Jean, L'œuvre normative de la Chambre de Commerce Internationale dans le domaine bancaire, en : *Le Droit des relations économiques internationales. Etudes offertes à Berthold Goldman*, (Ed. P. Fouchard, Ph. Kahn y A. Lyon-Caen), París, Litec, 1982, pp. 361 y ss., especialmente p. 362.
933 Checa Martínez, *El crédito documentario en el Derecho del comercio internacional...*, ob. cit., p. 48.
934 TSJ/SCC, Sent. N.º 0738, 02.12.2014, en: http://historico.tsj.gov.ve/decisiones/scc/diciembre/172223-RC.000738-21214-2014-14-257.HTML (29.11.2016).

un recurso de casación ejercido contra la sentencia dictada por un tribunal de instancia en la cual se declaró sin lugar la demanda por cobro de bolívares intentada por la sociedad mercantil Banque Artesia Nederland, N. V. contra Corp Banca, Banco Universal C. A., por falta de aplicación de las reglas y usos uniformes relativos a los créditos documentarios, emitidos por la ICC, en su publicación UCP500 de 1993.

Esta decisión comenzó por definir la *Lex mercatoria* como un conjunto de «Leyes de carácter privado, no coercibles, cuyo cumplimiento no es impuesto, sino que tienen efectiva vigencia en la práctica. Aceptadas y obedecidas voluntariamente por los intervinientes en el Derecho Comercial Internacional. Recopiladas por organizaciones internacionales que desempeñan actividades mercantiles». Se destacan así las dos características principales del Derecho espontáneo: su carácter anacional y su falta de poder vinculante *ex proprio vigore*.

En criterio de la Sala, de conformidad con las normas antes citadas, «… queda claro, que, ante una eventual controversia, cuando se trata de un contrato internacional, a falta de la elección de las partes o cuando esta resultare ineficaz, debe el juzgador aplicar "…cuando corresponda…", (esto es, de acuerdo con el caso concreto); la lex mercatoria, en la cual se incluyen los usos, costumbres y prácticas comerciales de general aceptación internacional».

Por tal razón, la Sala concluye que, al haberse negado aplicación a las Reglas emitidas por la ICC en materia de créditos documentarios, además de falta de aplicación de las mismas, calificadas como expresiones de la *Lex mercatoria*, tampoco se dio debida aplicación a los artículos 30 y 31 de la Ley de Derecho Internacional Privado. Razón por la cual «… necesariamente se declara con lugar la falta de aplicación delatada».

Reseñada en: http://www.unilex.info/case.cfm?pid=2&id=1867&do=case (29.11.2016).

A pesar del elevado desarrollo de la *Lex mercatoria* en materia bancaria, en buena medida –tal como hemos admitido– gracias a la actividad reguladora de los bancos, la labor de estas instituciones se ha limitado, prácticamente, a los medios de pago en relaciones B2B, y podría decirse, que incluso en este ámbito se limitan a aquellos en los cuales hay intermediación bancaria. Las relaciones con y entre consumidores no han sido atendidas pues, tal como afirmamos antes, en esta materia tiene cierto predominio, el uso de normas de aplicación necesaria.

a.3. Contratación electrónica

En buena parte de los casos, la relación entre el prestador del servicio de pago y el titular del instrumento nace a través de internet, con lo cual, el contrato se configura, además, como un contrato a distancia, como un contrato electrónico. A pesar de que parte de la doctrina diferencia los contratos informáticos, cuyo objeto es un bien informático, de los contratos electrónicos, realizados a través de medios informáticos y que recaen sobre cualquier bien o servicio que pueda ser objeto de contrato, incluyendo los informáticos[935], sin establecer distinciones, nosotros hemos preferido definir como electrónico el negocio jurídico cuyos elementos se encuentran en un documento generado, enviado o archivado por medios electrónicos, siempre y cuando conste la voluntad de las partes de estar obligadas y, al mismo tiempo, el instrumento electrónico sea inteligible y la generación de información sea fiable y suficientemente garantizada[936]. Lo importante para la calificación de un contrato como electrónico es, en definitiva, que oferta y aceptación se exterioricen a través de medios electrónicos, por tal razón no puede decirse que se trate de un nuevo tipo contractual[937].

---

935 Landáez Otazo, Leoncio Abad, *El comercio electrónico. Nueva tecnología e Internet*, Caracas, Valencia, Vadell Hermanos Editores, 2009, p. 155.
936 Rodner, El negocio jurídico electrónico en Venezuela…, ob. cit., p. 24.
937 Lara Aguado, Ángeles, Formación del contrato electrónico, en: *Derecho contractual comparado. Una perspectiva europea y transnacional* (S. Sánchez Lorenzo, ed.), Madrid, Civitas, Thomson Reuters, 2013, 2ª ed., pp. 485 y ss., especialmente p. 488.

Ahora bien, la celebración de contratos a través de medios electrónicos es mucho más frecuente en los casos en que el prestador de servicios de pago no es un banco, pues en caso que lo sea, la prestación de servicios de banca electrónica, entre ellos, la posibilidad de utilizar instrumentos electrónicos de pago, está generalmente contenida en el contrato de cuenta bancaria que el cliente celebra con su banco y que, en buena parte de los casos, se celebra por las vías tradicionales[938].

Ahora bien, tal como hemos afirmado al inicio de este capítulo, la relación entre el Derecho internacional privado e internet luce naturalmente complicada. Ello, a pesar de la intrínseca internacionalidad de las relaciones que se concluyen a través de internet y de la conveniencia de que, junto a la autorregulación de fuente privada, sea el Derecho internacional privado el encargado de ordenar las relaciones electrónicas[939].

La autorregulación[940] parte de la conveniencia de crear una *Cyberlaw*, basada en la presunta autonomía del *Ciberespacio*, definido como una *terra*

---

938 Así lo admite Kronke, en cuya opinión, por tal tazón es que precisamente el análisis del contrato, en relación con el Derecho aplicable, se hará de conformidad con las reglas generales sobre la materia. Ver: Kronke, Herbert, Applicable Law and jurisdiction in electronic banking transaction, en: *Legal issues in electronic banking*, (N. Horn, ed.), The Hague, London, New York, Kluwer Law International, 2002, Studies in International Economic Law Vol. 17, pp. 73 y ss., especialmente pp. 75-76.

939 Ver: Dreyzin de Klor, Adriana, El Derecho aplicable al comercio electrónico: un tema que interesa a los consumidores, a la CIDIP VII y a otros foros de codificación, en: *Protección de los consumidores en América. Trabajos de la CIDIP VII (OEA)*, (Coords. D.P. Fernández Arroyo y J.A. Moreno Rodríguez), Asunción, CEDEP, La Ley Paraguaya, 2007, pp. 239 y ss., especialmente pp. 248-250; Velázquez Gardeta, Juan Manuel, *La protección al consumidor online en el Derecho internacional privado interamericano*, Asunción, Brasilcon, Cedep, 2009, pp. 48 y ss.

940 Se reconoce como uno de los principales propulsores de esta tendencia a John Perry Barlow, uno de los fundadores de la *Electronic Freedom Foundation*. Barlow publicó en 1996 «*A Declaration of the Independence of Cyberspace*». Ver texto en: https://projects.eff.org/~barlow/Declaration-Final.html (29.11.2016).

nullius, en donde se realizan transacciones comerciales de forma simultánea entre múltiples personas desconocidas sin importar su ubicación geográfica, y donde no es posible hablar de un «territorio legal». Por tal razón se propugna un modelo autónomo partiendo de la concepción del *Ciberespacio* como un lugar absolutamente libre[941]. Así, aparecen constantes referencias a expresiones como *Lex informatica*, *Lex electronica*, *Cyberlaw* o *Net Lex*. La red debe estar gobernada por sus propios usuarios, que son los directamente interesados[942].

Esta versión electrónica de la *Lex mercatoria* abarcaría todas las relaciones que tienen lugar en el ciberespacio –no solo el aspecto contractual– y su foro natural serían los medios alternativos de resolución de conflictos. El principio de la ubiquidad expuesto por Jayme[943] y la inconveniencia de recurrir a las conexiones tradicionales, fundamentarían este sistema integrado por principios generales y cláusulas básicas, tales como actuar de buena fe, la libertad de expresión, el respeto al equilibrio de las partes, etc.[944].

Ortega Hernández admite que esta *Cyberlaw* se compone de todas aquellas iniciativas, códigos de conducta, *netiquettes*, políticas de uso de internet (o *Internet Use Policies*), pautas de comportamiento que proponen los propios usuarios de la red para otros usuarios, consistentes en normas deontológicas que tienen como fin inmediato, impedir el abuso e irrespeto de algunos usuarios a otro grupo determinado de usuarios dentro de la red[945].

---

941 Hicks, Bernstein, Bariatti y Swire citados en Vargas Gómez-Urrutia, Marina, Comercio internacional electrónico y conflicto de leyes y de jurisdicciones en el cyberespacio, en: *Derecho de los negocios*, abril 2000, pp. 1 y ss., especialmente, pp. 4-5.
942 Dreyzin de Klor, El Derecho aplicable al comercio electrónico…, ob. cit., p. 248.
943 Jayme, Erik, Identité culturelle et intégration: Le Droit international privé postmoderne, en: *R. des C.*, 1995, T. 251, pp. 9 y ss., especialmente pp. 36-37 y 251-261.
944 Dreyzin de Klor, El Derecho aplicable al comercio electrónico…, ob. cit., p. 248.
945 El propio autor refiere los principales actores en la elaboración de códigos de conducta: La *International Comision* for Assigned Names and Numbers (ICANN),

Las críticas hechas a este sistema apuntan a la imposibilidad de conseguir un acuerdo entre todos los usuarios de la red como creadores de tal autorregulación, por una parte, y por la otra, el hecho de que algunos campos sean más proclives que otros a esta sistemática[946].

La segunda tendencia llama a la aplicación del Derecho internacional privado y a la adaptación de sus soluciones tradicionales, dándose prioridad a las garantías que ofrecen las normas de origen público y a la acción de los tribunales ordinarios, frente a las ventajas, a veces dudosas, de las nuevas formas de regulación y solución de controversias. La debilidad jurídica y económica del consumidor, favorecería el recurso a esta vía, junto con la imparcialidad de las instituciones del Estado frente a los intereses del legislador privado[947]. El ciberespacio, ha admitido la doctrina, no es un lugar nuevo, sino un lente a través del cual se mira el mundo[948], por lo que la normativa estatal podría adaptarse sin mayores problemas a esta nueva realidad.

Ahora bien, en el ámbito europeo habrá que tener en cuenta algunas normas particulares, que podrían tener cierta influencia sobre la determinación del Derecho aplicable al contrato entre el prestador de servicios de pago y el titular del medio de pago, cuando la relación nace a través de medios electrónicos. Así, en primer término hemos de mencionar la Directiva 2000/31, que regula el comercio electrónico.

---

    la Asociación para la Promoción de las Tecnologías de la Información y el Comercio Electrónico (APTICE), la Agencia de Garantía del Comercio Electrónico (AGACE), la Fundación para el Estudio de la Seguridad de las Telecomunicaciones (FESTE), el Proyecto Europeo AEQUITAS, la European Legal Informatics Studies programme (EULISP), CONFIANZA ON LINE, el Instituto Latinoamericano de Comercio Electrónico eCONFIANZA. Ver: Ortega Hernández, Rolando Joaquín, Regulación en Internet, en: *Revista de Derecho informático*, agosto 2007, N.º 109, en: http://www.alfa-redi.org/rdi-articulo.shtml?x=9464 (29.11.2016).

946 Dreyzin de Klor, El Derecho aplicable al comercio electrónico…, ob. cit., p. 248.
947 Velázquez Gardeta, *La protección al consumidor online…*, ob. cit., p. 49
948 Dreyzin de Klor, El Derecho aplicable al comercio electrónico…, ob. cit., p. 249.

Los servicios de pago pueden entenderse incluidos en el ámbito de aplicación de esta Directiva, debido a que, de conformidad con el artículo 2,a del propio instrumento —que remite al artículo 2,1 de la Directiva 98/48/CE del Parlamento Europeo y del Consejo de 20 de julio de 1998 que modifica la Directiva 98/34/CE por la que se establece un procedimiento de información en materia de las normas y reglamentaciones técnicas[949]— servicio de la sociedad de la información incluye a todo el que sea «… prestado normalmente a cambio de una remuneración, a distancia, por vía electrónica y a petición individual de un destinatario de servicios».

Bien, aunque de manera general se ha admitido que este instrumento no contiene normas, ni para determinar la jurisdicción, ni para determinar el Derecho aplicable, hay quien se pregunta si el artículo 3,1 puede o no ser considerado una norma de conflicto. De conformidad con esta disposición, «Todo Estado miembro velará por que los servicios de la sociedad de la información facilitados por un prestador de servicios establecido en su territorio respeten las disposiciones nacionales aplicables en dicho Estado miembro que formen parte del ámbito coordinado».

Kronke responde de manera negativa a esta interrogante, afirmando que se trata de la consagración del principio del país de origen, el cual funciona como un correctivo para aquellos casos en los cuales la Ley aplicable produzca resultados incompatibles con las libertades fundamentales del mercado interior[950]. Esta tesis se ve reforzada en el anexo de la Directiva, el cual establece excepciones a la aplicación del artículo 3, entre las cuales destaca, justamente, la «libertad de las partes de elegir la legislación aplicable a su contrato»[951].

---

949 http://eur-lex.europa.eu/LexUriServ/LexUriServ.do?uri=OJ:L:1998:217:0018:0026:es:PDF (29.11.2016).
950 Kronke, Applicable Law and jurisdiction in electronic banking transaction…, ob. cit., p. 77.
951 Idéntica excepción establece el texto del § 3,3,1 de la *Telemediengesetz* alemana (26/02/2007, BGBl. I S. 179), modificada por el artículo 1 de la Ley del 31.05/2010 (BGBl. I S. 692).

El propio anexo excluye también a las «obligaciones contractuales relativas a los contratos celebrados con los consumidores». Justamente, en materia de relaciones con consumidores, es necesario considerar la Directiva 2002/65 sobre comercialización a distancia de servicios financieros destinados a consumidores. De esta Directiva nos interesa destacar el contenido del artículo 12. En efecto, luego de disponer en el primer párrafo que el consumidor no podrá renunciar a los derechos que la misma le confiere, en su segundo párrafo ordena a los Estados miembros a adoptar las medidas necesarias para garantizar que el consumidor no pierda esa protección, por haberse elegido como aplicable al contrato la legislación de un tercer país, en los casos en que el contrato tenga un vínculo estrecho con el territorio de uno o más Estados miembros.

Además, conforme al artículo 3,1,3,e de la propia Directiva, con la debida antelación y antes que el consumidor asuma cualquier obligación en virtud de un contrato a distancia, este deberá recibir información con respecto al Estado o los Estados miembros en cuya legislación se basa el proveedor para establecer relaciones con el consumidor antes de la celebración del contrato. El literal f de la propia norma obliga a informar sobre las cláusulas contractuales, si las hubiere, relativas a la Ley aplicable al contrato. Ambas disposiciones, según estima Kronke, protegen suficiente y eficientemente a los consumidores en sus transacciones electrónicas[952]. Por lo demás, resultarán aplicables las disposiciones correspondientes, ya comentadas, del Reglamento Roma I.

En el caso venezolano, la contratación electrónica estaría también sometida a las reglas generales sobre Derecho aplicable a los contratos, según hemos comentado *supra*, con el agravante de la ya señalada escasez de normas para proteger a los consumidores que participan en negocios

---

952 Kronke, Applicable Law and jurisdiction in electronic banking transaction..., ob. cit., p. 78.

jurídicos electrónicos. En efecto, reconociendo que el consumidor debe gozar en el mundo virtual de las mismas garantías y protección de que goza en el mundo real[953], la derogada Ley para la Defensa de las Personas en el Acceso a los Bienes y Servicios, luego de definir lo que había de entenderse por comercio electrónico[954], dedicaba algunas normas a transponer al mundo virtual, los derechos de que gozaba el consumidor en el mundo real. Así, en el marco del comercio electrónico, los proveedores de bienes y servicios debían prestar la debida atención a los intereses de las personas y actuar de acuerdo con prácticas equitativas de comercio y la publicidad, no debían hacer ninguna declaración, incurrir en alguna omisión o comprometerse en alguna práctica que resulte falsa engañosa, fraudulenta y discriminatoria (art. 32).

Igualmente, aquellos proveedores que difundiesen información de los bienes y servicios que provean, deberían presentar la información en idioma oficial, de manera veraz, clara, precisa y accesible, a fin de evitar ambigüedad o confusión a los consumidores, para que estos puedan tener

---

953 De acuerdo con los principios generales consagrados por los Lineamientos para la protección de los consumidores en el contexto del comercio electrónico, publicados por OCDE, «Los consumidores que participan del comercio electrónico deberán beneficiarse de una protección transparente y eficaz de un nivel al menos equivalente al de la protección asegurada en otras formas de comercio». Por su parte, «Las empresas que participan del comercio electrónico deberán tomar debidamente en consideración los intereses de los consumidores y actuar de manera leal en sus prácticas en materia de comercio, de publicidad y de marketing». Ver: OCDE, *Lignes directrices régissant la protection des consommateurs dans le contexte du commerce électronique*, París, Service des Publications de l'OCDE, 2000. Ver en: http://www.oecd.org/dataoecd/18/29/34023811.pdf (29.11.2016).
954 Art. 31: «A los fines de esta Ley, se entenderá como comercio electrónico, cualquier forma de negocio, transacción comercial o intercambio de información con fines comerciales, bancarios, seguros o cualquier otra relacionada, que sea ejecutada a través del uso de tecnologías de información y comunicación de cualquier naturaleza. Los alcances de la presente Ley, son aplicables al comercio electrónico entre la proveedora o proveedor y las personas, sin perjuicio de las leyes especiales».

la posibilidad de expresar su consentimiento en la adquisición del bien o servicio ofrecido (art. 33). También se protegía al consumidor contra mensajes no solicitados (art. 34) y se obligaba a los proveedores a ser especialmente cuidadosos con la publicidad dirigida a los niños, ancianos, enfermos de gravedad y otras personas que no estén en capacidad de entender plenamente la información que se les esté presentando (art. 35).

En las negociaciones electrónicas, el proveedor debía garantizar la privacidad y la confidencialidad de los datos e información implicada en las transacciones realizadas, de forma tal que la información intercambiada no fuese accesible para terceros no autorizados. Sin embargo, la autoridad competente, en ejercicio de sus funciones, podía solicitar información que considerase necesaria y practicar las investigaciones correspondientes (art. 37).

Por lo que respecta al pago, la Ley obligaba al proveedor a proporcionar a los consumidores «… mecanismos fáciles y seguros de pago, así como información acerca del nivel de seguridad de los mismos, indicando suficientemente las limitaciones al riesgo originado por el uso de sistemas de pago no autorizados o fraudulentos, así como medidas de reembolso o corresponsabilidad entre el proveedor y el emisor de tarjetas de débito, crédito o cualquier otro medio válido de pago». Igualmente se les obligaba a emitir facturas y a mantener un registro electrónico con su respaldo de seguridad respectivo, por un lapso de cinco años (art. 39).

Ahora bien, aunque en realidad no es de gran ayuda, hemos de tomar también en cuenta el artículo 15 de la Ley de mensaje de datos y firmas electrónicas. De conformidad con esta disposición, «En la formación de los contratos, las partes podrán acordar que la oferta y aceptación se realicen por medio de Mensajes de Datos». Esta norma parece sugerir la necesidad de un acuerdo previo, a través del cual las partes admitan la validez del uso de medios electrónicos para la celebración del contrato. Sin embargo, Morles Hernández ha afirmado que más bien ha de presumirse que existe un acuerdo tácito para obligarse por medio de mensajes de datos e incluso –continúa el autor– «A la parte que invoque la nulidad del convenio por la ausencia de acuerdo expreso previo podrá oponérsele la prohibición de *venire contra factum proprium*»[955]. Ello, a pesar de que no puede afirmarse la aceptación como principio general, por parte del sistema venezolano, de la doctrina de los actos propios.

Actualmente, aunque las operaciones realizadas por medios electrónicos quedan sujetas a la Ley de Precios Justos[956], este instrumento no contiene disposiciones al respecto y, tal como hemos señalado antes, la protección a los consumidores en general, se limita a establecer, como un hecho merecedor de sanciones, la violación de los derechos de consumidores enunciados por la propia Ley. Nosotros –ratificando lo antes afirmado– entendemos que será al juez a quien le corresponda entonces, materializar la protección de los consumidores, en desarrollo del mandato contenido en el ya comentado artículo 117 de la Constitución venezolana, incluso, en los casos de Derecho internacional privado. En esta labor el juez podrá ayudarse con las aún vigentes normativas prudenciales de la Superintendencia de Instituciones del Sector Bancario y, en caso de ser aprobada, con las disposiciones del Proyecto de Ley de comercio electrónico que ya hemos comentado.

b. Contrato de aceptación

La relación entre el prestador de servicios de pago y la persona que aceptará un medio de pago determinado puede también ser calificada como un

---

[955] Morles Hernández, *Curso de Derecho mercantil. Los contratos mercantiles...*, ob. cit., p. 2.235.

[956] Art. 2. «Son sujetos de aplicación de este Decreto con Rango, Valor y Fuerza de Ley Orgánica, así como de las normas y regulaciones de rango sublegal que se dictaren con base en él, las personas naturales y jurídicas de derecho público o privado, nacionales o extranjeras, que desarrollen actividades económicas en el territorio de la República Bolivariana de Venezuela, **incluidas las que se realizan a través de medios electrónicos**». (destacado nuestro).

contrato de servicios, con las consecuencias que se derivan de tal calificación, particularmente en materia de determinación del Derecho aplicable. De manera que, en ausencia de reglas especiales, se aplicarán las relativas a la determinación del Derecho aplicable al contrato que ya hemos comentado, con lo cual será, en primer lugar, competente el Derecho elegido por las partes y, en ausencia de elección, el Derecho de la residencia habitual del prestador del servicio –en el ámbito europeo– o el que tenga los vínculos más estrechos con el contrato –en el ámbito interamericano.

Además, tal como ocurre con el contrato que celebra el prestador de servicios de pago con el titular del medio de pago, la determinación del Derecho aplicable puede verse influenciada por la presencia de un banco –y la atracción que su propio Derecho ejerce sobre el contrato– o por la presencia de un consumidor –lo cual llama a la aplicación de las normas de protección de tal condición. Por lo cual serían aplicables, en principio, los comentarios que hiciéramos *supra*. Sin embargo, es necesario hacer algunas precisiones en relación con la presencia del consumidor.

En efecto, tal como afirmáramos en el capítulo II, la condición de aceptante no se identifica necesariamente con la de comerciante y tampoco, hemos de añadir, con la de persona jurídica. Por lo que el aceptante podría ser considerado como un consumidor, en los casos en que actúe con fines distintos a los profesionales o comerciales –en el ámbito europeo– o como destinatario final del servicio –en el ámbito interamericano. Pensemos, por ejemplo, en un relación C2C, en la que una persona suscribe un contrato con PayPal para recibir un pago causado por la venta de un bien de su propiedad a través de eBay. No se trata de un comerciante y tampoco de una persona jurídica. Destacamos esta última condición, pues recordemos que, a diferencia de lo que ocurre en la gran mayoría de los sistemas interamericanos, en el ámbito del sistema europeo las personas jurídicas han sido excluidas del concepto de consumidor.

Aunque el aceptante no pueda ser calificado como un consumidor, hemos de considerar que el prestador del servicio de pago es un profesional y siempre tiene la ventaja de la información, del conocimiento sobre el funcionamiento del sistema y, ante esta ventaja, el hecho de que el aceptante tenga su mismo poder económico pierde cierta relevancia. Esta podría ser la razón por la cual, en el caso de las microempresas, la Directiva 2015/2366, en su artículo 38,2, permite a los Estados disponer que las normas sobre la transparencia de las condiciones y requisitos de información aplicables a los servicios de pago, se apliquen a las microempresas de la misma forma que a los consumidores.

c. El contrato que da lugar al pago

c.1. Calificación de la relación

El contrato que da lugar al pago es el celebrado entre el pagador y el aceptante, a través del cual acuerdan, entre otras cosas, que el pago del precio por el producto o servicio será realizado a través de un medio electrónico. La determinación del Derecho aplicable a este contrato no presenta mayores particularidades, de manera que se procede con las reglas generales, considerando si se trata de un contrato paritario o de consumo, de compraventa o de servicios, y demás criterios de calificación.

Sin embargo, su régimen jurídico tiene gran influencia en el medio de pago elegido para el cumplimiento de la obligación, desde que, según el llamado «principio de tratamiento uniforme de las condiciones y efectos de un contrato»[957], la ejecución del mismo está incluida dentro del ámbito de aplicación de la *Lex contractus*. Analicemos la regulación de esta fase de la dinámica contractual, tanto a nivel europeo como interamericano.

---

957 Spellenberg, Ulrich, VO (EG) 593/2008 Art. 12 Geltungsbereich des anzuwendenden Rechts, en: *Münchener Kommentar zum Bürgerlichen Gesetzbuch*, München, C.H. Beck, 5. Auflage, 2010, Rn 3.

c.2. La operación de pago y el ámbito de aplicación de la *Lex contractus*

c.2.1. El ámbito de aplicación de la *Lex contractus* en el Reglamento Roma I

De conformidad con el artículo 12,1,b del Reglamento Roma I, la *Lex contractus* se aplicará, en particular, al «… cumplimiento de las obligaciones que genere» el contrato. La sumisión del cumplimiento del contrato a la Ley que lo rige es absolutamente lógica, pues precisamente, el cumplimiento es la razón de ser de la obligación y su fin último[958].

Esta disposición se mantiene sin cambios desde el Convenio de Roma, de manera que, según afirmaron en su momento Giuliano y Lagarde, la *Lex contractus* se aplicaría a la diligencia con la cual deberá ejecutarse la prestación; a la posibilidad de que esta sea ejecutada por una persona distinta del deudor; al lugar y al momento de la ejecución, y a todo lo relativo a la ejecución de la prestación en función del tipo de obligación (obligaciones solidarias, alternativas, divisibles e indivisibles, etc.)[959]. En relación con las obligaciones pecuniarias, los autores se limitan a afirmar que el Derecho aplicable al contrato también regirá «… las condiciones relativas a la liberación del deudor que haya efectuado el pago, a la imputación del pago, al recibo, etc.»[960].

Al respecto, Spellenberg ha sostenido que el Derecho que rige el contrato sería aplicable a la determinación de quién, qué, cuándo y dónde cumplir el contrato, con lo cual se aplica a la totalidad de las obligaciones que nacen del mismo. Este Derecho sería entonces aplicable, en opinión del

---

958 Esplugues Mota, Carlos, Régimen jurídico de la contratación en el Derecho del comercio internacional, en: *Contratación internacional*, (C. Esplugues Mota, coord.), Valencia, Tirant Lo Blanch, 2.ª ed., 1999, pp. 57 y ss., especialmente p. 160.

959 En sentido similar se pronuncian Ferrari, Kieninger, Mankowski, Otte, Saenger, Schulze y Staudinger, *Internationales Vertragsrechts…*, ob. cit., pp. 296-297.

960 Giuliano y Lagarde, Informe relativo al Convenio sobre la Ley aplicable a las obligaciones contractuales…, ob. cit., pp. 29-30.

propio autor, a la moneda en la que ha de hacerse el pago, sea esta elegida por las partes, sea la aplicable en ausencia de elección, e incluso, la *Lex contractus* determinará la posibilidad de hacer el pago con una moneda distinta a la especificada en el contrato[961]. En sentido contrario Ferrari, Kieninger, Mankowski, Otte, Saenger, Schulze y Staudinger estiman que ciertos obstáculos al cumplimiento, contenidos en normas sobre precios, monedas, divisas y otras semejantes, pueden ser calificadas como normas de aplicación necesaria, en los términos del artículo 9 del Reglamento Roma I[962]. A estas normas volveremos más adelante.

Ahora bien, en la ejecución del contrato también parece tener cierta injerencia el Derecho del lugar de cumplimiento. Así lo reconoce el artículo 12,2 del Reglamento Roma I al disponer que, para «... las modalidades del cumplimiento (...) se tendrá en cuenta la ley del país donde tenga lugar el cumplimiento», con lo cual se busca salvaguardar el interés del Estado en el cual se va a ejecutar el contrato y asegurar el control sobre los actos que se practiquen en su territorio[963]. Se trata, según admitían Giuliano y Lagarde, de una restricción a la aplicación de la *Lex contractus*, para los casos en los cuales la ejecución de la obligación contractual se realiza en un lugar distinto del Estado cuyo Derecho es aplicable. Así, la *Lex contractus* regularía todo lo relativo al cumplimiento del contrato, pero la norma contenida en el artículo 12,2 permite que el deudor cumpla «... en sintonía con las "modalidades" previstas en la Ley del lugar del *cumplimiento real* de la obligación»[964]. En efecto, ha de tratarse del lugar donde efectivamente se

---

961 Spellenberg, VO (EG) 593/2008 Art. 12 Geltungsbereich des anzuwendenden Rechts..., ob. cit., Rn 50-52.
962 Ferrari, Kieninger, Mankowski, Otte, Saenger, Schulze y Staudinger, *Internationales Vertragsrechts...*, ob. cit., p. 303.
963 Esplugues Mota, Régimen jurídico de la contratación en el Derecho del comercio internacional..., ob. cit., p. 160.
964 Así lo afirmaban Calvo Caravaca y Carrascosa González, al comentar el artículo 10,2 del Convenio de Roma. Ver: Calvo Caravaca y Carrascosa González, Capítulo III. Derecho aplicable al contrato internacional..., ob. cit., p. 90.

cumple el contrato, que no es necesariamente aquel a que se hace referencia en el contrato[965].

Debido a las diferentes concepciones que tienen los Estados sobre lo que debe entenderse por «modalidades de cumplimiento», los redactores del Convenio no quisieron dar una definición rigurosa de la misma —tampoco lo hizo el Reglamento—, por lo que operaría una calificación *ex lege fori*. Así, según estiman Giuliano y Lagarde, «Entre las disposiciones que entran normalmente en la categoría de las modalidades de ejecución, parece, de todas maneras, que se pueda mencionar la reglamentación de los días festivos, la de las modalidades del examen de la mercancía así como las medidas que deban adoptarse en caso de rechazo de esta»[966]. En virtud de la norma en estudio, el juez podrá examinar si el Derecho del lugar de ejecución debe regir «... el modo en que debiera realizarse el contrato», y puede aplicarlo total o parcialmente al mismo[967].

En efecto, siguiendo la opinión de los autores antes citados, Mosconi y Campiglio estiman que corresponde al juez valorar si existen motivos para aplicar el Derecho del lugar de ejecución del contrato, en todo o en parte, de manera que opere una integración entre ese Derecho y el que regula el contrato, en caso que fuere distinto. Para fundamentar su decisión, el juez deberá valorar, no tanto la ejecución en cuanto tal, sino la propia modalidad de la ejecución, con lo cual se le plantea otro problema de calificaciones. El juez determinará si la cuestión controvertida tiene que ver con la ejecución o con una modalidad de esta, para ello centrará su análisis en el Derecho del lugar de ejecución y determinará si es oportuno que una o más

---

965 Spellenberg, VO (EG) 593/2008 Art. 12 Geltungsbereich des anzuwendenden Rechts..., ob. cit., Rn 175.
966 En el mismo sentido se pronuncian: Calvo Caravaca y Carrascosa González, Capítulo III. Derecho aplicable al contrato internacional..., ob. cit., p. 126.
967 Giuliano y Lagarde, Informe relativo al Convenio sobre la Ley aplicable a las obligaciones contractuales..., ob. cit., p. 30.

disposiciones de ese Derecho sustituyan o integren la *Lex contractus*. Para llevar a cabo esta tarea, el juez goza de cierto margen de discrecionalidad que le permite adaptar la solución a las características del caso concreto[968].

Persiste la duda, no obstante, en relación con aquello que debe ser calificado como una modalidad de cumplimiento, para lo cual se tomará en cuenta la Ley del lugar de ejecución, y aquello que, siendo parte de la ejecución de la obligación, toca su esencia y debe por ello ser sometido a la *Lex contractus*. Al respecto Mayer y Heuzé admiten la dificultad de semejante distinción y entienden que la diferencia parece ser cuantitativa, de manera que, cuando la conveniencia de cumplir con la Ley local sea más importante que su contenido, se estará en presencia de una simple modalidad. Los propios autores refieren que la ejecución de un contrato puede hacerse imposible debido a la existencia de normas aduaneras o sobre control de cambio. En estos casos, deberá aplicarse el Derecho del lugar de ejecución[969].

En todo caso, al ordenar tener en cuenta y no simplemente aplicar el Derecho del lugar de ejecución del contrato, al lado de aquel que rige la relación contractual, el Reglamento Roma I parece adoptar la teoría de los dos escalones o *Zweistufentheorie*, tesis fundamentada en la *datum-theorie* de Ehrenzweig. De acuerdo con este autor, existe una gran diferencia entre aplicar el Derecho extranjero y su simple toma en consideración. Aplicar Derecho extranjero es aceptar las consecuencias que de él se derivan, en cambio, al tomar en cuenta el Derecho extranjero, se mantiene la aplicación del Derecho competente[970].

---

968 Mosconi, Franco e Cristina Campiglio, *Diritto internazionale privato e processuale. Parte generale e obbligazioni*, Italia, Wolters Kluwer Italia, 5ª ed., 2012, Vol. I, p. 413.
969 Mayer y Heuzé, *Droit international privé...*, ob. cit., pp. 572-573.
970 En opinión de Ehrenzweig, el Derecho extranjero desechado por la norma de conflicto debe ser tomado en cuenta como otro hecho. Ver: Ehrenzweig, Albert, Local and moral data in the conflict of law, en: *Buffalo Law Review*, 1966,

Esta tesis es desarrollada más tarde por Hessler, para quien el Derecho extranjero desechado por la norma de conflicto debía ser tomado en cuenta como elemento material de interpretación del Derecho declarado competente[971]. Así, el primer escalón sería la localización de la relación, llevada a cabo por la norma de conflicto, en el ordenamiento jurídico aplicable. El segundo escalón tiene que ver con la interpretación, aplicabilidad y actuación de las normas competentes, lo cual tendrá que modularse tomando en cuenta la incidencia del elemento de extranjería en el caso, pues, para tomar en cuenta el Derecho extranjero como elemento interpretativo de la Ley aplicable, este debe presentar vínculos significativos con la situación litigiosa[972].

En este caso concreto, la aplicación de la *Lex contractus* deberá modularse con la Ley del lugar de cumplimiento del contrato. Tengamos en cuenta que este último ordenamiento jurídico tiene una estrecha relación incluso con lo que ha de entenderse por un medio de pago válido. En tal sentido, Spellenberg ha admitido que el Derecho del lugar de ejecución del contrato regiría, principalmente, la manera –*Art und Weise*– del cumplimiento, sobre todo cuando este no se pueda realizar de conformidad con lo acordado en el contrato y el Derecho que lo rige. En estos casos, habría de admitirse una forma

---

N.° 16, pp. 55 y ss. Esta tesis fue aplicada en una sentencia del *Bundesgerichtshof* de 22 de junio de 1972, en la que se decidió que un contrato de seguros, sometido por las partes al Derecho alemán, era nulo por violar normas imperativas nigerianas que prohibían la exportación de objetos de arte nacional. Así, al aplicar el § 138 BGB que declara nulos los contratos violatorios de las buenas costumbres, tomó en cuenta la norma nigeriana, en especial, su objetivo de mantener los objetos de arte nacional en su territorio y ello era reconocido por la comunidad internacional (*BGHZ* 59, pp. 83 y ss.). También citada en: Jayme, Identité culturelle et intégration..., ob. cit., p. 88.

971 Hessler, Hansjoachim, *Sachrechtliche Generalklausel und internationales Familienrecht: zu einer zweistufigen Theorie des internationalen Privatrechts*, München, Beck'sche Verlagsbuchhandlung, 1985, pp. 137 y ss. Ver tambien: Lorenz, Egon, Zur Zweistufentheorie des IPR und zu ihrer Bedeutung für internationale Versorgungsausgleichsrecht, en: *Zeitschrift für das gesamte Familienrecht*, 1987, pp. 645 y ss.

972 Madrid Martínez, *La norma de Derecho internacional privado...*, ob. cit., pp. 74-75.

de cumplimiento funcionalmente equivalente a la establecida en el contrato. De otra forma, el cumplimiento sería imposible[973].

c.2.2. El ámbito de aplicación de la *Lex contractus* en el sistema interamericano

En el ámbito interamericano, por su parte, es necesario considerar que existen dos posibles soluciones al problema que plantea la determinación del Derecho aplicable a la operación de pago. La primera de ellas está contenida en el Código Bustamante, instrumento que, tal como señalamos *supra*, dispone el fraccionamiento de la relación obligatoria en cuanto a la determinación del ordenamiento jurídico competente para regularla. Así, de conformidad con el artículo 170 del Código, independientemente del sometimiento de los efectos de las obligaciones a la Ley que las rige, *ex* artículo 169, «… la ley local regula las condiciones del pago y la moneda en que debe hacerse».

Tengamos en cuenta que, según el artículo 3,II del propio Código, las leyes locales «… obligan por igual a cuantos residen en el territorio, sean o no nacionales», es decir, el artículo 170 llama a la aplicación del Derecho del juez. No obstante la aparente claridad de la norma, en Venezuela, Giral Pimentel parece entender en ella una referencia al Derecho del lugar de cumplimiento de la obligación, al citarla como fundamento de la distinción, asumida por el Código, entre el Derecho que rige el contrato y el vigente en el lugar de cumplimiento de la obligación[974].

Sin embargo, al comentar el artículo 170, Sánchez de Bustamante entiende que el mismo está inspirado en ideas de orden público propias del

---

973 Spellenberg, VO (EG) 593/2008 Art. 12 Geltungsbereich des anzuwendenden Rechts..., ob. cit., Rn 176.
974 Giral Pimentel, *El contrato internacional*..., ob. cit., pp. 116-117. El propio autor admite esta solución, incluso, para los títulos valores. Ver: Giral Pimentel, José Alfredo, Derecho internacional privado sustantivo de los títulos de crédito en Venezuela, en: *RFCJPUCV*, 1995, N.º 96, 83 y ss., especialmente pp. 141-143.

Derecho cubano, lo cual fundamentaría una de las excepciones a la aplicación de «... la ley de la obligación de que se trata» (art. 169 CB), es decir, en el caso de las obligaciones contractuales, la Ley personal común de los contratantes y, en su defecto, la Ley del lugar de celebración, *ex* artículo 186 del Código Bustamante.

Tales excepciones están referidas, en primer lugar, a los gastos judiciales que origine el pago. Esta solución se adoptó –admite Sánchez de Bustamante– «... teniendo en cuenta, no sólo su carácter ritual, sino la circunstancia de haberse producido en nuestro territorio, con independencia de la obligación misma, el hecho judicial que las determina». La otra excepción, «... también de orden público internacional...», está referida a la posibilidad de hacer el pago «... en la moneda de plata u oro que tenga curso legal en Cuba...», en los casos es que no fuere posible entregar la especie pactada. Esta solución obedece a «... consideraciones económicas y de crédito público...»[975].

En nuestra opinión queda claro, en el marco del Código Bustamante, el sometimiento de «... las condiciones del pago y la moneda en que debe hacerse...» al Derecho del foro. Lo que sí podría discutirse, en todo caso, es la inclusión de la operación de pago en el supuesto de hecho del artículo 170 *eiusdem*, pues es justamente esa operación la que produce el efecto extintivo de la obligación, con lo cual, para nosotros, quedaría más bien comprendida en el supuesto del artículo 169 referido a los efectos de las obligaciones. A salvo, desde luego, la moneda en que se realizará el pago, la cual está sometida a la *Lex fori*.

La otra solución que, respecto de la operación de pago consagra el sistema venezolano –y que sí podría considerarse como un principio de Derecho internacional privado generalmente aceptado, en el sentido del

---

[975] Sánchez de Bustamante y Sirven, *Derecho internacional privado...*, ob. cit., T. II, pp. 173-174.

artículo 1 de la Ley de Derecho Internacional Privado–, está contenida en la Convención de México, cuyo artículo 14,c dispone la aplicación de la *Lex contractus* a «… la ejecución de las obligaciones que establece…»[976]. Es interesante hacer notar que, en el Proyecto original de la Convención, elaborado por el Comité Jurídico Interamericano, se incluía en el ámbito del Derecho aplicable «… las modalidades de ejecución y las medidas que pueda tomar el acreedor en caso de inejecución total o parcial de las obligaciones, sin perjuicio de las normas procesales del foro», con lo cual se adoptaba parcialmente el supuesto especial del artículo 12,2 del Reglamento Roma I, pero sometiéndolo al mismo Derecho que rige el contrato. Sin embargo, la Reunión de Expertos de Tucson eliminó esta solución por considerarla inaceptable[977], lo cual nos parece razonable si consideramos que ya el Proyecto incluía en el ámbito de la *Lex contractus*, la ejecución de las obligaciones y las consecuencias del incumplimiento del contrato.

Así las cosas, dentro de la expresión «… ejecución de las obligaciones…» utilizada por la Convención Interamericana, podríamos incluir, las condiciones del cumplimiento; sus modalidades –en especie o por equivalente; directo o indirecto; total, parcial o defectuoso– y los requisitos de procedencia de estas; las condiciones de lugar y tiempo del cumplimiento, y todo lo relativo a los gastos que el pago pueda generar. También estarían incluidas las normas sobre la determinación de las personas que deben realizar el pago –*solvens*– y las que están legitimadas para recibirlo –*accipiens*–; lo relativo

---

[976] De manera similar, el artículo 9,1 de los Principios de La Haya sobre la elección del Derecho aplicable en materia de contratos internacionales dispone que «El Derecho elegido por las partes rige todos los aspectos del contrato entre las partes, incluyendo, sin afán limitativo, c) la ejecución del contrato…». La Ley Modelo de la OHADAC también parte de este principio al disponer, en su artículo 49, que «La ley aplicable al contrato en virtud de lo dispuesto en el artículo anterior comprende principalmente: iii) la ejecución de las obligaciones…». Idéntica norma consagra el artículo 65,3 de la Ley dominicana.

[977] Véase: Parra Aranguren, Gonzalo, *Codificación del Derecho internacional privado en América*, Caracas, FCJPUCV, 1998, Vol. II, pp. 399-340.

a la imputación de pagos y al pago con subrogación; además de las modalidades del cumplimento en relación con cada tipo de obligación –mancomunidad, solidaridad, divisibilidad e indivisibilidad, etc.

En caso de tratarse de obligaciones pecuniarias, se incluiría, desde luego, el instrumento utilizado para el pago, al menos en relación con los efectos extintivos que su utilización produce sobre la obligación de que se trate, pues tengamos en cuenta que muchos de esos instrumentos requieren la celebración de contratos distintos de aquel a cuya extinción están sirviendo, los cuales podrían estar sometidos a un Derecho diferente, aunque se encuentren vinculados entre sí.

Así, en opinión de Checa Martínez, la cláusula a través de la cual se estipula el medio de pago que habrá de utilizarse para cumplir la obligación y liberarse de ella, también está incluida en el ámbito de aplicación de la *Lex contractus*. Refiriéndose particularmente al caso del crédito documentario, Checa Martínez ha afirmado que se trata de una cláusula contractual más, de manera que la Ley aplicable al contrato regirá su validez, «... la exigibilidad de la obligación de obtención de la emisión del crédito documentario y las autorizaciones administrativas necesarias, el plazo para obtener la apertura del crédito en el supuesto en que no se haya establecido un término, la validez y efectos del pago realizado mediante crédito documentario, las consecuencias de la no emisión del crédito, las consecuencias de la falta de pago o del retraso en el cumplimiento del mismo». Salvo, desde luego, una estipulación en contrario de las partes[978] pues, como afirmáramos *supra*, en esta materia resulta admisible el *dépeçage* voluntario.

c.2.3. El problema del Derecho aplicable a la moneda

El tema de la determinación del Derecho aplicable a la moneda contribuye a complicar el panorama. En efecto, salvo el caso expreso del artículo

---

978 Checa Martínez, *El crédito documentario en el Derecho del comercio internacional...*, ob. cit., p. 236.

170 del Código Bustamante, este tema no luce claro, ni en el ámbito de la Convención Interamericana, ni en el ámbito del Reglamento Roma I. Al respecto, se han emitido opiniones muy diversas. En el ámbito europeo, por ejemplo, Checa Martínez califica a la determinación de la moneda de pago como un asunto incluido en la expresión «modalidades de pago» y sometida, por ello, al Derecho del lugar de ejecución, *ex* artículo 12,2 del Reglamento Roma I[979].

Por su parte, Giral Pimentel incluye dentro del llamado ámbito «estricto» de aplicación de la *Lex contractus*, «... la calificación de una obligación dineraria como moneda de pago o moneda de cuenta...», de manera que al problema de la moneda le sería aplicable la Ley del contrato. Pero el propio autor añade luego que deben tomarse en cuenta las normas imperativas del lugar del pago y las del lugar de emisión de la moneda[980]. Lo cual, desde luego, plantea el problema de la aplicación de las normas imperativas de un tercer Estado.

Refiriéndose a los títulos valores, Giral Pimentel estima que «La doctrina venezolana sobre la Ley aplicable a la moneda de pago se debate entre dos posturas: la Ley del lugar de pago y la Ley que rige la obligación». El autor se hace eco de la tesis sostenida por Cordido Freytes[981], en el sentido de entender que la moneda de pago debe someterse al Derecho del lugar de pago, basándose, justamente, en el artículo 170 del Código Bustamante y

---

979 Checa Martínez, *El crédito documentario en el Derecho del comercio internacional...*, ob. cit., p. 246.
980 Giral Pimentel, *El contrato internacional...*, ob. cit., pp. 118-119, nota 281. Una idea semejante fue sostenida por López Herrera, para quien la *Lex contractus* regula «... el valor de las monedas, pesos y medidas». Ver: López Herrera, El contrato en el Derecho internacional privado..., ob. cit., p. 93.
981 Cordido Freytes, José Antonio, *A comparative study of conflicts of laws relating checks (and negotiable instruments in general) in the Latin-American and Anglo-American legal systems*, Caracas, Edit. Rex, 1958, pp. 58 y 331.

en las Convenciones Interamericanas sobre conflicto de leyes en materia de cheques y sobre letra de cambio, pagarés y facturas. El autor añade que el «… juez debe calificar la moneda como un asunto que se rige por la *Lex solutionis* y no por la *Lex loci contractus*, en virtud de lo dispuesto en el artículo 116 del Código de Comercio, toda vez que esa disposición ha permitido afirmar que en Venezuela existe una distinción entre la Ley que rige la relación obligatoria y la Ley que rige el cumplimiento»[982].

Rodner, por su parte, ha afirmado que en torno al problema de la moneda giran al menos tres ordenamientos jurídicos diferentes, los cuales están llamados a desempeñar roles particulares: el Derecho que rige el contrato; el Derecho de la moneda, y el Derecho del lugar de cumplimiento de la obligación. «La ley del contrato va a determinar la validez de la estipulación en moneda extranjera, por lo cual, siempre debemos buscar si en la ley del contrato la estipulación del objeto de una obligación como una obligación en moneda extranjera viola el orden público interno. La ley del lugar de pago determina las modalidades del pago. Será esta ley la que define cómo se debe hacer el pago, ejemplo, si se debe pagar la obligación en la moneda en curso al equivalente en la moneda extranjera, la fecha en la cual se hace la conversión de moneda extranjera a moneda de curso, y la legalidad de pagar en el sitio del pago con una moneda diferente a la moneda de curso legal. La ley de la moneda, entre otros, determinará cuál es la moneda de curso legal. Así, una deuda pagadera en dólares americanos, será la ley norteamericana que define qué se debe entender por dólar. La ley de la moneda igualmente determina la tasa de interés legal que se debe aplicar en caso de mora»[983].

---

982 Giral Pimentel, Derecho internacional privado sustantivo de los títulos de crédito…, ob. cit., pp. 141-144.
983 Rodner, James Otis, Ley aplicable a la estipulación y pago de la obligación en moneda extranjera, en: http://rodner.net/LibrosBooks/LasObligacionesEnMonedaExtranjera.html (29.11.2016), p. 4.

Sin embargo, no parece haber en la Convención Interamericana, en principio, oportunidad alguna para considerar el Derecho del lugar de cumplimiento del contrato, pues este instrumento, a pesar de aceptar el *dépeçage*, tiene cierta inclinación hacia el sometimiento del contrato a un solo Derecho. La única posibilidad de consideración de algunas regulaciones del Derecho del lugar de cumplimiento, vinculadas fundamentalmente a la materia monetaria o cambiaria, es a través de la aplicación que puede hacer el juez, «... cuando lo considere pertinente...» de las normas de aplicación necesaria «... del Derecho de otro Estado con el cual el contrato tenga vínculos estrechos» (art. 11, aparte único), el cual sin duda podría ser el Derecho del lugar de cumplimiento de la obligación, si es que no ha resultado aplicable al contrato por haber sido elegido por las partes o, en su defecto, por ser el Derecho más vinculado con el contrato.

De hecho, en el marco del Reglamento Roma I, Mosconi y Campiglio sugieren cierta vinculación entre la posibilidad de tener en cuenta el Derecho del lugar de cumplimiento del contrato, de conformidad con el artículo 12,2 y la posibilidad que tiene el juez de dar efecto, de acuerdo con el artículo 9,3 del propio Reglamento, a las «... leyes de policía del país en que las obligaciones derivadas del contrato tienen que ejecutarse o han sido ejecutadas en la medida en que dichas leyes de policía hagan la ejecución del contrato ilegal»[984]. A esta última norma volveremos *infra*.

Hasta el momento parece claro el sometimiento de la operación de pago al Derecho que rige el contrato. Sin embargo, hemos de preguntarnos necesariamente, ¿cuál contrato? Tengamos en cuenta que, cuando realizamos un pago hecho a través de un instrumento electrónico se estarían ejecutando, a la vez, prestaciones nacidas de al menos tres relaciones contractuales diferentes: la relación comprador/vendedor, la relación comprador/

---

[984] Mosconi e Campiglio, *Diritto internazionale privato e processuale...*, ob. cit., pp. 404 y 413.

prestador de servicios de pago y la relación vendedor/prestador de servicios de pago. Aunque seguramente el juez preferirá aplicar el Derecho del contrato cuya ejecución se discute en el caso concreto, resulta necesario examinar, aunque sea brevemente, el problema de los contratos conexos, desde la óptica del Derecho internacional privado.

3. Contratos conexos

La vinculación entre los contratos existentes alrededor de una operación de pago, algunos de los cuales –o todos– pueden ser calificados como internacionales, nos obliga a examinar el problema de los contratos conexos desde el punto de vista del Derecho internacional privado. Entre otras cosas, nos preguntamos por el Derecho aplicable a la posibilidad que pueda tener, por ejemplo, el vendedor, de accionar por vía contractual contra el proveedor de servicios de pago del comprador, por el incumplimiento de la obligación de este último de pagar el precio.

En efecto, hay también en Derecho internacional privado dos posibles soluciones: atender a la individualidad de los distintos contratos, aunque se encuentren vinculados entre sí, reconociendo a cada contrato cierta autonomía, de manera que la determinación del Derecho aplicable deberá hacerse contrato por contrato; o, más bien, hacer hincapié en esa vinculación, permitiendo que la elección del Derecho aplicable a uno de ellos se proyecte sobre los demás.

La primera de las soluciones citadas –que encontraría su fundamento en el principio de relatividad del contrato– implica atenerse a la individualidad de cada relación contractual y determinar a cada uno de ellos el Derecho aplicable de manera independiente. Es frecuente ver esta solución en materia de garantías. En efecto, cuando Elwan en su Curso de la Academia de La Haya expone la determinación del Derecho aplicable a la garantía, lo hace en relación con cada contrato de manera independiente[985]. A la misma conclusión puede llegarse a partir de los artículos 21 y 22 de la Convención de las Naciones Unidas sobre garantías independientes y cartas de crédito contingente[986], normas que admiten la aplicación a la «promesa» –garantía independiente o carta de crédito contingente *ex* artículo 2– del Derecho designado por el garante/emisor y el beneficiario, sea en la propia promesa o en «… otra parte…» y, en su defecto, la «… Ley del Estado en que el garante/emisor tenga el establecimiento donde la promesa haya sido emitida».

En materia de crédito documentario, por ejemplo, Checa Martínez ha afirmado que «… el principio de la independencia o autonomía de las relaciones jurídicas constitutivas de la operación de crédito documentario constituye un presupuesto material que obliga a determinar la ley aplicable a cada segmento de la operación y no a esta en su conjunto». Este principio, en opinión del propio autor, excluiría todo intento de proyección de la Ley que rige el contrato base sobre el crédito documentario[987].

---

985 Elwan, Omaia, La loi applicable à la garantie bancaire à première demande, en: *R. des C.*, 2000, Vol. 275, pp. 9 y ss., especialmente pp. 140-148. Refiriéndose particularmente al *leasing*, Sánchez Lorenzo ha afirmado que «… la respuesta del D.I.Pr. permite y aboca, en todo caso, al fraccionamiento, sin perjuicio de las ventajas que presenta la unidad de la ley aplicable. Las normas de derecho aplicable a los contratos (10.5 Cc o Convenio de Roma de 1980) parten, en principio, de la obligación contractual, no del contrato. Asimismo, el fraccionamiento de las partes de un contrato, a los efectos de la aplicación de una ley distinta, es una práctica permitida bajo ciertos límites, que puede resultar particularmente operativa y funcional en el leasing». Ver: Sánchez Lorenzo, Sixto, *Garantías reales en el comercio internacional (Reserva de dominio, venta en garantía y leasing)*, Madrid, Civitas, 1993, pp. 223-224; Giménez Corte, Cristian, *Lex mercatoria*, garantías independientes y coacción extraestatal, en: *International Law: Revista colombiana de Derecho Internacional* (Pontificia Universidad Javeriana), 2004, N.º 003, pp. 343 y ss., especialmente p. 357.

986 http://www.uncitral.org/pdf/spanish/texts/payments/guarantees/guarantees-s-CORR.pdf (29.11.2016).

La segunda solución se inclina, más bien, a tomar como punto de partida la vinculación entre los diversos contratos y a proyectar la determinación del Derecho aplicable a uno de ellos sobre los demás, generalmente, aquel que tiene el carácter de principal. Fue esta, justamente, la solución que se aplicó en el caso Bloch *vs.* Societé Lima Spa, decidido por la Cour d'appel de Versailles, el 6 de febrero de 1991[988]. En este caso, el tribunal aplicó, a un contrato de garantía, el Derecho que regulaba el contrato principal, un contrato de distribución, y desechó la presunción del artículo 4,2 del entonces vigente Convenio de Roma, que conducía a la aplicación del Derecho francés, como el vigente en el Estado de residencia del garante. Esta decisión es considerada como un error, según afirma Carrascosa González, haciéndose eco de la opinión de Campiglio. Un error que pudo haberse evitado si las partes hubiesen elegido el Derecho «contrato por contrato»[989].

En todo caso, además de la posibilidad de vincular la determinación del Derecho aplicable a los contratos que forman un grupo, al ordenamiento que rige alguno de ellos, la cual parece estar negada, debido a la aplicación del principio de relatividad del contrato, se plantea el problema de calificar como contractual la acción que una parte pueda intentar contra otra, cuando ambas pertenecen a dos contratos distintos dentro del mismo grupo, es decir, de determinar la procedencia, en estos casos de la acción directa. La respuesta

---

[987] Checa Martínez, *El crédito documentario en el Derecho del comercio internacional...*, ob. cit., pp. 234 y 236. El autor cita, entre otros, la opinión de Stoufflet, Jean, *Le crédit documentaire*, París, Librairies Techniques, 1957, p. 114; Spender, JM y G Burton, Aspects of conflicts of Laws in banking transactions, en: *Australian Law Journal*, 1987. Ver también: Albornoz, Jorge R. y Paula María All, *Crédito documentario*, Mendoza, Ediciones Jurídicas Cuyo, 2002, pp. 237 y ss.

[988] Ver: *RC de DIP*, 1991, pp. 745-752. También disponible en: http://archive.org/stream/CaVersailles6Fvrier1991BlochC.SocitLima_719/CaVersailles6Fvrier-1991BlochC.SocitLima_djvu.txt (29.11.2016).

[989] Carrascosa González, Javier, Elección múltiple y elección parcial de la Ley aplicable al contrato internacional, en: *Anales de Derecho de la Universidad de Murcia*, 2000, N.º 18, pp. 7 y ss., especialmente p. 16.

a este planteamiento está necesariamente precedida de la determinación del ordenamiento jurídico competente para regular tal acción directa.

Bien, en un primer momento, el juez puede sentirse tentado a calificar el problema como una cuestión de naturaleza procesal, por lo cual, de conformidad con el principio *Lex loci regit processum* –reconocido en el sistema venezolano por el artículo 56 de la Ley de Derecho Internacional Privado–, sería aplicable el Derecho del lugar en el cual se lleva a cabo el procedimiento.

Otra opción indica más bien la aplicación del Derecho que rige la relación de que se trate, lo cual exige la calificación del problema como un tema material y no procesal. Así, hemos de observar que estamos, en el fondo, frente a un problema de legitimación en la causa, es decir, un problema de cualidad que ha de resolverse con la demostración de la identidad entre la persona que se presenta ejercitando concretamente un derecho o poder jurídico o la persona contra quien se ejercita, y el sujeto que es su verdadero titular u obligado concreto. Se trata en suma –tal como afirma Luis Loreto– de una cuestión de identidad lógica entre la persona a quien la Ley concede el derecho o poder jurídico o la persona contra quien lo concede, y la persona que lo hace valer y se presenta ejercitándolo como titular efectivo o contra quien se ejercita en tal manera[990].

Este problema no es –estima el propio Loreto[991]– una noción específica o peculiar al Derecho procesal, «… sino que se encuentra a cada paso en el

---

990 Loreto, Luis, Contribución al estudio de la excepción de inadmisibilidad por falta de cualidad, en: *Ensayos Jurídicos*, Caracas, Fundación Roberto Goldschmidt, EJV, 2.ª ed. ampliada y refundida, 1987, pp. 177 y ss., especialmente p. 183. Ver también: Calamandrei, Piero, *Derecho procesal civil*, Buenos Aires, EJEA, Colección Ciencia del Proceso, 1982, p. 362.
991 Loreto, Contribución al estudio de la excepción de inadmisibilidad por falta de cualidad…, ob. cit., pp. 183 y 188-189.

vastísimo campo del Derecho, tanto público como privado. Allí donde se discute acerca de la pertenencia o titularidad de un derecho subjetivo o de un poder jurídico, allí se encuentra planteado un problema de cualidad o de legitimación. Allí donde se discute acerca de la vinculación de un sujeto a un deber jurídico, allí se encuentra planteado igualmente un problema de cualidad o legitimación».

En efecto –continúa el autor– la cualidad de la persona para actuar en juicio ha de constatarse conforme a un criterio según el cual «... toda persona que se afirme titular de un interés jurídico propio, tiene cualidad para hacerlo valer en juicio (cualidad activa), y toda persona contra quien se afirme la existencia de ese interés, en nombre propio, tiene a su vez la cualidad para sostener el juicio (cualidad pasiva)». De allí que la falta de correspondencia lógica entre el titular de la relación o estado jurídico sustancial y el titular de la acción, desde el punto de vista concreto sea lo que constituye la falta de cualidad en sentido amplio. No es difícil ver que tal ausencia de cualidad solo puede discutirse al contestarse el fondo de la demanda y solo puede determinarse en la sentencia.

Así las cosas, entendemos que la procedencia de una acción directa en materia de contratos conexos obliga al juez a ver más allá de su propio Derecho procesal[992] y a examinar la cuestión desde el punto de vista del

---

[992] Tengamos en cuenta que no es este un problema de capacidad procesal o *legitimatio ad processum*, como también se le llama, la cual es entendida como la facultad de producir actos procesales eficaces, por lo que constituye el reflejo, en el campo procesal, de la capacidad de obrar, la cual sí se encuentra sometida a la *Lex fori*. Ver en este sentido: Virgós Soriano, Miguel y Francisco Garcimartín Alférez, *Derecho procesal civil internacional. Litigación internacional*, Madrid, Civitas, 2000, pp. 292-294. Ver también: Madrid Martínez, Claudia, Breves consideraciones sobre el Derecho aplicable a la capacidad procesal de las personas jurídicas, en: *Ley de Derecho Internacional Privado, Libro Homenaje a Gonzalo Parra Aranguren*, Caracas, TSJ, 2002, Colección Libros Homenaje N.º 1, *Addendum*, pp. 241 y ss.

Derecho que gobierna la relación sustantiva que da lugar a la cualidad discutida. Tratándose de contratos conexos, hemos de preguntarnos cuál de los ordenamientos que rige cada contrato, será el competente en este caso. Al respecto Lagarde aconseja, para los casos de subcontratos y en el ámbito del entonces vigente Convenio de Roma, aplicar el Derecho que rige el contrato principal, incluso en los supuestos en que el subcontrato tenga con ese ordenamiento un vínculo más estrecho que con el sistema vigente en el lugar donde el subcontratista tenga su establecimiento[993]. Por supuesto que, sobre la base de la cláusula de escape prevista por el propio Convenio de Roma, podría aplicarse un Derecho distinto: aquel con el cual el subcontrato se encuentre más estrechamente vinculado[994].

Mayer y Heuzé, por su parte, estiman que debería aplicarse el Derecho que rige el contrato del cual forma parte el demandado[995], pues este es el Derecho del cual se deriva la obligación cuyo desconocimiento es invocado y el que indica cuáles personas pueden prevalecerse de ese desconocimiento[996]. Los propios autores reconocen, sin embargo, que esta solución tiene escasos chances de ser aplicada, debido a la vigencia del Reglamento (CE) N.º 864/2007 del Parlamento Europeo y del Consejo de 11 de julio de 2007 relativo a la Ley aplicable a las obligaciones extracontractuales, conocido como Reglamento Roma II[997].

---

993 Lagarde, Paul, The European convention on the Law applicable to contractual obligations: an apologia, en: *Virginia Journal of International Law*, 1981, pp. 91 y ss., especialmente pp. 97-98.
994 Así lo entiende Pocar, Fausto, Quelques remarques sur la Loi applicable au contrat de sous-traince, en: Études de Droit international en l'honneur de Pierre Lalive, Basilea, Frankfurt am Main, Helbing & Lichtenhahn, 1993, pp. 155 y ss., especialmente p. 158.
995 Mayer y Heuzé, *Droit international privé...*, ob. cit., pp. 576-577.
996 Heuzé, Vincent, La loi applicable aux actions directes dans les groupes de contrats: l'example de la sous-traitance internationale, en: *RC de DIP*, 1996, pp. 243 y ss.
997 http://eur-lex.europa.eu/LexUriServ/LexUriServ.do?uri=OJ:L:2007:199:0040:0049:ES:PDF (29.11.2016).

Los autores estiman que la única manera de mantener esta solución sería con la aplicación del artículo 4,3 del Reglamento Roma II, norma de conformidad con la cual, «Si del conjunto de circunstancias se desprende que el hecho dañoso presenta vínculos manifiestamente más estrechos con otro país distinto del indicado en los apartados 1 o 2, se aplicará la ley de este otro país. Un vínculo manifiestamente más estrecho con otro país podría estar basado en una relación preexistente entre las partes, como por ejemplo un contrato, que esté estrechamente vinculada con el hecho dañoso en cuestión».

Esta disposición consagra la llamada «conexión accesoria», tesis que tiene su origen en la doctrina de Kropholler, quien formuló el principio de la *akzessorische Anknüpfung des Deliktsstatuts*, afirmando que a todas las reclamaciones de indemnización extracontractual que estén en conexión con una determinada relación jurídica se aplicará el Derecho que rige esa especial relación[998]. Justamente, a partir de la construcción que de la conexión accesoria hiciera Kropholler, Álvarez González[999] explica que la misma trata de soslayar tanto una rígida interpretación de la regla *Lex loci*

---

998   Kropholler no descarta la posibilidad de que las partes, en su cláusula de elección de Derecho, acuerden expresamente someter eventuales reclamaciones extracontractuales a la Ley que han elegido para regular el contrato. Pero en este caso –reconoce el maestro alemán– la *Lex contractus* limitaría su juego a aquellos supuestos expresamente determinados por el ejercicio de la autonomía conflictual. En cambio, no podría recurrirse a este razonamiento cuando el Derecho aplicable al contrato fuese determinado sobre la base de las conexiones que entran en juego ante el silencio de las partes, esto como consecuencia del rechazo generalizado a la *hypothetischer Partewille*. Ver: Kropholler, Jan, Ein Anknüpfungssystem für das Deliktsstatut, en: *RabelsZ*, 1969, N.º 33, pp. 601 y ss., especialmente pp. 626, 630-634 y 642.

999   Álvarez, González, Santiago, La Ley aplicable a la responsabilidad precontractual en Derecho internacional privado español, en: *REDI*, 1990, Vol. XLII, N.º 1, pp. 125 y ss., especialmente pp. 142 y 145-146.

delicti commissi, como lo que, a partir de la propuesta de Binder, se ha denominado «la visión social de regla»[1000].

A través de esta solución, que dota a la posible respuesta de una alta dosis de previsibilidad, al permitir a las partes razonablemente esperar que se les aplique el Derecho que rige la relación contractual preexistente, el operador jurídico podría aplicar el Derecho que rige el contrato en el cual es parte el demandado a la relación que lo une con la parte en otro contrato y que, en principio, debería ser calificada como extracontractual y sometida, por ello, a un Derecho distinto. Aceptando esta solución, el vendedor podría demandar, vía acción directa, al prestador de servicios de pago del comprador, aunque entre ellos no medie una relación contractual.

El propio Reglamento Roma II, sin embargo, contiene una norma especial para regular un tipo particular de acción directa[1001]. Nos referimos al

---

1000 Recordemos que Binder propuso ubicar el hecho ilícito en el ambiente social en el cual se encuentra arraigado –*soziale Umwelt in der die Tat eingebettet ist*. Ver: Binder, Heinz, Zur Auflockerung des Deliktsstatuts, en: *RabelsZ*, 1955, N.º 20, pp. 401 y ss. Se trata de lo que Ehrenzweig denominó la atracción que ejerce el estatuto contractual sobre el delictual. Ver: Ehrenzweig, Albert, Guest statutes in the conflict of Laws – Towards a theory of enterprise liability under «foreseeable and insurable Laws»: I, en: *Yale Law Journal*, 1960, Vol. 69, N.º 4, pp. 595 y ss.

1001 La primera regulación de la acción directa en Derecho internacional privado se encuentra en el artículo 9 de la Convención de La Haya sobre Ley aplicable en materia de accidentes de circulación por carretera («Las personas perjudicadas tendrán derecho a actuar directamente contra el asegurador del responsable, si ese derecho les es reconocido por la ley aplicable conforme a lo dispuesto en los artículos 3, 4 o 5. Si la ley del Estado en que estuviere matriculado el vehículo, aplicable conforme a los artículos 4 o 5, no reconociera este derecho, podría no obstante ser ejercitado siempre que estuviere admitido por la ley interna del Estado en cuyo territorio hubiere ocurrido el accidente. Si ninguna de estas leyes reconociera este derecho, podría ejercitarse en el caso de estar admitido por la ley del contrato de seguro»). Afortunadamente –en opinión de Junker– la conexión en cascada de esta norma no jugó ningún rol en la redacción del artículo 18 del Reglamento Roma I. Ver: Junker, Abbo, VO (EG) 864/2007 Art. 18

artículo 18, norma de conformidad con la cual «La persona perjudicada podrá actuar directamente contra el asegurador de la persona responsable para reclamarle resarcimiento, si así lo dispone la Ley aplicable a la obligación extracontractual o la Ley aplicable al contrato de seguros»[1002].

Esta norma obedece, en opinión de Junker[1003], a la necesidad de garantizar una indemnización pronta y segura a la víctima del hecho ilícito y su importancia práctica radica en su aplicación a los supuestos conectados con Estados no partes de la Unión Europea, pues al tratarse de Estados partes, estos están obligados a garantizar el ejercicio de la acción directa, al menos en materia de accidentes de circulación, en virtud de la Directiva 2005/14/CE del Parlamento Europeo y del Consejo, de 11 de mayo de 2005, por la que se modifican las Directivas 72/166/CEE, 84/5/CEE, 88/357/CEE y 90/232/CEE del Consejo y la Directiva 2000/26/CEE del Parlamento Europeo y del Consejo relativas al seguro de responsabilidad civil derivada de la circulación de vehículos automóviles[1004].

Direktklage gegen den Versicherer, en: *Münchener Kommentar zum Bürgerlichen Gesetzbuch*, München, C.H. Beck, 5. Auflage, 2010, Rn 2.

1002 De forma similar, la Ley que contiene el Código belga de Derecho internacional privado dispone, en su artículo 106, que «El Derecho aplicable a la obligación en virtud de los artículos 98 a 105 determina si la persona lesionada tiene el derecho de accionar directamente contra el asegurador del responsable. Si el Derecho aplicable en virtud de la línea 1 no conoce ese derecho, éste puede sin embargo ejercerse si es reconocido por el Derecho aplicable al contrato de seguros». También la Ley suiza acepta esta solución al disponer que «El lesionado puede dirigir la acción directamente contra el asegurador del responsable si el Derecho aplicable al acto ilícito o el Derecho aplicable al contrato de seguro lo prevén» (art. 141).

1003 Junker, VO (EG) 864/2007 Art. 18 Direktklage gegen den Versicherer..., ob. cit., Rn 1.

1004 Art. 4 quinto «Los Estados miembros garantizarán que las partes perjudicadas en un accidente causado por un vehículo cubierto por el seguro indicado en el artículo 3, apartado 1, de la Directiva 72/166/CEE tengan derecho a interponer una acción directa contra la empresa de seguros que cubre a la persona responsable en lo que respecta a la responsabilidad civil». De acuerdo con el Considerando N.º 21 de la citada Directiva, el objetivo de consagrar el derecho a la acción

En todo caso, la elección entre el Derecho que rige la obligación extracontractual y el que rige el contrato de seguros estaría fundamentada, en opinión de Wagner, en el principio de favor o *Günstigkeitsprinzip*, de manera que habrá de aplicarse el Derecho que favorezca la indemnización a la víctima[1005], y tal determinación ha de hacerla el juez de oficio[1006].

Ahora bien, en el sistema interamericano no existe regulación, ni de la conexión accesoria, ni de la acción directa en Derecho internacional privado, de manera que será muy complicado para el juez escapar a la necesidad de determinar el Derecho aplicable a cada contrato de manera individual, aunque formen parte de una cadena contractual. La procedencia de la acción directa, por su parte, dependerá de lo que al respecto disponga el Derecho que rige el contrato discutido pues, indudablemente, se trata de un asunto material y no procesal.

4. Normas de aplicación necesaria: el control de cambio

a. Nociones generales

Existe en cada sistema cierto tipo de normas que «... *are considered to be so important and sensitive from the viewpoint of public policy that they are*

---

directa, el cual es extensivo a las víctimas de «... cualquier accidente automovilístico», es «... propiciar una liquidación eficaz y rápida de los siniestros y evitar, en la medida de lo posible, procesos judiciales costosos...». http://eur-lex.europa.eu/legal-content/ES/TXT/PDF/?uri=CELEX:32005L0014&qid=1429737273937&from=EN (29.11.2016).

1005 Wagner, Gerhard, Internationales Deliktsrecht, die Arbeiten an der Rom II-Verordnung und der Europäische Deliktsgerichtsstand, en: *IPRax*, 2006, pp. 372 y ss., especialmente p. 379; Wagner, Gerhard, Die neue Rom II-Verordnung, en: *IPRax*, 2008, pp. 1 y ss., especialmente p. 15.

1006 En efecto, «*Der Geschädigte braucht nicht selbst einen Rechtsvergleich anzustellen. Er muss sich auch nicht auf eines der in Betracht kommenden Rechte berufen, sondern das Gericht hat – wenn ein Direktanspruch geltend gemacht wird – das für den Geschädigten günstigere Recht von Amts wegen zu ermitteln*» (resaltado en el original). Ver: Junker, VO (EG) 864/2007 Art. 18 Direktklage gegen den Versicherer..., ob. cit., Rn 12.

intended to be applied, always or at least when the situation is closely connected with the forum country, regardless of whether the issue as such is governed by foreign law and regardless of the contents of that foreign law»[1007]. Se trata de las llamadas «normas de aplicación necesaria», y entre otras materias sensibles, a través de las cuales se organiza la injerencia del poder público en la economía y, particularmente, en la ordenación del mercado y de las relaciones entre sus participantes[1008].

La formulación por parte del Estado de este tipo de normas ha provocado un elemento expansivo hacia cualquier elemento referente a la organización jurídica que interese directamente a la sociedad estatal, cubriendo de esta manera todas las áreas que, aun no siendo de su competencia directa, representan algún interés vital para él[1009]. De hecho, su creciente intervención en las relaciones privadas, ha llegado a modificar la noción del contrato, cuyo contenido resulta frecuentemente fijado, de manera imperativa, por disposiciones que no apuntan, como en un principio, al establecimiento de relaciones contractuales equilibradas, sino más bien a la satisfacción de fines económicos o sociales evidentes, tales como la organización del mercado de trabajo, la estabilización o el mejoramiento de las crisis de arrendamientos, la protección de los consumidores, etc.[1010].

1007   Bogdan, Michael, Private International Law as a component of the law of the forum: General course on Private International Law, en: *R. des C.*, 2011, Vol. 348, pp. 9 y ss., especialmente 182.
1008   De Miguel Asensio, Capítulo 4. Contratación comercial internacional..., ob. cit., p. 320.
1009   Madrid Martínez, *La norma de Derecho internacional privado*..., ob. cit., p. 129.
1010   Ya en 1972, Toubiana afirmaba que « *Le domaine du contrat semble se réduire et laisser place à un statut légal pour laquel la seule liberté des parties réside dans le droit de ne pas contracter* ». Ver: Toubiana, Annie, *Le domaine de la loi du contrat en Droit international privé (Contrats internationaux et dirigisme étatique)*, París, Dalloz, 1972, p. 150.

Estas normas se han calificado como de aplicación inmediata, puesto que a través de ellas se consigue una aplicación directa, inmediata del Derecho material del foro, sin necesidad de las complicaciones propias del funcionamiento de la norma de conflicto; de hecho, esta norma ni siquiera llega a aplicarse y, como consecuencia de su exclusión, se entiende excluida de antemano toda invocación del Derecho extranjero[1011]. Por tal razón, puede afirmarse que las normas imperativas asimilan la relación con elementos de extranjería a una relación interna pues, debido a su finalidad, la Ley del foro debe aplicarse a una y otra sin ninguna distinción[1012].

Así, las normas de aplicación necesaria se caracterizan[1013], en primer lugar, porque su aplicación no se produce como consecuencia de la norma de conflicto; al contrario, limitan su aplicación. Son las primeras normas a las que habrá de recurrir el juez al analizar un caso de Derecho internacional privado y solo al constatar su inexistencia podrá buscar otras alternativas. En segundo término, el ámbito de aplicación de las normas de aplicación necesaria, que puede ser personal o territorial, deberá ser determinado unilateralmente por el legislador estatal debido a su propia naturaleza y a los intereses que ellas protegen. Sin embargo, esto no es lo común, con lo cual la tarea de identificar estas normas queda en manos del juez, cuya única directriz será la protección de los intereses económicos y sociales del Estado. Finalmente, su intervención es, en principio, excepcional cuando se trata de instituciones tradicionales del Derecho privado, pero son, en cambio, una regla cuando se trata de instituciones o reglamentaciones en las cuales sea necesario proteger intereses fundamentales del Estado.

1011   Aguilar Navarro, Mariano, *Derecho internacional privado*, Madrid, Sección de Publicaciones, Facultad de Derecho de la Universidad Complutense, Madrid, reimp. de la 3ª ed., 1979, Vol. I, T. II, Parte Primera, p. 97.
1012   Marín López, Antonio, Las normas de aplicación necesaria en Derecho internacional privado, en: *REDI*, 1970 I, Vol. XXIII, pp. 17 y ss., especialmente p. 23.
1013   Seguiremos en este punto a: Francescakis, Phocion, Quelques précisions sur les «lois d'application immédiate » et leurs rapports avec les règles de conflit de lois, en: *RC de DIP*, 1966, N.º 55, p. 1 y ss., especialmente pp. 12-13.

No obstante esta última afirmación, la intervención de este tipo de normas se hace cada vez mayor, precisamente, en el ámbito de las relaciones contractuales. En efecto, el legislador internacionalprivatista se ha ocupado de la regulación de estas normas especialmente en materia contractual, debido, por una parte, al creciente intervencionismo estatal en esta área del Derecho[1014] y, por otra parte, a los efectos que tiene este tipo especial de disposiciones sobre la autonomía de la voluntad de las partes. De hecho los dos grandes exponentes de la regulación conflictual de los contratos, en Europa y en América, regulan expresamente estas normas, de manera independiente de la institución del orden público.

Ahora bien, a diferencia de su antecesor –el Convenio de Roma–, el Reglamento Roma I comienza por incluir una definición de «Leyes de policía» que, en opinión de Leible, «... se basa en una formulación de Savigny, modificada por Francescakis y adoptada por el TJCE...»[1015]. Así, su artículo 9,1 establece que se trata de disposiciones «... cuya observancia un país considera esencial para la salvaguardia de sus intereses públicos, tales como su organización política, social o económica, hasta el punto de exigir su aplicación a toda situación comprendida dentro de su ámbito de aplicación, cualquiera que fuese la ley aplicable al contrato según el presente Reglamento».

[1014] La progresiva intervención del Estado en sectores cada vez más amplios de la vida privada y del Derecho privado, incluyendo todas las normas que afectan la organización política, social o económica del país, y los objetivos sociales o económicos que el Estado protege u organiza, han contribuido a tal ampliación. Ver: Carrillo Salcedo, Juan A., *Derecho internacional privado. Introducción a sus problemas fundamentales*, Madrid, Edit. Tecnos, 2.ª ed., 1976, p. 112. Para examinar el caso venezolano, ver nuestro trabajo: La libertad contractual: su lugar en el derecho venezolano de nuestro tiempo..., ob. cit.

[1015] Ver: Leible, Stefan, La importancia de la autonomía conflictual para el futuro del Derecho de los contratos internacionales, en: *Cuadernos de Derecho Transnacional*, 2011, Vol. 3, N.º 1, pp. 214 y ss., especialmente p. 229.

Aunque en opinión de Bogdan esta definición no tuvo en cuenta todas las disposiciones imperativas del Derecho del foro, sino que solo se refiere a «... *those mandatory rules that are intended to override the usual conflict rules of the forum country*...»[1016], Spickhoff[1017] reconoce que el concepto contenido en el artículo 9,1 del Reglamento Roma I describe detalladamente los requisitos de actuación de las normas imperativas. Así, en primer lugar es necesario, aunque no suficiente, que se trate de normas de *ius cogens*; en segundo lugar, estas normas internacionalmente imperativas –*international zwingende Normen*– deben organizar explícitamente su propio ámbito de aplicación[1018], mas como esto no ocurre con frecuencia, deben analizarse su sentido y finalidad con el objeto de determinar si las mismas son de aplicación a contratos regidos por un Derecho extranjero. Tal pretensión de validez internacional parece obvia en lo que respecta a las normas relativas a importaciones y exportaciones, al tipo de cambio y, posiblemente, en el caso de las regulaciones monetarias.

1016 Bogdan, Private International Law as a component of the law of the forum..., ob. cit., p. 183.

1017 Spickhoff, Andreas, VO (EG) 593/2008 Art. 9 Eingriffsnormen, en: Bamberger, Hans Georg y Herbert Roth *Beck'scher Online-Kommentar zum Bürgerlichen Gesetzbuch*, München, C.H. Beck, 27. Auflage, 2013, Rn 1-37.

1018 Spickhoff ejemplifica este caso con el § 1 de la *Gesetz über zwingende Arbeitsbedingungen für grenzüberschreitend entsandte und für regelmäßig im Inland beschäftigte Arbeitnehmer und Arbeitnehmerinnen (Arbeitnehmerentsendegesetz)*, referido a las condiciones mínimas de trabajo para los trabajadores internacionales. De acuerdo con esta norma, «*Ziele des Gesetzes sind die Schaffung und Durchsetzung angemessener Mindestarbeitsbedingungen für grenzüberschreitend entsandte und für regelmäßig im Inland beschäftigte Arbeitnehmer und Arbeitnehmerinnen sowie die Gewährleistung fairer und funktionierender Wettbewerbsbedingungen. Dadurch sollen zugleich sozialversicherungspflichtige Beschäftigung erhalten und die Ordnungs- und Befriedungsfunktion der Tarifautonomie gewahrt werden*». Esta norma es equivalente al artículo 3 de la Ley Orgánica del Trabajo, los Trabajadores y las Trabajadoras de Venezuela (*Gaceta Oficial* N.º 6.076 Extraordinario, 7.05.2012), de conformidad con el cual «Esta Ley regirá las situaciones y relaciones laborales desarrolladas dentro del territorio nacional, de los

El objetivo principal de estas normas es –continúa Spickhoff– la protección de intereses públicos, lo cual es reconocido expresamente por la propia disposición del Reglamento Roma I, y trae como consecuencia que los intereses privados sean dejados de lado[1019]. Sin embargo, el propio autor reconoce que podrían plantearse problemas cuando concurren intereses públicos y privados en una misma norma. En tal caso debe establecerse una diferenciación y, si es necesario, crear una norma unilateral especial que pueda incluirse en el contexto del artículo 9 del Reglamento Roma I. Es lo que hizo el Tribunal de Justicia de la Unión Europea, en el caso Ingmar, al dar prioridad al interés público protegido en la Directiva 86/653/CEE del Consejo, de 18 de diciembre de 1986, relativa a la coordinación de los derechos de los Estados miembros en lo referente a los agentes comerciales independientes[1020], calificándolo como de aplicación imperativa, incluso en los casos en que el agente tuviese su domicilio en un Estado ajeno a la Unión Europea[1021].

---

trabajadores y trabajadoras con los patronos y patronas, derivadas del trabajo como hecho social. Las disposiciones contenidas en esta Ley y las que deriven de ella rigen a venezolanos, venezolanas, extranjeros y extranjeras con ocasión del trabajo prestado o convenido en el país y, en ningún caso, serán renunciables ni relajables por convenios particulares. Los convenios colectivos podrán acordar reglas favorables al trabajador y trabajadora que superen la norma general respetando el objeto de la presente Ley. Igualmente se aplicaran las disposiciones de esta Ley a los trabajadores contratados y las trabajadoras contratadas en Venezuela para prestar servicios en el exterior del país».

1019 El autor cita como ejemplo una decisión del *Bundesgerichtshof* en la cual se declara que el crédito al consumo es un derecho privado que no generaría la intervención de este tipo de normas. Decisión XI ZR 82/05 de 13.12.2005, en: *NJW*, 2006, Heft 11, pp. 762 y ss.

1020 http://eur-lex.europa.eu/legal-content/ES/TXT/PDF/?uri=CELEX:31986L0653&from=ES (29.11.2016).

1021 «... es forzoso reconocer que resulta esencial para el ordenamiento jurídico comunitario que un empresario establecido en un país tercero, cuyo agente comercial ejerce su actividad dentro de la Comunidad, no pueda eludir las citadas disposiciones mediante el simple juego de una cláusula de elección de la ley aplicable. En efecto, la función que desempeñan las disposiciones de que se trata

Por su parte, la Convención Interamericana sobre Derecho aplicable a los Contratos Internacionales no contiene una definición semejante, limitándose a establecer, en su artículo 11, que estas disposiciones deben tener «… carácter imperativo…». Esta expresión resulta –tal como lo destaca Parra Aranguren– «… muy poco satisfactoria…», pues admite múltiples interpretaciones. Por ello, es necesario entenderlas «… en el sentido de incluir solamente las normas que deben aplicarse inexorablemente a los casos conectados con varias legislaciones sin tomar en cuenta el mandato de las normas de conflicto»[1022].

Coincidiendo en parte con la noción de Parra Aranguren, la Ley de Derecho Internacional Privado venezolana se refiere, en su artículo 10, a «… disposiciones imperativas (…) que hayan sido dictadas para regular los supuestos de hecho conectados con varios ordenamientos jurídicos». Pero tal redacción tampoco disipa las dudas en la conceptualización de estas normas. De hecho, a partir de esta expresión, podría pensarse que la noción estaría limitada a aquellas disposiciones imperativas que regulan expresamente casos de Derecho internacional privado. Nosotros no compartimos esta interpretación, pues, como hemos sostenido en otras oportunidades, la intención de esta disposición parece ser más bien establecer una diferenciación entre normas imperativas en general y las normas de aplicación necesaria propiamente dichas[1023]. De hecho, en la propia Exposición de Motivos de la Ley

---

exige que éstas se apliquen cuando la situación tenga una relación estrecha con la Comunidad, en particular, cuando el agente comercial desempeñe su actividad en el territorio de un Estado miembro, sea cual fuere la ley a la que las partes hayan pretendido someter el contrato». Asunto C-381/98 de fecha 09.11.2011 (Ingmar GB Ltd y Eaton Leonard Technologies Inc.), en: http://curia.europa.eu/juris/showPdf.jsf?text=&docid=45788&pageIndex=0&doclang=ES&mode=lst&dir=&occ=first&part=1&cid=132336 (29.11.2016).

1022 Parra Aranguren, La Quinta Conferencia Especializada Interamericana sobre Derecho Internacional Privado…, ob. cit., p. 147.
1023 Madrid Martínez, Claudia, Instituciones generales en la Ley de Derecho internacional privado venezolana, en: *RFCJPUCV*, 2000, N.º 117, pp. 107 y ss., especialmente pp. 118-119.

se admite que esta expresión estaría referida a normas imperativas, que protegen «... aquellas actividades en las cuales existe especial interés del Estado con fines a protegerlas»[1024].

Tal como hemos afirmado *supra*, a pesar de la conveniencia de establecer claramente cuáles son las normas de aplicación necesaria, generalmente el legislador no hace semejante declaración, por lo que corresponde al juez determinar si una norma concreta puede ser calificada como tal, con todas las consecuencia que de semejante calificación se derivan. De allí la importancia de la delimitación hecha por el artículo 9,1 del Reglamento Roma I que, de alguna manera, recoge lo que ha sido la jurisprudencia del Tribunal de Justicia europeo[1025]. La doctrina, por su parte, suele identificar este tipo de normas con prácticas restrictivas de competencia, protección al consumidor y algunas normas en materia de transporte, entre otras[1026]. Sin embargo, la determinación definitiva –reiteramos– está en manos del juez.

1024 Exposición de Motivos, en: Maekelt, Tatiana y otros, *Ley de Derecho internacional privado. Derogatorias y concordancias*, Caracas, ACPS, 7ª ed. aumentada y corregida, 2015, p. 79.

1025 En efecto, ya el Tribunal había fijado ciertos criterios de determinación del concepto. Destaca una decisión en la cual se afirmó que la expresión leyes de policía, «... se refiere a las disposiciones nacionales cuya observancia se ha considerado crucial para la salvaguardia de la organización política, social o económica del Estado miembro de que se trate, hasta el punto de hacerlas obligatorias para toda persona que se encuentre en el territorio nacional de ese Estado miembro o con respecto a toda relación jurídica localizada en él». Ver: TJCE, asuntos acumulados C-369/96 y C-376/96, de 23/11/1999, caso Jean-Claude Arblade, Arblade & Fils SARL y Bernard Leloup, Serge Leloup, Sofrage SARL, en: http://curia.europa.eu/juris/showPdf.jsf?text=&docid=44859&pageIndex=0&doclang=ES&mode=lst&dir=&occ=first&part=1&cid=196459 (29.11.2016).

1026 Giuliano y Lagarde, Informe relativo al Convenio sobre la Ley aplicable a las obligaciones contractuales..., ob. cit., p. 18. Bogdan ha afirmado que «*Most overriding mandatory rules of private-law nature are provisions favouring the party considered worthy of special protection, such as children, women, employees or consumers, but more general protective rules are also conceivable*». Ver: Bogdan, Private International Law as component of the Law of the forum..., ob. cit., p. 183.

Ahora bien, la aplicación de estas normas es imperativa cuando ellas pertenecen al ordenamiento jurídico del juez. Así se ha admitido tradicionalmente[1027] y en tal sentido se pronuncian el Reglamento Roma I[1028], la Convención de México[1029] y la Ley venezolana de Derecho internacional privado[1030]. A pesar de ser criticado por algunos autores, debido a que animaría a los Estados contratantes a dictar unilateralmente este tipo de disposiciones[1031], este supuesto no parece plantear muchos problemas en la práctica, debido a que es natural que cada Estado proteja, a través de estas normas, ciertos principios esenciales de su propio sistema[1032].

1027 Convención de La Haya sobre Ley aplicable al trust y a su reconocimiento (1985), art. 16: «La Convención no atenta contra las disposiciones de la ley del foro cuya aplicación se imponga incluso en situaciones internacionales, cualquiera que sea la ley designada por las reglas de conflicto de leyes»; Convención de La Haya sobre Ley aplicable a los contratos de compraventa internacional de mercaderías (1986), art. 17, «La Convención no se opone a las disposiciones de la ley del foro que se impongan, cualquiera que sea la ley aplicable al contrato»; Reglamento Roma II, art. 16: «Las disposiciones del presente Reglamento no afectarán a la aplicación de las disposiciones de la ley del foro en aquellas situaciones en que tengan carácter imperativo, cualquiera que sea la ley aplicable a la obligación extracontractual».
1028 Art. 9,2: «Las disposiciones del presente Reglamento no restringirán la aplicación de las leyes de policía de la ley del foro».
1029 Art. 11, encabezamiento: «No obstante lo previsto en los artículos anteriores, se aplicarán necesariamente las disposiciones del derecho del foro cuando tengan carácter imperativo».
1030 Art. 10: «No obstante lo previsto en esta Ley, se aplicarán necesariamente las disposiciones imperativas del Derecho venezolano que hayan sido dictadas para regular los supuestos de hecho conectados con varios ordenamientos jurídicos».
1031 Lagarde, Le nouveau Droit international privé des contrats…, ob. cit., p. 325.
1032 En el ámbito europeo, sin embargo, debe considerarse que «La pertenencia de las normas nacionales a la categoría de leyes de policía y de seguridad no las exime del respeto a las disposiciones del Tratado, so pena de vulnerar la primacía y la aplicación uniforme del Derecho comunitario. Éste sólo puede tomar en consideración los motivos en que se sustentan dichas legislaciones nacionales a la luz de las excepciones a las libertades comunitarias expresamente previstas por el Tratado y, en su caso, como razones imperativas de interés general». Ver: TJCE, asuntos acumulados C-369/96 y C-376/96, citados en nota N.º 970.

Tampoco genera mayor inconveniente la aplicación de las normas imperativas del ordenamiento jurídico competente para regir la relación de que se trate, es decir, las pertenecientes a la *Lex contractus*, pues tal consideración forma parte de la concepción que se tenga sobre la aplicación del Derecho extranjero. En efecto, si se asume que el Derecho extranjero ha de aplicarse conforme a sus propios principios y concepciones —como ocurre en el sistema venezolano[1033]—, esto incluye el respeto por sus normas de aplicación necesaria.

Los mayores problemas se generan, en cambio, cuando las normas imperativas pertenecen al ordenamiento jurídico de un tercer Estado. Por ello, con respecto a estas no suele hablarse de aplicación imperativa, sino más bien de una consideración o toma en cuenta que, en todo caso, es de carácter facultativo[1034]. Es lo que hace, por ejemplo, el artículo 9,3 del

---

1033 En Venezuela, de conformidad con el artículo 2 la Ley de Derecho internacional privado, «El Derecho extranjero que resulte competente se aplicará de acuerdo con los principios que rijan en el país extranjero respectivo, y de manera que se realicen los objetivos perseguidos por las normas venezolanas de conflicto».

1034 Convención de La Haya sobre contratos de intermediarios y representación (1978), art. 16: «Al momento de aplicarse la presente Convención, se podrá dar efecto a las disposiciones imperativas de todo Estado con el cual la situación presente un vínculo estrecho, en la medida en que, según el derecho de este Estado, dichas disposiciones sean aplicables cualquiera que sea la ley designada por sus reglas de conflicto»; Convenio de La Haya sobre Ley aplicable a la agencia (1978), art. 16: «Al aplicar este Convenio deberá darse efecto a las reglas imperativas de cualquier Estado con el que la situación tenga una conexión significativa, si, de acuerdo con la ley de dicho Estado, dichas reglas deben ser aplicadas cualquiera que sea la ley especificada por sus normas de conflicto»; Convención de La Haya sobre Ley aplicable al trust y a su reconocimiento (1985), art. 16: «A título excepcional, se podrá dar efecto igualmente, a las reglas de la misma naturaleza de otro Estado que presente un vínculo suficientemente estrecho con el objeto del litigio. Todo Estado contratante podrá declarar, por una reserva, que no aplicará la disposición del párrafo segundo del presente artículo»; Tratado Benelux sobre Reglas Uniformes de Derecho Internacional Privado (1969), art. 13: «Cuando el contrato esté manifiestamente localizado en un país determinado, las disposiciones de este país cuya naturaleza y objeto particular excluyen

Reglamento Roma I, al disponer que «También podrá darse efecto a las leyes de policía del país en que las obligaciones derivadas del contrato tienen que ejecutarse o han sido ejecutadas en la medida en que dichas leyes de policía hagan la ejecución del contrato ilegal. Para decidir si debe darse efecto a estas disposiciones imperativas, se tendrá en cuenta su naturaleza y su objeto, así como las consecuencias que se derivarían de su aplicación o de su inaplicación».

Esta norma, tal como hemos adelantado, utiliza la expresión «... podrá darse efecto...», la cual resulta también problemática, pues da al juez un margen de discrecionalidad muy amplio –al exigirle considerar la naturaleza y finalidad de la norma en cuestión– y al mismo tiempo le asigna un trabajo delicado y nada fácil, pues dar eficacia a las normas de aplicación necesaria del Estado de la ejecución del contrato implica combinarlas con el Derecho que, de acuerdo con el propio Reglamento, es competente para regular el mismo[1035].

Lo cierto, en definitiva, es que la aplicación de normas imperativas extranjeras no es pacíficamente aceptada[1036]. Así, a pesar de haberse inspirado en el entonces vigente Convenio de Roma, el legislador alemán rechazó la posibilidad de aplicar normas imperativas de terceros Estados[1037], por considerar que tal situación produce gran inseguridad jurídica al conferirse tanto poder a los jueces, a quienes se les impone la compleja tarea de inves-

---

la aplicación de cualquier otra ley, no podrán ser desechadas por la voluntad de las partes».

1035 Mosconi y Campiglio, *Diritto internazionale privatto e processuale...*, ob. cit., p. 404.
1036 «...*une loi d'application nécessaire n'a ce caractère que dans son ordre juridique d'origine...* ». Ver: Sperduti, Giuseppe, Les lois d'application nécessaire en tant que lois d'ordre public, en: *RC. de DIP.*, 1977, pp. 257 y ss., especialmente p. 265.
1037 Junto a Alemania, Irlanda, Letonia, Luxemburgo, Portugal, Eslovenia y el Reino Unido hicieron expresa reserva del artículo 7,1 del Convenio de Roma, tal como lo permitía el artículo 22,1,a de ese instrumento.

tigar las normas de todo ordenamiento jurídico que pudiere tener vínculos con el caso, además de involucrar el delicado tema de la protección del orden público extranjero[1038]. La doctrina alemana ha admitido que, si llegara a darse un caso de aplicación de una norma extranjera, sería por efecto de la protección de un principio propio[1039].

Por otro lado, la norma contenida en el artículo 9,3 del Reglamento Roma I hace una referencia directa al Estado de la ejecución del contrato, pues es justamente en fase de ejecución que suelen plantearse los problemas relativos a las normas imperativas de un tercer Estado. Recordemos el emblemático caso Regazzoni c. Sethia, Ltd., en el cual un tribunal inglés consideró, en su decisión, una normativa del Derecho hindú –Derecho del lugar de ejecución del contrato– calificada como imperativa, siendo que el contrato estaba sometido al Derecho inglés[1040].

1038 Spickhoff, VO (EG) 593/2008 Art. 9 Eingriffsnormen..., ob. cit., Rn 28.
1039 Kegel und Schurig, *Internationales Privatrecht...*, ob. cit., p. 540.
1040 En este caso, se trataba de un contrato concluido entre dos partes en Suiza, para cuya regulación estas eligieron el Derecho inglés. A través de tal acuerdo, la parte que sería más adelante demandada, se obligaba a vender y entregar una cantidad de yute en Génova. El lugar de procedencia de la indicada mercadería era la India y su destino Sudáfrica. El contrato fue concluido, no obstante el conocimiento, por ambas partes, de la existencia de una norma hindú, que prohibía la exportación de yute con destino a Sudáfrica, so pena de la confiscación del cargamento y la imposición de una multa hasta por tres veces el valor del mismo. Como era de esperarse, el vendedor no pudo cumplir y fue demandado por los daños y perjuicios derivados del incumplimiento. El tribunal inglés consideró que, por orden de la normativa hindú, la cual estaba dotada de cierto carácter político, era ilegal realizar la transacción estipulada en el contrato, por lo cual este se hacía inejecutable y, en consecuencia, era imposible intentar una acción por daños y perjuicios contractuales. De esta manera, se aplicó en un tribunal inglés, a un contrato regido por el Derecho inglés, una norma imperativa del Derecho hindú (1956) 2 Q.B. 490; (1956) 2 All E.R. 487; (1956) I Lloyd's Rep. 435; 100 Sol. Jo. 417, C.A.; on appeal; (1958) A.C. 301; (1957) 3 All E.R. 286; (1957) 3 W.L.R. 752; 101 Sol. Jo. 848 H.L.

Sin embargo, tal referencia hecha por la norma ha sido calificada por Mankowski como un retroceso a la edad de piedra del Derecho internacional privado[1041], que luce –en opinión de Leible– como una síntesis entre las tesis de Wengler y Zweigert, el primero a favor de una conexión especial para las normas imperativas, y el segundo partidario de tenerlas únicamente en cuenta en el plano material como impedimentos para el cumplimiento[1042].

El propio Leible reconoce, no obstante, que con esta norma hay sin duda una ganancia en seguridad jurídica, pues las partes ya no tendrán que pensar en la posibilidad de aplicación de normas imperativas de cualquier Estado con el que a juicio del tribunal el caso presente un vínculo estrecho y que requiera la aplicación de su Derecho, sino que se pueden concentrar en las normas imperativas del Estado en el que tiene o tendrá lugar el cumplimiento[1043].

Esa es, justamente, la situación que plantea el aparte único del artículo 11 de la Convención de México, norma de conformidad con la cual «... Será discreción del foro, cuando lo considere pertinente, aplicar las disposiciones imperativas del derecho de otro Estado con el cual el contrato tenga vínculos estrechos». Ya en otras oportunidades hemos afirmado –y lo ratificamos ahora– que aplicar las normas imperativas que tengan alguna relación con el contrato, contribuiría a facilitar el reconocimiento del propio contrato en el extranjero. Sin embargo, no se trata de buscar todas las normas que podrían invalidar o impedir la ejecución del contrato, pues ello contribuiría, sin duda, a entorpecer el curso del comercio internacional. Al contrario, la búsqueda debe orientarse dentro de ciertos límites que aseguren el difícil

---

1041 «*Das gewählte Anknüpfungskriterium Erfüllungsort entstammt einer englischen Entscheidung und ist ein Rückschritt gleichsam in die Steinzeit des IPR...*». Ver: Mankowski, Peter, Rom I-Verordnung..., ob. cit., p. 148.
1042 Leible, *La importancia de la autonomía conflictual...*, ob. cit., p. 231.
1043 Ídem.

equilibrio entre la unidad del contrato y la armonización de las relaciones internacionales[1044].

A pesar de la aceptación de esta posibilidad de aplicación de normas imperativas extranjeras, a través de la Convención, la Ley de Derecho Internacional Privado es silente al respecto, y ese silencio se debe justamente –en opinión de Maekelt– a una preocupación por la seguridad jurídica, que podría verse en peligro al consagrarse tal posibilidad[1045]. Mas la ausencia de un rechazo expreso permite afirmar, fuera del ámbito de aplicación de la Convención Interamericana, que tal solución podría aceptarse como un principio de Derecho internacional privado generalmente aceptado, de conformidad con el artículo 1 de la propia Ley, pues es innegable la importancia de la aplicación de estas normas en orden a la solución del caso concreto.

En cambio, el Proyecto de Ley de Normas de Derecho Internacional Privado (1963-1965), antecesor de la Ley vigente, sí establecía la consideración de las normas imperativas de terceros Estados, de manera semejante a como lo hace el Reglamento Roma I, al ordenar al operador jurídico que, en materia contractual, aplicase «… en todo caso, las disposiciones de la ley del lugar donde se realice la prestación que regule su contenido por razones económico sociales de interés general» (art. 32).

Ahora bien, en materia contractual y, específicamente, en materia de obligaciones pecuniarias que, en el ámbito internacional son frecuentemente denominadas en moneda extranjera, es necesario hacer referencia a las normas sobre control de cambio, las cuales suelen ser calificadas como normas de aplicación necesaria o inmediata. Analicemos brevemente sus características generales y los efectos que tienen sobre la ejecución de obligaciones pecuniarias a través de medios de pago electrónico.

1044 Madrid Martínez, *La norma de Derecho internacional privado…*, ob. cit., p. 137.
1045 Ver: Maekelt, Tatiana, *Teoría general del Derecho internacional privado*, Caracas, ACPS, 2ª ed. actualizada, Edición Estudios N.º 87, 2010, p. 275.

b. El problema del control de cambio

El control de cambio constituye una excepción a la garantía de la libre convertibilidad de divisas, limitando la libertad de contratar en moneda extranjera y constituyendo un obstáculo para la libre circulación de capitales y, por ello, de bienes y servicios. Constituye, en palabras de Herdegen, un obstáculo de primer orden al comercio internacional[1046]. Por tal razón, el control de cambio suele ser rechazado en el marco de los sistemas de integración económica. Ocurre así, por ejemplo, en la Unión Europea[1047] y en Mercosur[1048].

En Venezuela –Estado parte, aunque suspendido, de Mercosur– está consagrada la garantía de libre circulación de divisas en la Ley del Banco Central[1049]. Sin embargo, esta garantía se encuentra restringida desde

---

1046 Herdegen, *Internationales Wirtschaftsrecht...*, ob. cit., p. 324. Pero además de ser un obstáculo, el propio autor reconoce que al bajar artificialmente el valor de cambio de su moneda, un Estado puede conseguir ventajas considerables para su producción nacional en un contexto de competencia internacional, lo que tiene cierta influencia en los flujos comerciales y monetarios. Ver: p. 334.

1047 El Tratado de Funcionamiento de la Unión Europea dispone, en su artículo 63,1, que «En el marco de las disposiciones del presente capítulo, quedan prohibidas todas las restricciones a los movimientos de capitales entre Estados miembros y entre Estados miembros y terceros países». En opinión de Arteaga Ruiz y Conesa Fontes, debido a la lentitud de su implementación, «... La libre circulación de capitales, ha sido la menos libre de todas, y quizás por ello ha tenido y tiene un carácter accesorio, pero a la misma vez imprescindible, respecto al resto de las libertades...». Ver: Arteaga Ruiz, Jesús y Andrés Conesa Fontes, La libre circulación de capitales en la UE y en la UEM, en: *Boletín Económico de ICE*, 2001, N.º 2700, pp. 15 y ss.

1048 El Tratado de Asunción dispone, en su artículo 1, que «Este Mercado Común implica: -La libre circulación de bienes, servicios y factores productivos entre los países, a través, entre otros, de la eliminación de los derechos aduaneros y restricciones no arancelarias a la circulación de mercaderías y de cualquier otra medida equivalente».

1049 Ley del Banco Central, art. 121: «Las monedas y los billetes de curso legal serán libremente convertibles al portador y a la vista, y su pago será efectuado por el Banco Central de Venezuela mediante cheques, giros o transferencias sobre

2003[1050], año en el cual se estableció un sistema de control de cambios, a través del cual el Banco Central centraliza, con escasas excepciones, la compra y venta de divisas en el país, mientras que la administración, control y establecimiento de requisitos, procedimientos y restricciones requeridos para la ejecución de tal limitación corresponde a órganos administrativos cuya competencia se ha ido modificando desde entonces. A la fecha, esta competencia es compartida por el propio Banco Central de Venezuela y por el Centro Nacional de Comercio Exterior (Cencoex)[1051].

La escasa claridad del sistema ha caracterizado a esta medida de control. Situación que se agrava con el establecimiento de varios tipos de cambio «oficiales», cuyos objetivos y mecanismos de funcionamiento no han sido claramente delimitados. En principio, parece que la distinción dependería del tipo de necesidades que cada uno está destinado a cubrir.

Actualmente, desde la vigencia del Convenio Cambiario N.º 35, a través del cual se establecieron las «Normas que regirán las operaciones del régimen administrado de divisas»[1052], existen dos tipos de cambio: un tipo de cambio protegido (DIPRO) y un tipo de cambio complementario flotante (DICOM).

El tipo de cambio DIPRO se fijó en 9,975 bolívares por dólar de Estados Unidos y 10 bolívares por dólar para la venta. Este tipo de cambio se aplica,

---

fondos depositados en bancos de primera clase del exterior y denominados en moneda extranjera, de los cuales se puede disponer libremente».

1050 El artículo 122 de la Ley del Banco Central permite a este organismo celebrar convenios cambiarios con el Ejecutivo nacional para limitar o restringir la libre convertibilidad. Así, el primer Convenio Cambiario fue publicado en la *Gaceta Oficial* N.º 37.625 de 5.02.2003 y modificado en la *Gaceta Oficial* N.º 37.653 de 19.03.2003.

1051 Organismo creado a través del Decreto con Rango, Valor y Fuerza de Ley del Centro Nacional de Comercio Exterior y de la Corporación Venezolana de Comercio Exterior, *Gaceta Oficial* N.º 6.116 Extraordinario, 29.11.2013.

1052 *Gaceta Oficial* N.º 40.865, 9.03.2016.

de conformidad con el propio Convenio Cambiario, al pago de deuda pública externa (art. 1, aparte único); a la adquisición de divisas que requieran los órganos y entes del sector público y la venta de divisas que estos hagan al Banco Central (art. 7); y el pago de las importaciones de los bienes determinados en el listado de rubros pertenecientes a los sectores de alimentos y salud y de las materias primas e insumos asociados a la producción de estos sectores (art. 2).

El tipo de cambio DICOM viene a sustituir al establecido por el Convenio Cambiario N.º 33, comúnmente conocido como sistema marginal de divisas (SIMADI)[1053] funciona con subastas[1054] y se aplica a las operaciones excluidas del sistema DIPRO. Al día de hoy –26 de abril de 2018– este tipo de cambio se cotiza a 66 937,50 bolívares por dólar.

Ahora bien, además de estos tipos oficiales de cambio, en el mercado paralelo, al día de hoy –26 de abril de 2018– el dólar de Estados Unidos sobrepasa los 630 000,00 bolívares por dólar. Sin embargo, acudir a este mercado puede acarrear sanciones. En efecto, la Ley de Régimen Cambiario y sus Ilícitos[1055], en su artículo 39, califica como una infracción administrativa el hecho de adquirir divisas mediante la violación de la normativa cambiaria que regula el régimen de administración de

---

1053 *Gaceta Oficial* N.º 6.171 Extraordinario, 10.02.2015. Este tipo de cambio sería libremente fijado por las partes (art. 5), pero en la práctica, es el Banco Central quien da a conocer la tasa a través de su portal web, la cual fluctuó, desde su creación, entre 197 y 660 bolívares por dólar. El SIMADI permite realizar operaciones en moneda extranjera con la intermediación de la banca pública y privada, las casas de cambio y los operadores de valores autorizados. También se admiten operaciones a través de títulos valores. Para acceder a este sistema es necesario disponer de cuentas en dólares en el país y demostrar el origen de los fondos, de conformidad con el Convenio Cambiario N.º 20 (*Gaceta Oficial* N.º 40.002, de 6.09.2012).

1054 Ver: Convenio Cambiario N.º 39, que establece las Normas que regirán las operaciones de monedas extranjeras en el Sistema Financiero Nacional. *Gaceta Oficial* N.º 41.329, 26.01.2018.

1055 *Gaceta Oficial* N.º 6.210 Extraordinario, de 30.12.2015.

divisas[1056]. De hecho, se sanciona el uso de tipos de cambio no oficiales para fijar precios de productos o servicios (art. 22)[1057].

El efecto fundamental del control de cambio es limitar el acceso de los nacionales y residentes a los mercados internacionales de divisas, de manera que un deudor de una obligación en moneda extranjera no puede cumplir con su obligación en la especie pactada, sin haber previamente cumplido con las formalidades necesarias, según el estatuto cambiario correspondiente[1058].

Efectivamente, el control de cambio no está dirigido a prohibir las obligaciones en moneda extranjera, es decir, a establecer el curso forzoso de la moneda local. No obstante, hemos de aclarar que en el sistema venezolano, también hay supuestos en los que el legislador prohíbe expresamente pactar el precio de ciertas relaciones en moneda extranjera, independientemente de la existencia del control de cambio. Ello ocurre, por ejemplo, con la Ley de regulación del arrendamiento inmobiliario para el uso comercial[1059]

1056 Ley de Régimen Cambiario y sus ilícitos, art. 39: «Quienes hubiesen obtenido divisas mediante la violación de la normativa cambiaria que regula el régimen de administración de divisas, serán sancionados con multa equivalente a diez Unidades Tributarias (10 U.T.) vigente para la fecha de su liquidación, por cada dólar de los Estados Unidos de América o su equivalente en otra divisa, del monto correspondiente a la respectiva operación cambiaria, además del reintegro de las divisas al Banco Central de Venezuela».

1057 Ley de Régimen Cambiario y sus ilícitos, art. 22: «Quienes promociones, comercialicen o determinen los precios de bienes y servicios utilizando como referencia un tipo de cambio distinto a los permitidos por la normativa cambiaria o al fijado para la operación cambiaria correspondiente por la administración cambiaria, será sancionado con prisión de siete (7) a doce (12) años y multa de doscientos por ciento (200%) de la diferencia resultante de restar, al valor fijado por el infractor para la divisa, el valor que correspondiere a la operación, de conformidad con la normativa cambiaria aplicable».

1058 Rodner, *El dinero. Obligaciones de dinero y de valor…*, ob. cit., pp. 324-327. Ver también, del mismo autor, Las obligaciones en moneda extranjera, Caracas, Edit. Sucre, 1983, pp. 177 y ss.

1059 *Gaceta Oficial* N.º 40.418, 23.05.2014.

(art. 41,e); la Ley para la regularización y control de los arrendamientos de vivienda[1060] (arts. 54 y 141,12), la Ley contra la estafa inmobiliaria[1061] y la Ley de regulación y control del sistema de ventas programadas[1062] (art. 7,3).

Además, se ha admitido que aunque no haya en la actualidad ninguna disposición expresa al respecto en materia de relaciones de consumo, la necesidad de establecer los precios en bolívares en las ventas a consumidores parece sobreentendida cuando se trata de contratos de adhesión, pues tal como hemos mencionado *supra*, el artículo 7,10 de la Ley Orgánica de Precios Justos consagra el derecho de los consumidores a la protección en los contratos de adhesión que sean desventajosos o lesionen sus derechos o intereses, y la fijación del precio en moneda extranjera podría, sin duda, considerarse desventajosa para el consumidor, pues actualmente resulta difícil – si no imposible– obtener divisas por medios lícitos.

En todo caso, el régimen de control de cambio, más que en una prohibición de circulación de divisas, se basa más bien en un sistema de venta obligatoria de las mismas al organismo competente, tanto por parte del sector público como por parte del sector privado[1063]. Por ello, este límite puede interpretarse como una dificultad en el cumplimiento de la obligación, que hace necesario determinar la posición del deudor frente a su acreedor en estos casos.

Ahora bien, tal como hemos adelantado, las normas sobre control de cambios son generalmente calificadas como normas de aplicación necesaria[1064].

1060 *Gaceta Oficial* N.º 39.799, 14.11.2011.
1061 *Gaceta Oficial* N.º 39.912, 30.04.2012.
1062 *Gaceta Oficial* N.º 39.912, 30.04.2012.
1063 Ver: Giral Pimentel, José Alfredo, *Ley contra los ilícitos cambiarios y contratos en moneda extranjera*, Caracas, Los Libros de El Nacional, Serie Jurídica, 2006, p. 33.
1064 Ruiloba Santana, Eloy, Aspectos teóricos del control de cambios en Derecho internacional privado, en: *Anuario Español de Derecho Internacional*, 1975, Vol. II, pp. 85 y ss.

Así se ha reconocido, incluso, en el marco del artículo VIII,2,b del Convenio Constitutivo del Fondo Monetario Internacional[1065], norma de conformidad con la cual «Los contratos de cambio que comprendan la moneda de un país miembro y que sean contrarios a las disposiciones de control de cambios mantenidas o impuestas por dicho país miembro de conformidad con este Convenio serán inexigibles en los territorios de cualquier país miembro…». Al comentar esta norma, Herdegen ha afirmado que las reclamaciones de pago en una determinada moneda que no cuenten con autorización del Banco Central de un Estado parte no podrán ser estimadas por los tribunales de otro Estado parte[1066].

No obstante, esta inexigibilidad no debe interpretarse como la nulidad del contrato de que se trate. En efecto, en una sentencia dictada en 1991, el *Bundesgerichtshof* sostuvo que esta disposición no afecta la eficacia civil de los negocios jurídicos privados, sino que impide su cumplimiento cuando los mismos lesionen los intereses cambiarios de un Estado determinado[1067]. De manera que, tal como hemos afirmado *supra*, el control de cambios impacta no tanto en la propia existencia de la obligación como en su ejecución.

Además, debe tenerse en cuenta que las normas imperativas sobre la materia que resultan relevantes a los efectos de una controversia determinada, son aquellas vigentes en el lugar de pago, independientemente de que el juez que esté conociendo de la controversia sea o no el de ese Estado o que ese sea el Derecho competente para regular la relación. En otras palabras, con relación a las normas sobre control de cambios se plantea la posibilidad de aplicar las disposiciones imperativas del juez o las pertenecientes a un Derecho extranjero, sea el que rige el contrato, sea el del lugar de ejecución, si no coincidiere con el foro o con la *Lex contractus*.

1065 https://www.imf.org/external/spanish/pubs/ft/aa/aa.pdf (29.11.2016).
1066 Ver: Herdegen, *Internationales Wirtschaftsrecht…*, ob. cit., p. 3
1067 BGH, Sent. 14.11.1991, decisión citada en Herdegen, *Internationales Wirtschaftsrecht…*, ob. cit., p. 327.

Sin embargo, el propio Herdegen estima que, en principio, cada Estado es libre de negar efecto a las restricciones cambiarias extranjeras. En su opinión, la regulación cambiaria refleja los intereses específicamente nacionales de cada Estado, por lo que en la práctica, los tribunales se muestran reacios a reconocer y aplicar el Derecho extranjero sobre control de cambios, salvo que exista una obligación convencional especial y cita como ejemplo algunas decisiones del *Bundesgerichtshof* al respecto[1068].

En todo caso, autorizado como está para atender incluso a las normas de aplicación necesaria de un tercer Estado, el juez deberá hacer otra consideración fundamental a los efectos de determinar las consecuencias exactas de la existencia del control de cambio sobre la obligación de que se trate. En efecto, el juez deberá determinar si la moneda extranjera en que se ha fijado el precio en el contrato, es utilizada por las partes como moneda de pago o como moneda de cuenta. Tal determinación, en definitiva, plantea un problema de interpretación de la voluntad de las partes, por lo que estará sometida a la *Lex contractus*. Así se admite en el marco del Reglamento Roma I[1069] y en la Convención de México[1070].

Ahora bien, si las partes desean que el precio sea pagado, únicamente, en la moneda extranjera en la que se ha expresado el precio del contrato, se entiende que la divisa se ha utilizado como moneda de pago, de manera que la liberación del deudor depende de la entrega de la misma especie monetaria fijada en el contrato. Por el contrario, si la divisa se utiliza como moneda de cuenta, el deudor asume una obligación alternativa, con lo

---

1068 BGHZ 31, 367 y BGHZ 55, 334, citadas en Herdegen, *Internationales Wirtschaftsrecht...*, ob. cit., p. 326.
1069 Reglamento Roma I, art. 12: «1. La ley aplicable al contrato en virtud del presente Reglamento regirá en particular: a) su interpretación».
1070 Cidaci, art. 14, «El derecho aplicable al contrato en virtud de lo dispuesto en el Capítulo Segundo de esta Convención regulará principalmente: a) su interpretación».

que podría liberarse mediante el pago del equivalente en moneda de curso legal. Tal como lo ha admitido la jurisprudencia en Venezuela, cuando la moneda extranjera funciona como moneda de cuenta, se traduce en una fórmula de reajuste o estabilización de la obligación pecuniaria frente a eventuales variaciones del valor interno de la moneda de curso legal[1071].

En tal sentido, es generalmente aceptado que, salvo acuerdo en contrario de las partes, el deudor pueda liberarse pagando el equivalente de moneda de curso legal, al tipo de cambio vigente para el momento de pago. En otras palabras, si las partes solo han establecido el precio en moneda extranjera, sin especificar su función, ha de entenderse que la misma se ha fijado como moneda de cuenta, lo cual, como hemos afirmado, el deudor puede liberarse entregando el equivalente en moneda local.

En este sentido, el artículo 6,1,9,1 de los Principios UNIDROIT establece que «Si una obligación dineraria es expresada en una moneda diferente a la del lugar del pago, este puede efectuarse en la moneda de dicho lugar...». La propia norma establece dos excepciones: que «... dicha moneda no sea convertible libremente»; o que «... las partes hayan convenido que el pago debería efectuarse solo en la moneda en la cual la obligación dineraria ha

---

1071 «Así, el deudor de una obligación estipulada en moneda extranjera, en principio, se liberará entregando su equivalente en bolívares a la tasa corriente a la fecha de pago, precisamente tanto la moneda de cuenta como la moneda de curso legal están *in obligationem*, pero una sola de ellas está *in solutionem*, en consecuencia salvo que exista pacto especial o cláusula de pago efectivo en moneda extranjera, conforme lo dispone el supra artículo 128 de la mencionada Ley del Banco Central, el deudor se liberará de la obligación nominada en moneda extranjera mediante la entrega de su equivalente en bolívares a la tasa corriente en el lugar de la fecha de pago...». Ver: TSJ/SCC Sent. 0547, 6.08.2012, en: http://historico.tsj.gob.ve/decisiones/scc/agosto/RC.000547-6812-2012-12-134.HTML (29.11.2016). En el mismo sentido TSJ/SCC Sent. 0180, 13.05.2015, en: http://historico.tsj.gob.ve/decisiones/scc/abril/176275-RC.000180-13415-2015-14-586.HTML (29.11.2016).

sido expresada», es decir, que la moneda extranjera se haya pactado como moneda de pago. Así –se lee en los comentarios– si el acreedor tiene un interés en que el pago sea efectivamente hecho en la moneda elegida, deberá precisarlo en el contrato[1072].

De manera semejante, el artículo 7:108 de los Principios europeos establece que «En ausencia de pacto al respecto, toda suma de dinero expresada en una moneda distinta a la moneda de curso legal en el lugar del pago, podrá pagarse en la moneda de dicho lugar conforme al tipo de cambio allí vigente en el momento del vencimiento». De acuerdo con Díez-Picazo, Roca Trías y Morales, el deudor puede utilizar discrecionalmente esta facultad, mientras que el acreedor solo puede exigir el pago en la moneda del lugar de cumplimiento, en los casos en que el deudor haya incumplido su obligación[1073].

También la Ley del Banco Central de Venezuela admite esta solución al establecer, en su artículo 128, que «Los pagos estipulados en monedas extranjeras se cancelan, salvo convención especial, con la entrega de lo equivalente en moneda de curso legal, al tipo de cambio corriente en el lugar de la fecha de pago». La referencia a una convención especial, se ha entendido, precisamente, como la calificación de la moneda extranjera como moneda de pago, que hagan las propias partes en el contrato.

Ahora bien, en presencia de un régimen de control de cambio, habiendo sido fijada la moneda extranjera como moneda de cuenta, la falta de acceso a los mercados de divisas no imposibilita ni hace más oneroso el cumplimiento de la obligación, pues la misma ha de ser ejecutada en el equivalente en moneda de curso legal en el lugar de pago. Si, en cambio,

---

1072 Unidroit, *Principios Unidroit...*, ob. cit., p. 199.
1073 Díez-Picazo, Roca Trías y Morales, *Los principios del Derecho europeo de los contratos...*, ob. cit., p. 311.

la moneda extranjera se ha fijado como moneda de pago, la limitación impuesta al deudor para acceder al mercado de divisas sí puede hacer más difícil o imposible el cumplimiento de la obligación. Si el cumplimiento se hace más oneroso, la solución dependerá de lo dispuesto en la *Lex contractus*, en relación con la procedencia de la teoría de la imprevisión. Si, en cambio, se hace imposible, el deudor se liberará entregando el equivalente en moneda de curso legal[1074].

Así se reconoce incluso en los Principios UNIDROIT, cuyo artículo 6,1,9,2 dispone que «Si es imposible para el deudor efectuar el pago en la moneda en la cual la obligación dineraria ha sido expresada, el acreedor puede reclamar el pago en la moneda del lugar del pago, aun en el caso al que se refiere el parágrafo (1)(b) de este Artículo», es decir, cuando la moneda extranjera se haya fijado como moneda de pago. Esta solución –según se lee en los comentarios oficiales, está justamente pensada para los casos de aplicación de normas sobre control de cambio u otras normas imperativas. «*This is an additional option open to the obligee who may find it acceptable or even advantageous in the circumstances. It does not preclude the exercise of any available remedy in the event of the obligor's inability to pay in the currency of account amounting to a non-performance of the contract (e.g. damages)*»[1075].

En el caso venezolano, algunas decisiones del Tribunal Supremo de Justicia, sin entrar a analizar el tema del tipo de moneda en el cual las partes han acordado el cumplimiento de la obligación, han ordenado el pago de obligaciones denominadas en moneda extranjera en su equivalente en bolívares. En ocasiones, el Tribunal incluso ha deducido la voluntad de las partes de ejecutar el pago en bolívares, a partir del cumplimiento de la obligación impuesta por el artículo 130 de la Ley del Banco Central de Venezuela, norma de conformidad con la cual, «Todos los memoriales,

---

1074 Rodner, Las obligaciones en moneda extranjera..., ob. cit., pp. 186-187.
1075 UNIDROIT, *Principios UNIDROIT...*, ob. cit., p. 195.

escritos, asientos o documentos que se presenten a los tribunales y otras oficinas públicas relativos a operaciones de intercambio internacional en que se expresen valores en moneda extranjera, deberán contener al mismo tiempo su equivalencia en bolívares»[1076].

El problema se ha planteado en relación con el tipo de cambio aplicable, pues tal como afirmamos *supra*, existen en Venezuela varios tipos de cambio «oficiales». Mencionemos, como ejemplo, cuatro de las más recientes decisiones sobre la materia, en las cuales se consideró el sistema vigente hasta febrero de 2015. La primera es una decisión de la Sala de Casación Civil del Tribunal Supremo, de fecha 28 de julio de 2014[1077], en la cual se decidió sobre la solicitud de ejecución de una obligación pecuniaria expresada, parcialmente, en dólares de Estados Unidos, ejercida por la viuda de la víctima, contra la compañía aseguradora de la misma. La cantidad denominada en dólares derivaba de los gastos de hospitalización en un centro de salud ubicado en Estados Unidos y los intereses generados por tal cantidad, también denominados en dólares.

1076 «Efectivamente del texto de la recurrida se colige que el contrato fue establecido en *"…CIENTO NOVENTA Y CINCO MIL DÓLARES ESTADOUNIDENSES CON CERO CÉNTIMOS (US $ 195.000,00)*, suma esta que **a título meramente referencial** y para dar cumplimiento con lo establecido en el artículo 95 de la Ley del Banco Central de Venezuela, representa para el día y fecha de autenticación del presente documento, la cantidad de CUATROCIENTOS DIECINUEVE MILLONES DOSCIENTOS CINCUENTA MIL BOLÍVARES CON CERO CÉNTIMOS (Bs. 419.250.000,00), calculados a la tasa (de cambio) de DOS MIL CIENTO CINCUENTA BOLÍVARES (Bs. 2.150,00) por dólar…'. Como puede observarse del texto de la recurrida, el contrato fue acordado en dólares estadounidenses, y como referencia para dar cumplimiento a la Ley del Banco Central de Venezuela fue establecida la **cantidad líquida a pagar en bolívares**» (resaltados nuestros). TSJ/SCC, Sent. 0180, 13.05.2015, en: http://historico.tsj.gob.ve/decisiones/scc/abril/176275-RC.000180-13415-2015-14-586.HTML (29.11.2016).
1077 TSJ/SCC Sent. N.º 0469, 28.07.2014, en: http://historico.tsj.gob.ve/decisiones/scc/julio/167292-RC.000469-28714-2014-13-738.HTML (29.11.2016).

En este caso, la Sala ordenó el pago del monto solicitado en dólares o en su equivalente en moneda nacional, el cual deberá calcularse con base en el «Tipo de Cambio Promedio Ponderado del Sistema Cambiario Alternativo de Divisas (SICAD II)», emanado del Banco Central de Venezuela, según lo reglado en los Convenios Cambiarios números 27 y 28[1078]. Estos convenios autorizaban a personas jurídicas de carácter privado a realizar operaciones de compra y venta, en moneda nacional, de divisas en efectivo, así como de títulos valores denominados en moneda extranjera, emitidos por la República, sus entes descentralizados o por cualquier otro ente público o privado, nacional o extranjero, que estén inscritos y tengan cotización en los mercados internacionales. Ambos sistemas se fusionaron en el SICAD, a partir de febrero de 2015.

En dos decisiones posteriores, en las cuales también están presentes compañías de seguros, el análisis del Tribunal Supremo, esta vez a través de la Sala Político-Administrativa, fue diferente. En efecto, en decisiones de fechas 9 y 11 de diciembre de 2014[1079], la Sala afirmó que considerando que, de conformidad con el artículo 1 de la Ley de la Actividad Aseguradora[1080], se trata de una actividad sometida al control, vigilancia y supervisión de los órganos del Estado, así como a específicas reglas establecidas en el ordenamiento jurídico, con el fin de garantizar la tutela del interés colectivo, representado por los derechos de los tomadores, asegurados y beneficiarios de los contratos de seguros, de reaseguros, los contratantes de los servicios de medicina prepagada y de los asociados de las cooperativas que desarrollen esta labor, de conformidad con lo establecido en la Ley

---

1078 *Gaceta Oficial* Nos. 40.368 y 40.387, de 10.03.2014 y 04.04.2014, respectivamente.
1079 TSJ/SPA Sent. N.º 1657, 9.12.2014, en: http://historico.tsj.gob.ve/decisiones/spa/diciembre/172594-01657-91214-2014-2013-1284.HTML (29.11.2016); TSJ/SPA Sent. N.º 1716, 11.12.2014, en: http://historico.tsj.gob.ve/decisiones/spa/diciembre/172892-01716-111214-2014-2014-0502.HTML (29.11.2016).
1080 *Gaceta Oficial* N.º 5.990 Extraordinario del 29.07.2010.

Orgánica del Sistema Financiero Nacional, la misma se entiende incluida en el Convenio Cambiario N.° 25[1081], razón por la cual la tasa de cambio aplicable es la del Sistema Complementario de Administración de Divisas (SICAD) vigente, es decir, 12 bolívares por dólar.

Vale la pena citar finalmente, el caso Banco de Desarrollo Económico y Social de Venezuela (BANDES), contra el Banco Espírito Santo, S.A., sociedad portuguesa, con domicilio en Venezuela a través de la compañía Banco Espírito Santo, S. A., Sucursal de Venezuela, y solidariamente contra la empresa Novo Banco, S.A., resuelto por la Sala Político-Administrativa del Tribunal Supremo de Justicia, en fecha 9 de marzo de 2016[1082]. En este caso, iniciado como una solicitud de nulidad de venta de productos financieros, la Sala terminó decretando un embargo preventivo sobre los bienes de los demandados, cuyo monto, aunque expresado también en bolívares, fue fijado en dólares de Estados Unidos pues, en opinión de la Sala, «… atendiendo al contenido del artículo 1.264 del Código Civil, el cual dispone que las '(…) *obligaciones deben cumplirse exactamente cómo han sido contraídas* (…)', resulta pertinente señalar que en el caso *sub examine* el precio de la venta del producto financiero objeto de controversia, cuya nulidad se demanda en el presente asunto, fue establecido en dólares de los Estados Unidos de América…».

Recientemente, tribunales de instancia admitieron la aplicación del tipo de cambio SIMADI –hoy DICOM–, en los casos en que se trate de relaciones contractuales paritarias[1083]. Sin embargo estos pequeños avances

---

1081 *Gaceta Oficial* N.° 6.122 Extraordinario, 23.01.2014.
1082 TSJ/SPA Sent. N.º 0264, 10.03.2016, en: http://historico.tsj.gob.ve/decisiones/spa/marzo/186051-00264-10316-2016-2015-1201.HTML (29.11.2016).
1083 Juzgado Superior Segundo en lo Civil, Mercantil, Tránsito y Bancario de la Circunscripción Judicial del Área Metropolitana de Caracas, Sent. 14.05.2015, en: http://caracas.tsj.gob.ve/DECISIONES/2015/MAYO/2139-14-AC71-R-2009-000104-.HTML (29.11.2016); Juzgado Superior Cuarto en lo Civil,

jurisprudenciales no han logrado llenar las lagunas del sistema en esta materia. No queda claro, por ejemplo, cuál es el tipo de cambio aplicable a efectos tributarios, entre otras dudas de importancia para el funcionamiento de la economía. Lo único que parece claro, es que el pago de una obligación privada pactada en moneda extranjera, será ejecutado en Venezuela, en su equivalente en bolívares.

Finalmente, conviene mencionar que la fuerza de las normas sobre control de cambios vigentes en el lugar de cumplimiento de la obligación no se proyecta de igual manera en sede arbitral. Así lo demuestran algunos laudos del Centro de Arbitraje de la Cámara de Comercio Internacional, en los cuales los árbitros desatendieron el mandato de estas normas y obedecieron, en cambio, a la autonomía de las partes en la selección del Derecho aplicable.

Puede citarse, por ejemplo, el laudo dictado en el asunto 1512/1971[1084], en el cual se afirmó que no se reconocería el carácter de fuerza mayor de las decisiones emanadas de las autoridades cambiarias, por lo que sus normas no resultaban imperativas para el árbitro. Igualmente, en el asunto 2216/1974[1085] se afirmó que estas normas carecían de imprevisibilidad e irresistibilidad, por lo que no fueron atendidas. De manera general, en relación con las normas de aplicación necesaria, puede citarse el asunto ICC 6379 de 1990, en el cual el tribunal arbitral negó la aplicación de una norma imperativa belga, referida a la terminación unilateral de los contratos de venta exclusiva con duración indeterminada, la cual era contraria

---

Mercantil del Tránsito y Bancario de la Circunscripción Judicial del Área Metropolitana de Caracas, 23.03.2015, en: http://caracas.tsj.gob.ve/DECISIONES/2015/MARZO/2141-23-14.360-.HTML (29.11.2016).

1084 http://www.trans-lex.org/201512 (29.11.2016).

1085 *JDI*, 1975, pp. 917 y ss. Este laudo y el anterior fueron citados en: van Houtte, Hans, Changed Circumstances and *Pacta Sunt Servanda*, en: Gaillard (ed.), *Transnational Rules in International Commercial Arbitration*, París, ICC Publ. Nr. 480,4, 1993, pp. 105 y ss.

a la Ley italiana elegida por las partes. En este caso, el tribunal afirmó que «*Dans un arbitrage international, le tribunal arbitral ne constitue pas une institution d'un système étatique...*»[1086].

Sin embargo, en esta materia debe tenerse en cuenta que, es posible que el laudo deba ser ejecutado en un Estado determinado, cuyos jueces, usualmente, ejercen un control sobre, por un lado, la arbitrabilidad del litigio y, por otro, el orden público[1087]. Esto podría hacernos pensar que, aunque el árbitro no esté formalmente obligado a atender las normas imperativas de un Derecho estatal –particularmente el del lugar de cumplimiento de la obligación– este pueda, pensando en evitar un recurso de nulidad o un desconocimiento del laudo, considerar este tipo de normas en su decisión. Así lo admite Racine, para quien el árbitro se encuentra en una situación de *liberté sous contrôle* que lo conduce a respetar un orden público estatal[1088].

No obstante la conveniencia de observar las normas imperativas del Derecho del lugar de cumplimiento de la obligación, el árbitro parece más bien preferir las exigencias de un orden público *réellement international*. Para el árbitro no es suficiente que un Estado declare tener una fuerte voluntad de aplicar una norma determinada, para él es necesario que esa disposición coincida con «... *des valeurs très généralement partagées dans*

1086 En: *International Council of Commercial Arbitration Year Book*, 1992, Vol. XVII, pp. 212 y ss.
1087 En efecto, los artículos 5,2 de las Convenciones de Nueva York sobre reconocimiento y ejecución de laudos arbitrales extranjeros y de Panamá sobre arbitraje comercial internacional disponen, con una casi idéntica redacción, que también se podrá denegar el reconocimiento y la ejecución de una sentencia arbitral si la autoridad competente del país en que se pide el reconocimiento y la ejecución, comprueba: a) que, según la Ley de ese país, el objeto de la diferencia no es susceptible de solución por vía de arbitraje; o b) que el reconocimiento o la ejecución de la sentencia serían contrarios al orden público de ese país.
1088 Racine, Jean-Baptiste, *L'arbitrage commercial international et l'ordre public*, París, LGDJ, Bibliothèque de Droit Privé, T. 309, 1999, p. 233.

la communauté internationale pour que l'arbitre se sente tenu d'en assurer le respect», pues precisamente de la comunidad internacional, más que de un Estado determinado, es que derivan sus poderes[1089].

C. Problemas de jurisdicción

Tratándose de situaciones eminentemente patrimoniales, las relaciones que nacen alrededor de un pago electrónico, a falta de una normativa especial en la materia, se incluyen en el ámbito de aplicación de los criterios atributivos de jurisdicción que de manera general rigen para las llamadas «acciones personales», es decir, aquellas dirigidas a la tutela de las relaciones jurídicas obligatorias y que solo pueden promoverse contra el obligado y sus herederos[1090]. Además, dentro de estos criterios, es necesario distinguir aquellos llamados a regular relaciones paritarias de los que resultan aplicables a las relaciones de consumo. Para ello, es necesario considerar que, a diferencia de lo que ocurre en el sistema europeo, los criterios de jurisdicción del sistema venezolano están pensados, en su mayoría, para relaciones paritarias, lo cual complica la situación para los contratos de consumo. Veamos brevemente algunas nociones generales para luego analizar la aplicación del sistema en materia de medios electrónicos de pago.

1. Criterios atributivos de jurisdicción para relaciones contractuales paritarias

a. La situación en la Unión Europea

En el marco de la Unión Europea, la regla general, en materia de jurisdicción, está contenida en el artículo 4 del Reglamento 1215/2012, mejor

---

1089 Gaillard, Emmanuel, L'ordre juridique arbitral : réalité, utilité et spécificité, en: *McGill Law Journal*, 2010, N.º 55, pp. 891 y ss., especialmente p. 902.

1090 Brugi, Biagio, *Instituciones de Derecho civil con aplicación especial a todo el derecho privado*, (Trad. J. Simo Bofarull), México, Unión Tipográfica Editorial Hispano – Americana, 1946, p. 162. También citado en: Cuenca, Humberto, *Derecho procesal civil*, Caracas, Ediciones de la Biblioteca de la UCV, Colección Ciencias Jurídicas y Políticas, 1994, T. I, p. 189.

conocido como «Reglamento Bruselas I bis»[1091]. Esta norma dispone, en su primer párrafo, que «Salvo lo dispuesto en el presente Reglamento, las personas domiciliadas en un Estado miembro estarán sometidas, sea cual sea su nacionalidad, a los órganos jurisdiccionales de dicho Estado», con lo cual se reconoce el domicilio del demandado como foro general, al consagrarse la regla *actor sequitur forum rei*.

Según admiten Virgós Soriano y Garcimartín Alférez, con esta regla se pone la carga de la internacionalidad jurisdiccional en cabeza del demandante, quien deberá acudir a un foro extranjero para hacer valer sus derechos subjetivos. Los propios autores admiten, como fundamento para su aplicación, uno de naturaleza jurídico pública: la idea del juez natural. En efecto, en la medida en que todo proceso implica una intromisión sobre la persona o su patrimonio, el Estado más legitimado para ejercer este poder con alcance general es aquel en el que vive el sujeto. Quien se beneficia de los servicios del Estado donde habita –continúan los autores españoles– debe quedar sometido a su poder jurisdiccional[1092].

A este argumento, los autores añaden el referido a la necesidad de mantener la equidad procesal entre las partes. Así, que el actor deba acudir a los tribunales del domicilio del demandado compensa la facultad de que este dispone de elegir el momento en que intentará la demanda.

1091 «El Reglamento Bruselas I bis es un instrumento menos ambicioso que la propuesta original de revisión del Reglamento Bruselas I, donde se preveía la extensión de sus reglas de competencia judicial internacional también a aquellos supuestos en los que el demandado tiene su domicilio fuera de la Unión Europea, así como la completa supresión del exequátur. De todos modos, las novedades introducidas son importantes y afectan también a las relaciones de Estados miembros de la Unión Europea con terceros Estados». Ver: Carballo Piñeiro, Laura, Unión Europea: comienza a aplicarse el Reglamento Bruselas I bis, en: https://cartasblogatorias.com/2015/01/10/union-europea-comienza-aplicarse-el-reglamento-bruselas-bis/ (29.11.2016).
1092 Virgós Soriano y Garcimartín Alférez, *Derecho procesal civil internacional…*, ob. cit., p. 86.

Finalmente, el principio de eficiencia o economía procesal justifica que el domicilio del demandado sea el foro general, pues, en primer término, reduce los costes de notificación e instrucción (cooperación jurídica internacional) y los relativos a la implementación coactiva de las decisiones (eficacia extraterritorial de sentencias), pues los bienes del demandado están generalmente ubicados en el Estado donde tiene su domicilio. Cierto control social también está presente en este criterio, pues teniendo que demandar en el extranjero[1093], el actor será, en principio, más cuidadoso al platear sus reclamaciones[1094].

Al respecto, el propio Reglamento 1215/2012 reconoce, en su Considerando N.º 15, que «Las normas de competencia judicial deben presentar un alto grado de previsibilidad y deben fundamentarse en el principio de que la competencia judicial se basa generalmente en el domicilio del demandado. La competencia judicial debe regirse siempre por este principio, excepto en algunos casos muy concretos en los que el objeto del litigio o la autonomía de las partes justifique otro criterio de conexión. Respecto de las personas jurídicas, debe definirse el domicilio de manera autónoma para incrementar la transparencia de las normas comunes y evitar los conflictos de jurisdicción».

El propio artículo 4 dispone, en su párrafo 2, que «A las personas que no tengan la nacionalidad del Estado miembro en que estén domiciliadas les serán de aplicación las normas de competencia judicial que se apliquen a los nacionales de dicho Estado miembro», con lo cual se establece una especie

---

1093 Kegel y Schurig reconocen que no es lo mismo litigar en el propio Estado que en el extranjero. Litigar en el extranjero requiere más tiempo, esfuerzo y dinero, confiar en abogados desconocidos, tener dificultades con el idioma y encontrarse con un Derecho y una estructura judicial desconocida. Ver: Kegel y Schurig, *Internationales Privatrecht...*, ob. cit., p. 1050.
1094 Virgós Soriano y Garcimartín Alférez, *Derecho procesal civil internacional...*, ob. cit., pp. 86-87.

de prohibición de discriminar al demandado en razón de su nacionalidad, siempre que tenga su domicilio en un Estado parte de la Unión Europea[1095].

Para la determinación de lo que ha de entenderse por domicilio habrá de recurrirse a lo que al respecto establece el propio Reglamento, el cual ordena, en principio, una calificación *ex lege fori*, con recurso a la *lex causae*, para las personas físicas y dispone de una calificación autónoma para el caso de las personas jurídicas. En efecto, de conformidad con el artículo 62,1, «Para determinar si una parte está domiciliada en el Estado miembro cuyos órganos jurisdiccionales conozcan del asunto, el órgano jurisdiccional aplicará su ley interna». La propia norma, en su párrafo 2, admite que en los casos en que una parte no esté domiciliada en el Estado miembro cuyos órganos jurisdiccionales conozcan del asunto, el órgano jurisdiccional, para determinar si dicha parte lo está en otro Estado miembro, aplicará la ley de dicho Estado miembro. En el caso de las personas jurídicas, tal como comentáramos *supra*, el Reglamento Bruselas I bis dispone que las mismas tendrán su domicilio en el lugar de su sede estatutaria; su administración central, o donde se encuentre su centro de actividad principal (art. 63,1).

Ahora bien, la posibilidad de ser demandado ante los tribunales de un Estado parte en la Unión Europea distinto de aquel en el cual el demandado tenga su domicilio es regulada por el propio Reglamento, en función de la materia de que se trate. Así, en materia contractual, que es la que nos interesa en este caso, se podrá acudir a los tribunales del lugar de cumplimiento de la obligación «... que sirva de base a la demanda» (art. 7,1,a). Salvo pacto en contrario, en el caso de contratos de compraventa dicho lugar será aquel en que hayan sido o deban ser entregadas las mercaderías, y, en caso de contratos de servicios, el lugar en que hayan sido o deban ser prestados los ser-

---

1095 Vlas, Paul, Article 2, en: Magnus, Ulrich and Peter Mankowski, *Brussels I Regulation*, Münich, Selliers European Law Publishers, 2ª ed., 2012, pp. 76 y ss., especialmente p. 80.

vicios (art. 7,1,b). Con esta calificación del lugar de cumplimiento se vuelve, de alguna manera, al criterio de la prestación característica.

Es fundamental reafirmar que, atendiendo a la necesaria vinculación que debe existir entre el tribunal competente y la relación jurídica debatida, la norma se refiere expresamente, a la obligación que sirve de base a la demanda. En efecto, «… para determinar el lugar de cumplimiento en el sentido del citado artículo 5, la obligación que se debe tener en cuenta es la correspondiente al derecho contractual que sirve de fundamento a la acción judicial del demandante»[1096]. Si fueren varias las obligaciones discutidas, el Tribunal de Justicia perece inclinarse por favorecer la jurisdicción del tribunal donde haya de ejecutarse la obligación principal[1097].

La aplicación de este criterio depende, en todo caso, de la calificación de la relación controvertida como materia contractual. Así, luego de haber afirmado la independencia de la noción de contrato en Derecho internacional privado, con relación a las concepciones de tal figura en los diversos ordenamientos estatales[1098], el Tribunal de Justicia de la Unión Europea,

---

1096 TJCE Asunto 14/76, 6.10.1976, A. De Bloos, SPRL v. Société en commandite par actions Bouyer, en: http://curia.europa.eu/juris/showPdf.jsf?text=&docid=89287&pageIndex=0&doclang=es&mode=lst&dir=&occ=first&part=1&cid=464588 (29.11.2016).
1097 «Es cierto que esta norma no ofrece solución en el caso concreto en el que el litigio se refiere a varias obligaciones que se desprenden de un mismo contrato y que sirven de base a la acción interpuesta por el demandante. Pero, en tal caso, el juez al que se ha acudido habrá de orientarse, para determinar su competencia, de acuerdo con el principio según el cual lo accesorio sigue a lo principal; dicho en otros términos, será la obligación principal, entre varias obligaciones en cuestión, la que establezca su competencia». TJCE Asunto C- 266/85, 15.01.1987, H. Shenavai v. K. Kreischer, en: http://curia.europa.eu/juris/showPdf.jsf?text=&docid=94147&pageIndex=0&doclang=es&mode=lst&dir=&occ=first&part=1&cid=464512 (29.11.2016).
1098 TJCE, Asunto 34/82, 22.03.1983, Martin Peters Bauunternehmung GmbH v Zuid Nederlandse Aannemers Vereniging caso Martin Peters, en: http://curia.europa.eu/juris/showPdf.jsf;jsessionid=9ea7d2dc30d602318c57efb545849d7cf3da944a0591.

en el célebre caso Jakob Handte, calificando la acción del subadquirente contra el fabricante, estimó que el contrato habría de entenderse como un vínculo libremente consentido, por lo que en este caso no se estaba frente a «materia contractual» en el sentido del Reglamento[1099]. Recogiendo diversas opiniones de la doctrina, que no se mostraba muy convencida con el razonamiento del Tribunal, Boskovic afirma que la exigencia de un acuerdo libremente consentido refleja una concepción exageradamente voluntarista del contrato[1100]. Sin embargo, esta interpretación ha sido reiterada por el propio Tribunal[1101].

---

e34KaxiLc3qMb40Rch0SaxuOaN50?text=&docid=91743&pageIndex=0&doclang=EN&mode=req&dir=&occ=first&part=1&cid=429512 (29.11.2016).

1099 TJCE Asunto 26/91, 17.06.1992, Jakob Handte y Cie GmbH v. Traitements mécano-chimiques des surfaces SA (TMCS), en: http://curia.europa.eu/juris/showPdf.jsf;jsessionid=9ea7d2dc30db0f4d66ef3a394725b7f2c81427283e20.e34KaxiLc3qMb40Rch0SaxuMa3b0?text=&docid=97721&pageIndex=0&doclang=ES&mode=req&dir=&occ=first&part=1&cid=229616 (29.11.2016).

1100 Boskovic, Olivera, *La réparation du préjudice en Droit international privé*, París, LGDJ, Bibliothèque de Droit Privé, T. 407, 2003, pp. 209 y ss., especialmente p. 297.

1101 Por ejemplo, el Tribunal ha afirmado que, «... el concepto de "materia contractual", que figura en el artículo 5, número 1, del Convenio, no puede entenderse referido a una situación en la que no existe ningún compromiso libremente asumido por una parte frente a otra...» (TJUE, Asunto C-265/02, 5.02.2004, Frahuil SA v. Assitalia SpA, en: http://eur-lex.europa.eu/legal-content/ES/TXT/PDF/?uri=CELEX:62002CJ0265&from=ES [29.11.2016]); «... el Tribunal de Justicia ha declarado reiteradamente que el concepto de materia contractual en el sentido de la citada disposición no puede ser entendido como referido a una situación en la que no existe ningún compromiso libremente asumido por una parte frente a la otra (sentencias de 17 de junio de 1992, Handte, C26/91, Rec. p. I3967, apartado 15; Reunión européenne y otros, antes citada, apartado 17; Tacconi, antes citada, apartado 23, y de 5 de febrero de 2004, Frahuil, C265/02, Rec. p. I0000, apartado 24)... En consecuencia, la aplicación de la regla de competencia especial prevista en materia contractual en el citado artículo 5, número 1, presupone la determinación de una obligación jurídica libremente consentida por una persona respecto a otra y en la que se basa la acción del demandante» (TJUE Asunto C27/02, 20.01.2005, Petra Engler v. Janus Versand GmbH, en: http://curia.europa.eu/juris/showPdf.jsf;jsessionid=9ea7d2

Tengamos en cuenta que, en el caso de las relaciones jurídicas que giran en torno a los medios electrónicos de pago, al menos las existentes entre comprador y vendedor y sus respectivos prestadores de servicios de pago, estamos frente a contratos de servicios, y según la propia jurisprudencia del Tribunal de Justicia de la Unión Europea, ante el silencio del Reglamento, la noción de servicio ha de ser interpretada, «… a la luz de la génesis, los objetivos y el sistema de dicho Reglamento…», con lo cual, «… el concepto de servicios implica, como mínimo, que la parte que los presta lleve a cabo una determinada actividad como contrapartida de una remuneración». Así lo sostuvo el tribunal en el caso Falco[1102]. No obstante, esta noción es ciertamente restrictiva si consideramos los ya comentados artículos 57 del Tratado de Funcionamiento de la Unión Europea y 4,1 de la Directiva 2006/123.

En todo caso, por lo que respecta a la jurisdicción en materia de contratos de servicios, mientras estas relaciones no sean calificadas como contratos de consumo, de acuerdo con el criterio especial contenido en el artículo 7,1,b, tendrían jurisdicción los tribunales del lugar de prestación del servicio, es decir, el lugar en el cual el prestador de servicios de pago despliegue la conducta necesaria para la realización del pago ordenado por el usuario, el cual puede coincidir o no con su domicilio.

Además, las partes podrán someterse voluntariamente a los tribunales de un Estado parte distinto de aquél en el que tienen su domicilio. En efecto, de conformidad con el artículo 25,1 del Reglamento, «Si las partes, con independencia de su domicilio, han acordado que un órgano jurisdiccional o los órganos jurisdiccionales de un Estado miembro sean competentes para conocer de cualquier litigio que haya surgido o que pueda surgir con

---

[1102] dc30dc8b06009c39e948d185efa1f4bf91ab01.e34KaxiLc3qMb40Rch0SaxuMc390?docid=64194&pageIndex=0&doclang=ES&mode=lst&dir=&occ=first&part=1&cid=29742 (29.11.2016).
Ver datos en nota N.º 850.

ocasión de una determinada relación jurídica, tal órgano jurisdiccional o tales órganos jurisdiccionales serán competentes, a menos que el acuerdo sea nulo de pleno derecho en cuanto a su validez material según el Derecho de dicho Estado miembro. Esta competencia será exclusiva, salvo pacto en contrario entre las partes».

La sumisión, según reconoce la propia norma, podrá ser hecha por escrito o verbalmente con confirmación escrita, lo cual incluye toda transmisión efectuada por medios electrónicos que proporcione un registro duradero del acuerdo. Además, las partes podrán acordarla conforme a las prácticas que hayan establecido entre ellas (art. 25,1,b) o conforme a los usos que conozcan o deban conocer, siempre que estos «... sean ampliamente conocidos y regularmente observados por las partes en los contratos del mismo tipo en el sector comercial considerado» (art. 25,1,c).

El párrafo 5 del propio artículo 25 consagra el principio de separabilidad del acuerdo, al reconocer que el acuerdo de elección de foro que forme parte de un contrato será considerado como un acuerdo independiente de las demás cláusulas del mismo, con lo cual su validez no podrá ser impugnada por la sola razón de la invalidez del contrato. Se trata del reconocimiento de la llamada «autonomía o separabilidad de la cláusula», lo cual comporta, al menos tres consecuencias[1103]. La primera es la posibilidad de someter esta cláusula a un ordenamiento distinto del que rige el contrato que la contiene. Ello explicaría la inclusión de una cláusula de sumisión válida en un contrato nulo. La segunda consecuencia es la atribución de competencia al tribunal elegido para determinar la validez de la cláusula y con ello su propia competencia (*Kompetenz-Kompetenz*). Y la tercera, es la posibilidad atribuida a las partes de solicitar, por vía principal, un pronunciamiento sobre la validez de la cláusula de elección de foro.

1103 Seguimos en este punto a Virgós Soriano y Garcimartín Alférez, *Derecho procesal civil internacional...*, ob. cit., p. 200.

Ahora bien, si el demandado tuviere su domicilio fuera de la Unión Europea, el artículo 6,1 del Reglamento dispone la determinación de la jurisdicción conforme a la legislación interna del Estado parte de que se trate, «... sin perjuicio de lo dispuesto en el artículo 18, apartado 1, el artículo 21, apartado 2, y los artículos 24 y 25», es decir, se exceptúan las relaciones de consumo, laborales, las competencias exclusivas y el ya mencionado caso de sumisión. Esta última excepción habría de incluir, a pesar de no ser mencionada, la sumisión tácita regulada en el artículo 26[1104]. Con esta disposición, se introduce una importante modificación en relación con el Reglamento 44/2001, cuyo artículo 4 no excluía del recurso a la legislación estatal a los contratos de consumo ni a los contratos laborales. De manera que ahora la jurisdicción, en estos casos, dependerá de lo establecido en el Reglamento y no de la Ley interna, independientemente de que el demandado tenga o no su domicilio en un Estado parte de la Unión Europea[1105].

1104 «No se hace mención en el artículo 6 del Reglamento Bruselas I bis a la sumisión tácita prevista en el artículo 26. Sin embargo, todo apunta a que este precepto también se aplicará siempre, con independencia del domicilio del demandado». Carballo Piñeiro, Unión Europea: comienza a aplicarse el Reglamento Bruselas Ibis..., ob. cit.

1105 Al respecto, de Miguel Asensio estima que «La valoración sobre este particular del Reglamento 1215/2012 no puede ser positiva, en la medida en que el resultado finalmente alcanzado es el reflejo del fracaso de las instituciones de la UE para unificar las normas de competencia judicial internacional aplicables a las situaciones en las que el demandado no esté domiciliado en un Estado miembro. Se trataba de un objetivo fundamental de la reforma, que con carácter general no se ha alcanzado. El artículo 6 del Reglamento 1215/2012 se limita a modificar la situación previa, recogida en el artículo 4 del Reglamento 44/2001, en lo que respecta a los litigios en materia de contrato de consumo y de contratos individuales de trabajo en los que el demandado sea el empresario». Ver: de Miguel Asensio, Pedro, El nuevo Reglamento sobre competencia judicial y reconocimiento y ejecución de resoluciones, en: *La Ley*, 31 de enero de 2013, año XXXIV, N.º 8013, pp. 1 y ss., especialmente p. 2.

b. El sistema venezolano

En el marco del sistema venezolano de Derecho internacional privado, la determinación de la jurisdicción para el caso de las relaciones paritarias, depende de la fuente aplicable[1106]. En este caso concreto nos interesa, fundamentalmente, la regulación contenida en el Código Bustamante y en la Ley de Derecho Internacional Privado para las relaciones de contenido patrimonial.

b.1. Codificación convencional

En materia de obligaciones, el Código Bustamante consagra, como regla general, la posibilidad de acudir a los tribunales elegidos expresa o tácitamente por las partes[1107], siempre que al menos una de ellas sea nacional o esté domiciliada en el Estado del juez, y «salvo el derecho local contrario» (art. 318). Dejando de lado algunas opiniones doctrinales[1108], esta última expresión ha sido interpretada por nuestro máximo tribunal[1109]

1106 Un análisis detallado de los criterios de jurisdicción contenidos en el sistema venezolano puede verse en: Madrid Martínez, Claudia, Criterios atributivos de jurisdicción en el sistema venezolano de Derecho internacional privado, en: *Derecho procesal civil internacional*, Caracas, ACPS, Consejo de Desarrollo Científico y Humanístico, UCV), 2010, pp. 99 y ss.

1107 En el marco de este instrumento, «Se entenderá por sumisión expresa la hecha por los interesados renunciando clara y terminantemente a su fuero propio y designando con toda precisión el juez a quien se sometan» (art. 321) y, por su parte, «Se entenderá hecha la sumisión tácita por el demandante con el hecho de acudir al juez interponiendo la demanda, y por el demandado con el hecho de practicar, después de personado en el juicio, cualquier gestión que no sea proponer en forma la declinatoria. No se entenderá que hay sumisión tácita si el procedimiento se siguiera en rebeldía» (art. 322).

1108 Ochoa Muñoz, Javier, La expresión «salvo el derecho local contrario» en las normas sobre competencia procesal internacional del Código Bustamante, en: *DeCita*, 4.2005, pp. 67 y ss. Ver análisis de las diversas opiniones en: Madrid Martínez, Criterios atributivos de jurisdicción..., ob. cit. pp. 107-110.

1109 En una decisión de 21 de enero de 1999, la Sala Político-Administrativa de la entonces Corte Suprema de Justicia (Consultada en original) estimó que esta

como una referencia a los casos de jurisdicción exclusiva y de jurisdicción inderogable[1110]. En ausencia de sumisión, el propio Código indica como competentes a los tribunales del lugar de cumplimiento de la obligación y, en su defecto, a los del domicilio o la residencia del demandado (art. 323).

---

mención se refiere a aquellos casos en los cuales la legislación interna determina, de manera imperativa, la jurisdicción de los tribunales venezolanos. La Sala concluyó que en materia laboral no existe norma alguna que impida el funcionamiento de los criterios atributivos de jurisdicción del Código Bustamante, pues la única disposición que existe en tal disciplina está referida a la aplicación imperativa de la legislación laboral, y no a la jurisdicción. La Sala se refirió al entonces vigente artículo 10 de la Ley Orgánica del Trabajo (*Gaceta Oficial* N.º Extraordinario 5.152, 19.06.1997), hoy derogado por el artículo 3 de la Ley Orgánica del Trabajo, los Trabajadores y las Trabajadoras (*Gaceta Oficial* N.º Extraordinario 6.076, 7.05.2012): «… Las disposiciones contenidas en esta Ley y las que deriven de ella rigen a venezolanos, venezolanas, extranjeros y extranjeras con ocasión del trabajo prestado o convenido en el país y, en ningún caso, serán renunciables ni relajables por convenios particulares. Los convenios colectivos podrán acordar reglas favorables al trabajador y trabajadora que superen la norma general respetando el objeto de la presente Ley. Igualmente se aplicaran las disposiciones de esta Ley a los trabajadores contratados y las trabajadoras contratadas en Venezuela para prestar servicios en el exterior del país». En sentido similar: TSJ/SPA, Sent. N.º 01321, 3.07.2001, en: http://historico.tsj.gob.ve/decisiones/spa/Julio/01321-030701-0493.htm (29.11.2016).

1110   Se ha admitido que, en el sistema venezolano, constituyen supuestos de jurisdicción exclusiva los casos en los cuales se discutan derechos reales sobre inmuebles ubicados en Venezuela, tal como lo establece el artículo 53,3 de la Ley de Derecho Internacional Privado y el caso de los contratos de interés público, cuando la naturaleza de los mismos así lo exigiere (art. 151 CRBV). Además, en relación con la sumisión establecida por el artículo 318 del Código Bustamante, podrían señalarse como supuestos de «derecho local contrario», los casos de jurisdicción inderogable, entre los cuales destacan los relativos a materias con respecto a las cuales no cabe transacción y a aquellos cuyo sometimiento voluntario a un juez extranjero, podría resultar manifiestamente contrario a los principios esenciales del ordenamiento jurídico venezolano (art. 47 LDIPV). También pueden citarse los casos de contratos de seguros celebrados con compañías extranjeras (art. 358 CCom.); y de los contratos de transporte de bienes o de personas que ingresan al territorio venezolano (art. 10, Ley de Comercio Marítimo).

Para la aplicación del criterio referido al lugar de cumplimiento de la obligación, el juez deberá tener en cuenta, ante el silencio de la norma, que debe tratarse del lugar de cumplimiento de la obligación cuya ejecución se discute. Ello obedece a la proximidad razonable que, por principio general, ha de inspirar los criterios atributivos de jurisdicción[1111]. Además, el juez deberá atender a la posible fijación que de tal lugar hayan hecho ambas partes, siendo irrelevante que una sola de ellas decida, de hecho y arbitrariamente, ejecutar su obligación en el foro. Deberá también estar atento a no aceptar un acuerdo cuya estipulación difiera del lugar efectivo de ejecución de la obligación, pues en tal caso —según advierte Virgós Soriano— podría tratarse de una cláusula de sumisión «travestida», con el objeto de escapar a los requisitos formales o de fondo a que tales cláusulas suelen estar sujetas. No debe descartarse, sin embargo, que las partes, de común acuerdo, revoquen la estipulación contenida en el contrato[1112].

Ahora bien, ante el silencio de las partes, que «... es cuando el problema se presenta con toda su crudeza»[1113], recurrir a la *Lex fori*, podría transformar al lugar de cumplimiento en una «conexión meramente conceptual», pues, en realidad, la obligación se ejecutará en el foro, si así lo prescribe el Derecho aplicable a la obligación[1114]. Sin embargo, este es el criterio gene-

---

[1111] Comentando el sistema italiano, Giuliano ha afirmado que exigir que se trate de la obligación que fundamenta la demanda, se justifica por el interés del Estado en poder resolver, a través de sus órganos de administración de justicia, toda relación jurídica que pueda desplegar efectos que interesen al ordenamiento jurídico italiano. Véase: Giuliano, Mario, *La giurisdizione civile italiana e lo straniero*, Milano, 1970, p. 76.

[1112] Así, «... aun fijado un lugar de pago en el contrato, un inequívoco comportamiento de las partes durante la ejecución del contrato podría ser apreciado como un cambio convencional del lugar de pago». Ver: Mélich Orsini, José, *El pago*, Caracas, ACPS, 2ª ed. actualizada y ampliada, 2010, Serie Estudios N.º 86, p. 127.

[1113] Virgós Soriano, Miguel, *Lugar de celebración y de ejecución en la contratación internacional*, Madrid, Tecnos, Colección Ciencias Jurídicas, 1989, p. 68.

[1114] Es la opinión de Virgós Soriano fundamentándose en Schnitzer. Ver: Virgós Soriano, *Lugar de celebración...*, ob. cit., pp. 69-73; Schnitzer, Adolf, *Handbuch*

ralmente utilizado en la práctica y admitido en el Derecho positivo, como ocurre, precisamente, con el Código Bustamante. En el ámbito de este tratado parece claro que, en orden a la regla general de calificación *ex lege fori* contenida en los artículos 6[1115] y 163[1116], hemos de recurrir al Derecho material venezolano para definir lo que debe entenderse por lugar de cumplimiento o pago de las obligaciones.

Así las cosas, el artículo 1.295 del Código Civil venezolano entiende que «El pago debe hacerse en el lugar fijado por el contrato. Si no se ha fijado el lugar, y se trata de cosa cierta y determinada, el pago debe hacerse en el lugar donde se encontraba la cosa que forma su objeto, en la época del contrato. Fuera de estos dos casos, el pago debe hacerse en el domicilio del deudor, salvo lo que se establece en el artículo 1.528», norma esta última que se refiere al contrato de compraventa, razón por la cual no será objeto de análisis en este trabajo.

De conformidad con el artículo 1.295, es necesario determinar si en el propio contrato se ha fijado de antemano el lugar de cumplimiento[1117].

---

des internationalen Privatrechts unter besonderer Berücksichtigung der Schweizerischen Gesetzgebung und Rechtsprechung, Basel, Band I, 1957, p. 99.

1115 CB, art. 6 «En todos los casos no previstos por este Código cada uno de los Estados contratantes aplicará su propia calificación a las instituciones o relaciones jurídicas que hayan de corresponder a los grupos de leyes mencionados en el artículo 3º».

1116 CB, art. 163: «El concepto y clasificación de las obligaciones se sujetan a la Ley territorial».

1117 Así lo ha entendido nuestra Sala Político-Administrativa, al afirmar, en el caso de un contrato de trabajo, que aunque «… se hayan realizado labores en Venezuela por más tiempo de lo previsto en los contratos laborales, por razones circunstanciales, derivadas de complicaciones técnicas en el motor y en la grúa porta contenedores de la motonave, que forzaron fondear la nave en puerto venezolano a fin de proceder a las reparaciones y mantenimiento de la embarcación (…) debe afirmarse categóricamente, que (…) las obligaciones laborales pactadas debieron ser cumplidas en la embarcación de bandera panameña, independientemente

Fijación que puede ser expresa o tácita, al resultar, en este último caso, de un conjunto de hechos concluyentes. Además puede resultar de los usos imperantes en el lugar o de otras circunstancias tales como la prestación a cumplir[1118]. En sentido similar, los Principios UNIDROIT establecen, en su artículo 6.1.6 que el lugar de cumplimiento de la obligación puede ser expresamente fijado por las partes en el contrato, o ser determinable a partir del propio contrato. Resulta obvio –de acuerdo al comentario de la norma citada– que la obligación de edificar debe ser cumplida en el lugar de la construcción y que la obligación de transportar bienes ha de ser ejecutada en el lugar indicado en la ruta acordada[1119].

No habiendo fijado las partes el lugar del cumplimiento de la obligación y al no tratarse, en el caso de los medios electrónicos de pago, de una prestación que tiene por objeto una cosa cierta y determinada, habrá de recurrirse al criterio del domicilio del deudor, a cuyos tribunales podría recurrir el demandante. En este supuesto, el operador jurídico enfrentaría el problema referido a la interpretación de lo que ha de entenderse por domicilio.

En relación con las personas físicas, el domicilio debe ser entendido como residencia habitual, tal como lo establece el artículo 11 de la Ley de

---

del puerto a donde arribara el buque o de las aguas donde navegara el mismo». De tal manera, «... no siendo Venezuela el país donde debieron ser cumplidas las obligaciones derivadas de las relaciones de trabajo de los accionantes» los tribunales venezolanos no tienen jurisdicción. (TSJ/SPA Sent. N.º 01321, 3.07.2001, en: http://historico.tsj.gob.ve/decisiones/spa/Julio/01321-030701-0493.htm [29.11.2016]). A pesar de la preferencia del Tribunal de Justicia europeo por la calificación *ex lege causae*, este ha admitido que en aquellos casos en que las partes hubieren elegido expresamente el lugar de cumplimiento del contrato, tal elección determinaría la jurisdicción. Ver: TJCE Asunto 56/79, 17.01.1980, Siegfried Zelger *vs.* Sebastiano Salinitri, en: http://eur-lex.europa.eu/legal-content/ES/TXT/PDF/?uri=CELEX:61979CJ0056&from=EN (29.11.2016).

1118 Ver: Mélich Orsini, *El pago*..., ob. cit., p. 126; Cristóbal Montes, Ángel, *El pago o cumplimiento de la obligación*, Madrid, Tecnos, 1986, p. 101.
1119 UNIDROIT, *Principios UNIDROIT*..., ob. cit., p. 193.

Derecho Internacional Privado[1120]. A pesar de que parte de la doctrina estima que la residencia constituye un criterio fáctico que, por ello, no requeriría calificación[1121], nosotros hemos admitido, en otras oportunidades, la necesidad de determinar lo que ha de entenderse por residencia habitual, para lo cual resultan de gran utilidad los elementos temporal e intencional contenidos en el aparte único del artículo 23 de la propia Ley[1122].

Sin embargo, si la persona hubiere cumplido con la obligación de inscribir su residencia ante la oficina de Registro Civil, tal como lo exige la Ley Orgánica de Registro Civil[1123] en sus artículos 3,12, 139 y 140, no será necesario recurrir a otros criterios para afirmar que la misma tiene su domicilio en Venezuela, pues, en el marco de esta Ley, las personas físicas tienen su residencia en «... el lugar donde habitan de forma permanente» (art. 139 LORC), concepto que, en esencia, no difiere de la residencia habitual del comentado artículo 11 de la Ley de Derecho Internacional Privado.

1120 A pesar de algunas opiniones en contra (Hernández-Bretón, Eugenio, El domicilio de las personas físicas en el Derecho internacional privado venezolano actual, en: *Ley de Derecho Internacional Privado, Libro Homenaje a Gonzalo Parra Aranguren*, Caracas, TSJ, Colección Libros Homenaje, N.º 1, 2002, *Addendum*, pp. 147 y ss. Ver también, del mismo autor, Domicilio a los fines de la *cautio iudicatum solvi*, en: *Ley de Derecho Internacional Privado, Libro Homenaje a Gonzalo Parra Aranguren*, Caracas, TSJ, Colección Libros Homenaje, N.º 1, 2002, *Addendum*, pp. 189 y ss.), la calificación contenida en esta norma es aplicable a todo el sistema de Derecho internacional privado y no solo a la Ley. Ello en virtud del artículo 15 de la propia Ley. Ver: Maekelt, Tatiana y Haydée Barrios, Derogatoria del artículo 36 del Código Civil ante la vigencia de la Ley de Derecho Internacional Privado, en: *Ley de Derecho Internacional Privado, Libro Homenaje a Gonzalo Parra Aranguren*, Caracas, TSJ, Colección Libros Homenaje, N.º 1, 2002, *Addendum*, pp. 297 y ss.
1121 Barrios, Haydée, Del domicilio, en: *RFCJPUCV*, 2000, N.º 117, pp. 41 y ss., especialmente p. 42. En sentido similar: Maekelt, *Ley venezolana...*, ob. cit., p. 64.
1122 Madrid Martínez, *La norma de Derecho internacional privado...*, ob. cit., p. 84.
1123 *Gaceta Oficial* N.º 39.264, 15.09.2009.

En el caso de las personas jurídicas, por su parte, doctrina[1124] y jurisprudencia[1125] han sido contestes en afirmar que, ante el silencio de la Ley de Derecho Internacional Privado, ha de recurrirse a una calificación *ex lege fori*. De manera que, si se trata de una persona jurídica de carácter civil, se entenderá que esta tiene su domicilio «... en el lugar donde esté situada su dirección o administración» (art. 28 CCV), y, en el caso de personas jurídicas de carácter mercantil, estas se considerarán domiciliadas «... en el lugar que determina el contrato constitutivo de la sociedad, y a falta de esta designación, en el lugar de su establecimiento principal» (art. 203 CCom.).

Finalmente, el artículo 323 del Código Bustamante establece que, en defecto de los tribunales del lugar de cumplimiento de la obligación, tendrán jurisdicción los del lugar del domicilio o la residencia del demandado[1126].

1124 Romero, Fabiola, Las personas jurídicas y las obligaciones en la Ley de Derecho internacional privado, en: *RFCJPUCV*, 2000, N.º 117, pp. 163 y ss., especialmente p. 168; Maekelt, *Ley venezolana...*, ob. cit., p. 95.

1125 Ver, entre otras decisiones: TSJ/SPA, Sent. 5878, 13.10.2005, http://historico.tsj.gob.ve/decisiones/spa/Octubre/05878-111005-2005-1871-2.htm; TSJ/SPA, Sent. 5980, 19.10.2005, http://historico.tsj.gob.ve/decisiones/spa/Octubre/05980-191005-2005-1023-1.htm; TSJ/SPA, Sent. 6073, 2.11.2005, http://historico.tsj.gob.ve/decisiones/spa/Noviembre/06073-021105-2004-1390.htm; TSJ/SPA, Sent. 6454, 7.12.2005, http://historico.tsj.gob.ve/decisiones/spa/Diciembre/06454-071205-2004-0002.htm; TSJ/SPA, Sent. 0192, 02.02.2006, http://historico.tsj.gob.ve/decisiones/spa/Febrero/00192-020206-2004-0122.htm; TSJ/SPA, Sent. 1544, 14.06.2006, http://historico.tsj.gob.ve/decisiones/spa/Junio/01544-140606-2005-1248.htm; TSJ/SPA, Sent. 0140, 31.01.2007, http://historico.tsj.gob.ve/decisiones/spa/Enero/00140-31107-2007-2007-0017.html; TSJ/SPA, Sent. 00249, 14.02.2007, http://historico.tsj.gob.ve/decisiones/spa/Febrero/00249-14207-2007-2007-0050.html. Todos los links verificados el 29.11.2016.

1126 En opinión de Sánchez de Bustamante, el domicilio del demandado es el criterio más natural, y solo cuando se carece de este o se ignora donde está ubicado debe sustituirse por el criterio de la residencia. La finalidad de los criterios atributivos de jurisdicción subsidiarios es facilitar el debate judicial y la ejecución de la sentencia, afirma el propio autor. Ver: Sánchez de Bustamante y Sirven, *Derecho*

Para la aplicación de esta norma habremos de acudir a las calificaciones de domicilio ya explicadas y a su coincidencia, en el caso de las personas físicas, con el concepto de residencia que, de acuerdo a una calificación *ex lege fori*, resulta de la aplicación del artículo 139 de la Ley Orgánica de Registro Civil. Hemos de admitir, entonces, no parece haber mucha diferencia entre la residencia habitual y la simple residencia, con lo cual ambos criterios podrían quedar reducidos al domicilio, tal como ocurre con las personas jurídicas, en cuyo caso toda discusión al respecto parece estéril, pues el concepto de residencia no les es aplicable.

b.2. Codificación estatal

En el marco de la Ley de Derecho Internacional Privado, el primer criterio atributivo de jurisdicción es, de conformidad con su artículo 39[1127], el domicilio del demandado, criterio que ha de ser calificado en el sentido *supra* explicado. Este foro no tiene carácter exclusivo ni inderogable, sino más bien alternativo, de manera que las partes pueden de común acuerdo elegir litigar en un foro diferente. Los tribunales han hecho uso de este criterio en múltiples ocasiones y reconocido incluso que su finalidad es facilitar y hacer menos onerosa la defensa del demandado[1128].

Internacional Privado..., op. cit., T. III, p. 88. Olga Dos Santos entiende que los criterios subsidiarios atienden a la necesidad de garantizar el derecho a la defensa del demandado. Ver: Dos Santos, Olga, Jurisdicción y el Proyecto de Ley Orgánica Procesal del Trabajo, en: *Liber Amicorum, Homenaje a la Obra Científica y Académica de la Profesora Tatiana B. de Maekelt*, Caracas, FCJPUCV, Fundación Roberto Goldschmidt, 2001, T. II, pp. 3 y ss., especialmente p. 10.

1127 LDIPV, art. 39: «Además de la jurisdicción que asigna la ley a los tribunales venezolanos en los juicios intentados contra personas domiciliadas en el territorio nacional, los tribunales de la República tendrán jurisdicción en juicios intentados contra personas domiciliadas en el exterior en los casos contemplados en los artículos 40, 41 y 42 de esta Ley».

1128 Ver entre otras decisiones: TSJ/SPA, Sent. 1359, 13.06.2000, http://historico.tsj.gob.ve/decisiones/spa/Junio/01359-130600-14878%20.htm; TSJ/SPA, Sent. 0303, 7.03.2001, http://historico.tsj.gob.ve/decisiones/spa/Marzo/00303-070301-0435.htm; TSJ/SPA, Sent. 1830, 8.08.2001, http://historico.tsj.gob.

Si en el caso concreto, el demandado no estuviere domiciliado en territorio venezolano, y tratándose, evidentemente, de una acción de contenido patrimonial, el operador jurídico deberá acudir al artículo 40 de la Ley de Derecho Internacional Privado. En virtud de esta norma:

«Los tribunales venezolanos tendrán jurisdicción para conocer de los juicios originados por el ejercicio de acciones de contenido patrimonial:

---

ve/decisiones/spa/Agosto/01830-080801-13487.htm; TSJ/SPA, Sent. 0135, 30.01.2002, http://historico.tsj.gob.ve/decisiones/spa/Enero/00135-300102-11503%20.htm; TSJ/SPA, Sent. 0344, 26.02.2002, http://historico.tsj.gob.ve/decisiones/spa/Febrero/00344-260202-01-0134.htm; TSJ/SPA, Sent. 0574, 9.04.2002, http://historico.tsj.gob.ve/decisiones/spa/Abril/00574-090402-01-0288.htm; TSJ/SPA, Sent. 00575, 9.04.2002, http://historico.tsj.gob.ve/decisiones/spa/Abril/00575-090402-01-0346.htm; TSJ/SPA, Sent. 0617, 16.04.2002, http://historico.tsj.gob.ve/decisiones/spa/Abril/00617-160402-01-0406.htm; TSJ/SPA, Sent. 0245, 20.02.2003, http://historico.tsj.gob.ve/decisiones/spa/Febrero/00245-200203-2002-1108.htm; TSJ/SPA, Sent. 0335, 06.03.2003, http://historico.tsj.gob.ve/decisiones/spa/Marzo/00335-060303-2001-0804.htm; TSJ/SPA, Sent. 0474, 25.03.2003, http://historico.tsj.gob.ve/decisiones/spa/Marzo/00474-250303-2002-0758.htm; TSJ/SPA, Sent. 0476, 25.03.2003, http://historico.tsj.gob.ve/decisiones/spa/Marzo/00476-250303-2003-0044.htm; TSJ/SPA, Sent. 0586, 22.04.2003, http://historico.tsj.gob.ve/decisiones/spa/Abril/00586-220403-2003-0151.htm; TSJ/SPA, Sent. 0846, 11.06.2003, http://historico.tsj.gob.ve/decisiones/spa/Junio/00846-110603-2003-0468.htm; TSJ/SPA, Sent. 1410, 23.09.2003, http://historico.tsj.gob.ve/decisiones/spa/Septiembre/01410-230903-2003-0980.htm; TSJ/SPA, Sent. 0680, 23.06.2004, http://historico.tsj.gob.ve/decisiones/spa/Junio/00680-230604-2004-0399.htm; TSJ/SPA, Sent. 1603, 29.09.2004, http://historico.tsj.gob.ve/decisiones/spa/Septiembre/01603-290904-2004-0785.htm; TSJ/SPA, Sent. 5980, 19.10.2005, http://historico.tsj.gob.ve/decisiones/spa/Octubre/05980-191005-2005-1023-1.htm; TSJ/SPA, Sent. 6073, 2.11.2005, http://historico.tsj.gob.ve/decisiones/spa/Noviembre/06073-021105-2004-1390.htm; TSJ/SPA, Sent. 6454, 7.12.2005, http://historico.tsj.gob.ve/decisiones/spa/Diciembre/06454-071205-2004-0002.htm; TSJ/SPA, Sent. 0192, 2.02.2006, http://historico.tsj.gob.ve/decisiones/spa/Febrero/00192-020206-2004-0122.htm; TSJ/SPA, Sent. 0140, 31.01.2007, http://historico.tsj.gob.ve/decisiones/spa/Enero/00140-31107-2007-2007-0017.html. Todos los links verificados el 29.11.2016.

1. Cuando se ventilen acciones relativas a la disposición o la tenencia de bienes muebles o inmuebles situados en el territorio de la República;
2. Cuando se ventilen acciones relativas a obligaciones que deban ejecutarse en el territorio de la República o que se deriven de contratos celebrados o de hechos verificados en el mencionado territorio;
3. Cuando el demandado haya sido citado personalmente en el territorio de la República.
4. Cuando las partes se sometan expresa o tácitamente a su jurisdicción».

Tradicionalmente, la doctrina venezolana ha estimado que el ordinal segundo del artículo citado, tal como lo reconoce su enunciado, establece los criterios atributivos de jurisdicción para las causas que se relacionan con las obligaciones[1129]. Sin embargo, los demás criterios, en especial, la sumisión, también pueden resultar aplicables en esta materia. Ello, no obstante reconocer, en los problemas planteados por los medios electrónicos de pago, la escasa utilidad del lugar de ubicación de los bienes y la general peligrosidad del criterio *locus citationis*.

En efecto, aunque la referencia a la «tenencia» en el caso del primer ordinal del artículo 40 sugiere la posibilidad de que no solo se trate de derechos reales –supuesto que podría entenderse englobado por la expresión «disposición»–, sino también de cualquier tipo de relación vinculada con bienes, en materia de medios electrónicos de pago y salvo el caso –quizá– de pérdida del instrumento en el cual se almacena dinero electrónico, este

---

1129 Hernández-Bretón, *Problemas contemporáneos...*, ob. cit., p. 72; Maekelt, *Ley venezolana...*, ob. cit., p. 111; Madrid Martínez, *Las relaciones entre la responsabilidad civil contractual y la extracontractual...*, ob. cit., p. 75.

criterio no tiene mayor utilidad. Recordemos que hemos caracterizado a esta actividad como un servicio.

En relación con la citación personal del demando –criterio que requiere que la citación sea personal y que se haya practicado en territorio venezolano conforme al Derecho procesal venezolano[1130]–, hemos referido antes su peligrosidad. Se trata de un criterio calificado generalmente como exorbitante debido a la escasa conexión que expresa entre la causa y el tribunal que lleva a cabo la citación, un criterio que genera severos problemas para el funcionamiento del sistema venezolano, pues da pie a que el juez afirme en todos los casos su propia jurisdicción luego de haber citado personalmente al demandado. Sobre todo, considerando que el sistema venezolano no acepta, de manera general, la procedencia del *forum non conveniens*[1131].

Lo más cercano a esta excepción al ejercicio de la jurisdicción que juzga la conexión del tribunal con la causa, a través del criterio de la conveniencia, es la disposición contenida en el artículo 333 del Decreto Ley sobre Comercio Marítimo[1132]. A pesar que algunos autores identifican

---

1130 TSJ/SPA Sent. 1543, 18.07.2001, http://historico.tsj.gob.ve/decisiones/spa/Julio/01543-180701-0719.htm (29.11.2016).

1131 Nuestro máximo tribunal ha llegado a afirmar que «el principio "*forum non conveniens*", según el cual un tribunal aún teniendo jurisdicción para conocer del caso, puede discrecionalmente declinar su jurisdicción, debe esta Sala señalar que tal solicitud es totalmente infundada, toda vez que dicho principio, no es válido en Venezuela, y su aplicación resulta contraria a los principios constitucionales y legales relativos a la jurisdicción, no pudiendo el juez en ningún momento negar su jurisdicción a favor del juez extranjero, pues las normas que la regulan son de estricto orden público y de obligatorio cumplimiento». TSJ/SPA Sent. N.º 01543, 18.07.2001, en: http://historico.tsj.gob.ve/decisiones/spa/Julio/01543-180701-0719.htm (29.11.2016).

1132 Ley de Comercio Marítimo, art. 333: «Solamente en los casos establecidos en los numerales 2 y 3 del artículo anterior y en el caso que la jurisdicción venezolana corresponda cuando el demandado haya sido citado personalmente en el territorio de la República, los tribunales venezolanos podrán discrecionalmente

tal norma con el *forum non conveniens*[1133], nosotros entendemos que no es el caso desde que la propia disposición exige que el demandado haya «... intentado una acción por los mismos hechos y causas... por ante ese otro Estado», con lo cual parece estar exigiendo una litispendencia, pero matizada con cierto carácter discrecional de parte del juez y sin acudir al criterio de la prevención. Ya en otras ocasiones[1134] nos hemos mostrado favorables a la aceptación del *forum non conveniens*; sin embargo, y a pesar de la opinión de algunos autores venezolanos[1135], solo entendemos procedente esta excepción al ejercicio de la jurisdicción en aquellos casos en los que el legislador la consagre expresamente[1136].

Ahora bien, centrados en el ordinal segundo del artículo 40 de la Ley de Derecho Internacional Privado, los tribunales venezolanos tendrán

declinar su jurisdicción, a solicitud del demandado, en favor de los tribunales de otro país en el cual se hubiere intentado una acción por los mismos hechos y causas, siempre que le otorgasen al demandante iguales garantías para responder de las resultas de dicha acción intentada por ante ese otro Estado. Los tribunales venezolanos tomarán en cuenta la vinculación que las partes, buques, aseguradores y tripulantes puedan tener con la jurisdicción extranjera con el fin de tomar su decisión. La solicitud se propondrá y tramitará en la forma de una cuestión previa de declinatoria de jurisdicción».

1133 Hernández-Bretón, Eugenio, *Problemas contemporáneos el Derecho procesal civil internacional venezolano*, Caracas, Edit. Sherwood, Colección Cuadernos, N.º 8, 2004, p. 75; Guerra Hernández, Víctor Hugo, La jurisdicción venezolana en materia extracontractual y la doctrina del *forum non conveniens*, en: *Estudios de Derecho Procesal Civil, Libro Homenaje a Humberto Cuenca*, Caracas, TSJ, Colección Libros Homenaje, N.º 6, 2002, pp. 429 y ss., especialmente p. 447.

1134 Madrid Martínez, *Las relaciones entre la responsabilidad civil...*, ob. cit., pp. 117-118.

1135 Maekelt, *Ley venezolana...*, ob. cit., pp. 117-118; Guerra Hernández, La jurisdicción venezolana..., ob. cit., pp. 446-451.

1136 No creemos que sea viable aplicar, por vía de una interpretación extensiva, una excepción procesal que afecta el ejercicio de la jurisdicción de los tribunales venezolanos. Sería deseable, sí, pero mientras el legislador no disponga expresamente su procedencia, el juez estará de manos atadas. En sentido similar: Hernández-Bretón, *Problemas contemporáneos...*, ob. cit., pp. 75-76.

jurisdicción cuando se ventilen acciones relativas a obligaciones que deban ejecutarse en el territorio de la República o que se deriven de contratos celebrados o de hechos verificados en el mencionado territorio. Generalmente, se ha entendido que los dos primeros criterios estarían referidos a los contratos y el último a las obligaciones extracontractuales[1137]. Lo cierto es que solo el lugar de celebración funciona exclusivamente para los contratos[1138]. El lugar de ejecución funciona para todo tipo de obligación[1139]. Incluso el último criterio, entendido como una referencia al *forum delicti commissi* que da cabida tanto al lugar donde se produce la causa generadora del daño, como aquel donde se verifica el efecto dañoso[1140],

---

1137 Hernández-Bretón, *Problemas contemporáneos...*, ob. cit., p. 72; Maekelt, por su parte, intuye en este ordinal un problema de calificación que «... la jurisprudencia tendrá que resolver...». Ver: Maekelt, *Ley venezolana...*, ob. cit., p. 111.

1138 TSJ/SPA, Sent. 5895, 11.10.2005, http://historico.tsj.gob.ve/decisiones/spa/octubre/05895-111005-2001-0837.htm; TSJ/SPA, Sent. 5878, 13.10.2005, http://historico.tsj.gob.ve/decisiones/spa/octubre/05878-111005-2005-1871-2.htm (ambos links consultados: 29.11.2016).

1139 TSJ/SPA, Sent. 4541, 21.06.2005, http://historico.tsj.gob.ve/decisiones/spa/junio/04541-220605-2001-0245.htm; TSJ/SPA, Sent. 6510, 13.12.2005, http://historico.tsj.gob.ve/decisiones/spa/diciembre/06510-131205-2004-0806.htm; TSJ/SPA, Sent. 1285, 17.05.2006, http://historico.tsj.gob.ve/decisiones/spa/mayo/01285-180506-2006-0772.htm; TSJ/SPA, Sent. 1403, 07.08.2007, http://historico.tsj.gob.ve/decisiones/spa/agosto/01403-7807-2007-2007-0704.html (todos los links consultados: 29.11.2016).

1140 Tal consagración elimina los problemas que pueden producirse en los casos en que ambos elementos se desarrollen en Estados distintos. Tal parece haber sido el criterio considerado en la sentencia N.º 00394, de la Sala Político-Administrativa del Tribunal Supremo de Justicia, dictada el 16 de febrero de 2006, en la cual se afirmó que la actividad mercantil de la cual se derivan los daños cuya indemnización se reclama, se verificó en Venezuela, razón por la cual, en virtud del artículo 42,2 de la LDIPV, los tribunales venezolanos tienen jurisdicción. En: http://historico.tsj.gob.ve/decisiones/spa/Febrero/00394-160206-2005-5201.htm (29.11.2016). Ver también: CSJ/SPA Sent. 21.10.1999, Jurisprudencia de Ramírez & Garay, 1999, T. CLVIII, pp. 762 y ss. Madrid Martínez, Claudia, Algunas consideraciones sobre la responsabilidad civil por contaminación transfronteriza en el Derecho internacional privado venezolano, en: *Estudios de*

podría aplicarse a los contratos, y así lo ha admitido la jurisprudencia[1141]. Sin embargo, para admitir su funcionamiento en materia contractual, el juez debe ser sumamente cuidadoso, evitando que su aceptación se traduzca en un foro exorbitante.

Bien, el lugar de celebración del contrato es un criterio poco utilizado, pues, aunque normalmente la celebración de un contrato en un Estado determinado comporta un círculo más amplio de vinculaciones, este elemento, por sí solo, no parece particularmente significativo en términos de proximidad, por lo cual, más que para justificar la jurisdicción, debería servir para reforzarla. Consideremos que, frecuentemente, el lugar de celebración del contrato obedece más a un criterio de comodidad de las partes, que a una verdadera necesidad derivada del propio contrato[1142]. En realidad, este foro no ofrece auténticas respuestas a los problemas de reglamentación de los contratos, ni resulta un exponente de vinculación entre el contrato y el sistema, que aconseje su retención, ni siquiera cuando lo que se discuta sea la propia validez del contrato[1143].

Derecho Civil, Libro Homenaje a José Luis Aguilar Gorrondona, Caracas, TSJ, Colección Libros Homenaje, N.º 5, 2002, pp. 671 y ss., especialmente p. 684, y *Las relaciones entre la responsabilidad civil...*, ob. cit., p. 84.

1141 «Resulta claro para la Sala que los hechos descritos mediante los cuales se evidencia el vínculo comercial existente entre las partes, y del cual se derivan obligaciones recíprocas entre las mismas, se verificaron en el país, configurándose como otros factores de conexión que hacen los tribunales de la República tengan jurisdicción para conocer la causa» TSJ/SPA, Sent. N.º 335, de fecha 6/03/2003, en: http://historico.tsj.gob.ve/decisiones/spa/Marzo/00335-060303-2001-0804.htm; ver también: TSJ/SPA, Sent. 01359, 13.06.2000, http://historico.tsj.gob.ve/decisiones/spa/Junio/01359-130600-14878%20.htm (ambos links consultados: 29.11.2016).

1142 En este sentido: Virgós Soriano, *Lugar de celebración...*, ob. cit., pp. 137-138.

1143 En este sentido: Espinar Vicente, José María, *Curso de Derecho internacional privado español. Derecho procesal civil internacional. Competencia judicial internacional. Reconocimiento y ejecución de actos y decisiones extranjeras*, Madrid, Universidad de Alcalá de Henares, Servicio de Publicaciones, 1993, p. 107.

Por otra parte, la calificación de lo que ha de entenderse por lugar de celebración es normalmente dejada a los criterios materiales del ordenamiento jurídico del juez, pues al carecer de algún contenido material, el lugar de celebración parece destinado más bien a cumplir una función localizadora del contrato, con lo cual, a diferencia de lo que ocurre con el lugar de cumplimiento, no parece haber problema en recurrir a una calificación *ex lege fori*[1144]. Así, conforme al Derecho venezolano, si oferta y aceptación se producen en Venezuela, serán sus tribunales competentes de acuerdo con el criterio en estudio, pues «El contrato se forma tan pronto como el autor de la oferta tiene conocimiento de la aceptación de la otra parte» (art. 1.137 CCV). Si las partes se encontraren en Estados distintos, el contrato se entendería celebrado en el lugar de la residencia de quien hubiere hecho la promesa primitiva o la propuesta modificada y en el momento en que la aceptación hubiere llegado a conocimiento del mismo (arts. 115 CCom. y 1.137 CCV)[1145].

En relación con el lugar de ejecución de la obligación, reproducimos en este punto los comentarios que hiciéramos *supra* en relación al lugar de cumplimiento de la obligación como criterio atributivo de jurisdicción en el Código Bustamante.

Finalmente, es necesario hacer referencia a la sumisión que, en el marco del ordinal cuarto de la norma comentada, puede ser expresa o tácita[1146]. Se trata de una sumisión para la cual la Ley no exige vinculación alguna

---

1144   Virgós Soriano, *Lugar de celebración...*, ob. cit., pp. 135-136.
1145   Así se ha reconocido en: CSJ/SPA, Sent. 07.10.1992, en: *CSJ/JPT*, octubre, 1992, pp. 213 y ss.
1146   LDIPV, art. 44: «La sumisión expresa deberá constar por escrito»; art. 45: «La sumisión tácita resultará, por parte del demandante, del hecho de interponer la demanda y, por parte del demandado, del hecho de realizar en el juicio, personalmente o por medio de apoderado, cualquier acto que no sea proponer la declinatoria de jurisdicción u oponerse a una medida preventiva». Comentando el artículo 45 de la Ley de Derecho Internacional Privado, nuestro máximo

con el territorio venezolano, pero que está limitada en los casos relacionados con derechos reales sobre bienes inmuebles ubicados en el extranjero[1147].

En materia contractual, ningún criterio de jurisdicción podría resultar más idóneo que la voluntad de las propias partes contratantes[1148]. La elección del

---

Tribunal ha entendido que a pesar de haberse sometido expresamente a la jurisdicción de tribunales extranjeros, la parte demandada efectuó actuaciones procesales en el juicio, distintos a alegar la falta de jurisdicción u oponerse a medidas preventivas. Ello configura sumisión tácita a los tribunales venezolanos (TSJ/SPA, Sent. N.º 01173, 20.06.2001, en: http://historico.tsj.gob.ve/decisiones/spa/Junio/01173-200601-14730%20.htm). Además, se ha admitido que la actuación de un abogado *ad-litem* que no decline la jurisdicción de los tribunales venezolanos, ha de entenderse como configuradora de la sumisión tácita definida por el artículo 45 (TSJ/SPA, Sent. N.º 00245, 20.02.2003, en: http://historico.tsj.gob.ve/decisiones/spa/Febrero/00245-200203-2002-1108.htm). Finalmente, se ha afirmado que, en caso de no existir un acuerdo expreso, si las partes acuden ante un tribunal, y realizan ciertos actos procesales tales como interponer una demanda y contestarla (excepto en el caso que en la oportunidad de contestar se alegue la falta de jurisdicción del tribunal o se oponga a una medida cautelar), se entiende de manera tácita que ambas partes están de acuerdo en que dicho órgano jurisdiccional conozca y decida el asunto (TSJ/SPA, Sent. N.º 04541, 22.06.2005, en: http://historico.tsj.gob.ve/decisiones/spa/Junio/04541-220605-2001-0245.htm). Todos los links consultados: 29.11.2016.

1147 LDIPV, art. 46: «No es válida la sumisión en materia de acciones que afecten a la creación, modificación o extinción de derechos reales sobre bienes inmuebles, a no ser que lo permita el Derecho de la situación de los inmuebles».

1148 «… las cláusulas de elección de foro constituyen una manifestación de la autonomía de la voluntad de las partes, reconocida por el legislador como criterio atributivo de jurisdicción, pues a través de ellas las partes en un contrato pueden determinar directamente el Estado a cuya jurisdicción desean someter las controversias que puedan surgir con ocasión a éste». TSJ/SC, Sent. N.º 682, 30.03.2006, en: http://historico.tsj.gob.ve/decisiones/scon/Marzo/682-300306-05-2295.htm. En el mismo sentido: TSJ/SPA, Sent. N.º 05980, 19/10/2005, en: http://historico.tsj.gob.ve/decisiones/spa/Octubre/05980-191005-2005-1023-1.htm; TSJ/SPA, Sent. N.º 06073, 2/11/2005, en: http://historico.tsj.gob.ve/decisiones/spa/Noviembre/06073-021105-2004-1390.htm (Todos los links consultados: 29.11.2016).

foro, acompañada de la elección del Derecho aplicable al contrato, brinda a las partes la nada despreciable ventaja de conocer la extensión de sus derechos y obligaciones y prever el resultado de una posible disputa[1149]. Así, las partes son libres para precisar el ámbito de su cláusula de elección del foro, pudiendo estipular una cláusula de jurisdicción exclusiva, o prefiriendo fórmulas opcionales, mediante la indicación alternativa o múltiple de foros. Podrían, en el marco de la Ley venezolana, incluso elegir un foro que no presente conexión alguna con la relación de que se trate[1150].

Esta amplitud, salvando desde luego los casos de inderogabilidad convencional de la jurisdicción, se ve severamente restringida frente a los contratos de adhesión. Así, nuestro máximo tribunal ha afirmado que visto en el contrato de adhesión «… queda excluida cualquier posibilidad de debate o dialéctica entre las partes…», limitando la posibilidad de uno de los contratantes a la aceptación de los términos impuestos por el otro, no puede aceptarse una disposición acerca de la jurisdicción, debido a que ello afecta la tutela judicial efectiva garantizada por el artículo 26 de la Constitución, desarticulando todo el sistema judicial. Si las partes desearen estipular una cláusula de elección de foro, deberán hacerlo de manera independiente. La propia sentencia fundamenta este rechazo en el artículo 6 de la Ley de Arbitraje Comercial[1151], de conformidad con cuya parte final «En los contratos de adhesión y en los contratos normalizados, la manifestación de voluntad de someter el contrato a arbitraje deberá hacerse en forma expresa e independiente»[1152].

1149   En sentido similar: Hernández-Bretón, *Mestizaje cultural de los países de la América Latina…*, ob. cit., p. 49.
1150   Dos Santos, *Contratos internacionales…*, ob. cit., pp. 155-156.
1151   *Gaceta Oficial* N.° 36.430, 7.04.1998.
1152   TSJ/SPA, Sent. N.° 01252, 30.05.2000, en: http://historico.tsj.gob.ve/decisiones/spa/Mayo/01252-300500-15341%20.htm (29.11.2016).

c. Aplicación de estos criterios en materia de medios electrónicos de pago

Lo habitual es que en los contratos celebrados entre los prestadores de servicios de pago y sus usuarios, cuando hay cierto equilibrio entre ellos –relaciones B2B–, se incluyan cláusulas de elección de foro. Por lo general, tal elección se verifica a favor de los tribunales del lugar de establecimiento del proveedor de servicios. Dentro de esta determinación inicial de la autoridad competente para conocer de las controversias derivadas de estas relaciones, también es frecuente la sumisión a arbitraje. Examinemos el caso de PayPal.

Tal como afirmamos en el capítulo anterior, PayPal ofrece servicios a comerciantes para la recepción de pagos en sus cuentas con esa pasarela de pagos. Ahora bien, en los acuerdos que regulan sus relaciones con lo que en su página web llama *Commercial Entities*, suele disponer, con alguna excepción según veremos, de cláusulas arbitrales o de elección de foro –con una notable preferencia por estas últimas en el ámbito europeo– para acompañar a la elección del Derecho aplicable.

Así, en el *Commercial Entity Agreement with JP Morgan Chase* de PayPal[1153] –acuerdo destinado a «*Commercial Entities (as defined by Visa and MasterCard), who open a Business Account and who use PayPal's services to accept Association (defined below) branded payment cards and PayPal payments from customers through their PayPal account (the 'PayPal Services')*»– dispone, en su cláusula 8, que «*Any dispute with respect to this CEA between Merchant and Member, including a dispute as to the validity or existence of this CEA and/or this clause, shall be resolved by binding arbitration in accordance with the rules of the American Arbitration Association*».

1153 https://www.paypal.com/us/webapps/mpp/ua/ceagreement-full (29.11.2016).

Esta cláusula se limita a establecer la sujeción del arbitraje al procedimiento de la *American Arbitration Association*, pero no fija el lugar en el cual deberá llevarse a cabo, detalle del que sí se ocupan el *Commercial Entity Agreement with Wells Fargo*[1154] y en el *Commercial Entity Agreement with Wells Fargo - Pro*[1155]. En efecto, en ambos casos las respectivas cláusulas 8, luego de indicar la aplicación del Derecho del estado de California, disponen que «*...Any dispute with respect to this CEA between you and Wells Fargo Bank, N.A as Member, including a dispute as to the validity or existence of this CEA and/or this clause, shall be resolved by binding arbitration in accordance with the rules of the American Arbitration Association. Venue for any such arbitration shall be Santa Clara County, California*».

El *PayPal Website Payments Pro and Virtual Terminal Agreement*[1156], por su parte, establece un foro alternativo que, además, podría ser desplazado por la voluntad de las partes. En efecto, la cláusula 16,a dispone: «*Except as otherwise agreed by the parties or as described in section 14.1 or 14.2 of the PayPal User Agreement, you agree that any claim or dispute you may have against PayPal must be resolved by a court located in either Santa Clara County, California, or Omaha, Nebraska. You agree to submit to the personal jurisdiction of the courts located within Santa Clara County, California, or Omaha, Nebraska for the purpose of litigating all such claims or disputes*».

En el ámbito europeo hay cierta preferencia más bien por los tribunales estatales. Por ejemplo, en el *Commercial Entity Agreement with HSBC*[1157] se prefiere una sumisión no exclusiva a los tribunales ingleses. En efecto,

---

1154 https://www.paypal.com/us/webapps/mpp/ua/ceagreement-full#WellsFargo (29.11.2016).
1155 https://www.paypal.com/us/webapps/mpp/ua/ceagreement-full#WellsFargoPro (29.11.2016).
1156 https://www.paypal.com/us/webapps/mpp/ua/provt-full (29.11.2016).
1157 https://www.paypal.com/us/webapps/mpp/ua/ceagreement-full#HSBC (29.11.2016).

la cláusula 12, luego de indicar la aplicación del Derecho inglés, dispone que «*Each party hereby submits to the non-exclusive jurisdiction of the courts of England and Wales*», con lo cual, las partes podrían, en el caso concreto, elegir acudir a un tribunal diferente que evaluará su competencia conforme a su propia regulación al respecto.

Como hemos afirmado antes, lo regular es que estos acuerdos contengan cláusulas arbitrales o de elección de foro. Sin embargo, existen también excepciones en las que no hay acuerdo al respecto. Así, el *Commercial Entity Agreement with WorldPay*[1158] no contiene disposición alguna para determinar los tribunales competentes. Este vacío se presta a diversas interpretaciones. En efecto, en vista que el acuerdo remite, para la determinación del Derecho aplicable, a lo dispuesto en el *PayPal Payment Processing Agreement*[1159], cuya cláusula 14.2 lo somete a las leyes de Delaware, podría en primer lugar pensarse también en la aplicación de la cláusula 14.3, la cual contiene un muy detallado acuerdo arbitral.

Sin embargo, no parece haber sido esta la intención del redactor del acuerdo. En efecto, la cláusula 12, al disponer la separabilidad de las distintas regulaciones del mismo, dispone que cada cláusula será interpretada de manera de favorecer su efectividad y validez, de conformidad con la Ley aplicable. Sin embargo, dicha disposición será ineficaz, sin que ello surta efectos sobre el resto del acuerdo, si cualquier disposición del mismo es prohibida o se considera nula «*by a court of competent jurisdiction*», con lo cual parece admitirse que no ha habido determinación del tribunal competente. Así las cosas, cada tribunal en el caso concreto, y conforme a sus propias reglas, determinará si tiene o no jurisdicción para conocer de las disputas derivadas de este acuerdo.

1158 https://www.paypal.com/us/webapps/mpp/ua/ceagreement-full#WorldPay (29.11.2016).
1159 https://www.paypalobjects.com/webstatic/ua/pdf/US/ints/ua.pdf (29.11.2016).

Otro caso de ausencia expresa de elección puede verse en el *PayPal Website Payments Standard Agreement: Premium Services*[1160] –servicio prestado por PayPal Europa. Sin embargo, en este caso es necesario considerar que el propio acuerdo reconoce al *PayPal User Agreement* como «*framework contract*», con lo cual sus disposiciones se integran a este. De hecho, el propio acuerdo reconoce que solo tendrá aplicación preferente frente al *PayPal User Agreement* cuando exista alguna incompatibilidad entre ambos y solo en la medida de esa incompatibilidad. Veamos lo que dispone entonces el acuerdo general. La cláusula 14 del *PayPal User Agreement* –llamada «*Disputes with PayPal*»–, establece una especie de jerarquización de las formas de resolución de conflictos con la célebre pasarela de pagos. A esta cláusula volveremos con detalle al analizar el tema de los consumidores.

En el caso del Bitcoin, la situación se complica debido a sus propias características. En efecto, no existe en este caso una entidad que centralice de alguna manera las transacciones, con lo cual las relaciones de compras y pagos se verifican entre iguales. Por ejemplo, en la página https://bitcoin.org/es/ puede elegirse y descargarse un monedero electrónico para almacenar y hacer pagos con Bitcoins, en función de si quiere descargarse en un teléfono, una computadora o mantenerse en Internet. En el aviso legal de este portal se aclara que «*The Website does not store, send or receive bitcoins. This is because bitcoins exist only by virtue of the ownership record maintained in the Bitcoin network. Any transfer of title in bitcoins occurs within a decentralized Bitcoin network, and not on the Website*».

La única referencia a la resolución de las posibles disputas que puedan plantearse se refiere a las reclamaciones del usuario con la propia página web. Así, la cláusula 9 de su «Aviso Legal»[1161] dispone que el usuario

---

1160   https://www.paypal.com/uk/webapps/mpp/ua/erpagreement-full#9 (29.11.2016).
1161   https://bitcoin.org/es/legal (29.11.2016).

del sitio web se compromete a arbitrar cualquier disputa que surja de o en conexión con el sitio web o la exención de responsabilidad, a excepción de las controversias relacionadas con derechos de autor, logotipos, marcas, nombres comerciales, secretos comerciales o patentes. Se deja así a las partes, con la única exigencia de que sea ante un tribunal arbitral, la libertad de determinar los detalles.

Las cláusulas citadas se han pactado en el marco de relaciones paritarias. El conocimiento y la experticia de PayPal en materia de pagos no parece influir en la libertad de las partes para determinar el tribunal competente, transformada a veces en imposición por parte de PayPal. El panorama es diferente cuando en la relación interviene un consumidor. Veamos la regulación general de la jurisdicción en materia de relaciones de consumo, para luego analizar la influencia de esta regulación en algunos casos concretos.

2. Criterios de jurisdicción aplicables las relaciones de consumo

a. El caso de la Unión Europea

Las normas del Reglamento 1215/2012 han puesto de relieve la necesidad de proteger a consumidores y usuarios en el ámbito internacional, tomando en cuenta el incesante intercambio de bienes y servicios, fomentado por las libertades garantizadas en el marco de este proceso de integración, fenómeno que ha incrementado también las relaciones de consumo. Principios como el del país de origen que permite que un bien o servicio oriundo de un Estado de la Unión, conforme a las normas de ese Estado, pueda circular o ser comercializado en cualquier mercado de la misma y para los consumidores de cualquiera de ellos, ha contribuido indudablemente a ello[1162].

1162 Gebauer, Martin, *Grundfragen der Europäisierung des Privatrechts*, Heildelberg, Universitätsverlag C. Winter, 1998, p. 86. Tal principio es considerado por algunos autores como una norma de conflicto, en el sentido que permite la

Ahora bien, la Sección 4 del Capítulo II de este instrumento –«Competencia en materia de contratos celebrados por los consumidores»–, además de asumir aplicación en los casos de «contratos celebrados por una persona, el consumidor, para un uso que pudiere considerarse ajeno a su actividad profesional», siempre que se trate de una venta a plazos de mercaderías; un prestamo a plazos o de otra operación de crédito vinculada a la financiación de la venta de tales bienes; o, en todo caso, «… cuando la otra parte contratante ejerciere actividades comerciales o profesionales en el Estado miembro del domicilio del consumidor o, por cualquier medio, dirigiere tales actividades a dicho Estado miembro o a varios Estados miembros, incluido este último, y el contrato estuviere comprendido en el marco de dichas actividades» (art. 17)[1163], establece criterios atributivos de jurisdicción especiales para la materia, según que el consumidor actúe como demandante o como demandado.

En efecto, de conformidad con el artículo 18, la acción entablada por un consumidor contra la otra parte contratante podrá interponerse ante los tribunales del Estado miembro en que estuviere domiciliada dicha parte o ante el tribunal del lugar en que estuviere domiciliado el consumidor; mientras que si la acción es entablada contra el consumidor por la otra parte contratante, esta solo podrá interponerse ante los tribunales del Estado miembro en que estuviere domiciliado el consumidor. El afán de proteger al consumidor llevó a la Comisión a considerar que incluso

---

aplicación de la Ley del lugar de origen del producto o servicio. Ver: Lima Marques, Cláudia, O novo Direito internacional privado e a proteção processual dos consumidores de bens e serviços estrangeiros ou no exterior, en: *DeCita*, 4.2005, pp. 261 y ss., especialmente p. 282.

1163 La propia norma establece, en su párrafo 2, que «Cuando el cocontratante del consumidor no estuviere domiciliado en un Estado miembro, pero poseyere una sucursal, agencia o cualquier otro establecimiento en un Estado miembro, se considerará para todos los litigios relativos a su explotación que está domiciliado en dicho Estado».

la publicidad a través de internet bastaría para caracterizar la actividad negocial a que se refiere la norma en el artículo 17,1,c, la cual también protegería al turista que normalmente prefiere las marcas comercializadas en su Estado, debido a la garantía, a los servicios postventa, al conocimiento de la marca, etc.[1164].

La posibilidad de pactar cláusulas de elección de foro en los contratos de consumo no está del todo prohibida por el instrumento en estudio, pero funciona de manera limitada. Efectivamente, el artículo 19 del Reglamento establece que «Únicamente prevalecerán sobre las disposiciones de la presente sección los acuerdos: 1) posteriores al nacimiento del litigio; 2) que permitieren al consumidor formular demandas ante tribunales distintos de los indicados en la presente sección; o 3) que, habiéndose celebrado entre un consumidor y su cocontratante, ambos domiciliados o con residencia habitual en el mismo Estado miembro en el momento de la celebración del contrato, atribuyan competencia a los órganos jurisdiccionales de dicho Estado miembro, a no ser que la Ley de este prohíba tales acuerdos».

La excesiva limitación a la autonomía de la voluntad se debe –en opinión de Lima Marques– a que se trata de normas especiales cuyo objetivo es la protección de los consumidores. Mas la autora no deja de considerar que estas constituyen también ventajas comparativas, pues el consumidor europeo preferirá el bien comercializado o el servicio prestado en su propio Estado o en la Unión Europea, de manera de poder litigar de forma accesible y hacer efectivos sus derechos materiales de consumidor europeo[1165].

La admisión del acuerdo, una vez surgida la controversia, y no antes, se debe a que al momento de la celebración del contrato, el consumidor no

---

1164 Referencia tomada de Lima Marques, O novo Direito internacional privado..., ob. cit., p. 285.
1165 Lima Marques, O novo Direito internacional privado..., ob. cit., pp. 285-286.

tiene ningún poder. Mientras que al momento en que surge la controversia, el consumidor cuenta al menos con el derecho a presentar la demanda ante los tribunales de su propio Estado y, precisamente por ello, la prohibición de la sumisión, que en principio busca protegerlo, puede resultar perjudicial para un consumidor que considere más conveniente para sus intereses, llegar a un acuerdo con el proveedor, para plantear la controversia ante un juez que, en principio, carece de jurisdicción[1166].

b. El silencio del sistema venezolano
No existen en el sistema venezolano, hasta el momento, criterios de jurisdicción especiales para las relaciones de consumo. Y esta es más o menos la situación de los sistemas interamericanos, hasta la promulgación, entre la segunda mitad de 2014 y la primera de 2015, de normas especiales de Derecho internacional privado, particularmente en Argentina[1167], Brasil[1168], Panamá[1169] y República Dominicana[1170].

1166 Fernández Arroyo, Diego, Cecilia Fresnedo de Aguirre, María Blanca Noodt Taquela y Jorge R. Albornoz, Modalidades contractuales específicas, en: AA. VV., *Derecho internacional privado de los Estados de Mercosur*, Buenos Aires, Zavalia, 2003, pp. 1027 y ss., especialmente p. 1032.
1167 Código Civil y Comercial, art. 2654: «Las demandas que versen sobre relaciones de consumo pueden interponerse, a elección del consumidor, ante los jueces del lugar de celebración del contrato, del cumplimiento de la prestación del servicio, de la entrega de bienes, del cumplimiento de la obligación de garantía, del domicilio del demandado o del lugar donde el consumidor realiza actos necesarios para la celebración del contrato.
También son competentes los jueces del Estado donde el demandado tiene sucursal, agencia o cualquier forma de representación comercial, cuando estas hayan intervenido en la celebración del contrato o cuando el demandado las haya mencionado a los efectos del cumplimiento de una garantía contractual.
La acción entablada contra el consumidor por la otra parte contratante solo puede interponerse ante los jueces del Estado del domicilio del consumidor.
En esta materia no se admite el acuerdo de elección de foro».
1168 Código de Processo Civil, art. 22. «*Compete, ainda, à autoridade judiciária brasileira processar e julgar as ações: II. decorrentes de relações de consumo, quando o consumidor tiver domicílio ou residência no Brasil*».

En el ámbito de Mercosur, el Protocolo de Santa María sobre jurisdicción en materia de relaciones de consumo[1171], discrimina los casos en los cuales el consumidor actúa como demandante de aquellos en los cuales actúa como demandado. Cuando el consumidor es quien intenta la demanda, tendrán jurisdicción, a su elección, además de los tribunales de su domicilio (art. 4,1), aquellos del lugar de celebración del contrato, de cumplimiento de la prestación del servicio o de entrega de los bienes y del domicilio del demandado. Los tres últimos foros solo serán operativos si el consumidor expresamente así lo decide al momento de introducir la demanda (art. 5). En caso contrario, algunos autores –fieles al espíritu proteccionista del Protocolo– estiman que el juez, antes de declararse incompetente de oficio, deberá requerir al consumidor una declaración en torno a la jurisdicción[1172]. En caso que el consumidor sea demandado, el proveedor solo podrá acudir ante los tribunales del domicilio de este (art. 4,2)[1173].

1169 Código de Derecho internacional privado, art. 95, primer aparte: «A elección del consumidor, éste podrá recurrir a la jurisdicción de su domicilio, a la del lugar de conclusión del contrato o a la que le sea más favorable, en función del principio del interés superior del consumidor».

1170 Ley de Derecho internacional privado, art. 16. «Los tribunales dominicanos serán competentes en las siguientes materias, referentes a derecho patrimonial: 4) Contratos celebrados por consumidores, cuando el consumidor tenga su domicilio en la República Dominicana y la otra parte ejerciere actividades profesionales en la República Dominicana, o por cualquier medio hubiere dirigido su actividad comercial hacia la República Dominicana y el contrato estuviere comprendido en el marco de dichas actividades. En otro caso, se aplicará la regla contenida en el numeral 1 de este artículo». Esta última norma se refiere al lugar de cumplimiento de las obligaciones.

1171 https://www.oas.org/dil/esp/cidip_viii_propuestas_protocolo_de_santamaria_argentina.pdf (29.11.2016).

1172 Así lo estiman: Dreyzin de Klor, Adriana, Amalia Uriondo de Martinoli y María Blanca Noodt Taquela, Dimensiones convencional e institucional de los sistemas de jurisdicción internacional de los Estados mercosureños, en: AA. VV., *Derecho internacional privado de los Estados del Mercosur*, Buenos Aires, Zavalia, 2003, pp. 137 y ss., especialmente p. 199.

1173 Ver comentarios a este Protocolo en: Lima Marques, O novo Direito internacional privado..., ob. cit. p. 289.

Debemos también mencionar la solución contenida en la Propuesta Buenos Aires, la cual, en el artículo 1 del Protocolo Adicional sobre Jurisdicción, establece una regla general de acuerdo con la cual tendrán «jurisdicción internacional», para conocer de las acciones en materia de relaciones de consumo, los tribunales del Estado Parte del domicilio del consumidor. Luego, en el artículo 2 se establece lo que la propia propuesta denomina «Soluciones alternativas», las cuales permiten al consumidor elegir entre los tribunales del lugar de celebración del contrato de consumo; los del lugar de la prestación del servicio o la entrega del producto, y los del domicilio del demandado. De ello podríamos concluir que el proveedor solo puede acudir a los tribunales del domicilio del consumidor.

Ahora bien, como afirmamos *supra*, el sistema venezolano no contiene normas sobre jurisdicción para las relaciones de consumo. Sin embargo, este silencio puede salvarse, de alguna manera, con el recurso a los foros inderogables. En efecto, tal como hemos reconocido en oportunidades anteriores[1174], siendo su objetivo limitar la expresión procesal de la voluntad de las partes y su posible efecto derogatorio de la jurisdicción venezolana, con ellos podríamos construir una especie de foro de protección para el consumidor. La finalidad capital de la inderogabilidad de la jurisdicción es mantener, en todo momento, la jurisdicción atribuida a los tribunales venezolanos, a disposición de una de las partes, aunque entre ellas haya habido un acuerdo previo para derogar tal foro[1175]. En tales casos, el

---

[1174] Madrid Martínez, *La responsabilidad civil derivada de la prestación de servicios...*, ob. cit., pp. 246-252, y Relaciones de las empresas con sus clientes. Las relaciones de consumo, en: *La empresa y sus negocios de carácter internacional* (C. Madrid Martínez, Ed.), Caracas, ACPS, 2011, pp. 139 y ss., especialmente pp. 151-159.

[1175] Rodríguez Carrera, Luis, Artículo 47. Inderogabilidad convencional de la jurisdicción, en: AA. VV., *Ley de Derecho Internacional Privado comentada*, Caracas, FCJPUCV, Consejo de Desarrollo Científico y Humanístico, UCV, 2005, T. II, pp. 1043 y ss., especialmente p. 1104. Ver también Hernández-Bretón, *Problemas contemporáneos...*, ob. cit., pp. 118-119.

posible efecto derogatorio de la sumisión no se produce debido al expreso mandato del legislador.

En tal sentido, de conformidad con el artículo 47 de la Ley de Derecho Internacional Privado «La jurisdicción que corresponde a los tribunales venezolanos, según las disposiciones anteriores, no podrá ser derogada convencionalmente en favor de tribunales extranjeros o de árbitros que resuelvan en el extranjero, en aquellos casos en que el asunto se refiera a controversias relativas a derechos reales sobre bienes inmuebles situados en el territorio de la República, o se trate de materias respecto de las cuales no cabe transacción o que afecten principios esenciales del orden público venezolano». De tal manera, el posible efecto derogatorio de la elección de las partes de un foro extranjero se ve limitado *ratione materiae*. Si una de las partes decide litigar ante los tribunales venezolanos, siempre que estos tengan jurisdicción, cualquier acuerdo que se haya firmado, incluso sin vicio alguno en su consentimiento, no producirá efectos sobre ellos.

Para los efectos de este trabajo, nos interesa fundamentalmente el último supuesto contenido en la norma citada, es decir, «aquellos casos (…) que afecten los principios esenciales del orden público venezolano». Debe notarse que la norma transcrita se refiere a contrariedad, a violación, y no simplemente a interés, tal como ocurre con el artículo 2060 del Código Civil francés que, en materia de arbitraje, se refiere, de manera más genérica a «… *matières qui intéressent l'ordre public*», expresión que ampliaría mucho más la posibilidad de rechazar la derogatoria convencional de la jurisdicción cuando se trate de controversias, no cuya exclusión de la jurisdicción venezolana sea manifiestamente contraria al orden público, sino que simplemente le interesen.

Pensamos, por nuestra parte, que fue más adecuada la solución acogida por nuestro legislador, pues las «materias que interesan al orden público» representan una categoría excesivamente amplia, cuya consagración podría obstaculizar de manera considerable la posibilidad de derogar convencionalmente la jurisdicción de los tribunales venezolanos, incluso en materias para las cuales el propio legislador permite el recurso a la vía arbitral.

Debemos igualmente considerar, a los efectos de la interpretación de este supuesto, que la propia Ley de Derecho Internacional Privado se refiere a «principios esenciales del orden público venezolano», con lo cual parece hacer referencia al orden público en Derecho internacional privado, más que al orden público interno[1176], lo cual restringe aún más la limitación y deja en manos del juez la determinación de los casos en los cuales la derogatoria de la jurisdicción de los tribunales venezolanos es contraria a tales principios.

Así, si la controversia se plantea ante un tribunal venezolano y este entiende que, vistas las características del caso concreto, el acuerdo de elección de un tribunal extranjero alegado para excepcionar el ejercicio de la jurisdicción venezolana afecta los principios esenciales del ordenamiento jurídico venezolano, este deberá descartar el efecto derogatorio de tal acuerdo y asumir la jurisdicción. Pensemos en el usuario del sistema bancario que no tiene recursos para responder de un proceso planteado en el extranjero y frente al cual la negativa de la jurisdicción venezolana resultaría en la violación de los principios de acceso a la justicia y tutela judicial efectiva[1177]. La contrariedad con ambos principios justificaría que el

---

1176 Así se admitió en relación con el derogado artículo 2 del Código de Procedimiento Civil. Véase: Hernández-Bretón, Eugenio, Uso inapropiado de la doctrina extranjera y desconocimiento del Derecho internacional (público y privado): aportes para un estudio de la derogación del convencional de la jurisdicción (Art. 2 CPCV), en: *Revista de la Procuraduría General de la República*, 1993, N.º 8, pp. 41 y ss., especialmente p. 41 y ss.; Mezgraviz, Andrés, La unidad de la jurisdicción: un mito en el Derecho venezolano, en: *RFCJPUCV*, 1998, N.º 108, pp. 259 y ss., especialmente p. 316; Madrid Martínez, Claudia, El rol del orden público en el arbitraje comercial internacional, en: *RFCJPUCV*, 2006, N.º 126, pp. 79 y ss., especialmente pp. 80-81.

1177 En el marco del Código Bustamante, puede este constituir un caso de «Derecho local contrario» que limita los efectos derogatorios que, eventualmente, produce la

juez retenga la jurisdicción de los tribunales venezolanos, y deje de lado el efecto derogatorio del acuerdo de elección de un foro extranjero.

3. Procesos de escasa cuantía como una solución para los consumidores

Uno de los principales problemas que plantean las relaciones de consumo y que, en definitiva, afectan el acceso a la justicia de los consumidores, se relaciona directamente con la escasa cuantía de las transacciones, pues muchas veces no hay equilibrio entre la inversión económica en el proceso y los resultados que posiblemente se obtengan. En efecto, tal como afirma Klein Vieira, el pequeño valor económico de la relación de consumo no justifica accionar el aparato judicial, debido al alto costo del proceso y al tiempo excesivo que se toma la resolución del litigio. Sumado a ello, en un litigio en el extranjero, el consumidor ha de tener la capacidad económica para mantener y soportar una demanda internacional. Estos factores –continúa la autora– generalmente llevan al consumidor a desistir de sus derechos[1178].

Es esta la razón por la cual los diversos ordenamientos se han ocupado de la implementación de sistemas de justicia de escasa cuantía, sea a nivel judicial, sea a nivel arbitral, de manera que los consumidores puedan tener acceso a soluciones acordes con sus necesidades. Sin embargo, el establecimiento de estos procedimientos pasa, necesariamente, por la superación de algunas dificultades. Se cuentan entre ellas, la obtención de asistencia jurídica calificada para suministrar informaciones al consumidor, sobre

---

sumisión, incluso en aquellos casos en los que, tal como lo exige el artículo 321, las partes hayan renunciado «clara y terminantemente» a hacer valer sus pretensiones ante los tribunales venezolanos –su fuero propio. Sin duda, tal excepción podría ser opuesta ante los tribunales de otro Estado parte del citado tratado

1178 Klein Vieira, Luciane, *Protección internacional del consumidor. Procesos de escasa cuantía en los litigios transfronterizos*, Buenos Aires, Montevideo, Euros Editores, B de F, 2013, p. 4.

el Derecho de su Estado y sobre el Derecho del Estado del proveedor; los costos procesales derivados de los desplazamientos; la determinación de los tribunales que tendrían jurisdicción para conocer del caso y del Derecho aplicable; la comunicación y notificación de los actos procesales en el extranjero y los medios idóneos para transmitirlas; el establecimiento de una eventual prerrogativa procesal a favor del consumidor, y la circulación extraterritorial de las decisiones obtenidas[1179]. Veamos ahora algunas iniciativas en Europa y América Latina.

a. El caso europeo
a.1. Antecedentes

El problema planteado por los litigios de consumo ha sido abordado en el marco de la Unión Europea desde 1993, cuando la Comisión aprobó el Libro Verde, de 16 de noviembre de 1993, sobre acceso de los consumidores a la justicia y solución de litigios en materia de consumo en el mercado único[1180], instrumento a través del cual, luego de realizar un levantamiento de información, la Comisión determinó que la mayoría de los Estados parte disponían de procedimientos judiciales simplificados para pequeños litigios y también de procedimientos extrajudiciales específicos para litigios de consumo. La Comisión también identificó algunos de los obstáculos que se planteaban al consumidor a la hora de hacer valer sus derechos: la identificación de la Ley aplicable, la determinación de la jurisdicción, la notificación y traducción de actos y la ejecución de decisiones. También se planteó el problema de la ineficacia de las acciones colectivas en controversias transfronterizas.

1179 Klausner, Eduardo Antônio, Jurisdição internacional em matéria de relações de consumo no Mercosul – Sugestões para a reedição do Protocolo de Santa María, en: *Revista de Direito do Consumidor*, 2005, N.º 54, pp. 116 y ss., especialmente p. 118. Trabajo citado en: Klein Vieira, *Protección internacional del consumidor...*, ob. cit., p. 4.

1180 http://eur-lex.europa.eu/legal-content/ES/TXT/PDF/?uri=CELEX:51993DC0576&from=ES (29.11.2016).

A partir de este diagnóstico, la Comisión recomendó la creación de un dispositivo de seguimiento de los litigios transfronterizos compuesto por magistrados y expertos independientes para censar los problemas que se encontraban en la práctica y proponer una lista de las prioridades que habrían de abordarse. Además, se propuso la creación de un código de buena conducta, y el desarrollo del concepto de defensor del pueblo y de un conjunto de procedimientos extrajudiciales que permitieran reducir el desequilibrio entre el coste del procedimiento judicial transfronterizo y el valor del litigio.

El siguiente paso fue la propuesta de creación de un formulario europeo simplificado que facilitaría el acceso a la justicia por parte de los consumidores. Tal propuesta fue hecha en 1996 por la Comisión, a través del «Plan de acción sobre el acceso de los consumidores a la justicia y la solución de litigios en materia de consumo en el mercado interior»[1181]. En este documento se propusieron, además, los criterios para la implementación de procedimientos extrajudiciales aplicables a los litigios en materia de consumo. El primer criterio es la imparcialidad del órgano encargado de atender los litigios; el segundo se vincula a la eficacia del procedimiento, con la adopción de formularios simples y claros para la presentación de reclamos, el establecimiento y cumplimiento de un plazo para el procedimiento y la atribución de poder de investigación apropiado al órgano encargado de dictar la decisión.

El tercer criterio se refiere a la garantía de una publicidad adecuada que asegure la transparencia, en relación con la existencia y ámbito de aplicación del procedimiento, el plazo máximo y el costo eventual del procedimiento para el consumidor, los criterios que rigen la decisión, y el valor jurídico de esa decisión, precisando si tiene carácter vinculante o si se trata de una simple recomendación.

1181 http://eur-lex.europa.eu/legal-content/ES/TXT/PDF/?uri=CELEX:51996DC0013&from=ES (29.11.2016).

En cuarto lugar, está el criterio referido a la información, en los casos en que las partes estén domiciliadas en dos países diferentes, por escrito y en una lengua comunitaria con carácter de lengua oficial en su país de residencia, sobre la decisión adoptada en el litigio, así como sobre su motivación. El quinto criterio implica que, en ningún caso, la aplicación de códigos de conducta puede privar al consumidor de la protección que le garantizan las disposiciones imperativas del Derecho de su residencia habitual, de conformidad con el entonces vigente Convenio de Roma, y, finalmente, en ningún caso, una cláusula de un contrato que no haya sido negociada individualmente puede impedir al consumidor que se dirija ante la jurisdicción competente para la solución judicial del litigio.

Ahora bien, en 1998, como preparación para la entrada en vigencia en 1999 del Tratado de Ámsterdam, se buscó implementar uno de sus objetivos fundamentales: el establecimiento de un «espacio de libertad, seguridad y justicia» y la creación de este espacio pasaba, naturalmente, por la eliminación de todos los obstáculos planteados al proceso civil. Este objetivo fue desarrollado por el Plan de Acción del Consejo y de la Comisión, de 3 de diciembre de 1998, sobre la mejor manera de aplicar las disposiciones del Tratado de Ámsterdam, relativas a la creación de un espacio de libertad, seguridad y justicia[1182]. En este documento se reconoce que a pesar de las diferencias existentes en los Estados miembros, el objetivo de la Unión es garantizar igual acceso a la justicia a los ciudadanos europeos y facilitar la cooperación entre autoridades judiciales, para simplificar el entorno de los ciudadanos europeos.

También debe mencionarse la Reunión del Consejo efectuada en Tampere en octubre de 1999[1183], en cuyas conclusiones 29 a 32 se desarrolló lo relativo al acceso a la justicia, destacándose particularmente la impor-

---

1182 *Diario Oficial* C 19 de 23.01.1999. Ver: http://europa.eu/legislation_summaries/other/l33080_es.htm (29.11.2016).
1183 http://www.europarl.europa.eu/summits/tam_es.htm (29.11.2016).

tancia de la información para garantizar este derecho. Además, se invitó al Consejo a implementar normas mínimas que garanticen un nivel adecuado de asistencia jurídica en litigios transfronterizos en toda la Unión Europea, «... así como normas especiales de procedimiento comunes para la tramitación simplificada y acelerada de litigios transfronterizos relativos a demandas de consumidores o de índole mercantil de menor cuantía...». También se recordó a los Estados miembros la necesidad de instaurar procedimientos extrajudiciales alternativos. En esta reunión también se propuso la implementación de formularios o documentos multilingües que debían ser aceptados mutuamente como documentos válidos en todos los procesos judiciales celebrados en la Unión.

Estos lineamientos sobre el acceso a la justicia y el derecho a obtener una decisión que resuelva la controversia planteada son complementados con el reconocimiento de la necesidad de reducir aún más las medidas intermedias que siguen exigiéndose para la eficacia extraterritorial de decisiones. «El primer paso ha de consistir en suprimir dichos procedimientos intermedios para los expedientes relativos a demandas de consumidores o de índole mercantil de menor cuantía y para determinadas sentencias en el ámbito de los litigios familiares (por ejemplo, demandas de pensión alimenticia y derechos de visita)».

Ahora bien, el primer intento de establecer un procedimiento especial para las transacciones de escasa cuantía se verificó en la propuesta de Directiva sobre medidas de lucha contra la morosidad en las transacciones comerciales, presentada originalmente en 1998, de conformidad con cuyo artículo 6, se establecían procedimientos jurídicos simplificados para las deudas de escasa cuantía. No obstante, esta norma desapareció en la versión definitiva de la Directiva 2000/35/CE, del Parlamento Europeo y del Consejo, de 29 de mayo de 2000 sobre las medidas de lucha contra la morosidad en las operaciones comerciales[1184].

1184 http://eur-lex.europa.eu/legal-content/ES/TXT/PDF/?uri=CELEX:32000L0035&from=ES (29.11.2016).

La necesidad de simplificar y acelerar los litigios transfronterizos de escasa cuantía vuelve a plantearse en el Programa Conjunto de la Comisión y del Consejo de Medidas para la aplicación del principio de reconocimiento mutuo de las resoluciones judiciales en materia civil y mercantil[1185]. Esta propuesta se desarrolló a través del Programa de La Haya para la consolidación de la libertad, la seguridad y la justicia en la Unión Europea, adoptado por el Consejo el 5 de noviembre de 2004[1186], en el cual «... se abogaba por que se prosiguieran activamente los trabajos relativos al proceso de escasa cuantía»[1187]. Pero es en el Libro Verde sobre el proceso monitorio europeo y las medidas para simplificar y acelerar los litigios de escasa cuantía[1188], presentado por la Comisión el 20 de diciembre de 2002, donde puede verse un estudio detallado sobre el estado de estos procedimientos en los Estados parte de la Unión Europea.

Lo primero que hace el Libro Verde es reconocer los obstáculos que enfrentan las partes en los litigios de escasa cuantía. En efecto, ante la ausencia de un procedimiento proporcional al importe del litigio, los gastos para obtener una resolución de la controversia suelen ser desproporcionados en comparación con el importe del crédito. Este problema se agrava cuando el litigio tiene carácter transfronterizo, pues además de los gastos

---

1185 «Los trabajos encaminados a la simplificación y la aceleración de la resolución de litigios transfronterizos «de menor cuantía», conforme a las conclusiones de Tampere, facilitarán también, mediante el establecimiento de normas especiales de procedimiento comunes o de normas mínimas, el reconocimiento y la ejecución de las resoluciones». *Diario Oficial* N.º C 012, 15.01.2001, pp. 0001-0009, en: http://eur-lex.europa.eu/legal-content/ES/TXT/HTML/?uri=CELEX:3200 1Y0115(01)&from=ES (29.11.2016).

1186 El programa se publicó en *Diario Oficial* C 53, 3.03.2005, en: http://publications.europa.eu/resource/cellar/1df04e28-c7b4-4336-a711-a30e 7879445e.0006.03/DOC_1 (29.11.2016).

1187 Ver: Considerando N.º 5 del Reglamento 861/2007.

1188 http://eur-lex.europa.eu/legal-content/ES/TXT/HTML/?uri=URISERV:l3321 2&from=EN (29.11.2016).

relativos a honorarios de abogados, se incurre en gastos, relativamente elevados, por concepto de traducciones, interpretaciones y desplazamientos.

Luego de poner de relieve estos problemas, la Comisión propuso implementar un procedimiento de carácter obligatorio que dejase en manos del juez, vistas las características del caso concreto, una posible remisión a la jurisdicción ordinaria. Para la simplificación de este procedimiento, la Comisión propuso, además, la creación de formularios uniformes y multilingües, que contengan determinados elementos esenciales (por ejemplo, identidad y dirección de las partes y del órgano jurisdiccional; la demanda, con la descripción sucinta de los hechos; fecha y firma); la admisión de la declaración oral para iniciar el procedimiento; el derecho a ser representado por una persona que no sea abogado, o a no ser representado; el establecimiento de normas más flexibles en relación con la obtención de pruebas, o la limitación de los medios de prueba admisibles; la introducción de la posibilidad de un procedimiento meramente escrito; la flexibilización de las normas relativas al contenido de la resolución, y la exclusión o la restricción de la posibilidad de recurso.

a.2. Reglamento 861/2007

En 2005, la Comisión aceptó la propuesta del Parlamento que cristalizó con la aprobación del Reglamento (CE) N.º 861/2007 del Parlamento Europeo y del Consejo de 11 de julio de 2007 por el que se establece un proceso europeo de escasa cuantía[1189]. Al establecer este procedimiento se busca, según reconoce el propio Reglamento en su artículo 1,1, «... simplificar y acelerar los litigios de escasa cuantía en asuntos transfronterizos y ...reducir los costes», en aquellos casos en los cuales «... el valor de una demanda, excluidos los intereses, gastos y costas, no rebase los 2.000 EUR en el momento en que el órgano jurisdiccional competente reciba el formulario de demanda» (art. 2,1).

1189 http://eur-lex.europa.eu/LexUriServ/LexUriServ.do?uri=OJ:L:2007:199:0001:0022:ES:PDF (29.11.2016).

Para estar sometidas a este reglamento, las controversias de escasa cuantía no deben estar referidas a cuestiones de Derecho fiscal, aduanero y administrativo; ni a casos en los que el Estado incurra en responsabilidad por acciones u omisiones en el ejercicio de su autoridad (*acta iure imperii*). Tampoco deben referirse al estado y la capacidad jurídica de las personas físicas; los derechos de propiedad derivados de los regímenes matrimoniales, obligaciones de alimentos, testamentos y sucesiones; quiebra, procedimientos de liquidación de empresas o de otras personas jurídicas insolventes, convenios entre quebrado y acreedores y demás procedimientos análogos; seguridad social; arbitraje; Derecho laboral; arrendamientos de bienes inmuebles, excepto las acciones sobre derechos pecuniarios, o violaciones del derecho a la intimidad y de otros derechos de la personalidad, incluida la difamación (art. 2,2).

Ahora bien, este Reglamento se compone de dos partes, que responden a los objetivos fundamentales perseguidos por el mismo. La primera parte está referida a la regulación del procedimiento propiamente dicho y la segunda establece y regula el principio de reconocimiento automático de las decisiones tomadas en estos procesos. En efecto, de conformidad con el Considerando N.º 8 del Reglamento, «El proceso europeo de escasa cuantía debe simplificar y acelerar los litigios de escasa cuantía en asuntos transfronterizos, reduciendo los costes mediante un instrumento opcional que se añade a las posibilidades ya existentes en la legislación de los Estados miembros, que deben seguir inalteradas. El presente Reglamento debe hacer, asimismo, más sencillo obtener el reconocimiento y la ejecución de una sentencia dictada en el proceso europeo de escasa cuantía en otro Estado miembro».

El propio instrumento normativo califica las controversias objeto de regulación como transfronterizas cuando «... al menos una de las partes esté domiciliada o tenga su residencia habitual en un Estado miembro distinto de aquel al que pertenezca el órgano jurisdiccional que conozca del asunto», entendiéndose el domicilio tal como lo definen los artículos 62 y 63 del Reglamento 1215/2012. Este elemento de extranjería se apreciará al momento en que el órgano jurisdiccional competente recibe el formulario de demanda (art. 3).

Ahora bien, el proceso establecido y regulado por el Reglamento 861/2007 es bastante sencillo y, una vez que ambas partes hayan presentado sus alegatos y solicitudes, el mismo no debería durar más de 60 días. Así, el proceso se inicia con la presentación del «formulario estándar de demanda A» –anexo al Reglamento– ante el órgano competente, determinado como tal por cada Estado parte (art. 25,1,a). Tal presentación puede ser personal, por correo postal o por cualquier otro medio de comunicación (fax, correo electrónico, etc.) admitido por el Estado miembro en el que se inicie el proceso. En ese formulario se incluirá una descripción de los elementos probatorios en que se fundamenta la demanda e irá acompañado, cuando proceda, de todo documento justificativo pertinente (art. 4,1).

En una revisión inicial, el tribunal deberá verificar que la controversia esté incluida en el ámbito de aplicación del Reglamento. En caso negativo, si el demandante informado al respecto no desiste de la demanda, el asunto se tramitará conforme a las normas procesales del foro (art. 4,2). Si, por el contrario, la respuesta es positiva, se seguirá el proceso europeo de escasa cuantía, el cual estará en principio sometido a la *Lex fori*, a salvo las disposiciones del propio Reglamento (art. 19).

Bien, además de la calificación de la controversia, el tribunal deberá determinar la pertinencia, suficiencia y claridad de la información presentada por el demandante. Una vez hecha la revisión, el órgano competente «… ofrecerá al demandante, salvo en el supuesto de que la demanda resulte ser manifiestamente infundada, o la solicitud no sea admisible, la posibilidad de completar o rectificar el formulario de demanda, o de proporcionar la información o documentos complementarios que precise, o de retirar la demanda, en el plazo que fije para ello». A tales efectos, utilizará el «formulario estándar B» –también anexo al Reglamento. Si la demanda resulta manifiestamente infundada, o si la solicitud no es admisible, o si el demandante no completa o rectifica el formulario de demanda en el plazo fijado, la misma será desestimada (art. 4,4).

Una vez comprobada la regularidad de la solicitud, el tribunal deberá llenar la parte I del «formulario estándar de contestación C» y enviará al demandado una copia del formulario de demanda, los documentos justificativos, si fuere el caso, y el formulario de contestación. Desde el momento de la recepción, hasta esta notificación no deberán transcurrir más de 14 días. Luego, el demandado dispondrá de 30 días a partir de la notificación para dar respuesta a la misma y devolverla al tribunal, acompañada de los documentos justificativos pertinentes. El demandado puede incluso responder sin hacer uso del formulario de contestación (art. 5, 2 y 3).

Una vez recibida la respuesta del demandado, el tribunal tendrá 14 días para remitir copia de la misma al demandante. Y, si en su respuesta, el demandado cuestionase la inclusión de la solicitud en el ámbito del Reglamento, debido a que la cuantía supera los 2.000 euros, el tribunal dispondrá de 30 días para decidir lo conducente y tal decisión no podrá ser impugnada por separado (art. 4,4 y 5).

Ahora bien, el demandado también podrá reconvenir, para lo cual deberá utilizar el «formulario estándar A». Este formulario y los posibles documentos justificativos se notificarán al demandante en un plazo de 14 días a partir de la fecha de recepción y este último dispondrá de un plazo de 30 días desde el momento de la notificación para contestar a la reconvención (art. 4,6). Es posible que con la reconvención se supere el límite de 2.000 euros, caso en el cual el asunto no se tramitará de acuerdo con el proceso europeo de escasa cuantía, sino con arreglo a lo que disponga el Derecho procesal aplicable en el Estado miembro en el que se siga el proceso (*Lex fori*).

El proceso europeo de escasa cuantía es esencialmente un proceso escrito, sin embargo, si el tribunal lo considera necesario o si alguna de las partes lo solicita, podrá realizarse una vista oral (art. 5,1), la cual podrá ser celebrada por videoconferencia u otros sistemas de comunicación. «... en la medida en que se disponga de los medios técnicos correspondientes» (art. 8).

En relación con el idioma, el Reglamento parte de la regla general según la cual, el procedimiento se desarrollará en el idioma oficial del Estado en el cual se lleva a cabo el procedimiento. Esta regla se acompaña de una serie de normas que buscan garantizar el acceso a la justicia. Por ejemplo, si uno de los documentos estuviese redactado en un idioma diferente, el tribunal solo podrá exigir su traducción en la medida en que la necesite para dictar sentencia. Si una de las partes se niega a admitir un documento por no estar redactado en el idioma oficial del Estado miembro requerido, o en el idioma oficial del Estado en el que deba efectuarse la notificación o al que deba enviarse el documento si existen varias lenguas oficiales en dicho Estado miembro, o en un idioma que el destinatario entienda, el tribunal informará de ello a la parte contraria para que facilite una traducción (art. 6).

Este proceso termina con una sentencia que deberá ser dictada dentro de los 30 días siguientes a la recepción de la respuesta del demandado o de la contestación del demandante. Pero, en lugar de la sentencia, en ese mismo lapso, el tribunal podrá solicitar a las partes información complementaria; practicar alguna prueba, o citar a las partes a una vista oral. Dentro de los 30 días siguientes a la realización de estos actos, el tribunal deberá dictar su sentencia (art. 7,1).

En todo caso, la sentencia –como todos los demás documentos– se notificará a las partes, «... por correo con acuse de recibo donde conste la fecha de recepción» (art. 7,2). Si esta notificación no fuera posible, se procederá por cualquiera de los procedimientos establecidos en los artículos 13 o 14 del Reglamento (CE) N.º 805/2004 del Parlamento Europeo y del

Consejo de 21 de abril de 2004 por el que se establece un título ejecutivo europeo para créditos no impugnados[1190], normas que admiten, incluso, la notificación electrónica. De hecho, los medios electrónicos también podrán ser utilizados para la práctica de pruebas (art. 9).

El Reglamento 861/2007 establece expresamente que «No se exigirá que las partes estén representadas por un abogado ni por cualquier otro profesional del Derecho» (art. 10) –tengamos en cuenta que este es, justamente, uno de los elementos que complica el proceso– y, cónsono con este postulado, el tribunal no exigirá a las partes que realicen una valoración jurídica en la demanda y, en caso de ser necesario, le informará a las partes sobre las cuestiones procesales. Además, en el momento en el que proceda, el órgano jurisdiccional podrá tratar de conseguir una conciliación entre las partes (art. 12).

La segunda parte del Reglamento 861/2007 está referida, como hemos adelantado, a la ejecución de la sentencia que pone fin al proceso europeo de escasa cuantía. De esta parte queremos destacar la circulación, en el ámbito comunitario, de la sentencia que resulte de estos procesos, «… sin que se precise una declaración de ejecutabilidad y sin que exista la posibilidad de oponerse a su reconocimiento». Así, la ejecución de esta sentencia no requerirá exequátur y se llevará a cabo a través del procedimiento dispuesto para ello en el Estado en el cual se pretenda la ejecución (art. 21). Tal ejecución solo podrá negarse si la misma «… fuere incompatible con una sentencia judicial dictada con anterioridad en cualquier Estado miembro o en un tercer país…». En ningún caso, no obstante, podrá haber revisión del fondo de la sentencia (art. 22).

1190   http://eur-lex.europa.eu/LexUriServ/LexUriServ.do?uri=OJ:L:2004:143:0015:0039:ES:PDF (29.11.2016).

b. Las respuestas en el ámbito interamericano

En el ámbito de la Organización de Estados Americanos, la posibilidad de recurrir a medios de solución de disputas diseñados para relaciones de consumo llegó a estar en la agenda de las Conferencias Especializadas Interamericanas de Derecho Internacional Privado en 2010, a iniciativa del Gobierno de Estados Unidos. En efecto, Estados Unidos propuso un Borrador de Ley/Marco Cooperativo Modelo para la solución electrónica de controversias transfronterizas de los consumidores en el ámbito del comercio electrónico, y un Borrador de Normas Modelo para la solución electrónica de controversias transfronterizas de los consumidores en el ámbito del comercio electrónico. Además propusieron un formulario electrónico de inicio y un formulario de laudo electrónico[1191]. Estos instrumentos acompañaron a la Guía Legislativa para una Ley Interamericana respecto a la disponibilidad de medios de solución de controversias y restitución a favor de los consumidores[1192].

Considerando las diferencias a nivel de los sistemas nacionales y de las leyes sustantivas que regulan la protección de los consumidores, esta Guía legislativa proporcionaría «... un marco común y flexible de principios generales para permitir a los Estados miembros de la OEA mejorar el acceso a la restitución a favor de los consumidores, en lugar de una ley modelo única para todos los Estados miembros» (párr. 1.4). En tal sentido, su objetivo sería «... promover la adopción de mecanismos eficientes para lograr una restitución efectiva en los casos apropiados en los cuales los consumidores sufran un daño económico en las operaciones de empresa a consumidor, así como proporcionar principios, ejemplos y modelos que sean de utilidad» (párr. 1.2). Tal restitución es entendida, bien como «... la compensación de

---

1191 http://www.oas.org/dil/esp/CIDIPVII_proteccion_al_consumidor_united_states_guia_legislativa_anexo_A.pdf (29.11.2016).

1192 http://www.oas.org/dil/esp/CIDIPVII_proteccion_al_consumidor_united_states_guia_legislativa.pdf (29.11.2016).

un daño económico, ya sea de naturaleza monetaria (por ej., pago voluntario, daños y perjuicios, restitución u otra compensación monetaria)...», bien como «... una conducta con elementos restitutivos (por ej., el canje de bienes o servicios, el cumplimiento específico, la anulación o la rescisión de un contrato)...», o incluso pueden proceder ambas opciones (párr. 6.4).

La Guía no regula exhaustivamente el procedimiento a seguir, sino que más bien establece los lineamientos que habrán de seguir los Estados para solucionar los problemas planteados por los consumidores y para garantizarles la restitución debida. Los consumidores, de hecho, son definidos de una manera bien particular por el propio instrumento. Así, el párrafo 6.1 entiende que el consumidor es «... una persona natural que actúa en una operación comercial a efectos del uso personal, familiar o del hogar, y no para fines de reventa u otra actividad comercial». En primer lugar, tal como hemos afirmado *supra*, buena parte de los sistemas interamericanos, a diferencia de los europeos, incluye a las personas jurídicas en la noción de consumidor, y, en segundo término, la manera de identificar al consumidor parece una mixtura entre el criterio europeo y el criterio interamericano, al hacer referencia al destino final –«no para fines de reventa»– y al «uso personal, familiar y del hogar».

Ahora bien, de conformidad con el párrafo 3.2 de la Guía, el acceso a la justicia de los consumidores sería garantizado a través de, al menos, tres mecanismos. En primer lugar, se mencionan los servicios alternativos de solución de controversias, los cuales incluyen la solución de controversias en línea. Estos servicios permiten que consumidores y empresas lleguen a un acuerdo a través de un proceso extrajudicial, o que los consumidores presenten sus reclamos en contra de una empresa a un organismo público a efectos de su investigación y resolución.

En segundo lugar, la Guía hace referencia a las Comisiones o Consejos de reclamos de consumidores, lo cual incluye aquellos que sean proporcionados por asociaciones industriales autoreguladas. Finalmente, se ubican los procedimientos simplificados para reclamos de menor cuantía que ofrezcan a los consumidores la oportunidad de obtener una decisión judicial, a través de procedimientos más expeditos y menos formales que los que se utilizan tradicionalmente, incluyendo procedimientos de menor cuantía a nivel judicial, tribunales especializados, y mecanismos administrativos ante la autoridad competente. La Guía admite la implementación de procedimientos simplificados ante juzgados o tribunales independientes de jurisdicción especializada, o procedimientos simplificados ante los juzgados ordinarios de primera instancia.

Ahora bien, mientras se insta a las empresas y a las agrupaciones industriales a asegurarse de poner a disposición de los consumidores mecanismos voluntarios de solución de conflictos y restitución a través de mecanismos privados de solución alternativa de controversias (párr. 3.4), se busca garantizar que el consumidor reciba «... información clara, comprensible y precisa con respecto al procedimiento, incluyendo el proceso para plantear un reclamo, el proceso para seleccionar a un proveedor de mecanismos de solución de controversias, los costos anticipados del procedimiento, la duración anticipada del mismo, los posibles resultados, y la ejecutabilidad de dichos resultados, incluyendo de modo no limitativo la posibilidad de apelación de una decisión, la ejecutabilidad de una medida cautelar, y las vías de cobro de las decisiones o laudos de naturaleza monetaria» (párr. 3.7).

Los mecanismos deberían estar diseñados de modo que sean ampliamente accesibles y fáciles de utilizar, de manera de permitir que los consumidores lleven a cabo el proceso sin necesidad de representación o asistencia legal formal. No obstante se reconoce la necesidad de que los consumidores cuenten con asistencia o instrucciones respecto de la forma en que han de completar y presentar los formularios o documentos necesarios (párr. 3.9). Además, el funcionamiento de estos mecanismos no se limitaría a las fronteras de un Estado, pues los mismos deberían estar diseñados para permitir que un consumidor domiciliado en un Estado miembro pueda iniciar un reclamo contra una empresa domiciliada en otro, sin sufrir gastos o contratiempos excesivos. Para facilitar los trámites, también debería promoverse el uso de procedimientos escritos, a través de medios de comunicación telefónica, videoconferencias, correo electrónico, o tecnología en línea (párr. 3.10).

La Guía también insta a los Estados a desarrollar mecanismos de protección colectiva de los consumidores. Tales mecanismos «… deberían ser justos tanto para los consumidores como para las empresas, transparentes y eficaces, en virtud del pequeño monto de los reclamos típicos de los consumidores». A través de ellos deberá garantizarse la restitución a los consumidores y la protección de sus intereses lesionados; una adecuada compensación; que los abogados y otras partes que actúen en representación de los consumidores no se beneficien de manera desproporcionada a expensas de ellos. Además, debe procurarse la prohibición, por una parte, de acciones colectivas abusivas, en particular cuando el daño económico a los consumidores es insignificante, especulativo, inexistente o no guarda proporción con la compensación solicitada, y, por otra, del uso de dichos mecanismos a efectos de proteger a las empresas nacionales contra la competencia, o la aplicación ilegítima de los mismos en contra de empresas extranjeras (párr. 4.4). Sin embargo, no deberá obligarse a los consumidores a participar en estos procedimientos colectivos, cuando no hayan sido debidamente notificados. En tales casos no les serán aplicables los resultados del procedimiento (párr. 4.9).

Por su parte, el Borrador de Ley/Marco Cooperativo Modelo para la solución electrónica de controversias transfronterizas de los consumidores en el ámbito del comercio electrónico reconoce, como su objeto, la creación de «…una iniciativa patrocinada a nivel estatal a efectos de resolver las controversias transfronterizas en el ámbito del comercio electrónico utilizando

mecanismos de solución en línea (*Online Dispute Resolution u ODR*)...».
Se trataría de un sistema electrónico multiestatal para la negociación, mediación y arbitraje de reclamos de escasa cuantía, cuya finalidad es promover la confianza de los consumidores, «... al proporcionar mecanismos expeditos para la solución y ejecución de decisiones para los reclamos de los consumidores que trascienden fronteras, idiomas y diferencias legales».

El procedimiento se iniciaría cuando el consumidor plantee su reclamación en línea contra un vendedor que se encuentre en otro Estado y se haya registrado en la plataforma. Durante la primera etapa del procedimiento, las partes pueden intercambiar información y propuestas, así como negociar un acuerdo vinculante, todo a través de medios electrónicos. Si no pueden llegar a un acuerdo, un organismo gubernamental o entidad autorizada por el Gobierno en el lugar en que se localiza el vendedor designará a un proveedor calificado de servicios de ODR para proceder al arbitraje del caso y la emisión de un laudo vinculante. Este procedimiento será gratuito para el consumidor y con un costo muy bajo para el comerciante.

El procedimiento se llevará a cabo de conformidad con las Normas Modelo para la solución electrónica de las controversias transfronterizas de los consumidores en el ámbito del comercio electrónico, cuyo objetivo es resolver las controversias de manera simple, transparente, expedita y a bajo costo a través de mecanismos de negociación, mediación o arbitraje en línea. En ellas se regulan todas las etapas del procedimiento que conduciría a un laudo dotado de carácter vinculante.

A pesar de la necesidad de regular el tema de las controversias de escasa cuantía a nivel regional, esta iniciativa de Estados Unidos no ha calado en la codificación de la Organización de Estados Americanos. La misma ha sido criticada por constituir una especie de «foro de exportación», en la medida que intenta trasladar, al ámbito interamericano, instituciones procesales propias del Derecho interno estadounidense, como las *class actions* y las *small claims*, ignorando que la función esencial de las Conferencias Especializadas Interamericanas de Derecho Internacional Privado es la instauración de «... un verdadero diálogo entre los países en la búsqueda de alternativas que puedan resolver los problemas comunes y no simplemente ejecutar el traspaso de soluciones adoptadas individualmente al ámbito interamericano»[1193].

Por su parte, en la normativa del Mercosur —sistema que se ha ocupado razonablemente del tema de los consumidores—, no se encuentran regulaciones sobre los procesos de escasa cuantía. Tampoco hay trabajos semejantes en la Comunidad Andina, con lo cual la experiencia interamericana se limita a iniciativas internas de algunos Estados y propuestas doctrinales que abogan por garantizar el acceso a la justicia de los consumidores, a través de la formulación de reglas para procesos transfronterizos de escasa cuantía, a semejanza de lo que ha ocurrido en Europa[1194].

4. Breves líneas sobre el consumidor ante el arbitraje

El comercio internacional encuentra en el arbitraje uno de sus pilares fundamentales. No es por ello extraño que en los complejos contratos internacionales de hoy sea frecuente encontrar cláusulas arbitrales reconocidas como el modo normal de acceder al arbitraje. Tal proliferación podría deberse, además, al frecuente uso de acuerdos arbitrales en los contratos-tipo o estandarizados, a manera de acción preventiva para solventar las posibles diferencias que surjan entre las partes como consecuencia del incumplimiento o interpretación de un contrato principal[1195].

1193 Klein Vieira, *Protección internacional del consumidor...*, ob. cit., p. 183.
1194 Ver, en este sentido: Klein Vieira, *Protección internacional del consumidor...*, ob. cit., pp. 243-273.
1195 Ver: Chillón Medina, José María y José Fernando Merino Merchán, *Tratado de arbitraje privado interno e internacional*, Madrid, Civitas, 2ª ed., 1991, p. 589. Como la «... *chave mestra da arbitragem comercial internacional*» la

Sin embargo, en presencia de un débil jurídico, el panorama cambia. Sin dejar de reconocerse la importancia de este mecanismo de heterocomposición procesal, se han diseñado sistemas de protección para el consumidor, como parte que puede ser obligada a recurrir a una vía extraña a él y que puede presentarse como excesivamente costosa para sus posibilidades económicas, lo cual, sin duda, le imposibilitaría, o al menos le dificultaría, el ejercicio del derecho a la defensa y a hacer valer sus intereses en un proceso[1196].

Es necesario, ratificamos, brindar una protección extra al consumidor. Es posible que sea esta la razón de ser de la naturaleza especial del arbitraje de consumo, sistema que –en opinión de Chillón Medida y Merino Merchán– tiene una gran incidencia sobre toda la población, pues, en puridad, toda sociedad es consumista y usuaria a un tiempo de los bienes y servicios que en la misma se ofertan. Los autores españoles ven en el arbitraje, precisamente, «… una de las manifestaciones para la defensa de los consumidores y usuarios»[1197].

---

 califica Strenger. En: Strenger, Irineu, *Arbitragem comercial internacional*, São Paulo, Editora LTR, 1996, p. 109.

1196 A pesar de esta realidad, Tellechen Solís ha afirmado que en materia de contratos bancarios, en los que el banco, generalmente, impone libre y muy amplia y exhaustivamente sus condiciones y donde generalmente el cliente ni siquiera puede conocer personalmente a quien suscribe con él, el contrato respectivo, porque generalmente es un contrato de adhesión, tanto el arbitraje como la mediación resultan perfectamente aplicables. Ver: Tellechen Solís, Antonio, Medios alternativos para la solución de conflictos bancarios, Mediación y Arbitraje, en: *Memorias del XX Congreso Latinoamericano de Derecho Bancario*. Federación Latinoamericana de Bancos, Asunción, Octubre, 2001. Citado en Chacón Gómez, Nayibe, El arbitraje en los contratos de consumidores: sistema arbitral de consumo en España, en: http://www.monografias.com/trabajos14/consumidor-arbitr/consumidor-arbitr.shtml (29.11.2016).

1197 Chillón Medina y Merino Merchán, *Tratado de arbitraje interno e internacional…*, ob. cit., p. 223.

a. Las iniciativas en la Unión Europea

En el marco de la Unión Europea, vale la pena mencionar dos instrumentos consagrados a la regulación del arbitraje de consumo: la Directiva 2013/11/UE del Parlamento Europeo y del Consejo de 21 de mayo de 2013 relativa a la resolución alternativa de litigios en materia de consumo y por la que se modifica el Reglamento (CE) N.º 2006/2004 y la Directiva 2009/22/CE (Directiva sobre resolución alternativa de litigios en materia de consumo)[1198], y el Reglamento (UE) N.º 524/2013 del Parlamento Europeo y del Consejo de 21 de mayo de 2013 sobre resolución de litigios en línea en materia de consumo y por el que se modifica el Reglamento (CE) N.º 2006/2004 y la Directiva 2009/22/CE[1199].

a.1. La Directiva 2013/11

El primero de los instrumentos citados –la Directiva 2013/11– tiene por objeto «... contribuir, a través de un alto nivel de protección del consumidor, al buen funcionamiento del mercado interior, garantizando que los consumidores puedan, si así lo desean, presentar reclamaciones contra los comerciantes ante entidades que ofrezcan procedimientos de resolución alternativa de litigios (en lo sucesivo, "procedimientos de resolución alternativa") que sean independientes, imparciales, transparentes, efectivos, rápidos y justos. La presente Directiva se entenderá sin perjuicio de la obligatoriedad de participar en este tipo de procedimientos prescrita en la legislación nacional, siempre que esta no impida a las partes ejercer su derecho de acceso al sistema judicial» (art. 1).

El objetivo fundamental de la Directiva es, en definitiva, promover el desarrollo del mercado interior. En efecto, «Las disparidades en términos de cobertura, calidad y conocimiento de la resolución alternativa de litigios en los

---

[1198] http://eur-lex.europa.eu/LexUriServ/LexUriServ.do?uri=OJ:L:2013:165:0063:0079:ES:PDF (29.11.2016).

[1199] http://eur-lex.europa.eu/LexUriServ/LexUriServ.do?uri=OJ:L:2013:165:0001:0012:ES:PDF (29.11.2016).

distintos Estados miembros constituyen un obstáculo para el mercado interior y se hallan entre las razones por las cuales muchos consumidores se abstienen de comprar más allá de las fronteras y no confían en que los posibles litigios con los comerciantes puedan resolverse de un modo sencillo, rápido y asequible. Por los mismos motivos, podría suceder que los comerciantes se abstengan de vender sus productos a los consumidores de otros Estados miembros en los que el acceso a procedimientos de resolución alternativa de alta calidad sea insuficiente. Además, los comerciantes establecidos en un Estado miembro en el que no se cuente con suficientes procedimientos de resolución alternativa de alta calidad se ven en una posición de desventaja competitiva respecto de los comerciantes que sí tienen acceso a tales procedimientos y pueden, por consiguiente, resolver los litigios con consumidores de manera más rápida y económica» (Considerando N.º 6).

Este instrumento no establece un procedimiento detallado para la resolución de controversias que se plantean con ocasión de contratos de compraventa o servicios, entre comerciantes y consumidores, sino que más bien establece los principios que han de inspirarlos, estableciendo lineamientos que los Estados deberán seguir para garantizar el acceso de los consumidores a estos procedimientos, y los requisitos de calidad que estos y las entidades que los administran deberán cumplir.

Así, para garantizar la efectividad del principio de acceso a la justicia, la Directiva pide a los Estados miembros facilitar el acceso de los consumidores a procedimientos de resolución alternativa y garantizar que estos litigios puedan someterse a una entidad de resolución alternativa que cumpla los requisitos establecidos en la propia Directiva (art. 5,1). Estas entidades son definidas por el citado instrumento como aquellas que, independientemente de su denominación, sean establecidas de manera duradera, ofrezcan la resolución de litigios mediante un procedimiento de resolución alternativa y estén incluidas en las listas elaboradas por las autoridades competentes de cada Estado (art. 4,1,h).

Los Estados deberán también garantizar que las entidades mantengan un sitio de internet actualizado que facilite a las partes un acceso sencillo a la información relativa al procedimiento, y permita a los consumidores presentar en línea una reclamación junto con los documentos justificativos necesarios; faciliten a las partes, cuando lo soliciten, esta información en un soporte duradero; permitan al consumidor, si así lo requiere, presentar una reclamación fuera de línea; hagan posible el intercambio de información entre las partes por vía electrónica o, por correo; acepten tanto litigios nacionales como transfronterizos, y adopten las medidas necesarias para garantizar la seguridad de los datos personales (art. 5,2).

Ahora bien, parte de la garantía del acceso a la justicia de los consumidores en estos casos, pasa necesariamente por garantizar algunos principios fundamentales. En tal sentido, la Directiva hace referencia a los conocimientos especializados, la independencia y la imparcialidad; la transparencia; la eficacia; la equidad; la libertad y la legalidad, como principios cuyo cumplimiento ha de ser garantizado por los Estados.

En primer lugar, las personas físicas encargadas de la resolución alternativa de litigios deben poseer los **conocimientos especializados necesarios** para ello, y ser **independientes e imparciales**. En tal sentido, los Estados deberán asegurarse que dichas personas estén en posesión de los conocimientos y las competencias necesarios en el ámbito de la resolución alternativa o judicial de litigios con consumidores, así como de un conocimiento general suficiente del Derecho; que sean nombradas para un mandato de duración suficiente para garantizar la independencia de sus actos y que no puedan ser relevadas de sus tareas sin causa justificada; que no reciban instrucciones de ninguna de las partes ni de sus representantes; que reciban su retribución de un modo que no guarde relación con el resultado del procedimiento, y que revelen sin dilación indebida a la entidad de resolución alternativa, en su caso, las circunstancias que puedan afectar su independencia o imparcialidad o den lugar a un conflicto de intereses con cualquiera de las partes en el litigio que deban resolver (art. 6).

En segundo lugar, para garantizar la **transparencia**, los Estados velarán por que las entidades de resolución alternativa pongan a disposición del público en su sitio web, en un soporte duradero o por cualquier otro medio que consideren adecuado, información clara y fácilmente comprensible sobre sus señas (dirección postal y dirección de correo electrónico); el hecho de estar incluidas en la lista elaborada por las autoridades competentes; las personas físicas encargadas de la resolución alternativa de litigios, el método utilizado para su nombramiento, la duración de su mandato, y sus conocimientos especializados, imparcialidad e independencia; su participación en redes de entidades de resolución alternativa que facilitan la resolución de litigios transfronterizos; los tipos de litigios para los que son competentes; las normas de procedimiento aplicables y los motivos por los cuales la entidad podría negarse a tratar en un determinado litigio; el idioma en que pueden presentarse las reclamaciones y en el que se desarrollará el procedimiento; los tipos de normas que puede utilizar la entidad para la resolución del litigio (normas jurídicas, consideraciones de equidad, códigos de conducta); todo requisito que las partes deban cumplir antes de iniciarse el procedimiento, incluido el requisito de que el consumidor intente resolver el asunto directamente con el comerciante; si las partes pueden o no retirarse del procedimiento; los posibles costes que deberán asumir las partes, incluidas en su caso las normas para la atribución de las costas al final del procedimiento; la duración media del procedimiento; el efecto jurídico del resultado del mismo, incluidas las sanciones por incumplimiento en caso de decisión con efecto vinculante para las partes, y, en su caso, la fuerza ejecutiva de la decisión (art. 7,1).

Además, las entidades de resolución alternativa deberán poner a disposición del público en su sitio web, en un soporte duradero o por cualquier otro medio que consideren adecuado, sus informes anuales de actividad, en los cuales se muestre estadísticamente, la información relacionada tanto con los litigios nacionales como con los transfronterizos (art. 7,2).

El **principio de eficacia**, por su parte, se verificará en el cumplimiento de los requisitos establecidos por el artículo 8 de la Directiva. Así, los Estados deberán garantizar que el procedimiento efectivamente exista y sea fácilmente accesible, tanto en línea como no, para ambas partes, independientemente del lugar donde se encuentren; que las partes tengan acceso al mismo, sin tener que ser asistidas por letrado o asesor jurídico, y sin que el procedimiento les prive de su derecho a obtener asesoramiento independiente o a estar representadas o asistidas por un tercero en cualquier fase del procedimiento; que el procedimiento sea gratuito o se preste a cambio de un precio simbólico para los consumidores; que la entidad de resolución alternativa que haya recibido una reclamación notifique de inmediato a las partes litigantes la recepción de todos los documentos con la información pertinente en relación con la reclamación; que el resultado del procedimiento de resolución alternativa se dé a conocer en un plazo de noventa días naturales contados desde la fecha en que la entidad de resolución alternativa haya recibido el expediente completo de reclamación, pudiendo extenderse en caso de litigios de índole particularmente complejos.

Para garantizar la **equidad**, el artículo 9 dispone que los Estados deberán velar por que en los procedimientos de resolución alternativa las partes tengan la posibilidad de expresar su punto de vista en un plazo razonable, reciban de la entidad de resolución alternativa los argumentos, las pruebas, los documentos y los hechos presentados por la otra parte, cualesquiera declaraciones realizadas y dictámenes de expertos, y puedan presentar alegaciones al respecto; se informe a las partes de que no están obligadas a ser asistidas por letrado o asesor jurídico, pero que pueden solicitar asesoramiento independiente o estar representadas o asistidas por terceros en cualquier fase del procedimiento; se notifique a las partes el resultado del procedimiento de resolución alternativa, por escrito o en un soporte duradero, y se les facilite una exposición de las razones en que se funda.

Además, si en el litigio planteado la entidad debe proponer una solución, las partes deben tener la posibilidad de retirarse del procedimiento en cualquier momento si no están satisfechas con el funcionamiento o la tramitación del mismo. Las partes tendrán derecho a que se les informe, antes de que aprueben o se atengan a una solución propuesta, que tienen la opción de aceptar o rechazar a la solución propuesta, o conformarse a ella; que la participación en el procedimiento no excluye la posibilidad de obtener reparación mediante un procedimiento ante un órgano jurisdiccional, y que la solución propuesta podría ser distinta del resultado determinado por un órgano jurisdiccional que aplique normas jurídicas. Además, se les informará, antes de que acepten o se atengan a una solución propuesta, del efecto jurídico de aceptar o atenerse a tal solución propuesta, y se les otorgará, antes de dar su consentimiento a una solución propuesta o a un acuerdo amistoso, un plazo de reflexión razonable (art. 9,2).

De conformidad con el artículo 10,1 de la Directiva, los Estados miembros velarán por que un acuerdo entre el consumidor y el comerciante de someter una reclamación a la apreciación de una entidad de resolución alternativa no sea vinculante para el consumidor cuando se haya celebrado antes de que surgiera el litigio y cuando tenga por efecto privar al consumidor de su derecho a recurrir ante los órganos jurisdiccionales competentes para la resolución judicial del litigio.

Dos elementos han de destacarse en relación con la forma en que el legislador europeo busca garantizar el **principio de libertad**. En primer lugar, la posibilidad de someterse a estos procedimientos alternativos no ha de producirse antes de surgir el problema, sino que tales acuerdos deberán ser necesariamente posteriores, y, en segundo término, el acuerdo de sumisión a los procedimientos alternativos no producirá efectos derogatorios frente a la jurisdicción ordinaria, en el sentido que el consumidor siempre tendrá el derecho de acudir ante los órganos jurisdiccionales competentes. En definitiva, la Directiva 2013/11 no hace más que reflejar la solución que de manera general, en materia de consumo, establece el Reglamento 1215/2012 en su artículo 19[1200].

Bien, el carácter vinculante de la solución a que pueda llegarse también está regulado en función del principio de la libertad de las partes. Así, si el litigio ha de conducir a una solución, esta solo tendrá carácter vinculante para las partes cuando ellas hayan sido informadas con antelación de dicho carácter vinculante y lo hayan aceptado expresamente (art. 10,2).

Finalmente, al regular el **principio de legalidad**, la Directiva 2013/11 hace referencia a los problemas relacionados al «conflicto de leyes» en materia de relaciones de consumo. Así, si el problema no plantea un conflicto de leyes, «… la solución impuesta no podrá privar al consumidor de la protección que le proporcionen aquellas disposiciones que no puedan excluirse mediante acuerdo en virtud de la ley del Estado miembro en que el consumidor y el comerciante tengan su residencia habitual» (art. 11,1,a).

Si, por el contrario, el asunto plantea tal conflicto, la Directiva distingue los litigios sometidos al Reglamento Roma I y aquellos sometidos a su antecesor, el Convenio de Roma. Sin embargo la solución es idéntica, pues en definitiva refleja las soluciones europeas vigentes desde el Convenio de Roma. En efecto, la solución impuesta por la entidad de resolución alternativa no pueda dar lugar a que el consumidor se vea privado de la protección ofrecida por disposiciones que no puedan excluirse mediante acuerdo en virtud del Derecho del Estado miembro en que el consumidor tenga su residencia habitual (art. 11,1,b y c).

1200 Art. 19. «Únicamente prevalecerán sobre las disposiciones de la presente sección los acuerdos:
1) posteriores al nacimiento del litigio;
2) que permitan al consumidor formular demandas ante órganos jurisdiccionales distintos de los indicados en la presente sección…».

a.2. El Reglamento 524/2013

El Reglamento 524/2013 comparte el objetivo de la Directiva y da un paso más. En efecto, además de «… contribuir, a través de la consecución de un elevado nivel de protección del consumidor, al correcto funcionamiento del mercado interior, en particular de su dimensión digital…», este instrumento se propone proporcionar «… una plataforma europea de resolución de litigios en línea que facilite la resolución extrajudicial de litigios entre consumidores y comerciantes en línea de forma independiente, imparcial, transparente, eficaz y equitativa» (art. 1). Tengamos en cuenta que, al tratarse en nuestro caso, de un servicio utilizado –y en ocasiones comercializado– electrónicamente, lo ideal es que en el sistema de resolución de conflictos se apliquen las mismas técnicas[1201].

Coincidente en muchas de sus regulaciones con la Directiva 2013/11, el Reglamento 524/2013, de conformidad con su artículo 2,1, «… se aplicará a la resolución extrajudicial de litigios relativos a obligaciones contractuales derivadas de contratos de compraventa o de prestación de servicios **celebrados en línea** entre un consumidor residente en la Unión y un comerciante establecido en la Unión mediante la intervención de una entidad de resolución alternativa incluida en la lista con arreglo al artículo 20, apartado 2, de la Directiva 2013/11/UE en la que intervenga una plataforma de resolución de **litigios en línea**» (resaltados nuestros).

Dada esta delimitación de su objeto, conviene destacar algunas de las definiciones que aporta el propio instrumento. En efecto, lo primero que ha de considerarse es que los contratos de compraventa o servicios a los cuales se aplica deben haber sido celebrados en línea, es decir, contratos en los que «… el comerciante o su intermediario haya ofrecido mercancías o servicios a través de un sitio de internet o por otros medios electrónicos y el

---

[1201] Rico Carrillo, La contratación bancaria electrónica en el Derecho español…, ob. cit., p. 485.

consumidor haya encargado dichas mercancías o servicios en dicho sitio de internet o por otros medios electrónicos» (art. 3,1,e).

Además, se define el mercado en línea como «un prestador de servicios de la sociedad de la información, conforme a la definición del artículo 2, letra b), de la Directiva 2000/31/CE del Parlamento Europeo y del Consejo, de 8 de junio de 2000, relativa a determinados aspectos jurídicos de los servicios de la sociedad de la información, en particular el comercio electrónico en el mercado interior (Directiva sobre el comercio electrónico), que permite a los consumidores y comerciantes celebrar contratos de compraventa y de prestación de servicios en línea en el sitio de internet del mercado en línea» (art. 3,1,f), y medio electrónico como «un equipo electrónico de tratamiento (incluida la compresión digital) y almacenamiento de datos en el que todas las operaciones de transmisión, envío y recepción se hagan por medios alámbricos, radiofónicos, ópticos u otros medios electromagnéticos» (art. 3,1,g).

El Reglamento impone a la Comisión la obligación de desarrollar una plataforma de resolución de litigios en línea que «… constituirá una ventanilla única para los consumidores y comerciantes que deseen resolver extrajudicialmente los litigios incluidos en el ámbito de aplicación del presente Reglamento. Será un sitio de internet interactivo al que se podrá acceder de forma electrónica y gratuita en todas las lenguas oficiales de las instituciones de la Unión» (art. 5,2). La Comisión será responsable de su funcionamiento —incluidas todas las funciones de traducción—, mantenimiento, financiación y la seguridad de los datos con los que opere (art. 5,1), y deberá facilitar «… el acceso a la plataforma de resolución de litigios en línea, de modo apropiado, a través de sus sitios de internet, proporcionando información a los ciudadanos y a las empresas de la Unión y, en particular, a través del portal "Tu Europa" creado de conformidad con la Decisión 2004/387/CE» (art. 5,3). En ejecución de este mandato, el portal mencionado ofrece información clara y precisa sobre cómo resolver los problemas que puedan plantearse a los consumidores, y los pasos que deben seguir para ello[1202].

Desde el punto de vista tecnológico, en el desarrollo, funcionamiento y mantenimiento de la plataforma, «... se velará por el respeto de la intimidad de sus usuarios desde la fase de diseño ("protección de la intimidad mediante el diseño") y por que, en la medida de lo posible, dicha plataforma sea accesible y utilizable por todas las personas, incluidos los usuarios vulnerables ("diseño para todos")». La plataforma, en definitiva, debe ser de fácil utilización por los usuarios (art. 5,1).

El propio Reglamento, en su artículo 5,4 establece las funciones que deberá desempeñar la mencionada plataforma. Así, la misma deberá facilitar un formulario electrónico de reclamación que la parte reclamante pueda rellenar; informar de la reclamación a la parte reclamada; determinar la entidad o entidades de resolución alternativa competentes y transmitir la reclamación a la entidad de resolución alternativa que las partes hayan acordado utilizar; ofrecer gratuitamente un sistema electrónico de tramitación de asuntos que permita a las partes y a la entidad de resolución alternativa tramitar en línea el procedimiento de resolución de litigios a través de la plataforma de resolución de litigios en línea; proporcionar a las partes y a la entidad de resolución alternativa la traducción de la información necesaria y que se intercambie a través de la plataforma; facilitar un formulario electrónico del que se servirán las entidades de resolución alternativa para transmitir la información a las partes; proporcionar un sistema de comentarios que permita a las partes expresar su opinión sobre el funcionamiento de la plataforma de resolución de litigios en línea y sobre la entidad de resolución alternativa que haya conocido de su litigio.

1202 http://europa.eu/youreurope/citizens/shopping/buy-sell-online/problem/index_es.htm (29.11.2016).

Además, de conformidad con la propia norma, se deberá poner a disposición pública información general sobre la resolución alternativa de litigios como forma de resolución extrajudicial de litigios, sobre las entidades de resolución alternativa autorizadas de acuerdo con la Directiva 2013/11, un manual en línea sobre el modo de presentar reclamaciones a través de la plataforma, los puntos de contacto de resolución de litigios en línea designados por los Estados miembros, y los datos estadísticos del resultado de los litigios sometidos a entidades de resolución alternativa a través de la plataforma de resolución de litigios en línea.

De conformidad con el artículo 6 del Reglamento, la Comisión, en cooperación con expertos de los Estados miembros y de representantes de los consumidores y de los comerciantes en materia de resolución de litigios en línea realizaría un ensayo de la funcionalidad técnica y facilidad de uso de la plataforma, luego de lo cual presentará un informe al Parlamento Europeo y al Consejo sobre el resultado del ensayo y adoptará las medidas oportunas para resolver los problemas potenciales con objeto de garantizar el funcionamiento efectivo de la plataforma de resolución de litigios en línea. No tenemos conocimiento, hasta la fecha, de la publicación de los resultados de este ensayo. Actualmente, se utilizan formularios que facilitan los Centros de protección al consumidor de cada Estado miembro, a través del ECC-Net[1203].

Ahora bien, el Reglamento también establece algunos lineamientos en relación con la presentación (art. 8), tramitación y transmisión de reclamaciones (art. 9) y sobre la resolución del litigio (art. 10). Además, establece lo relativo a las bases de datos que creará y mantendrá la Comisión sobre estos litigios (art. 11) y a la necesaria protección que se deberá brindar a los datos personales a los cuales se pueda tener acceso (art. 12) y cuya

---

1203 http://ec.europa.eu/consumers/solving_consumer_disputes/non-judicial_redress/ecc-net/index_en.htm (29.11.2016).

confidencialidad y seguridad deberán garantizar los puntos de contacto de resolución de litigios en línea (art. 13).

También se garantiza el derecho a la información de los consumidores, lo cual se traducirá en la obligación de los comerciantes establecidos en la Unión de ofrecer, en sus sitios de internet, un enlace electrónico a la plataforma de resolución de litigios en línea e informarán a los consumidores de la existencia de esa plataforma, así como de la posibilidad de recurrir a ella para resolver sus litigios. Tal enlace deberá ser de fácil acceso para los consumidores. Los comerciantes también deberán informar a los consumidores de sus direcciones de correo electrónico (art. 14).

Finalmente, hemos de reseñar la reciente publicación del Reglamento de ejecución (UE) 2015/1051 de la Comisión de 1 de julio de 2015 sobre las modalidades para el ejercicio de las funciones de la plataforma de resolución de litigios en línea, sobre las modalidades del impreso electrónico de reclamación y sobre las modalidades de cooperación entre los puntos de contacto previstos en el Reglamento (UE) N.º 524/2013 del Parlamento Europeo y del Consejo sobre resolución de litigios en línea en materia de consumo[1204]. Como su propio nombre lo indica, este instrumento establece algunos datos necesarios para el correcto funcionamiento de la plataforma de resolución de litigios en línea, tal es el caso de la manera en que la parte reclamada debe ser informada de que se ha presentado una reclamación en la plataforma, así como lo relativo a la información del impreso electrónico de reclamación que debe utilizarse para facilitar la identificación de las entidades de resolución alternativa de litigios. Además aclara en qué momento las entidades deben proporcionar información a la plataforma respecto a la tramitación de un litigio, entre otros asuntos.

[1204] http://eur-lex.europa.eu/legal-content/ES/TXT/PDF/?uri=CELEX:32015R1051&from=EN (29.11.2016).

b. Otro lamentable silencio en Venezuela

En Venezuela, hubo un sistema de arbitraje de consumo regulado por la Ley de Protección al Consumidor y al Usuario de 2004[1205], hoy derogada, conforme al cual el laudo dictado por la Sala de Conciliación y Arbitraje del Instituto Autónomo para la Defensa y Educación del Consumidor y el Usuario tenía carácter vinculante y podía incluso ejecutarse de manera forzosa, por los tribunales competentes, de acuerdo con las normas para la ejecución de sentencias establecidas en el Código de Procedimiento Civil (arts. 158 y 159 LPCU). Este arbitraje de consumo pudo haber contribuido, en efecto, a paliar el desequilibrio económico entre las partes, garantizando el acceso a la justicia del consumidor quien generalmente ve en la vía jurisdiccional ordinaria un camino más gravoso que el propio daño de que ha sido víctima[1206]. Incluso, el arbitraje de consumo contribuiría a materializar el mandato constitucional de establecer los mecanismos necesarios para garantizar los derechos del consumidor (art. 117 CRBV).

Sin embargo, la Ley para la Defensa de las Personas en el Acceso a los Bienes y Servicios –que sustituyó a la antes mencionada y también está actualmente derogada– suprimió toda referencia al arbitraje. Hoy, la Ley Orgánica de Precios Justos ni siquiera menciona el tema. Nosotros no creemos que tal omisión haya de ser entendida como una prohibición absoluta de acudir al arbitraje en materia de consumo. Pensamos que más bien se omitió una importante herramienta para la protección de los consumidores, dejando el camino abierto al arbitraje comercial con la única salvedad de asegurarse que el acuerdo de arbitraje sea resultado de un acuerdo de voluntades y no de una imposición de la parte fuerte en el contrato.

1205 *Gaceta Oficial* N.º 37.390, 4.05.2004.
1206 Chacón Gómez, Nayibe, La protección de dos derechos constitucionales: El arbitraje de los contratos de consumo, en: *Tendencias actuales del Derecho constitucional. Homenaje a Jesús María Casal Montbrun*, (Coords. J.M. Casal, A. Arismendi, C.L. Carrillo), Caracas, UCV, UCAB, 2007, T. II, pp. 545 y ss., especialmente p. 562.

En efecto, el artículo 74,4 de la Ley para la Defensa de las Personas en el Acceso a los Bienes y Servicios declaraba la nulidad de las cláusulas que «impongan la utilización obligatoria del arbitraje».

En la actualidad, la única protección de que dispone el consumidor frente al arbitraje, en el sistema venezolano, está contenida en el artículo 6 de la propia Ley de Arbitraje Comercial venezolana, para los casos en que el acuerdo arbitral esté contenido en un contrato de adhesión, pues en tales supuestos «… la manifestación de voluntad de someter el contrato a arbitraje deberá hacerse en forma expresa e independiente»[1207].

Con esta norma, el legislador ha querido garantizar la libre voluntad de las partes, expresada en igualdad de condiciones y, en este tipo de relaciones contractuales –tal como hemos afirmado *supra*– la intervención de las partes no es paritaria. Recordemos que en estos casos, las cláusulas son previamente determinadas por uno solo de los contratantes, de modo que la otra parte no podrá introducir modificaciones y, si no quiere aceptarlas, debe renunciar a celebrar el contrato[1208]. Esta protección, aparentemente

---

1207 «Esto significa, según entendemos, que en esos contratos el acuerdo de arbitraje debe constar en documento separado, y además en este documento la voluntad de las partes de celebrar un acuerdo de arbitraje debe ser expresa, todo ello con el propósito de evitar en lo posible abusos en los contratos de adhesión por la parte económicamente dominante, o que la parte sorprenda en su buena fe a la otra en los contratos normalizados». Así: Gabaldón, Frank, *Análisis a la Ley de Arbitraje Comercial*, Caracas, Livrosca, 1999, p. 47.

1208 Aunque no ha sido en materia de consumo, el Tribunal Supremo ha rechazado acuerdo arbitrales contenidos en contratos de adhesión. Ver: TSJ/SPA Sent. N.º 01252, 30.05.2000, en: http://historico.tsj.gob.ve/decisiones/spa/Mayo/01252-300500-15341%20.htm; TSJ/SPA Sent. N.º 01359, 13.06.2000, en: http://historico.tsj.gob.ve/decisiones/spa/Junio/01359-130600-14878%20.htm; TSJ/SPA, Sent. 00962, 1.07.2003, en: http://historico.tsj.gob.ve/decisiones/spa/Julio/00962-010703-2003-0562.htm; TSJ/SPA, Sent. 00997, 2.07.2003, en: http://historico.tsj.gob.ve/decisiones/spa/Julio/00997-020703-2003-0676.htm; TSJ/SPA, Sent. 00339, 14.04.2004, en: http://historico.tsj.gob.ve/decisiones/spa/

formal, ha sido calificada por algunos autores como una cuestión más bien de fondo, pues lo determinante, a los efectos de afirmar la validez del acuerdo arbitral, es establecer con absoluta certeza y claridad que el sometimiento a arbitraje fue libre y voluntario por parte del débil jurídico[1209].

Otra vía de protección contra un arbitraje impuesto por el fuerte de la relación, podría encontrarse en el ya citado artículo 7,10 de la Ley Orgánica de Precios Justos, referido a la protección en los contratos de adhesión que sean desventajosos o lesionen los derechos o intereses de las personas en el acceso a los bienes y servicios. Así, atendiendo en definitiva al mandato constitucional, el juez podría considerar como desventajoso o violatorio de los derechos e intereses del consumidor, un acuerdo arbitral que lo obligue a acudir a arbitraje comercial, con todas las consecuencias, algunas de ellas muy gravosas, que tal sumisión pueda acarrearle. En todo caso, puede el juez reafirmar la inderogabilidad convencional de la jurisdicción venezolana frente al acuerdo arbitral y garantizar así la defensa de los derechos del consumidor.

La posibilidad de considerar al acuerdo de arbitraje como una cláusula abusiva que vulnera los derechos del consumidor débil jurídico, también

---

Abril/00339-140404-2004-0111.htm; TSJ/SPA, Sent. 01388, 1/08/2007, en: http://historico.tsj.gob.ve/decisiones/spa/Agosto/01388-1807-2007-2007-0639.html; TSJ/SPA, Sent. 01953, 28.11.2007, en: http://historico.tsj.gob.ve/decisiones/spa/Noviembre/01953-281107-2007-2007-1766.html. Todos los links consultados: 29.11.2016.

1209 Sin embargo, Hung Vaillant admite que, en materia de seguros, por ejemplo, la intervención activa de la Superintendencia de Seguros en la revisión y aprobación del contenido de las pólizas, haría presumir, ante un acuerdo de arbitraje incluido en las mismas, una aceptación voluntaria de este mecanismo (Hung Vaillant, Francisco, *Reflexiones sobre el arbitraje en el sistema venezolano*, Caracas, EJV, 2001, Colección Estudios Jurídicos N.º 74, p. 158). No compartimos esta última afirmación, pues aceptarla sería admitir que la Superintendencia puede comprometer al usuario de los servicios de seguros en arbitraje, sin que este manifieste expresamente su consentimiento, cuestión que precisamente busca impedir el artículo 6 de la Ley de Arbitraje Comercial.

está presente en las Normas sobre protección de los usuarios de los servicios financieros, pues el artículo 25,d de este instrumento considera nula la cláusula que «... imponga la utilización obligatoria del arbitraje». Debemos considerar, por interpretación en contrario, que no es que el recurso al arbitraje esté prohibido, lo que está prohibido es su imposición por una de las partes a la otra. Así, es necesario que conste que la decisión de ir a arbitraje ha sido bilateralmente consentida, con lo cual, en el fondo, esta solución coincide con la establecida en el artículo 6 de la Ley de Arbitraje Comercial y la deducida a partir del artículo 7,10 de la Ley Orgánica de Precios Justos.

5. Dos experiencias en materia de medios electrónicos de pago: las cláusulas de PayPal y el caso de eBay

a. El caso de PayPal

A pesar de las limitantes impuestas por los diversos sistemas a la autonomía de la voluntad para la determinación del tribunal competente, en los casos en que intervienen consumidores, lo más frecuente, tal como ocurre con las relaciones paritarias, es que en los términos y condiciones de uso de los diversos medios electrónicos de pago, se incluyan cláusulas arbitrales o de elección de foro. La garantía de respeto a los derechos de los consumidores a través de estas cláusulas dependerá, en todo caso, del nivel de protección de los respectivos sistemas internos. Corroboremos esta situación a través de las cláusulas de PayPal que, como hemos analizado en materia de Derecho aplicable, cambian en función de la región a la cual están dirigidas.

Así, el *User Agreement* de PayPal para Estados Unidos establece, en su cláusula 14,3[1210], un acuerdo arbitral que comienza por admitir la exclusividad de este medio de resolución de controversias: «*You and PayPal each agree that any and all disputes or claims that have arisen or may arise between you and*

1210 https://www.paypal.com/us/webapps/mpp/ua/useragreement-full?locale.x=en_US#14 (29.11.2016).

PayPal shall be resolved exclusively through final and binding arbitration, rather than in court, except that you may assert claims in small claims court, if your claims qualify. The Federal Arbitration Act governs the interpretation and enforcement of this Agreement to Arbitrate». No obstante su carácter exclusivo, esta cláusula admite la posibilidad de recurrir a tribunales ordinarios para las reclamaciones de escasa cuantía, para los casos en que la controversia pueda ser calificada como tal.

Las *small claims courts* son tribunales competentes para resolver, justamente, disputas de escasa cuantía. El monto máximo para acceder a estos tribunales depende del estado de que se trate, pero los distintos procedimientos estatales tienen algunas características comunes. Por ejemplo, se trata de procedimientos generalmente simples, económicos, rápidos e informales; los costos judiciales son mínimos y el consumidor los asume si gana el juicio. Algunos estados no requieren la presencia de abogados en estos procesos. A pesar de su informalidad, las decisiones que se toman en estos tribunales son vinculantes para las partes[1211].

Ahora bien, el funcionamiento de la cláusula utilizada por PayPal en Estados Unidos pasa por la exclusión de las llamadas *class actions* –acciones colectivas o en protección de intereses difusos o colectivos[1212]. En efecto, salvo que en el acuerdo arbitral las partes admitan que el árbitro pueda

---

1211 http://www.usa.gov/topics/consumer/complaint/legal/small-claims-court.shtml (29.11.2016).
1212 Ello, a pesar de que precisamente Estados Unidos ha sido pionero en el tema de las llamadas *class arbitration*, las cuales reflejan la tradición estadounidense de las *class actions* en el arbitraje. La doctrina reconoce que estas acciones colectivas arbitrales existen desde la década de los 80s del siglo XX, aunque solo fue en 2003 cuando la Suprema Corte les dio su aprobación implícita en el caso Green Tree Financial Corp. *vs.* Bazzle (539, US 444 [2003]). Ver: Strong, Stacie I., Does class arbitration «change the nature» of arbitration? Stolt Nielsen, AT&T, and a return to first principles, en: *Harvard Negotiation Law Review*, 2012, Vol. 17, pp. 201 y ss., especialmente pp. 205-206.

aceptar la participación de terceros en el procedimiento arbitral, estas se comprometen a presentar sus reclamaciones de manera individual y, en todo caso, el árbitro solo tiene competencia para dictar medidas a favor de las partes en el proceso arbitral.

En la propia cláusula destaca un párrafo que describe, de manera general, las características del arbitraje. Así, el párrafo c admite que el arbitraje es más informal que el proceso judicial ordinario, que en él se recurre a un árbitro neutral, en lugar de a un juez o a un jurado, y que la revisión judicial de un laudo arbitral es muy limitada. Finalmente, la propia cláusula reconoce la naturaleza jurisdiccional del arbitraje al afirmar que el árbitro puede conceder los mismos daños y remedios que un tribunal ordinario, siempre sujeto, desde luego, a los términos del *User Agreement*.

En relación con el procedimiento propiamente dicho, el acuerdo dispone que el arbitraje se llevará a cabo en la *American Arbitration Association*, de conformidad con sus reglas, incluidos los procedimientos suplementarios para litigios de consumo. En efecto, este centro cuenta con las *Consumer Arbitration Rules*, las cuales aplica «... *to arbitration clauses in agreements between individual consumers and businesses where the business has a standardized, systematic application of arbitration clauses with customers and where the terms and conditions of the purchase of standardized, consumable goods or services are non-negotiable or primarily non-negotiable in most or all of its terms, conditions, features, or choices*», con lo cual se hace una clara referencia a los contratos de adhesión. El centro exige que se trate de bienes o servicios para uso personal o doméstico, coincidiendo de alguna manera con la definición europea de consumidor[1213].

1213 https://www.adr.org/aaa/faces/rules/searchrules/rulesdetail?_afrWindowId=null&_afrLoop=212493599228544&doc=ADRSTAGE2021424&_afrWindowMode=0&_adf.ctrl-state=1ckhlsxcs5_267#%40%3F_afrWindowId%3Dnull%26_afrLoop%3D212493599228544%26doc%3DADRSTAGE2021424%26_afrWindowMode%3D0%26_adf.ctrl-state%3D1e2lz66s5_79 (29.11.2016).

Además, cuando la regla 1 de este instrumento hace referencia a su propia aplicabilidad, enumera una serie de contratos que «típicamente» reúnen los criterios de aplicación de las propias reglas, siempre que estos tengan por objeto la obtención de bienes o servicios de uso personal o doméstico y contengan un acuerdo arbitral. Dentro de los contratos mencionados, aunque no limitados a ellos, están los acuerdos de tarjeta de crédito, de telecomunicaciones y otros acuerdos financieros tales como prestamos y cuentas bancarias. De manera que este procedimiento sería perfectamente aplicable a las controversias derivadas del uso de medios de pago electrónico.

Ahora bien, de acuerdo con la cláusula comentada, el arbitraje se llevará a cabo en el lugar de la residencia del usuario o en otro lugar elegido de mutuo acuerdo por las partes. Además, si el valor de la reparación solicitada es de 10.000,00 dólares o menos, se puede optar por llevar el arbitraje por teléfono o basado, únicamente, en el intercambio de observaciones por escrito, sin que sea necesario, a menos que las partes lo dejen a la discreción del árbitro, que se produzca una audiencia presencial, si las circunstancias así lo justifican. Pero aún así, tal audiencia puede hacerse por teléfono. El laudo arbitral será definitivo y vinculante.

PayPal asume los costos del arbitraje en los casos en los que la reparación soliPapyPal asume los costos del arbitraje en los casos en los que la reparación solicitada sea de 10.000,00 dólares o menos. Si la reparación fuere superior a esa cantidad, y el usuario pudiere demostrar que los costos del arbitraje «... *will be prohibitive as compared to the costs of litigation*», PayPal pagará el monto mayor, de manera de prevenir que el arbitraje sea económicamente prohibitivo para el consumidor. Si el árbitro llegase a determinar que la solicitud de arbitraje interpuesta por el usuario es frívola, este se compromete a reembolsar a PayPal todos los cargos asociados con el arbitraje que hayan sido pagados por la empresa, conforme a las reglas de la *American Arbitration Association*.

En el ámbito europeo, por su parte, la cláusula asume un rol fundamentalmente tuitivo debido, en nuestra opinión, a la detallada regulación de protección al consumidor vigente en la Unión Europea[1214]. Veamos algunos ejemplos.

En el caso del Reino Unido, la cláusula 14 contiene una especie de jerarquización de las diferentes maneras de resolver las disputas que puedan plantearse entre PayPal y un usuario[1215]. La primera vía es contactar a la propia empresa, pues, según se reconoce en la cláusula citada, su objetivo es conocer y atender las inquietudes de sus usuarios y proporcionarles un medio neutral y rentable para resolver la disputa de forma rápida. Ese primer contacto puede hacerse por correo electrónico o por vía telefónica.

Si, agotada esta vía, el usuario decide presentar formalmente su queja, la cláusula establece tres autoridades entre las cuales el usuario puede elegir para presentarla. Así, aparece en primer lugar el *European Consumer Center*, ECC[1216]. Este organismo –cofinanciado por la Comisión Europea y los gobiernos nacionales– funciona a través de centros localizados en cada Estado parte y su objetivo fundamental es proveer información, dar asesoramiento y asistencia gratuitos, a los consumidores que realicen compras transfronterizas en la Unión Europea, Noruega e Islandia.

A través de su página web –*ECC-Net*–, el Centro informa a los consumidores sobre sus derechos conforme a las distintas legislaciones nacionales, los asesora sobre las posibles formas de tratar sus quejas, da asistencia directa para resolverlas de manera amigable con los proveedores de bienes

---

1214 https://www.paypal.com/ie/webapps/mpp/ua/useragreement-full?locale.x=en_IE#14 (29.11.2016).
1215 https://www.paypal.com/uk/webapps/mpp/ua/useragreement-full?locale.x=en_GB#14 (29.11.2016).
1216 http://ec.europa.eu/consumers/solving_consumer_disputes/non-judicial_redress/ecc-net/index_en.htm (29.11.2016).

o servicios, tanto en compras en el extranjero, durante un viaje o en compras *on-line* y remite al consumidor al organismo adecuado si el propio Centro no puede resolver el problema. Los tópicos que más se plantean ante el Centro incluyen, entre otros, compras *on-line* y fraudes en operaciones a través de internet[1217].

En segundo término, el consumidor también podría acudir al *UK Financial Ombudsman Service* (FOS)[1218]. Se trata de un servicio gratuito e independiente que solo funciona para los ciudadanos residenciados en el Reino Unido. Dependiendo de cuán complicado sea el caso, el propio organismo estima que en pocos meses podría resolverlo, aunque reconoce que algunas controversias pueden tomar mucho más tiempo. En su página web, el FOS permite hacer reclamos en línea recomendando, en primer lugar, contactar al proveedor del bien o servicio para darle a conocer el problema y este dispone de 8 semanas para dar una respuesta. Tal contacto puede ser iniciado directamente por el consumidor, o por el FOS en nombre de este. Si el proveedor no responde en el lapso indicado o si no está satisfecho con la respuesta obtenida, el FOS le pide más detalles del problema e inicia el proceso que terminará con una decisión, llamada «laudo», de conformidad con la *Part* XVI[1219] y la *Schedule 17*[1220] de la *Financial Services and Markets Act* de 2000.

El tercer organismo a que se refiere la cláusula es la *Commission de Surveillance du Secteur Financier* (CSSF)[1221], autoridad responsable de la

---

1217 Especialmente para los turistas, el *European Consumer Center* ha desarrollado una aplicación –*ECC-Net Travel App*–, la cual expresa los derechos del consumidor en el idioma del Estado de destino, refiriendo los típicos problemas que pueden plantearse al consumidor. Esta aplicación ofrece conocimiento jurídico y apoyo en 23 idiomas de la Unión Europea, noruego e islandés.
1218 http://www.financial-ombudsman.org.uk/ (29.11.2016).
1219 http://www.legislation.gov.uk/ukpga/2000/8/part/XVI (29.11.2016).
1220 http://www.legislation.gov.uk/ukpga/2000/8/schedule/17 (29.11.2016).
1221 http://www.cssf.lu (29.11.2016).

supervisión prudencial de las instituciones financieras que tiene su sede en Luxemburgo y cuenta, entre sus competencias, la resolución extrajudicial de reclamos. Este organismo recibe los reclamos de los clientes de entes sometidos a su supervisión y media entre las partes para llegar a una solución amigable. El inicio de este procedimiento está sujeto a la condición de que la reclamación sea previamente tratada con el profesional. Si, transcurrido un mes de haber remitido por escrito la reclamación a la dirección del proveedor del servicio, no se obtiene respuesta, entonces se puede introducir la reclamación ante la CSSF. Para ello la página web del organismo dispone de un formulario y de toda la información relativa a la tramitación del reclamo[1222].

Cuando, agotadas estas vías, la controversia siga sin ser resuelta, la cláusula 14,3 del PayPal *User Agreement* dispone una sumisión no exclusiva a los tribunales ingleses, sin perjuicio del derecho del usuario a iniciar un procedimiento contra PayPal ante los tribunales competentes de Luxemburgo. «*In simple terms, "nonexclusive jurisdiction of the English courts" means that if you were able to bring a claim arising from this Agreement against us in Court, an acceptable court would be a court located in England, but you may also elect to bring a claim in the court of another country instead*».

En Estados como Austria[1223], Bélgica[1224], Francia[1225] y Países Bajos[1226], esta cláusula se reproduce de manera parcial, pues naturalmente en ellos se excluye la posibilidad de acudir al FOS. En otros Estados, además de

---

1222 http://www.cssf.lu/consommateur/reclamations/ (29.11.2016).
1223 https://www.paypal.com/at/webapps/mpp/ua/useragreement-full?locale.x=de_AT#14 (29.11.2016).
1224 https://www.paypal.com/be/webapps/mpp/ua/useragreement-full?locale.x=fr_BE#14 (29.11.2016).
1225 https://www.paypal.com/fr/webapps/mpp/ua/useragreement-full?locale.x=fr_FR#14 (29.11.2016).
1226 https://www.paypal.com/nl/webapps/mpp/ua/useragreement-full?locale.x=en_NL#14 (29.11.2016).

estas provisiones, se hace mención directa al caso de los consumidores. En Alemania[1227], por ejemplo, luego de admitir la jurisdicción no exclusiva de los tribunales ingleses, la cláusula advierte al consumidor que «*Ihre deutschen Verbraucherschutzrechte sowie Ihr Recht, gerichtliche Verfahren vor Luxemburger Gerichten einzuleiten, bleiben von dieser Regelung unberührt*». De manera que, si las partes deciden litigar ante los tribunales de Luxemburgo, el consumidor conserva los derechos que le reconoce el Derecho alemán.

En el caso de España[1228], la cláusula advierte en su parte final que «En caso de que usted sea un consumidor, tenga en cuenta que los juzgados y tribunales competentes serán los del Reino de España», con lo cual se genera una especie de foro de protección. En Italia, la cláusula, que parte también de la jurisdicción no exclusiva de los tribunales ingleses, admite que PayPal pueda acudir ante los tribunales italianos y solicitar una orden de pago de sus tarifas. La protección a los consumidores viene dada por el reconocimiento de la inderogabilidad de las normas sobre jurisdicción y Derecho aplicable. En efecto, en caso de tratarse de una relación de consumo «… *trova applicazione la relativa normativa non derogabile sulla giurisdizione e la legge applicabile*».

Ahora bien, al mirarse el caso de América Latina es, lamentablemente, evidente la desprotección de los consumidores internacionales en buena parte de los Estados. En efecto, con excepción de Brasil, a los países latinoamericanos, incluida desde luego Venezuela, se les aplica la misma cláusula que termina por admitir la jurisdicción de los tribunales de Singapur[1229].

1227 https://www.paypal.com/de/webapps/mpp/ua/useragreement-full?locale.x=de_DE#14 (29.11.2016).

1228 https://www.paypal.com/es/webapps/mpp/ua/useragreement-full?locale.x=es_ES#14 (29.11.2016).

1229 https://www.paypal.com/al/webapps/mpp/ua/useragreement-full?locale.x=en_AL#12 (29.11.2016).

Lo primero que dispone la cláusula, tal como las antes comentadas, es la necesidad de ponerse en contacto con PayPal, quien reconoce que su «... objetivo es conocer y abordar sus problemas y, si no logramos hacerlo de una manera que quede satisfecho, proporcionarle un medio neutral y rentable de resolver la controversia rápidamente». A tales efectos, la cláusula proporciona un link para dirigirse al Servicio de Atención al Cliente y un número telefónico en Estados Unidos.

El medio «neutral y rentable» que ofrece PayPal es un arbitraje vinculante que no requiere la presencia de las partes. Para recurrir a este medio de solución de controversias es necesario que la reclamación sea arbitrable y que el importe de la compensación solicitada no sea superior a 10.000,00 dólares o su equivalente en otra divisa. Este arbitraje se llevará a cabo ante el Centro de Arbitraje Internacional de Singapur, o ante cualquier centro de resolución alternativa de controversias, que haya sido mutuamente acordado por las partes. En todo caso, la cláusula ordena la aplicación, por el centro de arbitraje elegido, de algunas reglas particulares. Así, el arbitraje debe llevarse a cabo únicamente por teléfono, en línea o en función de solicitudes por escrito. La elección entre estas formas corresponde a la parte que haya iniciado el arbitraje; salvo que las partes lo acuerden, el arbitraje no requiere su presencia ni la de testigos, y el laudo que resulte de este proceso puede ser presentado en cualquier tribunal competente.

Si no hubiere acuerdo de las partes respecto del arbitraje, toda reclamación o controversia que el usuario pueda tener contra PayPal se resolverá ante los tribunales de Singapur o del lugar donde esté domiciliado el demandado. No obstante esta aparente flexibilidad, la cláusula añade que «Usted acepta someterse a la jurisdicción personal de los tribunales ubicados en Singapur con el fin de llevar a juicio dichas Reclamaciones o Controversias». Recordemos que, tal como mencionamos *supra*, este Acuerdo está sometido a las leyes de Singapur.

Llama la atención que la cláusula 12,4 califique como incumplimiento contractual el hecho de apartarse de esta forma de resolución de litigios. PayPal deja claro que si el usuario presenta un reclamo contrario a esta cláusula, la empresa «… podrá recuperar los honorarios del abogado (incluso los abogados internos de PayPal y asistentes legales) y los costos hasta por 1.000.00 dólar, siempre y cuando PayPal le haya notificado por escrito de la Reclamación presentada inadecuadamente y usted no la haya retirado oportunamente». Tales comunicaciones pueden ser hechas por PayPal a través de la propia cuenta y, negarse a este procedimiento da derecho a la pasarela de pagos a dar por terminada la relación. Además se establece una presunción de recepción de la comunicación, transcurridas 24 horas desde la publicación de la misma en la página web de PayPal o su envío por correo electrónico. Las comunicaciones dirigidas a PayPal, en cambio, han de ser remitidas por correo tradicional a una dirección en Singapur.

Bien, si observamos esta cláusula desde el punto de vista del sistema venezolano, hemos de plantear algunas cuestiones importantes. En primer término, la cláusula, más allá de facilitar un arbitraje no presencial, no parece dar mayores garantías de protección a los derechos del consumidor, desde el punto de vista de la determinación del órgano competente. Además, la posibilidad que pueda tener un sistema estatal de proteger a los consumidores a través de foros de protección o, como ocurre en el caso venezolano, a través de la inderogabilidad convencional de la jurisdicción, es calificada por el acuerdo como un incumplimiento del mismo, lo cual genera incluso sanciones directas.

El caso de Brasil es diferente. Para empezar, las comunicaciones con PayPal, de acuerdo con la cláusula 13 del *Contrato do Usuário do PayPal*, se hacen a través de un número de teléfono y una dirección física en Brasil. La cláusula 15,1, por su parte dispone que «*Fica eleito como foro competente a Cidade de São Paulo, Estado de São Paulo, para dirimir eventuais disputas ou controvérsias oriundas deste Contrato, com renúncia expressa a qualquer outro foro, por mais privilegiado que seja. Este Contrato é regido em todos os aspectos pelas leis do Brasil».* Es solución, que se aparta considerablemente del tratamiento dado al resto de América Latina, se vincula directamente, sin duda, con el alto nivel de protección de que gozan los consumidores en Brasil.

b. El caso de eBay

Aunque, evidentemente, eBay no es un prestador de servicios de pago, algunas de las disputas que pueden plantearse en relación con su funcionamiento están referidas a la falta de cumplimiento en el pago del precio. Esta circunstancia y su interesante mecanismo para la resolución de diferencias nos obligan a examinarlo, aunque sea brevemente.

En las relaciones de compradores y vendedores con eBay rigen, de conformidad con sus términos y condiciones de uso, las cláusulas relativas a la resolución de controversias, las cuales varías en función de la región en la que se prestan los servicios. Por ejemplo, en el caso de Estados Unidos[1230], además de resultar aplicable la Ley del estado de Utah –con exclusión de sus normas de conflicto–, se establece un acuerdo de arbitraje definitivo y vinculante, cuya interpretación y cumplimiento dependen de la *Federal Arbitration Act*. El arbitraje, en el cual no se admitirán acciones colectivas, se llevará a cabo en la *American Arbitration Asociation*, de acuerdo a sus reglas y procedimientos. Para que el acuerdo funcione, es necesario que el usuario de eBay lo acepte, en caso contrario, la disputa deberá ser resuelta por los tribunales del condado de Salt Lake, en el estado de Utah.

En el caso del acuerdo aplicable en Alemania, Austria y Suiza[1231], resulta aplicable el Derecho del domicilio del usuario y se excluye la aplicación de la Convención de Viena sobre Compraventa Internacional de Mercaderías.

1230 http://pages.ebay.com/ve/es-co/help/policies/user-agreement.html#17 (29.11.2016).
1231 http://pages.ebay.de/help/policies/user-agreement.html#schlussbestimmungen (29.11.2016).

Si quien reclama es el vendedor, los tribunales de Potsdam tendrán jurisdicción exclusiva para conocer del asunto y si, por el contrario, quien reclama es el consumidor, este podrá acudir, en caso de estar domiciliado en Alemania, a los tribunales de Potsdam, si su domicilio está en Austria a los tribunales de Viena y, en caso de tenerlo en Suiza, a los tribunales de Berna. En el caso de España[1232], el acuerdo establece la aplicación del Derecho español y la sumisión no exclusiva a los tribunales españoles.

Conviene además tener en cuenta que, para las disputas entre comprador y vendedor, eBay ofrece un centro de resolución de controversias en línea[1233], que sugiere agotar, en primer término, que las propias partes lleguen de común acuerdo a resolver el problema. Si esta aproximación entre las partes no funciona, se abren una serie de posibilidades cuya aplicación depende de si el problema tiene que ver con la no recepción del producto o la recepción de un producto que no coincide con el comprado o si, más bien, tiene que ver con el pago.

Cuando se plantea alguno de estos problemas, el usuario, luego tratar de solucionarlo sin éxito directamente con la otra parte, puede acudir al Centro de Resolución. Allí, puede abrirse un caso de impago de artículo, entre 4 y 32 días después de la venta en caso de no haberse recibido el pago del comprador. Una vez abierto el caso, el comprador tiene 4 días para hacer el pago. Durante este periodo el comprador puede contactar al vendedor para pedirle una ampliación del plazo de pago o para intentar llegar a otro acuerdo. El comprador no está obligado a llegar a ningún tipo de trato especial. El vendedor debe cerrar el caso, como máximo, 36 días después de la transacción. Si no lo hace transcurridos 37 días tras finalizar el anuncio, eBay lo cerrará automáticamente y no hará el reintegro de comisión por venta realizada.

1232 http://pages.ebay.es/help/policies/user-agreement.html#solving (29.11.2016).
1233 http://resolutioncenter.ebay.es/ (29.11.2016).

Ahora bien, si el comprador no realizó el pago en 4 días, el vendedor puede cerrar el caso y este podría ser fallado contra el comprador y anotársele en la cuenta. Si el comprador ha contactado al vendedor y han acordado ampliar el plazo de pago, el vendedor puede esperar un máximo de 36 días desde el momento en que finalizó la transacción para cerrar el caso. La falta de pago del comprador en este procedimiento, dará derecho al vendedor a recibir el reintegro de la comisión por venta realizada y lo facultará para realizar una venta de reemplazo. También tiene la posibilidad de solicitar un reembolso, por parte de eBay, de la comisión pagada por concepto de publicación. Para ello, el vendedor debe disponer de saldo en su cuenta y cumplir con ciertos requisitos. Este reembolso se hará con la forma de pago que el vendedor tenga registrada en eBay. En la mayor parte de los casos los reembolsos se procesan en 30 días y pasado ese intervalo de tiempo se reflejan en la cuenta de eBay del usuario.

Propuesta

Esta propuesta de regulación de los medios electrónicos de pago ha sido elaborada conjuntamente con los cursantes de la asignatura «Medios electrónicos de pago en el comercio internacional», dictada durante el semestre 2014 II en la Maestría en Derecho Internacional Privado y Comparado de la Universidad Central de Venezuela: Alejandro Álvarez Loscher, José Briceño Laborí, Carolina Daly Maestre, Dubraska Figueroa Soto, Beverly Fung, Francesco Merola, Luis Carlos Mota Arocha, Anais Miquilena, Dhaisy Paredes, Gerardo Quintero, José Torres, Rodny Valbuena Toba, Cristina Villa Madrid, Anna Karerina Zambrano y Carina Zorrilla.

Normas sobre Medios Electrónicos de Pago

Capítulo I
Disposiciones Generales

Objeto de estas Normas
Artículo 1. Estas Normas tienen por objeto regular el funcionamiento de los medios electrónicos de pago y las relaciones que se establecen entre las partes para que sea posible extinguir una obligación pecuniaria a través de un medio electrónico.

Principio de equivalencia funcional
Artículo 2. Los medios electrónicos de pago liberan al deudor de cualquier obligación pecuniaria contraída hasta por el valor expresado en ellos, siempre que el acreedor cuente con el sistema necesario para su transmisión y almacenamiento, y por cuya utilización no podrán realizarse cargos adicionales.

Principio de neutralidad tecnológica
Artículo 3. (1) El medio electrónico de pago a utilizar será convenido de mutuo acuerdo por los contratantes. Ningún medio electrónico de pago, existente o por existir, podrá ser rechazado salvo que el acreedor carezca del sistema necesario para su transmisión o almacenamiento.

(2) El aceptante no podrá limitar la utilización de un medio electrónico de pago a un volumen mínimo o máximo del valor de la obligación. Tampoco podrá dar preferencia a la utilización de un medio de pago con respecto a otro, por medio del cobro de tasas o la generación de descuentos especiales.

Irrenunciabilidad. Principio de favor
Artículo 4: Cuando el usuario tenga el carácter de consumidor, las disposiciones contenidas en estas Normas no podrán renunciarse, salvo que los términos de los acuerdos contractuales contengan regulaciones más favorables para el ejercicio de sus derechos.

Definiciones
Artículo 5. A los efectos de estas normas se entenderá por:

a) Medio electrónico de pago: instrumento que almacena un valor monetario, bien sea en un componente lógico o *software*, o en un componente físico o *hardware*. El valor expresado en el instrumento electrónico de pago es transmisible a través de redes virtuales y es válido para satisfacer obligaciones pecuniarias.
b) Servicios de pago: actividades de intermediación realizadas por el prestador de servicios de pago, para emitir o transferir valores expresados en medios electrónicos de pago.
c) Dinero electrónico: valor monetario representado por un crédito exigible a su emisor, el cual es almacenado en un soporte electrónico, cuyo aporte es igual a su valor, y que es aceptado por personas distintas al emisor.

d) Prestador de servicio de pago: personas jurídicas, sean o no instituciones bancarias, públicas o privadas, que estén autorizadas para prestar servicios de pago.
e) Aceptante de medios electrónicos de pago: toda persona natural o jurídica que haga uso de un servicio electrónico de pago, como destinatario de los fondos de una operación de pago electrónica.
f) Usuario del servicio de pago electrónico: persona natural o jurídica que, en virtud de un contrato con el prestador, o sin él, tiene derecho a utilizar el servicio de pago y sus instrumentos, con facultades para emitir órdenes de pago.
g) Consumidor: toda persona natural o jurídica que utilice el medio electrónico de pago para satisfacer necesidades como destinatario final.

Capítulo II
Prestadores de Servicios de Pago

Título I
Deberes de los prestadores de servicios de pago

Protección de datos personales
Artículo 6. (1) El prestador de servicios de pago deberá adoptar todas las medidas técnicas adecuadas para proteger los datos personales de la destrucción accidental o ilícita, la pérdida o alteración accidentales, así como del almacenamiento, tratamiento, acceso o revelación no autorizada, mediante el uso de mecanismos cifrados, encriptados, microcircuitos en tarjetas, confirmación de usuario y cualquier otra medida pertinente y acorde al mercado.

(2) Sin perjuicio de dispuesto en el párrafo anterior, los prestadores de servicio de pago procurarán la debida colaboración a las autoridades investigadoras, fiscales y criminales que, en el ejercicio de sus legítimas funciones, soliciten el aporte de datos personales de los usuarios del servicio de pago, limitándose estrictamente a lo solicitado y garantizando la privacidad del resto de los datos.

Confiabilidad de pago
Artículo 7. El prestador de servicios de pago deberá proporcionar mecanismos fáciles y seguros de pago, así como información acerca del nivel de seguridad de los mismos, indicando suficientemente las limitaciones al riesgo originado por el uso de sistemas de pago no autorizados o fraudulentos, y las medidas de reembolso.

Título II
Prestadores no bancarios de servicios de pago

Firma electrónica o certificado electrónico para prestadores no bancarios de servicios de pago
Artículo 8. (1) Los prestadores de servicios de pago podrán tener o no el carácter de instituciones bancarias. Si tuvieren el carácter de instituciones bancarias, les serán aplicables las normas que regulan la materia.

(2) Para realizar sus actividades, los prestadores no bancarios de servicios de pago deberán contar con la autorización del ente con competencia en materia bancaria.

(3) Los prestadores no bancarios de servicios de pago deberán contar con una Firma Electrónica o Certificado Electrónico otorgado por el ente con competencia en materia de servicios de certificación electrónica, así como estar debidamente inscritos en el Registro de Proveedores del ente con competencia en materia bancaria.

(4) No requieren de autorización especial las instituciones bancarias, por considerarse a los servicios de pago como parte de las actividades de intermediación financiera para las cuales ya están autorizadas estas entidades.

Garantía de protección de los fondos de los usuarios
Artículo 9. Al momento de su constitución, los prestadores no bancarios de servicios de pago, deberán consignar una fianza ante el ente u organismo con competencia en materia bancaria, por un monto que este

organismo determinará sobre la base del capital del prestador de servicios. Así mismo, deberán garantizar un sólido régimen de capital mínimo a los fines de respaldar los riesgos operativos y financieros producto de su actividad. Ello, a los fines de poder responder oportunamente en caso de reintegrar o reponer los fondos provenientes de los usuarios o titulares de los medios de pago contenidos en las cuentas de los mismos.

Prohibición de aceptar depósitos de los usuarios
Artículo 10. (1) Los prestadores no bancarios de servicios de pago limitarán sus transacciones como intermediarios. Solo podrán recibir fondos de los usuarios o clientes con fines de realizar las operaciones y actividades necesarias para la prestación de los servicios de pago. En consecuencia, los prestadores no bancarios de servicios de pagos no están autorizados para aceptar depósitos de los usuarios.

(2) Los fondos recibidos de los usuarios se entenderán separados de aquellos fondos propios de los prestadores no bancarios de servicios de pago que estén destinados a las actividades comerciales propias del prestador de servicios de pago.

Uso de los fondos
Artículo 11. (1) Los fondos remanentes, dispuestos o conservados por usuarios en las cuentas, balances o perfiles que estos posean en su relación con los prestadores no bancarios de servicios de pago, no podrán ser usados por dicho prestador de servicios para otra actividad que no sea la de realizar pagos por vía electrónica, previa orden del usuario.

(2) Los referidos fondos remanentes, dispuestos o conservados por los usuarios en sus cuentas no podrán generar intereses, ventajas o ganancias para el prestador de servicios de pagos, ni podrán ser manipulados, controlados o utilizados por el prestador no bancario de servicios de pago, por cuanto estos son de libre disposición en todo momento por el usuario.

Pagos o adeudos domiciliados

Artículo 12. (1) Los prestadores no bancarios de servicios de pago, previa autorización o convenimiento con el usuario, podrán realizar pagos a beneficiarios por parte del ordenante, producto de adeudos domiciliados.

(2) En función de lo convenido por el usuario ordenante, los adeudos domiciliados podrán ser realizados sobre una cuenta bancaria previamente afiliada o sobre los fondos remanentes, dispuestos o conservados por usuarios en las cuentas, balances o perfiles que estos posean en su relación con los prestadores no bancarios de servicios de pago.

(3) El usuario indicará al prestador de servicios de pagos sobre el límite tanto del importe como de la periodicidad del mismo.

Comisiones de los prestadores de servicios de pago

Artículo 13. (1) Los prestadores no bancarios de servicios de pago podrán descontar una comisión por sus servicios sobre el total de la transacción. Esta comisión será fijada por el ente u organismo con competencia en materia bancaria.

(2) El cargo de la comisión no podrá realizarse de forma automática, y deberá ser informado de forma expresa al usuario al momento de la transacción para su aprobación.

Del ente supervisor

Artículo 14. Los prestadores no bancarios de servicios de pago, estarán sujetos a la supervisión del organismo o ente con competencia en materia bancaria.

Deber de notificación de los prestadores no bancarios

Artículo 15. Los prestadores no bancarios de servicios de pago, deberán reportar al organismo o ente con competencia para la certificación, acreditación y supervisión electrónica, cualquier inconveniente o irregularidad que haya surgido con los Proveedores de Servicios de Certificación, en todo lo vinculado al manejo electrónico de la información general y personal de los usuarios o titulares de los medios electrónicos de pagos, referente a datos, cuentas y demás aspectos.

Normativas aplicables
Artículo 16. (1) A la constitución del prestador no bancario de servicios de pago se aplicarán las normativas sobre la regulación de la constitución de sociedades anónimas para ser inscritas en el Registro de Proveedores dictadas por el organismo o ente con competencia en materia bancaria.

(2) Al requisito de firma electrónica le será aplicable la Ley de Mensaje de Datos y Firmas Electrónicas, así como toda la normativa referente a la emisión de Firmas Electrónicas dictada por el organismo o ente con competencia para la certificación, acreditación y supervisión electrónica y cualquier otra normativa aplicable.

Capítulo III
Medios electrónicos de pago

Medios electrónicos de pago
Artículo 17. (1) A los efectos de la presente normativa, se incluyen dentro de la categoría de los medios electrónicos de pago, los siguientes:

a) Medios de pago basados en un *software*: sistemas que requieren el uso de un programa de computación, a los fines de que se pueda cumplir con el pago del precio acordado de una obligación preexistente.

b) Medios de pago basados en un *hardware*: sistemas que requieren la implementación de un aparato físico para llevar a cabo el pago de las obligaciones.

(2) Los medios de pago descritos en el presente artículo son de carácter enunciativo y no taxativo, por lo cual cualquier otra modalidad tecnológica que con respecto al pago de obligaciones por medios electrónicos sean

creadas, y que cumplan con la definición establecida en el artículo 5,a de estas Normas, podrán considerarse medios electrónicos de pago válidos.

Emisión de dinero electrónico
Artículo 19. Los prestadores de servicios de pago que emitan dinero electrónico solo podrán emitir tanto valor como les sea aportado por el usuario, sin perjuicio de las comisiones que se le puedan exigir, de conformidad con el artículo 13 de estas Normas.

Prueba del pago
Artículo 20. (1) Todos aquellos comprobantes de pago emitidos por los diversos medios electrónicos destinados a tal fin, bien sean físicos o digitales, harán fe entre las partes de las declaraciones en ellos contenidas, salvo prueba en contrario.

(2) En el caso de comprobantes digitales, estos serán admisibles como medio de prueba, siempre que cumplan con los siguientes requisitos:

a) Garantizar que los datos utilizados para su generación puedan producirse solo una vez, y asegurar, razonablemente, su confidencialidad.
b) Ofrecer seguridad suficiente de que no puede ser falsificado con la tecnología existente en el momento.
c) No alterar la integridad del mensaje de datos.

Momento del cumplimiento de la obligación
Artículo 21. (1) El deudor se libera de su obligación en el momento en que el valor transmitido a través de medios electrónicos se encuentra a disposición del beneficiario de la orden de pago.

(2) Si el deudor diligentemente realiza todos los actos necesarios para la transferencia del valor al beneficiario y tal transferencia no se realiza, el prestador de servicios de pago será responsable en los términos del artículo 33 de estas Normas.

Capítulo IV
Usuarios de los medios electrónicos de pago

a la información
Artículo 22. (1) Antes de la celebración del contrato, el usuario del servicio de pago deberá tener acceso en forma clara y comprensible a toda información relativa a la identidad del proveedor, las modalidades de servicio ofrecidas por este y sus principales características, los instrumentos disponibles para su uso, las tarifas y comisiones que deban cancelar los usuarios por razón del servicio o, al menos, sus causas y métodos de cálculo, así como sobre los derechos y obligaciones de los contratantes y beneficiarios del servicio.

(2) La información a que se refiere el párrafo anterior debe ser exhaustiva y debe facilitarse por escrito o a través de otros soportes duraderos, a los fines de que el usuario pueda acceder a ella luego de la celebración del contrato.

(3) Sin perjuicio de dispuesto en los párrafos anteriores, el proveedor del servicio de pago tiene el deber de mantener permanentemente esta información a disposición del usuario.

Modificaciones posteriores a la celebración del contrato
Artículo 23. Las modificaciones posteriores a la celebración del contrato deberán ser sometidas nuevamente a la aceptación del usuario. De no ser aceptada se tiene como terminada la relación contractual, a menos de que el proveedor de servicio mantenga las condiciones inicialmente aceptadas.

Protección en los contratos
Artículo 24. (1) Todo contrato celebrado entre el prestador y el usuario del servicio de pago deberá estar al alcance de las partes, de forma escrita, en el idioma aceptado por las partes, redactado de manera clara, específica e inequívoca.

(2) Es responsabilidad del prestador de servicios de pago establecer en los contratos las restricciones o condiciones especiales del producto o servicio puesto a disposición del usuario.

(3) Los usuarios tendrán derecho a emplear los mismos mecanismos de forma, lugar y medios utilizados para la celebración de los contratos, para desvincularse de estos.

Derecho a disponer de los fondos
Artículo 25. (1) Los usuarios de servicios de pago electrónico podrán disponer de los fondos remanentes, dispuestos o conservados que se encuentren en las cuentas de pagos que estos tengan con los prestadores de servicios de pagos, sin mayores limitaciones o impedimentos.

(2) Solo en caso de prevención e investigación de delitos y previa orden del Ministerio Público o del Tribunal correspondiente, el prestador del servicios de pago electrónico podrá realizar las actuaciones necesarias que tengan por objetivo la congelación de fondos o cualquier otra medida específica relacionada al asunto.

Derecho al reembolso y a la efectiva reparación de los daños
Artículo 26. El usuario del servicio de pago tiene derecho al reembolso y a la efectiva reparación de los daños causados por el incumplimiento de las obligaciones a cargo de los sujetos involucrados en la operación de pago.

Cláusulas abusivas
Artículo 27. (1) En el contrato entre las partes no podrán estipularse cláusulas que impongan obstáculos onerosos o desproporcionados para el ejercicio de los derechos al usuario.

(2) Se considerarán como no escritas las cláusulas o estipulaciones establecidas en el contrato, que:

a) Exoneren, atenúen o limiten la responsabilidad de los proveedores del servicio de pago por vicios de cualquier naturaleza de los servicios prestados.
b) Impliquen la renuncia a los derechos que la normativa vigente reconoce a los usuarios, o limiten su ejercicio.

c) Inviertan la carga de la prueba en perjuicio a los usuarios.
d) Impongan, sin la expresa e independiente voluntad de las partes, el sometimiento del contrato a arbitraje.
e) Permitan al proveedor del servicio de pago la modificación unilateral del precio o de otras condiciones del contrato, en todo aquello que no esté permitido por estas Normas y por el ordenamiento aplicable a las actividades bancarias.
f) Autoricen al proveedor del servicio de pago a terminar unilateralmente el contrato.
g) Establezcan condiciones injustas de contratación o gravosas para los usuarios, le causen indefensión o sean contrarias al orden público y a la buena fe.
h) Establezcan como domicilio especial para la resolución de controversias y reclamaciones por vía administrativa o judicial un domicilio distinto a la localidad donde se celebró el contrato, o de los usuarios en el caso de contratos celebrados a distancia.
i) Cualquier otra cláusula que contravenga las disposiciones de estas Normas en protección a los usuarios.

Deberes de los usuarios del servicio de pago
Artículo 28. (1) Los usuarios de los servicios de pago electrónicos están obligados a:

a) Utilizar el medio de pago de conformidad con las condiciones que regulen la emisión y utilización del mismo.
b) En caso de extravío, robo o sustracción del medio de pago, o de utilización no autorizada de este, notificarlo al prestador de servicios de pago sin demoras indebidas en cuanto tenga conocimiento de ello.

(2) En cuanto reciba un instrumento de pago, el usuario deberá tomar todas las medidas razonables a fin de proteger los elementos de seguridad personalizados de que vaya provisto.

Terminación unilateral del contrato

Artículo 29. El usuario podrá dar por terminada la relación contractual con el prestador del servicio de pago, previa notificación con tiempo razonable.

Capítulo V
Aceptantes de los medios electrónicos de pago

Obligaciones de los aceptantes

Artículo 30. (1) En virtud de la utilización de los medios electrónicos de pago, los aceptantes de los mismos deberán:

a) Recibir el pago e imputarlo a la deuda contraída por el usuario del medio de pago.
b) En caso de pago de lo indebido, reintegrar las cantidades de dinero recibidas.
c) Salvo acuerdo en contrario, pagar al prestador del servicio las comisiones o costos derivados de la utilización del servicio de pago electrónico.
d) Notificar al prestador del servicio de pago cualquier error o anomalía en la gestión de su cuenta, así como cualquier transacción que no haya sido autorizada por él. Esta notificación deberá hacerla dentro de los tres (3) días siguientes al día en que tuvo conocimiento del hecho, salvo disposición más favorable.
e) Adoptar las precauciones razonables para garantizar la seguridad de la cuenta de servicio de pago electrónico.
f) Suministrar toda la información requerida por el prestador del servicio de pago electrónico.
g) Cumplir con las directrices de uso, controles, solicitudes de actualización del *software* y demás condiciones establecidas por el prestador del servicio de pago electrónico, con el fin de una mejor prestación del servicio.

No discriminación en función del instrumento de pago

Artículo 31. (1) Los aceptantes deben considerar como equivalentes a todos los medios de pago, sin preferencia por alguno específico. En tal sentido, no podrán cobrar comisiones u omitir descuentos en función del medio de pago elegido por el usuario.

(2) Cualquier promoción que ofrezca beneficios, monetarios o no, al usuario que adquiera los productos o servicios involucrados contra el pago en efectivo, realizada por cualquier proveedor, deberá extenderse a los pagos realizados con medios electrónicos.

(3) Quedan prohibidas las prácticas que orienten a los usuarios a la utilización de un medio de pago en particular, así como aquellas que imponen recargos en función del medio de pago a utilizar para la adquisición de bienes o servicios.

Responsabilidad del aceptante
Artículo 32. (1) En virtud de la utilización de los medios electrónicos de pago, el aceptante de los mismos será responsable por:

a) El incumplimiento de sus obligaciones.
b) Cualquier uso fraudulento o contrario a la ley, que realice en el marco de las relaciones contractuales suscritas con el prestador del servicio de pago o con el titular del medio de pago.
c) Las transacciones realizadas por terceros como consecuencia de la no adopción por su parte de las precauciones razonables de seguridad de la cuenta de servicio de pago electrónico.
d) Las transacciones no autorizadas o las consecuencias de las anomalías en la gestión de su cuenta, ello en caso de no haber notificado al prestador de servicio de pago en el lapso establecido en el artículo 30,d de estas Normas.

(2) Esta responsabilidad no se aplicará en caso de circunstancias excepcionales e imprevisibles fuera del control de la parte que invoca acogerse a estas circunstancias, cuyas consecuencias hubieran sido inevitables a pesar de todos los esfuerzos en sentido contrario.

Capítulo VI
Responsabilidad civil de los prestadores de servicios de pago

Incumplimiento del contrato
Artículo 33. (1) Los prestadores de servicios de pago son responsables ante los usuarios del medio de pago y, en su caso, ante los aceptantes de los mismos, por el incumplimiento de la prestación prometida, en los términos establecidos en el contrato, estas Normas y la Ley.

(2) El prestador de servicios de pago también será responsable en caso de uso fraudulento del medio de pago, en casos de ejecución de órdenes de pago que no hayan sido autorizadas por el titular del medio electrónico de pago.

(3) Esta responsabilidad no se aplicará en caso de circunstancias excepcionales e imprevisibles fuera del control de la parte que invoca acogerse a estas circunstancias, cuyas consecuencias hubieran sido inevitables a pesar de todos los esfuerzos en sentido contrario.

Reembolso
Artículo 34. (1) El prestador de servicios de pago está obligado a restituir el importe generado como comisión o gasto vinculado con una orden de pago no autorizada, así como el monto correspondiente a la orden ejecutada sin el consentimiento del cliente.

(2) El usuario del medio de pago o, en su caso, el aceptante, soportarán todas las pérdidas derivadas de operaciones de pago no autorizadas causadas por el incumplimiento de sus obligaciones o de su actuación fraudulenta.

Sanciones
Artículo 35. Los prestadores de servicios de pago electrónico están sujetos al régimen sancionador aplicable a las entidades supervisadas por el organismo o ente con competencia en materia bancaria, dentro del ámbito de sus competencias.

Responsabilidad penal del prestador de servicios de pago

Artículo 36. El prestador de servicios de pago será responsable penalmente de conformidad con lo dispuesto en la Ley especial contra los Delitos Informáticos.

Reclamos. Procedimiento previo

Artículo 37. (1) Cada prestador de servicios de pago contará con un departamento para la atención al cliente a través del cual realizará un procedimiento previo de conciliación para la resolución de los reclamos o conflictos derivados de las fallas en la prestación del servicio y uso fraudulento del medio de pago cuya cuantía sea equivalente a los procedimientos judiciales en instancia de Municipio.

(2) Dicho procedimiento se realizará de forma presencial o a distancia, a través de medios electrónicos, en un plazo no mayor a 30 días hábiles contados a partir de la notificación realizada por la parte interesada.

(3) A tales efectos, se utilizarán los canales de comunicación, notificación entre las partes y de atención similares a los utilizados para la contratación.

Procedimiento arbitral

Artículo 38. En caso de que los reclamos formulados excedan la cuantía señalada en el artículo 37,1 de estas Normas, se seguirá un procedimiento arbitral de derecho conforme a lo establecido en la Ley de Arbitraje Comercial, el cual se iniciará por la parte interesada.

Para lo anterior se utilizarán los canales de comunicación, notificación entre las partes y de atención similares a los utilizados para la contratación.

Capítulo VII
Derecho internacional privado

Jurisdicción en materia de acciones patrimoniales entre empresas
Artículo 39. En todas aquellas disputas derivadas de las relaciones entre los prestadores del servicio de pago y los aceptantes, o entre alguno de estos sujetos y los usuarios de los medios de pago cuando estos no califiquen como consumidores en los términos del artículo 5,g de estas Normas, se aplicarán las disposiciones sobre jurisdicción contenidas en la Ley de Derecho Internacional Privado.

Jurisdicción en materia de acciones patrimoniales en relaciones de consumo
Artículo 40. (1) Los tribunales venezolanos tendrán jurisdicción para conocer de los casos intentados contra el usuario o el aceptante, actuando como consumidores, cuando estos se encuentren domiciliados en Venezuela.

(2) El usuario o el aceptante, actuando como consumidores, podrán intentar acciones en contra del prestador de servicios de pago, ante los tribunales venezolanos en los casos en que el contrato se haya celebrado o sea cumplidero en territorio nacional, así como cuando el prestador de servicios de pago se encuentre domiciliado en Venezuela.

(3) A los efectos de estas Normas, se entenderá por domicilio de las personas físicas el lugar de su residencia habitual del usuario del servicio de pago. En el caso de las personas jurídicas, se entenderá que están domiciliadas en Venezuela si tienen su establecimiento en territorio venezolano.

Elección de tribunales extranjeros o de árbitros que resuelvan en el extranjero
Artículo 41. La elección de un tribunal extranjero o de árbitros que resuelvan en el extranjero no tendrá efectos derogatorios sobre la jurisdicción venezolana, si el consumidor demuestra la imposibilidad material o jurídica de hacer valer sus derechos en el extranjero.

Arbitraje

Artículo 42. (1) Se reconoce el uso del arbitraje, la conciliación, la mediación y cualquier otro medio alternativo para la resolución de conflictos cuando las partes así lo establezcan.

(2) La cláusula de arbitraje debe constar por escrito de manera que se deje constancia de la voluntad de las partes, la cual deberá ser expresa. En los contratos de adhesión y normalizados la cláusula de arbitraje debe constar además de forma independiente.

Forum non conveniens

Artículo 43. Los tribunales venezolanos podrán declinar su jurisdicción en favor de otro, con base en el principio de proximidad y la protección del debido proceso, siempre que no se trate de causas que versen sobre bienes inmuebles ubicados en la República, o de materias sobre las que no cabe transacción, no viole principios esenciales del ordenamiento jurídico venezolano y que con tal decisión se logre la justicia material en el caso concreto.

Arbitraje por vía electrónica

Artículo 44. A los fines de garantizar que los medios alternativos de resolución de controversias sean fácilmente accesibles y de costo razonable se reconoce el arbitraje vía electrónica, siempre y cuando a través del mismo se garantice el derecho a la defensa y no se vean menoscabados los derechos de la parte débil de la relación jurídica.

Derecho aplicable a relaciones entre empresas

Artículo 45. El Derecho aplicable a los medios electrónicos de pago, cuando la relación sea paritaria, se determinará de conformidad con lo establecido en la Convención Interamericana sobre Derecho Aplicable a los Contratos Internacionales.

Derecho aplicable a la relación de consumo
Artículo 46. Cuando el usuario o el aceptante del servicio de pago califiquen como consumidores en los términos de estas Normas, el Derecho aplicable a sus relaciones contractuales con el proveedor de servicios de pago, será el del lugar donde estos tengan su domicilio.

Derecho aplicable a los contratos a distancia y *Favor Debilis*
Artículo 47. (1) En los contratos celebrados a distancia, así como aquellos celebrados por el usuario o el aceptante del servicio de pago fuera de su domicilio, se aplicará, a elección del juez:

(a) El Derecho del lugar en donde se preste efectivamente el servicio de pago;
(b) El Derecho del lugar de celebración del contrato, entendiéndose por tal el lugar en donde el oferente hubiere tenido conocimiento de la aceptación de la oferta.

(2) En todo caso, el tribunal competente buscará la aplicación del Derecho más favorable al usuario o aceptante, en el sentido de que le brinde las suficientes garantías, tomando en consideración su posición de parte débil del contrato.

Normas de aplicación necesaria
Artículo 48. (1) No obstante lo anterior, se aplicarán necesariamente las normas del Derecho venezolano, cuando tengan carácter imperativo.

(2) El juez podrá tomar en cuenta las normas de aplicación necesaria de un ordenamiento jurídico vinculado al contrato, cuando las circunstancias del caso concreto así lo exijan.

Remisión a la Ley de Derecho Internacional Privado
Artículo 49. En todo lo no determinado en este capítulo, regirán las reglas dispuestas en la Ley de Derecho Internacional Privado.

Conclusión

Luego de este recorrido hemos llegado a la constatación de una necesidad. La necesidad de regular una realidad de la que no podemos escapar. Siempre se ha afirmado que la realidad avanza mucho más rápido que las soluciones jurídicas, pero, en materias relacionadas con las nuevas tecnologías de la información y la comunicación, la distancia entre una –la realidad– y otras –las soluciones jurídicas– aumenta exponencialmente. El tema de los medios electrónicos de pago es prueba de ello.

Si bien, tal como hemos sostenido en otras oportunidades, internet y las demás redes de comunicación no generan nuevos tipos de relaciones sino que más bien modifican la forma en que han de darse esas relaciones, su participación aporta, sin duda, nuevos elementos que deben ser tomados en cuenta y que deben ser atendidos por el legislador.

En efecto, aunque estamos refiriéndonos, en definitiva, al pago de obligaciones pecuniarias, el acto de pagar ya no va a agotarse con la simple entrega de dinero en efectivo –tal como sigue siendo concebido por buena parte de las legislaciones contemporáneas–, sino que se producirá a través de la transferencia de un valor representativo de dinero, expresado en bits, que viajará a través del ciberespacio hasta ponerse a disponibilidad del acreedor, extinguiendo con ello la obligación.

Entender, entonces, al dinero como un valor más allá del metal, el papel o el dispositivo electrónico que lo contiene, resulta fundamental. Lo importante es la transmisión de ese valor y no la forma de transmisión del mismo. A pesar de ello, los diversos sistemas suelen apegarse a la necesidad de que las propias partes legitimen, en ejercicio de la autonomía de la voluntad, el uso de instrumentos que sustituyen al dinero tradicional.

En el caso venezolano, el ordenamiento reconoce expresamente el poder liberador del dinero, en el sentido de aceptarlo como un medio de pago, como un instrumento capaz de extinguir obligaciones pecuniarias. Paralelamente, y de manera dispersa, reconoce y regula algunos medios de pago tradicionales como el cheque e, incluso, las tarjetas de pago, pero no pasa de mencionar, en ciertas normas, a los medios electrónicos de pago. Además, nuestro sistema reconoce al banco un rol fundamental en la intermediación en materia de pagos, aunque en la práctica estén prestando sus servicios actores no bancarios, nacionales y extranjeros, estos últimos con las limitantes propias del control de cambio vigente en Venezuela desde 2003.

Este silencio casi absoluto del sistema venezolano nos ha hecho mirar hacia la regulación europea. Tengamos en cuenta que en el ámbito interamericano el tema tampoco ha sido objeto de examen y regulación. Más allá de la experiencia reciente en Brasil, Bolivia, Perú o Uruguay, los medios electrónicos de pago suelen funcionar al margen del Derecho positivo. De allí se deriva, por una parte, la falta de confianza que aún padecen y, por otra, la importancia de las fuentes reguladoras no estatales como la *Lex mercatoria*.

Así, aunque tal como hemos afirmado antes, no se trata en esencia de nuevas relaciones, sino de nuevas formas de relacionarse, lo cierto es que el pago electrónico requiere la participación de nuevos actores. Ya no se trata de una relación directa entre el deudor que paga y su acreedor que recibe el monto fijado por ellos. Al escenario entra, al menos, un nuevo personaje: el prestador de servicios de pago. Un tercero ajeno a la relación contractual original, que requiere la celebración de nuevos contratos para poder actuar y cuya conducta tiene una gran influencia en el cumplimiento de aquella obligación. Este sujeto puede o no ser un banco y, en ambos casos, su condición podría tener cierto impacto en la regulación.

En principio, la presencia del banco suele ser constante. Su presencia y la de todo su aparato burocrático, de su forma de relacionarse y de contratar. En efecto, prestando un servicio en masa, el recurso a los contratos de adhesión es lo normal. Además, el hecho de dedicarse a una actividad profesional que suele estar fuertemente controlada por el Estado también se refleja, de alguna manera, en el contenido de sus contratos.

El banco es reconocido como el garante de la seguridad del medio de pago, pero también como el responsable del costo, en algunos casos elevado, del mismo. Y es esto último lo que probablemente ha desencadenado su pérdida de protagonismo. Hoy asistimos al desplazamiento del banco como intermediador principal en la dinámica de los medios de pago y al posicionamiento de prestadores no bancarios de servicios de pago.

La presencia de estos nuevos prestadores de servicios de pago supone algunos problemas. Uno de ellos se vincula a la seguridad que estos están obligados a brindar a los usuarios, tanto desde el punto de vista tecnológico como desde el punto de vista jurídico. Otro tiene que ver con el control que pueda ejercer el Estado sobre ellos, a semejanza de lo que hace con los bancos. En este tema, justamente, se ha centrado en parte la legislación europea, al establecer un sistema de autorizaciones para los prestadores de servicios de pago distintos de los bancos. No con el fin de asfixiar o deprimir el sector, sino más bien con el afán de ordenar un grupo de prestadores de servicios bastante cercanos al servicio bancario sin tener este carácter.

Ahora bien, en esta relación triangular –que hemos denominado «primer círculo de relaciones»– también puede concurrir un consumidor. Otro personaje cuya presencia modula la manera en que los Estados han afrontado y deberán afrontar la regulación de las relaciones jurídicas en general, y de los medios electrónicos de pago en particular. La participación en la relación de un débil jurídico –el consumidor–, altera necesariamente la mirada del legislador. El desequilibrio en el poder de negociación entre las partes hace imperativa la participación del Estado, en protección del débil e, indirectamente, en protección de la sociedad.

Otro elemento fundamental en el análisis del tema es la frecuente internacionalidad que caracteriza a las relaciones que giran en torno a la dinámica del medio electrónico de pago, lo cual llama a la actuación del Derecho internacional privado. No obstante, muchas veces el usuario del medio de pago no ha sido consciente de tal internacionalidad y de las consecuencias que la misma trae consigo.

Pero tampoco lo ha sido el propio Derecho internacional privado, disciplina que no se ha ocupado con claridad de estas relaciones. Esta situación nos obliga a acudir a las reglas generales en materia de contratación internacional, las cuales no necesariamente se adaptan a las particulares características de la dinámica que se plantea en torno a los medios electrónicos de pago. Consideremos que generalmente tales relaciones se configuran como contratos conexos, los cuales, a falta de una mejor respuesta, son atendidos sobre la base del principio de relatividad del contrato y mirados como relaciones absolutamente independientes.

En el caso venezolano, ese silencio alcanza a las relaciones de consumo, con lo cual se abre la puerta a la actuación de las normas generales en materia de jurisdicción y Derecho aplicable, con la particularidad de que estas están diseñadas para relaciones paritarias, cuyas soluciones, lo hemos constatado en este trabajo, no resultan idóneas para la regulación de las relaciones de consumo.

Tengamos en cuenta que la reacción del Derecho internacional privado frente a las relaciones internacionales de consumo, no solo tiene un impacto vinculado a los temas que le son propios a la disciplina. En efecto, una clara regulación de la jurisdicción y el Derecho aplicable contribuyen a brindar seguridad jurídica y, en definitiva, a garantizar el acceso a la justicia de las partes, lo cual cobra mayor importancia cuando está presente un consumidor. Además de esta función primaria, la mayor o menor atención que preste el Derecho internacional privado a este tipo particular de relaciones jurídicas tiene un claro impacto en la actitud de los proveedores de bienes y servicios. La protección brindada por estos a través de sus contratos estándar dependerá de las exigencias del mercado en el cual ofrecen sus productos o servicios.

Hemos constatado esta afirmación, al examinar las cláusulas de jurisdicción y Derecho aplicable incluidas en los *User Agreements* de PayPal. No es entonces artificial la necesidad de contar con un sistema eficiente de protección al consumidor, pues con él se asegura no solo esa protección, sino que, además, se garantizaría una actitud más respetuosa de parte de los actores del comercio internacional y, en definitiva, el derecho de los consumidores a acceder a bienes y servicios de calidad.

Siendo nuestra principal conclusión la necesidad de regulación, hemos querido también plantear una propuesta, con la cual, partiendo del modelo europeo, podamos atender la realidad venezolana. Una propuesta que hemos elaborado con la invalorable ayuda de los cursantes del seminario «Medios electrónicos de pago en el comercio internacional», dictado en el semestre 2014 II en la Maestría en Derecho Internacional Privado y Comparado de la Universidad Central de Venezuela.

No podemos más que cerrar este trabajo con el reconocimiento de dos ideas. La primera, el carácter necesariamente inacabado de esta investigación, lo cual conduce, en primer término, a reconocer también la constante evolución del tema tecnológico, que en 24 horas puede hacer parecer obsoleto cualquier planteamiento y, en segundo lugar, a reconocer por ello a este trabajo como una provocación a la discusión del tema.

La segunda idea a reconocer es, justamente, la que habrá de dar lugar a esta discusión y con la que hemos iniciado el trabajo. Tomaremos, para plantearla, las palabras de Henderson: «*This new money is like a shadow. Its cool-gray shape can be seen but not touched. It has no tactile dimension, no heft or weight (...) Money is a phantom from the past, an anachronism. In its place, traveling the world incessantly without rest and nearly at the speed of light, is an entirely new form of money based not on metal or paper but on technology, mathematics and science...*».

Bibliografía

AA. VV., *Derecho del comercio internacional*, (Dir. C. Esplugues Mota), Valencia, Tirant Lo Blanch, 2012.

Abels, Michael, Paying on the Net: means and associated risks, en: *Revue de Droit des Affaires Internationales/International Business Law Review*, 1998, N.º 3, pp. 349 y ss.

Abrazhevic, Dennis, Panos Markopoulos y Matthias Rauterberg, Designing internet-based payment systems: guidelines and empirical basis, en: *Human-Computer Interaction*, 2009, Vol. 24, pp. 408 y ss.

Acedo Mendoza, Carlos y Alfredo Acedo Machado, *Instituciones financieras*, Caracas, McGraw Hill, 7.ª ed., 2000.

Aguilar Navarro, Mariano, *Derecho internacional privado*, Madrid, Sección de Publicaciones, Facultad de Derecho de la Universidad Complutense, Madrid, reimp. de la 3.ª ed., 1979, Vol. I, T. II, Parte Primera.

Albornoz, Jorge R. y Paula María All, *Crédito documentario*, Mendoza, Ediciones Jurídicas Cuyo, 2002.

Albornoz, María Mercedes, Une relecture de la Convention interaméricaine sur la loi applicable aux contrats internationaux à la lumière du règlement 'Rome I', en: *Journal du Droit International*, 2012, N.º 1, pp. 4 y ss.

Alpa, Guido, *Responsabilidad civil y daño. Lineamientos y cuestiones*, (Trad. J. Espinoza Espinoza), Perú, Gaceta Jurídica, 2001.

Alter, Cédric, *Droit bancaire général*, Bruxelles, Editions Larcier, 2010.

Álvarez, González, Santiago, La Ley aplicable a la responsabilidad precontractual en Derecho internacional privado español, en: *REDI*, 1990, Vol. XLII, N.º 1, pp. 125 y ss.

Álvarez, Maximir, Dinero electrónico y política monetaria. Una primera aproximación, en: *Revista Venezolana de Análisis de Coyuntura*, 2002, Vol. VIII, N.º 2, pp. 185 y ss.

Anderson, Roy Ryden, Incidental and consequential damages, en: *Journal of Law and Commerce*, 1987, N.º 7, pp. 327 y ss.

Armesh, Hamed, Zahra Shokouh Saljoughi y Baqer Kord, Electronic payments and its implications, en: *Interdisciplinary Journal of Contemporary Research in Business*, 2010, Vol. 2, N.º 8, pp. 246 y ss.

Arteaga Ruiz, Jesús y Andrés Conesa Fontes, La libre circulación de capitales en la UE y en la UEM, en: *Boletín Económico de ICE*, 2001, N.º 2700, pp. 15 y ss.

Au, Yoris A. y Robert J. Kauffman, The economics of mobile payments: Understanding stakeholder issues for an emerging financial technology application, en: *Electronic Commerce Research and Applications*, 2008, N.º 7, pp. 141 y ss.

Bacache-Gibeili, Mireille, *La relativité des conventions et les groupes de contrats*, París, LGDJ, Bibliothèque de Droit Privé, T. 268, 1996.

Baddeley, Michelle, Using e-cash in the new economy: An economic analysis of micropayment systems, en: *Journal of Electronic Commerce Research*, 2004, Vol. 5, N.º 4, pp. 239 y ss.

Barrios, Haydée, Del domicilio, en: *RFCJPUCV*, 2000, N° 117, pp. 41 y ss.

Basedow, Jürgen, Theorie der Rechtswahl oder Parteiautonomie als Grundlage des internationalen Privatrechts, en: *RabelsZ*, 2011, Bd. 75, pp. 32 y ss.

_____, *Lex mercatoria* and the Private International Law of the contracts in economic perspective, en: *An economic analysis of Private International Law* (J. Basedow and T. Kono, Eds.), Tübingen, Mohr Siebeck, 2006, pp. 57 y ss.

_____, The State's Private Law and the economy. Commercial Law as an amalgam of public and private rule-making, en: *AJCL*, 2008, Vol. 56, N.º 3, pp. 703 y ss.

Basle Committee on Banking Supervision, *Risk management for electronic banking and electronic money activities*, Basle, March 1998, en: http://www.bis.org/publ/bcbs35.pdf (29.12.2014).

Bauer, Ralph, Consequential damages in contract, en: *The University of Pennsylvania Law Review and American Law Register*, 1932, Vol. 80, N.º 5, pp. 687 y ss.

Baumbach, Adolf und Klaus Hopt, Allgemeine Geschäftbedingungen der Banken, en: *Kommertar zum Handelsgesetzbuch*, München, Beck, 35. Auflage, 2012.

Bin, Marino, La circolazione internazionale dei modelli contrattuali, en: *Contratto e Impresa*, 1993, N° 2, pp. 475 y ss.

Binder, Heinz, Zur Auflockerung des Deliktsstatuts, en: *RabelsZ*, 1955, N.º 20, pp. 401 y ss.

Boer, Remco and Tonnis de Boer, Mobile payments 2010. Market analysis and overview, Version 1.01, November 2009, Innopay, en: http://www.innopay.com/system/files/private/a6157b468508f2382a8c0fd03d422f8d.pdf (15.05.2015).

Bogdan, Michael, Private International Law as a component of the law of the forum: General course on Private International Law, en: *R. des C.*, 2011, Vol. 348, pp. 9 y ss.

Boggiano, Antonio, The contribution of the Hague Conference to the development of private international Law in Latin America: universality and genius loci, en: *R. des C.*, 1992 II, T. 233, pp. 99 y ss.

Bonomi, Andrea, The Rome I Regulation on the Law applicable to contractual obligations - Some general remarks, en: *Yearbook of Private International Law*, 2008, Vol. 10, pp. 165 y ss.Boskovic, Olivera, *La réparation du préjudice en Droit international privé*, París, LGDJ, Bibliothèque de Droit Privé, T. 407, 2003, pp. 209 y ss.

——————, Conversion of the Rome Convention on Contracts into an EC Instrument: Some Remarks on the Green Paper of the EC Commission, en: *Yearbook of Private International Law*, 2003, Vol. 5, pp. 53 y ss.

Bourgoigne, Thierry et Françoise Maniet, La proposition de Directive CEE sur la responsabilité du prestataire de services : les raisons, le fondement et le contenu de l'initiative communautaire, en: *Consommation. La responsabilité du prestataire de services et du prestataire de soins de santé. Une proposition de Directive européenne* (Edit. N. Fraselle), Louvain-la-Neuve, Centre de Droit de la Consommation, Université Catholique de Louvain, Académie Bruylant, 1992, pp. 9 y ss.

Bouza Vidal, Nuria, La elección conflictual de una normativa no estatal sobre contratos internacionales desde una perspectiva europea (Consideraciones sobre el Plan de Acción de la Comisión de febrero de 2003, en: *Pacis artes. Obra homenaje al profesor Julio D. González Campos*, Madrid, Universidad Autónoma de Madrid, Eurolex, 2005, T. II, pp. 1309 y ss.

Bruggink, Diederik, Pierre Karsten and Carlo R. W. de Meijer, The European cards environment and ISO 20022, en: *Journal of Payments Strategy & Systems*, 2012, Vol. 6, N° 1, pp. 80 y ss.

Brugi, Biagio, *Instituciones de Derecho civil con aplicación especial a todo el derecho privado*, (Trad. J. Simo Bofarull), México, Unión Tipográfica Editorial Hispano – Americana, 1946.

Burns, John, The Payment Services Directive: A view from the UK regulator, en: *Journal of Payments Strategy & Systems*, 2009, Vol. 3, N.º 3, pp. 204 y ss.

Buyya, Rajkumar, Chee Shin Yeo, Srikumar Venugopal, James Broberg and Ivona Brandic, Cloud computing and emerging IT platforms: Vision, hype, and reality for delivering computing as the 5th utility, en: *Future Generation Computer Systems*, 2009, N.º 25, pp. 599 y ss.

Cabanillas Sánchez, A., *Las obligaciones de actividad y de resultado*, Barcelona, Casa Edit. Bosch, 1993.

Cadena Afanador, Walter y Germán Cubillos Guzmán, El régimen internacional de las Cartas *Standby* y el papel de Estado, en: *Revista Diálogos de Saberes*, enero-junio 2009, N.º 30, pp. 39 y ss.

Calabrese, Armando, Massimo Gastaldi, Irene Iacovelli and Natran Levialdi Ghiron, New technologies in the payment industries: The SEPA Project, en: *American Journal of Economics and Business Administration*, 2010, 2(4), pp. 384 y ss.

Calamandrei, Piero, *Derecho procesal civil*, Buenos Aires, EJEA, Colección Ciencia del Proceso, 1982.

Calvo Caravaca, Alfonso Luis, El Reglamento Roma I sobre la ley aplicable a las obligaciones contractuales: cuestiones escogidas, en: *Cuadernos de Derecho Transnacional*, 2009, Vol. 1, N° 2, pp. 52 y ss.

Calvo Caravaca, Alfonso Luis y Javier Carrascosa González, *Derecho internacional privado*, Granada, Comares, 12ª ed., 2011, Vol. II.

Campos, José Ramón, Desarrollo del mercado de pagos por operadores no bancarios, en: *Sistemas de pago: tendencia mundial retos y oportunidades*, Caracas, Banco Central de Venezuela, 2011, pp. 95 y ss.

Cap, Clemens, Bitcoin – das Open-Source-Geld, en: *HMD – Praxis der Wirtschaftsinformatik*, 2012, pp. 84 y ss.

Carballo Piñeiro, Laura, Unión Europea: comienza a aplicarse el Reglamento Bruselas I bis, en: https://cartasblogatorias.com/2015/01/10/union-europea-comienza-aplicarse-el-reglamento-bruselas-bis/ (18.09.2015).

Carrascosa González, Javier La autonomía de la voluntad conflictual y la mano invisible en la contratación internacional, en: *Diario La Ley*, 27 Abr. 2012, N.º 7847, Sección Tribuna, Año XXXIII,.

_____, Elección múltiple y elección parcial de la Ley aplicable al contrato internacional, en: *Anales de Derecho de la Universidad de Murcia*, 2000, N.º 18, pp. 7 y ss.

_____, Medios de pago internacionales, en: *Contratos internacionales* (A. Calvo Caravaca y L. Fernández de la Gándara, Dir.; P. Blanco-Morales Limones, Coord.), Madrid, Tecnos, 1997, pp. 732 y ss.

Carrascosa González, Javier y Pilar Blanco Morales-Limones, Capítulo XXV. Contratos internacionales (II), Algunos contratos, en: Calvo Caravaca, Alfonso-Luis y otros, *Derecho internacional privado*, Granada, Comares, 1998, Vol. II, pp. 437 y ss.

Carreau, Dominique, Le système monétaire international privé (UEM et Euromarchés), en: *R. des C.*, 1998, Vol. 274, pp. 309 y ss.

Carrillo Salcedo, Juan A., *Derecho internacional privado. Introducción a sus problemas fundamentales*, Madrid, Edit. Tecnos, 2ª ed., 1976.

Castellot Rafful, Rafael Alberto, *La Unión Europea. Una experiencia de integración regional*, México, Plaza y Valdez, S.A. de C.V., 2ª reimp, 2002.

Castiglia, G., Negozi collegati in funzione di scambio (su alcuni problemi del collegamento negoziale e della forma giuridica delle operazioni economiche di scambio), en: *Rivista di Diritto Civile*, 1979 II, p. 397 y ss.

Catala, Nicole, *La nature juridique du payement*, París, LGDJ, 1961.

Cavanillas Mujica, Santiago, Las prestaciones propias de cada producto o servicio (Art. 8.1 de la Ley General para la Defensa de Consumidores y Usuarios), en: *Aranzadi Civil*, enero 1993, N.º 2, pp. 6 y ss.

Cervilla Garzón, María D., *La prestación de servicios profesionales*, Valencia, Tirant lo Blanch, Monografías, 2001.

Clarke, Robert, Identification, anonymity and pseudonymity in consumer transactions: a vital systems design and public policy issue, en: http://www.rogerclarke.com/DV/AnonPsPol.html (29.12.2014).

Cordido Freytes, José Antonio, *A comparative study of conflicts of laws relating checks (and negotiable instruments in general) in the Latin-American and Anglo-American legal systems*, Caracas, Edit. Rex, 1958.

Cortés, Edgar, *La culpa contractual en el sistema jurídico latinoamericano*, Bogotá, Universidad Externado de Colombia, 2001.

Cozian, Maurice, *L'action directe*, París, LGDJ, Bibliothèque de Droit Privé, T. XCII, 1969.

Cristóbal Montes, Ángel, *El pago o cumplimiento de la obligación*, Madrid, Tecnos, 1986.

Crosby, Michael, Nachiappan, Pradan Pattanayak, Sanjeev Verma and Vignesh Kalyanaraman, BlockChain Technology: Beyond Bitcoin, en: *Applied Innovation Review*, June 2016, Issue N.º 2, pp. 6 y ss.

Cuenca, Humberto, *Derecho procesal civil*, Caracas, Ediciones de la Biblioteca de la UCV, Colección Ciencias Jurídicas y Políticas, 1994, T. I.

Cuendet, Jean, *La faute contractuelle et ses effets*, Berne, Université de Lausanne, Imprimerie Staempfli, 1970.

Chacón Gómez, Nayibe, La protección de dos derechos constitucionales: El arbitraje de los contratos de consumo, en: *Tendencias actuales del Derecho constitucional. Homenaje a Jesús María Casal Montbrun*, (Coord. J.M. Casal, A. Arismendi, C.L. Carrillo), Caracas, UCV, UCAB, 2007, T. II, pp. 545 y ss.

_____, El arbitraje en los contratos de consumidores: sistema arbitral de consumo en España, en: http://www.monografias.com/trabajos14/consumidor-arbitr/consumidor-arbitr.shtml (18.09.2015).

Changsu Kim, Wang Tao, Namchul Shin and Ki-Soo Kim, An empirical study of customers' perceptions of security and trust in e-payment systems, en: *Electronic Commerce Research and Applications*, 2010, N.º 9, pp. 84 y ss.

Charbin, Nicole, *Le contrat de consommation de crédit et l'autonomie de la volonté*, París, LGDJ, Bibliothèque de Droit Privé, T. CXCIX, 1988.

Chaum, David, Achieving electronic privacy, en: *Scientific American*, August 1992, pp. 96 y ss.

Checa Martínez, Miguel, *El crédito documentario en el Derecho del comercio internacional*, Madrid, Edit. Beramar, 1994.

Chillón Medina, José María y José Fernando Merino Merchán, *Tratado de arbitraje privado interno e internacional*, Madrid, Civitas, 2ª ed., 1991.

Dannemann, Gerhard, Article 124. Means of payment, en: *Common European Sales Law (CESL), Commentary* (R. Schulze, ed.), München, Portland, Baden-Baden, C.H. Beck, Hart, Nomos, 2012, pp. 537 y ss.

Dannenberg, Marius y Anja Ulrich, *E-Payment und E-Billing. Elektronische Bezahlsysteme für Mobilfunk und Internet*, Wiesbaden, Gabler, 2004.

De Ángel Yágüez, Ricardo, La responsabilidad civil de los suministradores, en: *Estudios de Deusto*, julio/diciembre 2004, Vol. 52/2, pp. 11 y ss.

De Ángel Yágüez, Ricardo, *La responsabilidad civil*, Bilbao, Universidad de Deusto, 2ª ed., 1989.

De Cesari, Patrizia, *Diritto internazionale privato dell'Unione Europea*, Torino, G. Giappichelli Editore, 2011.

De Cores Helguera, Carlos, Los servicios financieros en la era de la globalización. Reflexiones sobre el llamado «dinero electrónico» a propósito de la reciente ley uruguaya de inclusión financiera, en: *Los servicios en el Derecho internacional privado, Jornadas de la ASADIP 2014*, Porto Alegre, ASADIP, BRASILCON, 2014, pp. 645 y ss.

De Cuevillas Matozzi, Ignacio, *La relación de causalidad en la órbita del Derecho de daños*, Valencia, Tirant lo Blanch, Servicio de Publicaciones, Universidad de Cádiz, Tirant Monografías, N.º 156, 2000.

De Lima Pinheiro, Luís, Direito aplicável ás operações bancárias internacionais, en: *Revista da Ordem dos Advogados*, 2007, Ano 67, II, pp. 573 y ss.

De Meijer, Carlo and Jonathan Bye, The increasing adoption of mobile payments in Europe – and remaining challenges to growth, en: *Journal of Payments Strategy & Systems*, 2011, Vol. 5, N.º 3, pp. 273 y ss.

De Miguel Asensio, Pedro, El nuevo Reglamento sobre competencia judicial y reconocimiento y ejecución de resoluciones, en: *La Ley*, 31 de enero de 2013, año XXXIV, N.º 8013, pp. 1 y ss.

_____, *Derecho privado de internet*, Madrid, Civitas, 4ª ed., 2011.

_____, Capítulo 4. Contratación comercial internacional, en: *Derecho de los negocios internacionales*, (J.C. Fernández Rozas, R. Arenas García, P. de Miguel Asensio,) Madrid, Iustel, 2007, pp. 245 y ss.

Delaume, George R., *Transnational contracts. Applicable Law and Settlement of Disputes (A study in conflict avoidance)*, New York, Oceana Publications, Inc., Dobbs Ferry, 1988-1990, Booklet 4.

Demogue, Rene, *Traité des obligations en général*, París, Arthur Rousseau, 1925, T. V.

Desantes Real, Manuel, *Las obligaciones contractuales internacionales en moneda extranjera (Problemas relativos al ámbito de la ley aplicable)*, Madrid, La Ley, 1994.

Deutsch, Markus, *Electronic Commerce. Zwischenbetriebliche Geschäftsprozesse und nueue Marktzugänge realisieren*, Braunschweig, Wieweg, 2. Verbesserte Auflage, 1999.

Dietze, Doris, Michael Findeisen y Stefan Werner, §§ 1-7 ZAG: Begriffsbestimmungen, Anwendungsbereich, Zweifelsfälle, Aufsicht, Zahlungssysteme, en: *Kommentar zum Zahlungsverkehrsrecht. Praxiskommentar zum Zivil- und Aufsichtsrecht des Zahlungsverkehrs*, (J. Ellenberger, M. Findeisen, G. Nobbe, Herausgeber), Heidelberg, Finanz Colloquium Heidelberg, 2. Auflage, 2013, pp. 3 y ss.

Díez-Picazo, Luis, *Derecho de daños*, Madrid, Civitas, 1999.

——————, *Fundamentos del Derecho civil patrimonial*, Madrid, Civitas, 5ª ed., 1996, Vol. I y II.

Díez-Picazo, Luis, E. Roca Trías y A. M. Morales, *Los principios del Derecho europeo de los contratos*, Madrid, Civitas, 2002.

Dos Santos, Olga, Jurisdicción y el Proyecto de Ley Orgánica Procesal del Trabajo, en: *Liber Amicorum, Homenaje a la Obra Científica y Académica de la Profesora Tatiana B. de Maekelt*, Caracas, FCJPUCV, Fundación Roberto Goldschmidt, 2001, T. II, pp. 3 y ss.

——————, *Contratos internacionales en el ordenamiento jurídico venezolano*, Caracas, Valencia, FCJPUCV, Vadell Hermanos Editores, 2000.

Dreyzin de Klor, Adriana, El Derecho aplicable al comercio electrónico: un tema que interesa a los consumidores, a la CIDIP VII y a otros foros de codificación, en: *Protección de los consumidores en América. Trabajos de la CIDIP VII (OEA)*, (Coord. D.P. Fernández Arroyo y J.A. Moreno Rodríguez), Asunción, CEDEP, La Ley Paraguaya, 2007, pp. 239 y ss.

_____, Amalia Uriondo de Martinoli y María Blanca Noodt Taquela, Dimensiones convencional e institucional de los sistemas de jurisdicción internacional de los Estados mercosureños, en: AA. VV., *Derecho internacional privado de los Estados del Mercosur*, Buenos Aires, Zavalia, 2003, pp. 137 y ss.

Eckardt, Dietrich, *Was ist Geld? Strukturen, Möglichkeiten und Grenzen des Treibstoffs moderner Kreditgeldwirtschaften*, Wiesbaden, Springer Gabler, 2013.

Echebarría Sáenz, Joseba Aitor, El dinero electrónico: construcción del régimen jurídico emisor-portador, en: *Los medios electrónicos de pago. Problemas jurídicos*, (R.M. Mata y Martín, Coord. y A.M. Javato Martín, Dir.), Granada, Comares, 2007, pp. 219 y ss.

Ehrenzweig, Albert, Local and moral data in the conflict of law, en: *Buffalo Law Review*, 1966, N.° 16, pp. 55 y ss.

_____, Guest statutes in the conflict of Laws – Towards a theory of enterprise liability under «foreseeable and insurable Laws»: I, en: *Yale Law Journal*, 1960, Vol. 69, N.° 4, pp. 595 y ss.

Elwan, Omaia, La loi applicable à la garantie bancaire à première demande, en: *R. des C.*, 2000, Vol. 275, pp. 9 y ss.

Epstein, Richard A., Beyond foreseeability: consequential damages in the Law of contract, en: *Journal of Legal Studies*, 1989, Vol. 18, N.° 1, pp. 105 y ss.

Espinar Vicente, José María, *Curso de Derecho internacional privado español. Derecho procesal civil internacional. Competencia judicial internacional. Reconocimiento y ejecución de actos y decisiones extranjeras*, Madrid, Universidad de Alcalá de Henares, Servicio de Publicaciones, 1993.

Esplugues Mota, Carlos, Régimen jurídico de la contratación en el Derecho del comercio internacional, en: *Contratación internacional*, (C. Esplugues Mota, coord.), Valencia, Tirant Lo Blanch, 2ª ed., 1999, pp. 57 y ss.

Etzkorn, Jörg, *Rechtsfragen des internationalen elektronischen Zahlungsverkehrs durch S.W.I.F.T.*, Berlín, New York, Walter de Gruyter, 1991.

European Central Bank, Towards an integrated European card payments market, *ECB Monthly Bulletin*, January 2012, pp. 75 y ss.

_____, Report on electronic money, Frankfurt am Main, 1998, en: http://www.ecb.europa.eu/pub/pdf/other/emoneyen.pdf (29.12.2014).

Evans, David and Richard Schmalensee, Innovation and evolution of the payments industry, en: *Moving money. The future of consumer payments*, Washington D.C., Brookings Institution Press, 2009, pp. 36 y ss.

Favre-Bulle, Xavier, *Les paiements transfrontières dans un espace financier européen*, Basle, Helbing & Lichterbahn, 1998.

Feller, Frerk-Malte, PayPal – Globales Zahlungssystem mit Kompetenz für lokale Zahlungsmärkte, en: *Handbuch E-Money, E-Payment & M-Payment*, (T. Lammer, Herausgeber), Heildelberg, Physica-Verlag, 2006, pp. 237 y ss.

Fernández Arroyo, Diego, Cecilia Fresnedo de Aguirre, María Blanca Noodt Taquela y Jorge R. Albornoz, Modalidades contractuales específicas, en: AA. VV., *Derecho internacional privado de los Estados de Mercosur*, Buenos Aires, Zavalia, 2003, pp. 1027 y ss.

Fernández Rozas, José Carlos (Coord.), *Armonización del Derecho internacional privado en el Caribe. L'harmonisation du Droit international privé dans le Caraïbe. Harmonization of private international law in the Caribbean / Trabajos preparatorios y Proyecto de Ley Modelo OHADAC de Derecho Internacional Privado de 2014*, Madrid, Iprolex, 2015.

_____, *Ius Mercatorum. Autorregulación y unificación del Derecho de los negocios transnacionales*, Madrid, Colegios Notariales de España, 2003.

Ferrari, Franco, Eva-Maria Kieninger, Peter Mankowski, Karsten Otte, Ingo Saenger, Götz Schulze y Ansgar Staudinger, *Internationales Vertragsrechts. Rom I-VO. CISG. CMR. FactÜ*, München, Verlag C.H. Beck, 2012.

Flores Doña, Mª de la Sierra, *Naturaleza y caracterización general de la contratación bancaria electrónica con el consumidor*, en: http://eprints.ucm.es/9531/1/Funcas3naturalezacontratobancarioelectronicoSierra.pdf (15.05.2015).

Fontaine, Marcel, Les clauses exonératoires et les indemnités contractuelles dans les Principes d'Unidroit: Observations critiques, en: *Uniform Law Review / Revue de Droit Uniforme*, 1998 / 2-3, Vol. III, pp. 405 y ss.

Francescakis, Phocion, Quelques précisions sur les « lois d'application immédiate » et leurs rapports avec les règles de conflit de lois, en: *RC de DIP*, 1966, N.° 55, p. 1 y ss.

Frossard, Joseph, *La distinction des obligations de moyens et des obligations de résultat*, París, LGDJ, 1965, Bibliothèque de Droit Privé, T. LXVII.

Gabaldón, Frank, *Análisis a la Ley de Arbitraje Comercial*, Caracas, Livrosca, 1999.

Gabriel Rivera, José Luis, Las cláusulas reputadas «no puestas» o «no escritas»: rescatando un concepto del olvido (Apuntes exclusivamente históricos), en: *Advocatus, Revista de los alumnos de la Facultad de Derecho de la Universidad de Lima*, 2012, N.º 27, pp. 439 y ss.

Gaillard, Emmanuel, L'ordre juridique arbitral : réalité, utilité et spécificité, en : *McGill Law Journal*, 2010, N.º 55, pp. 891 y ss.

Galgano, Francesco, *El negocio jurídico*, (Trad. F. Blasco Gasco y L. Prats Albentosa), Valencia, Tirant lo Blanch, 1992.

Galgano, Francesco y Fabrizio Marrella, *Diritto del Commercio Internazionale*, Padova, CEDAM, 3ª ed. interamente riveduta ed aggiornata, 2011.

García-Cruces González, José Antonio, Contratación bancaria y consumo, en: *Revista de Derecho Bancario y Bursátil*, 1988, Año N.º 8, N.º 30, pp. 259 y ss.

Garcimartín Alférez, Francisco, The Rome I Regulation: Much ado about nothing?, en: *The European Legal Forum*, Issue 2-2008, pp. 61 y ss.

Gebauer, Martin, *Grundfragen der Europäisierung des Privatrechts*, Heildelberg, Universitätsverlag C. Winter, 1998.

Giménez Corte, Cristian, *Lex mercatoria*, garantías independientes y coacción extraestatal, en: *International Law: Revista colombiana de Derecho Internacional* (Pontificia Universidad Javeriana), 2004, N.º 003, pp. 343 y ss.

Giorgianni, Michelle, *L'inadempimento*, Milano, Giuffrè, 1959.

Giral Pimentel, José Alfredo, *Ley contra los ilícitos cambiarios y contratos en moneda extranjera*, Caracas, Los Libros de El Nacional, Serie Jurídica, 2006.

Giral Pimentel, José Alfredo, *El contrato internacional*, Caracas, Editorial Jurídica Venezolana, 1999, Colección Estudios Jurídicos N.º 71.

_____, Derecho internacional privado sustantivo de los títulos de crédito en Venezuela, en: *RFCJPUCV*, 1995, N.º 96, 83 y ss.

Giuliano, Mario, *La giurisdizione civile italiana e lo straniero*, Milano, 1970.

Giuliano, Mario y Paul Lagarde, Informe relativo al Convenio sobre la Ley aplicable a las obligaciones contractuales, en: *DOCE* C 327, de 11 de diciembre de 1992, pp. 1 y ss.

Godschalk, Hugo, Failure of Beenz and Flooz indicates the end of digital web-currencies?, en: *Electronic Payment Systems Observatory – ePSO Newsletter*, September 2001 – June 2002, Issues 9-15, 10-6, pp. 39 y ss.

Goldschmidt, Roberto, *Curso de Derecho mercantil*, Caracas, UCAB, Fundación Roberto Goldschmidt, 2008.

Goméz Calero, Juan, *Los derechos de los consumidores y usuarios*, Madrid, Dykinson, 1994.

González Martín, Nuria, Comercio electrónico y protección del consumidor: acercamiento al contexto mexicano, en: *Cuestiones actuales del Derecho mercantil internacional*, (Dir. A.L. Calvo Caravaca y S. Areal Ludeña), Madrid, Colex, 2005, pp. 615 y ss.

González Rubio, David, Barreras legales al desarrollo de las tecnologías de la información en el sistema económico: el caso de los medios electrónicos de pago, en: *Encuentro sobre informática y Derecho* (Instituto de Informática Jurídica, Universidad Pontifica de Comillas), Madrid, Aranzadi, 1996, pp. 325 y ss.

Gord, Michael, Smart contracts described by Nick Szabo 20 years ago now becoming reality, en: https://bitcoinmagazine.com/articles/smart-contracts-described-by-nick-szabo-years-ago-now-becoming-reality-1461693751/ (6.10.2017).

Grinberg, Reuben, Bitcoin: an innovative alternative digital currency, en: *Hastings Sciences & Technology Law Journal*, 2012, N.º 4, pp. 159 y ss.

Grundmann, Stefan, BGB § 276 Verantwortlichkeit des Schuldners, en: *Münchener Kommentar zum Bürgerlichen Gesetzbuch*, München, C.H. Beck, 6. Auflage, 2012.

Guadamuz González, Andrés, PayPal: the legal status of C2C payment systems, en: *Computer Law & Security Report*, 2004, Vol. 20, N.º 4 2004, pp. 293 y ss.

Guerra Hernández, Víctor Hugo, La jurisdicción venezolana en materia extracontractual y la doctrina del *forum non conveniens*, en: *Estudios de Derecho Procesal Civil, Libro Homenaje a Humberto Cuenca*, Caracas, TSJ, Colección Libros Homenaje, N.º 6, 2002, pp. 429 y ss.

Hartmann, Monika, E-Payments evolution, en: *Handbuch E-Money, E-Payment & M-Payment*, (T. Lammer, Herausgeber), Heildelberg, Physica-Verlag, 2006, pp. 7 y ss.

Häuser, Franz, Geschäftsbeziehung und Bankvertrag, en: *Handbuch zum deutschen und europäischen Bankrecht*, 2009, pp. 25 y ss.

Hayashi, Fumiko, Mobile Payments: What's in it for consumers?, en: *Economic Review*, First Quarter 2012, pp. 35 y ss.

Herdegen, Matthias, *Internationales Wirtschaftsrecht*, München, Verlag C.H. Beck, 9. Auflage, 2011.

Hernández Gil, Antonio, *Derecho de obligaciones*, Madrid, Centro de Estudios Universitarios Ramón Areces, 1983.

_____, *Mestizaje cultural de los países de la América Latina*, (Trabajo de Incorporación a la ACPS), Caracas, ACPS, 2007.

_____, Propuesta de actualización de los sistemas latinoamericanos de contratación internacional, en: *Anuario del Instituto Hispano Luso Americano de Derecho Internacional*, 2005, N.º 17, pp. 11 y ss.

_____, *Problemas contemporáneos el Derecho procesal civil internacional venezolano*, Caracas, Edit. Sherwood, Colección Cuadernos, N.º 8, 2004.

_____, El domicilio de las personas físicas en el Derecho internacional privado venezolano actual, en: *Ley de Derecho Internacional Privado, Libro Homenaje a Gonzalo Parra Aranguren*, Caracas, TSJ, Colección Libros Homenaje, N.º 1, 2002, *Addendum*, pp. 147 y ss.

_____, Domicilio a los fines de la *cautio iudicatum solvi*, en: *Ley de Derecho Internacional Privado, Libro Homenaje a Gonzalo Parra Aranguren*, Caracas, TSJ, Colección Libros Homenaje, N.º 1, 2002, *Addendum*, pp. 189 y ss.

_____, La contratación mercantil internacional a la luz de la Convención Interamericana sobre Derecho Aplicable a los Contratos Internacionales (México, 1994), en: *IV Jornadas Centenarias del Colegio de Abogados del Estado Carabobo, Visión contemporánea del Derecho mercantil venezolano*, Valencia, Vadell Hermanos Editores, 1998, pp. 39 y ss.

_____, Contratación internacional y autonomía de las partes: Anotaciones comparativas, en: *Revista de la Procuraduría General de la República*, 1995, N.º 12, pp. 18 y ss.

_____, Uso inapropiado de la doctrina extranjera y desconocimiento del Derecho internacional (público y privado): aportes para un estudio de la derogación del convencional de la jurisdicción (Art. 2 CPCV), en: *Revista de la Procuraduría General de la República*, 1993, N.º 8, pp. 41 y ss.

_____, Admisión del principio de autonomía de la voluntad de las partes en materia contractual internacional: Ensayo de Derecho internacional privado, en: *RFCJPUCV*, 1988, N.º 71, pp. 378 y ss.

Herzberg, Amir, Payments and banking with mobile personal devices, en: *Communications of the Association for Computing Machinery*, 2003, Vol. 46, N.º 5, pp. 53 y ss.

Hessler, Hansjoachim, *Sachrechtliche Generalklausel und internationales Familienrecht: zu einer zweistufigen Theorie des internationalen Privatrechts*, München, Beck'sche Verlagsbuchhandlung, 1985.

Heuzé, Vicent, La notion de contrat en Droit international privé, en: *Travaux du Comité français de Droit international privé*, 1995-1998, París, Editions A. Pedone, 2000, pp. 26 y ss.

_____, La loi applicable aux actions directes dans les groupes de contrats : l'example de la sous-traitance internationale, en : *RC de DIP*, 1996, pp. 243 y ss.

Huguet Rotger, Llorenç, Josep Lluís Ferrer Gomila y Magdalena Payeras Capellà, Requerimientos y características ideales de los sistemas de moneda electrónica para pagos de cantidades especiales, en: *Sociedad de la Información y del Conocimiento, I Congreso Internacional Sociedad de la Información*, Actas CISIC 2002, Las Palmas de Gran Canaria, McGraw Hill, 2002, pp. 110 y ss.

Hung Vaillant, Francisco, *Reflexiones sobre el arbitraje en el sistema venezolano*, Caracas, EJV, 2001, Colección Estudios Jurídicos N.º 74.

Inzitari, Bruno, La moneda: el principio nominalistico, en: *Trattato di Diritto commerciale e Diritto pubblico dell'economia* (F. Galgano, Dir.), Padova, CEDAM, 6: Moneta e valuta, 1983, pp. 69 y ss.

Jacob, Katy, Are mobile payments the smart cards of the aughts?, en: *Essays on Issues*, The Federal Reserve Bank of Chicago, 2007, N.º 240, s/p.

Jacobsen, Olaf, E-Payment mit Chipkarten – Die Geldkarte als Zahlungsmittel im Internet, en: *HMD – Praxis der Wirtschaftsinformatik*, 2002, N.º 224, pp. 22 y ss.

Jahnke, Bernd, Arne Hofmann y Marion Manowsky, *E-Payment in Deutschland – eine Nutzwertanalyse*, Tübingen, Arbeitsberichte zur Wirtschaftsinformatik, 2002, Band 25.

Jayme, Erik, Identité culturelle et intégration: Le Droit international privé postmoderne, en: *R. des C.*, 1995, T. 251, pp. 9 y ss.

Jiménez Sánchez, Guillermo, Tarjetas de crédito, en: *Enciclopedia Jurídica Básica* (A. Montoya Melgar, Dir.), Madrid, Civitas, 1995, Vol. IV.

Julià Barceló, Rosa, *Comercio electrónico entre empresarios. La formación y prueba del contrato electrónico (EDI)*, Valencia, Tirant Lo Blanch, 2000.

Junker, Abbo, VO (EG) 864/2007 Art. 18 Direktklage gegen den Versicherer, en: *Münchener Kommentar zum Bürgerlichen Gesetzbuch*, München, C.H. Beck, 5. Auflage, 2010.

Kahn-Freund, O., La notion anglaise de la «*proper law of the contract*» devant les juges et devant les arbitres, en: *RC de DIP*, 1973, pp. 607 y ss.

Kannen, Martina, Martin Leischner and Torsten Stein, A framework for providing electronic payment services (10th annual workshop of HP-OVUA, July 6-9, 2003 Geneva), en: http://www.leischner.inf.fh-bonn-rhein-sieg.de/PDF/HPOVUA03-A3.pdf (29.12.2014), pp. 1 y ss.

Karnouskos, S. and F. Fokus, Mobile Payment: A journey through existing procedures and stadarization iniciatives, en: *IEEE Comunications Surveys and Tutorials*, 2004, Vol. 6 N.º 4, pp. 44 y ss.

Kegel, Gerhard, Die Bankgeschäfte im deutschen internationalen Privatrecht, en: *Aktuelle Fragen aus modernem Recht und Rechtsgeschichte, Gedächtnisschrift für Rudolf Schmidt*, (E. Seidl, Hgr.), Berlín, München, Duncker & Humboldt, 1966, pp. 215 y ss.

Kegel, Gerhard y Klaus Schurig, *Internationales Privatrecht*, München, Verlag C.H. Beck, 9. Auflage, 2004.

Kessedjian, Catherine, Codification du Droit international prive et Droit international privé: de la gouvernance normative pour les relations économiques transnationales, en: *R. des C.*, 2002, Vol. 300, pp. 79 y ss.

Klausner, Eduardo Antônio, Jurisdição internacional em matéria de relações de consumo no Mercosul – Sugestões para a reedição do Protocolo de Santa María, en: *Revista de Direito do Consumidor*, 2005, N.º 54, pp. 116 y ss.

Klein Vieira, Luciane, *Protección internacional del consumidor. Procesos de escasa cuantía en los litigios transfronterizos*, Buenos Aires, Montevideo, Euros Editores, B de F, 2013.

Koppe, Volker, Die Geldkarte, das bessere Kleingeld, en: *Handbuch E-Money, E-Payment & M-Payment*, (T. Lammer, Herausgeber), Heildelberg, Physica-Verlag, 2006, pp. 261 y ss.

Kou, Weidong, Simpson Poon and Edwin M. Knorr, Smart cards and applications, en: *Payment technologies for E-Commerce*, (W. Kou, Edit.), Berlín, Heidelberg, New York, Springer Verlag, 2003, pp. 95 y ss.

Koziol, Helmut, Außervertragliche Schuldverhältnisse im CFR, en: *Der gemeinsame Referenzrahmen. Entstehung, Inhalte, Anwendung*, (Hrsg. M. Schmidt-Kessel et al.), München, Sellier European Law Publishers, 2009, pp. 93 y ss.

Krassnigg, Harald, *Electronic-Banking und Mobile Payment. Ausgewählte Rechtsfragen beim E-Banking und M-Payment*, Saarbrücken, Südwestdeucher Verlag für Hochschulschriften & Co, 2007.

Kreyer, Nina, Key Pousttchi and Klaus Turowski, Mobile payments procedures. Scope and characteristics, en: *e-Service Journal*, 2003, pp. 7 y ss.

Kronke, Herbert, Applicable Law and jurisdiction in electronic banking transaction, en: *Legal issues in electronic banking*, (N. Horn, ed.), The Hague, London, New York, Kluwer Law International, 2002, Studies in International Economic Law Vol. 17, pp. 73 y ss.

Kropholler, Jan, *Internationales Privatrecht: einschließlich der Grundbegriffe des Internationalen Zivilverfahrensrechts*, Tübingen, Mohr Siebeck, 4. Auflage, 2001.

Kropholler, Jan, Das kollisionsrechtliche System des Schutzes der schwächeren Vertragspartei, en: *RabelsZ*, 1978, pp. 634 y ss.

——————, Ein Anknüpfungssystem für das Deliktsstatut, en: *RabelsZ*, 1969, N.º 33, pp. 601 y ss.

Lagarde, Paul, Remarques sur la proposition de règlement de la Commission européenne sur la loi applicable aux obligations contractuelles (Rome I), en: *RC de DIP*, 2006, Vol. 95, N.º 2, pp. 331 y ss.

——————, Cours générale de Droit international privé, en: *R. des C.*, 1986 I, T. 196, pp. 9 y ss.

——————, The European convention on the Law applicable to contractual obligations: an apologia, en: *Virginia Journal of International Law*, 1981, pp. 91 y ss.

——————, Le nouveau Droit international privé des contrats après l'entrée en vigueur de la Convention de Rome du 19 juin 1980, en: *RC de DIP*, 1991, T. 80, pp. 287 y ss.

Lagrange, Enrique, La especificación en dinero de la garantía hipotecaria, en: *BoACPS*, 2004, N.º 142, pp. 239 y ss.

Lammer, Thomas und Karsten Stroborn, Internet-Zahlungssysteme in Deutschland und Österreich: ein Überblick, en: *Handbuch E-Money, E-Payment & M-Payment*, (T. Lammer, Herausgeber), Heildelberg, Physica-Verlag, 2006, pp. 57 y ss.

Landáez Otazo, Leoncio Abad, *El comercio electrónico. Nueva tecnología e Internet*, Caracas, Valencia, Vadell Hermanos Editores, 2009.

Lando, Ole, The *lex mercatoria* in international commercial arbitration, en: *ICLQ*, 1985, N.º 34, pp. 747 y ss.

———, The conflict of laws of contracts: general principles (general course on private international law), en: *R. des C.*, 1984 VI, T. 189, pp. 225 y ss.

———, The EC draft convention on the Law applicable to contractual and non contractual obligations, en: *RabelsZ*, 1974, pp. 6 y ss.

Lăpăduşi, Loredana Mihaela, Means of payments in e-commerce (Credit cards and e-money), en: *Annals of University of Craiova – Economic Sciences Series*, 2008, Vol. 3, Issue 36, pp. 1484 y ss.

Lara Aguado, Ángeles, Formación del contrato electrónico, en: *Derecho contractual comparado. Una perspectiva europea y transnacional* (S. Sánchez Lorenzo, Ed.), Madrid, Civitas, Thomson Reuters, 2013, 2ª ed., pp. 485 y ss.

Larenz, Karl, *Metodología de la ciencia del Derecho*, (Trad. E. Gimbernat Ordeig), Barcelona, Ariel, 1966.

———, *Derecho de obligaciones*, (Trad. J. Santos Briz), Madrid, Edit. RDP, 1958, T. I.

Larroumet, Christian, L'action de nature nécessairement contractuelle et la responsabilité civile dans les ensembles contractuels, en: *Jurisclasseur Périodique (Semaine juridique) Édition générale*, 1988, Nos. 9-10.

Lauslahti, Kristian, Juri Mattila and Timo Seppälä, Smart Contracts – How will Blockchain Technology Affect Contractual Practices?, en: *ETLA Reports*, 9 January 2017, N.º 68, (disponible en: https://pub.etla.fi/ETLA-Raportit-Reports-68.pdf [6.10.2017])

Leible, Stefan, La importancia de la autonomía conflictual para el futuro del Derecho de los contratos internacionales, en: *Cuadernos de Derecho Transnacional*, 2011, Vol. 3, N.º 1, pp. 214 y ss.

Lemkin, Raphael, *La réglementation des paiements internationaux. Traité de Droit comparé sur les devises. Le clearing et les accords de paiements. Les conflits des lois*, París, A. Pédone, 1939.

Lima Marques, Cláudia, A insuficiente proteção do consumidor nas normas de Direito internacional privado da necessidade de uma Convenção interamericana sobre a Lei aplicável a alguns contratos e relações de consumo, en: *El futuro de la Codificación del Derecho internacional privado en América, de la CIDIP VI a la CIDIP VII*, Córdoba (Argentina), Alvarone Ediciones, 2005, pp. 105 y ss.

_____, Contratos bancarios en tiempos postmodernos. Primeras reflexiones, en: Lorenzetti, Ricardo Luis y Cláudia Lima Marques, *Contratos de servicios a los consumidores*, Buenos Aires, Rubinzal-Culzoni Editores, 2005, pp. 291 y ss.

_____, O novo Direito internacional privado e a proteção processual dos consumidores de bens e serviços estrangeiros ou no exterior, en: *DeCita*, 4.2005, pp. 261 y ss.

Linardatos, Dimitrios, *Das Haftungssystem im bargeldlosen Zahlungsverkehr nach Umsetzung der Zahlungsdiensterichtlinie*, Baden-Baden, Nomos, 2013.

Lombard, Richard, *American-Venezuelan private international law*, New York, Oceana Publications, Inc., Dobbs Ferry, Bilateral Studies in private international Law N.º 14, 1965.

López Frías, Ana, *Los contratos conexos. Estudio de supuestos concretos y ensayo de una construcción doctrinal*, Barcelona, José María Bosch Editor, 1994.

López Herrera, Francisco, El contrato en el Derecho internacional privado, en: *RFDUCV*, 1954, N.º 1, pp. 87 y ss.

Lorenz, Egon, Zur Zweistufentheorie des IPR und zu ihrer Bedeutung für internationale Versorgungsausgleichsrecht, en: *Zeitschrift für das gesamte Familienrecht*, 1987, pp. 645 y ss.

Lorenzetti, Ricardo, Luis, Contratos de larga duración, en: Lorenzetti, Ricardo Luis y Cláudia Lima Marques, *Contratos de servicios a los consumidores*, Buenos Aires, Rubinzal-Culzoni Editores, 2005, pp. 79 y ss.

_____ , *Consumidores*, Buenos Aires, Rubinzal-Culzoni Editores, 2003.

_____ , Redes contractuales y contratos conexos, en: A.A. Alterini, J.L de los Mozos y C.A. Soto, *Contratación contemporánea. Contratos modernos. Derecho del consumidor*, Lima, Palestra, Bogotá, Temis, 2000, pp. 113 y ss.

Loreto, Luis, Contribución al estudio de la excepción de inadmisibilidad por falta de cualidad, en: *Ensayos Jurídicos*, Caracas, Fundación Roberto Goldschmidt, EJV, 2ª ed. ampliada y refundida, 1987, pp. 177 y ss.

Llácer Matacás, María Rosa, El cliente de servicios de pago: contratación de tarjetas y responsabilidad en el sistema de pagos, en: *Anuario da Facultade de Dereito da Universidade da Coruña*, 2007, N.º 11, pp. 397 y ss.

Madrid Martínez, Claudia, Determinación del régimen de los contratos de consumo internacionales: perspectiva interamericana, en: *La protección del consumidor en dos espacios de integración: Europa y América. Una perspectiva de Derecho internacional, europeo y comparado*, (F. Esteban de la Rosa, ed.), Valencia, Tirant lo Blanch, 2015, pp. 147 y ss.

_____ , El concepto de medio de pago, su internacionalidad y el Derecho internacional privado, en: *V Jornadas Aníbal Dominici,*

Derecho mercantil, títulos valores, contratos, (Coord. J.G. Salaverría y S. Jannuzzi), Caracas, FUNEDA, 2013.

_____, Notas sobre la *lex mercatoria*: entre el silencio del legislador europeo y el silencio de los Estados americanos, en: *Derecho internacional privado y Derecho de la Integración. Libro Homenaje a Roberto Díaz Labrano*, (Coord. J. Moreno Rodríguez y D. Fernández Arroyo), Asunción, CEDEP, 2013, pp. 333 y ss.

_____, Servicios, turismo y la protección del consumidor: una mirada desde el Derecho internacional privado interamericano, en: *Derecho internacional, mundialización y gobernanza. Jornadas de la ASADIP, Lima noviembre de 2012*, Asunción, CIAC, CEDEP, ASADIP, 2012, pp. 353 y ss.

_____, Función ¿punitiva? de la responsabilidad civil en el derecho venezolano, en: *IV Jornadas Aníbal Dominici, Derecho de daños. Responsabilidad contractual y extracontractual*, (Coord. J.G. Salaverría), Caracas, FUNEDA, 2012, pp. 221 y ss.

_____, La libertad contractual: su lugar en el derecho venezolano de nuestro tiempo, en: *Derecho de las Obligaciones. Homenaje a José Mélich Orsini*, (Ed. C. Madrid Martínez), Caracas, ACPS, 2012, pp. 105 y ss.

_____, Relaciones de las empresas con sus clientes. Las relaciones de consumo, en: *La empresa y sus negocios de carácter internacional* (C. Madrid Martínez, Ed.), Caracas, ACPS, 2011, pp. 139 y ss.

_____, La defensa de los usuarios en el marco de la Ley de Instituciones del Sector Bancario, en: *Análisis y comentarios de la Ley de Instituciones del Sector Bancario*, Caracas, FUNEDA, 2011, pp. 413 y ss.

_____, Criterios atributivos de jurisdicción en el sistema venezolano de Derecho internacional privado, en: *Derecho procesal civil internacional*, Caracas, ACPS, Consejo de Desarrollo Científico y Humanístico, UCV), 2010, pp. 99 y ss.

_____, *La responsabilidad civil derivada de la prestación de servicios. Aspectos internos e internacionales*, Caracas, ACPS, Serie Tesis N.º 4, 2009.

_____, Los contratos internacionales en la jurisprudencia venezolana, en: *DeCita*, 9.2008, pp. 247 y ss.

_____, *Las relaciones entre la responsabilidad civil contractual y la extracontractual en el Derecho internacional privado venezolano*, Caracas, FCJPUCV, Serie Trabajos de Ascenso N.º 10, 2007.

_____, El rol del orden público en el arbitraje comercial internacional, en: *RFCJPUCV*, 2006, N.º 126, pp. 79 y ss.

_____, *La norma de Derecho internacional privado*, Caracas, FCJPUCV, Serie Trabajos de Grado N.º 2, 2004.

_____, Algunas consideraciones sobre la responsabilidad civil por contaminación transfronteriza en el Derecho internacional privado venezolano, en: *Estudios de Derecho Civil, Libro Homenaje a José Luis Aguilar Gorrondona*, Caracas, TSJ, Colección Libros Homenaje, N.º 5, 2002, pp. 671 y ss.

_____, Breves consideraciones sobre el Derecho aplicable a la capacidad procesal de las personas jurídicas, en: *Ley de Derecho Internacional Privado, Libro Homenaje a Gonzalo Parra Aranguren*, Caracas, TSJ, 2002, Colección Libros Homenaje N.º 1, *Addendum*, pp. 241 y ss.

_____, Instituciones generales en la Ley de Derecho internacional privado venezolana, en: *RFCJPUCV*, 2000, N° 117, pp. 107 y ss.

Madrid Martínez, Claudia y José Rafael Bermúdez, Usos y costumbres: más allá del arbitraje y la *Lex mercatoria*, en: *Libro Homenaje al profesor Alfredo Morles Hernández*, (Coord. A. Uzcátegui y J. Rodríguez), Caracas, UCAB, Universidad de Los Andes, Universidad Monteávila, UCV, ACPS, 2012, Vol. I, pp. 285 y ss.

Maekelt, Tatiana, *Teoría general del Derecho internacional privado*, Caracas, ACPS, 2ª ed. actualizada, Edición Estudios N.º 87, 2010.

Maekelt, Tatiana, Aplicación práctica de los Principios de Unidroit en el sistema venezolano de derecho internacional privado, en: *El derecho internacional en tiempos de globalización, Libro homenaje a Carlos Febres Pobeda*, Mérida, Universidad de Los Andes, Publicaciones Vicerrectorado Académico, t. I, Derecho internacional privado, 2005, pp. 209 y ss.

─────────, La flexibilización del contrato internacional en la Convención Interamericana sobre Derecho Aplicable a los Contratos Internacionales. en: *Dimensão Internacional do Direito. Estudos em Homenagem a G. E. do Nascimento e Silva*, (P. Borba Casella, Coord.), Sao Paulo, LTR, 2000, pp. 265 y ss.

Maekelt, Tatiana y otros, *Ley de Derecho internacional privado. Derogatorias y concordancias*, Caracas, ACPS, 7ª ed. aumentada y corregida, 2015.

Maekelt, Tatiana y Haydée Barrios, Derogatoria del artículo 36 del Código Civil ante la vigencia de la Ley de Derecho Internacional Privado, en: *Ley de Derecho Internacional Privado, Libro Homenaje a Gonzalo Parra Aranguren*, Caracas, TSJ, Colección Libros Homenaje, N.º 1, 2002, *Addendum*, pp. 297 y ss.

Magnus, Ulrich, Die Rom I-Verordnung, en: *IPRax*, 2010, Heft 1, pp. 27 y ss.

Maillard, H. and J. Vermeulen, The Single Euro Payments Area: SEPA, en: *Economic Review*, 2007, Issue September, pp. 47 y ss.

Malaurie, Philippe, Le Droit monétaire dans les relations privées internationales, en: *R. des C.*, 1978, Vol. 160, pp. 265 y ss.

Mankowski, Peter, Consumer contracts under Article 6 of the Rome I Regulation, en: *Le nouveau règlement européen «Rome I» relatif à la loi applicable aux obligations contratuelles. Actes de la 20e Journée de droit international privé du 14 mars 2008 à Lausanne*, (E. Cashin Ritaine / A. Bonomi, ed.), Zürich, Schulthess, 2009, 121 y ss.

———, Die Rom-I Verordnung – Änderungen im europäischen IPR für Schuldverträge, en: *IHR*, 4/2008, pp. 133 y ss.

———, Internet und besondere Aspekte des internationalen Vertragsrechts (I), en: *Computer und Recht*, 1999, pp. 512 y ss.

Mann, Frederick Alexander, *The legal aspect of money: with special reference to comparative private and public international law*, Oxford, Clarendon Press, 5ª ed., 1992.

Mansel, Heinz-Peter, Parteiautonomie, Rechtsgeschäftslehre der Rechtwahl und allgemeinen Teil des europäische Kollisionsrechts, en: *Brauchen wir eine Rom-0-Verordnung? Überlegungen zu einem allgemeinen Teil des europäischen IPR* (S. Leible / H. Unberath, Hrsg.), Jena, JWV Jenaer Wissenschaftliche Verlagsgesellschaft, 2013, pp. 241 y ss.

Marín López, Antonio, Las normas de aplicación necesaria en Derecho internacional privado, en: *REDI*, 1970 I, Vol. XXIII, pp. 17 y ss.

Martínez Cerezo, Antonio, *Medios de pago internacionales*, Madrid, Ediciones Pirámide, 1974.

Martínez González, Mercedes, Mecanismos de seguridad en el pago electrónico, en: AA. VV., *Los medios electrónicos de pago (Problemas jurídicos)*, (R. Mata y Martín, Dir. y A.M. Javato Martín, Coords.), Granada, Comares, 2007, pp. 5 y ss.

Martínez Nadal, Apol·lònia, *El dinero electrónico (aproximación jurídica)*, Madrid, Thomson Civitas, 2003.

Martínez, Jaime, Anotaciones sobre los Principios UNIDROIT, en: *RFDUCAB*, N.º 51, 1997, pp. 199 y ss., especialmente p. 204. Ver también: Siqueiros, José Luis, Los nuevos Principios de UNIDROIT 2004 sobre contratos comerciales internacionales, en: *Revista de Derecho Privado*, año IV, N.º 11, 2005, pp. 129 y ss.

Martiny, Dieter, VO (EG) 593/2008, Artikel 3, Freie Rechtswahl, en: *Münchener Kommentar zum Bürgerlichen Gesetzbuch*, München, C.H. Beck, 5. Auflage, 2010.

Martiny, Dieter, VO (EG) 593/2008, Art. 4 Mangels anzuwendes Recht, en: *Münchener Kommentar zum Bürgerlichen Gesetzbuch*, München, C.H. Beck, 5. Auflage, 2010.

Martiny, Dieter, VO (EG) 593/2008 Art. 6 Verbraucherverträge, en: *Münchener Kommentar zum Bürgerlichen Gesetzbuch*, München, C.H. Beck, 5. Auflage, 2010.

_____ , VO (EG) 593/2008, Artikel 23, Verhältnis zu anderen Gemeinschaftsrechtsakten, en: *Münchener Kommentar zum Bürgerlichen Gesetzbuch*, München, C.H. Beck, 5. Auflage, 2010.

Mateo Hernández, José Luis, *El dinero electrónico en internet*, Granada, Comares, 2005.

Mavromati, Despina, *The Law of payment services in the EU. The EC Directive on Payment Services in the Internal Market*, The Netherlands, Kluwer Law International, 2008.

Max Planck Institute for Comparative and International Private Law, Comments on the European Commission's Proposal for a Regulation of the European Parliament and the Council on the law applicable to contractual obligations (Rome I), en: *RabelsZ*, 2007, Bd. 71, H. 2, pp. 225 y ss.

Mayer, Pierre y Vincent Heuzé, *Droit international privé*, París, Montchrestien Lextenso Editions, 10.ª ed., Domat Droit Privé, 2011.

Mazeaud, Denis y Natacha Sauphanor-Brouillaud, Article 84, en: *Common European Sales Law. Commentary*, (R. Schulze, ed.), München, Portland, Baden-Baden, C.H. Beck, Hart, Nomos, 2012, pp. 387 y ss.

Mélich Orsini, José, *El pago*, Caracas, ACPS, 2ª ed. actualizada y ampliada, 2010, Serie Estudios N.º 86.

———, *Doctrina general del contrato*, Caracas, ACPS, Centro de Investigaciones Jurídicas, 4ª ed. corregida y ampliada, 2006, Serie Estudios N.º 61.

———, *La responsabilidad civil por hechos ilícitos*, Caracas, BACPS, Serie Estudios Nos. 45-46, 2ª ed. actualizada de la jurisprudencia y legislación, 2001.

———, Las condiciones generales de contratación y cláusulas abusivas, en: *Las condiciones generales de contratación y cláusulas abusivas, Encuentro sobre Derecho para juristas iberoamericanos*, Madrid, Civitas, 1996, pp. 173 y ss.

Merritt, Cynthia, Mobil money transfer services: The next phase in the evolution of person-to-person payments, en: *Journal of Payments Strategy & Systems*, 2011, Vol. 5, N.º 2, pp. 143 y ss.

Messineo, Francesco, *Doctrina general del contrato*, (Trad. R.O. Fontanarrosa, S. Sentís Melendo y M. Volterra), Buenos Aires, EJEA, 1952, T. I.

Mezgraviz, Andrés, La unidad de la jurisdicción: un mito en el Derecho venezolano, en: *RFCJPUCV*, 1998, N.º 108, pp. 259 y ss.

Miquel González, José María, Comentario al artículo 8 LCGC, en: *Comentarios a la Ley de Condiciones Generales de Contratación*, (A. Menéndez Menéndez, L. Díez-Picazo, A. Águila Real, ed.), Madrid, Civitas, 2002.

Moeremans, Daniel, Contratación bancaria y ley de defensa de los consumidores (Ley 24.240), en: *La Ley*, 1997-E, p. 1267.

Moliterni, Francesco, *E-Commerce e pagamenti in rete*, en: *E-Commerce. La Direttiva 2000/31/CE e il quadro normativo della rete*, (A cura di A. Antonucci), Milano, Dott. A. Giuffrè Editore, 2001, pp. 177 y ss.

Morles Hernández, Alfredo, *Curso de Derecho mercantil. Introducción. La empresa. El empresario*, Caracas, UCAB, 2006, T. I.

_____, *Curso de Derecho mercantil. Los contratos mercantiles. Derecho concursal*, Caracas, UCAB, 2006, T. IV.

Mosconi, Franco e Cristina Campiglio, *Diritto internazionale privato e processuale. Parte generale e obbligazioni*, Italia, Wolters Kluwer Italia, 5ª ed., 2012, Vol. I.

Mosset Iturraspe, J., Los profesionales, en: *Revista de Derecho de Daños*, 2000, N.º 8, pp. 3 y ss.

Muir Watt, Horatia, Reliance et définition du contrat, en: *Dialogues avec Michel Jeantin, Prospectives du Droit Économique*, París, Dalloz, 1999, pp. 57 y ss.

Naraine, Ryan, PayPal Readies European Subsidiary, en: *Internet News*, January 5, 2004, en: http://www.internetnews.com/ec-news/article.php/3295181 (29.12.2014).

Neuhaus, Paul Heinrich, *Die Grundbegriffe des Internationalen Privatrechts*, Tübingen, J.C.B. Mohr (Paul Siebeck), 2. Auflage, 1976.

Neumann, Dania, *Die Rechtsnatur des Netzgeldes*, München, Beck, 2000.

Noodt Taquela, María Blanca, Adriana Verónica Villa y Jorge Albornoz, Capítulo 27. Medios de pago, en: AA. VV., *Derecho internacional privado de los Estados de Mercosur* (D. Fernández Arroyo), Buenos Aires, Zavalia, 2003, pp. 1123 y ss.

OCDE, *Lignes directrices régissant la protection des consommateurs dans le contexte du commerce électronique*, París, Service des Publications de l'OCDE, 2000. Ver en: http://www.oecd.org/dataoecd/18/29/34023811.pdf (18.09.2015).

Ochoa Muñoz, Javier, Artículo 31. Aplicación de la *lex mercatoria*, en: VV. AA., *Ley de Derecho Internacional Privado comentada*, Caracas, FCJPUCV, Consejo de Desarrollo Científico y Humanístico, UCV, 2005, T. II, pp. 805 y ss.

_____, La expresión «salvo el derecho local contrario» en las normas sobre competencia procesal internacional del Código Bustamante, en: *DeCita*, 4.2005, pp. 67 y ss.

Olavo Baptista, Luiz, *Contratos internacionais*, Sao Paulo, OABSP, Comissão Direito e Mundialização, 2011.

Ortega Hernández, Rolando Joaquín, Regulación en Internet, en: *Revista de Derecho informático*, agosto 2007, N.º 109, en: http://www.alfaredi.org/rdi-articulo.shtml?x=9464 (18.09.2015).

Ortiz Ramírez, Rosana, *Análisis de los medios electrónicos de pago usados por las sociedades anónimas*, Mérida, 2010, http://tesis.ula.ve/postgrado/tde_busca/arquivo.php?codArquivo=7654 (29.12.2014).

Oyarzábal, Mario, International electronic contracts. A note on Argentine choice of law rules, en: *The University of Miami Inter-American Law Review*, 2004, Vol. 35, N.º 3, pp. 499 y ss.

Owens, J., Electronic business: A business model can make the difference, en: *Management Services*, 2006, N.º 50, pp. 16 y ss.,

Palao Moreno, Guillermo, *Aspectos internacionales de la responsabilidad civil por servicios*, Granada, Comares, 1995.

_____, *El régimen jurídico de la responsabilidad derivada de servicios en Derecho internacional privado*, Tesis doctoral, Valencia, 1994.

Pannicke, Danny y Rüdiger Zarnekow, Was sich aus Second Life lernen lässt. Implikationen für die Geschäftsmodelle virtueller Welten, en: *HMD – Praxis der Wirtschaftsinformatik*, 2013, N.º 292, pp. 82 y ss.

Pantaleón, Fernando, *La responsabilidad civil de los auditores: extensión, limitación, prescripción*, Madrid, Cuadernos Civitas, 1996.

Pardo Lidón, Francisco José, *Medios de cobro y pago en el comercio internacional*, Alicante, Servicio de Publicaciones de la Universidad de Alicante, 2004.

Parra Aranguren, Gonzalo, *Codificación del Derecho internacional privado en América*, Caracas, FCJPUCV, 1998, Vol. II.

―――――, La Quinta Conferencia Especializada Interamericana sobre Derecho Internacional Privado (CIDIP-V, México, 1994), en: *BoACPS*, 1995, N.º 130, pp. 97 y ss.

Parrondo Tort, Luz, *Tecnología blockchain, una nueva era para la empresa*, publicado el 10 de enero de 2018 en: http://www.luzparrondo.com/wp-content/webcontent/Blockchain-una-nueva-era-para-la-empresa.pdf (15.04.2018).

Pérez Vera, Elisa y otros, *Derecho internacional privado*, Madrid, Universidad Nacional de Educación a Distancia, 2ª ed., 2000, Vol. I.

Pernet-Lubrano, Sophie, Mobile payments: Moving towards a wallet in the cloud?, en: *Communications & Strategies*, 2010, 79, N.º 3, pp. 63 y ss.

Pieters, Emmanuel y Véronique Broekaert, Les services de paiement: l'autorégulation, la directive et la loi – Vue d'ensemble, en: *Betalingsdiensten. De nieuwe Regelgeving onder de loep genomen / Services de paiement. La nouvelle réglementation pasée au crible*, Limal, Antwerpen –Oxford, Anthemis s.a., Intersentia, 2011, Cahiers AEDBF / EVBFR-Belgium, pp. 11 y ss.

Plantey, Alain, El arbitraje internacional en un mundo en cambio, en: *Boletín de la Corte Internacional de Arbitraje de la CCI*, abril 1995, Suplemento Especial, El arbitraje comercial internacional, pp. 7 y ss.

Pocar, Fausto, Quelques remarques sur la Loi applicable au contrat de sous-traince, en: *Études de Droit international en l'honneur de Pierre Lalive*, Basilea, Frankfurt am Main, Helbing & Lichtenhahn, 1993, pp. 155 y ss.

Pocar, Fausto, La protection de la partie faible en Droit international privé, en: *R. des C.*, 1984 V, T. 188, pp. 339 y ss.

Pousttchi, Key, An analysis of the mobile payment problem in Europe, en: *Münich Personal RePEc Archive*, 2007, Paper N.º 2915, pp. 260 y ss.

——————, Conditions for acceptance and usage of mobile payment procedures, en: Giaglis, G.M., H. Werthner, V. Tschammer and K. Foeschl, *mBusiness 2003 - The Second International Conference on Mobile Business*, Vienna, 2003, pp. 201 y ss.

Prinz, Aloys, Money in the real and the virtual world: e-money, c-money and the demand for cb-money, en: *Netnomics*, 1999, N.º 1, pp. 11 y ss.

Quiñones Escámez, Ana, Ley aplicable a los contratos internacionales en la Propuesta de Reglamento «Roma I» de 15.12.2005, en: *InDret*, 2006, N.º 6, pp. 1 y ss.

Racine, Jean-Baptiste, *L'arbitrage commercial international et l'ordre public*, París, LGDJ, Bibliothèque de Droit Privé, T. 309, 1999.

Radicati di Brozolo, Luca, La legge regolatrice delle operazioni bancarie segondo la Convenzione di Roma del 18 giugno 1980, en: *Verso una disciplina comunitaria della legge applicabile ai contratti* (T. Treves, ed.), Padova, Cedam, 1983, pp. 83 y ss.

Ragno, Francesca, The law applicable to the consumer contracts under the Rome I Regulation, en: *Rome I Regulation. The law applicable to contractual obligations in Europe* (F. Ferrari / S. Leible, edit.), München, Selliers. European Law Publishers, 2009, pp. 129 y ss.

Rico Carrillo, Mariliana, *El pago electrónico en internet: estructura operativa y régimen jurídico*, Pamplona, Thomson Reuters Aranzadi, 2012.

——————, La contratación bancaria electrónica en el Derecho español, en: *Jurismática. El Derecho y las nuevas tecnologías (Estudios en homenaje a Julio Téllez Valdés por sus 30 años de labor académica en el derecho informático)*, (E. Ibarra Sánchez y R. Romero Flores, coord.), México, Universidad Autónoma de Nuevo León, 2010, pp. 459 y ss.

——————, *Comercio electrónico, internet y Derecho*, Caracas, Bogotá, México, Buenos Aires, Lima, Santiago, Miami, Legis, 2ª ed., 2005.

Rinessi, Antonio, *Tarjeta de crédito y otras conexidades contractuales en el consumo*, Buenos Aires, Mave, 1999.

Rodner, James Otis, *Los contratos enlazados. El subcontrato*, Caracas, ACPS, AVDP, Serie Eventos, 2008, N° 77.

——————, Contratos enlazados (El grupo de contratos), en: *Derecho de las Obligaciones en el nuevo milenio*, (Coord. I de Valera), Caracas, ACPS, Asociación Venezolana de Derecho Privado, Serie Eventos N° 23, 2007, pp. 253 y ss.

——————, *El Dinero. Obligaciones de dinero y de valor. La inflación y la deuda de en moneda extranjera*, Caracas, ACPS, 2ª ed., 2005.

——————, Ley aplicable a la estipulación y pago en moneda extranjera, en: *Estudios de Derecho, Homenaje a la Facultad de Derecho de la Universidad Católica Andrés Bello en su 50 aniversario*, (A. Baumeister, C. Guardia, J. Casal, R. Duque, Coords.), Caracas, UCAB, 2004, Vol I., pp. 237 y ss.

_____, La responsabilidad civil del fabricante en el Derecho venezolano, en: *Estudios de Derecho civil, Libro Homenaje a José Luis Aguilar Gorrondona*, Caracas, TSJ, Colección Libros Homenaje N.º 5, 2002, Vol. II, pp. 405 y ss.

_____, *El dinero, la inflación y las deudas de valor*, Caracas, Edit. Arte, 1995.

_____, El negocio jurídico electrónico en Venezuela, en: *La regulación del comercio electrónico en Venezuela*, Caracas, BACPS, Serie Eventos N.º 16, 2001, pp. 17 y ss.

_____, Ley aplicable a la estipulación y pago de la obligación en moneda extranjera, en: http://rodner.net/LibrosBooks/LasObligacionesEnMonedaExtranjera.html (18.09.2015).

Rodríguez Azuero, Sergio, *Contratos bancarios. Su significación en América Latina*, Bogotá, México, Buenos Aires, Caracas, Lima, Santiago, Miami, Legis, 5ª ed., 2002.

Rodríguez Carrera, Luis, Artículo 47. Inderogabilidad convencional de la jurisdicción, en: AA. VV., *Ley de Derecho Internacional Privado comentada*, Caracas, FCJPUCV, Consejo de Desarrollo Científico y Humanístico, UCV, 2005, T. II, pp. 1043 y ss.

Rojo y Fernández Río, Ángel, *La responsabilidad civil del fabricante*, Bolonia, Publicaciones del Real Colegio de España, 1974.

Romero, Fabiola, Derecho aplicable al contrato internacional, en: *Liber Amicorum, Homenaje a la Obra Científica y Académica de la profesora Tatiana B. de Maekelt*, Caracas, FCJPUCV, Fundación Roberto Goldschmidt, 2001, T. I, pp. 203 y ss.

Romero, Fabiola, Las personas jurídicas y las obligaciones en la Ley de Derecho internacional privado, en: *RFCJPUCV*, 2000, N.º 117, pp. 163 y ss.

Roppo, Vincenzo, Del contrato con el consumidor a los contratos asimétricos: perspectivas del derecho contractual europeo, en: *Revista de Derecho privado*, 2011, N.º 20, pp. 117 y ss.

Ross, Jeanne, Michael Vitale and Peter Weill, From place to space: migrating to profitable electronic commerce business models, Cambridge, Center for Information Systems Research, WP, N.º 324, 2001.

Rotman, Sarah, Bitcoin versus electronic money, en: *CGAP Brief*, enero 2014, en: http://www.278elwb02.blackmesh.com/sites/default/files/Brief-Bitcoin-versus-Electronic-Money-Jan-2014.pdf (23.01.2014).

Ruiloba Santana, Eloy, Aspectos teóricos del control de cambios en Derecho internacional privado, en: *Anuario Español de Derecho Internacional*, 1975, Vol. II, pp. 85 y ss.

Samoy, Ilse y Tâm Dang Vu, Performance and non-performance in the DCFR. Perspectives from the Belgian Law, en: *The Draft Common Frame of Reference: national and comparative perspectives* (V. Sagaert, M. Storme, E. Terryn, ed.), Cambridge, Intersentia, 2012, pp. 53 y ss.

Samtleben, Jürgen, El enigma del artículo 30 de la Ley de Derecho Internacional Privado, en: *Ley de Derecho Internacional Privado, Libro Homenaje a Gonzalo Parra Aranguren*, Caracas, TSJ, Colección Libros Homenaje, N.º 1, 2002, *Addendum*, pp. 355 y ss.

Sánchez de Bustamante y Sirven, Antonio, *Derecho internacional privado*, La Habana, Cultural, S.A., 3ª ed., 1947, T. II.

Sánchez Lorenzo, Sixto, *Garantías reales en el comercio internacional (Reserva de dominio, venta en garantía y leasing)*, Madrid, Civitas, 1993.

Santamaría, Javier, European Payments Council 2.0: with SEPA Migration (Euro Area) Complete, the EPC Adapts its Structure to Further Enhance Governance and Stakeholder Involvement, en: *EPC Newsletter*, Issue 24 - October 2014, (http://www.europeanpaymentscouncil.eu/index.cfm/newsletter/article/?articles_uuid=898741EA-5056-B741-DBDAE885C76AEDAE [29.12.2014]).

Scotti, Luciana, La (des)protección del ciberconsumidor en América (Una mirada desde la Argentina y Mercosur), en: *Protección de los consumidores en América. Trabajos de la CIDIP VII (OEA)*, (Coord. D.P. Fernández Arroyo y J.A. Moreno Rodríguez), Asunción, CEDEP, La Ley Paraguaya, 2007, pp. 519 y ss.

Schaefer, Guido, An Economic analysis of the Single Euro Payments Area (SEPA), en: *FIW Working Paper*, January 2008, N.º 11, pp. 1 y ss.

Schnitzer, Adolf, *Handbuch des internationalen Privatrechts unter besonderer Berücksichtigung der Schweizerischen Gesetzgebung und Rechtsprechung*, Basel, 4. Auflage, 1958, Band II.

—————, *Handbuch des internationalen Privatrechts unter besonderer Berücksichtigung der Schweizerischen Gesetzgebung und Rechtsprechung*, Basel, Band I, 1957.

—————, *Handbuch des internationalen Handels- Wechsel- und Checkrechts*, Zürich, Leipzig, Verlag für Recht und Gesellschaft, 1938.

Schnyder, Anton, *Europäisches Banken- und Versicherungsrecht*, Heildelberg, C.F. Müller Verlag, 2005.

Schreiber, Fernando, *Manual sobre los medios de pago utilizados en el comercio exterior*, Montevideo, Comisión Sectorial de Educación Permanente, Universidad de la República, 2010.

Schuck, Manfred and Benjamin Syrbe, The impact of SEPA on domestic markets and the future for emerging pan-European infrastructures, en: *Journal of Payments Strategy & Systems*, 2008, Vol. 2, N.º 4, pp. 370 y ss.

Segendorf, Björn and Anna-Lena Wretman, The Swedish payment market in transformation, en: *Sveriges Riksbank Economic Review*, 2015, N.º 3, 48 y ss. Disponible en: http://www.riksbank.se/Documents/ Rapporter/POV/2015/2015_3/rap_pov_artikel_2_151120_eng.pdf

Segui, Adela, Teoría de los contratos conexos. Algunas de sus aplicaciones (Especial referencia al Proyecto de Código Civil de 1998 y a las conclusiones de las XVII Jornadas Nacionales de Derecho Civil, Santa Fe, setiembre de 1999), en: A.A. Alterini, J.L de los Mozos y C.A. Soto, *Contratación contemporánea. Contratos modernos. Derecho del consumidor*, Lima, Palestra, Bogotá, Temis, 2000, pp. 181 y ss.

Sheppard, David, *Payment systems*, London, Centre for Central Banking Studies, Bank of England, Handbooks in Central Banking N.º 8, 1996.

Siqueiros, José Luis, Ley aplicable en materia de contratación internacional, en: *Proyecto de Convención Interamericana sobre Ley Aplicable en Materia de Contratación Internacional*, OEA/Ser.Q./CJI/RES.II-6/91, de fecha 31/07/1991.

Soramäki, Kimmo and Benjamin Hanssens, E-Payments: What are they and what makes them different?, en: *ePayments Systems Observatory*, 2003, N.º 1, http://www.e-pso.info/epso/papers/ePSO-DS-no1.pdf (23.01.2014).

Spellenberg, Ulrich, VO (EG) 593/2008 Art. 12 Geltungsbereich des anzuwendenden Rechts, en: *Münchener Kommentar zum Bürgerlichen Gesetzbuch*, München, C.H. Beck, 5. Auflage, 2010.

Spender, JM and G Burton, Aspects of conflicts of Laws in banking transactions, en: *Australian Law Journal*, 1987.

Sperduti, Giuseppe, Les lois d'application nécessaire en tant que lois d'ordre public, en: *RC. de DIP.*, 1977, pp. 257 y ss.

Spickhoff, Andreas, VO (EG) 593/2008 Art. 9 Eingriffsnormen, en: Bamberger, Hans Georg y Herbert Roth *Beck'scher Online-Kommentar zum Bürgerlichen Gesetzbuch*, München, C.H. Beck, 27. Auflage, 2013.

Staub, Hermann, Über die positiven Vertragsverletzungen und ihre Rechtsfolgen, en: *Festschrift für den 26. deutschen Juristentag*, Berlín, Guttentag, 1902, pp. 29 y ss.

Stoufflet, Jean, L'œuvre normative de la Chambre de Commerce Internationale dans le domaine bancaire, en : *Le Droit des relations économiques internationales. Etudes offertes à Berthold Goldman*, (Ed. P. Fouchard, Ph. Kahn y A. Lyon-Caen), Paris, Litec, 1982, pp. 361 y ss.

——————, Les conflits de lois en matière de crédits bancaires, en: *Travaux du Comité français de Droit international privé*, París, Editions A. Pedone, 1967.

——————, *Le crédit documentaire*, París, Librairies Techniques, 1957.

Strenger, Irineu, *Arbitragem comercial internacional*, São Paulo, Editora LTR, 1996.

Strong, Stacie I., Does class arbitration «change the nature» of arbitration? Stolt Nielsen, AT&T, and a return to first principles, en: *Harvard Negotiation Law Review*, 2012, Vol. 17, pp. 201 y ss.

Struyen, D., Projets européennes en faveur du consommateur: capita selecta, en: *Revue de Droit International et de Droit Comparé*, 1991, pp. 351 y ss.

Study Group on a European Civil Code and Research Group on EC Private Law (Acquis Group), *Principles. Definitions and model rules of European Private Law. Draft Common Frame of Reference (DCFR)*, (C. von Bar and E. Clive, ed.), München, Sellier European Law Publishers, 2009, Vol. I.

Sué Machado, Alejandro, La responsabilidad civil delictual ordinaria, en: *Anuario del Colegio de Abogados del Estado Aragua*, 1978, N.º 77, pp. 209 y ss.

Tamayo Jaramillo, Javier, *De la responsabilidad civil*, Bogotá, Temis, 1999, T. I, Teoría general de la responsabilidad. Responsabilidad contractual.

Tellechen Solís, Antonio, Medios alternativos para la solución de conflictos bancarios, Mediación y Arbitraje, en: *Memorias del XX Congreso Latinoamericano de Derecho Bancario*. Federación Latinoamericana de Bancos, Asunción, Octubre, 2001.

Temmerman, Marc, The internal market for payments: Unfulfilled promise or key to a truly efficient European payments market?, en: *Journal of Payments Strategy & Systems*, 2010, Vol. 4, N.º 2, pp. 116 y ss.

Teyssié, Bernard, *Les groupes de contrats*, París, LGDJ, Bibliothèque de Droit Privé, T. CXXXIX, 1975.

Theil, Marcus, *Kreditkarte versus E-Payment. Die Zukunft der Zahlungsmittel im Electronic Commerce*, Saarbrücken, VDM Verlag Dr. Müller, 2008.

Toubiana, Annie, *Le domaine de la loi du contrat en Droit international privé (Contrats internationaux et dirigisme étatique)*, París, Dalloz, 1972.

Trigo García, María Belén, *Contrato de servicios. Perspectiva jurídica actual*, Granada, Comares, 1999.

Tucker, Peter C., The digital currency doppelganger: regulatory challenge or harbinger of the new economy?, en: *Cardozo Journal of International and Comparative Law*, 2009, N.º 17, pp. 589 y ss.

Tunc, André, La distinction des obligations de résultat et des obligations de diligence, en: *Jalons, dits et écrits d'André Tunc*, París, 1991, pp. 135 y ss.

Turing, Dermot, Business implications of the Payments Services Directive, en: *Journal of Payments Strategy & Systems*, 2008, Vol. 2, N.º 4, pp. 326 y ss.

Unidroit, U*nidroit Principles of international commercial contracts 2016*, Rome, Unidroit, 2016, disponible en: https://www.unidroit.org/instruments/commercial-contracts/unidroit-principles-2016 (15.04.2018).

Ustáriz Forero, Nasly, Regulaciones bancarias como derecho de los consumidores y usuarios del sistema financiero, en: Libro Homenaje al profesor Alfredo Morles Hernández, (Coord. A. Uzcátegui and J. Rodríguez), Caracas, UCAB, Universidad de Los Andes, Universidad Monteávila, UCV, ACPS, 2012, Vol. III (Derecho financiero y Derecho concursal), pp. 283 y ss.

_____ , El contrato de tarjeta de crédito y la práctica comercial, en: *BoACPS*, 2010, N.º 148, pp. 165 y ss.

Van Houtte, Hans, Changed Circumstances and *Pacta Sunt Servanda*, en: Gaillard (ed.), *Transnational Rules in International Commercial Arbitration*, París, ICC Publ. Nr. 480,4, 1993, pp. 105 y ss.

Van Winkel, Erik, The Payment Services Directive: Where are the opportunities for new entrants in the European payments industry? en: *Journal of Payments Strategy & Systems*, 2009, Vol. 3, N.º 2, pp. 105 y ss.

Vaquero Pinto, María José, *El arrendamiento de servicios. Propuesta de modelo general para la contratación de servicios*, Granada, Comares, Colección Estudios de Derecho Privado, N.º 42, 2005.

Vargas Gómez-Urrutia, Marina, Comercio internacional electrónico y conflicto de leyes y de jurisdicciones en el cyberespacio, en: *Derecho de los negocios*, abril 2000, pp. 1 y ss.

Vázquez Ferreyra, Roberto, Las obligaciones emergentes del contrato y la tutela del consumidor: las prestaciones propias de cada producto o servicio, en: *Contratación contemporánea. Contratos modernos. Derecho del consumidor*, Lima, Palestra, Bogotá, Temis, 2001, pp. 479 y ss.

Velázquez Gardeta, Juan Manuel, *La protección al consumidor online en el Derecho internacional privado interamericano*, Asunción, Brasilcon, Cedep, 2009.

Velde, François R., Bitcoin: A primer, en: *Chicago Fed Letter*, december 2013, N.º 317, s/p.

Vicente Blanco, Dámaso Javier, Medios electrónicos de pago y jurisdicción competente en supuestos de contratos transfronterizos en Europa (Los criterios de competencia judicial del Derecho comunitarios europeo y su aplicación a las relaciones contractuales involucradas en los medios electrónicos de pago), en: AA. VV., *Los medios electrónicos de pago (Problemas jurídicos)*, (R. Mata y Martín, Dir. y A.M. Javato Martín, Coord.), Granada, Comares, 2007, pp. 269 y ss.

Virgós Soriano, Miguel y Francisco Garcimartín Alférez, *Derecho procesal civil internacional. Litigación internacional*, Madrid, Civitas, 2000.

Virgós Soriano, Miguel, *Lugar de celebración y de ejecución en la contratación internacional*, Madrid, Tecnos, Colección Ciencias Jurídicas, 1989.

Vischer, Frank, The antagonism between legal security and the search for justice in the field of contracts, en: *R. des C.*, 1974 II, T. 142, pp. 1 y ss.

Vlas, Paul, Article 2, en: Magnus, Ulrich and Peter Mankowski, *Brussels I Regulation*, Münich, Selliers European Law Publishers, 2ª ed., 2012, pp. 76 y ss.

Vogenauer, Stefan, The Spectre of a European Contract Law, en: S. Vegenauer / S. Weatherill, eds., *The Harmonisation of European Contract Law: Implications for European Private Laws, Business and Legal Practice*, Oxford, Hart Publishing, Studies of the Oxford Institute of European and Comparative Law, 2006, p. 1 y ss.

Wagner, Gerhard, Die neue Rom II-Verordnung, en: *IPRax*, 2008, pp. 1 y ss.

──────── , Internationales Deliktsrecht, die Arbeiten an der Rom II-Verordnung und der Europäische Deliktsgerichtsstand, en: *IPRax*, 2006, pp. 372 y ss., especialmente p. 379.

Wandhöfer, Ruth, The Payment Services Directive: Why the European payments industry needs to prepare for significant implementation challenges, en: *Journal of Payments Strategy & Systems*, 2008, Vol. 2, N.º 4, pp. 400 y ss.

Wang, Alex, A preliminary model for mobile payment acceptance, en: *International Journal of Mobile Marketing*, 2012, Vol. 7, N.º 2, pp. 37 y ss.

Weir, Tony, *A casebook on tort law*, London, Sweet y Maxwell, 10.ª ed., 2004.

Wengler, Wilhelm, L'évolution moderne du Droit international privé et la prévisibilité du Droit applicable, en: *RC de DIP*, 1990, pp. 657 y ss.

Wèry, Étienne, *Paiements et monnaie électroniques. Droits européen, français et belge*, Bruxelles, Larcier, 2007.

Wilderspin, Michael, The Rome I Regulation: Communitarisation and modernisation of the Rome Convention, en: *Era-Forum*, 2008, Vol. 9, Issue 2, pp. 259 y ss.

Zapkau, Florian y Axel Schwickert, *E-Payment-Systeme – Funktionsweise, Marktüberblick, Bewertung*, Gießen, Justus Liebig-Universität Gießen, Arbeitspapiere Wirtschaftsinformatik, 2006/4.

www.ingramcontent.com/pod-product-compliance
Lightning Source LLC
Chambersburg PA
CBHW050116170426
43197CB00011B/1606